महान कारनामे – 1

- 2026 संस्करण - 2

कलाकार - जॉन जी. लेक – कैथरीन कुहलमैन – लेस्टर सुमराल – फ्रैंक और इडा मे हैमंड – डेरेक प्रिंस – नोवेल हेस – जोसेफ अयो बाबालोला - रॉबर्ट शैमबैक

आप इसी के लिए पैदा हुए हैं – हीलिंग, मुक्ति और बहाली – महान लोगों से जानें कैसे

ग्रेटर एक्सप्लॉइट्स सीरीज़ 1

राजदूत मंडे ओ. ओगबे; ज़ाकारियास गॉडसीगल द्वारा

Table of Contents

महान कारनामे - 1

-किताब के बारे में

ग्रेटर एक्सप्लॉइट्स – 1 (2026 एडिशन)
आप इसी के लिए पैदा हुए हैं — हीलिंग, छुटकारा और बहाली
अब 50 भाषाओं में ट्रांसलेट किया गया है।

क्या होगा अगर बाइबल में बताए गए चमत्कार इतिहास न होकर आपकी विरासत हों?
ग्रेटर एक्सप्लॉइट्स – 1 में , आपको उपचार, मुक्ति और पुनर्स्थापना की एक शक्तिशाली, विश्वास से प्रेरित यात्रा पर आमंत्रित किया जाता है - जो पवित्रशास्त्र पर आधारित है और पिछले 100 वर्षों के कुछ सबसे प्रभावशाली उपचार मंत्रियों के जीवन से प्रकाशित है।
इनके जीवन और गवाही को पेश किया गया है:
जॉन जी. लेक
कैथरीन कुहलमैन
लेस्टर सुमराल
फ्रैंक और इडा मे हैमंड
डेरेक प्रिंस
नोर्वेल हेस
जोसेफ अयो बाबालोला
रॉबर्ट शैम्बैक
यह किताब सिर्फ़ कहानियाँ सुनाने से कहीं ज़्यादा है। यह आपको तैयार करती है।

क्या आप आज़ादी के लिए तैयार हैं?

- क्या आप लाचारी, निराशा या हार के चक्र से थक गए हैं?
- क्या आप शारीरिक, भावनात्मक या आध्यात्मिक दबाव से जूझ रहे हैं?
- क्या प्रार्थनाओं का जवाब नहीं मिला?
- क्या आप दूसरों को ठीक करने और उन्हें ठीक करने की सेवा करना चाहते हैं?

यह किताब आपके लिए लिखी गई है।

अंदर आपको क्या मिलेगा:

✓ ठीक होने और छुटकारा पाने के 80 से ज़्यादा दमदार सबूत

✓ हीलिंग और रिकवरी के लिए प्रैक्टिकल गाइडलाइंस

✓ मरकुस 16:15–20 और यूहन्ना 14:12 में निहित पवित्रशास्त्र की नींव

✓ हीलिंग और मुक्ति के बारे में आम सवालों के जवाब

✓ सात ज़रूरी आध्यात्मिक स्थितियाँ जो सफलता को एक्टिवेट करती हैं

✓ असल ज़िंदगी की आस्था की यात्राएँ जो अटूट कमिटमेंट दिखाती हैं

रीडर्स इस किताब के बारे में इस तरह बताते हैं:

“अपनी आध्यात्मिक यात्रा को और गहरा करने की चाहत रखने वाले पाठकों के लिए एक शक्तिशाली और विश्वास से प्रेरित आधार।”

“धर्म से परे प्रेरणा देना — निस्वार्थता और कमिटमेंट का एक यूनिवर्सल सबक।”

“विश्वास और उपचार के सच्चे प्रमाणों से भरा हुआ… शक्तिशाली और समृद्ध।”

यह थ्योरी नहीं है। यह एक्टिवेशन है।

ठीक होना। छुटकारा। ठीक होना।

अमूर्त धर्मशास्त्र नहीं - बल्कि क्रियाशील विश्वास।

आपको मिलेगा:

- प्रार्थना
- धर्मग्रंथों
- रणनीतिक आध्यात्मिक अंतर्दृष्टि
- प्रैक्टिकल स्टेप्स जिन्हें आप तुरंत अपना सकते हैं

यह एक मिनिस्ट्री एक्टिवेशन मैनुअल है जो रिवाइवल हिस्ट्री और लिविंग टेस्टिमनी पर बना है।

आप इसी के लिए पैदा हुए हैं

यीशु ने यूहन्ना 14:12 में कहा कि जो लोग विश्वास करेंगे वे भी वही काम करेंगे - बल्कि उससे भी बड़े काम करेंगे।

सवाल यह नहीं है कि क्या इससे भी बड़े कारनामे मुमकिन हैं।

सवाल यह है कि क्या आप हाँ कहेंगे।

अगर आप गहरी आस्था के भूखे हैं...

अगर आप आज़ादी चाहते हैं...

अगर आप दूसरों को रेस्टोरेशन में चलने में मदद करना चाहते हैं...

फिर आगे बढ़ो।

ग्रेटर एक्सप्लॉइट्स अब शुरू होता है।

अमेज़न समीक्षाएँ

https://www.amazon.com/product-reviews/B0C7KY958F/

संयुक्त राज्य अमेरिका से

***5.0 में से 5 स्टार* उन पाठकों के लिए एक शक्तिशाली और आस्था से प्रेरित आधार जो अपनी आध्यात्मिक यात्रा को गहरा करना चाहते हैं**

22 अक्टूबर, 2024 को यूनाइटेड स्टेट्स में रिव्यू किया गया

फ़ॉर्मेट: Kindle **वेरिफ़ाइड परचेज़**

हीलिंग, छुटकारा और ठीक होने के विषयों को बहुत गहराई और जुनून के साथ समझाया गया है। यह किताब बुरी ताकतों से छुटकारा पाने, अंदर से ठीक होने और ज़िंदगी में शांति और खुशी वापस लाने के लिए ज़रूरी आध्यात्मिक बुनियाद को कवर करती है। ये सिर्फ़ कुछ बातें नहीं हैं; लेखक पढ़ने वालों को प्रार्थनाओं, धर्मग्रंथों और इन सीखों को अपनी ज़िंदगी में लागू करने के लिए काम आने वाले कदम बताता है।

मददगार

पोन्न विरुलरक

***5 में से 4.0 स्टार* निस्वार्थता और समर्पण का एक यूनिवर्सल सबक**

6 अक्टूबर, 2024 को यूनाइटेड स्टेट्स में रिव्यू किया गया

फ़ॉर्मेट: Kindle **वेरिफ़ाइड परचेज़**

मैं एक ईसाई नहीं हूँ, इसलिए मैंने शुरू में Greater Exploits - 1 सिर्फ़ इसके दिलचस्प कवर और टाइटल की वजह से उठाई थी। मैं जानना चाहता था कि “great exploits” का क्या मतलब हो सकता है। जैसे ही मैंने पढ़ना शुरू किया, मुझे इसकी कहानियाँ हैरानी की बात लगी

कि ये न सिर्फ़ धार्मिक नज़रिए से, बल्कि इंसानी नज़रिए से भी बहुत दिलचस्प हैं।

इस किताब का मुख्य कॉन्सेप्ट निस्वार्थता है, जो धर्म से कहीं आगे है। आस्था चाहे जो भी हो, दूसरों को खुद से पहले रखना और दूसरों की भलाई का ध्यान रखना एक यूनिवर्सल वैल्यू है। इस किताब में जिन लोगों का ज़िक्र है—गहरी आस्था वाले लोग—उन्होंने अपनी ज़िंदगी दूसरों की मदद करने में लगा दी। जिस बात ने मुझे सबसे ज़्यादा प्रभावित किया, वह यह थी कि वे अपने कमिटमेंट में कितने पक्के थे। अपनी यात्रा की शुरुआत से लेकर ज़िंदगी के आखिर तक, उन्होंने कभी हिचकिचाहट नहीं दिखाई, कभी फोकस नहीं खोया। इसी तरह की मज़बूती आम लोगों को लीजेंड बना देती है।

मैं यह सोचने से खुद को रोक नहीं पाया कि यह बात धर्म के दायरे से बाहर भी कैसे लागू होती है। दूसरों की सेवा करने का यही डेडिकेशन समाज-सेवी लोगों, नर्सों, टीचरों और दुनिया को बेहतर बनाने के लिए चुपचाप काम करने वाले अनगिनत लोगों में देखा जा सकता है। चाहे ये लोग लाखों लोगों पर असर डालें या एक-एक करके लोगों की ज़िंदगी बदलें, सिद्धांत एक ही है—दूसरों की मदद करना ही असल में एक हमेशा रहने वाली विरासत छोड़ता है।

इस किताब की कई कहानियाँ बहुत ज़्यादा प्रेरणा देने वाली थीं, और मुझे ईसाई धर्म के बारे में एक नया नज़रिया मिला, जो मुझे पहले नहीं पता था। मैं लेखक की तारीफ़ करता हूँ कि उन्होंने यह किताब लिखी और मेरे जैसे पाठकों को, जो शायद इस धर्म से परिचित नहीं हैं, इन लोगों की गहरी दया और कमिटमेंट की एक झलक दी।

मैं इस किताब को इसके सोचने पर मजबूर करने वाले और प्रेरणा देने वाले कंटेंट के लिए चार स्टार दूँगा।
एक व्यक्ति को यह मददगार लगा

अनुग्रह से परे

***5 में से 5 स्टार* मुझे हीलिंग की कहानियाँ बहुत पसंद हैं!**
24 अक्टूबर, 2024 को यूनाइटेड स्टेट्स में रिव्यू किया गया
फ़ॉर्मेट: Kindle **वेरिफ़ाइड परचेज़**
ग्रेटर एक्सप्लॉइट्स—1: यू आर बॉर्न फॉर दिस—हीलिंग, डिलीवरेंस, एंड रेस्टोरेशन बहुत बढ़िया है! मुझे यह पसंद है कि लेखक अपनी हीलिंग की कहानी कैसे शुरू करता है और विश्वास और हीलिंग के सबूतों के साथ दूसरी कहानियों में ले जाता है। यहाँ विश्वास के कुछ सच्चे सबूत हैं। यह बहुत दिलचस्प और दमदार है। मैं आपके विश्वास को और मज़बूत करने के लिए ग्रेटर एक्सप्लॉइट्स—1: यू आर बॉर्न फॉर दिस—हीलिंग, डिलीवरेंस, एंड रेस्टोरेशन पढ़ने की सलाह देता हूँ।
एक व्यक्ति को यह मददगार लगा

महान कारनामे - 1

- लेखक के बारे में

मसीह के राजदूत, सोमवार ओग्वुओजो ओगबे मसीह के शरीर में एकता के लिए दिल से मसीह के बाज़ार राजदूत हैं। शनिवार, 22 अप्रैल 2006 को सुबह 5 बजे प्रभु यीशु मसीह के साथ उनकी आमने-सामने की मुलाकात ने उनके जीवन की दिशा हमेशा के लिए बदल दी।

एम्बेसडर मंडे ओ. ओगबे, ओपन मिनिस्ट्रीज़, सैन डिएगो के साथ ईश्वर के एक नियुक्त मिनिस्टर हैं। यह एक नॉन-डिनॉमिनेशनल मिनिस्ट्री है जो संतों को बिना किसी सीमा के मिनिस्ट्रीज़ के काम से जोड़ती है। मंडे क्रिश्चियन लीडरशिप इंस्टीट्यूट (CLI) https://www.christianleadersinstitute.org/ के लाइफलॉन्ग लर्नर के तौर पर एनरोल्ड हैं और क्रिश्चियन लीडरशिप अलायंस (CLA) स्प्रिंग लेक, मिशिगन, USA के मेंबर हैं।

एक ICT एक्सपर्ट के तौर पर, वह अपनी स्किल का इस्तेमाल ऑनलाइन चाहने वालों तक पहुंचने और विश्वासियों को अपनी मिनिस्ट्री साइट otakada.org के ज़रिए मिनिस्ट्री के काम के लिए तैयार करने के लिए करते हैं – ओटाकाडा साइबर चर्च मिनिस्ट्रीज़ में एक मिनिस्टर, यह एक ऐसा चर्च है जिसमें कोई दीवार, बॉर्डर और डिनॉमिनेशन नहीं है, जहां 2 मिलियन से ज़्यादा क्रिश्चियन फोकस्ड कंटेंट है, जिसे अब होस्ट किया जाता है और दुनिया भर के चाहने वालों और क्रिश्चियन लोगों तक पहुंचाया जाता है।

Otakada.org का कंटेंट हर महीने आधे मिलियन से ज़्यादा ऑनलाइन ऑडियंस तक पहुँचता है और यह बढ़ता जा रहा है!

सोमवार को "कैद के लिए बहुत हो गया और मसीह में आज़ादी में आपका स्वागत है" नाम की सीरीज़ होगी, जिसमें हीलिंग, छुटकारा और ठीक करने की तैयारी होगी। इसमें वह संतों को सिखाते हैं और उन्हें अपने और दूसरों के सर्कल के अंदर और बाहर हीलिंग, छुटकारा और ठीक करने की सेवा करने के लिए तैयार करते हैं – ठीक करना बच्चों की रोटी है और अविश्वासियों के लिए एक निशानी है कि वे हमारे बुलावे की उम्मीद को भगवान का समर्थन देते हैं। हमने भगवान की महिमा के लिए शानदार हीलिंग, छुटकारा और ठीक होना होते देखा है!

उन्होंने कई किताबें लिखी हैं, जैसे: द प्रैक्टिकल स्कूल ऑफ द होली स्पिरिट इन 8 सब-टाइटल्स; 2020 प्रोफेटिक ब्रेकिंग न्यूज पार्ट 1 ऑफ 4; 2 ऑफ 4; 3 ऑफ 4; गॉड्स टेम्पल में सेक्स - अपने जीवन में यौन अनैतिकता और भावनात्मक जाल को समझने, पहचानने और उस पर काबू पाने के 15 आसान तरीके; बॉर्डरलेस - दीवारों, सीमाओं और संप्रदाय के बिना विश्वासियों के एक चर्च समुदाय की कल्पना करना और उसका अनुभव करना; समझ की दुनिया में पलायन - मुसलमानों, ईसाइयों और हर जगह के लोगों के खिलाफ नफरत का मारक; क्लूलेस: - जाओ शिष्य बनाओ, शिष्य बनाने का एक व्यावहारिक किताब; रोज जीवन की लड़ाई जीतो - रोजाना जीवन जीतने के लिए शास्त्र की दैनिक घोषणा; अलौकिक ईश्वर को शामिल करना - ईश्वर बोलने के लिए उत्सुक है क्या हम सुनने और प्रतिक्रिया देने के लिए भूखे हैं; अपने अंदर की कच्ची आग की शक्ति को जगाएं – जहां पवित्र आत्मा हमारे ज़रिए काम करने के लिए उपलब्ध है और जनवरी से दिसंबर तक 12 सीरीज़ की आज़ादी की प्रार्थनाएं – हमारे आस-पास के चर्च समुदाय में हमारे

जीवन में नई जान डालने के लिए प्रार्थना करना और कई दूसरे टाइटल्स का कई भाषाओं में अनुवाद किया गया है।

वह हर हफ़्ते एक ब्लॉग पब्लिश करते हैं जो सोशल मीडिया, सैटेलाइट ब्रॉडकास्ट और उनकी पब्लिशिंग वेबसाइट otakada.org पर ऑडियंस तक पहुँचता है।

ब्लॉग लिंक:
https://www.otakada.org/category/blog/

Amazon Author Ambassador Monday O. Ogbe Page with Greater Exploits Series
https://www.amazon.com/~/e/B07MSBPFNX

Amazon Zacharias Godseagle पेज

https://www.amazon.com/stores/Zacharias-Godseagle/author/B0FCZ89D4K

उनकी शादी कम्फर्ट से हुई है और उनके चार बच्चे हैं, जिनके नाम ***डायना ओडजो, जोसेफ-ओजिमा, डेविड-ओजोनोग्वा और आइजैक-उनेक्वू हैं।***

महान कारनामे - 1

– कैसे मुझे पकाया गया और हीलिंग, डिलीवरेंस और रेस्टोरेशन मिनिस्ट्री में धकेल दिया गया

दोस्तों, मुझे नहीं पता कि यह सेक्शन कैसे शुरू करूँ। लेकिन, इसका सीधा मतलब यह है कि मेरे कंसीव करने से ही, हीलिंग, छुटकारा और ठीक होना शुरू हो गया था – ठीक मेरी माँ के पेट से। वह कैसे?

मेरी मां, जो एक ट्रेंड मेडिकल मिडवाइफ नर्स थीं, को जब पता चला कि वह अपने पति से नहीं बल्कि किसी और से प्रेग्नेंट हैं – क्योंकि वह अपने पहले पति से लगभग 4 साल से अलग थीं, तो उन्होंने प्रेग्नेंसी खत्म करने का फैसला किया।

दूसरे डॉक्टर की मदद से, उन्होंने तय समय से पहले मुझे गर्भ से बाहर निकालने की पूरी कोशिश की, लेकिन भगवान ने मुझे उनसे बचाया – क्या मैं कहूँ, उस शैतान से जो मेरे जीवन पर भगवान की किस्मत को खत्म करना चाहता था। यह शैतान के जबड़े से पहली मुक्ति थी।

दूसरी मुक्ति और वापसी यह थी कि मेरे जन्म के कुछ महीनों बाद, मेरे बायोलॉजिकल पिता और मेरी माँ के पहले पति के बीच एक कोर्ट केस चला, जिसमें यह तय किया गया कि असल में मेरा मालिकाना हक किसको मिलना चाहिए। मेरे बायोलॉजिकल पिता केस जीत गए। यह दूसरी मुक्ति और वापसी थी।

तीसरी हीलिंग, छुटकारा और रिकवरी तब हुई जब मैं लगभग पाँच साल (5) की उम्र में अपनी दादी के साथ रह रहा था , मैंने सोडा केमिकल देखा, जो मेरी दादी ने साबुन बनाने के लिए खरीदा था – यह चीनी जैसा दिखता था। मैंने बहुत सारा सोडा लिया और उसे निगल लिया। मेरी जीभ पिघलने लगी, हर जगह खून फैल गया। मेरी जीभ सूज गई। मैं कई दिनों तक बात नहीं कर सका! भगवान की हीलिंग पावर के लिए भगवान का शुक्र है। मैं फिर से ठीक हो गया, छुटकारा मिला और ठीक हो गया। मेरी जीभ ठीक हो गई। मैं आज ऐसे बात कर सकता हूँ जैसे मेरी जीभ को कभी कुछ हुआ ही न हो।

चौथी मुक्ति और सुधार मेरी दादी की वजह से हुआ। उन्होंने मुझे मेरे असली पिता को सौंपने से मना कर दिया। इसी वजह से मैं उनके साथ रह रहा था। लेकिन भगवान का शुक्र है, 6 साल की उम्र में उन्होंने मुझे मेरे पिता के पास जाने दिया।

पांचवीं हीलिंग, छुटकारा और रिकवरी मेरे पापा के घर पर हुई। मेरे बायोलॉजिकल पापा एक से ज़्यादा शादी करने वाले थे – उनकी चार पत्नियां थीं। एक दिन, जब मैं उनके साथ था, तो उनमें से एक पत्नी ने मुझे अपने कमरे में बुलाया। अंदर जाने पर, वहां एक बूढ़ा आदमी था, जिसकी दाढ़ी लंबी थी। पत्नी ने मेरी तरफ इशारा किया और बूढ़े आदमी से कहा, “यह वही लड़का है जिसके बारे में मैंने तुम्हें बताया था।” मैं उनसे चला गया। रात में, सपना देखते हुए, मैंने देखा कि यह बूढ़ा आदमी मुझ पर घोड़े की तरह सवारी कर रहा है। यहीं से मेरी कई परेशानियों की शुरुआत हुई।

जैसे ही मैं सपने से जागा, मुझे उल्टी और उल्टी होने लगी। मैं अपने पेट में खाना नहीं रख पा रहा था। यह तकलीफ़ महीनों तक चलती रही, मैं दुबला-पतला हो गया – पंख जैसा।

मेरी असली माँ शहर आईं, मुझे मेरे पापा के साथ ले गईं, हम दूसरे शहर में एक हीलिंग और मुक्ति वाले घर की ओर चल पड़े। जब वे मेरे लिए प्रार्थना कर रहे थे, तो एक रहस्य सामने आया। पवित्र आत्मा ने बताया कि मेरे पिता की एक पत्नी भविष्य देख सकती है और उसे लगता है कि यह लड़का उसके अपने बच्चों के लिए एक बड़ी सौगात साबित होगा। इसलिए, उसने मुझे बुराई के दायरे में सौंप दिया, ताकि वे मुझे पागल बना सकें और भगवान की किस्मत को खत्म कर सकें। मुक्ति की प्रार्थना करते समय, मेरे सिर से एक इंसान का बाल, जो एक छोटी गोल गेंद के आकार में पैक किया गया था और दो सुइयों से बंधा हुआ था, उखाड़ दिया गया। उस रात, मुक्ति के दौरान, बाल और सुइयों को जला दिया गया।

बीमारी खत्म हो गई और स्कूल में मैं क्लास का जीनियस बन गया। इस छुटकारा पाने से पहले मैं अपनी क्लास में आखिरी से दूसरे नंबर पर रहता था। क्लास में जो भी मुझे सिखाया जाता था, मैं उसे समझ नहीं पाता था। एक रात में मैं ठीक हो गया, मुझे छुटकारा मिला और मैं ठीक हो गया। अल्लेलुया? आमीन

छठी मुक्ति और बहाली तब हुई जब मेरा यूनिवर्सिटी में एडमिशन होने वाला था। मेरे पापा, जो एक अमीर आदमी थे, पैसे की तंगी में पड़ गए। मेरा एडमिशन तो हो गया लेकिन मेंटेनेंस के लिए पैसे जमा करना मुश्किल था। मैंने ओवरसीज स्कॉलरशिप के लिए अप्लाई किया और भगवान के बहाली के तरीकों से, मेरे देश और विदेश ने इंजीनियरिंग में मास्टर डिग्री प्रोग्राम के लिए मेरी पढ़ाई का खर्च उठाने का फैसला किया – आज मैं मिनिस्ट्री में जो करता हूँ, उसमें से कुछ ज्ञान भगवान की दी हुई स्कॉलरशिप की वजह से मिला है। आज, मैं सबसे अच्छे लोगों से पढ़ रहा हूँ। भगवान की जय हो!

सातवीं मुक्ति और बहाली मेरी पहली शादी से मेरी दूसरी शादी में हुई। मेरी एक्स-वाइफ एक दिन उठी और बोली कि वह अब प्यार नहीं करती और तलाक चाहती है। मैंने मिन्नतें कीं, मैंने उसे वापस रखने की पूरी कोशिश की लेकिन वह मेरी बेटी के साथ चली गई। आज, भगवान ने मुझे अपनी चुनी हुई पत्नी देकर शादी को फिर से ठीक कर दिया। तीन लड़कों के साथ मेरे लिए सुकून ही सुकून बन गया है।

सातवीं हीलिंग, छुटकारा और रिकवरी मेरी बेटी के साथ हुई। फ्रांस में, उसे डिप्रेशन और सिज़ोफ्रेनिया का पता चला। यह हमारे यूनिवर्सिटी प्रोग्राम के एक साल बाद की बात है। वह कई बार फिजियाट्रिस्ट हॉस्पिटल गई। एक दिन, उसके जन्मदिन से लगभग 24 घंटे पहले। मैंने भगवान से प्रार्थना करना शुरू किया कि उसे एक और दिन हॉस्पिटल में नहीं बिताना पड़ेगा और वह अपने जन्मदिन पर पूरी तरह ठीक हो जाएगी। अगले दिन, डॉक्टर उसके ज़बरदस्त बदलाव और रिकवरी से हैरान रह गए और उसे उसके जन्मदिन पर डिस्चार्ज कर दिया। तब से उसने कभी हॉस्पिटल का पक्षी नहीं देखा।

मैं बिजली के झटके से मिली राहत और ठीक होने को नज़रअंदाज़ कर देता हूँ, जिससे मेरी जान लगभग चली गई थी, फ़ूड पॉइज़निंग, कई कार एक्सीडेंट जिनमें मुझे कोई खरोंच नहीं आई, कई बिज़नेस फेलियर और उसके बाद भगवान की महिमा के लिए ठीक होना – इस लेख में शामिल करने के लिए बहुत कुछ है!

अब, मैं पूरे दिल से सर्वशक्तिमान ईश्वर की सेवा करता हूँ

मैं ठीक हो गया हूँ, मैं बच गया हूँ और मैं ठीक हो गया हूँ - महिमा!

मैं अपने होने का पूरा क्रेडिट भगवान को देता हूँ। यह कमाल की बात है कि भगवान ने हमें अपनी ज़िंदगी की लड़ाइयों के ज़रिए उस मिनिस्ट्री में कैसे डाला जो उन्होंने हमारे लिए रखी है। वे लड़ाइयाँ ट्रेनिंग का मैदान बनीं जिससे मिनिस्ट्री को जन्म मिला। इसलिए, अपना दर्द बर्बाद मत करो। मुश्किलों को बुरा मत समझो। ज़रा भी शर्म महसूस मत करो क्योंकि अगर तुम उन लड़ाइयों को देख पाओगे, तो तुम्हें पहले से पता चल जाएगा कि भगवान ने तुम्हारे लिए क्या रखा है। क्राइस्ट ने दुख उठाकर आज्ञा मानना सीखा। वह वहीं बैठे जहाँ हम बैठे हैं, वह हमारे लिए बीच-बचाव करने के लिए जीते हैं। जब वह हमारे साथ थे, तो उन्होंने हमें हीलिंग, छुटकारा और ठीक करना दिखाया और हमें भी ऐसा ही करने का हुक्म दिया। मार्क 16:15-20

मरकुस 16:15-20
एम्प्लीफाइड बाइबल, क्लासिक संस्करण
15 और उसने उनसे कहा, सारे जगत में जाओ और सारी सृष्टि [सारी
[एक] मानव जाति] को सुसमाचार प्रचार करो और खुले तौर पर
प्रकाशित करो।
16 जो विश्वास करता है [जो सुसमाचार और जिसे यह बताता है उस
पर भरोसा करता है और निर्भर करता है] और बपतिस्मा लेता है, वह
[[ख] हमेशा की मौत की सज़ा से बच जाएगा]; लेकिन जो विश्वास
नहीं करता [जो सुसमाचार और जिसे यह बताता है उस पर भरोसा
नहीं करता और निर्भर नहीं करता] वह दोषी ठहराया जाएगा।
17 और जो लोग विश्वास करेंगे उनके साथ ये प्रमाण चिह्न होंगे: वे मेरे
नाम से दुष्टात्माओं को निकालेंगे; वे नई नई भाषाएँ बोलेंगे;

[18] वे साँप उठा लेंगे; और अगर वे कोई जानलेवा चीज़ पी भी लें, तो भी उन्हें कोई नुकसान नहीं होगा; वे बीमारों पर हाथ रखेंगे, और वे ठीक हो जाएँगे।
[19] तो प्रभु यीशु उनसे बात करने के बाद स्वर्ग में उठा लिए गए और परमेश्वर के दाहिने हाथ बैठ गए।
[20] और वे बाहर गए और हर जगह प्रचार किया, जबकि प्रभु उनके साथ काम करता रहा और उन संकेतों और चमत्कारों से संदेश को पक्का करता रहा जो उसके साथ थे। आमीन (ऐसा ही हो) ।

आपकी लड़ाइयाँ आपके जीवन के मकसद के लिए असली ट्रेनिंग ग्राउंड हैं। आज ही अपनी ज़िंदगी का जायज़ा लें। यानी, अगर आप अपनी ज़िंदगी के लिए भगवान का दिव्य मकसद जानने के लिए संघर्ष कर रहे हैं।

जीवित परमेश्वर की सेना के रूप में, आपको प्रोत्साहित करने के लिए, मैं आज हमारे महायाजक - यीशु मसीह के अनुभव को गवाही के लिए लाया हूँ।

इब्रानियों 5:7-10

एम्प्लीफाइड बाइबल, क्लासिक संस्करण

[7] अपनी देह में रहने के दिनों में [यीशु] ने निश्चित और विशेष बिनती [उसके लिए जो वह न केवल चाहता था [क] बल्कि आवश्यक भी था] और ऊंचे स्वर से पुकार-पुकार कर और आंसू बहा-बहा कर उससे विनती की जो उसे मृत्यु से बचाने में हमेशा सक्षम था और उसकी सुनी गई क्योंकि वह परमेश्वर के प्रति आदर रखता था [उसका ईश्वरीय भय, उसकी धर्मपरायणता, [ख] जिसमें वह पिता की उज्ज्वल उपस्थिति से अलग होने की भयावहता से सिकुड़ गया] ।
[8] पुत्र होने पर भी उसने दुख उठाकर आज्ञा मानना सीखा

9 और, [अपने पूरे अनुभव] ने उसे पूरी तरह से तैयार करके, वह ***उन सभी के लिए हमेशा की मुक्ति का कर्ता और स्रोत बन गया जो उस पर ध्यान देते हैं और उसकी आज्ञा मानते हैं,***
10 परमेश्वर की ओर से ***मलिकिसिदक की रीति (और*** *पद)* *के अनुसार महायाजक* ***नियुक्त***
, पहचाना ***और नमस्कार किया गया।***

आज, Otakada.org साइबर चर्च मिनिस्ट्रीज़ 2 मिलियन से ज़्यादा कंटेंट के ज़रिए उन लोगों को हीलिंग, छुटकारा और ठीक करने का काम करती है जो क्राइस्ट जीसस में चमत्कार के लिए खुद को खोलेंगे। यह मिनिस्ट्री वह मिनिस्ट्री थी जिसे पवित्र आत्मा ने 14 जून 2003 को मेरी आत्मा में डाला था, जब मैं यूनाइटेड किंगडम में रह रहा था। उसने मुझसे कहा, "मैं चाहता हूँ कि तुम इंटरनेट का इस्तेमाल करके मेरी बात दुनिया के कोने-कोने तक फैलाओ।" उस समय, स्मार्ट फ़ोन नहीं थे। आज, हैं और बात बिना किसी रुकावट के फैल रही है। Otakada.org की शुरुआत जनवरी 2013 में हुई थी, भगवान के निर्देश के दस साल बाद।

अगर मैं मसीह के शरीर के लिए कुछ प्रार्थना करता हूँ, तो वह यह है - कि हर इंसान खुद मसीह से ऐसे अनोखे तरीकों से मिले जो उनकी ज़िंदगी का रास्ता हमेशा के लिए बदल देंगे! आमीन

नीचे 2006 में किशमिश मसीह के साथ मुलाकात है। इससे धन्य रहें। यह मेरी किताब से है – ***अलौकिक ईश्वर से जुड़ना!*** - आनंद लें

https://www.amazon.com/~/e/B07MSBPFNX

लेटेस्ट Amazon पेज -
https://www.amazon.com/stores/Zacharias-Godseagle/author/B0FCZ89D4K

सच्ची कहानी: लंदन में पवित्र आत्मा से मेरी मुलाकात, शनिवार, सुबह 5 बजे, 22 अप्रैल 2006

मेरा जन्म एक क्रिश्चियन परिवार में हुआ था, मैं क्रिश्चियन ही रहा हूँ, चर्च जाता था, एक्टिविटीज़ में जाता था और जितना हो सके उतना अच्छा सेवा करता था, जब तक कि यह मुलाकात नहीं हुई जिसने मेरी ज़िंदगी बदल दी। 16 मार्च 2006 को, मैं लंदन के हॉस्पिटल के हॉलवे में इधर-उधर टहल रहा था क्योंकि मेरी पत्नी को तीन दिन से लेबर पेन हो रहा था। डॉक्टरों ने आखिर में यह नतीजा निकाला कि अगर सुबह तक बच्चा नैचुरली नहीं हुआ, तो उसे सिज़ेरियन सेक्शन करवाना होगा। हमें पता नहीं था, मेरी सास ने पहले ही एक सपने में देख लिया था कि वह इस डिलीवरी से बच नहीं पाएंगी। भगवान का शुक्र है कि ऐसी सासें अच्छी होती हैं। बेशक, मुझे और मेरी पत्नी को इस बारे में पता नहीं था।

इसी दौरान मेरे मन में यह बात आई कि अगले दिन से, यानी 17 मार्च 2006 से चालीस (40) दिन का उपवास शुरू करूँ। मैं घबरा गया क्योंकि मैंने पहले कभी चालीस दिन का उपवास नहीं किया था। इस तरह आप उन शारीरिक विचारों और विचारों में फर्क कर सकते हैं जो हमारे अंदर पवित्र आत्मा द्वारा हमारे दिल से हमारे दिमाग में डाले जाते हैं। वह आपको कुछ ऐसा करने के लिए कहेगा जो पवित्र शास्त्र के अनुसार हो और जिसे आप स्वाभाविक रूप से नहीं करेंगे। मेरे मन में अचानक आए विचार के साथ मैंने बातचीत शुरू की, विचारों के जवाब में, मैं जानना चाहता हूँ कि मैं चालीस दिनों तक किस बारे में प्रार्थना करूँगा।

अगला इंस्ट्रक्शन था कि मुझे एक नोटबुक और एक पेन लेना चाहिए और मैंने हॉस्पिटल के वार्ड में ही उन इंप्रेशन को लिखना शुरू कर दिया जो मुझे मिल रहे थे। अपनी पत्नी के लिए प्रार्थना करने के बजाय, मुझे पता चला कि मेरे दिमाग में जो प्रार्थना के पॉइंट आ रहे थे, वे पादरियों,

चर्चों, शरीर में एकता और इन सब पर थे। तब मैंने भगवान से पूछा, अगर मुझे यह काम करना है, तो मैं इन 40 दिनों के उपवास के खत्म होने से पहले उनसे मिलना चाहूंगा। मुझे लगता है कि अब कोई जवाब नहीं आया क्योंकि उनके प्रकट होने की शर्त 40 दिन उपवास करने के पहले इंस्ट्रक्शन को मानने पर निर्भर करने वाली थी।

कहानी आगे बढ़ाने से पहले एक बात ध्यान देने वाली है कि भगवान आपकी बात मानने के आखिरी पॉइंट से आगे कोई कदम नहीं उठाएंगे। अगर वह आपको कुछ करने के लिए कहते हैं, तो आप वह नहीं करते, वह तब तक चुप रहते हैं जब तक आप बात न मानने के आखिरी पॉइंट पर वापस नहीं आ जाते और बात नहीं मानते। योना की कहानी पढ़ें। योना भगवान के काम के उलटी दिशा में भागा। तूफ़ानों के बीच, जब तक योना बात नहीं मानता था, भगवान ने कभी बात नहीं की, जब तक कि योना की आत्महत्या की बेकार कोशिश नाकाम नहीं हो गई, तब उसने भगवान को पुकारा।

योना 2:1-10

पेट से अपने परमेश्वर यहोवा से प्रार्थना की ।
2 और उसने कहा: "मैंने अपनी तकलीफ़ के कारण यहोवा को
पुकारा, और उसने मुझे जवाब दिया। "मैंने अधोलोक के पेट से
पुकारा, और तूने मेरी आवाज़ सुनी।
3 क्योंकि तूने मुझे गहरे समुद्र में, समुद्र के बीच में फेंक दिया, और
बाढ़ ने मुझे घेर लिया; तेरी सारी लहरें और तेरी सारी लहरें मेरे ऊपर
से गुज़र गईं।
4 तब मैंने कहा, 'मुझे तेरी नज़र से दूर कर दिया गया है; फिर भी मैं
तेरे पवित्र मंदिर की ओर फिर से देखूंगा।'

5 पानी ने मुझे घेर लिया, मेरी जान तक; गहरा पानी मेरे चारों तरफ़
था; घास-फूस मेरे सिर के चारों ओर लिपटी हुई थी।
6 मैं पहाड़ों की घाटियों में चला गया; धरती ने अपनी सलाखों से मुझे
हमेशा के लिए बंद कर दिया; फिर भी, हे यहोवा, मेरे परमेश्वर, तूने
मेरी जान को गड्ढे से बाहर निकाला है।
7 "जब मेरी आत्मा मेरे भीतर से थक गई, तो मैंने यहोवा को याद
किया; और मेरी प्रार्थना तेरे पास, तेरे पवित्र मंदिर तक पहुंची।
8 "जो लोग बेकार की मूर्तियों पर ध्यान देते हैं, वे अपनी दया को छोड़
देते हैं।
9 लेकिन मैं शुक्रगुज़ारी के साथ तेरे लिए बलिदान चढ़ाऊंगा; मैंने जो
मन्नत मानी है, उसे पूरा करूंगा। मुक्ति यहोवा की तरफ़ से है।"
10 तब यहोवा ने मछली से कहा, और उसने योना को सूखी ज़मीन
पर उगल दिया।

किसी के लिए एक शब्द

"जीवित, प्यार करने वाले भगवान की प्यारी बेटी और बेटे, सुनो। भगवान प्यार करने वाले और दयालु हैं, लेकिन भगवान हार्ड रॉक सॉलिड फुटबॉल भी खेलते हैं। क्या तुम उनके साथ एक खराब फुटबॉल मैच में शामिल होना चाहते हो? इसके बारे में सोचना भी मत। तुम्हारा हाथ-पैर सूज जाएगा। उसके बाद भी, वह तुमसे प्यार करते हैं और हमेशा तुमसे और मुझसे प्यार करते रहेंगे। तुम अपने अंदर उनकी आत्मा रखते हो। तुम्हें उनकी छवि और समानता में बनाया गया था।

आप उनके पसंदीदा प्रोजेक्ट हैं, जब आप पाप में डूबे होते हैं, तब भी वह आपके लिए जोशीले होते हैं, वह आप पर दया करते हैं, खोजते हैं, ऐसे हालात और परिस्थितियाँ बनाते हैं जो आपको उनकी प्यार

भरी मदद की ओर वापस ले जाएँगी। आप अपने नहीं हैं, आपको एक कीमत देकर खरीदा गया है, आप मसीह में, ईश्वर में ध्यान दिए गए हैं। आप उनकी आँखों का तारा हैं, आप शाही हैं, आप उनके पुजारी हैं, आप खास हैं। वह कहते हैं कि अगर आप सोच सकते हैं कि तारे कितने चमकीले हैं, तो आप स्वर्ग के तारों से भी ज़्यादा चमकीले हैं। वह कहते हैं कि आपके सिर से एक भी बाल ऐसा नहीं गिरता जिसके बारे में वह नहीं जानते। वह उन्हें गिनते हैं और उनकी संख्या जानते हैं।

लूका 12:4-7

4 "और मैं तुमसे कहता हूँ, मेरे दोस्तों, उनसे मत डरो जो शरीर को मारते हैं, और उसके बाद और कुछ नहीं कर सकते।
5 लेकिन मैं तुम्हें बताता हूँ कि तुम्हें किससे डरना चाहिए: उससे डरो, जिसे मारने के बाद नरक में डालने का अधिकार है; हाँ, मैं तुमसे कहता हूँ, उसी से डरो!
6 "क्या पाँच गौरैया दो सिक्कों में नहीं बिकतीं? और परमेश्वर उनमें से एक को भी नहीं भूलता।
7 लेकिन तुम्हारे सिर के बाल भी गिने हुए हैं। इसलिए डरो मत; तुम बहुत सी गौरैयों से ज़्यादा कीमती हो।

अब मुलाकात जारी है: देखो, 22 अप्रैल 2006 को, चालीस दिन के उपवास के खत्म होने से तीन दिन पहले, सुबह ठीक 5 बजे, भगवान ने अपना वादा निभाया। मैं आधा जागा हुआ था जब यह इंसान, इंसान के रूप में, हाथ पीठ के पीछे जोड़े, थोड़ा आगे झुके, मुझे फर्श पर देखते हुए, धीरे-धीरे, एक-एक कदम, बिना किसी जल्दी के, खिड़की वाले हिस्से से लाउंज में मेरी तरफ आए। मैं उनका रूप तो पहचान सकता था लेकिन उनका चेहरा साफ नहीं देख पा रहा था।

आप जानते हैं कि हम जो मिडिल ईस्टर्न फिल्में देखते हैं, उनमें जीसस कैसे कपड़े पहनते हैं। वह तुरंत मेरे पास आए, मेरे पैरों के आस-पास की जगह जहाँ वह खड़े थे, इतनी ज़ोर से वाइब्रेट करने लगी जैसे वह कभी थी ही नहीं, बल्कि ऐसा लगा जैसे वह जगह बस गायब हो गई हो। जैसे ही वह मेरी छाती, गर्दन और सिर की तरफ बढ़े, वही हुआ और वह आगे-पीछे होते रहे। उन्होंने जो भी जगह छोड़ी, वह पहले की तरह फिर से जुड़ गई और यह प्रोसेस पहले की तरह चलता रहा। उस अनुभव की असली ताकत को बताने के लिए शब्द नहीं थे; मुझे समय का पता ही नहीं चला और मैं डर गया और ज़मीन पर बेकाबू होकर लोटते हुए विनती करने लगा कि वह रुकें और मुझे बताएं कि वह मुझसे उनके लिए क्या करवाना चाहते हैं। यह हमारे स्वर्ग में रहने वाले पिता की ज़ाहिर ताकत से मेरा सामना था।

उस ट्रान्स एक्सपीरियंस के बाद, मुझे क्राइस्ट के शरीर के अलग-अलग नज़ारे दिखने लगे। एक बार, सपने में, प्रभु जीसस क्राइस्ट अंदर आए, उनका शरीर पूरी तरह से अलग-अलग हिस्सों में बंटा हुआ था लेकिन स्किन के छोटे-छोटे लिगामेंट्स से जुड़ा हुआ था। हर हिस्सा एक चर्च मिनिस्ट्री था। मैं उन मिनिस्ट्रीज़ को पहचान सकता था जिनसे मैं परिचित था। शरीर के हिस्सों के बीच कनेक्शन मज़बूत नहीं थे। अब मैं समझता हूँ कि चर्च इंस्टीट्यूशन्स या मिनिस्ट्रीज़ जैसा कि हम आज उन्हें जानते हैं, उनके शरीर को बाँट रहे हैं, उनके चर्च के अलग-अलग सदस्य घमंड, छोटे-मोटे ईगो और शरीर की सभी वासनाओं की वजह से उनके शरीर को बना रहे हैं। यह इंटर-चर्च कॉम्पिटिशन, लीडरशिप स्ट्रगल, सदस्यों का ध्यान भटकाना, दूसरी मिनिस्ट्रीज़ को नीचा दिखाना, चर्च के सदस्यों के बीच लड़ाई, लीडरशिप चुराना और ऐसी शानदार लाइफस्टाइल जीना जो सदस्यों के लिविंग स्टैंडर्ड को नहीं दिखाती और यह लिस्ट और भी लंबी है। अगर आप ऐसे हैं, तो बुराई से दूर रहें, क्योंकि हमारा भगवान

भस्म करने वाली आग है और बालाम के पाप को याद रखें जिसने पैसे के लालच में, भगवान को गलत तरीके से पेश किया और भगवान के धन्य बच्चों को शैतान को सौंप दिया, दुश्मन को बुरी सलाह देकर।

अब मैंने प्रभु से पूछा कि मैं उनके इस हल्के से जुड़े हुए बिखरे हुए शरीर में कहाँ फिट हो सकता हूँ। उन्होंने मुझसे कहा कि मैं ऐसे चर्च ढूंढूँ जो लोगों को शिष्य बनाते हों और मुझे संख्या से प्रभावित नहीं होना चाहिए।

बाकी सब इतिहास है। अब मुझे एहसास हुआ कि उस मुलाकात के बाद उन पर मेरा भरोसा बढ़ गया था, अब मुझे एक मकसद और मिशन का एहसास था। भगवान ने मुझे बाद के सपनों में जो भी काम दिए, वे इस पहले काम से मिलते-जुलते थे। कोई विवाद नहीं हुआ। मैं कभी-कभी रास्ते से भटक जाता हूँ, लेकिन वह प्यार से मुझे वापस ले आते हैं और कभी-कभी बात न मानने पर चोटें भी लगती हैं। पवित्र आत्मा की शक्ति और मौजूदगी ने मुझे वे काम करने में काबिल बनाया है जो मैं काम के खास एरिया में पहुँचने में स्वाभाविक रूप से नहीं कर पाता। भगवान हमें अपनी पवित्र आत्मा से भरते हैं ताकि हम सेवा के लिए तैयार हो सकें। भगवान की दिव्य ताकत और काम के बिना कभी भी उनके लिए कोई काम न लें।

इस खुलासे से मुझे यह भरोसा और भरोसा मिला कि भगवान मौजूद हैं और हमसे बातचीत करने के लिए बहुत ज़्यादा इच्छुक हैं, अगर हम उनकी फ्रीक्वेंसी के साथ जुड़ने और विश्वास के साथ उनसे पूछने को तैयार हों। वह इस मामले में ट्रान्स (खुले दर्शन) के ज़रिए बोलते हैं, सपनों के ज़रिए, इमेज इंप्रेशन के ज़रिए, हमारे दिमाग में अचानक आने वाले विचारों के ज़रिए, हमारे सामने आने वाले हालातों के ज़रिए, हमसे मिलने वाले लोगों के ज़रिए, भगवान के चुने हुए पुरुषों और महिलाओं के ज़रिए, बच्चों के ज़रिए, शांति के ज़रिए और भगवान के वचन के ज़रिए। यह ध्यान रखना

ज़रूरी है कि अंदर का गवाह और भगवान का वचन उससे मेल खाना चाहिए जो हमने देखा, सुना है या अपने मन पर बिठाया है। शैतान और शैतानी आत्मा भी बोलते हैं, हमारे मन पर असर डालते हैं। यीशु ने हमें इस बारे में सावधान किया है :-

यूहन्ना 10:27

27 मेरी भेड़ें मेरी आवाज़ सुनती हैं, और मैं उन्हें जानता हूँ, और वे मेरे पीछे-पीछे चलती हैं।

असाइनमेंट 1

क्या आपकी अपने स्वर्गीय पिता से वैसी मुलाकात हुई है जैसी मैंने अभी बताई? अगर नहीं हुई है, तो मैं आपको हिम्मत देता हूँ कि आप उनसे एक बार ज़रूर मिलें। दिखावे के लिए नहीं, बल्कि इसलिए कि आप उनके साथ अभी से भी ज़्यादा मज़बूत रिश्ता बनाना चाहते हैं। आप जहाँ हैं, वहीं से शुरू करें। क्या आप सही रास्ता नहीं चुन रहे हैं, वहीं से शुरू करें। उड़ाऊ बेटे को याद करें, पिता ने पाप के बावजूद उसका स्वागत किया। वह पिता का दिल है। कभी-कभी, हम इसलिए मुश्किल में पड़ जाते हैं क्योंकि हमें अपनी ज़िंदगी में भगवान का एहसास नहीं होता। वह इंतज़ार कर रहे हैं, आपसे और मुझसे जुड़ने का इंतज़ार कर रहे हैं।

अभी रुकें और प्रार्थना करें कि वह खुद को आपके सामने प्रकट करे, मेरा मतलब है एक ठोस रूप। कुछ बेकार मुलाकातें नहीं जिन्हें आप कुछ ही दिनों में भूल जाते हैं। हर बार जब मैं ऊपर बताए गए अनुभव को याद करता हूँ, तो यह हमेशा की तरह ताज़ा लगता है। यह हमेशा के लिए मेरे DNA में बस गया है। उससे कहें कि वह खुद को किसी प्रियजन, पत्नी, पति, पार्टनर वगैरह के सामने प्रकट करे और उस पर

विश्वास करे। देखें क्या होता है। भगवान चाहता है कि उस पर विश्वास किया जाए, वह चाहता है कि उस पर विश्वास किया जाए। हमारा विश्वास कहता है कि मैं आप पर विश्वास करता हूँ और आप पर भरोसा करता हूँ कि आप जो करना चाहते हैं वह करेंगे।

अब, ठीक होने, छुटकारा पाने और ठीक होने के उस सिलसिले के अलावा जो मैंने खुद महसूस किया, नीचे दी गई कई घटनाओं ने इस मिनिस्टर के लिए मेरे गुस्से को और बढ़ा दिया - मेरी माँ 44 साल की उम्र में हाई ब्लड प्रेशर से गुज़र गईं – मेरी सबसे बड़ी बहन 44 साल की उम्र में ब्रेस्ट कैंसर से और मेरे पापा 77 साल की उम्र में प्रोस्टेट कैंसर से गुज़र गए। इसलिए, मैं शैतान पर गुस्सा हूँ कि वह मेरे अपनों से चोरी कर रहा है और मैं भगवान से सबसे अच्छा पाने के लिए भूखा हूँ। सिर्फ़ अपने लिए नहीं, बल्कि दूसरों के लिए भी ताकि उन्हें कम उम्र में अपने माता-पिता या भाई-बहन को खोने की ज़रूरत न पड़े और वे जीसस के नाम पर अच्छी और पूरी सेहत के साथ अपने दिन बिता सकें, आमीन।

परमेश्वर ने मुझसे और आपसे यह वादा किया है:

निर्गमन 23:25-27
एम्प्लीफाइड बाइबल, क्लासिक संस्करण
25 तुम अपने परमेश्वर यहोवा की सेवा करना; वह तुम्हारे भोजन और पानी पर आशीष देगा, और मैं तुम्हारे बीच से बीमारी दूर कर दूंगा।
26 तुम्हारे देश में कोई भी अपने बच्चे को गर्भपात से नहीं खोएगी या बांझ नहीं होगी; मैं तुम्हारे दिनों की गिनती पूरी करूँगा।
27 मैं तुम्हारे आगे-आगे अपना डर भेजूंगा और जिन लोगों के पास तुम जाओगे, उन सब में घबराहट पैदा कर दूंगा, और तुम्हारे सब दुश्मनों को तुमसे दूर भगा दूंगा।

आपके साथ मिलकर, मैं यीशु के नाम पर उस वादे को निभाना चाहता हूँ, आमीन। इस किताब में ***"ग्रेटर एक्सप्लॉइट्स- 1 – आप इसके लिए जल रहे थे – हीलिंग, मुक्ति और बहाली – महान लोगों से 100 से ज़्यादा सालों के रिकॉर्ड के बारे में जानें, जो*** भगवान के पुरुषों और महिलाओं द्वारा किए गए कारनामों के बारे में हैं, जिन्हें भगवान ने अपने समय के लिए इस्तेमाल किया। यह हमारे लिए भी है। किताब आपको बताएगी कि कैसे। हम सीखी हुई बातों को लागू करके पहले से ही नतीजे देख रहे हैं और आपको भी देखने चाहिए। आमीन

महान कारनामे - 1

- प्रकाशक के बारे में

हमारे बारे में – गॉड्स ईगल मिनिस्ट्रीज़ (GEM)

राष्ट्रों को बीज बोना। जीवन बदलना।

"ताकि वे सब एक हो जाएं..." — यूहन्ना 17:21–23

हमारा शासी दृष्टिकोण

एक एकजुट ईसाई दुनिया — बनी, सिर्फ़ इकट्ठा नहीं हुई

गॉड्स ईगल मिनिस्ट्रीज़ इसलिए है ताकि हम ईश्वर के हमेशा रहने वाले मकसद में हिस्सा ले सकें:

एक एकजुट चर्च जो आज्ञाकारिता, मैच्योरिटी और दिखने वाले बदलाव के साथ चल रहा हो , जो क्राइस्ट में जुड़ा हो और पवित्र आत्मा से गाइड हो।

हम मसीह के एक वैश्विक शरीर की कल्पना करते हैं जो एकरूपता, मंच या व्यक्तित्व से एकजुट नहीं है - बल्कि **सत्य, आज्ञाकारिता आधारित शिष्यत्व और परिवर्तित जीवन के प्रति साझा समर्पण से एकजुट है** ।

हमारे लिए एकता कोई नारा नहीं है। यह

एकता , **नएपन** और **लोगों में बने मसीह** का फल है ।

हमारा संस्थापक अधिदेश

रोमियों 12:1–2 के अनुसार परिवर्तन

हम जो कुछ भी करते हैं—किताबें, भक्ति, शिक्षाएं, फिल्में, ऑडियो, वीडियो, डिजिटल प्लेटफॉर्म और भविष्य की टेक्नोलॉजी—सब **एक ही मुख्य उद्देश्य के लिए मौजूद हैं** :

मन का नया होना, जिससे मापा जा सकने वाला, ज़िंदा बदलाव आता है।

हमारा कम्युनिकेशन **जानकारी लेने** , इमोशनल स्टिम्युलेशन या पैसिव प्रेरणा के लिए डिज़ाइन नहीं किया गया है।

इन्हें इसके लिए डिज़ाइन किया गया है:

- पश्चाताप और पुनर्संरेखण
- सोच का नवीनीकरण
- पवित्रशास्त्र का पालन
- दृश्यमान चरित्र परिवर्तन
- निरंतर आध्यात्मिक परिपक्वता

बदलाव सोचा हुआ नहीं होता।

इसे **इसके लिए डिज़ाइन किया जाता है, इसकी देखभाल की जाती है, इसे मापा जाता है और इसे पूरा किया जाता है** ।

"हमारी सफलता का मापदंड"

इस तरह की भाषा के साथ:

- हम सफलता को सिर्फ़ ट्रैफ़िक से नहीं मापते
- हम सफलता को बदले हुए जीवन से मापते हैं
- हम जुड़ाव से ज़्यादा आज्ञाकारिता को महत्व देते हैं
- हम वायरलिटी से ज़्यादा रिन्यूअल को महत्व देते हैं

हमारा विशेष कार्य

राष्ट्रों का बीजारोपण — एक समय में एक जीवन

गॉड्स ईगल मिनिस्ट्रीज़ इसलिए है:

- **धर्मग्रंथों से जुड़े ऐसे रिसोर्स बनाएं, इकट्ठा करें और बांटें** जो बदलाव लाएं, सिर्फ़ ज्ञान नहीं।
- **सुसमाचार प्रचार, शिष्यत्व, उपचार, उद्धार, पुनर्स्थापना और परामर्श में संलग्न हों** , आत्मा, प्राण और शरीर
- **स्ट्रक्चर्ड शिष्यता यात्राएँ चलाएँ** जो विश्वासियों को मुलाकात से आज्ञाकारिता की ओर ले जाएँ

- पवित्र आत्मा के नेतृत्व में, **भविष्यवाणी की आज्ञा मानने और इलाके को समर्पित करने में मदद करें।**
- बाइबिल के अधिकार और इंसानी निगरानी में **बड़े पैमाने के डिजिटल सिस्टम की देखभाल करें**

हमारा काम सिर्फ़ स्केल के लिए नहीं, बल्कि **स्केल पर वफ़ादारी है** ।

हमारे मूल मूल्य

ये वैल्यूज़ **मिनिस्ट्री, पब्लिशिंग, लीडरशिप और टेक्नोलॉजी को एक जैसे कंट्रोल करती हैं** :

- **मसीह में निर्भीकता और निडरता**
- **सेवक नेतृत्व**
- **जवाबदेही के साथ उत्कृष्टता**
- **ईमानदारी और पारदर्शिता**
- **विवेक के साथ गति**
- **सच्चाई पर आधारित रचनात्मकता**
- **आत्मा के नेतृत्व में उदारता**

हमारा जुनून

हम इसके लिए पूरी तरह से प्रतिबद्ध हैं:

- **आत्मा की एकता और विश्वास की एकता** (इफिसियों 4:3, 13)
- **संतों को परिपक्वता और अच्छे कार्यों के लिए तैयार करना** (इफिसियों 4:11–16)
- **उपचार, मुक्ति और पुनर्स्थापना** जो स्थायी हो—चक्र नहीं
- **शिष्यत्व जो आज्ञाकारिता पैदा करता है, निर्भरता नहीं**
- **ऐसे विश्वासियों को तैयार करना जो खड़े हो सकें, पहचान सकें और दूसरों को शिष्य बना सकें**

हमारे काम की सात मुख्य अभिव्यक्तियाँ

1. **चर्च यूनिटी एंगेजमेंट**
   अलग-अलग पंथों, संस्कृतियों और देशों में आपसी संबंध और फॉर्मेशनल एकता बनाना।
2. **सालाना ग्लोबल प्रार्थना और उपवास**
   चालीस दिन (17 मार्च – 26 अप्रैल) एकता, नई जान, एकता और शिष्य बनाने के लिए। खास तौर पर दुनिया भर में चर्च और उसके नेताओं के लिए प्रार्थना। वे असर के सात पहाड़ों पर कहीं भी हों!
3. **प्रकाशन और सामग्री प्रबंधन**
   - लिखित और प्रकाशित शीर्षक
   - 66+ देशों में वितरित
4. **ग्लोबल कंटेंट डिस्ट्रीब्यूशन**
   2 मिलियन से ज़्यादा क्रिश्चियन रिसोर्स डिजिटल प्लेटफॉर्म पर मैनेज और सर्कुलेट किए गए।
5. **स्ट्रक्चर्ड डिसिप्लिनशिप जर्नी,**
   जिसमें ओटाकाडा प्लेटफॉर्म के ज़रिए होस्ट किए गए ऑटोमेटेड और गाइडेड रास्ते शामिल हैं।
6. **काउंसलिंग, हीलिंग और रेस्टोरेशन**
   वेब-बेस्ड और इन-पर्सन, पूरे व्यक्ति को संबोधित करते हुए।
7. **भविष्यवाणी के अनुसार आज्ञा मानना और इलाके का समर्पण**
   सिर्फ़ पवित्र आत्मा के नेतृत्व में, जवाबदेही के तहत किया जाता है।
8. **राष्ट्रों के लिए निरंतर प्रार्थना और उपवास**

हम प्रार्थना और उपवास में इकट्ठा होते हैं:

• हर गुरुवार

• हर महीने के आखिरी तीन दिन

हर महाद्वीप के लिए साल में दो बार प्रार्थना की जाती है, जिसमें **सात प्रभावशाली पहाड़ों पर परमेश्वर के राज्य के शासन का आह्वान किया जाता है** , जो मैथ्यू 21:13, यशायाह 56:7, और यिर्मयाह 7:11 के अनुसार है।

हम आपको ईमानदारी से भाग लेने के लिए आमंत्रित करते हैं।

हमारे प्लेटफ़ॉर्म (एक पारिस्थितिकी तंत्र, एक सिद्धांत)

- **Otakada.org** — शिष्यत्व, भविष्यसूचक शिक्षा, परिवर्तन यात्राएँ
- **Store.Otakada.org** — डिजिटल लाइब्रेरी, किताबें, सीरीज़ और भविष्य के जीवन का कंटेंट
- **shop.otakada.org – बुकस्टोर फ्रंट**
- **पब्लिशिंग चैनल** — दुनिया भर में 40,000 से ज़्यादा ग्लोबल डिस्ट्रीब्यूटर
- **मीडिया चैनल** — टीचिंग, टेस्टिमनी, फ़िल्में और डिसाइपलशिप कंटेंट

सभी प्लेटफॉर्म **एक ही ट्रांसफॉर्मेशन चार्टर के तहत काम करते हैं** , न कि किसी दूसरे एजेंडा के तहत।

वैश्विक पहुंच और प्रबंधन

- महीने की पहुंच: **500,000+**
- वितरित संसाधन: **2 मिलियन+**
- सक्रिय उपस्थिति: **66+ देश**
- शिष्यता का लक्ष्य: **2045 तक 100 मिलियन आत्माएं**

हम जो हैं

गॉड्स ईगल मिनिस्ट्रीज़ है:

- **आत्मा के नेतृत्व**
- **अनवधि**
- **संप्रदाय-अज्ञेयवादी लेकिन सिद्धांत-आधारित**
- **लोगों में मसीह के प्रति समर्पण का निर्माण हुआ**

- **बिना दीवारों वाला चर्च, लेकिन बिना व्यवस्था वाला नहीं**

"मसीह तुम में है, जो महिमा की आशा है।" — कुलुस्सियों 1:27

एकता, बाइबिल की स्पष्टता के साथ

- **आत्मा की एकता** (इफिसियों 4:3)
  एक मौजूदा सच्चाई जिसकी हम विनम्रता और प्यार से रक्षा करते हैं।
- **विश्वास की एकता** (इफिसियों 4:13)
  आज्ञा मानने पर आधारित शिष्यता से हासिल होने वाला विकास का नतीजा।

एकता **रिलेशनल और फॉर्मेशनल होती है** , कभी ऊपरी नहीं होती।

हमारे मंत्रालय के प्लेटफ़ॉर्म

- **Otakada.org** – शिष्यत्व, संसाधन, भविष्यवाणी मंत्रालय
- **Shop.otakada.org** – किताबें और डिजिटल डिसिप्लिनरी टूल्स
- **Amazon Author Page 1** – https://www.amazon.com/stores/Zacharias-Godseagle/author/B0FCZ89D4K Zacharias Godseagle/ Ambassador Monday O. Ogbe Author page
- **Amazon Author Page 2** – https://www.amazon.com/stores/author/B07MSBPFNX/allbooks . Ambassador Monday O. Ogbe Author Page
- **YouTube चैनल – MAIN** – https://www.youtube.com/@godseagleministries — टीचिंग, टेस्टिमोनियल्स और आउटरीच
- **YouTube चैनल – लेटेस्ट** – https://www.youtube.com/@AmbassadorMondayogbe — ग्लोबल डिसिप्लिनशिप और इवेंजलिज्म के लिए फिल्में, और दूसरा कंटेंट

हमारे इक्विपमेंटिंग कम्युनिटीज़ से जुड़ें

- **10 मिलियन मूवमेंट इंटरसेसरी कम्युनिटी – Facebook पर जुड़ें**
- **होली घोस्ट स्कूल डिसिप्लिनशिप – Facebook पर जुड़ें | Telegram पर जुड़ें**
- **10 मिलियन इंटरसेसर – WhatsApp पर जुड़ें**

गॉड्स ईगल मिनिस्ट्रीज़ WhatsApp कम्युनिटीज़

- **समुदाय 1**
- **समुदाय 2**

हस्ताक्षर पहल

- **सालाना 40-दिन की ग्लोबल प्रार्थना और उपवास: 17 मार्च – 26 अप्रैल**
- **राष्ट्रों के लिए मासिक प्रार्थना और उपवास: अफ्रीका, अमेरिका, यूरोप, एशिया, मध्य पूर्व, ओशिनिया, ध्रुवीय क्षेत्रों** पर केंद्रित
- **ग्रेटर एक्सप्लॉइट्स सीरीज़:** हीलिंग, रिवाइवल और स्पिरिचुअल इक्विपमेंट पर 20+ **वॉल्यूम**

हम जो हैं

गॉड्स ईगल मिनिस्ट्रीज़ एक **स्पिरिट से चलने वाला, बिना किसी सीमा वाला मूवमेंट है** जो इसके लिए कमिटेड है:

- विश्वासियों के दिलों में **आध्यात्मिक मंदिर** बनाना
- **जीवन को पुनर्स्थापित करना** : आत्मा, प्राण और शरीर
- **आत्मा की एकता** और **विश्वास की एकता** को बढ़ावा देना *(इफिसियों 4:3,13)*

"मसीह तुम में है, जो महिमा की आशा है!" — कुलुस्सियों 1:27

आइए जुड़ें

ईमेल: ambassador@otakada.org
फ़ोन/WhatsApp: +1 804-778-2759 (Whatsapp) | +1 302-492-2440 | +2348032835348 (Whatsapp)
ब्लॉग: otakada.org/blog
पार्टनरशिप और गिविंग: यहाँ क्लिक करें

हमारी वैश्विक उपस्थिति

ईस्ट कोस्ट USA: 3825 लैंकेस्टर पाइक, विलमिंगटन, DE;
ईस्ट कोस्ट USA: 4510 बर्क्स प्रॉमिस ड्राइव, बोवी, मैरीलैंड
वेस्ट कोस्ट USA: 1985 डेल एमो Blvd, टोरेंस, CA
वेस्ट अफ्रीका HQ: 8 सहाबा रेजिडेंस, लुग्बे अबुजा |
वेस्ट अफ्रीका HQ: 14 ओलालेरे क्लोज, ऑफ मिलियनेयर क्वार्टर्स, जोस नॉर्थ, जोस, प्लेटो स्टेट

नेतृत्व

राजदूत मंडे ओ. ओगबे
(छद्म नाम: ज़ाकारियास गॉडसीगल)
संस्थापक, लेखक,
गॉड्स ईगल मिनिस्ट्रीज़ —
बिना दीवारों, सीमाओं या संप्रदायों के एक चर्च

एक जीवित जनादेश

यह बयान स्थिर नहीं है।
यह नियंत्रित करता है:

- सामग्री निर्माण
- प्रकाशन मानक
- शिष्यत्व प्रणालियाँ
- AI-सहायता प्राप्त डिलीवरी
- सामुदायिक जुड़ाव
- जवाबदेही और निगरानी

यह **बात तो बदलेगी** , लेकिन **सच्चाई या मकसद में कभी नहीं** , क्योंकि परमेश्वर का काम देशों तक फैल रहा है।

महान कारनामे – 1

– पावती

यह किताब भगवान के इन महान लोगों के योगदान के बिना सामने नहीं आ पाती, जिन्होंने इस किताब को बेहतर बनाया है:

- ***जॉन जी. लेक***
- ***कैथरीन कुहलमैन***
- ***लेस्टर सुमराल***
- ***फ्रैंक और इडा मे हैमंड***
- ***डेरेक प्रिंस***
- ***उपन्यास हेस***
- ***जोसेफ अयो बाबालोला***
- ***रॉबर्ट डब्ल्यू. शम्बाच***
- ***आशीष रायचूर***
- ***करी ब्लेक***
- ***सिंडी ट्रिम***
- ***और भी बहुत कुछ जिनसे मैंने इतने सालों में सीखा है***

मैं अपनी पत्नी – कम्फर्ट और अपने चार बच्चों – डायना, जोसेफ, डेविड और आइजैक की भी तारीफ़ करना चाहता हूँ, जिन्होंने हमारे जीवन के अनुभवों से हमें बहुत कुछ दिया है। संघर्ष, उतार-चढ़ाव, सफलता और असफलता ने हमें मसीह में दिव्य उद्देश्य की ओर ले जाने में मदद की है। भगवान आप सभी को अनगिनत तरीकों से भरपूर आशीर्वाद दें, यीशु के नाम में, आमीन!

महान कारनामे - 1

- समर्पण

मैं यह किताब मुझे बनाने और मेरी ज़िंदगी बचाने के लिए परमपिता परमेश्वर को समर्पित करता हूँ।

मैं यह किताब प्रभु यीशु मसीह को समर्पित करता हूँ, उनके सबसे बड़े बलिदान के लिए, जिसने मुझे पिता तक बिना किसी रोक-टोक के, बिना किसी रोक-टोक के पहुँचने और परमेश्वर पिता, पुत्र और पवित्र आत्मा के साथ संगति करने का मौका दिया।

मैं यह किताब पवित्र आत्मा परमेश्वर को समर्पित करता हूँ, शक्ति और ताकत देने के लिए, सिखाने के लिए, मार्गदर्शन देने के लिए और हमेशा आराम देने वाली मौजूदगी के लिए, ताकि मैं वह सब बन सकूँ जिसके लिए मसीह मरे और मुझे बनाया।

मैं यह किताब अपनी पत्नी – कम्फर्ट और बच्चों – डायना, जोसेफ, डेविड और इसहाक को समर्पित करता हूँ, जो मेरे साथ जीवन के सफर में हैं, जिसमें ईश्वर में अनजान तक जाने के लिए बहुत कम या कोई ऑप्शन नहीं है।

महान कारनामे - 1

- परिचय

इस पुस्तक में, ***"ग्रेटर एक्सप्लॉइट्स - 1 - आप इसके लिए पैदा हुए हैं - उपचार, उद्धार और बहाली - महान लोगों से पता लगाएं कैसे,"*** आपको कहानियां, वास्तविक कहानियां और अधिक कहानियां और अस्सी (80) से अधिक साक्ष्य मिलेंगे जो संदेश को पुष्ट करेंगे और आपके जीवन और दूसरों के जीवन में आवेदन के लिए आगे बढ़ने के लिए आपके सीखने को मजबूत करेंगे।

चलते-फिरते सुनने और देखने के मज़े के लिए चैप्टर 1 से चैप्टर 10 तक के ऑडियो पॉडकास्ट और वीडियो अपलोड लिंक मिलेंगे ।

चैप्टर 2, 4, 5, 6.7.8.9 और 10 के आखिर में एग्रीमेंट पेयर्स, सेल्फ-हीलिंग, मुक्ति और रेस्टोरेशन प्रेयर मिलेंगी क्योंकि यह एक प्रैक्टिकल 'कैसे करें' किताब है।

आपको महान लोगों की बायोग्राफी और उन्हें महान बनाने वाली चीज़ें मिलेंगी , ***ताकि आप प्रोसेस सीख सकें और खुद महान बन सकें।***

सालों से भगवान पर अपना विश्वास मज़बूत करने के लिए सबूत मिलेंगे क्योंकि वह अभी भी यहाँ हैं और बाइबल के दिनों की तरह ही उपलब्ध हैं, अगर आप उन्हें इजाज़त दें तो वह आपकी सोच, सोच या कल्पना से कहीं ज़्यादा, बहुत कुछ करने के लिए मौजूद हैं।

आप जानेंगे ***कि पवित्र आत्मा में बपतिस्मा कैसे लें और मरती और खत्म होती दुनिया में परमेश्वर की रोशनी कैसे फैलाना शुरू करें।***

आपको *मिलेगा कि* ***कैद के लिए अब बहुत हो गया और मसीह में आज़ादी का स्वागत है - इस बिगड़ी हुई दुनिया में भगवान की रोशनी फैलाना + पवित्र आत्मा में बैप्टिज़म के लिए प्रार्थना + ट्रेवर प्लेस के ट्रेवर फैरेल और रॉबर्ट डब्ल्यू. शैमबैक की 2 कहानियाँ, इलेक्ट्रिक चेयर से एक आदमी की जान बचने पर - इंट्रो***

आप *पाएंगे* ***शैतान की कैद से बहुत हुआ और मसीह में आज़ादी का स्वागत है – भगवान से पाने की भूख और शैतान पर गुस्सा जिसने हमारी विरासत हमसे छीन ली! + दो (2) कहानियाँ – कहानी एक: नोरवेल हेस की: चमत्कार करना – अपनी बेटी के हाथ से क्रिएटिव चमत्कार और भारत में रॉबर्ट शैमबैक के कारनामे + खुद को आज़ाद करने की प्रार्थना स्क्रिप्ट + ठीक होने, छुटकारा पाने और ठीक होने के लिए प्रार्थना पार्ट 1***

आपको *मिलेगा* ***कि कैद के लिए बहुत हो गया और आज़ादी में आपका स्वागत है – COVID-19, कैंसर और दूसरी बीमारियों से कैसे ठीक हों या ठीक हों – पार्ट 2***

आपको *मिलेगा* ***कि शैतान की कैद से छुटकारा पाना बहुत हो गया है और मसीह यीशु में आज़ादी का स्वागत है – रोज़ाना की लड़ाई में एक्टिव होना – डेली डिक्लेरेशन प्रार्थना की जगह प्रैक्टिकल इक्विपिंग के लिए प्रार्थना – पार्ट 3- स्क्रिप्ट सिंडी ट्रिम द्वारा***

आपको *मिलेगा* ***शैतान की कैद के लिए बहुत हो गया और मसीह में आज़ादी में आपका स्वागत है – क्या ईसाइयों को शैतान बनाया जा सकता है? कैद करने वाला शैतान कई ईसाइयों को अज्ञानता के***

ज़रिए कैद में रखने के लिए जो झूठ बेचता है। अपनी ज़िंदगी में उनकी मौजूदगी का पता कैसे लगाएं और उन्हें कैसे दूर भगाएं + डेरेक प्रिंस द्वारा बताई गई गाइडेड सेल्फ़-डिलीवरेंस की एक टॉप कांग्रेसनल एड्स गवाही की सच्ची कहानी पार्ट 4 + सेल्फ़-डिलीवरेंस प्रेयर स्क्रिप्ट + हीलिंग, डिलीवरेंस और रेस्टोरेशन एग्रीमेंट प्रेयर

आपको *मिलेगा* ***कि शैतान की कैद के लिए अब बहुत हो गया और मसीह यीशु में आज़ादी में आपका स्वागत है - मुक्ति के लिए सात (7) ज़रूरी कदम + शैतानी ग्रुप को कैसे पहचानें और निकालें और आखिरी लड़ाई का विज़न और फ्रैंक और इडा मे हैमंड के बताए अनुसार चार (4) फ्रंटलाइन पर स्ट्रेटेजी से कैसे जीतें – पार्ट 5 और पार्ट 6 + खुद को छुड़ाने की प्रार्थना स्क्रिप्ट + ठीक होने, मुक्ति और ठीक होने के लिए एग्रीमेंट वाली प्रार्थना***

आपको *मिलेगा* ***कि शैतान की कैद से बहुत हो गया और ईसा मसीह में आज़ादी में आपका स्वागत है – आप में रहने वाली पवित्र आत्मा की शक्ति हवा के ज़रिए पानी और तेल में शब्दों के ज़रिए ट्रांसफर होती है, जो आपके और दूसरों के जीवन में हीलिंग, छुटकारा और बहाली का ज़रिया है – पानी और तेल पर सैंपल प्रार्थना स्क्रिप्ट शामिल है + एक पादरी और सिज़ोफ्रेनिया और दूसरे शैतानों से पीड़ित 6 साल की लड़की के छुटकारा पाने पर 2 कहानियाँ, जो आपके लिए सीखने का ज़रिया हैं, फ्रैंक और इडा मे द्वारा – पार्ट 7 + हीलिंग, छुटकारा और बहाली के लिए सहमति वाली प्रार्थना***

आपको मिलेगा ***कि शैतान की कैद के लिए अब बहुत हो गया और मसीह यीशु में आज़ादी का स्वागत है – आज़ादी पर इस सारी बातचीत में भगवान की मर्ज़ी और सबसे बड़ी ताकत कहाँ है? ऐसा क्यों नहीं है कि हम जिसके लिए प्रार्थना करते हैं, वह ठीक हो जाए,***

आज़ाद हो जाए या ठीक हो जाए? कुछ लोग धीरे-धीरे या थोड़ा-बहुत क्यों ठीक होते हैं? ठीक होने, छुटकारा पाने और ठीक होने में क्या रुकावटें हैं? और कुछ क्या करें और क्या न करें + इस टाइटल को सही साबित करने और डर की आत्मा की पकड़ तोड़ने के लिए एक (1) कहानी, भाई रॉबर्ट शैमबैक द्वारा – पार्ट 8 + खुद को ठीक होने की स्क्रिप्ट और ठीक होने, छुटकारा पाने और ठीक होने के लिए सहमति की प्रार्थना

आपको मिलेगा ***Enough is Enough to Captivity of Satan and Welcome to Freedom in Christ Jesus – हीलिंग, छुटकारा और बहाली पर आम सवालों के जवाब पाएं + हीलिंग, छुटकारा और बहाली की सेवा करने के लिए प्रैक्टिकल गाइडलाइन्स + पवित्र आत्मा द्वारा इडा मे हैमंड को बताए गए सिज़ोफ्रेनिया का सिंथेसिस और आत्मा से कैसे निपटें पार्ट 9***

आपको यह कन्फर्म करने के लिए निष्कर्ष मिलेंगे ***कि किताब आपकी ज़रूरत पूरी करती है या नहीं और साथ ही, मुक्ति पेज और 40 दिनों की शिष्यता यात्रा के लिंक भी शामिल हैं।***

आनंद लेना!

महान कारनामे - 1

शॉर्ट बायोग्राफी - जॉन जी. लेक – कैथरीन कुहलमैन – लेस्टर सुमराल – फ्रैंक और इडा मे हैमंड – डेरेक प्रिंस – नॉवेल हेस – जोसेफ अयो बाबालोला - रॉबर्ट शैमबैक

लोगों की तारीफ़ करना और यह समझना कि भगवान ने हमारी पीढ़ी में उनका इस्तेमाल किस लिए किया है, आपको और मुझे उनके इतिहास को देखना शुरू करना होगा। अगर इंसानियत किसी चीज़ में बुरी तरह नाकाम रही है, तो वह यह है – इतिहास को दिलचस्पी से देखने और उससे सीखने में नाकामयाबी, ताकि हम आगे बढ़ने के लिए एक अच्छी जानकारी वाला, पॉज़िटिव काम शुरू कर सकें।

इसी बारे में मैंने ग्रेटर एक्सप्लॉइट्स - 1 में शामिल किया है कि किस चीज़ ने उनकी सोच को बनाया और उन्हें भगवान के लिए आम से बढ़कर कुछ हासिल करने के लिए प्रेरित किया।

तो, इस बात का ध्यान रखें, जहाँ ज़रूरी हो वहाँ सीखें और भगवान की महिमा के लिए अपनी और अपने सर्कल के अंदर और बाहर दूसरों की ज़िंदगी में आगे बढ़ते हुए इसे अपनाएँ!

जॉन जी. लेक

"यीशु चंगा करनेवाला"

जॉन ग्राहम लेक का जन्म 18 मार्च, 1870 को कनाडा के ओंटारियो में हुआ था। जब वे छोटे थे, तो उनका परिवार अमेरिका के मिशिगन चला गया। जब वे छोटे थे, तो लेक ने साल्वेशन आर्मी की एक मीटिंग में हिस्सा लिया और उन्हें एक उद्धारकर्ता की ज़रूरत का एहसास हुआ, और उन्होंने यीशु को जीवन का प्रभु बनने के लिए बुलाया। लेक पर बीमारी का बहुत

बुरा असर पड़ा। वे सोलह बच्चों में से एक थे, और अपनी छोटी सी ज़िंदगी में उनमें से आठ की मौत हो गई। उन्हें बीमारी, दुख और मौत से नफ़रत होने लगी, जो उनके परिवार की ज़िंदगी का इतना बड़ा हिस्सा थीं।

लेक को मिनिस्ट्री की तरफ़ झुकाव महसूस हुआ, और उन्होंने मेथोडिस्ट मिनिस्टर बनने के लिए पढ़ाई की। उन्होंने पवित्रता पर मेथोडिस्ट शिक्षा को दिल से अपनाया और उसे पूरे जोश के साथ अपनाया। लेकिन, जब उनकी पढ़ाई पूरी हो गई, तो उन्होंने बिज़नेस में जाने और इलिनोइस में एक न्यूज़पेपर शुरू करने का फ़ैसला किया। फिर वे मिशिगन वापस चले गए और रियल एस्टेट में अपना करियर शुरू किया। वे जेनी स्टीवंस से मिले और उनसे शादी कर ली।

बीमारी लेक को अब भी परेशान कर रही थी। उसका भाई बीमार था, एक बहन को बहुत ज़्यादा कैंसर था, दूसरी बहन को ब्लीडिंग की दिक्कत थी, और उसकी पत्नी को टीबी और दिल की बीमारी थी। 1899 में परिवार ने शिकागो में जॉन एलेक्जेंडर डोवी के बारे में सुना था, क्योंकि उन्हें मीडिया में काफ़ी अटेंशन मिल रही थी। वे लेक के भाई को शिकागो के हीलिंग रूम में ले गए, और वह तुरंत ठीक हो गया। फिर दोनों बहनें भी गईं, और वे भी ठीक हो गईं।

आखिरकार, लेक ने जून 1899 में अपनी पत्नी के लिए प्रार्थना करने के लिए लोगों से संपर्क किया, और वह भी ठीक हो गईं। उन्होंने प्रेरितों के काम 10:38 देखने के लिए धर्मग्रंथ खोले, *"तुम नासरत के यीशु के बारे में जानते हो, कि कैसे परमेश्वर ने उन्हें पवित्र आत्मा और शक्ति से अभिषेक किया, और वह कैसे भलाई करते हुए, और शैतान के सताए हुए सभी लोगों को ठीक करते हुए घूमते रहे; क्योंकि परमेश्वर उनके साथ थे।* (NASB) उन्होंने खुद साफ देखा कि यीशु हीलर हैं और शैतान

इंसानों को सताता है। लेक डोवी के क्रिश्चियन कैथोलिक चर्च के सदस्य बन गए और सॉल्ट सेंट मैरी में एक ब्रांच खोली गई, जहाँ वह उस समय रह रहे थे। लेक नए चर्च में डीकन बन गए। अगस्त 1900 में लेक की पत्नी जेनी को उनके 4 साल के बेटे ने गलती से गोली मार दी। डोवी की शिक्षाओं को मानते हुए लेक्स ने मेडिकल मदद लेने से मना कर दिया और प्रार्थना पर निर्भर हो गए। यह घटना इतनी चौंकाने वाली थी कि शिकागो डेली ट्रिब्यून में एक आर्टिकल लिखा गया, जो डोवी की गतिविधियों के बारे में रेगुलर रिपोर्ट करता था।

1904 में लेक, डोवी के साथ काम करने के लिए शिकागो चले गए। भगवान की शक्ति देखकर, लेक ने पवित्र आत्मा के लिए और प्रार्थना करना शुरू कर दिया। उन्होंने भगवान की मौजूदगी को और बेहतर तरीके से जानने के लिए नौ महीने बिताए। लेक एक बीमार औरत के लिए प्रार्थना करने के लिए एक और आदमी के साथ गए। भगवान की मौजूदगी उन पर और उनके ऊपर ऐसे छाई जैसे उन्होंने पहले कभी महसूस नहीं की थी। अगले छह महीने यकीन, पछतावे और दिल की सफाई से भरे थे। आत्मा के तोहफ़े और बढ़ गए, और समझ और ठीक करने के तोहफ़े बहुत बढ़ गए। लेक, जॉन एलेक्जेंडर डोवी से ट्रेनिंग ले रहे थे, लेकिन हमेशा उनके काम करने के तरीके से सहमत नहीं थे। एक समय पर, डोवी ने उनकी कामयाबियों की लिस्ट बनाई और उनसे कहा, "अगर तुम कभी अपनी क्रिटिकल काबिलियत के बराबर कंस्ट्रक्टिव क्वालिटीज़ डेवलप कर लोगे, तो तुम मुझसे भी बड़े इंसान बनोगे।" जॉन लेक जानते थे कि उन्हें अपना काम खुद शुरू करना होगा। उन्हें अफ्रीका जाने का बुलावा महसूस हुआ और इंडियानापोलिस में कुछ समय के लिए पादरी का काम करने के बाद, 1908 में वे वहां चले गए। साउथ अफ्रीका में पाँच साल के समय में लेक ने 1,000,000 लोगों को धर्म बदलते देखा, सैकड़ों चर्च बनाए, और 1000 से ज़्यादा लोकल मिनिस्टर बनाए। हालाँकि, काम बहुत मेहनत वाला था, और दिसंबर 1908 में उनकी पत्नी की मौत

हो गई। उन्होंने अपने परिवार को एक साथ रखने का पक्का इरादा किया। 1913 में लेक अपने सात बच्चों के साथ यूनाइटेड स्टेट्स लौट आए।

यूनाइटेड स्टेट्स लौटने के बाद, उन्होंने दोबारा शादी की और ट्रैवलिंग मिनिस्ट्री शुरू की। उन्हें जिन जगहों पर बोलने के लिए कहा गया, उनमें से एक स्पोकेन, वाशिंगटन थी। उनसे एक हीलिंग रूम शुरू करने के लिए कहा गया, और वह मान गए। लगभग पाँच साल के समय में, 100,000 से ज़्यादा हीलिंग की रिपोर्ट मिली। स्पोकेन को "यूनाइटेड स्टेट्स का सबसे हेल्दी शहर" घोषित किया गया। हालाँकि लेक का चर्च कभी बड़ा नहीं था, फिर भी हज़ारों लोग देश और दुनिया भर से प्रार्थना करने आते थे। 1920 में, उन्हें पोर्टलैंड, ओरेगन जाने और वहाँ एक हीलिंग रूम मिनिस्ट्री शुरू करने का मन हुआ। इन सालों के दौरान भी इसी तरह की हीलिंग की रिपोर्ट मिली।

लेक ने वेस्ट कोस्ट के ऊपर और नीचे के शहरों में हीलिंग रूम मिनिस्ट्री शुरू करने के बारे में सोचा। लेकिन, उनकी ताकत कम होने लगी थी, क्योंकि वह बहुत तेज़ रफ़्तार से ज़िंदगी जी रहे थे। वह चर्च शुरू करने के लिए ह्यूस्टन, टेक्सास गए, लेकिन एक पारिवारिक संकट की वजह से उन्हें वापस बुला लिया गया और वे कभी वापस नहीं आए। उन्होंने कैलिफ़ोर्निया के चर्चों में मिनिस्ट्री की, फिर कुछ समय के लिए पोर्टलैंड में पादरी के तौर पर लौटे, और आखिर में अपनी बाकी ज़िंदगी के लिए स्पोकेन में वापस आ गए। 15 सितंबर, 1935 को उनकी मौत हो गई। सोर्स https://healingandrevival.com/BioJGLake.htm

कैथरीन कुहलमैन

मैं चमत्कारों में विश्वास रखता हूं

कैथरीन जोहाना कुलमैन का जन्म 9 मई, 1907 को कॉनकॉर्डिया, मिसौरी में हुआ था। उनके माता-पिता जर्मन थे और वह चार बच्चों में से एक थीं। उनकी माँ बहुत सख्त थीं, जो बहुत कम प्यार या स्नेह दिखाती थीं। दूसरी ओर, उनका एक बहुत करीबी और अपने पिता के साथ प्यार भरा रिश्ता। वह बताती थी कि जब वह छोटी बच्ची थी, तो कैसे उसके पिता काम से घर आते थे और वह उनके पैर पर लटक जाती थी और उनसे चिपक जाती थी। वह अक्सर कहती थी कि अपने पिता के साथ अपने रिश्ते की वजह से परमपिता परमेश्वर के साथ उसका रिश्ता बहुत सच्चा था।

कुहलमैन का धर्म तब बदला था, जब वह 14 साल की थीं। यह एक छोटे मेथोडिस्ट चर्च में हुई एक इवेंजेलिस्टिक मीटिंग में हुआ था। जब वह 16 साल की थीं, तो उन्होंने हाई स्कूल पास कर लिया, जो उनके शहर में सिर्फ़ दसवीं क्लास तक होता था। उनकी बड़ी बहन मर्टल ने एक घूमने वाले इवेंजेलिस्ट, एवरेट बी. पैरट से शादी की थी। वे अपना समय घूमने में बिताते थे और कैथरीन से कहा कि वह गर्मियों में उनके साथ आ सकती

है। उसके माता-पिता मान गए और वह मदद करने के लिए ओरेगन चली गईं। उसने उनके साथ काम किया, और अक्सर अपनी गवाही दी। जब गर्मियां खत्म हो गईं, तो वह वहीं रहना चाहती थीं, और कपल मान गए। उसने उनके साथ पांच साल तक काम किया।

इवेंजेलिस्टिक टीम में चार लोग थे, एवरेट, मर्टल, कैथरीन और हेलेन गुलिफोर्ड नाम की पियानो बजाने वाली। 1928 में एवरेट बोइस, इडाहो में एक मीटिंग में नहीं आ पाईं। एवरेट की जगह मर्टल और कैथरीन ने प्रचार किया। चर्च के पादरी ने कैथरीन को अकेले आगे बढ़ने के लिए हिम्मत दी। हेलेन उनके साथ जाने के लिए मान गईं। उनका पहला उपदेश बोइस, इडाहो के एक टूटे-फूटे पूल हॉल में था। टीम ने अगले पांच सालों तक इडाहो, यूटा और कोलोराडो को कवर किया। 1933 में वे पुएब्लो, कोलोराडो चले गए। उन्होंने मोंटगोमरी वार्ड के एक खाली पड़े गोदाम में अपना ठिकाना बनाया। वे वहां छह महीने तक रहे।

डेनवर, जो एक बहुत बड़ा शहर था, अगला स्टॉप था। वे कई बार शिफ्ट हुए लेकिन आखिर में एक पेपर कंपनी के वेयरहाउस में पहुँचे, जिसका नाम उन्होंने कुलमैन रिवाइवल टैबरनेकल रखा। फिर 1935 में वे एक बार फिर एक खाली पड़े ट्रक गैराज में चले गए, जिसका नाम उन्होंने डेनवर रिवाइवल टैबरनेकल रखा। कैथरीन को डेनवर में बहुत सफलता मिल रही थी। चर्च में लगभग 2000 मेंबर हो गए। उन्होंने "स्माइलिंग थ्रू" नाम का एक रेडियो शो शुरू किया और पूरे देश से स्पीकर्स को बुलाया। उनमें से एक फिल केर थे जो डिवाइन हीलिंग के बारे में सिखाते थे। 1935 में एक और बुलाए गए इवेंजेलिस्ट बरोज़ वाल्ट्रिप थे।

वाल्ट्रिप कुलमैन के लिए बुरी खबर थी। वह एक करिश्माई, हैंडसम आदमी था जो उससे कई साल बड़ा था। दोनों में तुरंत अट्रैक्शन हो गया, और एक परिवार का दावा है कि उन्होंने 1935 में इस कपल को गले

मिलते हुए देखा था, लेकिन वह शादीशुदा था और उसके दो बच्चे थे। वाल्ट्रिप डेनवर छोड़कर ऑस्टिन, टेक्सास अपने घर चला गया, लेकिन कुलमैन और वाल्ट्रिप के बीच रिश्ता ठीक नहीं रहा। 1937 में उसे दो महीने के लिए पल्पिट संभालने के लिए डेनवर वापस बुलाया गया। कुछ ही समय बाद उसने अपनी पत्नी को तलाक दे दिया और अपने दो बेटों को छोड़ दिया। फिर उसने यह कहानी फैला दी कि उसकी पत्नी ने उसे छोड़ दिया है। वह मेसन सिटी, आयोवा चला गया, जहाँ उसने सबको बताया कि वह सिंगल है, और एक नई मिनिस्ट्री शुरू की। वाल्ट्रिप ने रेडियो चैपल नाम की एक मिनिस्ट्री बिल्डिंग बनाने के लिए $70,000 का वादा किया। यह स्टेट ऑफ़ द आर्ट था जिसमें गायब होने वाला पल्पिट और आर्ट डेको स्टाइल था। वह एक सफल और डायनैमिक प्रीचर लगता था।

कुहलमैन और वाल्ट्रिप के बीच रिश्ता चलता रहा और उन्होंने सितंबर 1938 में शादी कर ली। कुहलमैन को अपने फैसलों के नतीजों के बारे में कुछ नहीं पता था और शादी एक मुसीबत बन गई। उसने अपने चर्च में बताया कि वह और वाल्ट्रिप शादीशुदा हैं और वे डेनवर और मेसन सिटी के बीच अपने दो चर्चों में प्रचार करेंगे। वाल्ट्रिप के साथ उसके रिश्ते की वजह से उसके चर्च के ज़्यादातर लोग चले गए। उसने डेनवर में अपना चर्च छोड़ दिया, अपने कुछ सबसे करीबी साथियों को खो दिया और मेसन सिटी चली गई। वाल्ट्रिप की सफलता भी एक सपना ही साबित हुई। रेडियो चैपल जून में बनकर तैयार हुआ। 1938. अक्टूबर 1938 तक वाल्ट्रिप अपना कर्ज़ नहीं चुका पा रहे थे। दिसंबर में वाल्ट्रिप इनकम में कमी के बावजूद ज़्यादा सैलरी की मांग कर रहे थे। उनके बोर्ड ऑफ़ डायरेक्टर्स ने इस्तीफ़ा दे दिया और उन्हें पैसे का इंतज़ाम करने के लिए छोड़ दिया। उनका हल चैपल का मॉर्टगेज या कर्ज़ न चुकाना था। रेडियो चैपल दिवालिया हो गया। वाल्ट्रिप ने अपना आखिरी उपदेश मई 1939 में दिया। वाल्ट्रिप अकेले थे। कैथरीन का यह अच्छा सपना कि वह और

उनके पति एक सफल उपदेश करियर के साथ डेनवर और मेसन सिटी के बीच आते-जाते रहेंगे, पूरी तरह से टूट गया।

अगले कुछ साल इस कपल के लिए बहुत मुश्किल थे। वे ट्रैवलिंग इवेंजेलिस्ट के तौर पर निकल पड़े, ज़्यादातर मिडवेस्ट में ही रहे। उनकी शादी की हिस्ट्री की वजह से उन्हें कई जगहों पर एक्सेप्ट नहीं किया गया। शुरुआती एडवर्टाइजमेंट में वाल्ट्रिप को मेन इवेंजेलिस्ट के तौर पर लिस्ट किया गया था। फिर कभी-कभी मिसेज वाल्ट्रिप का भी ज़िक्र होता था। 1940 के दशक की शुरुआत तक कैथरीन कुलमैन वाल्ट्रिप को बराबर महत्व दिया जाने लगा। आखिर में 1940 के दशक के बीच तक कैथरीन सिर्फ़ कैथरीन कुलमैन को ही उन मीटिंग्स में इस्तेमाल कर रही थीं जहाँ वे मेन स्पीकर थीं। 1944 में कुलमैन वाल्ट्रिप के बिना ईस्ट कोस्ट पर एक इवेंजेलिस्टिक टूर पर गईं। हो सकता है कि उन्हें छोड़ना एक सोचा-समझा फैसला रहा हो, या हो सकता है कि उन्होंने अपनी ज़िंदगी को फिर से देखने का मौका भी लिया हो। ऐसा लगता है कि यह धीरे-धीरे हुआ क्योंकि वाल्ट्रिप ने 1946 में उनके बारे में एक कपल के तौर पर लिखा था। कुहलमैन कभी वाल्ट्रिप के पास वापस नहीं लौटीं और आखिरकार 1947 में उनका तलाक हो गया। उन्होंने अपनी शादी छोड़ दी और तब से ऐसा बर्ताव किया जैसे वह कभी थी ही नहीं।

1946 में कुलमैन को पेन्सिलवेनिया के फ्रैंकलिन में बोलने के लिए बुलाया गया। उनका बहुत स्वागत हुआ और उन्होंने उसी इलाके में रहने का फैसला किया। कुलमैन ने पेन्सिलवेनिया के ऑयल सिटी में रेडियो ब्रॉडकास्ट पर प्रचार करना शुरू किया। ये इतने पॉपुलर हो गए कि पिट्सबर्ग में भी इन्हें सुना गया, और वह पूरे इलाके में प्रचार कर रही थीं। उन्होंने भगवान की ठीक करने की शक्ति के बारे में प्रचार करना शुरू किया। 1947 में कुलमैन का प्रचार सुनते हुए एक महिला का ट्यूमर ठीक हो गया। कई रविवार बाद एक आदमी भी ठीक हो गया जब वह पवित्र

आत्मा के बारे में सिखा रही थीं। अब उन्हें भगवान के ठीक करने के काम पर यकीन हो गया था। एक ज़रूरी बात जो ध्यान देने वाली है, वह है कुलमैन की ज़िंदगी में इस ब्रेकआउट पीरियड का कॉन्टेक्स्ट और टाइमिंग। 1947 हीलिंग रिवाइवल (जिसे कभी-कभी लैटर रेन रिवाइवल भी कहा जाता है) की शुरुआत थी जो अगले 10 सालों तक चलेगा। कुलमैन की मीटिंग्स में जो हो रहा था, वह पूरे यूनाइटेड स्टेट्स में फैल रहा था। इसी समय में वॉइस ऑफ़ हीलिंग मिनिस्ट्री की स्थापना हुई और विलियम ब्रैनहैम, ओरल रॉबर्ट्स, AA एलन और कई दूसरे लोगों को पब्लिक स्टेज पर लाया गया। कुहलमैन उन ग्रुप्स से जुड़े नहीं थे, लेकिन उन्होंने देश और दुनिया भर में भगवान की आत्मा के काम में हिस्सा लिया।

1948 में कुलमैन ने पिट्सबर्ग के कार्नेगी हॉल में कई मीटिंग कीं। आखिरकार वह 1950 में पिट्सबर्ग चली गईं, और 1971 तक कार्नेगी हॉल में मीटिंग करती रहीं। भगवान ने उन्हें कैथोलिक चर्च समेत कई अलग-अलग चर्चों में करिश्माई संदेश पहुंचाने के लिए इस्तेमाल किया। (इस बात पर उनकी बहुत बुराई हुई और उन पर आरोप लगा कि वह छिपी हुई कैथोलिक हैं।) ये उनके सबसे जाने-माने साल थे। उनका स्टाइल दिखावटी था। वह अपनी मशहूर चमत्कारी सर्विस करती थीं और हर बार ऑडिटोरियम खचाखच भरा रहता था। वह रेडियो और टेलीविज़न शो में थीं। उन्हें 1968 में इवेंजेलिकल चर्च अलायंस ने नियुक्त किया था। उनकी मीटिंग में और रेडियो या टेलीविज़न पर उन्हें सुनते हुए भी सैकड़ों लोग ठीक हुए। जिन लोगों के लिए वह प्रार्थना करती थीं, उन पर अक्सर भगवान की शक्ति का असर होता था और वे "आत्मा में मारे जाते थे।" कुलमैन ने कभी यह दावा नहीं किया कि वह हीलर हैं। उन्होंने हमेशा लोगों को उनके हीलर के तौर पर जीसस की ओर इशारा किया।

1955 में कुहलमैन को दिल की बीमारी का पता चला था। उनका शेड्यूल बहुत बिज़ी रहता था और वे खुद पर बहुत ज़्यादा काम करती थीं, खासकर 1970 के दशक में। वे अक्सर पिट्सबर्ग से लॉस एंजिल्स आती-जाती रहती थीं, और दुनिया भर के ट्रिप भी करती थीं। उनका दिल बड़ा हो गया था और ओपन-हार्ट सर्जरी के बाद 20 फरवरी, 1976 को तुलसा में कुहलमैन की मौत हो गई। उनकी कुछ सर्विस के वीडियो आज भी मौजूद हैं और पॉपुलर हैं।

लेस्टर सुमराल

"सुसमाचार प्रचार, उपचार और उद्धार"

लेस्टर फ्रैंक समरल का जन्म 15 फरवरी, 1913 को न्यू ऑरलियन्स, लुइसियाना में जॉर्ज और बेट्टी समरल के घर हुआ था। उनकी माँ एक पक्की ईसाई थीं, लेकिन उनके पिता अपने विश्वास को लेकर ठंडे दिमाग वाले थे। लेस्टर के जन्म से पहले ही उनकी माँ ने उन्हें भगवान को सौंप दिया था और प्रार्थना की थी कि वह एक प्रीचर बनें। वह आठ बच्चों वाले परिवार में छठे बच्चे के रूप में पैदा हुए थे। जब उनके चर्च में मीटिंग होती थीं, तो बेट्टी घूमने-फिरने वाले इवेंजेलिस्ट को अपने घर पर रहने के लिए बुलाती थीं। इसका मतलब अक्सर एक और परिवार को खाना खिलाना और घर में रहना होता था और लेस्टर को घर में इससे बढ़ने वाला स्ट्रेस पसंद नहीं था। उन्होंने तय किया कि उन्हें इवेंजेलिस्ट पसंद नहीं हैं और निश्चित रूप से वह कभी भी इवेंजेलिस्ट नहीं बनना चाहते थे!

बेट्टी समरॉल एक ज़बरदस्त प्रार्थना करने वाली योद्धा थीं और अपने परिवार के लिए लगातार प्रार्थना करती थीं। लेस्टर ने उनकी ज़िंदगी में कुछ बहुत ही चमत्कारी घटनाएँ देखीं। एक दिन उन्हें ब्रेस्ट कैंसर का पता चला। उन्होंने अपने आस-पास ऐसी औरतें रखीं जो रेगुलर उनके लिए प्रार्थना करती थीं। इस लड़ाई के बीच रात में जीसस उनके कमरे में आए और उन्हें छुआ। तब से वह ठीक हो गईं। जब लेस्टर के दादाजी को स्ट्रोक आया तो वह लाचार हो गए। वह न तो खाना खा सकते थे और न ही कपड़े पहन सकते थे। परिवार उन्हें अपने घर ले आया और बेट्टी ने औरतों के प्रार्थना ग्रुप से उनके लिए प्रार्थना करने का फैसला किया। वे उन्हें क्राइस्ट के पास ले गईं और प्रार्थना करने लगीं। वह व्हीलचेयर पर थे और अपने पैर या हाथ नहीं हिला सकते थे। भगवान की शक्ति उन पर आई और वह व्हीलचेयर से उठकर चल और अपने हाथ हिला सकते थे। वह पंद्रह और साल अकेले जीने के लिए घर लौट आए।

लेस्टर "बुरे लोगों" में शामिल हो गया और सोलह साल की उम्र में स्कूल छोड़ दिया। कुछ ही समय बाद उसे हेल्थ प्रॉब्लम होने लगीं और खून की उल्टी होने लगी। उसे ट्यूबरकुलोसिस होने का पता चला, जो सच में मौत की सज़ा थी। उसकी हालत बिगड़ती गई और उसका वज़न 93 पाउंड हो गया और वह बिस्तर पर पड़ गया। एक बार फिर उसकी माँ ने अपने प्रेयर वॉरियर्स को लेस्टर के लिए रेगुलर प्रेयर करने के लिए बुलाया। उसके सत्रहवें जन्मदिन पर डॉक्टर ने कहा कि वह मरने वाला है और डेथ सर्टिफिकेट भी लिख दिया। रात में भगवान ने लेस्टर को एक सपना दिखाया। उसके बिस्तर के एक तरफ एक ताबूत था और दूसरी तरफ एक बाइबिल थी। उसे एक साफ चॉइस दी गई - या तो गॉस्पेल का प्रचार करे या उस रात ट्यूबरकुलोसिस से मर जाए! उसने गॉस्पेल का प्रचार करने का फैसला किया। वह ठीक हो गया और अगली सुबह उसने पहली बार खाना खाया।

बहुत समय बाद, और तीन हफ़्ते के अंदर ही उन्होंने प्रचार के लिए अपना बैग पैक कर लिया।
यह एक मुश्किल शुरुआत थी। लेस्टर और उसका एक मछली पकड़ने वाला दोस्त, जो एक सॉन्ग लीडर के तौर पर साथ गया था, दक्षिण के दूर-दराज के जंगलों में गए। वे अनपढ़ थे और लेस्टर के मैसेज के दौरान लोगों पर सख्त थे। कुछ तो काम कर रहा था क्योंकि वह जहाँ भी जाता था, उसे चर्च शुरू करने के लिए काफी बड़ा ग्रुप मिल जाता था और वह अपने ग्रुप को नए ग्रुप के लिए एक पादरी भेजने के लिए भेजता था। सैकड़ों लोग बच गए। उसकी सफलता देखकर उन्होंने उसे पादरी बना लिया।

1931 में भगवान ने लेस्टर के इरादों पर ध्यान देना शुरू किया। वह अपनी जान बचाने के लिए गॉस्पेल का प्रचार करने के लिए मान गया था, लेकिन उसे लोगों की कोई खास चिंता नहीं थी। भगवान ने उसे दूसरे देशों में

बहुत सारे लोगों के नरक में जाने का सपना दिखाया। उस रात भगवान ने खोए हुए लोगों के लिए उसका दिल तोड़ दिया। भगवान ने उसे एक इंटरनेशनल इवेंजेलिस्ट बनने और पूरी दुनिया में गॉस्पेल का प्रचार करने के लिए बुलाया। वह फिर कभी पहले जैसा नहीं रहा। अठारह महीने बाद भगवान ने लेस्टर को हॉवर्ड कार्टर से मिलाया, जो एक इंटरनेशनल लेवल पर जाने-माने बाइबल टीचर थे और वे साथ में दुनिया घूमने लगे। वे ऑस्ट्रेलिया, सिंगापुर, हांगकांग, जावा, डच ईस्ट इंडीज, तिब्बत, मंचूरिया, जापान, कोरिया, जर्मनी, ब्राजील, बोलीविया, फ्रांस, स्पेन, पुर्तगाल और इंग्लैंड गए। वे एक इलाके में जाते और हॉवर्ड एक जगह प्रचार करने जाता और लेस्टर दूसरी जगह। लेस्टर की मीटिंग में कुछ खास ठीक होने और छुटकारा मिलने लगा। हजारों लोग ठीक हो रहे थे और बच रहे थे।

40 के दशक में युद्ध के दौरान लेस्टर US, मेक्सिको, सेंट्रल और साउथ अमेरिका लौट आए। अर्जेंटीना में रहते हुए, लेस्टर की मुलाकात लुईस लेमैन नाम की एक और मिशनरी से हुई। उनकी अच्छी बन गई और दो साल बाद उन्होंने शादी कर ली। वे एक कपल के तौर पर क्यूबा, हैती और प्यूर्टो रिको में सेवा करने लगे। एक समय लुईस को मलेरिया हो गया था, लेकिन लेस्टर की प्रार्थनाओं के जवाब में भगवान ने उन्हें ठीक कर दिया। वे गुयाना, सूरीनाम, ब्राज़ील, अर्जेंटीना, पेरू, इक्वाडोर, उरुग्वे और पनामा जाते रहे। उनकी रफ़्तार तभी धीमी हुई जब बेट्टी को पता चला कि वह प्रेग्नेंट है और वे यूनाइटेड स्टेट्स लौट आए। भगवान ने कपल को अगले कुछ सालों के लिए साउथ बेंड, इंडियाना में एक बेस बनाने के लिए बुलाया।

1950 में भगवान ने परिवार को फिलीपींस के मनीला बुलाया। काम तब तक मुश्किल था जब तक एक लड़की जो शैतान के कब्ज़े में थी, नेशनल न्यूज़ नहीं बन गई। भगवान ने लेस्टर से उसके लिए प्रार्थना करने को

कहा। छुटकारा और ठीक होना इतना पब्लिक और इतना ड्रामाटिक था कि हर जगह अखबारों ने यह कहानी छापी। पूरा देश गॉस्पेल के लिए खुल गया। उन्होंने छह हफ़्तों तक रिवाइवल मीटिंग कीं और अंदाज़ा था कि एक रात में साठ हज़ार लोग जमा होते थे। क्लिफ्टन एरिक्सन मीटिंग में मदद करने के लिए यूनाइटेड स्टेट्स से आए। उन हफ़्तों में एक लाख पचास हज़ार लोगों को बचाया गया। एक मशहूर एक्टर जो चल नहीं सकता था, ठीक हो गया जिससे ग्रुप को मीडिया में और भी ज़्यादा अटेंशन मिला। एक वकील जो बारह साल से बैसाखियों पर था, उन्हें अपनी बाहों में पकड़े हुए पूरी तरह ठीक होकर बाहर निकला।

1960 के दशक में भगवान ने परिवार को टीवी पर एक नया काम शुरू करने के लिए वापस यूनाइटेड स्टेट्स बुलाया। उनके उपदेश पूरे US और दुनिया भर में सुने जाने लगे। भगवान ने उन्हें मरते हुए लोगों की देखभाल करने के लिए एक सपना दिखाया, जिसके बाद उन्होंने दुनिया भर में भूखों को खाना खिलाने के लिए एक मिनिस्ट्री भी शुरू की। वह **भगवान के दिखाए गए सपनों पर कायम रहे और 28 अप्रैल, 1996 को भगवान के पास घर चले गए।**

फ्रैंक और इडा मे हैमंड

फ्रैंक डेविस हैमंड (12 अक्टूबर, 1921 - 17 मार्च, 2005) ईसाई धर्म से जुड़ी किताबों के लेखक थे, खासकर मुक्ति मंत्रालय पर। 1980 में हैमंड ने अपनी पत्नी (और कभी-कभी को-ऑथर) इडा मे हैमंड के साथ द चिल्ड्रन्स ब्रेड मिनिस्ट्री शुरू की। हैमंड बेलर यूनिवर्सिटी और साउथवेस्टर्न बैपटिस्ट थियोलॉजिकल सेमिनरी के पुराने स्टूडेंट थे। शिक्षाएँ हैमंड ने सिखाया कि गुस्सा और गपशप जैसे नैतिक मुद्दे – साथ ही ज़्यादा खाना, भूलना, सेक्स की समस्याएँ और मानसिक बीमारी जैसे मुद्दे – शैतानों की वजह से होते हैं जिनके लिए मुक्ति मंत्रालय की ज़रूरत होती है, और हर किसी को ऐसी मुक्ति की ज़रूरत होती है। उन्हें और उनकी पत्नी इडा मे को "शायद मुक्ति मंत्रालय के सबसे असरदार प्रैक्टिशनर" कहा गया है।

उनकी 1973 की किताब पिग्स इन द पार्लर: ए प्रैक्टिकल गाइड टू डिलीवरेंस इस टॉपिक पर सबसे असरदार किताबों में से एक है, और इसकी दस लाख से ज़्यादा कॉपी बिक चुकी हैं। हैमंड की किताबों ने डिलीवरेंस मिनिस्ट्री के आइडिया को कैथोलिक करिश्माई रिन्यूअल में

बदलने में मदद की, खासकर शैतानी असर के कॉन्सेप्ट को, जिसमें भूत भगाने के लिए पादरी की ज़रूरत होती है। व्यक्तिगत अक्टूबर 1921 में टेरेल, टेक्सास में जन्मे, उन्होंने 1948 में इडा मे लोडेन (टेरेल की ही) से विवाह किया। ग्रंथसूची अस्वीकृति पर काबू पाना (1987) आत्मिक संबंध (1988) परिचित आत्माओं का सामना करना: पवित्र आत्मा के प्रति जालसाजी (1988) ईश्वर द्वारा प्रचारित (1989) हमारा युद्ध - राक्षसों और क्षेत्रीय आत्माओं के खिलाफ (1991) यीशु की सेवकाई में राक्षस और उद्धार (1991) दूसरों को क्षमा करना: उपचार और उद्धार की कुंजी (1995) बच्चों के उद्धार के लिए मैनुअल (1996) विवाह बिस्तर (1999) ईश्वर अमेरिका को चेतावनी देता है (2000) दो फ्रैंक्स की कहानियां: असामान्य उद्धार के अनुभव (2000, फ्रैंक मार्ज़ुलो के साथ) पिता का आशीर्वाद (2001) यौन पापों के परिणाम (2002) अविश्वास का सशक्त व्यक्ति (2002, डोरमैन डुग्गन के साथ) द पेरिल्स ऑफ़ पैसिविटी (2004) सेंट्स एट वॉर (2012) आइडा मे हैमंड के साथ पिग्स इन द पार्लर: ए प्रैक्टिकल गाइड टू डिलीवरेंस (1973) किंगडम लिविंग फ़ॉर द फ़ैमिली (1985) द ब्रेकिंग ऑफ़ कर्सेस (1993) कम्फर्ट फ़ॉर द वूंडेड स्पिरिट (1994) यह भी देखें स्पिरिचुअल वॉरफ़ेयर
https://bookpedia.co/writer/frank-hammond

डेरेक प्रिंस

पीटर डेरेक वॉन प्रिंस (14 अगस्त 1915 – 24 सितंबर 2003) एक बाइबल टीचर थे जिनका रोज़ाना का रेडियो प्रोग्राम, *डेरेक प्रिंस लिगेसी रेडियो*, दुनिया भर में अलग-अलग भाषाओं में ब्रॉडकास्ट होता है।

विवाह और उनकी सेवकाई का विकास

डेरेक प्रिंस ने शिकागो में फेथ टैबरनेकल में काम किया और फिर फ्लोरिडा के फोर्ट लॉडरडेल में गुड न्यूज़ चर्च में चले गए। मई 1971 में डेरेक प्रिंस पब्लिकेशन्स ने फ्लोरिडा के फोर्ट लॉडरडेल में ऑफिस खोले। दिसंबर 1990 में डेरेक प्रिंस पब्लिकेशन्स डेरेक प्रिंस मिनिस्ट्रीज़ बन गया।

29 दिसंबर 1998 को अपनी पत्नी रूथ की मौत तक प्रिंस ने मिनिस्ट्री में बहुत यात्रा की। नीचे दी गई देशों की लिस्ट में 1993 से 1998 तक उनकी मिनिस्ट्री शामिल है। इनमें से कुछ देशों का एक से ज़्यादा बार दौरा किया गया: रूस, जर्मनी, कज़ाकिस्तान, हंगरी, साउथ अफ्रीका, केन्या, इंडोनेशिया, मलेशिया, सिंगापुर, टर्की, पोलैंड, बहरीन, क्यूबा, कोलंबिया, स्विट्जरलैंड, फ्रांस, पुर्तगाल, इंडिया और इंग्लैंड।

वह 51 पुस्तकों, 600 ऑडियो और 100 वीडियो के लेखक हैं, जिनमें से कई का 60 से अधिक भाषाओं में अनुवाद और प्रकाशन हो चुका है। उनकी शिक्षाओं में शामिल कुछ विषय हैं प्रार्थना और उपवास, ईसाई धर्म की नींव,[5] आध्यात्मिक युद्ध,[6] ईश्वर का प्रेम और विवाह और परिवार।[8] उनके दैनिक रेडियो का अरबी, चीनी (अमोय, कैंटोनीज़, मैंडरिन, शंघाईनीज़, स्वातो), क्रोएशियाई, जर्मन, मालागासी, मंगोलियन, रूसी, तमिल, सामोन, स्पेनिश, बहासा इंडोनेशियाई, टोंगन, तेलुगु, मलयालम, कन्नड़, हिंदी और कई अन्य भाषाओं में अनुवाद किया गया है। रेडियो कार्यक्रम दुनिया भर में कई लोगों तक पहुंचना जारी रखता है।

डेरेक प्रिंस मिनिस्ट्रीज़ ने अपनी बाकी ज़िंदगी अपनी शिक्षाओं को बांटने और मिशनरियों, चर्च लीडर्स और मंडलियों को ट्रेनिंग देने का काम जारी रखा।

राक्षस और उद्धार

एक पेंटेकोस्टल होने के नाते, प्रिंस दुनिया में काम कर रही रूहानी ताकतों की सच्चाई और बीमारी और साइकोलॉजिकल प्रॉब्लम पैदा करने वाली शैतानों की ताकत पर यकीन करते थे। सिएटल में रहते हुए उन्हें एक औरत पर भूत भगाने के लिए कहा गया, और उन्हें यकीन हो गया कि ईसाइयों को "शैतान" बनाया जा सकता है (आमतौर पर इसे शैतानों के कब्ज़े में" बताया जाता है - प्रिंस ने इस शब्द का इस्तेमाल नहीं किया

जिसका मतलब 'मालिकाना हक' होता है)। यह पेंटेकोस्टल के आम नज़रिए से अलग था कि शैतान अविश्वासियों पर "कब्ज़ा" कर सकते हैं, लेकिन ईसाइयों पर सिर्फ़ "ज़ुल्म" कर सकते हैं। प्रिंस का मानना था कि उनकी मुक्ति की मिनिस्ट्री ने शैतानों को हराने के लिए भगवान की ताकत का इस्तेमाल किया।

इज़राइल

येरुशलम के अलायंस चर्च इंटरनेशनल कब्रिस्तान में डेरेक प्रिंस की कब्र प्रिंस ने रिप्लेसमेंट थियोलॉजी का कड़ा विरोध किया। उनकी किताब 'द डेस्टिनी ऑफ़ इज़राइल एंड द चर्च' में कहा गया है कि चर्च ने इज़राइल की जगह नहीं ली है और भगवान ने इज़राइल देश के साथ जो वादा किया था, वह आज भी कायम है। प्रिंस का यह भी मानना था कि इज़राइल देश का बनना बाइबिल की भविष्यवाणी का पूरा होना था। डेरेक अपनी किताब 'प्रॉमिस्ड लैंड' में कहते हैं, "बाइबिल की भविष्यवाणी का मुख्य विषय, जैसा कि हमारे समय में सामने आ रहा है, इज़राइल की ज़मीन और लोगों के इर्द-गिर्द घूमता है। भगवान यहूदी लोगों को दुनिया भर में फैले उनके फैलाव से वापस इकट्ठा करने और उन्हें उनके पुराने वतन में वापस लाने के अपने पहले से तय प्लान को पूरा कर रहे हैं।"

चरवाहा आंदोलन

प्रिंस ने अपने साथी मिनिस्टर डॉन बाशम, बॉब ममफोर्ड, चार्ल्स सिम्पसन और अर्न बैक्सटर के साथ मिलकर शेफर्डिंग मूवमेंट बनाया, जिन्हें 'फोर्ट लॉडरडेल फाइव' के नाम से जाना गया। उन्होंने चेले बनाने और पादरी की देखभाल पर ज़ोर देकर, करिश्माई मूवमेंट के अंदर जो ज्यादतियां देखी गईं, उनका मुकाबला करने की कोशिश की। 'आध्यात्मिक अधिकारियों के सामने खुद को समर्पित करने' की प्रथा को विवादित

माना जाता था। शेफर्डिंग मूवमेंट के साथ प्रिंस के जुड़ाव ने उन्हें इंटरनेशनल पहचान दिलाई। मूवमेंट छोड़ने के बाद, उन्होंने अपनी इंटरनेशनल मिनिस्ट्री पर ध्यान दिया।

प्रकाशनों

प्रिंस ने कई किताबें पब्लिश कीं और 600 से ज़्यादा ऑडियो टीचिंग सरमन और 100 वीडियो टीचिंग रिकॉर्ड किए।
उनकी पुस्तकों में शामिल हैं

- ***द फ़ाउंडेशन सीरीज़*** **(1966)**
- ***सरकार के लिए प्रार्थना*** **(1970)**
- ***प्रार्थना और उपवास के माध्यम से इतिहास को आकार देना*** **(1973)**
- ***यरूशलेम में नियुक्ति*** **(1975)**
- ***जीने के लिए विश्वास*** **(1977)**
- ***द ग्रेस ऑफ़ यील्डिंग*** **(1977)**
- ***विवाह अनुबंध*** **(1978)**
- ***वादा किया हुआ देश*** **(1982)**
- ***मध्य पूर्व पर अंतिम शब्द*** **(1982)**
- ***गॉड इज़ अ मैचमेकर*** **(1986)**
- ***आशीर्वाद या अभिशाप: आप चुन सकते हैं*** **(1990)**
- ***इज़राइल और चर्च का भाग्य*** **(1992)**
- ***क्या आपकी जीभ को ठीक होने की ज़रूरत है?*** **(1992)**
- ***अस्वीकृति के लिए ईश्वर का उपाय*** **(1993)**
- ***धोखे से सुरक्षा*** **(1996)**
- ***वे राक्षसों को बाहर निकालेंगे: राक्षसों के बारे में आपको क्या जानना चाहिए - आपके अदृश्य दुश्मन*** **(1998)**
- ***पवित्र आत्मा कौन है?*** **(1999)**

- *पति और पिता* (2000)
- *जजिंगः कब? क्यों? कैसे?* (2001)
- *डेरेक प्रिंस के साथ भजनों के माध्यम से* (2002)
- *स्वर्ग में युद्धः बुराई के साथ ईश्वर की महान लड़ाई* (2003)
- *खून से खरीदा गया (2007, पहले 2000 में 'अटोनमेंट, योर अपॉइंटमेंट विद गॉड' टाइटल से पब्लिश हुआ था)*
- *परमेश्वर की उपस्थिति में प्रवेश करनाः प्रशंसा और धन्यवाद से आगे बढ़कर सच्ची आराधना की ओर बढ़ना*
- *लूसिफ़र का खुलासाः शैतान की आपकी ज़िंदगी बर्बाद करने की योजनाएँ*
- *अंतिम समय के लिए भविष्यसूचक मार्गदर्शिका* (2008)
- *रूल्स ऑफ़ एंगेजमेंटः स्पिरिचुअल लड़ाई में अपनी भूमिका के लिए तैयारी* (2006)
- *प्रार्थना योद्धा के रहस्य* (2009)
- *जीवन के लिए बदलावः ईश्वर को बेहतर तरीके से कैसे जानें और उनसे ज़्यादा प्यार कैसे करें* (2002)

https://en.wikipedia.org/wiki/Derek_Prince

उपन्यास हेस

डॉ. नोरवेल लियोन हेस, 91, का शनिवार, 6 अक्टूबर, 2018 को उनके घर पर निधन हो गया।
उनका जन्म 20 अप्रैल, 1927 को स्वर्गीय चार्ल्स और एरिज़ोना लुईस हेस के घर हुआ था।
वह मेहनती और किसानों के परिवार से थे, और जैसे-जैसे नॉरवेल बड़े हुए, उन्होंने बस बॉय के तौर पर अपनी पहली नौकरी शुरू की, जिसमें उन्हें रोज़ $2 मिलते थे। जिस दिन उन्होंने काम करना शुरू किया, उसी दिन से उनकी ज़िंदगी बदल गई। इतने सालों में, वह सबसे जाने-माने बिज़नेसमैन में से एक बन गए और इंडियानापोलिस, Ind. में कई बिज़नेस शुरू किए।

वह अपनी पहली पत्नी नोरीन लैंगडन से मिले और उनकी एक बेटी ज़ोना हेस हुई। ज़ोना नॉर्वेल की आँखों का तारा थी। जब ज़ोना 9 साल की थी, तो उसने क्लीवलैंड वापस जाने का फैसला किया, जहाँ उसने कुछ रेस्टोरेंट और बिज़नेस शुरू किए। वह असल में क्लीवलैंड में पिज़्ज़ा लाने वाले पहले व्यक्ति थे। वह क्लीवलैंड में येलो कैब टैक्सी सर्विस के भी मालिक थे।

नॉरवेल ने अपनी ज़िंदगी भगवान को दे दी, और दुनिया के सबसे जाने-माने गॉस्पेल मिनिस्टर्स में से एक बन गए। उन्होंने पूरी दुनिया घूमी, हांगकांग से लेकर अफ्रीका, ऑस्ट्रेलिया और कई दूसरे देशों में, यहाँ यूनाइटेड स्टेट्स में भी, भगवान का संदेश फैलाया। उन्होंने 1977 में न्यू लाइफ़ बाइबल कॉलेज शुरू किया, जहाँ उन्होंने लोगों को सिखाया कि आत्माओं को कैसे जीता जाए और विश्वास से कैसे चला जाए। उन्होंने 1988 में क्लीवलैंड में एक कम्युनिटी किचन भी शुरू किया, जहाँ वे हर दिन लोगों को गरम खाना खिलाते थे। उनका यह सपना आज भी चल रहा है, हर महीने 1,300 से ज़्यादा लोगों को खाना खिलाया जाता है। नॉरवेल ने भारत में एक न्यू लाइफ़ बाइबल स्कूल और चिल्ड्रन होम भी शुरू किया, और कई कॉलेजों और यूनिवर्सिटीज़ में न्यू लाइफ़ मैटरनिटी होम्स और कैंपस चैलेंज मिनिस्ट्रीज़ भी शुरू कीं। उन्होंने 50 से ज़्यादा किताबें भी लिखीं, और कई वीडियो और CD बनाईं।

वह अपनी दूसरी पत्नी, मैगी कॉम्ब्स से 1980 के दशक में मिले। उन्होंने 1997 में शादी की, और 2016 में जब तक वह भगवान के पास घर नहीं चली गईं, तब तक नॉरवेल ने अच्छे चरित्र और ईमानदारी से जीवन जिया और कभी भी उस चीज़ से समझौता नहीं किया जो उन्हें लगता था कि भगवान उनसे करवाना चाहते हैं। उन्होंने जो मिनिस्ट्री बनाई है, वह उनकी पोती, ली कॉर्नेलिसन के ज़रिए चलती रहेगी और एक बार फिर दुनिया तक पहुंचेगी।
वह न्यू लाइफ़ बाइबल चर्च और बाइबल कॉलेज के स्टाफ़ की मदद से, भगवान ने नॉर्वेल को जो मिनिस्ट्री और विज़न दिया था, उसे जारी रखेंगी।

ब्रदर हेज़ ने 1977 में क्लीवलैंड, टेनेसी में न्यू लाइफ़ बाइबल कॉलेज शुरू किया था। न्यू लाइफ़ बाइबल चर्च बाइबल स्कूलों

की चैपल सर्विस से बना था। इसके कई दूसरे आउटरीच के अलावा, चर्च भगवान के वचन का प्रचार करता है, और न्यू लाइफ़ सूप किचन के ज़रिए गरीबों को रोज़ाना गरम खाना देता है।

ब्रदर हेज़ न्यू लाइफ़ मैटरनिटी होम के फाउंडर और प्रेसिडेंट भी हैं, जो प्रेग्नेंसी के दौरान छोटी लड़कियों की स्पिरिचुअल, फ़िज़िकल और फ़ाइनेंशियल ज़रूरतों के लिए एक मिनिस्ट्री है; कैंपस चैलेंज, जो पूरे अमेरिका में कॉलेज कैंपस में एक इवेंजेलिस्टिक आउटरीच है; स्ट्रीट रीच, जो डेटोना बीच, फ़्लोरिडा में घर से भागे हुए टीनएजर्स के लिए एक मिनिस्ट्री है; और चिल्ड्रन्स होम, जो भारत में एक अनाथालय और एजुकेशन सेंटर है।

भगवान के वचन की अपनी ज़बरदस्त व्याख्या के लिए इंटरनेशनल लेवल पर जाने जाने वाले, ब्रदर हेज़ अपना ज़्यादातर समय दुनिया भर के चर्चों, कॉलेज क्लासरूम, कन्वेंशन और सेमिनार में भगवान की मुक्ति और हीलिंग पावर सिखाने और सेवा करने में बिताते हैं।

डॉ. हेस की मिनिस्ट्री पचास साल से ज़्यादा चली और उन्होंने हज़ारों लोगों की ज़िंदगी को छुआ, और वे अक्टूबर 2018 में प्रभु के पास चले गए।

जोसेफ अयो बाबालोला

जोसेफ अयो बाबालोला (25 अप्रैल 1904 – 26 जुलाई 1959) क्राइस्ट अपोस्टोलिक चर्च के पहले जनरल इवेंजेलिस्ट थे, जिसे नाइजीरिया में CAC के नाम से जाना जाता है। उन्हें हीलिंग पावर का क्रेडिट दिया जाता है।

प्रारंभिक जीवन

बाबालोला का जन्म नाइजीरिया के क्वारा स्टेट के ओडो-ओवा में योरूबा माता-पिता के घर हुआ था। उनकी परवरिश एक एंग्लिकन के तौर पर हुई। 1914 में, लागोस स्टेट के बडाग्री रोड पर ओटो-अवोरी के एक एलिमेंट्री स्कूल में उनका रजिस्ट्रेशन हुआ। लोहार का ट्रेनी बनने से पहले, वह चौथी क्लास तक पढ़े और दो साल तक इसे सीखा। फिर वह PWD (पब्लिक वर्क्स डिपार्टमेंट) के तहत स्टीमरोलर ऑपरेटर बने, जो उस समय ग्रेट ब्रिटेन के कंट्रोल में था, और स्टीमरोलर ड्राइवर बनना सीखा। 15 दिन कैटरपिलर चलाना सीखने के बाद, वह बिना किसी मदद के इसे चलाने में काबिल हो गए। नौ महीने बाद; वह अपनी क्लास में मास्टर बन गए। उन्हें पहली बार 1 अप्रैल 1928 को ओसोग्बो – इलेशा रोड पर काम करने के लिए एक स्टीमरोलर दिया गया था। 14 जून, 1928 को, उन्हें अकुरे – इलेशा रोड पर ट्रांसफर कर दिया गया। बाबालोला का दिसंबर 1929 में लागोस लैगून में बैप्टाइज़ेशन हुआ।

सेवकाई और उपचार

1931 में फेथ टैबरनेकल, द अपोस्टोलिक चर्च से जुड़ गया, जिसका जनरल हेडक्वार्टर यूनाइटेड किंगडम में था (न कि ब्रिटिश अपोस्टोलिक चर्च में, जैसा कि कुछ लेखकों ने गलती से कहा था)। फिर लगभग 1940 में द अपोस्टोलिक चर्च में फूट के बाद, बाबालोला पास्टर जेबी अकिनीले और डीओ ओडुबांजो के नेतृत्व वाले एक ग्रुप के साथ एक नया इंडिपेंडेंट चर्च, क्राइस्ट अपोस्टोलिक चर्च (CAC) बनाने के लिए चले गए, जहाँ उन्होंने अपनी मौत तक अपने हीलिंग और रिवाइवल के काम जारी रखे। CAC बाबालोला को एक अपॉसल मानता है, जबकि असल में असली चर्च ऑर्डिनेशन के हिसाब से उन्हें कभी भी ऐतिहासिक रूप से उस पद पर नियुक्त नहीं किया गया था। ओसुन स्टेट के इपो अराकेजी में एक CAC रिट्रीट सेंटर बनाया गया था, जहाँ बाबालोला को पहली बार 1928 में बुलाया गया था। हालाँकि, बाबालोला CAC के अकेले फाउंडर नहीं थे, जैसा कि आज कई लोग दावा करते हैं, बल्कि वे CAC के फाउंडिंग फादर्स की तिकड़ी में से एक थे।

क्राइस्ट अपोस्टोलिक चर्च 1959 में अपॉस्टल जोसेफ अयो बाबालोला के साथ खत्म नहीं हुआ। असल में, यह पिछले कुछ सालों में तेज़ी से बढ़ा है, जिसमें क्राइस्ट अपोस्टोलिक चर्च नाम के कई चर्च हैं, लेकिन हर चर्च का एक खास ब्रांच नाम है। जोसेफ अयो बाबालोला यूनिवर्सिटी (JABU) एक प्राइवेट नाइजीरियाई यूनिवर्सिटी है जो ओसुन स्टेट के दो पड़ोसी इलाकों, इपो अराकेजी और इकेजी-अराकेजी में है, जिसे क्राइस्ट अपोस्टोलिक चर्च (CAC) वर्ल्डवाइड ने बनाया था। इसका नाम उनके नाम पर रखा गया है, यह उस जगह पर है जहाँ वे कहते हैं कि 1928 में भगवान ने उन्हें बुलाया था।
https://en.wikipedia.org/wiki/Joseph_Ayo_Babalola

अफ्रीका के महान प्रचारक और धर्मगुरु, अपॉस्टल जोसेफ अयोडेले बाबालोला के मामले में, भगवान का चमत्कारी काम साफ़ तौर पर दिखा। अगर बाबालोला एक गोरे मिशनरी होते, तो काले लोग, बल्कि अफ्रीकी लोग शायद होली घोस्ट की शक्ति को सिर्फ़ गोरे लोगों का ही अधिकार मानते। भगवान की जय हो कि उन्होंने एक असली काले आदमी को होली स्पिरिट की असाधारण शक्ति दी, जिससे वह शैतानी कामों के गढ़ को नष्ट कर सका।

जन्म, शिक्षा और कामकाजी करियर

जोसेफ अयो बाबालोला का जन्म 25 अप्रैल 1904 को ओडो-ओवा (क्वारा स्टेट) में हुआ था। उनके पिता स्वर्गीय पा डेविड रोटिमी थे, जो आज के क्वारा स्टेट में ओडो-ओवा में सेंट पीटर्स एंग्लिकन चर्च के पहले बाबा इजो (ले प्रेसिडेंट) थे। उनकी माँ मैडम मार्टा तलाबी थीं।

बच्चा आयो इन भगवान को मानने वाले माता-पिता के लिए भगवान का तोहफ़ा था। पिता एक पक्के ईसाई थे जिन्होंने ओडो-ओवा और आस-पास के कुछ दूसरे गांवों में ईसाई धर्म को शुरू किया। आयो बाबालोला का जन्म बहुत खास था। भरोसेमंद सोर्स के मुताबिक, जिस दिन भगवान का बंदा पैदा हुआ, उसी दिन कुछ अजीब हुआ, ऊपर से गरजने जैसी आवाज़ सुनाई दी और बादल हिल गए।

बचपन से ही, उसने भगवान के खास बंदे के लक्षण दिखाए थे। जांच से पता चला कि बचपन में वह कुछ ऐसी बातें कहता था जो उसके साथियों की समझ और ज्ञान से कहीं ज़्यादा थीं। वह अपने बचपन के दोस्तों को दिल खोलकर देता था।

18 जनवरी, 1918 को, बाबालोला अपने पहले कज़िन, मिस्टर MO रोटिमी के साथ लागोस चले गए। कज़िन लागोस के पास इफो में चर्च

मिशनरी सोसाइटी (CMS) के तहत एक कैटेचिस्ट थे। वहाँ रहते हुए, बाबालोला ने शुरुआती पढ़ाई शुरू की, जिसके बाद उन्हें लागोस के एबूटे मेटा में मेथोडिस्ट स्कूल, एगो इजाय में ट्रांसफर कर दिया गया। अपने मेंटर के लगातार एक जगह से दूसरी जगह ट्रांसफर होने की वजह से बाबालोला को स्कूल में अटेंडेंस और एकेडमिक सेशन में दिक्कतें हुईं। बाद में वे ऑल सेंट्स एंग्लिकन स्कूल, ओशोग्बो चले गए, जहाँ उन्होंने नाइजीरिया रीडर IV (स्टैंडर्ड IV) में पढ़ाई बंद कर दी।

बाबालोला का पहला नॉन-एकेडमिक काम अफ्रीकन हॉस्पिटल ओशोग्बो में ड्रग डिस्पेंसर के तौर पर ट्रेनिंग लेना था। बाद में, उन्होंने लोहार और मैकेनिक का काम सीखा। इसके बाद, बाबालोला ने पब्लिक वर्क्स डिपार्टमेंट (PWD) के तहत स्ट्रीम-रोलर ड्राइविंग सीखना शुरू किया। ट्रेनिंग के दौरान वह खुद को अलग दिखाने में कामयाब रहे, जिसके बाद उन्हें इलेशा-अकुरे फेडरल रोड के मेंटेनेंस के लिए इलेशा में पोस्ट किया गया। उन्हें चार पाउंड यानी करीब आठ नाइरा हर महीने की सैलरी दी गई। उनके अंडर साठ से ज़्यादा वर्कर थे और पूरा प्रोजेक्ट मिस्टर फर्ग्यूसन नाम के एक गोरे आदमी की देखरेख में था।

बाबालोला का मंत्रालय के लिए आह्वान

जब बाबालोला इगबारा-ओके से ओवेना तक ट्रैक्टर से काम कर रहा था और इकेजी अराकेजी टाउनशिप पहुँचने से पहले, वह रिवर एरिरन नाम की जगह पर पहुँचा, वहाँ ट्रैक्टर ने काम करना बंद कर दिया। बाबालोला ने ट्रैक्टर को चलाने के लिए अपनी पूरी ताकत लगा दी, लेकिन कोई फ़ायदा नहीं हुआ। उसने अपने सुपरवाइज़र, फर्ग्यूसन सहित दूसरे एक्सपर्ट्स को बुलाया, फिर भी वे इसे चला नहीं पाए। ट्रैक्टर में कोई मैकेनिकल खराबी नहीं दिख रही थी, इस बात ने बाबालोला को कन्फ्यूज़ और बेचैन कर दिया।

9 अक्टूबर 1928 को दोपहर के करीब, बाबालोला ने एक आवाज़ सुनी जो कह रही थी जोसेफ! जोसेफ!! जोसेफ!!! अगर तुमने यह काम नहीं छोड़ा तो तुम इसी साल मर जाओगे। बाबालोला ने उस आवाज़ पर ज़्यादा ध्यान नहीं दिया जिसे सिर्फ़ वही सुन सकता था। वही मैसेज दूसरे दिन ठीक उसी समय उसी तरह उसे दिया गया, फिर भी बाबालोला ने उस पर ज़्यादा ध्यान नहीं दिया।

तीसरे दिन, 11 अक्टूबर 1928 को, फिर से आवाज़ गूंजी कि जब तक बाबालोला इस्तीफ़ा नहीं दे देते, तब तक स्ट्रीम-रोलर को काम पर नहीं रखा जाएगा। इसी बात ने बाबालोला को गंभीर और गुस्से में डाल दिया। फिर उन्होंने पूछा कि आप मुझे किसे बुला रहे हैं और आप मुझसे क्या काम करवाना चाहते हैं? जवाब मिला कि अगर आप इस्तीफ़ा दे दें और काम छोड़ दें तो मैं आपको बता दूँगा कि क्या करना है।

बाबालोला ने अपने साथ वालों से पूछा कि क्या उन्होंने उससे बात करने वाली आवाज़ सुनी है, उन्होंने कहा नहीं, उन्होंने सिर्फ़ आवाज़ का जवाब सुना है।

वह वहाँ से चला गया और इपेटु-इजेसा में अपने घर चला गया, जहाँ आवाज़ ने उसे फिर से बिना कुछ खाए चार दिन का उपवास शुरू करने को कहा ताकि वह जान सके कि उससे कौन बात कर रहा है। चौथे दिन जब वह अभी भी उपवास कर रहा था, तो आवाज़ ने उसे तीन दिन और जोड़ने को कहा, जिससे उपवास सात दिन का हो गया। सातवें दिन, बाबालोला ने प्रभु यीशु मसीह के महान दर्शन देखे।

बुलावे से पहले, बाबालोला को एक हफ़्ते तक नींद नहीं आई, इस दौरान वह दिन-रात सो नहीं पाता था। इसी दौरान वह भजन संहिता की सभी किताबें 1-150 तक सुना पाया, यह एक ऐसा काम था जो वह अपने मशहूर होने तक बिना सोचे-समझे कर सकता था।

यीशु का दर्शन

सात दिन के उपवास की आखिरी रात में, बाबालोला ने प्रभु यीशु मसीह को देखा। उसका कमरा स्वर्गीय प्रकाश से भरा हुआ था।
टेबल पर रखे लैंप की इंसानों की बनाई रोशनी बुझ गई। जब बाबालोला की प्रभु यीशु मसीह से मुलाकात हुई, तो कमरे में मौजूद बाकी सभी लोग सो रहे थे। जब उसे जगाया गया, तो उसने जो देखा उससे वह कांप उठा। प्रभु यीशु उसके पास एक फरिश्ते के साथ आए जिसका सिर आसमान को छू रहा था। बाबालोला बिना कपड़ों के खड़ा हो गया और उससे पूछा गया कि क्या वह खाना चाहता है, तो उसने हाँ में जवाब दिया। यीशु के साथ आए फरिश्ते ने उसे पके हुए रतालू का आधा हिस्सा दिया। उसे बताया गया कि रतालू का दूसरा आधा हिस्सा बाकी इंसानों को खिलाने के लिए इस्तेमाल किया जाएगा।

इस बड़ी मुलाकात पर, प्रभु यीशु ने बाबालोला को एक हाथ वाली प्रार्थना घंटी दी और बताया कि घंटी की आवाज़ हमेशा आस-पास की बुरी आत्माओं को दूर भगाएगी। यीशु मसीह, जो सफेद कपड़े पहने थे, ने पहले बाबालोला को एक दिव्य संकेत के तौर पर तीन सिर वाला एक फूल दिखाया था। बाबालोला को एक लोहे की छड़ भी दी गई जिसका मतलब भजन 2:8-9 में दिया गया है। उसे हर तरह की बीमारी ठीक करने के लिए पानी की एक बोतल भी दी गई थी। उसे भरोसा दिलाया गया था कि वह जब भी और कहीं भी पानी में प्रार्थना करेगा, तो असरदार इलाज होगा।
बाबालोला को निर्देश दिया गया कि वह प्रभु के दिए कुछ संदेशों और खुलासों के बारे में किसी और से बात न करे। उसे बताया गया कि ईश्वर ईसाइयों के दवाइयों के इस्तेमाल के खिलाफ हैं और उन्हें दिव्य इलाज के लिए उस पर भरोसा करना चाहिए।
बाबालोला को समाज में शैतानी ताकतों की मौजूदगी से डर लगता था और इसलिए उन्होंने यह मुद्दा भगवान के सामने उठाया। लेकिन उन्हें

भगवान का भरोसा मिला कि सारी ताकतें भगवान यीशु मसीह को दी गई हैं और इसलिए दुश्मन की कोई भी ताकत उन पर हावी नहीं हो पाएगी।

तीन ताड़ के पत्ते

भगवान की शक्ति को और दिखाने के लिए, बाबालोला को उस जगह जाने के लिए कहा गया जहाँ उसने लगभग बारह दिन पहले तीन ताड़ के पत्ते लगाए थे। बाद में वहाँ पहुँचने पर, एक पूरी तरह सूख गया था, दूसरा मुरझा गया था जबकि तीसरा काटने के समय भी ताज़ा था। उसे इसका सही मतलब इस तरह समझाया गया। जो लोग यीशु मसीह के सुसमाचार को स्वीकार करने से इनकार करते हैं, वे पहले सूखे ताड़ के पत्ते की तरह होंगे। जो लोग सुसमाचार को आधा-अधूरा स्वीकार करते हैं, वे मुरझाए हुए ताड़ के पत्ते की तरह होंगे, जबकि जो लोग सुसमाचार को पूरे दिल से स्वीकार करते हैं, वे ताज़े ताड़ के पत्ते की तरह होंगे।

कॉल के बाद ओडोवा में पहली एंट्री

प्रभु यीशु मसीह के बड़े दर्शन के बाद, बाबालोला को प्रभु ने ओडो-ओवा जाने की तैयारी के लिए उन्नीस दिन का उपवास शुरू करने का निर्देश दिया। उसे जो कुछ भी करना था, वह उसे पूरी तरह से समझाया गया था। और इसलिए बाबालोला ने अक्टूबर 1928 के आखिर तक उपवास करते हुए ही अपने होम टाउन ओडो-ओवा में पहली बार एंट्री की। बाज़ार के दिन वह शहर में दाखिल हुआ, जैसा कि प्रभु ने कहा था, वह पूरी तरह से नंगा था, उसने ताड़ के पेड़ के पत्तों के कपड़े पहने और अपने शरीर को चारकोल से रंगा। ज़्यादातर लोग उसे पागल समझते थे।

उसने लोगों को भगवान का संदेश देना शुरू किया और उनसे कहा कि वे अपने बुरे कामों से माफ़ी मांगें और भगवान की ओर मुड़ें, नहीं तो 35 दिन से पहले उन्हें एक जंगली जानवर मार डालेगा। उनके सामने आने वाले

खतरे के बारे में उनकी चेतावनी पर ध्यान देने के बजाय, उनके शहर के लोगों ने उन्हें सताना शुरू कर दिया।
इसके बाद बाबालोला को इलोरिन के अमीर के सामने घसीटा गया, जिन्होंने उसका केस डिस्ट्रिक्ट ऑफिसर को ट्रांसफर कर दिया, जिसने आखिरकार उसके केस का फैसला करने से पहले उसे दो हफ़्ते के लिए कस्टडी में भेज दिया। लेकिन, बाहर से आए डिस्ट्रिक्ट ऑफिसर ने उसे बरी कर दिया क्योंकि उसे बाबालोला के खिलाफ लगाए गए पब्लिक डिस्टर्बेंस के आरोप को साबित करने के लिए कोई सबूत नहीं मिला।

इस बीच, ओडो-ओवा के लोग उस जंगली जानवर से खुद को बचाने के लिए पूरी तरह तैयार थे, जिसके बारे में बाबालोला ने पहले ही भविष्यवाणी कर दी थी। लेकिन उन्हें हैरानी हुई कि उसके डिस्चार्ज के कुछ दिन बाद और लगभग उसी समय, जो "जंगली जानवर" दिखा, वह खतरनाक चेचक की बीमारी थी। सिर्फ़ वही लोग बचे जिनके लिए बाबालोला ने प्रार्थना की थी, बाकी सब बीमारी से मर गए। फिर भी ज़्यादातर लोग उसकी बात मानने को तैयार नहीं थे। उन्होंने एक ताकतवर हर्बलिस्ट की मदद लेकर उसे मारने का फैसला किया, जिसने सात दिनों के अंदर उसे खत्म करने का वादा किया था। इस समय के दौरान, बाबालोला ने कहा कि वह शैतानी ताकतों को अपना पीछा करते हुए देखता था, लेकिन एक समय अचानक भगवान का एक फरिश्ता प्रकट हुआ और उसने बुरी ताकतों को खत्म कर दिया। जब सातवें दिन के खत्म होने पर, बाबालोला ज़िंदा था, तो हर्बलिस्ट को फिर से महल में बुलाया गया ताकि वह समझा सके कि वह पहले किए गए वादे के मुताबिक उसे क्यों नहीं मार सकता। हर्बलिस्ट ने बस लोगों से कहा कि बाबालोला को अकेला छोड़ दो और सिर्फ़ भगवान ही उसे मार सकते हैं।

इस समय तक, बाबालोला अपनी प्रार्थना सभाएँ एंग्लिकन चर्च में करते थे, जहाँ उनके पिता आम प्रेसिडेंट थे। बहुत से लोग वहाँ होने वाले संकेतों

और चमत्कारों की वजह से सभाओं में आते थे। यहाँ फिर से, उन पर ज़ुल्म होने लगे। बिशप स्मिथ, जो उस डायोसीज़ के इंचार्ज थे जिसके तहत इलोरिन आर्कडीकनरी आती थी, के पास याचिकाएँ पहुँचीं कि इलोफ़ा के चर्च पर दूरदर्शी, दूसरी भाषाएँ बोलने वाले और ज़ोर-ज़ोर से प्रार्थना करने वाले लोग कब्ज़ा कर रहे हैं। संकेतों और चमत्कारों वाली पेंटेकोस्टल शक्ति, जो लोकल चर्च को आध्यात्मिक और भौतिक आशीर्वाद दे सकती थी, पूरी तरह से हतोत्साहित हो गई थी। कहा जाता है कि बिशप स्मिथ ने बाबालोला और उनके फॉलोअर्स को चर्च छोड़ने का आदेश दिया था। बाबालोला ने चर्च के ले-रीडर, मिस्टर ओलुयेमी के एक प्राइवेट अपार्टमेंट में अपनी रेगुलर प्रार्थनाएँ आयोजित करना शुरू कर दिया। यहाँ से भगवान इलोफ़ा और उसके आस-पास के इलाकों में बाबालोला के ज़रिए अपनी शक्ति दिखाते थे।

बाबालोला को बाहरी दुनिया से जोड़ने के लिए भगवान ने जिस सम्मान के तरीके का इस्तेमाल किया, वह इलोफा के रहने वाले एल्डर डेविड अजीबोला थे, जो फेथ टैबरनेकल ग्रुप के सदस्य थे और उस समय इबादान में रहते थे। उन्होंने बाबालोला को इबादान बुलाया और उसके बाद उन्होंने लागोस में ग्रुप के मिशनरी हेडक्वार्टर के पादरी डीओ ओडुबांजो से संपर्क किया।

नवंबर 1929 तक, बाबालोला की लागोस में भाइयों के साथ एक मीटिंग हुई। उन्होंने फेथ टैबरनेकल कॉन्ग्रिगेशन के अधिकारियों को अपने मिनिस्टर के बुलावे के बारे में पूरी जानकारी दी और वे दोनों बाइबिल के सही सिद्धांतों पर सहमत हुए। नतीजतन, बाबालोला को लागोस में पादरी जे.बी. एल. शादारे (उर्फ एसिनसिनाडे) ने बैप्टाइज़ किया। पानी में बैप्टाइज़ होने के बाद, वह एल्डर (बाद में पादरी जे.ए. मेडाईयेस) के साथ ओडो-ओवा के लिए रवाना हो गए।

घर वापस आने पर, SIM (ECWA चर्च) के पादरी केपी टाइटस ने उन्हें मौजूदा कोगी स्टेट के यागबा इलाके में रिवाइवल प्रोग्राम के लिए बुलाया। भगवान ने बाबालोला का बहुत इस्तेमाल किया। उन्होंने ऐसे रिवाइवल प्रोग्राम में मिली सफलताओं का फ़ायदा उठाकर अपना नया चर्च शुरू नहीं किया। बल्कि उन्होंने अपने फ़ॉलोअर्स को फ़ेथ टैबरनेकल कॉन्ग्रिगेशन की अपनी मेंबरशिप के बारे में बताया। क्योंकि वह अभी भी कॉन्ग्रिगेशन में नए थे, इसलिए उन्होंने चर्च के सिद्धांतों, नियमों और एडमिनिस्ट्रेटिव प्रोसेस को और बेहतर तरीके से जानने के मकसद से लागोस में अथॉरिटी से मिलने का फ़ैसला किया। उन्होंने इस बारे में लागोस जाने में अपनी दिलचस्पी दिखाते हुए एक लेटर लिखा। लेटर के जवाब में, उन्हें इबादान में संबंधित अथॉरिटी का इंतज़ार करने के लिए कहा गया।

फेथ टैबरनेकल के अधिकारी इलेशा में एक ज़रूरी मीटिंग के मौके का इस्तेमाल करके बाबालोला को इलेशा की मंडली से मिलवाना चाहते थे, और इसके बाद उन्हें चर्च के सिद्धांतों के बारे में और जानने के मकसद से इजेबू-ओडे में चर्च के जनरल हेडक्वार्टर जाने देना चाहते थे। इसलिए उनकी रिक्वेस्ट के जवाब में उन्हें स्वर्गीय पादरी आईबी अकिनीले (जो बाद में इबादान के ओलुबदान और क्राइस्ट अपोस्टोलिक चर्च के पहले प्रेसिडेंट बने) के घर पर लागोस डेलीगेशन का इंतज़ार करने के लिए कहा गया।

इलेशा मीटिंग असल में एक सुलह वाली शांति मीटिंग थी। इलेशा एरिया हेडक्वार्टर ऑफ़ द फेथ टैबरनेकल कॉन्ग्रिगेशन के हेड स्वर्गीय पादरी जेए बाबाटोपे और पॉलीगैमी जैसे मुद्दों के बीच गलतफहमी हो गई थी। इस झगड़े को जल्दी से खत्म करने के लिए, इलेशा मीटिंग रखी गई थी। हालांकि, यह नाइजीरिया में ईसाई धर्म के इतिहास की अब तक की सबसे बड़ी घटना साबित हुई।

1930 का शक्तिशाली पुनरुत्थान

शांति मीटिंग 9 और 10 जुलाई 1930 को होनी थी, जिसके एजेंडा में चौबीस बातें थीं। एजेंडा लिस्ट में सबसे ऊपर ईसाइयों के लिए एक से ज़्यादा शादी का मुद्दा था, जबकि दूसरा मुद्दा ईसाइयों द्वारा इलाज के लिए दवा के इस्तेमाल से जुड़ा था। डेलीगेट्स दूसरे मुद्दे पर बात करने ही वाले थे कि तभी जीवित भगवान ने दिन को नाइजीरिया के पेंटेकोस्ट के दिन करने का फैसला किया। एक मरे हुए बच्चे को चर्च की जगह पर ले जाया जा रहा था, जिससे शांति मीटिंग में शामिल लोगों का ध्यान भटक गया।

ओबी ओगुंडिपे नाम का मृत बच्चा मुश्किल से 10 साल का था। उसकी माँ को अपने बेटे को ज़िंदा करने के लिए मूर्ति पूजा करने वालों की मदद लेनी पड़ी, लेकिन कोई फ़ायदा नहीं हुआ। अपने इकलौते बेटे को न छोड़ने का पक्का इरादा करके, और हाँ, भगवान की महिमा को पूरी तरह से ज़ाहिर करने के लिए, उसने अपने मरे हुए बेटे को ओके-ओये चर्च लाने की ज़िद की, कम से कम यह देखने के लिए कि तथाकथित "गोरे लोगों का धर्म" क्या कर सकता है। जब आखिरकार लाश चर्च के मैदान में लाई गई, तो हर जगह हंगामा मच गया। बाबालोला, जो एक अलग कमरे में था, भगवान की आत्मा से प्रेरित होकर हालात को संभालने लगा। और वहाँ मौजूद भगवान के सेवकों के सपोर्ट और हिम्मत से, वह हरकत में आया। पैगंबर बाबालोला ने आदेश दिया कि मरे हुए लड़के को उस मंच के नीचे रखा जाए जिस पर वह दिन की रिवाइवल सर्विस करने के लिए खड़ा होगा। सर्विस खत्म होने पर, बाबालोला मंच से नीचे आया और सीधे लाश को देखने चला गया। उसने तीन बार लड़के का नाम पुकारा, उस पर हाथ की घंटी से पानी डाला और अचानक और चमत्कारिक रूप से, मरे हुए लड़के ने अपना ही नाम लिया - वह ज़िंदा हो गया था!

बच्चे के इस चमत्कारी तरीके से ज़िंदा होने पर बच्चे की माँ ने मूर्ति पूजा छोड़ दी और अपनी सारी मूर्तियाँ जलाने के लिए ले आई। बहुत से लोगों ने यह खबर फैलानी शुरू कर दी कि इलेशा में एक अद्भुत पैगंबर आए हैं। इस जानकारी से बहुत से लोग इलेशा में ओके-ओये स्ट्रीट पर घटना की जगह पर दौड़ पड़े। इसके बाद जो हुआ, उससे डेलीगेट्स अपनी बातचीत जारी नहीं रख सके। पेंटेकोस्टल घटना ने मीटिंग को अचानक खत्म कर दिया।

भीड़ बढ़ने लगी और उन्हें ज़्यादा बड़ी झाड़ियों वाली जगह पर ले जाना पड़ा। लोगों ने खुले रिवाइवल ग्राउंड के आस-पास की सभी झाड़ियों को अपने पैरों से साफ़ किया। निशानियाँ और चमत्कार रोज़ की बात हो गईं। प्रार्थना की घंटी बजाने और भगवान द्वारा बाबालोला को दिए गए पवित्र झरने (ओमी आयो) को पीने से चमत्कारी इलाज रिकॉर्ड किए गए।

ऊपर से ताकत पैगंबर पर उतरी। अंधे देखने लगे, लंगड़े चलने लगे, बहरे सुनने लगे, गूंगे बोलने लगे। पागलों को छुटकारा मिला। कोढ़ी साफ़ हो गए। जो औरतें कई सालों से बांझ थीं, वे गर्भवती हो गईं।

जिन प्रेग्नेंसी की डेट निकल गई थी, उन्हें शांति से निकाला गया। गलत काम करने वाले, शराबी, सिगरेट पीने वाले लोग पछतावा करने आए। बहुत से बुरे लोग जो बाबालोला में भगवान की शक्ति को लुभाने आए थे, उन्हें भगवान की आत्मा ने गिरफ्तार कर लिया, और उन्होंने अपने शर्मनाक कामों को कबूल किया, और रिवाइवल ग्राउंड में जलाने के लिए अपने जादू-टोने छोड़ दिए।

अलग-अलग हॉस्पिटल और हीलिंग होम में ज़्यादातर मरीज़ों को रिवाइवल ग्राउंड में लाया गया और उन्हें ठीक किया गया। लोग दूर-दूर

से हज़ारों की संख्या में पैदल चलकर रिवाइवल ग्राउंड में आए। भगवान की शक्ति बहुत ज़्यादा दिख रही थी क्योंकि दिन में सूरज चमकने पर भी लोगों पर ओस गिर रही थी।

भगवान ने बाबालोला को इजेशालैंड के इलेशा-ओवा के पारंपरिक शासक के सामने एक बड़े पेड़ को जलाने की ज़रूरत बताई। उस पेड़ को चुड़ैलों और जादूगरों के मिलने की जगह माना जाता था। कुछ जूजू पुजारी थे जो आम तौर पर बड़े पेड़ के अंदर रहने वाले राक्षसों के लिए बलि चढ़ाते थे। जब बाबालोला ने पेड़ को जलाया, तो कई लोगों को लगा कि यह उसकी ज़िंदगी का अंत होगा। लेकिन पैगंबर और उनके अनुयायियों के साथ कुछ भी बुरा नहीं हुआ। भगवान की महिमा के लिए उनकी सेवा और मज़बूत होती गई। इस अनोखी घटना ने राजा, उनके बड़े सरदारों और शहर के खास लोगों को पैगंबर बाबालोला का और ज़्यादा सम्मान करने पर मजबूर कर दिया।

इलेशा और उसके आस-पास के मौजूदा चर्च लगभग खाली हो गए थे क्योंकि पूजा करने वाले लोग भगवान के बंदे से शिक्षा और आध्यात्मिक आशीर्वाद लेने के लिए रिवाइवल ग्राउंड में जमा हो रहे थे। उनमें से ज़्यादातर को अचानक पवित्र बाइबल की अहमियत का एहसास हुआ। जिनके पास बाइबल थी, उन्होंने इस्तेमाल के लिए उन्हें खोजना और साफ़ करना शुरू कर दिया, जबकि जिनके पास कभी बाइबल नहीं थी, उन्होंने अपनी कॉपी ले लीं। हालांकि, इस रिवाइवल से एंग्लिकन, मेथोडिस्ट, रोमन कैथोलिक और बैपटिस्ट जैसे धार्मिक संगठनों में कड़वाहट पैदा हुई। वे इस ज़बरदस्त रिवाइवल की वजह से अपने सदस्यों को खोने से खुश नहीं थे।

ऑर्थोडॉक्स चर्च के ज़्यादातर छोड़े हुए सदस्यों को इनकम टैक्स, बच्चों को उनके प्राइमरी स्कूलों में रजिस्टर करने से मना करने और नौकरी से

निकालने जैसे मामलों में सताया गया। अच्छी खबर यह थी कि धर्म बदलने वालों को उन सभी चीज़ों में भगवान की कृपा मिली जिन पर उन्होंने हाथ रखा।

अन्य स्थानों पर पुनरुत्थान का प्रसार

बहुत से लोग जो रिवाइवल ग्राउंड में आए थे, वे खुशखबरी सुनाते हुए अपने-अपने शहरों में वापस चले गए। इसलिए, अगर पैगंबर उनके शहर आते, तो वे होस्ट के तौर पर सेवा करने के लिए ज़मीन तैयार कर चुके थे। फिर भी पैगंबर बाबालोला ने तब तक कहीं जाने का फैसला नहीं किया जब तक भगवान की आत्मा ने वैसा करने का निर्देश न दिया हो। और इसलिए इलेशा रिवाइवल प्रोग्राम के बाद, उन्हें 1 सितंबर, 1930 को सीधे उनके होम टाउन ओडो-ओवा ले जाया गया। उन्होंने इलेशा रिवाइवल सर्विस पैगंबर डैनियल ओरेकोया को सौंप दी। जैसे ही लोगों को उनके ओडो-ओवा जाने के इरादे का पता चला, उनमें से ज़्यादातर उनके पीछे चले गए। दुर्भाग्य से, इस समय ओडो-ओवा के लोग अभी खुशखबरी को अपनाने के लिए तैयार नहीं थे। थोड़ी देर बाद, बाबालोला को मेन टाउन से लगभग 60 किलोमीटर दूर एक अकेली जगह पर ले जाया गया। वहाँ उन्होंने किसी को नहीं देखा, वे जीवित भगवान के साथ अकेले थे और स्वर्ग के होस्ट से निर्देश ले रहे थे। इसके बाद उन्हें मेन टाउन वापस जाने का निर्देश दिया गया क्योंकि दूसरी जगहों से विज़िटर उनसे मिलने के लिए इकट्ठा हो गए थे। इसके बाद, वह ओडो-ओवा में एक पहाड़ी की चोटी पर गए, जिसे अब अपॉस्टल अयो बाबालोला प्रेयर माउंटेन के नाम से जाना जाता है।

ओडो-ओवा से, बाबालोला को आज के क्वारा राज्य में ओफ़ा जाने का निर्देश दिया गया। शहर के मुसलमानों ने उसे शहर से बाहर निकालने के

लिए डिस्ट्रिक्ट ऑफिसर से मदद मांगी क्योंकि उन्हें डर था कि उसकी मौजूदगी से उनके धर्म पर बुरा असर पड़ सकता है।

ऑफा से, पैगंबर बाबालोला आज के एकिटी राज्य में उसी गए। उनका स्वागत खास तौर पर उन लोगों ने किया जिन्होंने पहले इलेशा की बड़ी वापसी देखी थी। उसी पहुंचने पर, उन्हें एक झाड़ी के पास ले जाया गया जहां एक पेड़ था जिसे अब तक काट दिया गया था लेकिन जो फिर से खड़ा हो गया। उस जगह पर पहुंचने पर बाबालोला और उनके अनुयायियों ने ज़ोरदार प्रार्थना की और उसके बाद पेड़ को काट दिया ताकि वह फिर कभी न उठे।

उसी से, वह इफोन-अलाय गए, जो आज के एकिटी राज्य में है। शहर के पुराने शासक अलाय ने पैगंबर बाबालोला और उनके मानने वालों से गुज़ारिश की थी कि वे उनके महल के अलावा किसी और घर में न रहें। इस गुज़ारिश पर, भगवान के बंदे ने राजा को मैसेज भेजा कि उनके साथ बहुत सारे लोग हैं और अगर उन्हें महल में आने दिया गया, तो वे जगह खराब कर सकते हैं। लेकिन अलाय अड़े रहे, उन्होंने फिर जवाब दिया कि अगर उनके मानने वाले महल को गंदा भी कर दें, तो उन्हें अपने हाथों से उसे साफ करने में कोई दिक्कत नहीं होगी। इस वजह से पैगंबर सीधे महल में आए और ऊपर वाले अपार्टमेंट में रहने लगे जो पहले से ही उनके और उनके मानने वालों के लिए रिज़र्व था।

जैसे ही रिवाइवल शुरू हुआ, रिवाइवल के लिए एक बड़ी खुली जगह ढूंढना ज़रूरी हो गया। इसके लिए, राजा ने पैगंबर को पूरे शहर में कोई भी सही जगह चुनने की पूरी आज़ादी दी। और जब पैगंबर ने "इग्बो ऐरो" (रिज़र्व्ड ग्रोव) नाम की जगह चुनी, तो राजा और शहर के लोग डर गए। उन्होंने पैगंबर को उस जगह को न चुनने के लिए मनाया क्योंकि वह रहस्यमयी थी। डर था कि कोई भी झाड़ी साफ करके इस प्रोसेस से बच

नहीं पाएगा। लेकिन भगवान की कृपा से, बाबालोला और उनके फॉलोअर्स ने झाड़ी साफ कर दी और उस जगह को एक खुली रिवाइवल और प्रार्थना की जगह बना दिया। झाड़ी साफ करने की वजह से उनमें से किसी के साथ कुछ भी बुरा नहीं हुआ।

पैगंबर बाबालोला ने फिर उन सभी लोगों को जिनके पास मूर्तियाँ और ताबीज़ थे, उन्हें जलाने के लिए जमा करने को कहा। और जवाब इतना अच्छा था कि राजा डर गया, लेकिन जब पैगंबर ने उसे चिंता न करने के लिए कहा, तो अलैये खुद महल की सभी मूर्तियों और ताबीज़ों को पूरी तरह नष्ट करने के लिए बाहर ले आए।

इसके तुरंत बाद निशानियाँ और चमत्कार होने लगे। कई चमत्कार हुए और इनकी वजह से बहुत से लोग इफ़ोन-अलाये की तरफ़ खिंचे चले आए। शहर के लोगों ने बहुत बड़े पैमाने पर ईसाई धर्म अपना लिया। राजा का बपतिस्मा हुआ और उसका नाम बदलकर सोलोमन अलादेजारे अगुनसोये हो गया - वह राजा जिसने जीवन देने वाले पानी को अपनाने के लिए देसी रीति-रिवाज़ छोड़ दिए। राजा यहीं नहीं रुके, उन्होंने अपने दोस्त, अरामोको के राजा को भी मुक्ति का संदेश दिया, जिसे भी हिज़कियाह अदेओये नाम से बपतिस्मा मिला था।

इफोन-अलाये से, पैगंबर बाबालोला एकिटी, अकोको, ओवो के सभी हिस्सों में यीशु मसीह की खुशखबरी को असरदार तरीके से फैलाने में कामयाब रहे।

प्रेरित बाबालोला का कारावास

1932 के लेंट पीरियड के दौरान, पैगंबर बाबालोला अपने होम टाउन, ओडो-ओवा में एक प्रेयर रिट्रीट के लिए थे। वहीं उनके खिलाफ अरेस्ट का वारंट जारी किया गया था। ओटुओ (अभी एडो स्टेट में) की दो औरतों

ने उन पर पूरी तरह से झूठा इल्ज़ाम लगाया कि बाबालोला ने उन्हें एक ज़हरीली लोकल जड़ी-बूटी पीने के लिए मजबूर किया, जिसका इस्तेमाल जादू-टोने का पता लगाने में होता है और जिसे सरकार ने पहले ही बैन कर दिया था। इस तरह के काम में शामिल होने से साफ इनकार करने और यह कहने के बावजूद कि वह उन औरतों में से किसी से कभी नहीं मिले, बाबालोला को बेनिन प्रिज़न यार्ड में छह महीने की जेल भेज दिया गया। यहाँ इस बात पर ज़ोर देना ज़रूरी है कि भगवान ने बाबालोला को पहले ही अलर्ट कर दिया था कि वह एक अच्छी पर्सनैलिटी को बचाने के लिए एक अजीब जगह पर जाने के लिए तैयार रहे। और जब बाबालोला जेल पहुँचे, तो भगवान ने उस आदमी को दिखाया, मिस्टर साइप्रियन ई. यूफॉन नाम का एक ग्रीक आदमी। उसकी सेहत खराब हो गई थी, लेकिन जब बाबालोला ने उसके लिए प्रार्थना की, तो वह तुरंत ठीक हो गया।

जेल का यार्ड बाबालोला के मिशनरी कामों को रोक नहीं सका क्योंकि कैद की जगह एक और रिवाइवल और हीलिंग सेंटर बन गई। जेल के वार्डरों को उनकी मौजूदगी से बहुत फ़ायदा हुआ क्योंकि वे अपने रिश्तेदारों को भी प्रार्थना के लिए लाते थे। जब पादरी जॉर्ज परफेक्ट और इदरीस वंघन मिशनरी काम के लिए यूरोप से नाइजीरिया आए, तो पादरी जेए बाबाटोपे उन्हें जेल के यार्ड में पैगंबर बाबालोला से मिलने ले गए।

बाबालोला पहले मिस्टर यूफॉन के साथ जेल से निकलने के बाद कैलाबार में उनके होम टाउन, ग्रीक जाने के लिए तैयार हो गए थे। लेकिन, जेल से निकलने के बाद बाबालोला को इफोन-अलाये जाना पड़ा। इफोन से ही वह और मिस्टर यूफॉन रिवाइवल प्रोग्राम के लिए कैलाबार गए थे। इसमें कोई शक नहीं कि भगवान ने उनकी जेल का इस्तेमाल नाइजीरिया के पूर्वी हिस्से में उनकी मिशनरी एक्टिविटीज़ को खोलने के

लिए किया। यहाँ यह बताना ज़रूरी है कि इफोन-अलाये के लोगों ने जेल से बाबालोला का हीरो जैसा स्वागत किया और जीवित भगवान ने बारिश के लिए आसमान खोल दिया जो समय से पहले बहुत लंबे समय से रुकी हुई थी।

जब पैगंबर बाबालोला कैलाबार की अपनी मिशनरी ट्रिप से लौटे, तो वे थोड़ा सेटल हो गए। 1935 तक, उन्होंने डोरकास से शादी कर ली और इस शादी से उन्हें तीन बेटियां हुईं, जिनके नाम अपेके, वुरा और अबिये थे।

1936 में, बाबालोला इवेंजेलिस्ट टिमोथी बाबाबुसुई के साथ घाना (पहले गोल्ड कोस्ट) गए। जिन लोगों ने इलेशा की ज़बरदस्त वापसी देखी थी, वे उन्हें पहचान पाए और नाइजीरिया वापस लौटने से पहले एक सफल इवेंजेलिकल कैंपेन के लिए लोगों को इकट्ठा करने में तुरंत शामिल हो गए।

नेतृत्व गुण

i. विनम्रता: धर्मदूत अयो बाबालोला भगवान के एक विनम्र सेवक थे। उन्होंने कभी खुद पर घमंड नहीं आने दिया। अपने बुलावे के शुरुआती दौर में भी, उन्होंने अपना कोई धार्मिक संगठन बनाने की कोशिश नहीं की। उन्होंने सभी का सम्मान किया, खासकर बुज़ुर्गों का। उन्होंने अपने रास्ते में आने वाले किसी भी व्यक्ति का कभी सबके सामने मज़ाक नहीं उड़ाया।

ii. मेहमान-नवाज़ी: एक लीडर के तौर पर, पैगंबर बाबालोला ने अपने फॉलोअर्स को लोगों पर दया और मेहरबानी दिखाने की ज़रूरत सिखाई और प्रैक्टिस की। उनके पास जो कुछ भी था, वह उन लोगों के साथ शेयर करते थे जो उनके कॉन्टैक्ट में आते थे। वह समाज में गरीबों,

विधवाओं और ज़रूरतमंदों के लिए बहुत दिलदार थे। उन्होंने अपनी मिनिस्ट्री के तहत बहुत से आदमियों की शादी की रस्मों को स्पॉन्सर किया। जैसे उन्हें हर तरह के लोगों से तोहफ़े मिलते थे, वैसे ही वह भी दिल खोलकर शेयर करते थे। उनके पास कोई प्राइवेट सेविंग्स नहीं थी, उनके कपड़ों में जेब नहीं थी। जब तक भगवान के इस महान आदमी की मौत हुई, उनके हैंड बैग में सिर्फ़ तेईस पाउंड (लगभग 46 नाइरा) ही उनके पास थे। उन्होंने कोई ज़मीन-जायदाद नहीं खरीदी थी। उनके पास जो कुछ भी था, वह आशीर्वाद देने में इस्तेमाल होता था।

उसके आस-पास के लोग। उसका एकमात्र घर इफोन-अलाय के लोगों ने उसके लिए बनाया था।

iii. प्रार्थना: अपॉस्टल बाबालोला ने दिखाया कि प्रार्थना ही वह मास्टर की है जो भगवान के खजाने को खोल सकती है। वह बिना थके लंबे समय तक प्रार्थना करते थे। यहां तक कि महान रिवाइवल के लिए इलेशा की ऐतिहासिक यात्रा से एक दिन पहले भी, पादरी I.

बी. अकिनीले (CAC के पहले प्रेसिडेंट और इबादान के पूर्व ओलुबदान) जिन्होंने उस रात बाबालोला को होस्ट किया था, उन्होंने बताया कि कैसे अपॉसल ने ज़ोरदार प्रार्थना की और उनकी आवाज़ हज़ारों बादलों की गड़गड़ाहट से भी ज़्यादा गूंजती थी। उन्होंने अपने फॉलोअर्स और साथियों को बिना रुके प्रार्थना करने के लिए कहा। पैगंबर बाबालोला प्रार्थना के लिए चुने हुए पहाड़ों पर चले जाते थे। जिन प्रार्थना पहाड़ियों का वे अक्सर इस्तेमाल करते थे, उनमें इदो अजीनारे, एरियो, इफ़ोन अलाये शामिल थे जो अभी के एकिटी स्टेट में हैं।

इदो-इले (एकिटी स्टेट) में इदो-अजीनारे पहाड़ी पर पैगंबर के एक प्रार्थना सेशन में, एक बड़ा अजगर भगवान के बंदे को नुकसान पहुंचाने के इरादे से उनके पास रेंगता हुआ आया, लेकिन पैगंबर के शरीर की गर्मी खतरनाक सांप के लिए ज़हरीली हो गई, जिससे बाद में वह मर गया और तुरंत सूख गया।

4.	उपवास: अपॉसल अयो बाबालोला की मिनिस्ट्री में उपवास एक मज़बूत हथियार था।

अपनी पब्लिक मिनिस्ट्री की शुरुआत में, जब वे अपने होम टाउन ओडो-ओवा पहुंचे तो वे उपवास पर थे।
कई मौकों पर उन्होंने चालीस दिन का उपवास रखा, 40 दिन के लेंटेन उपवास को छोड़कर जिसे उन्होंने लगभग संस्थागत बना दिया था। महान पुनरुत्थानवादी ने शक्ति को नया करने के लिए बुधवार और शुक्रवार को उपवास के दिन के रूप में चुना था।
v.	बाइबल स्टडी: अयो बाबालोला की सबसे बड़ी खूबी परमेश्वर का वचन था। उन्होंने अपने बिज़ी शेड्यूल को कभी भी बाइबल की कड़ी पढ़ाई से अपना ध्यान भटकने नहीं दिया। वह भजन संहिता की किताब को 1 से 150 तक बिना किसी आवाज़ के सुना सकते थे।
vi.	पवित्र आत्मा के साथ पार्टनरशिप: अपॉस्टल अयो बाबालोला पवित्र आत्मा को अपना सीनियर पार्टनर मानते थे। उन्होंने मिनिस्ट्री में कोई भी फैसला बिना स्पिरिचुअल गाइडेंस लिए कभी नहीं लिया।

महान परे के लिए उनका अनुवाद

अपॉस्टल बाबालोला का स्वर्ग सिधार जाना कई लोगों के लिए एक शॉक की तरह था। वह बीमार नहीं थे, वह तंदुरुस्त थे और अपनी पब्लिक मिनिस्ट्री में एक्टिव सर्विस कर रहे थे। पहले, कुछ मौके ऐसे आए जब भगवान ने उनके आस-पास के कुछ लोगों के गलत बर्ताव की वजह से उन्हें ले जाने का अपना प्लान बताया। हालांकि, माफ़ी के लिए कई बार प्रार्थना करने के बाद, भगवान ने फिर से उनकी जान बख्श दी। लेकिन इस बार, ऐसी कोई जानकारी नहीं दी गई और इसलिए यह एक अचानक आई मुसीबत की तरह था।

जुलाई 1959 के बीच में, अपॉस्टल बाबालोला ने लोकल चर्च के अंदर कुछ झगड़े सुलझाने और मौजूदा डेल्टा स्टेट में इवेंजेलिकल कैंपेन चलाने के मकसद से ओडो-ओवा को छोड़कर सापेले और वारी चले गए। इसके बाद, वे 24 जुलाई 1959 को इबादान के ओलुगबोडे में चर्च सेंट्रल एग्जीक्यूटिव कमेटी की मीटिंग के लिए इबादान चले गए।

धर्मदूत बाबालोला ने हमेशा की तरह समाज के सभी लोगों के लिए प्रार्थना की। इबादान से एडे के लिए निकलने से पहले, उनकी छोटी बहन स्वर्गीय श्रीमती ओरंगुन ने उनसे पूछा कि वह अगली बार इबादान कब आएंगे, जिस पर पैगंबर ने उन्हें ऐसे जवाब दिया जैसे मज़ाक कर रहे हों कि वह फिर कभी इबादान नहीं आएंगे।

इबादान से, अपॉस्टल बाबालोला सेकोना में रुके और उसके बाद 25 जुलाई, 1959 को एडे चले गए। उन्होंने शनिवार की रात स्वर्गीय पैगंबर अकांडे (बाबा अबिये) के मेहमान के रूप में बिताई।
26 जुलाई 1959 को पैगंबर बाबालोला ने CAC ओके तलफिया में संडे सर्विस में हिस्सा लिया।

एडे में उन्होंने अपने काबिल दाहिने हाथ पास्टर मेडायसे के साथ पहली प्रार्थना की। संडे सर्विस के बाद, प्रोफेट बाबालोला ने अलग-अलग चर्च डिस्ट्रिक्ट से आए डेलीगेट्स से बात की, जो चर्च मैटरनिटी सेंटर पर बात करने के लिए एडे में इकट्ठा हुए थे। इसके बाद वे अपने रहने के कमरे में चले गए। उनके होस्ट, पास्टर अकांडे को लगा कि उन्हें सर्दी लग गई है, इसलिए उन्होंने प्रोफेट बाबालोला के लिए चाय बनाई और उन्हें बहुत सारा कपड़ा दिया। इस बीच, पास्टर बाबाजीडे, पास्टर ओडुटोला और पास्टर मेडायसे उनके लिए प्रार्थना करने के लिए कमरे में आए। प्रार्थना के दौरान भी अपॉस्टल ने खुद ज़ोर से प्रार्थना की और आशीर्वाद दिया और तीनों पास्टर उन्हें कमरे में छोड़कर चले गए।

26 जुलाई, 1959 के उस मनहूस दिन, शाम करीब 5:00 बजे प्रार्थना के कुछ ही देर बाद, धर्मदूत बाबालोला ने ज़ोरदार आवाज़ में कहा: पिता, पुत्र और पवित्र आत्मा के नाम पर, और वे स्वर्ग सिधार गए। कमरे में उनके साथ मौजूद दो शिष्यों, माइकल ओसाबी और सैमुअल ओलुवातुसिन ने याद किया कि उनकी मौत के समय पूरा कमरा कैसे हिल गया था। उनके शानदार निर्देशों के आधार पर, पैगंबर बाबालोला को उसी दिन एफ़ोन-अलाये ले जाया गया। उनकी अचानक मौत की खबर देश के कोने-कोने में जंगल की आग की तरह फैल गई। बड़ी संख्या में हमदर्द एफ़ोन-अलाये पहुंचे।

धर्मदूत बाबालोला को 27 जुलाई, 1959 को इफोन अलाये के सेंट स्टीफन प्राइमरी स्कूल में उनके पिता की कब्र के पास दफनाया गया था। भले ही वे अब नहीं रहे, लेकिन उनके काम आज भी लोगों को प्रेरित करते हैं और उनका जीवन उन कई लोगों के लिए प्रेरणा का स्रोत बना हुआ है जो पुराने समय से पेंटेकोस्टल शक्ति में विश्वास करते हैं।

रॉबर्ट डब्ल्यू. शैम्बैक

उन्होंने बिना किसी समझौते के विश्वास के संदेश दिए, जिसके बाद कई निशानियाँ और चमत्कार हुए।

रॉबर्ट डब्ल्यू. शैमबैक एक अमेरिकी टेलीवेंजेलिस्ट, पादरी, फेथ हीलर और लेखक थे। उनका टेलीविज़न प्रोग्राम, *पावर टुडे*, डेस्टार क्रिश्चियन टीवी नेटवर्क पर और साथ ही इंटरनेट पर स्ट्रीमिंग पॉडकास्ट में देखा जा सकता है।

जन्म और प्रारंभिक जीवन

रॉबर्ट डब्ल्यू. शैमबैक का जन्म 3 अप्रैल, 1926 को हैरिसबर्ग, पेन्सिलवेनिया में हैरी एल्सवर्थ और एन मोयर शैमबैक के घर हुआ था।

एक मिलनसार नौजवान, वह एक गली के कोने पर फिर से पैदा हुआ जब एक प्रचारक (CM वार्ड) ने इकट्ठा हुई भीड़ को यीशु मसीह का सुसमाचार सुनाने के बाद एक अल्टर कॉल दिया। रॉबर्ट को तुरंत प्रचार करने का बुलावा महसूस हुआ, लेकिन उसने पहले दूसरे सपने पूरे करने का फैसला किया। आखिरकार वह US नेवी में शामिल हो गया, और दूसरे विश्व युद्ध के दौरान साउथ पैसिफिक और एशिया में एक डिस्ट्रॉयर पर नेवी बॉयलर-मेकर के तौर पर काम किया। कई खतरनाक मुठभेड़ों के दौरान भगवान को अपनी जान बचाते हुए देखने और अमेरिकी POW's को वापस लाते हुए देखने के बाद, RW ने पूरी तरह से भगवान के आगे सरेंडर कर दिया और जहाँ भी भगवान उसे भेजेंगे, वहाँ सुसमाचार का प्रचार करने का फैसला किया, ताकि दूसरों को पाप की जेल और बंधन से आज़ादी मिल सके और वे मसीह के ज़रिए आज़ादी की सच्ची खुशी पा सकें।

मंत्रालय

युद्ध से लौटने के बाद, शैमबैक ने बाइबल स्कूल में एडमिशन लिया, जहाँ वे अपनी पत्नी विनी से मिले और उनसे शादी कर ली। उन्हें CM वार्ड ने पादरी बनाया और वे एक चर्च के पादरी बन गए। उन्होंने 1940 के दशक के बीच में स्प्रिंगफील्ड, मिसौरी में सेंट्रल बाइबल इंस्टीट्यूट में अपनी फॉर्मल ट्रेनिंग ली।

रॉबर्ट पर TL ऑसबोर्न के टेंट क्रूसेड और बाद में AA एलन का असर था। इन लोगों की मिनिस्ट्री से कई शानदार चमत्कार हुए और RW

जानते थे कि भगवान ने उन्हें इसका हिस्सा बनने के लिए बुलाया था। जब AA एलन का एक क्रूसेड खत्म हुआ तो उन्होंने पूछा
RW को उनकी टीम का हिस्सा बनने के लिए कहा। इसके बाद कई सालों तक पूरे US में घूमकर धर्मयुद्ध में मदद की, कुछ सेवाओं का प्रचार किया और एडवांस काम किया। आखिर में, उन्हें लगा कि भगवान उन्हें अपनी मिनिस्ट्री शुरू करने के लिए बुला रहे हैं। उन्होंने बड़े शहरों में 4 'टेंट चर्च' बनाए और अपना पॉपुलर रेडियो प्रोग्राम, द वॉइस ऑफ़ पावर शुरू किया। उनकी खास बात, "आपको कोई परेशानी नहीं है। आपको बस भगवान में विश्वास चाहिए" ने बहुत से लोगों में विश्वास जगाया है।

भाई शैमबैक की दुखियों के लिए सेवा को दुनिया के कई देशों में सराहा गया है: पूरे यूरोप, रूस, भारत, एशिया, फिलीपींस, अफ्रीका, वेस्ट इंडीज, सेंट्रल अमेरिका और साउथ अमेरिका में। वह रूस और चीन में चर्च और बाइबल स्कूल बनाने में; इंडोनेशिया और हैती में एक अनाथालय के साथ; मेक्सिको सिटी में एक मेगा-सिटी आउटरीच के साथ; और न्यूयॉर्क सिटी में शहरी आउटरीच के साथ फाइनेंशियली पार्टनरशिप करते रहते हैं।
उन्होंने विश्वास की पक्की बातें बताईं, जिसके बाद उन्होंने निशानियाँ और चमत्कार दिखाए।

पारिवारिक जीवन और मृत्यु

शैमबैक की शादी मैरी विनीफ्रेड डोनाल्ड (जन्म 3 सितंबर, 1926, फिलाडेल्फिया, पेनसिल्वेनिया) से हुई थी। वह उनसे तब मिले जब वह अगले साल पेनसिल्वेनिया के वैली फोर्ज में असेंबलीज़ ऑफ़ गॉड के ईस्टर्न बाइबल इंस्टीट्यूट में स्टूडेंट थीं, जब 4 सितंबर, 1948 को (मैरी के जन्मदिन के ठीक 1 दिन बाद), इस कपल ने शादी कर ली, और उनके दो बेटे और एक बेटी हुई: बॉबी, ब्रूस और डोना।

डोना शमबाक टायलर इलाके में एक पादरी और फेथ हीलर हैं।

शमबाक के छह पोते-पोतियां थे: रेचल, बॉबी III, मार्क, अमांडा और क्रिस्टी।

उनकी पत्नी के साथ उनकी शादी 61 साल तक चली, जिसके बाद 20 अप्रैल 2010 को 83 साल की उम्र में टायलर, टेक्सास में उनकी मौत हो गई।

दो साल बाद (17 जनवरी, 2012) 86 साल की उम्र में शैमबैक की हार्ट अटैक से मौत हो गई।

उन्हें टेक्सास के टायलर में कैथेड्रल इन द पाइन्स कब्रिस्तान में उनकी पत्नी के बगल में दफनाया गया।

https://believersportal.com/biography-evangelist-rw-schambach/

चार्ल्स एस. प्राइस

वे बीसवीं सदी के पहले आधे हिस्से में सबसे अच्छे हीलिंग इवेंजेलिस्ट में से एक थे। इंग्लैंड के शेफ़ील्ड में जन्मे, वे कनाडा और फिर स्पोकेन, वाशिंगटन चले गए। स्पोकेन में एक मेथोडिस्ट मिशन में दोबारा जन्मे, उन्होंने मेथोडिस्ट चर्च में फुल टाइम मिनिस्ट्री शुरू की।

जन्म: 1887, इंग्लैंड, यूनाइटेड किंगडम
मृत्यु: 8 मार्च 1947

"पूर्ण सुसमाचार"

चार्ल्स सिडनी प्राइस का जन्म 1887 में इंग्लैंड में मैरी हैना बी और चार्ल्स हेनरी प्राइस के घर हुआ था। जब वह चार साल के थे, तब उनकी माँ की मौत हो गई और बाद में उनके पिता ने एक ऐसी औरत से दोबारा शादी कर ली, जिससे चार्ल्स प्यार करते थे और उसकी इज़्ज़त करते थे। प्राइस ने लगभग 1899-1904 तक मेथोडिस्ट स्कॉलर्स के लिए लोकल ग्रेड से हाई स्कूल में पढ़ाई की। हालाँकि इसे वेस्ले कॉलेज के नाम से जाना जाता था, लेकिन इसमें स्टूडेंट्स को लंदन यूनिवर्सिटी में संभावित अटेंडेंस की तैयारी के लिए सिर्फ़ 18 साल की उम्र तक ही रखा जाता था। वेस्ले छोड़ने के बाद क्या करें, इस उलझन में प्राइस 1906 में असिस्टेंट वेयरहाउसमैन के तौर पर रॉयल नेवी में शामिल हो गए, लेकिन घुटने में दर्द की वजह से कुछ ही महीनों में उन्हें नौकरी से निकाल दिया गया। बाद में उन्होंने कहा कि वह कुछ समय के लिए ऑक्सफ़ोर्ड लॉ स्कूल गए थे, लेकिन ऑक्सफ़ोर्ड के पास उनके अटेंडेंस का कोई रिकॉर्ड

नहीं है। 1907 में प्राइस काम की तलाश में कनाडा चले गए और एक रेलरोड क्रू में शामिल हो गए। फिर वह वहाँ काम पाने की उम्मीद में स्पोकेन, वाशिंगटन चले गए। वह एक फ्री मेथोडिस्ट मिशन में एक चर्च सर्विस में गए और उनका धर्म बदल गया। उन्होंने एक वर्कर के तौर पर मिशन के साथ रहने का फैसला किया और उसी साल उन्हें मेथोडिस्ट मिनिस्टर बना दिया गया। वह बेसी रे ओसबोर्न से भी मिले और उनसे शादी कर ली। इस कपल के अपने 4 बच्चे हुए और इंग्लैंड से एक बेटी हुई।

प्राइस "मॉडर्निस्टिक" या लिबरल थियोलॉजी के असर में आ गए। उनकी शिक्षाओं में बाइबिल को भगवान का वचन न मानना और चमत्कारों को नकारना शामिल था। उन्होंने मेथोडिस्ट चर्च छोड़ दिया और कांग्रेगेशनलिस्ट पादरी बन गए। बाद में उन्होंने अपनी ज़िंदगी के इस समय को ऐसे बताया जैसे वह 'आध्यात्मिक रूप से अंधे थे, अपने लोगों को खाई में ले जा रहे थे'। उन्होंने बारह साल तक इसी तरह पादरी का काम किया। प्राइस कैलिफ़ोर्निया चले गए जहाँ वे लोदी के फर्स्ट कांग्रेगेशनल चर्च के पादरी थे। 1921 में सैन होज़े, कैलिफ़ोर्निया में एमी सेम्पल मैकफर्सन की लीडरशिप में एक रिवाइवल हो रहा था। उनके चर्च के एक सदस्य ने उन्हें बताया कि कैसे वह रिवाइवल में गए थे और उन्हें पवित्र आत्मा से भरने का अनुभव हुआ था। जल्द ही यह बात उनके चर्च के दूसरे सदस्यों में भी फैलने लगी। वह इस सिद्धांत के खिलाफ सिखाने के लिए सबूत इकट्ठा करने के लिए मीटिंग में गए। इसके बजाय उन्हें अपनी खालीपन का बहुत पक्का यकीन हो गया। तीसरी रात उन्हें दूसरे पादरियों के साथ प्लेटफॉर्म पर बैठाया गया। जब पापियों को बचाने के लिए बुलावा आया , तो प्राइस ने सबके सामने जवाब दिया। वह खुशी से भर गया। वह एक बैपटिस्ट चर्च में कुछ "देरी मीटिंग्स" में गया और कुछ रातों बाद "आत्मा से भरा हुआ" महसूस किया, और "दूसरी भाषाओं में" बोलने लगा।

प्राइस तुरंत अपने चर्च लौट आए और अपनी गवाही दी। 1000 सदस्यों ने भगवान की मौजूदगी के लिए प्रार्थना करते हुए सीकर्स मीटिंग करना शुरू कर दिया। एक नई शुरुआत हुई। इसका एक नतीजा यह हुआ कि चर्च के 1000 सदस्यों ने इवेंजेलिस्टिक आउटरीच शुरू कर दिए। प्राइस ने अपनी मीटिंग में लोगों को ठीक होते देखना शुरू कर दिया। डिनॉमिनेशनल लीडर्स ने उनके चर्च में जो हो रहा था, उसकी बुराई की। प्राइस ने लोदी बेथेल टेम्पल शुरू करने के लिए कॉन्ग्रिगेशनलिस्ट्स छोड़ दिए। 1922 में उन्होंने ओरेगन और ब्रिटिश कोलंबिया में घूमने-फिरने वाली इवेंजेलिस्टिक मीटिंग करना शुरू किया। विक्टोरिया, ब्रिटिश कोलंबिया में कुछ बहुत ही चमत्कारी इलाज हुए। 1923 में प्राइस ने तीन हफ़्ते के समय में 250,000 से ज़्यादा लोगों को उपदेश दिया और कई लोग ठीक हो गए। 1923 में उन्होंने एक हीलिंग मीटिंग की जिसमें लोर्न फॉक्स और उनका पूरा परिवार ठीक हो गया। लोर्न और उनकी बहन ने कुछ ही समय बाद अपनी खुद की इवेंजेलिस्टिक और हीलिंग मिनिस्ट्री शुरू कर दी।

प्राइस ने कैलगरी, एडमोंटन, विनीपेग, टोरंटो, मिनियापोलिस, डुलुथ, सेंट लुइस और बेलेविल, इलिनोइस में मीटिंग कीं। 1926 में प्राइस ने "गोल्डन ग्रेन" मैगज़ीन छापना शुरू किया, जिसमें ठीक होने और चमत्कारों के कई सबूत थे। 1928 में प्राइस को तब झटका लगा जब उनका वकील उनके सारे पैसे लेकर भाग गया। उनके सपोर्टर्स ने कुछ पैसे जमा करने में मदद की, लेकिन उन्होंने मीटिंग करने के लिए एक टेंट खरीदने का फैसला किया, ताकि उन्हें अब ऑडिटोरियम का बड़ा खर्च न देना पड़े। उन्होंने इसे कैनवस कैथेड्रल कहा। बताया जाता है कि बेलेविल मीटिंग के आखिरी 10 दिनों में हर दिन 1000 लोग धर्म बदल रहे थे। उन्होंने अगले कई सालों तक नॉर्थ-वेस्ट में घूमना जारी रखा। वे जहाँ भी गए, उन्होंने अपनी मीटिंग में चमत्कारी ठीक होते देखे और हज़ारों लोग

क्राइस्ट के पास आए। उन्होंने अकेले 1928 में 35,000 धर्म बदलने की गिनती की। लगातार ट्रैवल करने से उनकी शादी पर दबाव पड़ा। 1930 तक वे और उनकी पत्नी अलग हो गए। आखिरकार 1930 के दशक में उनका तलाक हो गया।

1930 के दशक में जब मंदी की वजह से कई मिनिस्ट्री बंद हो गईं या उनमें बहुत कमी आ गई, तब भी चार्ल्स एस. प्राइस अपनी मीटिंग्स में हज़ारों लोगों को लाते रहे। 1930 के दशक के आखिर में उन्होंने नॉर्वे, इंग्लैंड, मिस्र, फ़िलिस्तीन, तुर्की, सीरिया, लेबनान, इटली में मिनिस्ट्री की, और साथ ही पूरे US में बोलते रहे। उन्होंने खुद को डॉ. प्राइस कहना शुरू कर दिया, जो एक एजुकेशनल टाइटल के बजाय एक ऑनरेरी टाइटल लगता था। 1939 में प्राइस ने अंदाज़ा लगाया कि 1922 में शुरू करने के बाद से उन्होंने इवेंजेलिस्टिक कैंपेन पर दस लाख मील से ज़्यादा का सफ़र किया था। उनका शेड्यूल बहुत बिज़ी था। जिन मीटिंग्स में वे मेन स्पीकर होते थे, वे दिन में दो या तीन बार बोलते थे और अक्सर रात में भी ठीक होने के लिए प्रार्थना करते थे। युद्ध के सालों में बड़ी भीड़ इकट्ठा करना मुश्किल होता जा रहा था और प्राइस अक्सर चर्चों और कैंप मीटिंग्स में बोलते थे। 1940 में मार्च के बीच से अगस्त के बीच तक उन्होंने 218 बार उपदेश दिए, इसके अलावा 35 हीलिंग सर्विस भी कीं, बीमारों के लिए देर रात तक प्रार्थना की, रोटरी क्लब जैसे ग्रुप्स को कई कम्युनिटी स्पीच दीं, रेडियो पर भाषण दिए, और यह सब ट्रेन से 2700 मील और कार से 8500 मील का सफर करके किया। अकेले एक दिन में उन्होंने स्प्रिंगफील्ड, मिसौरी में 5 बार भाषण दिया।

प्राइस किसी खास डिनॉमिनेशन से जुड़े नहीं थे और उनकी मीटिंग्स को अक्सर उस इलाके के कई चर्च सपोर्ट करते थे। असेंबली ऑफ़ गॉड डिनॉमिनेशनल लीडरशिप के साथ उनका खास रिश्ता था और वे रेगुलर तौर पर उनकी कैंप मीटिंग्स में बोलते थे और उन्हें अक्सर उनके चर्चों में

बोलने के लिए बुलाया जाता था। वे बहुत लिखते थे। उन्होंने कई किताबें लिखीं, जिनमें शामिल हैं: *एंड साइन्स फॉलोड द लाइफ स्टोरी ऑफ़ चार्ल्स एस. प्राइस* , *द पॉटर एंड द क्ले, स्पिरिचुअल एंड फिजिकल हेल्थ, मेड अलाइव, टू वर्ल्ड्स, द रियल फेथ, यू कैन नो गॉड हियर एंड नाउ, डिवाइन इंटरवेंशन*, और *मिरेकल्स,* इसके अलावा 1926 से 1947 तक अपनी गोल्डन ग्रेन मैगज़ीन भी निकाली। उन्होंने रेडियो का बहुत इस्तेमाल किया और जब वे बाहर नहीं होते थे तो अक्सर लॉस एंजिल्स, कैलिफ़ोर्निया से प्रचार करते थे। उन्होंने सदर्न कैलिफ़ोर्निया बाइबिल कॉलेज में भी पढ़ाया और उन्हें अक्सर लॉस एंजिल्स इलाके में पादरियों की जगह भरने के लिए कहा जाता था। 1945 में उन्हें लगा कि प्रभु उन्हें घर पर समय बिताने के लिए बुला रहे हैं। अगले दो साल लिखने, लोकल लेवल पर प्रचार करने और आराम और प्रार्थना पर फोकस थे। 8 मार्च 1947 को उनकी मृत्यु हो गई।

स्टीफन जेफ्रीज़

स्टीफन जेफ्रीज़ 2 सितंबर, 1876 को जन्मे, थॉमस और केज़िया जेफ्रीज़ के आठ बेटों में तीसरे थे। थॉमस एक माइनर थे लेकिन उन्हें अस्थमा था और सांस लेने में दिक्कत होती थी। परिवार का गुज़ारा करने में मदद के

लिए स्टीफन बारह साल की उम्र में माइनर बन गए। उन्होंने अगले 24 साल खदानों में काम किया। उनके पिता की सेहत काम को सपोर्ट नहीं कर सकी, और सिर्फ़ 47 साल की उम्र में उनकी मौत हो गई। स्टीफन के चार भाइयों और एक बहन की भी मौत हो गई। उनके भाई जॉर्ज बीमार थे। यह एक मुश्किल ज़िंदगी थी। जब स्टीफन 22 साल के थे, तो उन्होंने एक लोकल किसान की बेटी एलिज़ाबेथ लुईस से शादी की। आखिरकार उनके चार बच्चे हुए, तीन लड़कियां और एक लड़का। सबसे छोटी बेटी की मौत सिर्फ़ छह महीने की उम्र में हो गई।

परिवार के लोग रेगुलर चर्च जाते थे। वे वेल्श इंडिपेंडेंट चर्च से जुड़े थे। 1904 वेल्स के लिए एक अहम साल था। इवान रॉबर्ट्स ने कहा, 'मुझे पूरा वेल्स स्वर्ग में ऊपर उठा हुआ दिख रहा है। हम वेल्स में अब तक का सबसे ज़बरदस्त रिवाइवल देखने जा रहे हैं, और होली घोस्ट जल्द ही आ रहा है, इसलिए हमें तैयार रहना चाहिए।' और ठीक वैसा ही हुआ। स्टीफन और उनके भाई जॉर्ज, 20 नवंबर, 1904 को वेल्स के नैंटीफिलॉन में शिलोह इंडिपेंडेंट चैपल में रिवाइवल के दौरान कन्वर्ट हुए। अगले तेरह महीनों तक पूरा देहात भगवान की मौजूदगी से कांपता रहा। स्टीफन के पास कोई फॉर्मल थियोलॉजिकल ट्रेनिंग नहीं थी और उनका मिनिस्टर बनने का कोई प्लान नहीं था, फिर भी भगवान ने उन्हें माइंस से बाहर निकालकर पल्पिट पर बुलाया।

स्टीफन ने सड़कों पर उपदेश देना शुरू किया। मेस्टेग शहर में उन्होंने इतनी देर तक उपदेश दिया कि अंधेरा हो गया और उन्हें अपना काम जारी रखने के लिए एक लैंप लाना पड़ा। भगवान ने उन्हें एक इवेंजेलिस्ट बनने के लिए बुलाया था। इवान रॉबर्ट्स वेल्स में बर्निंग मूवमेंट के लीडर थे। बाद में जब उनसे पूछा गया कि रिवाइवल में कौन खास था, तो उन्होंने कहा, "जितने लोगों को मैं जानता हूँ, उनसे बढ़कर - स्टीफन जेफरीज़।" जेफरीज़ ने खदानों में काम करना जारी रखा, लेकिन जब भी उन्हें मौका

मिलता, वे उपदेश देते थे। उनके उपदेश आसान होते थे और लोगों को क्राइस्ट की ओर बुलाते थे।

वेल्श रिवाइवल धीमा पड़ने लगा था। रिवाइवल में शामिल पादरियों में से एक अलेक्जेंडर ए. बॉडी थे। भगवान की मौजूदगी के और ज़्यादा एहसास के लिए बॉडी ने थॉमस बैरेट के तहत नॉर्वे के ओस्लो में पेंटेकोस्टल लोगों के उमड़ने के बारे में सुना। वह पहले ओस्लो गए और फिर 1907 में बैरेट को इंग्लैंड के सुंदरलैंड में अपने चर्च में बुलाया। यह एक पेंटेकोस्टल रिवाइवल सेंटर बन गया। दिसंबर 1907 में थॉमस मैडोग जेफरीज़ नाम के एक लोकल वेल्श पादरी, सुंदरलैंड में पवित्र आत्मा का बैप्टिज़म लेने वाले एक दूसरे पादरी से मिलते समय पवित्र आत्मा से भर गए। स्टीफन और उनके भाई जॉर्ज शुरू में इस नए कदम को लेकर झिझक रहे थे। हालांकि, स्टीफन के बेटे एडवर्ड को छुट्टियों में पेंटेकोस्टल अनुभव हुआ और वह अपने परिवार को इसके बारे में बताने के लिए वापस आया। 1908 में मेस्टैग में मीटिंग रखी गईं और स्टीफन और जॉर्ज खुद पता लगाने गए। उन्हें पवित्र आत्मा में बैप्टिज़म दिया गया और वे दूसरी भाषाएँ बोलने लगे। स्टीफन ने अपने प्रचार के काम में तुरंत असर देखा।

स्टीफन के भाई जॉर्ज को मिनिस्ट्री के लिए बुलाया गया। वह 1912 में पेंटेकोस्टल मिशनरी यूनियन में शामिल हो गए। जॉर्ज ने स्टीफन को अक्टूबर 1912 में क्यमद्वर्च नाम के एक छोटे से शहर में प्रचार करने के लिए कहा। यह इतना अच्छा रहा कि उन्होंने दिसंबर में तीन और दिनों के लिए लौटने के लिए कहा। दिसंबर की मीटिंग एक छोटे से रिवाइवल में बदल गई और स्टीफन सात हफ़्ते तक वहीं रहे। मीटिंग में शानदार हीलिंग हुईं। उनके भाई जॉर्ज उनके साथ शामिल होने और मीटिंग में मदद करने आए। वह वहाँ से पेन-वाई-बोंट गए जहाँ एक औरत जिसका पैर काटा जाना था, तुरंत ठीक हो गई। जॉर्ज अपनी पढ़ाई पर लौट आए

लेकिन स्टीफन लानेली चले गए जहाँ उन्होंने प्रचार किया और अपना चर्च शुरू किया। वह वहाँ सात साल तक रहे।

लैनेली में एक खास चमत्कार हुआ। एक रात जब चर्च में प्रचार हो रहा था, तो दीवार पर एक सपना दिखा। पहले मेमने का चेहरा दिखा और फिर यीशु का चेहरा दिखा, जो दुखों से भरे आदमी के रूप में था, और उसके चेहरे पर आंसू थे। सैकड़ों लोगों ने वह सपना देखा जो घंटों तक चलता रहा, लोग पवित्र जगह में आते-जाते रहे। जब स्टीफन ने उस सपने के बारे में प्रार्थना की, तो उन्हें लगा कि यह बहुत बड़ी तकलीफ़ की निशानी के तौर पर दिखा है जो होने वाली थी। कुछ हफ़्ते बाद पहला विश्व युद्ध शुरू हो गया। स्टीफन इतने मशहूर हो गए कि उन्हें कई चर्चों में बोलने के लिए कहा जाने लगा। उन्होंने 1920 तक पादरी का पद संभाला, लेकिन इस दौरान वे अक्सर यात्रा करते रहते थे।

1920 में स्टीफन अपने भाई जॉर्ज के साथ जॉर्ज के एलिम पेंटेकोस्टल अलायंस के लिए काम करने लगे। उन्होंने डॉवेलिस में मीटिंग कीं और एक चर्च बनाया और उसके पादरी बन गए। 1924 में स्टीफन और जॉर्ज यूनाइटेड स्टेट्स और कनाडा गए। वे लॉस एंजिल्स गए जहाँ उन्होंने एंजेलस टेम्पल में एमी सेम्पल मैकफर्सन से मुलाकात की। उन्होंने भाइयों पर बहुत असर डाला। लौटने के बाद वे लंदन गए और मीटिंग करने लगे। उन्होंने एमी सेम्पल मैकफर्सन को बुलाया और फिर खुद ही मीटिंग की। यह लगभग दो साल तक चला।

जॉर्ज और स्टीफन के बीच अनबन बढ़ती जा रही थी। उनकी पर्सनैलिटी एकदम अलग थी। शायद स्टीफन दोनों में ज़्यादा टैलेंटेड था, लेकिन जॉर्ज के पास एडमिनिस्ट्रेटिव स्किल्स बहुत अच्छी थीं। स्टीफन अक्सर एक तय तारीख पर एक से ज़्यादा जगहों पर मीटिंग के लिए मान जाता था। वह बिना चढ़ावा लिए या दूसरों को अपना काम करने दिए मीटिंग

चलने देता था। स्टीफन जो मन में आता था, कह देता था, चाहे नतीजा कुछ भी हो। उसे यह भी लगने लगा था कि जॉर्ज उससे जलता है। 1926 में स्टीफन ने एलिम मूवमेंट छोड़ दिया और ब्रिटेन और आयरलैंड की असेंबली ऑफ़ गॉड में शामिल हो गया। अगले कई सालों तक भाइयों के बीच तनाव बना रहा।
स्टीफन जहां भी गए, वहां नाटकीय इलाज और क्रिएटिव चमत्कार हुए।

वे यूनाइटेड स्टेट्स, न्यूज़ीलैंड, ऑस्ट्रेलिया और साउथ अफ्रीका गए। उनकी मीटिंग्स में हज़ारों की भीड़ आती थी। 1933 में वे प्रचार करने के लिए स्वीडन और नॉर्वे गए। उन्होंने अपनी सेहत के बारे में डॉक्टरों की चेतावनियों को नज़रअंदाज़ करते हुए, दिन-रात खुद को मेहनत से काम में लगाया। 1930 के दशक के बीच में हालात बहुत बदल गए। बड़े धर्मयुद्ध कम पॉपुलर हो रहे थे और भटके हुए लोगों तक पहुँचने में कम कामयाब हो रहे थे। स्टीफ़न का बिज़ी शेड्यूल उन पर भारी पड़ने लगा और उनकी सेहत बिगड़ने लगी। वे आर्थराइटिस से अपाहिज हो गए। 1940 में जॉर्ज ने एलिम चर्च छोड़ दिए और बाइबल पैटर्न चर्च फेलोशिप शुरू की।

वह स्टीफन और अपने बेटे एडवर्ड को अपने नए चर्च मूवमेंट में शामिल होने के लिए मनाने में कामयाब रहे। सेहत की वजह से स्टीफन काम में एक्टिव रूप से मदद नहीं कर सके। उन्होंने अपनी ज़िंदगी के आखिरी आठ साल अपनी बेटी मे के साथ वेल्स के पोर्थकॉल में शांति से रिटायरमेंट में बिताए। रीस हॉवेल्स के चलाए जाने वाले बाइबल कॉलेज ऑफ़ वेल्स के डॉक्टरों ने उनकी मदद की। 17 नवंबर, 1943 को उनकी मौत हो गई।

महान कारनामे - 1

- साक्ष्य

सदियों से परमेश्वर के अलग-अलग सेवकों **द्वारा आपका विश्वास बढ़ाने के लिए कि परमेश्वर आज भी और हमेशा काम कर रहा है।**

चार्ल्स एस. प्राइस – नए फीमेल ऑर्गन बनाए गए

डॉ. चार्ल्स सिडनी प्राइस बीसवीं सदी के सबसे असरदार पादरियों में से एक थे। वे 1909 में 22 साल की उम्र में पादरी बने और 12 साल तक एक प्रोग्रेसिव लिबरल थियोलॉजी के असर में पादरी रहे।

वहाँ एक पादरी थे जिन्होंने हमें एक अनोखी कहानी सुनाई। वह एक एंग्लिकन पादरी थे जो असल में सास्काटून के पास रहते थे। सालों पहले, जब हमें, हमारे भगवान की कृपा से, उस शहर के एरीना में बोलने का मौका मिला, तो वह मीटिंग में आए थे। उनकी पत्नी का एक ऑपरेशन हुआ था जिसमें उनके शरीर के अंग निकाल दिए गए थे। वह कभी बच्चा पैदा नहीं कर सकती थीं। और एक बच्चे के लिए वे तरस रहे थे और सपना देख रहे थे। उन्हें प्रार्थना के लिए लाया गया था। बुराई करने वाले कहते हैं कि कोई ऑर्गेनिक इलाज नहीं है। फिर भी भगवान ने प्रार्थना सुनी और उस घर में एक बच्चा पैदा हुआ। चमत्कार हुआ। अंग ज़रूर वापस उग आए होंगे। इसका कोई और कारण नहीं हो सकता। यह गवाही हमें उस पादरी के मुँह से मिली जो अब पूरे दिल से दिव्य इलाज में विश्वास करता था और उसे करता था।

नई आँखें बनाई गईं

उस खास मुलाकात में सैकड़ों धर्म बदलने वालों में से एक टॉम विल्सन नाम का एक जवान लड़का था। उसकी माँ कैंपेन की शुरुआत में शाम की एक मीटिंग में गई थी और घर लौटने में उसे काफी देर हो गई थी। टॉम और उसके पिता परेशान हो रहे थे, उन्हें डर था कि उसे कुछ हो गया है, इसलिए जब वह आखिरकार लौटी तो वे जानना चाहते थे कि वह कहाँ थी। जब उसने बताया कि वह टाउन हॉल में एक धार्मिक मीटिंग में गई थी, तो उसके पति को यकीन नहीं हुआ और वह जानना चाहता था कि यह किस तरह की धार्मिक मीटिंग थी जो घंटों तक चली। बहुत एक्साइटमेंट में, वह उनसे कहने लगी: "आप उस अंधी लड़की सेलिया ब्राउन को जानते हैं; वह देख सकती है।"

"मूर्ख मत बनो, माँ," टॉम ने कहा, "यह नामुमकिन है; हम सब जानते हैं कि सीलिया की तो आँखें ही नहीं हैं, तो वह देख कैसे सकती है? उसकी आँखें तो बस खाली सॉकेट हैं।"

"मैं आपको बता रही हूँ," उसकी माँ ने जवाब दिया, "जब इस वेल्शमैन, स्टीफन जेफरीज़ ने आज रात उसके लिए प्रार्थना की तो उसे नीली आँखें मिलीं और वह देख सकती है।"

सेलिया तेरह साल की थी और आस-पास जानी-मानी थी। उन्हें अब भी यकीन नहीं हो रहा था कि मिसेज़ विल्सन क्या कह रही हैं, लेकिन जल्द ही उन्हें पता चल गया कि यह सच था। यह, ठीक होने के दूसरे चमत्कारों के साथ, पूरे शहर में चर्चा का विषय बन गया।

वॉल के पादरी, रेव जेडब्ल्यू एडम्स, स्टीफन के बहुत अच्छे दोस्त बन गए और उन्होंने वॉलवर्थ, केंसिंग्टन, बेडफोर्ड, साउथएंड-ऑन-सी, चेम्सफोर्ड, बिशप ऑकलैंड, सुंदरलैंड, मेडस्टोन, टुनब्रिज वेल्स, वेकफील्ड और दूसरी जगहों पर कैंपेन में मदद की। जब सेलिया ठीक हुई तो वह मीटिंग में मौजूद नहीं थे, लेकिन कैंपेन में थोड़ी देर बाद आए और स्टीफन का अपना अकाउंट लिया:

11 मार्च को वह प्रार्थना के लिए आई। तब ऐसा लग रहा था कि उसकी आँखें नहीं हैं, यहाँ तक कि जब वह छोटी थी, तब भी नहीं और उसने कभी रोशनी और अंधेरे, दिन और रात के बीच का फ़र्क नहीं जाना था। हाथ रखने के तुरंत बाद उसके लिए एक नई दुनिया खुलने लगी: अपनी नई और बहुत छोटी आँखों से उसने रोशनी और छाँव के बीच साफ़ फ़र्क देखा। अगले दिन उसने और साफ़ देखा, और उसमें गिनने और सफ़ेद मेज़पोश से पैसे उठाने की ताकत आ गई।

मिस्टर एडम्स ने खुद कहा: "मैंने उसे कई बार देखा और उससे बात की है और हर बार उसकी आँखों का साइज़ और काबिलियत थोड़ी बढ़ गई थी। वह अपने सामने रखी उंगलियों को गिन सकती थी और दूरी का कुछ अंदाज़ा लगा सकती थी। इसमें वह एक बच्चे की तरह देखना सीख रही थी। उसकी आँखें नीली हैं और अपने पिता जैसी हैं।"

सी. व्हिटेकर की किताब "सेवन पेंटेकोस्टल पायनियर्स" का एक हिस्सा। गॉस्पेल पब्लिशिंग हाउस, 1985

रेवरेंड ली स्टोनकिंग को मौत के मुंह से ज़िंदा किया गया

रेव स्टोनकिंग ने यूनाइटेड नेशंस में अपनी गवाही इस बात से शुरू की, "आप एक चमत्कार देख रहे हैं।" नवंबर 2003 में, ऑस्ट्रेलिया के सिडनी एयरपोर्ट पर उन्हें ज़ोरदार हार्ट अटैक आया और वे मर गए। वे 45 मिनट में क्लिनिकली मर गए। उन्होंने CPR दिया और उनके दिल को 10 इलेक्ट्रिक शॉक दिए। US और ऑस्ट्रेलिया में आमतौर पर ज़्यादा से ज़्यादा 3 या 4 ही दिए जाते हैं। उनके हाथ-पैरों में खून जमा हो गया था। उनके लिए कोई उम्मीद नहीं थी। वे बस एक लाश थे। उन्होंने उन्हें एम्बुलेंस में डाल दिया। हॉस्पिटल में उन्हें मरा हुआ बताने वाला कागज़ पहले ही पूरा हो चुका था। एम्बुलेंस में जीसस आए और उनका दिल धड़कने लगा और उनकी सांस वापस आ गई। ड्राइवर और पैरामेडिक हैरान रह गए। बाद में उन्होंने कहा कि उन्होंने कभी किसी को उनके साथ जो हुआ उससे ठीक होते नहीं देखा। कुछ ही हफ़्तों में वे अपने आप US वापस आ गए और पूरी तरह ठीक हो गए।

US लौटने के बाद वह टेनेसी के जैक्सन में एक बड़े चेकअप के लिए हॉस्पिटल गए। उन्होंने उनका ब्लड वर्क किया, जिसमें DNA टेस्ट भी शामिल था। डॉक्टर ने कहा कि वह एक चमत्कार थे। न सिर्फ़ उनकी सेहत बहुत अच्छी थी, बल्कि उनके शरीर के हर सेल से दिल की बीमारी का जेनेटिक मार्कर भी हटा दिया गया था! डॉक्टर ने कहा कि यह नामुमकिन है, सिर्फ़ भगवान ही ऐसा कर सकते हैं। भगवान ने न सिर्फ़ उन्हें ज़िंदा किया बल्कि हर तरह से उन्हें पूरी तरह ठीक भी किया। डॉक्टर ने उनसे कहा, "तुमने मेडिकल साइंस के सभी नियमों को तोड़ा है।" रेव स्टोनकिंग ने कहा, "मैंने नहीं किया, लेकिन मैं उसे जानता हूँ जिसने किया और उसका नाम जीसस है।"

https://youtu.be/a_-s-KobZ64

टॉमी हिक्स मीटिंग में ल्यूकेमिया का इलाज

जर्मनी के कार्ल्सरूहे में एक मीटिंग में टॉमी हिक्स को यह गवाही भेजी गई थी, जो वहां मीटिंग करने के दो साल बाद हुई थी।

मैं ल्यूकेमिया से मरने की हालत में था। दर्द बहुत भयानक था। मैं मरने के कगार पर था, यह कुछ ही मिनटों का मामला था। 28 दिसंबर, 1955 को मुझे बेप्लाज़ (मेले के मैदान) पर स्पोर्टहॉल में टॉमी हिक्स की मीटिंग में स्ट्रेचर पर ले जाया गया। भाई हिक्स ने पूरी मंडली के साथ मेरे लिए प्रार्थना की, लेकिन मुझे कोई आराम नहीं मिला। तुरंत मेरे दिमाग में यह विचार आया: अब मेरे लिए इवेंजेलिस्ट ने प्रार्थना की है। अब मुझे अपने विश्वास को छोड़ना होगा और अपने विश्वास पर काम करना होगा। मैंने दोनों हाथ पीछे किए, कांपते और हिलते हुए प्लेटफॉर्म पर गया, और बिना किसी की मदद के अकेले चलने लगा । अब मुझे एहसास हुआ कि बीमारी ने मेरे दिल और पेट को कैसे छोड़ दिया। मैं वहीं खड़ा रहा, बाद में मैंने अपना तकिया पकड़ा, प्लेटफॉर्म पर दौड़ा और भगवान की अद्भुत मुक्ति और कृपा के लिए उनकी तारीफ़ की। उस दिन से मैं हर रात मीटिंग में जाता हूँ। आज मैं पूरी तरह ठीक हूँ (1 अगस्त, 1957)। हलेलुया!

श्रीमती एर्ना शॉड्ट, कार्लज़ूए, बाखस्ट्रैस

चार्ल्स और फ्रांसिस हंटर की मदद से सेरेब्रल पाल्सी से ठीक हुआ लड़का

एक छोटा लड़का सेरेब्रल पाल्सी के साथ पैदा हुआ था और अपनी ज़िंदगी में कभी चल नहीं पाया था। उसके माता-पिता ने हंटर की किताब "हील द सिक" पढ़ी और उन्हें लगा कि उनके बेटे के लिए प्रार्थना होनी चाहिए। उन्हें पता चला कि हंटर्स लगभग 100 मील दूर एक मीटिंग में बोलने वाले थे। लड़के के पैरों में खड़े होने के लिए ब्रेसेस थे लेकिन वह कभी चला नहीं था। हंटर्स ने लड़के के लिए प्रार्थना की और फिर माता-पिता से ब्रेसेस हटाने के लिए कहा ताकि वह चलने की कोशिश कर सके। लड़के ने एक कदम उठाया और फिर दूसरा और आखिर में चर्च के पीछे भागा जहाँ उसके दादाजी बैठे थे। फिर वह मुड़ा और वापस सामने की ओर भागा। यह छोटा लड़का जो कभी नहीं चला था, फ्रांसेस हंटर पर कूद गया और उसे बार-बार गले लगाया। 32 साल बाद फ्रांसेस उस घटना के बारे में सोच रही थी और उसने उस आदमी को बुलाया जो ठीक हो गया था। इतने सालों बाद भी वह पूरी तरह से ठीक था!
फ्रांसेस हंटर द्वारा बताई गई पूरी ओरिजिनल कहानी यहां मिल सकती है: http://www.sidroth.us/2013/05/30/our-guest-frances-hunter/

जैक हेफोर्ड का उपचार

जब मैं एक साल का था, तो मुझे मर जाना था। जब मैं पैदा हुआ, तो मेरी गर्दन में कुछ गड़बड़ थी जिसे डॉक्टर ठीक नहीं कर सके, और यह तय था कि समय के साथ, यह हालत मेरी गर्दन को मोड़ देगी और मैं मर जाऊंगा। डॉक्टर जानते थे कि वह इसे बदलने के लिए कुछ नहीं कर सकते।

पाँच महीने तक, हफ़्ते में तीन बार मेरी माँ मेरे दर्द से कुछ समय के लिए राहत पाने के लिए मुझे ट्रीटमेंट के लिए ले जाती थीं। लेकिन डॉक्टर को

इतना यकीन था कि इसे ठीक करने के लिए कुछ नहीं किया जा सकता, इसलिए उन्होंने मेरे घरवालों से सिर्फ़ छह ट्रीटमेंट के पैसे लिए, जबकि उन्होंने 50 से 60 के बीच में ट्रीटमेंट दिए थे।

मेरे माता-पिता भगवान को नहीं जानते थे। मेरी माँ की कज़िन भी भगवान को नहीं जानती थी, लेकिन उसने कैलिफ़ोर्निया के लॉन्ग बीच में फोरस्क्वेयर चर्च के बारे में सुना था। उसने सुना था कि उस चर्च में, जीसस लोगों को ठीक करते थे, और उसने मुझे जो कुछ भी हुआ था, उसे लिखा और यह नोट चर्च ले गई। वहाँ उसे कोई मिला और उसने पूछा, "एक छोटा बच्चा मर रहा है, और मैं यह नोट लाई हूँ। क्या आप इस बच्चे के लिए प्रार्थना करेंगे?" लोगों ने कहा, "हम करेंगे।" वे इसे उस चर्च की बुधवार रात की प्रार्थना सभा में ले गए।

अगले दिन, मेरे मम्मी-पापा को लगने लगा कि चीज़ें बदल गई हैं। मेरी मम्मी की कज़िन ने उन्हें बताया कि वह चर्च में एक प्रार्थना रिक्वेस्ट लेकर गई हैं। अगले कुछ दिनों में, डॉक्टर ने कहा, "यह बच्चा ठीक है। उसे कोई दिक्कत नहीं है।" और डॉक्टर ने न सिर्फ़ मुझे ठीक बताया, बल्कि मेरे मम्मी-पापा से जो कुछ पेमेंट वह लेने वाले थे, उसके पैसे भी लेने से मना कर दिया, क्योंकि, उन्होंने कहा, "इस बच्चे के ठीक होने में मेरा कोई हाथ नहीं है। यह ज़रूर भगवान का किया हुआ काम होगा।"

यह कहानी जैक हेफोर्ड के ब्लॉग पर https://www.jackhayford.org/teaching/articles/my-personal-testimony-of-healing पर मिल सकती है।

प्रार्थना के बाद बच्चे का ट्यूमर गायब हो गया - ए.ए. एलन

यह गवाही जनवरी 1951 की वॉइस ऑफ हीलिंग मैगज़ीन में छपी थी। "मैं 16 अगस्त, 1949 से अपनी बच्ची को हाइलैंड हॉस्पिटल ले जा रही थी। उसकी गर्दन पर एक गांठ या ट्यूमर बनने लगा था, और उसका सिर बढ़ने और पीछे की ओर खिंचने लगा था। गांठ लगातार बड़ी होती जा रही थी। मेरी बच्ची का सिर इस हालत में पीछे की ओर खिंच गया था कि वह उसे सिर्फ़ एक ही दिशा में घुमा सकती थी। क्योंकि उसकी हालत में कोई सुधार नहीं हुआ, इसलिए मैंने उसे डॉक्टर के पास ले जाना बंद कर दिया। मैं हर दिन उसकी गर्दन की मालिश करती थी, लेकिन हालत और खराब होती गई। नर्स आई और मुझे उसे आगे के इलाज के लिए वापस लाने के लिए मनाने की कोशिश की, लेकिन इस बीच मैं रेव. AA एलन को ठीक होने के बारे में उपदेश देते हुए सुन रही थी और मैंने भगवान पर भरोसा करने का मन बना लिया था।

मैं अपने बच्चे को हीलिंग लाइन से ले गई। भाई एलन ने मेरे बच्चे पर हाथ रखा और जीसस के नाम पर ट्यूमर को श्राप दिया और उसे गायब होने का आदेश दिया। ऐसा लगता है कि जब तक मैं घर नहीं पहुँची और अपने बच्चे को सुलाने के लिए तैयार नहीं कर रही थी, तब तक कुछ नहीं हुआ। मेरी माँ मेरे साथ थीं और हम दोनों उस भयानक गांठ को देख रहे थे। जैसे ही हम दोनों ने देखा, वह अचानक गायब हो गई। मेरी माँ और मैंने दोनों ने इसे देखा, लेकिन मैंने भी देखा जब मेरा बच्चा मेरी बाहों में था और मैंने उसे जाते हुए महसूस किया। मेरे पास डॉक्टर का बयान है जिसमें कहा गया है कि मेरा बच्चा पूरी तरह से ठीक हो गया है।"
थेल्मा फिलिप्स
सैन लिएंड्रो, सीए

भगवान के दर्शन के बाद महिला सेरेब्रल पाल्सी से ठीक हो गई

मार्लीन क्लेपीस समय से पहले पैदा हुई थीं, उनका वज़न जन्म के समय दो पाउंड से भी कम था। उन्हें सेरेब्रल पाल्सी हो गई और वे अपाहिज हो गईं। फिर जब वे दो साल की थीं, तो उनके माता-पिता एक मोटरसाइकिल एक्सीडेंट में मारे गए। वे अपने परदादा-परदादी, फॉस्टर परिवारों और दादा-दादी के साथ रहती थीं। 12 साल की उम्र में कुछ टीनएजर्स उन्हें एक यूथ मीटिंग में ले गए जहाँ उन्होंने अपना जीवन क्राइस्ट को दे दिया। उन्हें लगा कि उन्हें सेरेब्रल पाल्सी है क्योंकि भगवान ने उन्हें ऐसा ही बनाया था।

मार्लीन को टीनएज में बहुत दिक्कत हुई और उसे बहुत ज़्यादा ऐंठन होने लगी। ये इतनी ज़्यादा होती थी कि देखभाल करने वालों की हड्डियाँ टूट जाती थीं। एक ऐंठन के बाद वह लगभग पूरी तरह पैरालाइज़ हो गई थी, और उसके दादा-दादी को तो यह भी बताया गया था कि वह ब्रेन डेड है। उसकी नज़र धीरे-धीरे कमज़ोर होती जा रही थी और उसे लगने लगा था कि उसकी ज़िंदगी बर्दाश्त के बाहर है।

आखिरी उपाय के तौर पर उसे रोचेस्टर, मिनेसोटा के मेयो क्लिनिक ले जाया गया। तीन महीने तक वह वहाँ रही, लेकिन वे उसकी कोई मदद नहीं कर सके। मार्लीन को बिना किसी सुधार की उम्मीद के नर्सिंग होम भेजा जाने वाला था। उसने भगवान को पुकारा। उसे लगा कि एक गर्माहट उसके ऊपर आ गई है और उसे घेर लिया है। फिर भगवान ने उसे एक सपना दिखाया कि वह ठीक हो जाएगी। उसने उसे दिखाया कि उसके लिए कौन प्रार्थना करेगा, वह क्या पहनेगा, वह क्या पहनेगी, चर्च के अंदर का हिस्सा कैसा दिखता है, और उसे एक तारीख भी दी – 29 मार्च।

मार्लीन के ज़ोर देने पर उसकी नर्स ने चर्च के येलो पेज देखने में उसकी मदद की और पेज पर ओपन बाइबल चर्च का एक ऐड चमक रहा था। उसे पता था कि यह सही ऐड है। नर्स को यकीन नहीं हुआ और उसने टेलीफ़ोन बुक पटक दी। बाद में नर्स ने पादरी को फ़ोन किया और उसे रूम नंबर बताया, लेकिन हॉस्पिटल का नाम नहीं बताया।
पादरी को इस बारे में पक्का नहीं पता था, लेकिन उसने मार्लीन को ढूंढा। जब वह पहुंचा तो मार्लीन ने उसे बताया कि वह उस आदमी जैसा दिखता है जिसने सपने में उसके लिए प्रार्थना की थी। एमर्सन प्रार्थना करने के लिए तैयार हो गया और उसे अपने चर्च लाने का इंतज़ाम किया। उसे बांधना पड़ा क्योंकि वह बहुत ज़ोर से कांप रही थी।

पादरी एमर्सन के चर्च में कभी कोई चमत्कार नहीं हुआ था। रविवार रात की सर्विस में सिर्फ़ 7 लोग थे। लोग प्रार्थना करने के लिए उसके आस-पास जमा हो गए। एमर्सन ने उस पर तेल लगाया और भगवान से मार्लीन को उसके सिर के ऊपर से लेकर पैर की उंगलियों तक ठीक करने के लिए कहा। फिर उसने मार्लीन से पूछा कि क्या वह विश्वास के साथ खड़ी होना चाहती है। जैसे ही वह खड़ी होने लगी, मार्लीन को अपने पैरों में ताकत महसूस हुई। जब उसके पैर ज़मीन पर पड़े तो उसने ज़िंदगी में पहली बार ज़मीन को महसूस किया। उसके घुटने और पैर की उंगलियां अंदर की ओर मुड़ी हुई थीं लेकिन हर कदम के साथ वे सीधी होती गईं। वह हर कदम के साथ और मज़बूत होती गई। उसने खुद ही कुछ कदम उठाए और फिर सचमुच चर्च में दौड़ने लगी। भगवान ने उसे अपना चश्मा उतारने के लिए कहा और उसकी आँखों की रोशनी भी चमत्कारिक रूप से ठीक हो गई।

वह मेयो क्लिनिक में चलकर लौटीं, ऐसा उन्होंने यूनिट में भर्ती होने के बाद कभी नहीं किया था। अगले दिन उन्हें छुट्टी दे दी गई। कुछ हफ़्ते बाद जब वह चेकअप के लिए लौटीं तो उनकी हालत और भी बेहतर हो गई

थी। किसी भी तरह की गड़बड़ी के सारे लक्षण खत्म हो गए थे! ब्रेन स्कैन में भी पहले के लकवे के कोई लक्षण नहीं दिखे। वह नॉर्मल चल रही थीं और उनकी नज़र 20/20 से बेहतर थी।

उस समय से मार्लीन की ज़िंदगी नॉर्मल हो गई है। वह रेगुलर अपनी बातें शेयर करती है और बीमारों के लिए प्रार्थना करती है। वह वह सब कुछ कर सकती है जो एक हेल्दी इंसान कर सकता है। उसकी ज़िंदगी पूरी तरह से ठीक हो गई है।

सिड रोथ शो से गवाही:

https://youtu.be/4bsKnpOYMUs

https://youtu.be/z4TN2uxS7DA

धमनियों के फटने के बाद चमत्कार

क्रिस रॉबिन्सन एक टीचर और वेटलिफ्टर थे। वह एक ईसाई घर में पले-बढ़े थे और भगवान को जानते थे। एक मुश्किल शादी ने उनकी ज़िंदगी में बहुत गुस्सा ला दिया था और उन्होंने तय किया कि यह भगवान की गलती है और उनसे दूर हो गए।

एक दिन क्रिस अपने सौतेले बेटे के साथ जिम में वेटलिफ्टिंग कर रहा था। उसे अचानक लगा कि उसका दिल तेज़ी से धड़क रहा है और उसे अपना दाहिना पैर महसूस नहीं हो रहा था। वह घर पहुँचा और बिस्तर पर गिर पड़ा। जब उसकी पत्नी उसे इमरजेंसी रूम में ले गई, तो कैट स्कैन से पता चला कि उसकी आर्टरीज़ कट गई थीं और उसके दिल से सारा खून उसके पेट में जा रहा था। उसके हाथ-पैरों या दिमाग में कोई खून

नहीं जा रहा था। सर्जन अंदर आया और उससे कहा, "मुझे समझ नहीं आ रहा कि तुम अभी कैसे बात कर रहे हो। तुम्हारी जैसी हालत वाले ज़्यादातर लोग मर चुके होते हैं।"

वे क्रिस को सर्जरी के लिए ले गए और 9 घंटे तक उस पर काम किया। वे नुकसान को ठीक नहीं कर सके और डॉक्टर ने इलाज बंद करने का फैसला किया क्योंकि कोई उम्मीद नहीं थी। इस समय तक दोस्त, परिवार और स्टूडेंट हॉस्पिटल में प्रार्थना कर रहे थे और दुनिया भर के लोग भी क्रिस के लिए प्रार्थना कर रहे थे। एक और डॉक्टर ने सर्जन से पूछा कि क्या वह उसके साथ प्रार्थना कर सकता है। भले ही सर्जन प्रार्थना में विश्वास नहीं करता था, वह मान गया। प्रार्थना के बाद उसे वापस अंदर जाने और फिर से कोशिश करने का मन हुआ। वह क्रिस की आर्टरीज़ को देख रहा था और अचानक भगवान की शक्ति की एक लहर ऑपरेटिंग रूम में फैल गई। जैसे ही सर्जन क्रिस की छाती में देख रहा था, सभी आर्टरीज़ जिनसे खून लीक हो रहा था, अचानक एक साथ आ गईं, बिना सर्जन के उन्हें छुए, और खून बहना बंद हो गया। सर्जन ने क्रिस को बंद किया और उसके परिवार से बात करने चला गया।

सर्जन ने क्रिस के परिवार को बताया कि वह अभी भी ज़िंदा है, लेकिन शायद वह एक बेकार चीज़ बन जाएगा और उसके हाथ-पैर कट जाएँगे। उसने पहले कभी किसी मरीज़ को इतने लंबे समय तक बिना खून के ज़िंदा नहीं देखा था। लोग प्रार्थना करते रहे। क्रिस को चलने-फिरने से रोकने के लिए उसे इंड्यूस्ड कोमा में रखा गया।

एक समय क्रिस जागा, उसे एहसास हुआ कि वह मरा नहीं है और वह भगवान से बात करने लगा। भगवान से पूछने पर कि वह अभी भी ज़िंदा क्यों है, उसे एक सपना आया। उसने खुद को सर्जरी रूम में देखा और दो अंधेरे जीव ऑपरेटिंग टेबल के सिरहाने थे। वह जानता था कि वे सर्जरी

को काम करने से रोकने के लिए वहाँ थे। उसने ऑपरेटिंग रूम में सभी को देखा और उन्हें कैसा महसूस हो रहा था। फिर उसने एक बहुत बड़े फरिश्ते को कमरे में आते देखा। उसने कहा कि वह देख सकता है कि फरिश्ता 3 मंज़िल ऊँचा था। फरिश्ते ने कहा, "वह यहीं रहेगा।" अंधेरे जीव चले गए।

क्रिस के होश में आने के बाद वह बात कर सकता था और उसके हाथ-पैर काम कर रहे थे। एक किडनी डॉक्टर आया और उसे बताया कि उसकी किडनी सिकुड़ गई है और मर गई है। उसे डायलिसिस पर जाना होगा। क्रिस ने उससे कहा, "नहीं, भगवान ने यह चमत्कार किया है और मेरी किडनी काम करेगी।" डॉक्टर को लगा कि वह पागल है लेकिन उसने कहा कि वह अगले दिन वापस आएगा। अगले दिन उसकी किडनी नॉर्मल साइज़ में आ गई थी और काम करने लगी थी। डॉक्टर वापस आया और उससे कहा कि उसे शंट की ज़रूरत होगी क्योंकि एक किडनी ब्लॉक हो गई थी। क्रिस ने फिर कहा, "नहीं, भगवान ने चमत्कार किया है और उसकी किडनी पूरी तरह ठीक हो जाएगी।" अगले दिन जब डॉक्टर वापस आया तो किडनी पूरी तरह काम कर रही थी।
यह एक ऐसा चमत्कार था जिसे समझाया नहीं जा सकता था। हॉस्पिटल में डॉक्टरों, नर्सों और स्टाफ़ समेत सभी ने इसके बारे में सुना क्योंकि यह बहुत शानदार था। क्राइस्ट जहाँ भी हो सके अपनी गवाही देते रहते हैं।

आप पूरा टेस्टिमनी वीडियो यहां देख सकते हैं:
https://youtu.be/VHzZE7a72Xw

मेल बॉन्ड की प्रार्थना से बनी आंखें

मेल बॉन्ड की एक टीम थी और वे जनवरी 2000 में निकारागुआ के चिनंदेगा में सेवा कर रहे थे। वे एक टाउन स्क्वायर में मिल रहे थे और वहाँ 3000 से 3500 लोग मौजूद थे। मेल कुछ अंधी औरतों को आगे ले आए थे और उनके लिए प्रार्थना की। उन दोनों को देखने की शक्ति मिल गई। दर्शकों में एक माँ थी जो अपनी छह या सात साल की बेटी के साथ आगे बढ़ रही थी। उसकी बेटी की आँखें सफेद थीं और जहाँ आँखें होनी चाहिए वहाँ एक मोटा पदार्थ था और वह पूरी तरह अंधी थी। कोई आँख की पुतली या आँख की पुतली जैसी कोई चीज़ भी नहीं थी। माँ ने मेल से पूछा, "क्या तुम्हारा भगवान मेरी बेटी को ठीक कर सकता है?" मैंने उससे कहा, "बेशक मेरा भगवान कर सकता है।" उसे यकीन था कि भगवान के लिए सब कुछ मुमकिन है। मेल ने अपनी आँखें बंद कर लीं ताकि वह ध्यान लगा सके और जैसा यीशु ने उसे सिखाया था, वैसा ही प्रार्थना की। हालाँकि मेल की आँखें बंद थीं, उसके पीछे पादरी, पादरी एडी रोजर्स ने देखा कि सफेद बवंडर या भँवर आकर उसकी दोनों आँखों पर रुक गए।

यह 60 से 90 सेकंड तक चलता रहा। जब मेल ने प्रार्थना करना बंद किया तो बवंडर चले गए थे और दो खूबसूरत भूरी आँखें थीं। लड़की इतनी अलग दिख रही थी कि जब मेल ने अपनी आँखें खोलीं तो उसे लगा कि प्रार्थना करते समय किसी ने छोटी लड़की की जगह दूसरी लड़की रख दी है। पादरी रोजर्स गवाही दे सकते थे कि यह वही लड़की थी। उसने मुड़कर पहली बार अपनी माँ को देखा। सब रो रहे थे। पादरी रोजर्स गवाही देते हैं कि यह अब तक का सबसे अद्भुत चमत्कार था जो उन्होंने देखा था।

पूरी कहानी सिड रोथ शो पर मिल सकती है:
https://youtu.be/NgNiGyds4EA

मृत गुर्दे जीवित हो गए

चार्ल्स शैम्प नेवाडा के रेनो में सेवा कर रहे थे, जब उन्होंने एक औरत की कहानी सुनाई जो किडनी की बीमारी से ठीक हो गई थी। चर्च के एक आदमी कर्ट ने यह कहानी सुनी और लगातार रोने लगा। उसकी किडनी काम करना बंद कर चुकी थी और वह 5 महीने से डायलिसिस पर था। उसके चर्च के लोग उसकी हालत जानते थे और उसके लिए प्रार्थना करने और उस पर हाथ रखने के लिए उसके पास आए। एक औरत ने उसे सेवा में शामिल होने के लिए हिम्मत दी। जैसे ही वह ऊपर गया, पवित्र आत्मा ने कर्ट से कहा कि वह चार्ल्स से कहे, "मुझे नई किडनी चाहिए।" चार्ल्स ने उसके लिए प्रार्थना की और वह भगवान की आत्मा के नीचे आ गया। प्रार्थना सुनते हुए उसकी किडनी ने 5 महीने में पहली बार काम करना शुरू कर दिया! उस रात उसे 3 बार टॉयलेट जाना पड़ा, जो उसकी हालत में नामुमकिन था। उसका चर्च उसके लिए इतना उत्साहित था कि कुछ लोग तो बदलाव को कन्फर्म करने के लिए उसके पीछे-पीछे टॉयलेट तक भी गए!

यहाँ टेस्टीमनी का ओरिजिनल वीडियो है और चार्ल्स इसे देखने वाले लोगों के लिए भी प्रार्थना करते हैं:
https://youtu.be/6tNAsEUd-5A

चार्ल्स शैम्प के ज़रिए क्रिएटिव चमत्कार

चार्ल्स शैम्प पर्थ ऑस्ट्रेलिया में थे, जहाँ डेबोरा नाम की एक औरत ने एक क्रिएटिव चमत्कार की अपनी गवाही दी। उसे मेटास्टैटिक ब्रेस्ट कैंसर और लिम्फोमा का पता चला था। उसे अपने दोनों ब्रेस्ट हटाने के लिए सर्जरी करवानी पड़ी और हालाँकि उसके इम्प्लांट थे, लेकिन उनसे और दिक्कतें हुईं और आखिरकार उसे उन्हें हटवाना पड़ा। मीटिंग के दौरान

चार्ल्स ने एक क्रिएटिव चमत्कार की गवाही दी जहाँ भगवान ने एक औरत के हटाए गए ब्रेस्ट को ठीक कर दिया। डेबोरा ने उस शब्द को पकड़ा और महसूस किया कि उसे कुछ होता हुआ महसूस हो रहा है। उसके बीच में गर्मी शुरू हुई और फिर उसके सीने के हिस्से में चली गई। फिर वहाँ चुभन और गर्मी होने लगी। फिर उसके प्रोस्थेटिक्स भी गर्म हो गए। जब उसने अपनी ड्रेस नीचे की तो उसे एहसास हुआ कि उसका क्लीवेज बन रहा है। वह रेस्ट रूम गई और चेक किया और यह देखकर चौंक गई कि उसके ब्रेस्ट बढ़ रहे थे। एक दोस्त जो एक नर्स थी, उसने भी चेक किया और माना कि उसके ब्रेस्ट बढ़ रहे थे। उसकी गवाही यह है कि भगवान कुछ भी कर सकते हैं।

ओरिजिनल वीडियो टेस्टिमनी यहां देखी जा सकती है:
https://youtu.be/CVnjjH8Jo1I

हर्ब म्योरुड ने एक महिला को मौत से ज़िंदा किया

जब रेवरेंड म्योरुड को अमेरिकन लूथरन काउंसिल के सामने अपने करिश्माई कामों का बचाव करने के लिए बुलाया गया, तो उन्हें यह कहानी समझानी पड़ी। यह घटना एक लूथरन चर्च में एक इवेंजेलिस्टिक सर्विस के दौरान हुई थी। हालांकि ज़्यादातर लोग इसे एक अद्भुत चमत्कार मानते थे, लेकिन वे इससे सहमत नहीं थे। उन्हें लूथरन इवेंजेलिस्ट के पद से हटा दिया गया।

शाम की प्रार्थना खत्म होने पर, मैंने उन लोगों से कहा जो मुक्ति चाहते थे कि वे माफ़ी के लिए चुपचाप प्रार्थना करें। मैंने सुझाव दिया कि जो लोग यीशु मसीह को उद्धारकर्ता के रूप में स्वीकार करना चाहते हैं, वे अपने हाथ ऊपर उठाएं। तुरंत कई हाथ ऊपर आ गए। फिर पीछे बैठी एक महिला ने अपना हाथ ऊपर उठाया, और फिर उसे ऐसे गिरा दिया

जैसे वह बेहोश हो गई हो। एक और महिला, जिसके बारे में मुझे बाद में पता चला कि वह एक रजिस्टर्ड नर्स थी, तुरंत उसकी मदद के लिए गई।

लेकिन मैं इनविटेशन में बिज़ी था। हाथ ऊपर उठते रहे। करीब 45 लोगों ने क्राइस्ट को अपनाने के लिए हाथ उठाए। मैंने प्रार्थना की, कुछ बातें सीखीं, और सर्विस खत्म करने के लिए पादरी को दे दी। हमने आखिरी भजन गाया, उन्होंने आशीर्वाद दिया, फिर मुझसे कहा कि मैं क्वायर के पीछे उनके साथ शामिल हो जाऊं ताकि बाहर जाते समय दरवाज़े पर लोगों का स्वागत कर सकूं।

दरवाज़े पर इस फेयरवेल सेरेमनी के लगभग आधे समय में एक औरत भीड़ में से मेरे पास आई। वह रो रही थी। "ओह पास्टर म्योरुड," उसने विनती की "प्लीज़ आइए और हमारी मदद कीजिए। मिसेज़ फोर्ड या तो मर रही हैं या मर चुकी हैं। आइए और हमारे साथ प्रार्थना कीजिए।"

मैंने हाथ मिलाना छोड़ दिया और तुरंत पीछे वाली बेंच पर चला गया। मिसेज़ फोर्ड के पीछे दो नर्सें खड़ी थीं, जो बेंच पर झुकी हुई थीं। जैसे ही मैं मिसेज़ फोर्ड के सामने वाली बेंच पर बैठा, एक नर्स ने अपना सिर हिलाया (मुझे अलर्ट करने के लिए, लेकिन मिस्टर फोर्ड को परेशान न करने के लिए), जैसे कह रही हो "आप कुछ नहीं कर सकते।" किसी ने कहा कि मिसेज़ फोर्ड को बेहोशी के दौरे पड़ते हैं। "हाँ, मुझे पता है," रजिस्टर्ड नर्स ने कहा, "लेकिन जब आपको बेहोशी का दौरा पड़ता है तो दिल की धड़कन होती है। मिसेज़ फोर्ड को दिल की धड़कन नहीं होती।" मुझे समझ नहीं आ रहा था कि क्या करूँ और मैंने भगवान से मदद के लिए प्रार्थना की। भगवान की आत्मा फिर से मुझ पर काम करने लगी। मैं तुम्हें यह दिखा नहीं सकता, यह बस एक अवेयरनेस है, तुम जानते हो। मैंने अपना हाथ मिसेज़ फोर्ड के चेहरे पर रखा। वह ठंडा और चिपचिपा था। मैंने साँस महसूस करने के लिए अपने हाथ का पिछला हिस्सा उनकी

नाक के नीचे रखा। मुझे कोई साँस महसूस नहीं हो रही थी। मैंने उनकी ढीली बाँह उठाकर पल्स महसूस की। मैंने दिल की धड़कन महसूस होने का इंतज़ार किया, कोई धड़कन नहीं थी। नर्स ने अपना सिर हिलाया।

मैंने चर्च के पीछे लोगों को बताया कि मिसेज़ फोर्ड गुज़र गई हैं। मैंने कहा, "यह चर्च में, दोस्तों और प्रियजनों के बीच, जाने के लिए कितनी शानदार जगह और तरीका है।" लेकिन अचानक उन शब्दों के साथ परमेश्वर की आत्मा ने मुझसे कहा: "जब यूटिकस सिनेगॉग में गिर गया और मरा हुआ उठाया गया तो पॉल ने क्या किया?" मुझे याद आया कि पॉल ने क्या किया था। उसने उस आदमी के लिए प्रार्थना की और वह ज़िंदा हो गया।

फिर मैंने बिना सोचे-समझे कुछ किया। मैंने अपना हाथ बढ़ाया और मिसेज़ फोर्ड पर रखा और प्रार्थना की। "यह भगवान की महिमा के लिए है। हम जो जीसस क्राइस्ट में विश्वास करते हैं, उनके लिए कुछ भी नामुमकिन नहीं है। हे भगवान, हमारी प्यारी बहन को वापस ज़िंदा करना आपके लिए बहुत आसान काम है। भगवान अपनी महिमा दिखाओ और इस औरत को वापस ज़िंदा करो।" मुझे लगा कि उसके शरीर में कुछ हो रहा है। मैंने अपना हाथ उसके चेहरे पर रखा। इस बार मुझे उसकी हल्की सी सांस महसूस हुई। "मिसेज़ फोर्ड सांस ले रही हैं।" मैंने कहा। नर्स ने उसका हाथ पकड़ा और कहा, "वह सांस नहीं ले पा रही है क्योंकि उसके दिल की धड़कन नहीं चल रही है।" फिर मिसेज़ फोर्ड की छाती ऊपर-नीचे होने लगी और मैंने कहा, "वह सांस ले रही है, उसकी छाती देखो।" नर्स ने कहा, "यह किसी तरह का रिफ्लेक्स एक्शन होगा क्योंकि दिल की धड़कन नहीं चल रही है। रुको, एक मिनट रुको। उसका दिल धड़कना शुरू हो गया है, उसकी नब्ज़ धड़क रही है।"

फिर मिसेज फोर्ड ने अपनी आँखें खोलीं और कहा, "मुझे घर जाना है।" नर्स ने कहा, "आप अभी घर नहीं जा सकते, हमने डॉक्टर और एम्बुलेंस को बुला लिया है।" "ओह मैं ठीक हूँ, मिसेज़ फोर्ड ने नर्स से कहा।" मेरी तरफ़ मुड़कर उन्होंने शांति से मेरा हाथ हिलाया और कहा, "बहुत बढ़िया प्रवचन के लिए धन्यवाद पादरी म्योरुड।" फिर डॉक्टर आए और अपना स्टेथोस्कोप निकालकर मिसेज़ फोर्ड के दिल की धड़कन सुनी। उन्होंने उनकी नब्ज़ चेक की, पेन लाइट ली और उनकी आँखों में देखा। आखिर में उन्होंने कहा, "मिसेज़ फोर्ड, आपको कुछ नहीं हुआ है। आप घर जा सकती हैं।" तो वह चली गईं।

मैंने मिसेज़ फोर्ड के ठीक होने के हालात के बारे में बार-बार सोचा है। अगर मैं बस इस आम राय के साथ चला जाता तो हर तरह की परेशानी टल जाती। हर कोई इंतज़ार कर रहा था कि मैं कहूँ, "मिसेज़ फोर्ड बेहोश हो गई थीं और मेरे प्रार्थना करने के बाद वह ठीक हो गईं।" लेकिन मैं वहाँ था! अपने मन से मैं ऐसा नहीं कर सकता था। मिसेज़ फोर्ड की देखभाल करने वाली दोनों नर्सों ने उन्हें मरा हुआ घोषित कर दिया। हम सबने तब भी और बाद में भी यही माना कि वह सचमुच मरे हुओं में से ज़िंदा हो गई थीं। माना कि जब तक वह ठीक नहीं हो गईं, तब तक कोई डॉक्टर मेडिकल औज़ारों के साथ उनकी जाँच नहीं कर रहा था। लेकिन जब मैंने ऊपरी तौर पर उनकी जाँच की, तो मुझे लगा कि वह मर चुकी हैं। मेरा मानना है कि पवित्र आत्मा भी जानती थी कि वह मर चुकी हैं। पवित्र आत्मा ने मुझे वही करने के लिए प्रेरित किया जो पॉल ने यूटिकस को मरे हुओं में से ज़िंदा करते समय किया था। मेरे मन में वह मर चुकी थीं। मेरी प्रार्थना उनके बेहोशी से बाहर आने के लिए नहीं थी। बल्कि यह थी कि प्रभु उन्हें वापस ज़िंदा कर दें।

मैंने सच में महसूस किया कि जब मैंने उस पर हाथ रखा तो उसके शरीर में जान वापस आ गई। वहां मौजूद सभी लोग, नर्सें, उसके पति, उसके

रिश्तेदार, पादरी, और यहां तक कि खुद मिसेज फोर्ड भी, मान रहे थे कि वह मौत के मुंह से वापस आ गई है।

हर्बर्ट म्योरुड की किताब "योर अथॉरिटी टू हील" से लिया गया अंश। क्रिएशन हाउस ने 1975 में पब्लिश किया था।

पादरी सुप्रेसा सिथोले ने उस महिला के लिए प्रार्थना की जिसे नई आंखें मिलीं

पादरी सुप्रेसा (सरप्राइज़) सिथोल आइरिस मिनिस्ट्रीज़ और रोलांड और हेइडी बेकर से जुड़े हैं। वह एक ऐसी महिला की कहानी बताते हैं जिसके लिए एक कॉन्फ्रेंस में प्रार्थना की गई थी। मलावी में रहने के दौरान उसे एक बीमारी थी जिसने उसकी आँखों पर हमला किया था। एक बार जब किसी में यह बीमारी शुरू हो जाती है तो आँखें आखिरकार टूटकर गायब हो जाती हैं। जब इस महिला के लिए प्रार्थना की गई तो उसकी आँखें पूरी तरह से चली गई थीं। कई लोगों ने उसके लिए प्रार्थना की, लेकिन कुछ भी बदलता हुआ नहीं लगा। उस रात वह सो गई और उसने एक अद्भुत सपना देखा। उसने सपना देखा कि वह देख सकती है और वह बाहर बगीचे में गई और गाना शुरू कर दिया। उसके साथ जो महिलाएँ थीं, वे बाहर आईं और उससे पूछा कि वह बाहर कैसे आई। उसने उनसे कहा, "मैं सपना देख रही हूँ कि मैं देख सकती हूँ।" उन्होंने उससे कहा, "तुम सपना नहीं देख रही हो!" उसकी आँखें बिल्कुल नई थीं।
यह और दूसरी कहानियाँ, जिसमें एक लड़की के मरने के बाद ज़िंदा होने की कहानी भी शामिल है, पादरी सिथोले के सिड रोथ के साथ इंटरव्यू में सुनी जा सकती हैं।
https://youtu.be/9d-ncO92hr0

फ्लोरेंस हेजेज 1998 में प्रार्थना के ज़रिए ल्यूपस से ठीक हो गईं।

आठ साल पहले, मैंने अपने पति की ज़िंदगी के आखिरी छह महीने उनकी देखभाल की। उनकी मौत के कुछ समय बाद ही मैं बीमार पड़ गई। मुझे दर्द और तकलीफ़ होने लगी। मेरी पीठ में लगभग लगातार दर्द रहता था। ज़्यादातर समय यह चाकू जैसा लगता था, और इससे मेरा चलना-फिरना बहुत कम हो गया था। मुझमें कोई एनर्जी नहीं थी और मैं बस हर समय सोना चाहती थी। डॉक्टर के कई चक्कर लगाने के बाद, उन्होंने मुझे एक रूमेटोलॉजिस्ट के पास भेजा, और उन्होंने कई ब्लड टेस्ट करवाए। रिज़ल्ट असामान्य थे, लेकिन उनसे कारण का पता नहीं चल सका। आखिरकार, अठारह महीने और DNA टेस्ट के बाद, ऑटो इम्यून बीमारी ल्यूपस का पता चला। मैंने हर महीने ब्लड टेस्ट करवाए और मुझे एक दवा दी गई, डी-पेनिसिलिमाइन, जिससे लक्षण कम करने में मदद मिली, लेकिन मैं ठीक नहीं हो पाई।

दवा के बावजूद, अगले कुछ सालों में मैं लगभग हमेशा बीमार रहता था। मैं कभी बाहर जाने का इंतज़ाम नहीं कर पाता था, क्योंकि मुझे नहीं पता था कि मैं ठीक हो पाऊँगा या नहीं। मैं अक्सर बहुत थक जाता था। चार बार मुझे गंभीर अटैक आया, जिसके कारण मुझे हॉस्पिटल में भर्ती होना पड़ा, जहाँ मुझे ऑक्सीजन दी गई। ऐसा आखिरी अटैक पिछले साल मई में आया था। यह अब तक का सबसे बुरा अटैक था। मैं पाँच दिनों तक हॉस्पिटल में था।

हॉस्पिटल से बाहर आने के बाद के महीनों में, मैं लगातार डॉक्टरों के पास जाता रहा। सितंबर में, मैंने उनसे पूछा कि क्या उम्मीद है, और दोनों ने मुझे बताया कि जो कुछ भी है, मुझे उसी के साथ जीना होगा। वे

पेनकिलर से मेरी मदद कर सकते थे, लेकिन वे बस इतना ही कर सकते थे।

इस खबर के बाद मैं इतना उदास हो गया कि मैंने चर्च से मदद लेने का फैसला किया। वह बुधवार का दिन था और मैं उस दोपहर पादरी रिचर्ड को फोन करने वाला था। लेकिन उन्होंने मुझे पहले फोन किया। मैंने कहा, "रिचर्ड, आप यकीन नहीं करेंगे, मैं तो बस आपको फोन करने वाला था"। उन्होंने कहा, "मैं बस यहीं बैठा था, और मेरे दिमाग में बार-बार "फ्लो को फोन करो" शब्द आ रहे थे, इसलिए मैंने फोन किया।"

मैंने उन्हें बताया कि डॉक्टरों ने क्या कहा और पूछा कि क्या चर्च रविवार को मेरे लिए प्रार्थना कर सकता है। जब रविवार आया, तो मुझे पूरा यकीन था कि भगवान मुझे ठीक कर देंगे। सर्विस के बीच में एक आम न्योता था, कि जो भी पुरानी बीमारियों से पीड़ित है, वह प्रार्थना कर सकता है। मेरे आस-पास बहुत सारे लोग जमा हो गए, उन्होंने मुझ पर हाथ रखा और प्रार्थना की। सर्विस के बाद, उन महिलाओं में से एक, जो पहले मुझसे संपर्क नहीं कर पाई थी, ने पूछा कि क्या वह भी मेरे लिए प्रार्थना कर सकती है। जब वह प्रार्थना कर रही थी, तो मुझे अपनी रीढ़ की हड्डी में जलन महसूस हुई।

फिर मैं अपनी बहन के साथ लंच पर गया। जैसे ही खाना खत्म हुआ, उसने पूछा कि क्या मैं ठीक हूँ। मैंने कहा "तुम क्यों पूछ रहे हो"। उसने कहा "क्योंकि तुम अजीब लग रहे हो"। फिर मैंने कहा "एड, मेरा दर्द चला गया है। मुझे यकीन नहीं हो रहा!"

उस दिन से, मेरी पीठ का दर्द पूरी तरह से चला गया है। बाकी लक्षण लगभग पूरी तरह से गायब हो गए हैं। मैंने दवा लेना जारी रखा है। मेरे अगले ब्लड टेस्ट से पता चला कि क्या हुआ था। रिज़ल्ट अब एबनॉर्मल

नहीं थे, वे नॉर्मल रेंज में थे। मेरे स्पेशलिस्ट ने मुझे बताया कि मुझे अब ल्यूपस नहीं है, और कहा, “यह हमसे ऊपर किसी का काम होगा। हम यह नहीं कर सकते!” उन्होंने मुझे बताया कि ब्लड टेस्ट क्लियर थे, और मुझे बस महीने में एक बार टेस्ट और दवा लेते रहना चाहिए। ये सभी टेस्ट क्लियर रहे हैं। मुझे पता है कि भगवान ने मुझे ठीक कर दिया है और मैं इसके लिए उनकी तारीफ़ करता रहता हूँ!

ओरिजिनल लिंक यहाँ मिल सकता है: http://jesusisreal.org/HealedOfLupus.htm

गेल जैक्सन के ज़रिए हीलिंग

यह 1980 के आस-पास सलेम, MO में एक रिवाइवल था। जिस इवेंजेलिस्ट को मैं जानता था, वह ब्रदर गेल जैक्सन थे। मैं 7 साल का था। मैं लगभग 2 साल की उम्र से टेढ़ी आँखों के लिए चश्मा पहनता था और असल में मैंने ठीक करने के लिए सर्जरी भी करवाई थी, लेकिन कोई असर नहीं हुआ। मुझे अपने चश्मे से नफ़रत थी, मेरा लगातार मज़ाक उड़ाया जाता था। जिस रात मैं रिवाइवल में गया, मुझे हिम्मत जुटानी पड़ी, वहाँ बहुत सारे लोग थे। लेकिन मुझे पता था कि मैं अपनी आँखों को ठीक करवाना चाहता हूँ। मैं ब्रदर जैक्सन के पास गया और उन्हें बताया कि मैं क्या ठीक करवाना चाहता हूँ। उन्होंने मेरी आँखों पर हाथ रखा और हमने प्रार्थना की। उन्होंने अपने हाथ उठाए और मुझे उनके शब्द हमेशा याद रहेंगे। “एक तीर की तरह सीधा!” घर जाते हुए मुझे याद है कि मैंने उन सभी चीज़ों की लिस्ट बनाई थी जो मुझे नहीं झेलनी पड़ेंगी क्योंकि मुझे अब चश्मा नहीं पहनना पड़ेगा!

कुछ दिनों बाद मेरी जुड़वां बहन का भी यही नतीजा हुआ! उसके लिए प्रार्थना की गई और वह भी ठीक हो गई! मैं अगले दिन स्कूल गई और मेरी टीचर ने मुझसे पूछा कि मेरा चश्मा कहाँ है। उस सात साल की छोटी लड़की ने सीधे उसकी आँखों में देखा और कहा, “मुझे अब अपने चश्मे की ज़रूरत नहीं है, जीसस ने मेरी आँखें ठीक कर दीं!” उस रात मुझे पता चला कि स्कूल ने मेरी माँ से संपर्क किया और उनसे कहा कि हमें अपना चश्मा तब तक पहनना है जब तक एग्जाम में कुछ और न कहा जाए। मेरी माँ ने प्यार से उनसे कहा। हम एक एग्जाम देंगे, अपने लिए नहीं बल्कि तुम्हारे लिए, और वे इसे तब तक नहीं पहनेंगे जब तक डॉक्टर उन्हें पहनने के लिए न कहें।

मैं और मेरी जुड़वां बहन, हम दोनों उसी डॉक्टर के पास वापस गए जिसे हम शुरू से दिखा रहे थे। मुझे याद है कि वह अपनी मशीनों से मेरी आँखों में देख रहे थे और हैरानी से मेरी माँ को देख रहे थे, फिर से देख रहे थे, फिर वापस बैठकर मेरी माँ को देख रहे थे और कह रहे थे, “तुमने क्या किया!! उन्हें अब चश्मे की ज़रूरत नहीं है!!” इसका मेरी ज़िंदगी और मेरे विश्वास पर बहुत गहरा असर पड़ा है। मुझे लोगों को अपनी कहानी बताना बहुत पसंद है!
मलिंडा हेगनहॉफ (वार्नर)
इस शानदार टेस्टीमोनियल को शेयर करने के लिए धन्यवाद मलिंडा!

लेस्टर सुमराल की माँ का उपचार

जब सुमराल छोटा था, तो उसकी माँ, बेट्टी को ब्रेस्ट कैंसर था। उसके शरीर पर एक खुला घाव था जो लगभग एक सिल्वर डॉलर जितना था। दर्द की वजह से, कई रातें वह रोते-रोते सो जाती थी। उन दिनों, WW I के कुछ समय बाद, सर्जनों के पास वे तकनीकें या दवाएँ नहीं थीं जो

आजकल के डॉक्टर इस्तेमाल करते हैं। उसके डॉक्टर ने कहा कि अगर उसने कैंसर निकालने की कोशिश की, तो वह मर जाएगी। उसने घाव पर पट्टी बाँधी और उसे साफ़ रखा।

एक रात, बेट्टी ज़्यादातर रात ज़मीन पर चलती रही, अपने दर्द से राहत के लिए भगवान से रोती रही। सूरज उगने से ठीक पहले वह अपने बिस्तर पर गिर पड़ी और सो गई। सुमरल की माँ ने सपना देखा कि जीसस उसके बेडरूम में आए और उसे दया से देखा। उसने प्यार से उसकी छाती को छुआ। जागने के बाद उसने सुमरल के पिता, जॉर्ज को सपने के बारे में बताया। उन्हें शक था।

कुछ दिनों बाद जॉर्ज ने उसके दर्द के बारे में पूछा। बेट्टी ने कहा कि वह "कैंसर के बारे में लगभग भूल ही गई थी।" उसने आगे कहा "दर्द चला गया है।" बाद में जब बेट्टी अपने बेडरूम में गई तो कैंसर उसके शरीर से चला गया।

उस इलाज के बाद बेट्टी सुमराल 40 साल से ज़्यादा ज़िंदा रहीं। 87 साल की उम्र में नेचुरल कारणों से उनकी मौत हो गई।

सेसिल मर्फ़ी की लिखी "आई बिलीव इन हीलिंग" से लिया गया एक अंश।

अब अपाहिज नहीं – जॉन और ऑलिव केलनर के ज़रिए इलाज

हमारी बच्ची का जन्म ऐसे हुआ था कि उसका दाहिना कूल्हा बाहर की तरफ बढ़ा हुआ था। इस वजह से, उसका दाहिना पैर और घुटना बुरी तरह मुड़ गया था, और उसका पैर पूरी तरह से दाईं ओर मुड़ गया था। वह अपने दोनों पैरों को ज़मीन पर सीधा रखकर खड़ी नहीं हो पा रही थी। उसका दाहिना पैर छोटा था। वह उससे कदम नहीं रख पा रही थी।

जब वह ऊँची कुर्सी पर बैठती थी, तो उसका पैर उसके नीचे खिंच जाता था। बैठते समय वह अपना पैर कुर्सी से लटका नहीं सकती थी।

हम अपनी बेटी को दो ऑर्थोपेडिक सर्जन के पास ले गए। उन दोनों ने तब तक शू ब्रेसेस लगाने को कहा जब तक उसका कूल्हा नॉर्मल तरीके से नहीं बढ़ जाता, जिससे हमारी बेटी लगभग इनवैलिड हो जाती। हमने ब्रेसेस खरीदे, और उन्हें फिट करवाने का इंतज़ार ही कर रहे थे, तभी हमारे चर्च में साल्वेशन-हीलिंग मीटिंग्स का कैंपेन शुरू हुआ (नवंबर, 1954)। जॉन और ऑलिव केलनर इवेंजलिस्ट थे। हमने तय किया कि शू ब्रेसेस लगवाने से पहले हम इवेंजलिस्ट से अपनी बेटी के लिए प्रार्थना करने के लिए कहेंगे।

जब सिस्टर केलनर ने प्रार्थना की, तो हमारी लड़की का पैर तुरंत सीधा और लंबा हो गया। वह अपने पैर पर सीधी खड़ी हो सकी! अब वह नॉर्मल तरीके से चल सकती है, नॉर्मल तरीके से खड़ी हो सकती है, और कुर्सी की सीट पर पैर लटकाकर नॉर्मल तरीके से बैठ सकती है। अब जब मैं लोगों को चमत्कार के बारे में बताती हूँ, तो मैं उसे खड़ा करती हूँ और उनसे पूछती हूँ कि कौन सा पैर भगवान ने सीधा किया। आमतौर पर वे बायाँ पैर चुनते हैं, और जब मैं उन्हें बताती हूँ कि यह दायाँ पैर था तो वे मान जाते हैं कि भगवान ने उसे ठीक करने का अच्छा काम किया। मैं उसे डॉक्टर के पास ले गई और उसने मुझसे पूछा कि क्या हुआ था। उसने कहा कि उसका पैर अब नॉर्मल है।

मिसेज विलियम जे. मैडेन, रूट 3, चैपिन रोड, न्यू कैसल, Pa. (SW ब्रूअर, पादरी फर्स्ट पेंटेकोस्टल चर्च, न्यू कैसल, PA द्वारा समर्थित)

नवंबर 1955 के पेंटेकोस्टल इवेंजेल से दोबारा छापा गया

पादरी की आवाज़ का ठीक होना – भजन 103

पादरी ड्वेन मिलर एक बैपटिस्ट चर्च में अपने ठीक होने के बारे में अपनी गवाही देते हैं।
17 जनवरी, 1993

विलियम जेफरसन क्लिंटन अपने पहले चुनाव की तैयारी कर रहे थे, काउबॉयज़ ने 49ers को हराया, और भगवान ने ह्यूस्टन, टेक्सास में ह्यूस्टन के फर्स्ट बैपटिस्ट चर्च में संडे स्कूल क्लास में खुद को शक्तिशाली और आज के ज़माने का दिखाया।

उस सुबह का पाठ भजन 103 से था, खास तौर पर आयत 1-5 से। डेविड खुद से बात कर रहा है और खुद को "भगवान को आशीर्वाद दो" कहता है, जिसका मतलब है भगवान की तारीफ़ या धन्यवाद देना। फिर वह ऐसा करने के लिए कुछ वजहें बताता है।
वह (भगवान) मेरे सारे पाप माफ़ कर देता है; वह मेरी सारी बीमारी ठीक कर देता है; वह मेरी ज़िंदगी को कब्र, गड्ढे, तबाही से बचाता है; वह मुझे प्यार और दया, प्यार भरी दया का ताज पहनाता है; और वह मेरी जवानी को बाज़ की तरह वापस लौटा देता है।

उस सुबह मैं 150 या उससे ज़्यादा लोगों की क्लास को पढ़ाने के लिए खड़ा हुआ। मैं उस सुबह जितना इमोशनली थका हुआ था, उतना पहले कभी नहीं था। उस सुबह जितना मेरा विश्वास कम हुआ था, उतना पहले कभी नहीं हुआ था। डेविड ने जिस गड्ढे के बारे में बताया था, वह मुझे निगल रहा था। लेकिन भगवान (क्या ये पवित्र शास्त्र के महान शब्द नहीं हैं?) ने सब कुछ बदल दिया। मैं समझाता हूँ...

पिछली कहानी

1990 में, मैं टेक्सास के ब्रेनहैम में फर्स्ट बैपटिस्ट चर्च में सीनियर पादरी के तौर पर सेवा कर रहा था और कुछ समय से कर रहा था। फर्स्ट बैपटिस्ट एक बहुत बड़ा चर्च और एक ऐतिहासिक सदर्न बैपटिस्ट चर्च था। जनवरी में, मुझे एक फ्लू वायरस हो गया जो आखिरकार मेरे वोकल फोल्ड्स के माइलन शीथ में घुस गया और नर्व टिशू को इतना नुकसान पहुँचा कि उसे ठीक नहीं किया जा सका।

अगले तीन सालों में मुझे 63 से ज़्यादा स्पेशलिस्ट और उनकी टीमों (कुल मिलाकर 200 से ज़्यादा डॉक्टर) ने देखा, क्योंकि वे मेरा डायग्नोसिस और इलाज करने की कोशिश कर रहे थे। मेरी आवाज़ ऐसी रह गई थी जो लैरींगाइटिस के सबसे बुरे केस जैसी लग रही थी, और ऐसा तभी हो सकता था जब मैं ज़ोर से चिल्लाऊँ। मेरी दोनों बेटियाँ बेलर में स्टूडेंट थीं और मैं उनके डॉर्म पर फ़ोन भी नहीं कर सकता था क्योंकि मेरी आवाज़ एक बुरे फ़ोन कॉलर जैसी लगती थी।

हालांकि मंडली ने मेरी विकलांगता को लेकर बहुत सब्र रखा था, लेकिन 1991 में मैंने साफ़ वजहों से इस्तीफ़ा दे दिया था। गुज़ारा करने के लिए मैंने जो कुछ भी किया था, वह मेरी बोलने की काबिलियत से जुड़ा था और अचानक मेरा “टूल किट” चला गया।

हम ह्यूस्टन वापस आ गए थे और मेरी पत्नी हमारे परिवार में कमाने वाली मुख्य सदस्य बन गई थी। एक प्यारे दोस्त ने मुझे एक प्राइवेट इन्वेस्टिगेटर की नौकरी दी, जहाँ मेरी आवाज़ की कोई अहमियत नहीं थी, लेकिन मैं उस मिनिस्ट्री को करने के लिए बेचैन था जिसके लिए मुझे बुलाया गया था।

कैटाकॉम्ब्स क्लास

पहले ह्यूस्टन में एक संडे स्कूल क्लास थी जो पहली बार चर्च के बेसमेंट में लगी थी, इसलिए "द कैटाकॉम्ब्स"। यह लोगों का एक बहुत अच्छा ग्रुप था, जिन्हें ब्रेनहैम जाने से पहले मुझे पढ़ाने का मौका मिला था और जिनसे मेरा कभी कॉन्टैक्ट नहीं टूटा। जब उन्हें पता चला कि हम ह्यूस्टन वापस जा रहे हैं, तो वे बॉडी और ट्रक लेकर ब्रेनहैम आए और हमें ले गए...या, जैसा कि हमारे एक डायरेक्टर ने कहा, हमें "वापस ले गए"।

हम ह्यूस्टन के फर्स्ट बैपटिस्ट चर्च और उस क्लास में मेंबर के तौर पर वापस आए। उनका सपोर्ट और साथ शब्दों से ज़्यादा कीमती था (और है)।

अप्रैल 1992 में, कैटाकॉम्ब्स के टीचर को पर्सनल वजहों से कुछ समय के लिए छुट्टी लेनी पड़ी। हमारे डायरेक्टर (पति-पत्नी) ने पूछा कि क्या मैं उनकी जगह ले लूँगा जब तक कोई परमानेंट रिप्लेसमेंट नहीं मिल जाता। मैंने कहा कि मुझे समझना बहुत मुश्किल है, तो उन्होंने कहा, "हम सच में ध्यान से सुनेंगे।" मुझे समझ आया कि उन्होंने इसलिए नहीं पूछा क्योंकि मैं इतना अच्छा टीचर था, बल्कि इसलिए कि वे मुझसे प्यार करते थे और जानते थे कि मुझे सिखाने की कितनी सख्त ज़रूरत है।

हमारी डायरेक्टर टीम की महिला सदस्य इस बात पर अड़ी रहीं कि मैं परमानेंट टीचर बनूं, तब भी जब चर्च के एजुकेशनल स्टाफ ने मेरी आवाज़ पर अपनी आपत्ति जताई। उन्होंने उनसे कहा कि उन्हें पूरा यकीन है कि भगवान चाहते हैं कि मैं ही वह क्लास पढ़ाऊं, और आखिरकार वे मान गए।

वह, वे या मैं सच में नहीं जानते थे कि भगवान क्या तैयार कर रहे थे।

क्षण

जैसा कि मैंने पहले बताया, उस सुबह जब मैं प्लेटफॉर्म पर गया तो मैं बहुत बुरी हालत में था। दो दिन पहले, मैं अपने लिविंग रूम में घंटों बैठा

रहा था, मेरे मुँह में शॉटगन थी और मैं खुद को संभाल नहीं पाया था। मेरे लिए "भगवान का आशीर्वाद लेना" मुश्किल था। सच कहूँ तो, मैं वहाँ सिर्फ़ इसलिए था क्योंकि मुझे कोई दूसरा नहीं मिला और मैं बस वहाँ नहीं जा सकता था। इसलिए उस सुबह मेरी टीचिंग बस नामुमकिन थी, और कुछ नहीं।

जैसे ही मैंने आउटलाइन शुरू की, मैंने "सभी" शब्द पर चर्चा की। इसका सीधा मतलब है "बिना किसी अपवाद के हर एक।" क्राइस्ट ने मेरे *सभी* पापों को माफ़ कर दिया, यही बात गुड न्यूज़ को महान बनाती है। मुझे उस चर्चा से कोई दिक्कत नहीं हुई।

लेकिन, जब मैंने ठीक होने के बारे में बात करना शुरू किया, तो मेरे शब्द थे, "मुझे अब भी विश्वास है कि भगवान ठीक करते हैं," जबकि मेरे विचार थे, "लेकिन मैं क्यों नहीं?" मैंने उस चर्चा को जितना हो सके ईमानदारी से आगे बढ़ाया और अपना तीसरा विचार शुरू किया... "वह मेरी ज़िंदगी को गड्ढे से निकालता है।"

मैंने अपनी बात शुरू की, "मुझे और आपको भी, पहले भी गड्ढे वाले अनुभव हुए हैं।" "गड्ढा" शब्द सुनते ही, तीन साल से मेरे गले में जो दबाव था, वह चला गया, जैसे किसी ने मेरा गला घोंटने से अपना हाथ हटा लिया हो। मैं चौंककर बोला, "हम सभी के साथ ऐसा समय आया है जब हमारी ज़िंदगी एक गड्ढे में, एक कब्र में लगती थी, और हमारे पास उस गड्ढे का कोई जवाब नहीं था जिसमें हम खुद को पाते हैं।" जब मैं बोल रहा था, तो मैं बिना गले में अटके निगल रहा था, और मैं अपना यह विचार कभी नहीं भूलूंगा... "क्या मैं यही सोचता हूँ?"

के बाद से

अगले दिन जब मैं डॉक्टरों से मिला तो उन्होंने कन्फर्म किया कि यह वही है जो मुझे लगा था। मेरी आवाज़ पूरी तरह से ठीक हो गई है, और मेरे लीड डॉक्टर के शब्दों में, "मुझे ऐसा कोई सबूत नहीं मिला कि आपको कभी आवाज़ की कोई प्रॉब्लम हुई हो।"

यह घटना 17 जनवरी, 1993 को हुई थी, महीने के तीसरे रविवार को...आज। इस घटना को बहुत ही साधारण तरीके से टेप पर कैद कर लिया गया। इस घटना ने मेरी ज़िंदगी बदल दी और दुनिया भर में सचमुच लाखों लोगों पर इसका असर पड़ा है।

कैटाकॉम्ब्स क्लास ने उस रविवार से दशकों पहले लेसन रिकॉर्ड करना शुरू कर दिया था। एक बड़े ग्रुप में, 100% अटेंडेंस नामुमकिन है। सेवा करने के लिए, कोई भी पढ़ाए, एक कैसेट रिकॉर्डिंग बनाई जाती थी, और अगले रविवार को एक या दो कॉपी मिल जाती थीं। कैसेट बस पीछे की टेबल पर होती थीं और अगर आपको एक चाहिए होती, तो वह वहीं होती थी। जब मैं कहता हूँ, "कोई बड़ी बात नहीं," तो मेरा मतलब है, "बिल्कुल भी कोई बात नहीं!" लेकिन 20,000 से ज़्यादा सदस्यों वाले उस चर्च में यही अकेली क्लास थी जिसने अपने लेसन रिकॉर्ड किए थे। कहीं और ऐसा असर नहीं होता जैसा भगवान चाहते थे।

मैंने क्लास में पढ़ाने के लिए नहीं कहा था, हमारे डायरेक्टर ने मुझे पढ़ाने के लिए लड़ाई की। मैंने अपना मटीरियल खुद नहीं लिखा था, मैं वो मटीरियल इस्तेमाल कर रहा था जिसे पहले "बाइबल बुक सीरीज़" कहा जाता था, जो पूरे कन्वेंशन में इस्तेमाल होता था। और, मत भूलिए, मैं वहां नहीं रहना चाहता था। इत्तेफ़ाक? मुझे नहीं लगता।

उस दिन से लेकर आज तक मैं अपनी आवाज़ वापस आने का जश्न मनाता हूँ। मैंने अगले हफ़्ते उस अनुभव के बारे में लिखा और उसे ऐसे शब्दों में बताया जैसे लाज़र कब्र से बाहर आ रहा हो। 20 सालों में मेरा शुक्रिया और मेरी भावनाएँ कम नहीं हुई हैं।

मैंने उस पल की कहानी बताते हुए इस देश और दुनिया का चक्कर लगाया है। भगवान ने मुझे अपनी कृपा और शक्ति के एक सबक के तौर पर इस्तेमाल किया है। मैं ओपरा शो में आया था और एक नर्सिंग होम में एक छोटी सी महिला के साथ अपनी कहानी शेयर की थी जो बोल नहीं सकती थी, लेकिन जब मैंने उसे भगवान की अच्छाई की हमेशा रहने वाली कहानी सुनाई तो वह रो पड़ी। मैं अब भी जहाँ भी मौका मिलता है, कहानी शेयर करने जाता हूँ और जब तक मैं शारीरिक रूप से ऐसा करने में असमर्थ हूँ, तब तक ऐसा करता रहूँगा।

अगर आप खुद "द मोमेंट ऑफ़ हीलिंग" सुनना चाहते हैं, तो यूट्यूब वीडियो पर जाएं
https://www.youtube.com/watch?v=NuBV3uPxaAc .

ज़्यादा जानकारी उनकी वेबसाइट पर मिल सकती है
http://www.nuvoice.org

रोनाल्ड कॉइन का चमत्कारिक "दर्शन"

1951 में, (रोस्को) रोनाल्ड कॉइन की दाहिनी आँख खराब हो गई थी क्योंकि उसमें तार का एक टुकड़ा फंस गया था। इन्फेक्शन हो गया और आँख को सर्जरी से निकालना पड़ा। उन्हें पहनने के लिए एक प्लास्टिक की आँख दी गई ताकि नुकसान साफ़ न दिखे। आँख बिल्कुल नॉर्मल नहीं लग रही थी क्योंकि जब दूसरी आँख हिल रही थी तो वह हिल नहीं पा रही थी।

1952 में कोयन्स परिवार एक मिरेकल टेंट क्रूसेड में शामिल हुआ जिसे इवेंजेलिस्ट डेज़ी गिलॉक कर रही थीं, जो डॉ. टीएल ऑसबॉर्न की बहन

थीं। रोनाल्ड की माँ ने उन्हें प्रेयर लाइन में भेजा क्योंकि उन्हें टॉन्सिल की प्रॉब्लम थी। जब गिलॉक ने उनसे पूछा कि उन्हें किस चीज़ के लिए प्रेयर चाहिए, तो उन्होंने कहा कि गले की प्रॉब्लम है। उन्होंने प्रेयर की और कोयन्स उनसे दूर जाने लगे। उन्होंने उन्हें रोका और पूछा कि उनकी आँख में क्या प्रॉब्लम है क्योंकि वह नॉर्मल नहीं लग रही थी। उन्होंने कहा कि वह उस आँख से अंधे हैं (यह नहीं बताया कि वह निकाल दी गई थी।) उन्होंने देखने के मिरेकल के लिए प्रेयर की और सबसे कमाल की बात हुई। रोनाल्ड आँख से देखने लगे, जबकि देखने के लिए कोई आँख थी ही नहीं! डॉक्टरों ने उनका टेस्ट किया और यकीन नहीं होता कि वे इस नतीजे पर पहुँचे कि उनकी नज़र किसी भी नॉर्मल तरीके से मुमकिन नहीं थी। इससे कोई फर्क नहीं पड़ता था कि उनकी प्लास्टिक की आँख अंदर थी या बाहर। उन्हें अब भी मिरेकल नज़र आ रही थी।

अपनी बाकी ज़िंदगी रोनाल्ड कोयन्स ने दुनिया भर में घूमकर चमत्कार देखने की अपनी गवाही दी। आखिरकार वह एक ट्रैवलिंग मिनिस्ट्री के साथ पादरी बन गए। उन्हें बहुत ज़्यादा और लगातार बुराई का सामना करना पड़ा क्योंकि बहुत से लोगों को यकीन नहीं था कि भगवान ऐसा कुछ करेंगे। उन्होंने ईसाई मीटिंग्स, टेलीविज़न शो, चर्च और हर उस जगह अपनी गवाही दी जहाँ भगवान ने उनके लिए दरवाज़ा खोला था। उनकी बस एक ही ज़रूरत थी कि उन्हें गॉस्पेल पेश करने का मौका मिले। उनकी ज़िंदगी में लाखों लोगों ने क्राइस्ट की गॉस्पेल और चमत्कार करने वाले भगवान की उनकी गवाही सुनी।

कोयन्स की गवाही का वीडियो देखने के लिए यह यूट्यूब वीडियो देखें: https://youtu.be/FD9ULJyRBg4

चार्ल्स फिनी के एंटवर्प रिवाइवल में पागल महिला की डिलीवरी हुई

इस जगह पर धर्म बदलने के दो बहुत ही हैरान करने वाले मामले हुए; और इस रिवाइवल के दौरान पागलपन से तुरंत ठीक होने के दो बहुत ही हैरान करने वाले मामले भी हुए। एक सब्बाथ की दोपहर में जब मैं मीटिंग में गया, तो मैंने देखा कि कई औरतें एक बेंच पर बैठी हैं, उनके साथ काले कपड़े पहने एक औरत थी जो मन से बहुत परेशान लग रही थी; वे उसे थोड़ा पकड़े हुए थीं, और उसे बाहर जाने से रोक रही थीं। जैसे ही मैं अंदर आया, उनमें से एक औरत मेरे पास आई और मुझसे कहा कि वह एक पागल औरत है। मैंने उससे कुछ बातें कहीं; लेकिन उसे जाना ही होगा; और वह कोई प्रार्थना, उपदेश या गाना नहीं सुन सकती थी; कि नरक उसका हिस्सा है, और वह ऐसी कोई भी चीज़ बर्दाश्त नहीं कर सकती थी जिससे उसे स्वर्ग का ख्याल आए।

मैंने अकेले में लेडीज़ को सावधान किया कि अगर हो सके तो उसे उसकी सीट पर बिठा दें, ताकि मीटिंग में कोई दिक्कत न हो। जैसे ही गाना शुरू हुआ, उसने बाहर निकलने के लिए बहुत कोशिश की। लेकिन लेडीज़ ने उसका रास्ता रोक दिया; और प्यार से, लेकिन लगातार उसे भागने से रोका। कुछ देर बाद वह शांत हो गई, लेकिन ऐसा लगा कि वह गाना सुनने या सुनने से बच रही है। फिर मैंने प्रार्थना की। प्रभु ने मुझे प्रार्थना करने की एक बड़ी आत्मा और इब्रानियों से एक पाठ दिया: “आओ हम हिम्मत करके कृपा के सिंहासन के पास आएं, ताकि हमें दया मिले और ज़रूरत के समय मदद के लिए कृपा मिले।”

मेरा मकसद था कि हम अपने आप में, उसमें और उसके लिए अपने आप में विश्वास को बढ़ावा दें। जैसे-जैसे मैं आगे बढ़ा, वह धीरे-धीरे अपना सिर उठाने लगी और अपनी लंबी काली टोपी के अंदर से मुझे देखने

लगी। जैसे ही मैंने लोगों से हमारे महान हाई प्रीस्ट के प्रायश्चित बलिदान के लिए कहा, अचानक उसने ज़ोर से चीख मारकर लोगों को चौंका दिया। फिर वह लगभग अपनी सीट से उठ गई, अपना सिर बहुत नीचे कर लिया, और मैं देख सकता था कि वह "बहुत ज़्यादा कांप रही थी।" जैसे-जैसे मैं आगे बढ़ा, वह फिर से ऊपर देखने लगी, और जल्द ही सीधी बैठ गई, उसका चेहरा आश्चर्यजनक रूप से बदल गया था, जो जीत की खुशी और शांति दिखा रहा था। उसके चेहरे पर ऐसी चमक थी जैसी मैंने शायद ही किसी इंसान के चेहरे पर देखी हो। उसकी खुशी इतनी ज़्यादा थी कि मीटिंग खत्म होने तक वह मुश्किल से खुद को रोक पाई; और फिर उसने जल्द ही अपने आस-पास के सभी लोगों को समझा दिया कि वह आज़ाद है। उसने भगवान की महिमा की और अद्भुत जीत का आनंद लिया। लगभग दो साल बाद जब मैं उससे मिला, तो मैंने पाया कि वह अभी भी खुशी और शांति से भरी हुई है।

चार्ल्स फिनी की आत्मकथा से लिया गया।

लड़की जिसका दिमाग "गल गया था" अब ठीक हो गई है और हाई स्कूल से ग्रेजुएट हो रही है

यह कहानी टेलर की मां स्टेसी हेनिंगसेन ने बताई है।
सितंबर 2011 में, अपने फ्रेशमैन ईयर के सिर्फ़ दो हफ़्ते बाद, टेलर हेल को हाई स्कूल फ़ुटबॉल गेम के बाद दोस्तों के साथ मस्ती करते समय दिमाग में गहरी चोट लग गई। वह कार के हुड से फिसल गई और उसका सिर ज़ोर से फुटपाथ से टकरा गया। उसके परिवार के अनुसार, ब्रेन-डेड घोषित होने से लेकर अब कॉलेज जाने के लिए तैयार होने तक का उसका अविश्वसनीय सफ़र सबसे पहले डेस मोइनेस रजिस्टर में दर्ज किया गया था।

मशीनें टेलर के दिमाग में सूजन पर नज़र रख रही थीं। परिवार और दोस्त उसे देखने के लिए लगातार आ रहे थे, लेकिन डॉक्टरों ने आने वालों को चेतावनी दी थी कि वे बात न करें या कोई तेज़ आवाज़ न निकालें जिससे टेलर को ज़्यादा स्टिम्युलेट किया जा सके। लगभग एक हफ़्ते बाद, टेलर की हालत और भी गंभीर हो गई: उसे ब्रेन हेमरेज हुआ। हेनिंगसेन ने कहा, "उसका दिमाग उसकी रीढ़ की हड्डी में खिसक गया था... दिमाग गल गया था।" "उसे वापस लाने के लिए उन्हें CPR करना पड़ा और बहुत कोशिशें करनी पड़ीं।"
हेनिंगसेन ने कहा, "अगले दिन, [डॉक्टरों] ने कहा, 'हमें अफ़सोस है — हम उसके लिए और कुछ नहीं कर सकते। आपको शायद अलविदा कह देना चाहिए।' "हमने अंतिम संस्कार की व्यवस्था के बारे में बात करना शुरू कर दिया।" हेनिंगसेन ने कहा कि डॉक्टरों ने टेलर के परिवार को बताया कि उन्हें 95 से 99 प्रतिशत यकीन है कि वह फिर कभी नहीं उठेगी।

उसे ब्रेन-डेड घोषित करके, उन्होंने उसकी दवाएँ और ऑक्सीजन बंद कर दी। परिवार ने प्रार्थना की। टेलर की बड़ी चाची का इलाज कर रहे एक काइरोप्रैक्टर ने भी लड़की के लिए प्रार्थना की, उसके हॉस्पिटल के कमरे में जाकर उसकी गर्दन के पीछे हाथ रखा। हेनिंगसेन ने कहा, "कुछ घंटों बाद, डॉक्टर आए और उन्होंने हमसे कहा, 'हमें नहीं पता कि आपको मेडिकली यह कैसे समझाएँ, लेकिन वह खुद साँस ले रही है।'"

टेलर ने अपनी आँखें खोलीं और अपने हाथ-पैर की उंगलियाँ हिलाईं। लेकिन डॉक्टरों ने परिवार को चेतावनी दी कि उसके दोबारा चलने की उम्मीद बहुत कम है, और अगर वह चली भी, तो उसे ज़िंदगी भर फीडिंग ट्यूब से जोड़ा जाएगा। उसकी माँ ने कहा कि कड़ी मेहनत और लगन से, टेलर धीरे-धीरे चलने, खाने और लगभग वह सब कुछ करने में सक्षम हो गई जो वह पहले करती थी।

सोमवार को, वह अपने हाई स्कूल से ग्रेजुएट हो जाएगी। उसने स्कूल में अपनी आखिरी क्लास और अपनी ग्रेजुएशन पार्टी के लिए ड्रेस खरीदने मॉल जाने के बीच न्यूज़ से बात की — एक ऐसा दिन जब उसकी माँ को यकीन नहीं था कि टेलर के एक्सीडेंट के बाद वह कभी आएगी। हेन्सिंगसेन ने कहा, “मैं इसके बारे में अक्सर सोचती हूँ।” “यह पक्का एक चमत्कार है।”

फीनिक्स के रहने वाले एक व्यक्ति को मार्च 1948 में विलियम ब्रैनहैम ने कैंसर से ठीक किया।

पिछले सितंबर में मैं डॉ. वेल्डन बेकर के पास गया, जो नॉर्थ सेकंड स्ट्रीट, फीनिक्स, एरिज़ोना में रहते थे। उन्होंने दो एक्स-रे किए। उन्होंने पाया कि मुझे कोलाइटिस का गंभीर मामला था, मेरा दिल ज़हर से बड़ा हो गया था, मेरे लिवर का सिर्फ़ पाँचवाँ हिस्सा ही एक्टिव था, और मेरे लिवर के दाहिने तरफ मेरे अंगूठे के नाखून जितने बड़े कई पत्थर थे। मैंने छह हफ़्ते का इलाज शुरू किया, लेकिन बहुत बीमार हो गया। डॉ. एंडरसन ने मुझे देखा और कहा कि मुझे कैंसर है, लेकिन मदद लेने में बहुत देर कर दी। मैं बहुत बीमार हो गया और और इलाज नहीं करा सका। वेस्ट को निकलने देने के लिए मेरे कोलन को खोलना पड़ा। मेरा दौरा बहुत बुरा था। डॉ. बेकर आए, और जब वे वहाँ पहुँचे तो संत प्रार्थना कर रहे थे। उन्होंने मुझे बाद में बताया कि मुझे मरे हुए दो मिनट हो गए थे, लेकिन जीसस ने संतों की पुकार सुन ली थी।

मैं नौ हफ़्ते बिस्तर पर थी और मेरा 40 पाउंड वज़न कम हो गया था। कभी-कभी मेरी हालत इतनी खराब हो जाती थी कि मैं पाँच दिन तक पानी भी नहीं पी पाती थी। फिर यह घोषणा हुई कि विलियम ब्रैनहम 2

मार्च को बीमारों और दुखियों के लिए प्रार्थना करने फ़ीनिक्स आ रहे हैं। मेरे पति उस पहले रविवार की रात जल्दी चर्च पहुँच गए थे, लेकिन भाई ब्रैनहम मेरे पास नहीं आ पाए। न ही वे अगली रात मेरे पास आ पाए, हालाँकि मैंने दूसरों के ठीक होने के कई चमत्कार देखे थे। अगले दिन मुझे फिर से ले जाया गया, लेकिन जब मैं चर्च पहुँची तो बहुत बीमार हो गई। वे मेरे लिए एक खाट लाए, लेकिन मुझे याद नहीं कि मैं कब लेटी।

सबसे पहले मुझे पता चला कि भाई ब्रैनहैम मुझसे बात कर रहे थे, कह रहे थे: "बहन, मेरी तरफ देखो।" पहले तो यह बस एक हल्की फुसफुसाहट थी, लेकिन तीसरी बार जब उन्होंने इसे दोहराया तो मैंने अपनी आँखें खोलने की कोशिश की। थोड़ी देर बाद मुझे इशारा समझ आया और उन्होंने मुझसे पूछा कि क्या मैं उनकी बात पर विश्वास करती हूँ। मैंने कहा, "हाँ, क्योंकि मैं तुम्हारे बगल में खड़े एंजल को देख सकती थी।" फिर भाई ब्रैनहैम ने कहा, "बहन, तुम्हारे विश्वास ने तुम्हें बचा लिया है। वह कैंसर तुम्हारे पूरे पेट में था, लेकिन भगवान ने तुम्हें ठीक कर दिया है। हर जड़ शापित है और अगर तुम विश्वास करती रहोगी तो तुम ठीक हो जाओगी, हालाँकि इसे सड़ने में एक महीना या छह हफ़्ते लगेंगे। अब से 72 घंटे बाद तुम बहुत बीमार और बहुत दर्द में हो जाओगी, लेकिन बस इस सब के दौरान विश्वास करो।" फिर प्रभु ने भाई ब्रैनहैम के ज़रिए बात की, और एक गर्म तेल मेरे सिर के बाहर और अंदर से होते हुए मेरे पैरों तक पहुँचा। जैसे ही यह नीचे गया, दर्द पूरी तरह से चला गया और मुझे बहुत ताकत महसूस हुई। मैं चिल्लाते और नाचते हुए खाट से उठी और फीनिक्स में भाई ब्रैनहैम द्वारा आयोजित पाँच अन्य सेवाओं में शामिल हो सकी।

जब 72 घंटे पूरे हुए, तो मैं बहुत बीमार हो गया, और मुझे इतना दर्द हुआ कि मैं रो भी नहीं सका। मैं दो हफ़्ते से ज़्यादा समय तक बहुत बीमार रहा, फिर मैंने जो चाहा वो खाना शुरू कर दिया, जबकि पहले मैं फलों

के जूस और सूप पर जी रहा था। मेरे लिए प्रार्थना करने के सात हफ़्ते बाद, मेरे कई और एक्स-रे हुए और उनसे पता चला कि मैं पूरी तरह ठीक हो गया हूँ। डॉ. बेकर ने मुझसे कहा कि मैं यह सब बता सकता हूँ, और वह खुशी-खुशी एक्स-रे किसी को भी दिखाएंगे जो उन्हें देखना चाहेगा, या उनसे पर्सनली बात करेंगे। मैं इसके लिए जीसस की तारीफ़ कर रहा हूँ!

श्रीमती हैटी वालड्रॉप एडम्स स्ट्रीट फीनिक्स, एरिज़ोना

जॉन एलेग्जेंडर डोवी के मार्गदर्शन में मरती हुई महिला का उपचार

यह गवाही 5 फरवरी, 1897 के लीव्स ऑफ़ हीलिंग न्यूज़लेटर में छपी थी। (ध्यान दें: ट्यूबरक्लोसिस का पुराना नाम कंजम्पशन था।)

ग्रिफ़िथ, इंडियाना 20 जनवरी, 1897.

प्रिय डॉ. और श्रीमती डोवी,

मुझे यह खुशी के साथ-साथ अपना कर्तव्य भी लगता है कि मैं अपने प्रभु यीशु मसीह के माध्यम से कई बीमारियों से अपनी पूरी तरह से ठीक होने की गवाही सैकड़ों अन्य लोगों के साथ जोड़ूं।

कभी भी अच्छी सेहत का एहसास नहीं हुआ और अक्टूबर 1894 में अटलांटिक कोस्ट की एक थका देने वाली यात्रा के बाद, और लौटने पर तुरंत अपने ऑफिस के काम शुरू करने के बाद, मैंने बहुत ज़्यादा काम किया, और 3 नवंबर को मुझे फेफड़ों में हेमरेज हो गया।

सबसे पहले हमने क्राउन पॉइंट, इंडियाना के डॉ. पेटीबोन को हायर किया। मुझे लगता है कि उन्होंने लगभग दो महीने तक मेरा इलाज किया, लेकिन मुझे कोई आराम नहीं मिला। मेरी हालत और भी खराब हो गई। न सिर्फ हेमरेज जारी रहा, बल्कि दूसरी बीमारियां भी शुरू हो गईं। उन्होंने मेरे लिए वह सब किया जो वह कर सकते थे।

मेरे पति ने 1 जनवरी, 1895 को डॉ. विंसेंट को हायर किया, जो वालपराइसो, इंडियाना के पुराने और सबसे काबिल डॉक्टरों में से एक थे। उन्होंने मेरे केस को बहुत सीरियस बताया। लेकिन, डॉक्टरों के बदलने से मुझे कोई फायदा नहीं हुआ। मेरी हालत और खराब होती गई।

उस समय मैं नर्वस प्रॉस्ट्रेशन, फेफड़ों में ब्लीडिंग, दिल के आस-पास पानी, टीबी, गले के कैंसर वाले अल्सर, लिवर में जकड़न और जिसे कंजम्पशन ऑफ द बाउल्स कहते हैं, उससे परेशान था। ऐसा लग रहा था कि आंतें खत्म हो रही हैं। डूबने के दौरे, हालांकि पहले थोड़े समय के लिए थे, अब घंटों तक चलते थे, और डॉक्टर को लगा कि मैं मार्च महीने तक ज़िंदा नहीं रह पाऊंगा। फिर भी, उन्होंने मेरा इलाज तब तक जारी रखा जब तक मुझे जून महीने के बारे में याद नहीं आता।

फिर उन्होंने मेरे पति से कहा कि उन्हें नहीं लगता कि मेरे ठीक होने की कोई उम्मीद है, और उनके लिए अब और आना बेकार है। उन्होंने वालपराइसो में मेरे दोस्तों से भी कहा कि यह मेरे लिए बस कुछ ही समय की बात है। अगले दो हफ़्तों तक मैंने बहुत कम दवा ली, और अजीब बात है कि मैं थोड़ी और मज़बूत हो गई। हमें बहुत हिम्मत मिली, और लगा कि हमें हार नहीं माननी चाहिए, बल्कि किसी दूसरे अच्छे डॉक्टर को दिखाना चाहिए।

हमारे एक दोस्त ने शिकागो के डॉ. हिल्डेब्रांड के पास जाने की सलाह दी। पूरी जांच के बाद उन्होंने इसे कंजम्पशन बताया, जो उन दूसरी बीमारियों से जुड़ा था जिनका मैंने पहले ज़िक्र किया है। मेरे गले के बारे में बात करते हुए (कुछ सॉफ्ट टिशू खराब हो गए थे) कि जो खत्म हो गया था उसे बदला नहीं जा सकता था। छालों से हर समय पानी निकल रहा था, और मुंह का ऊपरी हिस्सा पीला पड़ गया था। गले के लिए उन्होंने जो दवा दी थी, उसे लगाने के बाद; और छाले खुल गए, और उनके इलाज से मैं बहुत जल्दी ठीक नहीं हुआ।

फिर मैंने तय किया कि अब और दवा नहीं लूँगा, और मुझे एहसास हुआ कि मेरी ज़िंदगी इसके बिना ज़्यादा कीमती है, बजाय इसके कि इसके साथ हो। हमारे एक दोस्त, मिस्टर वुड, जो C. & GTRR पर क्लेम एजेंट हैं, ने मुझे शिकागो के एक बहुत अच्छे आदमी के बारे में बताया जो बिना कोई दवा लिए हर तरह की बीमारियाँ ठीक कर सकता था। मैं शायद ही इस पर यकीन कर पाता, लेकिन वह लगातार मुझसे जाने के लिए कहते रहे, और कहा कि उन्हें लगता है कि मेरे ठीक होने का अभी भी मौका है।

मैंने हाँ कर दी, बस शर्त थी कि मैं वहाँ पहुँच सकूँ। हमने आपसे दुआओं के लिए रिक्वेस्ट भेजी, और मुझे थोड़ी हिम्मत मिली ताकि लगभग एक हफ़्ते में (हालांकि दोस्तों ने उम्मीद छोड़ दी थी और डॉक्टर ने उम्मीद खत्म कर दी थी) मेरे पति, 18 अगस्त को, मुझे डिवाइन हीलिंग होम नंबर 1, 6020 एडगर्टन एवेन्यू ले गए।

मेरा पेट इतना फूल गया था (दिल के आस-पास पानी की वजह से) कि मैं अपनी कोई भी ड्रेस नहीं पहन पा रही थी; वे लगभग तीन इंच छोटी थीं। मुझे ढीले गाउन पहनने पड़े। मेरे आने के अगले दिन, सोमवार को हाथ रखने और मेरे लिए प्रार्थना करने के बाद, दिल के आस-पास का पानी धीरे-धीरे कम हो गया और पेट का सारा फूलना चला गया। मैंने

अपने घरवालों (जो शहर से थोड़ी ही दूरी पर रहते हैं) को लिखा कि वे मेरे लिए मेरी ड्रेस ला दें। उन्होंने ऐसा किया, और मुझे उनमें से कोई भी पहनने में कोई परेशानी नहीं हुई।

दूसरी बार जब आपने मुझ पर हाथ रखा और मेरे साथ प्रार्थना की, तो मैं नर्वस प्रॉस्ट्रेशन, दिल के आस-पास पानी, फेफड़ों में ब्लीडिंग, किडनी की परेशानी, मांसपेशियों में गठिया, पाइल्स, आंतों की समस्याओं से पूरी तरह ठीक हो गया। लेकिन गले की भयानक दिक्कत बनी रही। मैंने अगले मंगलवार को, वहाँ जाने के लगभग एक हफ़्ते बाद, एक होम असेंबली में आपसे कहा कि आप अपनी उंगलियाँ मेरे गले में डाल दें। आपने जीसस के नाम पर ऐसा किया, और वे भयानक बीमारियाँ जो कई महीनों से मेरी जान खा रही थीं, आपकी एजेंसी के ज़रिए उस महान डॉक्टर के हाथों खत्म हो गईं, जिन्हें भगवान ने हीलिंग के तोहफ़ों से नवाज़ा है।

मैं सिर्फ़ दो हफ़्ते में घर पर थी, और जिस दिन हम घर के लिए निकले, उस दिन हम स्ट्रीट कार से कनेक्ट नहीं हो पाए, और मेरे पति ने कहा कि मैं लगभग दो मील चली, और मुझे ज़रा भी थकान महसूस नहीं हुई। घर आने के दो महीने बाद मैंने घर का काम करना सीख लिया, और तब से मैं अपना काम खुद ही करती हूँ।

मुझे ठीक हुए एक साल और चार महीने हो गए हैं। दो बार सर्दी-ज़ुकाम को छोड़कर मैं पूरी तरह से ठीक हूँ, और भगवान ने मुझ पर जो आशीर्वाद बरसाए हैं, उसके लिए मैं उनकी जितनी तारीफ़ करूँ कम है। सारे छाले गायब हो गए हैं, और जो नरम हिस्से बीमारी की वजह से खाए और अलग हो गए थे, वे अब जुड़कर ठीक हो गए हैं। मेरी आवाज़ बहुत मज़बूत हो गई है। मैं बस 'वॉइस कल्चर' के लेसन लेने का इंतज़ाम कर

रहा था कि मुझे बहुत तेज़ सर्दी-ज़ुकाम हो गया। मैं थोड़े समय के लिए ज़ायन होम गया था। आपने मेरे साथ प्रार्थना की, और मैं ठीक हो गया।

मैं अब अच्छी सेहत में हूँ। मुझे ज़ायन होम आना और आपसे और प्यारी मिसेज़ डोवी से मिलने वाली शानदार बातें सुनना बहुत पसंद है, जिसमें बताया गया है कि भगवान अपने "बीमार बच्चों" को कैसे ठीक करते हैं, अगर वे सिर्फ़ उन पर भरोसा करें।

मुझे सच में उम्मीद है कि यह गवाही कई दुख झेल रहे लोगों तक पहुंचेगी, और वे अपनी आत्मा, मन और शरीर की चिकित्सा के लिए महान चिकित्सक की तलाश करने के लिए प्रेरित होंगे। मैंने पाया है कि मैं यीशु के चरणों के जितना करीब रहता हूँ, उनके उपहार मेरे लिए उतने ही अधिक उदार होते हैं।

प्रिय डॉ. और श्रीमती डोवी, मैं प्रतिदिन प्रार्थना करता हूँ कि आप "सिय्योन की ओर आगे बढ़ने" में सफल हों, और आप दोनों को कई, कई वर्षों तक इस सुंदर सुसमाचार के दुनिया भर में फैलने तक का समय मिले।

विश्वासपूर्वक आपका यीशु में,

श्रीमती लुलु डेटन

PTSD और नर्व डैमेज ठीक हो गया

डेव युद्ध से गंभीर PTSD के लक्षणों और नर्व डैमेज के साथ घर आया। वह व्हीलचेयर पर था और उसे लगातार ऐसा लगता था जैसे उसे रेज़र ब्लेड से काटा जा रहा हो, उसकी स्किन पर ऐसा लगता था जैसे उस पर एसिड डाला जा रहा हो, और उसे लगता था कि उसकी हड्डियाँ कुचली

जा रही हैं। वह तेज़ रोशनी और तेज़ आवाज़ों के प्रति बहुत सेंसिटिव था। उसे अपना एक हाथ भी महसूस नहीं हो रहा था। उसकी इमोशनल हालत हमेशा डरी हुई और दूसरों को देखती रहती थी। वह भीड़ को संभाल नहीं पाता था और मुश्किल से अपने परिवार के साथ समय बिता पाता था। उसकी ज़िंदगी शारीरिक और इमोशनल रूप से बर्बाद हो चुकी थी। उसने कई डॉक्टरों को दिखाया, लेकिन उसे कोई आराम नहीं मिला।

डेव रैंडी क्लार्क की एक मीटिंग में गया था, जहाँ वह रैंडी से एक सवाल पूछने गया था। उसे यह भी नहीं पता था कि वह आगे कैसे पहुँच गया, क्योंकि वहाँ बहुत सारे लोग थे। रैंडी ने अपना माइक्रोफ़ोन हटाया और डेव की कहानी सुनी। रैंडी ने माइक नाम के एक प्रेयर टीम मेंबर से डेव के लिए प्रार्थना करने को कहा। माइक ने डेव का हाथ पकड़ लिया, जिससे वह बहुत घबरा गया। माइक ने सीधे डेव की आँखों में देखा और उसे अपना सिर नीचे नहीं करने दिया क्योंकि वह युद्ध के दौरान उसके साथ जो हुआ उसके अपराधबोध और शर्म से डूबा हुआ था। वह उन तस्वीरों और उनसे जुड़े इमोशनल दर्द से परेशान था।

डेव को पसीना आने लगा और उसे लगा कि वह भाग जाना चाहता है। माइक ने उसे पकड़ा और उसे ठीक होने के स्टेप्स बताए। यह ज़्यादा देर तक प्रार्थना करने का समय नहीं था, शायद लगभग 5 मिनट। डेव ने कहा कि ऐसा लगा जैसे जीसस ने उसे छुआ हो। उस पर ऐसी शांति छा गई जैसी उसने बचपन से महसूस नहीं की थी। जब वह घर पहुँचा तो डेव ने कहा कि ऐसा लगा जैसे वह तैरकर अपने घर में आ गया हो। उसकी पत्नी ने तुरंत फ़र्क देखा और पूछा कि क्या हुआ। वह बस चिल्लाया, "मैं आज़ाद हूँ।" उसकी पत्नी ने उससे कहा, "बेब, ऐसा लगता है कि तुमने अपने कंधों से 2000 पाउंड वज़न कम कर लिया है और मुझे नहीं पता कि तुम कौन हो।"

डेव अपनी व्हीलचेयर से बाहर आ गया है और उसकी दवाइयां भी बंद हो गई हैं। वह अपने बच्चों के साथ खेलता है, उन्हें गले लगाता है, और हर समय डरता नहीं है। वह रैंडी क्लार्क की एक फॉलोअप मीटिंग में गया। उसका बायां हाथ अभी भी सुन्न था लेकिन उसने जीसस से कहा, "देखो तुमने मेरे लिए क्या किया है। आज रात जब मैं मीटिंग में जाऊंगा तो यह हो जाएगा। मुझे किसी से प्रार्थना करने की ज़रूरत नहीं है, मैं बस तुम्हारे किए की बड़ाई करना चाहता हूं।" जब वह लॉबी में दरवाज़े खुलने का इंतज़ार कर रहा था, तो अचानक उसे अपना बायां हाथ महसूस हुआ। उसने कहा, "हाथ... तुम वापस आ गए।" किसी ने उसके लिए प्रार्थना नहीं की थी। कोई पूजा का संगीत नहीं बज रहा था। उसने फ़ोन उठाया और अपनी पत्नी को फ़ोन किया और कहा कि अब मैं न सिर्फ़ आज़ाद हूं बल्कि अब मैं अपना हाथ छू सकता हूं, मैं अपना हाथ महसूस कर सकता हूं, मैं अपनी उंगलियां महसूस कर सकता हूं। मैं नाच सकता हूं और इससे मुझे दर्द नहीं होता और रोशनी से मुझे दर्द नहीं होता। मैं आज़ाद हूं और जीसस ने यह किया!

ibethel tv के टेस्टिमनी से लिया गया जिसका टाइटल है Post Traumatic Stress Disorder Healed! – 05 मार्च, 2013. (ibethel.tv पर कुछ फ्री और कुछ पेड कंटेंट है लेकिन इसे इस्तेमाल करने के लिए आपको साइन अप करना होगा)

कैथरीन कुहलमैन के ज़रिए जो गुमेल्ट का इलाज

जो गुमेल्ट एक सदर्न बैपटिस्ट पादरी की पत्नी थीं। वह किडनी की एक बहुत ही रेयर बीमारी से बहुत बीमार थीं, जिसे रीनल पैपिलरी नेक्रोसिस कहते हैं। वाशिंगटन, DC एरिया के डॉक्टरों ने इसे पहले कभी नहीं देखा था। डॉक्टरों का मानना था कि यह ओवर-द-काउंटर पेन किलर से एलर्जिक रिएक्शन था। दोनों किडनी 1/3 खराब हो गई थीं। डॉक्टरों को

उम्मीद थी कि वे हालत को ठीक कर पाएंगे। जो ने हर मुमकिन टेस्ट करवाया। वह दिन में 12-14 घंटे बेड रेस्ट पर रहती थीं। उनके बाल झड़ रहे थे। डॉक्टरों ने उन्हें चेतावनी दी थी कि बैक्टीरियल इन्फेक्शन से उनकी किडनी काम करना बंद कर सकती है। उन्होंने उनकी किडनी को कमज़ोर स्पंज बताया जो किसी भी अटैक का शिकार हो सकती हैं।

एक दोस्त ने उसे फुल गॉस्पेल बिज़नेसमैन की हीलिंग मीटिंग में जाने के लिए बुलाया। वह सच में जाना नहीं चाहती थी। असल में उसने एक फर हैट पहनी हुई थी जिसे उसने अपने चेहरे पर नीचे तक खींचा हुआ था क्योंकि वह नहीं चाहती थी कि कोई उसे पहचाने। हीलिंग सर्विस उसके लिए इज्ज़त की बात नहीं थी। उसने इसे शहर के किनारे एक टेंट मीटिंग से जोड़ा। फिर जब कैथरीन कुलमैन की घोषणा हुई तो उसने सोचा, "ओह माय, यह तो कोई महिला मिनिस्टर नहीं है।" वह अपनी हालत की वजह से बहुत कमज़ोर और थकी हुई थी। मीटिंग में बहुत भीड़ थी और वह और उसकी दोस्त डेढ़ घंटे देर से पहुँचीं। जो इतनी थकी हुई थी कि खड़ी नहीं हो पा रही थी। आखिर में वे मीटिंग रूम की सीढ़ियों पर बैठ गए।

भगवान ने दो लोगों को खड़ा करके उन औरतों को अपनी सीट देने को कहा क्योंकि उन्हें जाना था। सीटें दूसरे सेक्शन में आगे के पास थीं। जो को लगा कि उसने भगवान को समझ लिया है। वह पूरी ज़िंदगी सदर्न बैपटिस्ट रही थी। उसे लगता था कि हर गवाही प्लांटेड थी। वह जो कुछ भी देखती थी उस पर यकीन नहीं करती थी। वह पूरी तरह से शक करने वाली थी। फिर भी उसके दिल में कुछ हलचल हो रही थी।

सर्विस के आखिर में कैथरीन कुलमैन ने मीटिंग में सबसे हाथ ऊपर उठाकर "लॉर्ड आई रिसीव यू" गाने को कहा। जो ने गाना शुरू किया क्योंकि वह गाना जानती थी, लेकिन वह अपने हाथ नहीं उठाना चाहती

थी। विश्वास का उसका पहला काम था अपने हाथों को थोड़ा ऊपर उठाना। फिर उसने कहा कि पवित्र आत्मा ने काम किया। इससे पहले कि उसे पता चलता, उसके हाथ पूरी तरह हवा में ऊपर उठ गए। वह भगवान के सामने थी। उसे लगा जैसे उसके पैर खिंच रहे हों और वह अपने पंजों पर खड़ी हो। फिर उसके हाथ ऊपर की ओर मुड़ गए, मानो वह रिसीव कर रही हो।

उस पल जो पर नाकाबिलियत, गंदगी और दीनता का एहसास छा गया। उसने पहले कभी ऐसा महसूस नहीं किया था। उसका सिर जितना नीचे गिर सकता था, उतना नीचे गिर गया। वह उसे उठा नहीं पा रही थी। उसे ऐसा लग रहा था जैसे वह टैक्स देने वाला हो जो अपने पाप के एहसास की वजह से आसमान की तरफ अपनी आँखें भी नहीं उठा पा रहा हो। जो रोने लगी और फिर उसके अंदर ज़िंदा पानी का एक कुआँ फूट पड़ा।

दूर से उसे कैथरीन की आवाज़ सुनाई दी, "हे भगवान, इस पर महिमा है।" उस समय जो को इसका मतलब नहीं पता था, लेकिन बाद में उसे एहसास हुआ कि भगवान उसके साथ हैं। फिर जो को अपने ऊपर गर्म पानी गिरने का एहसास होने लगा। कैथरीन जो के पास आई और उसकी कलाई को छुआ। भगवान की मौजूदगी इतनी बढ़ गई कि उसे लगा कि वह "बाहरी अंतरिक्ष में चली गई है।" उसे ऐसा लग रहा था कि वह गर्म पानी में तैर रही है और भगवान उसे थामे हुए हैं।

हालांकि जो को पता था कि वह ठीक हो गई है, उसने तुरंत फिजिकल हीलिंग का दावा नहीं किया। उसने बस फिर से नॉर्मल ज़िंदगी जीना शुरू कर दिया। वह अब बिस्तर पर नहीं रहती थी। उसने दवाइयां लेना छोड़ दिया। उसने डॉक्टर के पास जाना बंद कर दिया। उसने एक नए तरीके से वचन को पकड़ा। फिर उसने पवित्र आत्मा से भरा हुआ महसूस किया। उसकी ज़िंदगी बदल गई। उसकी प्रार्थना की ज़िंदगी चल पड़ी।

कुछ समय बाद एक फ़ैमिली ट्रिप पर जो ने अचानक देखा कि उसके बाल वापस उग रहे हैं। उसके लिए यह उसके ठीक होने का एक खास संकेत था। उसके पति ने ज़ोर दिया कि वह डॉक्टर के पास वापस जाए और दोबारा टेस्ट करवाए। डॉक्टर ने एक्स-रे देखे और कहा, “मैं इस केस को बंद कर रहा हूँ क्योंकि तुम पूरी तरह ठीक हो गई हो। अगर तुम्हें किडनी की कोई और प्रॉब्लम होती है तो उसका इस बीमारी से कोई लेना-देना नहीं होगा।”
http://www.youtube.com/watch?v=vZF23Gjq0Q0

कार्डियोलॉजिस्ट की मदद से एक आदमी को मौत से ज़िंदा किया गया

डॉ. चाउंसी क्रैंडल एक कार्डियोलॉजिस्ट और क्रिश्चियन हैं। उन्हें तब बुलाया गया जब जेफ मार्केन इमरजेंसी रूम में आए और उन्हें ज़ोरदार हार्ट अटैक आया। वह आदमी 30 मिनट से मरा हुआ था और स्टाफ़ उस पूरे समय से उस पर काम कर रहा था। जब डॉ. क्रैंडल पहुंचे तो वह आदमी साफ़ तौर पर मर चुका था। असल में डॉ. क्रैंडल ने कहा, “वह सबसे मरा हुआ आदमी था जिसे मैंने कभी देखा था।” उसका पूरा शरीर काला था – उसके हाथ, उसके पैर, उसके पंजे, उसका चेहरा। इसे सायनोसिस कहते हैं।

डॉ. क्रैंडल ने इमरजेंसी रूम के डॉक्टर से मिस्टर मार्केन को मरा हुआ घोषित करने को कहा। स्टाफ ने पेपरवर्क पूरा किया और नर्स ने ट्यूब निकालना और बॉडी को मुर्दाघर ले जाने के लिए तैयार करना शुरू कर दिया। जैसे ही डॉ. क्रैंडल कमरे से बाहर जाने के लिए मुड़े, उन्होंने भगवान को यह कहते सुना, “घूमकर उस आदमी के लिए प्रार्थना करो।” वह चलते रहे और दूसरी बार भगवान ने कहा, “घूमकर उस आदमी के लिए

प्रार्थना करो।” डॉ. क्रैंडल वापस मुड़े और उनके लिए प्रार्थना करने लगे। उन्हें समझ नहीं आ रहा था कि क्या प्रार्थना करें, लेकिन जैसे ही वह वहाँ खड़े हुए, पवित्र आत्मा ने उन पर कब्ज़ा कर लिया। उन्होंने प्रार्थना की, “हे पिता परमेश्वर, मैं इस आदमी की आत्मा के लिए पुकार रहा हूँ। अगर वह आपको अपने भगवान और बचाने वाले के तौर पर नहीं जानता है, तो उसे अभी मरे हुओं में से ज़िंदा कर दो, यीशु के नाम पर।” नर्स को लगा कि वह पागल हो गया है। जेफ़ मार्कैन का हाथ अचानक हवा में उठ गया। जब इमरजेंसी रूम के डॉक्टर कमरे में वापस आए, तो डॉ. क्रैंडल ने कहा, “इस आदमी को एक बार और शॉक दो।” इमरजेंसी रूम के डॉक्टर ऐसा नहीं करना चाहते थे, लेकिन डॉ. क्रैंडल की रिक्वेस्ट को मानते हुए उन्होंने ऐसा किया। उन्होंने मरीज़ को एक बार और झटका दिया और तुरंत मॉनिटर पर एकदम सही हार्ट बीट आ गई। डॉक्टर और नर्स हैरान रह गए। फिर सीना और पेट, हाथ और पैर हिलने लगे। वे उसे तुरंत इंटेंसिव केयर में ले गए। यह शुक्रवार की रात थी। डॉ. क्रैंडल ने अपने पार्टनर को फ़ोन किया और बताया कि जेफ़ मार्कैन को मौत के मुँह से ज़िंदा कर दिया गया है और वह ज़िंदा रहेगा क्योंकि साफ़ तौर पर भगवान ने उसे ज़िंदगी दी है।

जब सोमवार सुबह डॉ. क्रैंडल आए और जेफ़ मार्कैन बिस्तर पर बैठे थे। डॉ. क्रैंडल ने जेफ़ से पूछा कि जब हॉस्पिटल में उनका इलाज चल रहा था, तो उन्होंने क्या-क्या झेला। जेफ़ ने बताया कि वह एक ताबूत में एक अंधेरी जगह पर हमेशा के लिए अकेले थे। फिर कुछ लोगों ने उन्हें लपेटकर कचरे की तरह फेंक दिया। जेफ़ ने जो कुछ भी महसूस किया, उससे वह बहुत परेशान थे। डॉ. क्रैंडल ने उनसे कहा कि अगर वह जीसस को मान लेते हैं तो वह कभी अकेले नहीं रहेंगे और उन्हें कभी नहीं फेंका जाएगा। जेफ़ ने वहीं और उसी समय जीसस को मान लिया।

जेफ़ को जीसस ने दूसरा मौका दिया है। 40 मिनट से ज़्यादा समय तक मरे रहने से उन्हें कोई कॉम्प्लिकेशन नहीं हुआ है। उनका रेगुलर चेकअप होता है लेकिन उन्हें हार्ट की कोई प्रॉब्लम नहीं है। डॉ. क्रैंडल कहते हैं कि वह ऐसा दिन नहीं था जब उन्हें "बहुत ज़्यादा विश्वास" था, वह बस अपना काम करना चाहते थे। फिर भी, क्योंकि वह रुके और अपने थोड़े से विश्वास के साथ प्रार्थना की, भगवान ने उन्हें इस चमत्कारी तरीके से इस्तेमाल किया। डॉ. चाउंसी ने उनके अनुभव के बारे में "रेज़िंग द डेड" नाम की एक किताब लिखी है। (हम यह किताब अपने बुकस्टोर में रखते हैं।)

डॉ. क्रैन्डल ने CBN पर पैट रॉबर्टसन को जो पूरी गवाही दी, उसे सुनें।
http://www.youtube.com/watch?v=EL2i64j2FZE

1700 के दशक के आखिर में चमत्कारी इलाज की एक अद्‌भुत कहानी

डॉ. चार्ल्स कलिस की 1885 में पब्लिश हुई "अदर फेथ क्योर" से लिया गया एक हिस्सा। एक बहुत ही अनोखे इलाज की नीचे दी गई जानकारी, जिसकी सच्चाई इतनी अच्छी तरह से साबित हो चुकी है कि इस पर कोई शक नहीं है, साल 1788 की एक पुरानी लंदन मैगज़ीन से कॉपी की गई है। भगवान ने हर ज़माने में अपनी हमेशा रहने वाली शक्ति और भगवान होने का सबूत दिए बिना खुद को नहीं छोड़ा है, जैसा कि नीचे दी गई कहानी में बताया जाएगा।

वेस्ट में टिवर्टन के एक चर्च में लोग इकट्ठा हुए थे, और उनमें से एक को उन्होंने अपना पादरी चुना था। उनकी सहमति या आदेश से, कोलचेस्टर के एक चर्च को एक लेटर भेजा गया जिसमें उनके चुने हुए पादरी के एक सदस्य को निकालने के लिए कहा गया; और इसी तरह लेटर में एक

क्लॉज़ भी था जिसमें ऑर्डिनेशन में निर्देश दिए गए थे कि क्या हाथ रखना ज़रूरी समझा गया। कोलचेस्टर के उस चर्च में पादरी नहीं था, इसलिए मुझसे उस लेटर का जवाब देने के लिए कहा गया, और जब मैं ऑर्डिनेशन के बारे में उस बात का जवाब देने लगा, तो मैंने लिखा, "हाथ रखना कोई मामूली बात नहीं है, यह सिर्फ़ ऑर्डिन किए गए व्यक्ति को बताने के लिए है, इसमें ऑर्डिन किए गए व्यक्ति को कोई मिनिस्टीरियल गिफ्ट देने की कोई ताकत नहीं है, हम इसे एक पुरानी रस्म मानते हैं, जैसे बीमारों का अभिषेक करना, और पैर धोना, जो अपॉस्टल्स के जीवन और इलाज के असाधारण गिफ्ट के साथ बंद हो गया।"

इस तरह लिखा गया यह लेटर चर्च में मंज़ूरी के लिए लाया गया, और उनसे इस पर साइन करवाने के लिए कहा गया; लेकिन कुछ लोगों ने इसे मना कर दिया, और जवाब दिया कि उनका मानना है कि तेल से अभिषेक करना, और हाथ रखना भी, चर्च के नियम हैं, और इनका प्रचार किया जाना चाहिए; जिसका मैंने विरोध किया और उन लेखकों के हवाले दिए जिन्हें मैंने इसके खिलाफ पढ़ा था; लेकिन कोई फ़ायदा नहीं हुआ, क्योंकि उन्होंने लेटर पर साइन नहीं किया, और दूसरा लेटर उनके अपने मन के हिसाब से लिखा गया था।

उस समय से मैं मन के गहरे अंधेरे में था, इसलिए मैंने कई बार क्राइस्ट जीसस में अपनी दिलचस्पी पर सवाल उठाया, और मैंने भगवान के चेहरे की रोशनी वापस आने के लिए कई दिनों तक उपवास और प्रार्थना की; और इस तरह मैं दो महीने तक चलता रहा, आखिरकार, दिसंबर के आखिर में, सफ़्फ़ोक में सेंट एडमंड्स बरी में, मुझसे एक सज्जन पुरुष और महिला के साथ प्रार्थना करने के लिए कहा गया जो लंबे समय से परेशान थे और जब मैं प्रार्थना कर रहा था, तो मैं बहुत अंधेरे में था और मुझे लगा कि मुझे दूसरों की तुलना में अपने लिए प्रार्थना करने की ज़्यादा ज़रूरत है, जो मैंने इन शब्दों में किया "हे प्रभु, तूने मुझे क्यों छोड़ दिया,

तूने अपना चेहरा मुझसे क्यों छिपा लिया? लौट, लौट, हे प्रभु, और अपने चेहरे की रोशनी मुझ पर डाल।" इस रिक्वेस्ट का जवाब मुझे तुरंत मिला, यह सोचकर कि मैंने उसके नियमों, यानी अभिषेक और हाथ रखने से मना कर दिया था। मैंने मन ही मन फिर से जवाब दिया, "हे प्रभु, अगर मुझे पता होता कि ये नियम हैं, तो मैं उन्हें या किसी और को भी मना नहीं करता।"

तो फिर मुझे यकीन हो गया कि चर्च में हाथ रखने और तेल से अभिषेक करने का नियम जारी है; और अगर मैं उन्हें मानता तो प्रभु उन्हें अपना लेते। फिर, मन के इस पक्के इरादे पर, मेरी इच्छाएँ पूरी हुईं, क्योंकि प्रभु ने अपने चेहरे की रोशनी मुझ पर डाली, और मेरी प्रार्थना तारीफ़ों में बदल गई; और जब मैंने अपनी प्रार्थना पूरी की तो वह महिला एक तरफ़ से लकवाग्रस्त होने की वजह से लंगड़ी थी। मैंने उससे कहा, "मिस्ट्रेस, मुझे विश्वास है कि अगर आपको प्रभु के नाम पर अभिषेक किया जाए, तो आपके अंग ठीक हो जाएँगे क्योंकि मुझे अजीब तरह से उस बात का यकीन है, जिसका मैंने कुछ समय पहले सबसे ज़ोरदार विरोध किया था।" उसने मुझसे कहा कि वह इसके लिए तैयार नहीं हो सकती, न ही उसे इस पर विश्वास था। मैंने उससे कुछ बहस की, लेकिन कोई फ़ायदा नहीं हुआ।

तो उस दिन मैं कोलचेस्टर वापस आया, और बाज़ार के पास एक विधवा, मिसेज़ मैरी मुनिंग्स के पास गया, जिनकी मिलर की दुकान थी। मैंने उन्हें बताया कि कैसे मुझे तेल से अभिषेक करने के नियम पर यकीन हो गया था और आगे कहा, मुझे पक्का यकीन है कि भगवान अपने नियमों के मालिक होंगे। वह बहुत हैरान हुईं, यह जानकर कि मैंने कुछ समय पहले ही इसका कितना ज़ोरदार विरोध किया था; और यह मानते हुए कि यह एक मनगढ़ंत कहानी है, उन्होंने पूछा, कि क्या मुझे उनकी बेटी पर इसके लागू होने पर कोई भरोसा है, जो एक अपाहिज थी, जैसा कि इस कहानी

से साफ़ पता चलेगा। मैंने उनसे कहा हाँ, मुझे है, और उनसे पूछा कि क्या उन्हें लगता है कि यह एक नियम है? उन्होंने कहा, हाँ।

फिर मैंने उस कमरे में देखा जहाँ उसकी बेटी बैठी थी, और कहा, "बच्ची! क्या तुम मानती हो कि प्रभु तुम्हें ठीक कर सकते हैं?" उसने जवाब दिया, 'प्रभु का हाथ इतना छोटा नहीं है कि वह बचा न सके, न ही उसका कान इतना भारी है कि वह सुन न सके। "ठीक है," मैंने जवाब दिया, "अगर आप उनकी काबिलियत पर यकीन करते हैं, तो मैं उनकी मर्ज़ी पर यकीन करता हूँ।" फिर उसकी माँ ने मुझसे पूछा कि क्या मैं उन्हें यह रस्म देना चाहूँगा? मैंने उनसे कहा कि मैं दूँगा, लेकिन यह हफ़्ते का आखिरी दिन था, इसलिए मैं अभी अपनी पढ़ाई की वजह से नहीं कर सकता था। तो मैं उन्हें छोड़कर चला गया, और अगले हफ़्ते के दूसरे दिन, अपने रोज़ के रिवाज के मुताबिक, मिसेज़ मुनिंग्स वहाँ थीं, उन्होंने सोचा कि यह उनकी बेटी को यह रस्म देने का सबसे सही समय है, जबकि मैं भगवान की आत्मा और कृपा से प्रभावित था। उनके कहने पर, मैं उनके साथ उनके घर गया; और उन्होंने अपनी नौकरानी को एक पैसे का तेल लाने भेजा, और मुझसे कहा कि उन्हें उम्मीद है कि मैं अपनी बात पर खरा उतरूँगा, और उनकी बेटी का अभिषेक करूँगा। मैंने उनसे कहा कि एक बुरा वादा पूरा करने से तोड़ा जाना बेहतर है, लेकिन अगर मुझे भगवान के वचन में कोई वारंट मिल जाए तो मैं करूँगा। मैंने बाइबिल मँगवाई, और मैं नहीं चाहता था कि मुझे टोका जाए, और नौ से बारह बजे तक तीन घंटे तक एक कोने से दूसरे कोने तक ढूँढता रहा, इस दौरान मैंने धर्मग्रंथ की ज़्यादातर जगहें इकट्ठा की थीं, नियम के लिए और विश्वास को बढ़ावा देने के लिए, जैसे जेम्स 5:14, मार्क 6:13, मार्क 11:24, जिनमें से आखिरी को मैंने अपने काम पर मुहर कहा।

ऐसा करने के बाद मैंने बाइबिल बंद कर दी, और माँ और वहाँ मौजूद दूसरी बहन से कहा, "मुझे न सिर्फ़ एक कमीशन मिला है, बल्कि उस पर

एक मुहर भी लगी है।" तो मैंने इस तरह से अध्यादेश के बारे में बात की: सबसे पहले मैं प्रार्थना करने गया, ताकि अध्यादेश में हमारा विश्वास बढ़े, और हम वादे को भी पकड़ सकें; फिर मैंने प्रार्थना के ज़रिए तेल को आम इस्तेमाल से खास इस्तेमाल के लिए अलग कर दिया।

फिर मैंने नासरत के प्रभु यीशु मसीह के नाम पर, उस जगह पर जहाँ दुख था, ट्रिनिटी के लोगों की गिनती के हिसाब से तीन बार उसका अभिषेक किया; लेकिन ध्यान दें, जब मैं उसके टखने का अभिषेक करने आया, तो मैं हैरान रह गया, क्योंकि उसका लंगड़ापन इस तरह था: उसकी कूल्हे की हड्डी उसकी बांह के नीचे उभरी हुई थी; उसका पैर टेढ़ा था और उसका टखना अपनी जगह से बाहर निकला हुआ था, जिससे अंदर कुछ भी दिखाई नहीं दे रहा था, उसका बायां पैर एक ठूंठ जैसा था, उसके अंगों की कमी के कारण उसके शरीर की दूसरी कमज़ोरियों के अलावा। उसकी माँ कहती है कि उसे नहीं पता कि वह ऐसी पैदा हुई थी या नहीं, क्योंकि उसने यह तभी महसूस किया जब वह अपने लीडिंग-स्ट्रिंग्स में थी, और वह लगभग सोलह साल की थी, उसकी माँ ने मदद के लिए बहुतों का इस्तेमाल किया लेकिन कोई फायदा नहीं हुआ, वह बढ़ती ही जा रही थी: और भी खराब होती जा रही थी।

आखिरकार उसने एक जाने-माने सर्जन से अर्ज़ी दी, जिसने उससे कहा कि वह उसके पैसे नहीं लेगा, क्योंकि दुनिया में कोई भी आदमी उसकी मदद नहीं कर सकता, न ही हड्डियों को उनकी सही जगह पर ला सकता है, उसकी नसें सिकुड़कर उसके हैम के नीचे एक आदमी के हाथ जितनी बड़ी हो गई थीं, और पूरी बाजू इतनी कमज़ोर थी कि वह उस तरफ़ चार पाउंड का वज़न भी नहीं उठा सकती थी।" जब मैंने उसका पैर इतना टेढ़ा देखा, क्योंकि मैंने ऐसा पहले कभी नहीं देखा था, तो मेरा चेहरा उतर गया, और मैंने मन ही मन कहा, "हाँ, मैं तो पागल से भी बुरा हूँ, — क्या टेढ़ी हड्डियाँ सीधी हो सकती हैं?" और इसके साथ ही मुझे इतना कांपने लगा

कि मैं अपना हाथ (दूसरे हाथ की मदद से) रोक नहीं सका, और जब मैं कन्फ्यूज़न में था, तो यह बात मेरे दिमाग में आई, "भले ही तुम विश्वास न करो, फिर भी वह वफ़ादार रहता है और खुद को मना नहीं कर सकता।"

तो, जैसे ही मैंने उसका अभिषेक किया, मैं घुटनों के बल गिर गया, मानो दर्द में, और ये शब्द कहे: "प्रभु, मैंने अपना काम कर दिया है, मैं अपने काम से बाहर चला गया हूँ; प्रभु, मैं काम पूरा होने के लिए आपके हाथों में छोड़ता हूँ!" और जब मैं ऐसा कह रहा था, तो मैं मानो खुशी में डूब गया, और देखो मानो स्वर्ग खुल गया, और मसीह पिता के दाहिने हाथ से एक अर्जी पेश कर रहे थे। फिर मैं चिल्लाया "प्रभु यह हमारी अर्जी है, और हम जवाब का इंतज़ार कर रहे हैं।"

माँ और बहन को यह बात सुनकर हैरानी हुई; लेकिन जैसे ही मैंने ऐसा कहा, मेरे पास ये शब्द आए, "तुम्हारे विश्वास के अनुसार तुम्हारे साथ हो।" मैंने जवाब दिया, "मुझे विश्वास है कि वह ठीक हो जाएगी।" और फिर मुझे यह जवाब मिला, "मैं करूँगा – वह ठीक हो जाएगी।" फिर, घुटनों से उठने से पहले मैंने उसे ठीक करने के लिए भगवान की तारीफ़ की; और जब मैंने अपनी बात खत्म की, तो मैं उठा और कमरे में कुछ चक्कर लगाए; और फिर बैठ गया, और उस पर नज़रें गड़ाकर कहा: "बच्ची, भगवान ने तुम्हें ठीक कर दिया है।" उसकी माँ ने जवाब दिया, "सर, क्या, आप बिना जाने ऐसा कहने का क्या मतलब है?" मैंने जवाब दिया, "अविश्वास रुको! बच्ची, भगवान ने तुम्हें ठीक कर दिया है।"

उसकी माँ ने पहले जैसा ही जवाब दिया; जिस पर मैंने तीसरी बार, पहले से ज़्यादा गंभीरता से जवाब दिया, "बेटा, भगवान ने तुम्हें ठीक कर दिया है।" फिर वह उठी और बोली, "भगवान के सभी उपकारों के लिए मैं उन्हें क्या दूँ! क्योंकि जब आपने मुझे दूसरी बार ठीक घोषित किया, तो मेरी

हड्डियाँ बिना किसी दर्द के टूट गईं, और अपनी जगह पर आ गईं।" और हम हैरान रह गए जब हमने उसे सीधा और ठीक देखा, और पहले से एक हाथ जितनी लंबी। तो उसने अपना पैर आगे बढ़ाया, हमें अपना टखना दिखाया, और सब ठीक हो गया; उसके शरीर की कमज़ोरियाँ भी दूर हो गईं, और उसकी आत्मा, हमारी तरह, भगवान की दया से भर गई, ताकि हम खुद को रोक न सकें।

"आओ," मैंने उसकी माँ और बहन से कहा, "हम प्रभु की तारीफ़ करते हैं।" "नहीं," उसकी माँ ने कहा, "पड़ोसी हमें सुन लेंगे। पिछले न्यू ईयर के दिन सुबह के सिर्फ़ तीन बजे थे।" मैंने जवाब दिया, "अगर हम चुप रहे, तो सड़क के पत्थर हमारे ख़िलाफ़ रोएँगे।" तो हमने बिना तैयारी के गाना गाया और सुबह भगवान का आशीर्वाद और तारीफ़ के साथ खत्म की। सुबह उसकी माँ ने कहा, "जाओ, देखो तुम्हारा भाई रोता तो नहीं है।" वह ऊपर गई और उसे नीचे ले आई, वह लगभग पाँच साल का एक हट्टा-कट्टा बच्चा था। तो अगले दिन, जब चर्च के कुछ सदस्यों को बुलाया गया, भगवान की तारीफ़ करने में बीता।

हमारी चर्च मीटिंग में साइन किया गया; हम जिनके नाम बाद में लिखे गए हैं (उसी सोसाइटी के सदस्य) इसकी सच्चाई की पुष्टि करते हैं, और हमें कोई और तरीका नहीं पता जो इस्तेमाल किया गया हो, सिवाय इसके कि भगवान ने इसमें अपनी महान शक्ति दिखाई है — थॉमस पावर, नैथेनियल हिक्स। जॉन ब्लैकफिल, थॉमस पेटली, डैनियल हार्ट, रॉबर्ट, हैरिस, बेंजामिन स्मिथ, विलियम रॉलिंग्स, जॉन मैक्सी, सैमुअल टॉड, जॉन ब्राउन, जोसेफ एलिंग्सफोर्ड, फ्रांसिस हॉवर्ड, फिलिप स्टोवर्स, जेरेमिया बैक्सटर।" ऊपर दी गई कहानी पर कई और लोगों ने साइन किया है और कसम खाई है, जिनमें एक सर्जन भी है जिसने लड़की की जांच की थी और उसका इलाज किया था।

जॉर्ज जेफ्रीज की मीटिंग में महिला का बहरापन ठीक हुआ

ठीक करने के गुण का एक और सबूत एक प्यारी स्कूल टीचर का है, जो प्रिंसिपल जेफ्रीस के उपदेश देते समय बहुत अच्छी तरह ठीक हो गईं। यह 1922 में हल में हुआ था। कुछ साल पहले इस बहन का एक बहुत गंभीर एक्सीडेंट हुआ था, जिसमें खोपड़ी का बेस फ्रैक्चर हो गया था, और दिमाग में चोट लग गई थी। सिर की एक छोटी हड्डी टूट गई थी, जिससे बाएं कान का ड्रम फट गया था, जिससे वह पत्थर की तरह बहरी हो गई थीं। एक डॉक्टर ने कहा कि किसी चमत्कार से ही उनकी सुनने की शक्ति वापस आ सकती है।

एक्सीडेंट की वजह से इस बहन के सिर में बहुत तेज़ दर्द हुआ। 1922 में हल में हुई एक खास मीटिंग के दौरान भगवान ने यह शानदार छुटकारा दिलाया। बिना किसी के हाथ लगाए वह तुरंत और पूरी तरह से ठीक हो गईं। वह आगे कहती हैं, “भगवान ने मुझे एक नया कान दिया।” भगवान की ज़िंदगी ने उनके पूरे शरीर को एक ऐसी महिमा से भर दिया जिसे बताया नहीं जा सकता।

जॉर्ज जेफ्रीस की "हीलिंग रेज़" से लिया गया अंश।

ऑस्ट्रेलिया में महिला कई बीमारियों से ठीक हुई

हाय, मेरा नाम लार्स है और मैं आपको बताना चाहता हूँ कि कैसे भगवान ने चमत्कार से मेरी दोस्त रेबेका को बहरापन, फाइब्रोमायल्जिया, क्रोनिक फटीग सिंड्रोम, इरिटेबल बाउल सिंड्रोम, टिनिटस और राइनाइटिस जैसी कई बीमारियों से ठीक किया।

रेबेका क्लॉडिया और बिली के साथ स्कूल जाती थी, जो हमारी असेंबली में लंबे समय से ईसाई थे। उन्हें जानने के कुछ समय बाद ही रेबेका के माता-पिता ने उससे कहा कि वह उनसे न मिले, क्योंकि उन्हें लगता था कि वे किसी पंथ का हिस्सा हैं, लेकिन इससे रेबेका नहीं रुकी और उनके बीच अच्छी दोस्ती हो गई। हालांकि, समय के साथ उनका संपर्क टूट गया, क्योंकि रेबेका 19 साल की उम्र में पढ़ाई के लिए डनफर्मलाइन चली गई थी।

उस समय वह अपने दाहिने कान से बहरी थी: उसे जन्म से सेंसरी न्यूरल हियरिंग लॉस था। डॉक्टरों को इसका पता तब चला जब वह 4 साल की थी, और जब वह टीनएज में थी तो उसे हियरिंग एड पहनना शुरू करना पड़ा। जब वह 14 साल की थी, तब उसे फाइब्रोमायल्जिया का पता चला, हालांकि वह इससे पहले भी कुछ समय से कई दूसरी हेल्थ प्रॉब्लम से जूझ रही थी। इनमें से कुछ हैं: क्रोनिक फटीग सिंड्रोम, TMJD (जबड़े के जोड़ों का दर्द), एपिकॉन्डिलाइटिस (टेनिस एल्बो), पेटेलोफेमोरल सिंड्रोम (हाउसमेड का घुटना), इरिटेबल बाउल सिंड्रोम, टिनिटस और राइनाइटिस।

जब तक रेबेका 19 साल की नहीं हो गई, वह अपनी सेहत के साथ जैसे-तैसे जी रही थी। यह हमेशा एक मुश्किल काम था, लेकिन किसी तरह वह स्कूल जा पाती थी, काम पर जा पाती थी और सोशल लाइफ जी पाती थी। लेकिन फिर, डनफर्मलाइन जाने के कुछ समय बाद ही वह बहुत बीमार हो गई। दर्द इतना तेज़ हो गया, और थकान इतनी ज़्यादा हो गई कि वह मुश्किल से बिस्तर से उठ पाती थी। जल्द ही उसके लिए नॉर्मल ज़िंदगी जीना नामुमकिन हो गया। दर्द और थकान इतनी ज़्यादा हो गई कि उसकी पढ़ाई पर असर पड़ा और उसे अपनी पार्ट टाइम नौकरी संभालने में भी मुश्किल होने लगी। इसके ऊपर उसे ग्लोसोफेरींजल न्यूराल्जिया हो गया था, जिसमें दिमाग के पिछले हिस्से में एक आर्टरी

और एक नर्व एक-दूसरे पर टिक जाती हैं; इससे इतना तेज़ दर्द होता था, जैसे सीधे बाएं कान से सिर में छुरा घोंप दिया गया हो। कभी-कभी अच्छे दिन भी आते थे जब वह थोड़ी देर टहलने निकल पाती थी, लेकिन ज़्यादातर समय वह बिस्तर पर ही रहती थी।

अगर आप इनमें से किसी भी हेल्थ प्रॉब्लम या ऐसी ही किसी प्रॉब्लम से परेशान रहे हैं, तो आप समझ सकते हैं कि उन्हें कितना ज़्यादा दर्द और तकलीफ़ हो रही थी। दर्द से निपटने के लिए वह स्टेरॉयड इंजेक्शन के लिए हॉस्पिटल गईं और ट्रामाडोल (मॉर्फिन बेस्ड) और डायजेपाम जैसी कई तरह की तेज़ पेनकिलर और सेडेटिव भी ले रही थीं। इसके अलावा, वह आर्थ्रोटेक जैसी तेज़ एंटी-इंफ्लेमेटरी दवाएं भी ले रही थीं, जिससे उनके पेट में अल्सर हो गया। ग्लोसोफेरींजल न्यूराल्जिया के मामले में, डॉक्टर ऑपरेशन करना चाहते थे: उनकी खोपड़ी को खोलना और उनके दिमाग में आर्टरी और नर्व के बीच कुशन का एक छोटा सा टुकड़ा डालना। यह दर्द को पूरी तरह खत्म करने की कोशिश थी, और 80% चांस था कि ऑपरेशन सफल होगा।

इस स्टेज तक उसने अपने सारे सपने खो दिए थे, फंसा हुआ महसूस कर रही थी और दुनिया से कटी हुई थी: अब उसकी कोई सोशल लाइफ नहीं थी, उसे अपनी पढ़ाई और पार्ट टाइम जॉब भी छोड़नी पड़ी। डॉक्टरों ने कहा कि वह कभी ठीक नहीं हो पाएगी और वह डिप्रेशन और निराशा की वजह से एक साइकोलॉजिस्ट के पास गई। उसके रोज़ के विचार थे "यह कैसे हो सकता है?" "मैंने ऐसा क्या किया कि मुझे यह सब झेलना पड़ रहा है?" और "क्या अब इसका कोई मतलब है?"

जब वह बहुत दुखी थी, तो उसे हमेशा सुसाइड के ख्याल आते थे। उसे अपने माता-पिता के घर वापस जाना पड़ा, क्योंकि वह अब अकेले नहीं रह सकती थी। तभी उसने भगवान से प्रार्थना करना शुरू किया और

अपनी दोस्त क्लॉडिया से फिर से मिलना चाहती थी। अपने माता-पिता के घर वापस आने के कुछ हफ़्ते बाद उसकी मुलाकात क्लॉडिया से हुई, जिसने आखिरकार उसे चर्च की मीटिंग में आने के लिए बुलाया। यहीं पर मैं पहली बार रेबेका से मिला। रेबेका ने हमें बताया कि वह हमारे साथ कितना घर जैसा महसूस करती है और अपनी बीमारी की वजह से उसे दोबारा आने में कुछ और हफ़्ते लग गए। इस मीटिंग के दौरान हमने भगवान की शक्ति के बारे में बात की और यह कि भगवान चाहते हैं कि लोग हेल्दी रहें और उम्मीद करते हैं कि उनके फॉलोअर्स बीमारों के लिए प्रार्थना करें। हमने MARK 16:15-20, ISAIAH 53:5, MATTHEW 4:23, और HEBREWS 13:8 जैसे कई धर्मग्रंथ पढ़े और उन्हें समझाया।

उस मीटिंग में बहुत से लोगों ने प्रार्थना की और रेबेका ने अपने ग्लोसोफेरींजल न्यूराल्जिया के लिए प्रार्थना करने को कहा, जिससे वह पीड़ित थी। हमने उस पर हाथ रखे और यीशु के नाम पर प्रार्थना की (MARK 16:18)। शुरू में उसे अभी भी दर्द हो रहा था, जैसे किसी ने उसके कान में छुरा घोंप दिया हो, लेकिन जैसे ही वह मीटिंग से बाहर निकली, दर्द पूरी तरह से चला गया; 3.5 साल में पहली बार और आज तक वह दर्द कभी वापस नहीं आया। उसे एहसास हुआ कि भगवान सच में हैं और अगले हफ्ते वापस आ गईं, भले ही उनके माता-पिता ने उन्हें धमकी दी थी कि अगर वह दोबारा गईं तो उन्हें घर से निकाल दिया जाएगा। उस शुक्रवार को हमारी प्रार्थना की रात थी और हमने रेबेका को पवित्र शास्त्रों के ज़रिए बताया कि कैसे बचा जा सकता है। हमने डुबकी लगाकर बपतिस्मा लेने के बारे में पवित्र शास्त्रों को देखा और फिर रेबेका ने बपतिस्मा लेने के लिए कहा, जो हमने तुरंत ऊपर के बाथटब में किया। उसके बाद हमने पवित्र आत्मा पाने के बारे में कुछ पवित्र शास्त्रों को देखा (ACTS 2:4, LUKE 11:13), और फिर हमने उस पर हाथ रखे और भगवान से उसे पवित्र आत्मा से भरने के लिए कहा। इसके

परिणामस्वरूप उसने नई भाषाएँ बोलना शुरू कर दिया और उसका पुनर्जन्म हुआ।

फिर हमने उस पर फिर से हाथ रखा और भगवान से उसे पूरी तरह ठीक करने के लिए कहा, उसकी सारी हेल्थ प्रॉब्लम से, जिसमें उसके दाहिने कान का बहरापन भी शामिल था, और भगवान ने उसे तुरंत, हर चीज़ से ठीक कर दिया! जैसे ही मैंने उसके दाहिने कान में बात की, वह लगभग उछल पड़ी क्योंकि आवाज़ बहुत तेज़ थी। उसकी दुनिया का पूरा दाहिना हिस्सा आवाज़ से ज़िंदा हो गया था! वह अब बहरी नहीं थी और उसका हियरिंग एड भी हट गया था। फाइब्रोमायल्जिया भी चला गया था और सालों से जो दर्द उसे था, वह भी गायब हो गया था। उसने कहा कि उसे बस दौड़ने का मन कर रहा था, क्योंकि वह बहुत एनर्जी से भरी हुई थी। सबसे बड़ी बात यह थी कि उस रात, बहुत समय बाद पहली बार वह सो पाई।

ऑस्ट्रेलिया में पेंटेकोस्टल डिनॉमिनेशन क्रिश्चियन असेंबलीज़ इंटरनेशनल की वेबसाइट पर गवाही।

आइरिस मिनिस्ट्रीज़ के मिशनरी बिल जॉनसन के ज़रिए ठीक हुए – वीडियो गवाही

मेलिसा मैकिनी आइरिस मिनिस्ट्रीज़ की मिशनरी हैं जो विदेश में बहुत बीमार हो गईं। कई डॉक्टरों को दिखाने के बाद भी कोई फ़ायदा नहीं हुआ, एक सपने में यीशु ने उनसे बात की और उन्हें रेडिंग, CA में बेथेल चर्च जाने के लिए कहा, जहाँ उन्हें पूरी तरह से ठीक किया जाएगा। यह वीडियो उनकी गवाही है।
उनकी गवाही वाला यह यूट्यूब वीडियो देखें।

http://www.godtube.com/watch/?v=YLLYGNNX

चार्ल्स एफ. परहम के ज़रिए शानदार इलाज

ज़्यादातर लोग चार्ल्स परहम को शुरुआती पेंटेकोस्टल मूवमेंट से जोड़ते हैं, लेकिन उन्होंने पूरी ज़िंदगी हीलिंग मिनिस्ट्री की। 1905 में वे ह्यूस्टन, टेक्सास में हीलिंग मीटिंग कर रहे थे। मीटिंग में एक महिला आई जो 1902 में एक स्ट्रीटकार एक्सीडेंट में घायल हो गई थी और पैरालाइज़्ड हो गई थी और व्हीलचेयर पर थी।

प्रार्थना के बाद "वह अपनी कुर्सी से उठीं और खुशी से झूमती हुई हॉल में घूमने लगीं, चिल्लाने लगीं, ताली बजाने लगीं और भगवान से ठीक होने की प्रार्थना करने लगीं। इस घटना से बहुत उत्साह पैदा हुआ। मिसेज़ डुलेनी हॉल से नीचे चली गईं और घर चली गईं। तब से वह रोज़ उनकी मीटिंग में आती थीं, लेकिन कुर्सी पर बैठकर नहीं।"

ह्यूस्टन सबअर्बनाईट से लिया गया अंश।

वार्ड 17 में चमत्कार – भगवान ने एग्नेस सैनफोर्ड का इस्तेमाल किया

इन तीनों में फ्रेडरिक का चमत्कार था। वह एक प्राइवेट सेल में लेटा था, जिसका मतलब था, उस हॉस्पिटल के हिसाब से, कि उसकी मौत जल्द ही होने वाली थी। वह इतना दुबला-पतला और सिकुड़ा हुआ था कि वह एक मुरझाए हुए बूढ़े बंदर जैसा दिखता था। उसकी स्किन पीली थी, पसलियां बाहर निकली हुई थीं, और सांस लेते समय उनके बीच की स्किन फड़कती थी। दोनों नाक के छेदों में और दोनों कलाइयों से जुड़ी

ट्यूब थीं। और आमतौर पर उसके साथ एक डॉक्टर या नर्स होती थी। सेल के पास से गुजरते समय, मैं हमेशा उसके लिए जल्दी से प्रार्थना करता था, लेकिन अंदर जाकर उस पर हाथ रखने की हिम्मत नहीं करता था। और दूर से की गई आम प्रार्थना काफी नहीं थी। इसके लिए तुरंत मौजूदगी और विश्वास की बातें और अगर हो सके तो हाथ रखने की ज़रूरत थी ताकि भगवान की ठीक करने की शक्ति के लिए एक सही रास्ता मिल सके।

लेकिन, एक दिन वह अकेला था और जाग रहा था। बहुत हिम्मत करके, लेकिन दया से मजबूर होकर, मैं अंदर गया। इतने सालों में मुझे ठीक करने का सिर्फ़ एक ही असरदार मकसद मिला है: दया। अगर हम जीसस की महिमा करने के लिए जीसस की शक्ति से किसी को ठीक करना चाहते हैं, तो किसी तरह हम अक्सर उस व्यक्ति तक नहीं पहुँच पाते। जीसस की महिमा बेशक हर ठीक करने से होती है, लेकिन सिर्फ़ तभी जब हम, जैसे वह थे, "दया से भर जाते हैं" (मरकुस 1:41)।

"तुम तो जैसे थक गए हो," मैंने कहा। (मुझे लगा था कि उन आदमियों को यह सीधा, बिना लाग-लपेट वाला तरीका पसंद था।) "हाँ," उसने कहा। "क्या दिक्कत है?" मैंने पूछा; मुझे कोई घाव नहीं दिख रहा था, न ही मुझे कोई ऑस्टियोमाइलाइटिस की गंध आ रही थी। "खून के थक्के," उसने बिना कुछ बताए जवाब दिया। मैंने सोचा, इसे ठीक करना ज़्यादा मुश्किल नहीं होगा। इसलिए मैंने उसे उस ताकत के बारे में बताया जो उसे ठीक होने में मदद कर सकती है। उसे कोई दिलचस्पी नहीं थी। असल में, उसने अपनी आँखें बंद कर लीं, साफ़ तौर पर मना कर दिया। लेकिन इस मामले में मेरी गहरी पकड़ होने के कारण, मैं आसानी से हार मानने वाला नहीं था। "सुनो," मैंने आखिर में कहा, जिससे मेरे ज़ोरदार लहजे से उसकी आँखें खुल गईं। "अगर तुम मुझे वैसे ही कोशिश करने दोगे, जैसे मैंने तुम्हें बताया था, तो मैं वादा करता हूँ कि मैं इस मामले का

ज़िक्र फिर कभी नहीं करूँगा, चाहे मैं जीतूँ या हारूँ। अब कैसा रहेगा?" "ठीक है," उसने थके हुए और बिना किसी जोश के कहा।

इसके बाद उसने चादर खींची, और मुझे देखकर बहुत डर लगा कि उसका पेट गहरे खून के तालाब जैसा लग रहा था, जिस पर मुश्किल से एक पतली सी झिल्ली थी। मेरी निराशा देखकर उसने कहा, "आंतें फट गई हैं।" "वे मुझे लड़ाई के मैदान से ले जाना नहीं चाहते थे, लेकिन मैंने उनसे कहा कि उन्हें ले जाना होगा।" अगर कभी जीने की इच्छा थी तो वह यही थी! उसे महीनों तक नसों के ज़रिए खाना, दवाएँ और स्टिमुलेंट देकर ज़िंदा रखा गया था। अगर मैंने पहले उसका पेट देखा होता, जहाँ तक मुझे पता था, उसमें पेट या कोई और पाचन अंग नहीं था, तो मैं विश्वास की बात नहीं करता। लेकिन वह वहाँ था, और मैं उसे वापस नहीं ले सकता था। इसलिए मैंने अपने हाथ खून के इस लाल, खुले तालाब के दोनों तरफ़ रखे और एक पेट और बाकी सभी अंगों को एकदम सही देखा और भगवान से प्रार्थना की कि वह ऐसा कर दे।

जब मैं घर पहुँचा तो मैंने अपने जानने वाले हर ताकतवर प्रेयर ग्रुप को फ़ोन किया और "क्रिश्चियन अंडरग्राउंड" से मदद माँगी, जैसा कि एक दोस्त ने एक बार हैरानी में कहा था, क्योंकि उसे नहीं पता था कि पूरे देश में ऐसे लोग हैं जो मानते हैं कि जीसस आज भी ज़िंदा हैं और ठीक करते हैं और जो प्रार्थना की पुकार पर जवाब देंगे। और मैंने खुद फ्रेडरिक में एक चमत्कार होने के लिए प्रार्थना की। इसके लिए एक बहुत बड़ा चमत्कार चाहिए होगा। यह नॉर्मल ठीक होने की प्रक्रिया को तेज़ करने जैसा नहीं था। जीसस क्राइस्ट के ज़रिए भगवान के सीधे काम के अलावा कुछ भी ऐसा नहीं कर सकता था।

अगले हफ़्ते मैं डर और कांपते हुए उसके कमरे के पास से गुज़रा, लेकिन वह सो रहा था और मैं अंदर नहीं गया। एक हफ़्ते बाद, हमारी प्रार्थना के

दो हफ़्ते बाद, मैं फिर उसके कमरे के पास से गुज़रा। वह खाली था। वह अपने बिस्तर पर नहीं था। लेकिन बिस्तर का हिस्सा उखड़ गया था, उसका सामान बिखरा हुआ था, और दरवाज़े पर उसका नाम अभी भी लिखा था। मैं आखिर में कॉमन रूम में गया जहाँ व्हीलचेयर पर आदमी बैठे थे, लेकिन मैंने उसे नहीं देखा। कमरे के उस पार मेरी नज़र एक जवान, सुंदर, लाल चेहरे वाले आदमी पर पड़ी, जो उस बूढ़े बंदर से ज़रा भी नहीं मिलता-जुलता था जिसके लिए मैंने सेल में प्रार्थना की थी। इस जवान ने अपनी आँखों में चमक और एक जानी-पहचानी मुस्कान के साथ मुझे देखा, जल्द ही मैंने देखा कि उसमें थोड़ी सी समानता थी।

"तुम फ्रेडरिक नहीं हो सकते, है ना?" मैंने उससे पूछा। उसकी मुस्कान और चौड़ी हो गई। "हाँ मैडम, मैं हूँ," उसने कहा। अपना वादा याद करके, मैंने इस बारे में कुछ नहीं कहा, बस इतना कहा, "अब तुम क्या करने वाले हो?" "सोच रहा हूँ कि मैं साउथ अमेरिका जाकर नौकरी कर लूँगा," उसने जवाब दिया। "यह एक अच्छा आइडिया लगता है," मैंने कहा। "मेरा भाई वहाँ पहाड़ों में काम करता था। उसे यह पसंद था।" और मैंने अपनी गाड़ी की तरफ देखते हुए कहा, "एक सेब लो।" उसने एक सेब लिया, और मैं जाने के लिए मुड़ी।

उन्होंने एक बार फिर बात की, और मैंने पीछे मुड़कर देखा। "ठीक है, लेकिन मेरे पैर अभी भी सूज रहे हैं," उन्होंने कहा। "ऐसा इसलिए है क्योंकि उन्हें आपके खड़े होने की आदत नहीं है," मैंने जवाब दिया। "वे जल्द ही ठीक हो जाएंगे।" और हिम्मत बढ़ाने वाली इस बात के साथ मैं चला गया। अगले हफ़्ते वह अपने सेल में नहीं था। उसे छुट्टी दे दी गई थी और वह घर पर था। एक बार मेरी एक पादरी से थोड़ी बात हुई। मैंने फ्रेडरिक की कहानी सुनाई, क्योंकि मुझे पता था कि वह वार्ड 17 में आया था और उसने उस जवान आदमी को ज़रूर देखा होगा।

"क्या उसके साथ ऐसा हुआ?" वह हैरानी से चिल्लाया। उसने उस जवान आदमी के शरीर के ठीक होने की नहीं, बल्कि उसकी आत्मा के जागने की बात की। "जैसे ही वह बिस्तर से उठ पाया, वह मेरे रोज़मर्रा के कामों में लग गया," पादरी ने कहा। "उसे एक बाइबिल चाहिए थी। वह भगवान और जीसस क्राइस्ट के बारे में सब कुछ जानना चाहता था।" तीन महीने बाद, मुझे बहुत हैरानी हुई, जब मैं वार्ड 17 में उस सेल के पास से गुज़रा और दरवाज़े पर एक बार फिर फ्रेडरिक का नाम देखा। सेल के अंदर एक लंबा, हट्टा-कट्टा, हैंडसम जवान आदमी खड़ा था जो अटलांटिक सिटी के लाइफगार्ड जैसा दिखता था। "तुम नहीं हो सकते—" और उसने फिर कहा, "हाँ मैडम, मैं हूँ।" "तुम यहाँ क्या कर रहे हो?" "बस अपने नब्बे दिन के चेकअप के लिए आया था," उसने जवाब दिया। "मुझे येलो जॉन्डिस था, लेकिन अब सब ठीक है।"

मैंने उसे फिर कभी नहीं देखा। लेकिन मैं भगवान से प्रार्थना करता हूँ कि वह इस नौजवान को अपने चरागाह में धीरे-धीरे ले जाने का कोई रास्ता निकाले और उसे अविश्वासी चर्च के खतरनाक माहौल से बचाए। शायद फ्रेडरिक उन लोगों में से एक है जो सच बोलने की हिम्मत करता है, और चर्च के सोए हुए बड़े आदमी को एक नई ज़िंदगी देने में मदद करता है।

एग्नेस सैनफोर्ड की किताब "सील्ड ऑर्डर्स: द ऑटोबायोग्राफी ऑफ़ ए क्रिश्चियन मिस्टिक" का एक हिस्सा। ब्रिज-लोगोस पब्लिशर्स ने दिसंबर 1972 में पब्लिश किया।

जेम्स मूर हिकसन के ज़रिए उपचार

(रिपोर्टिंग का स्टाइल थोड़ा बढ़ा-चढ़ाकर बताया गया है, लेकिन तथ्य वही हैं...)

जेम्स मूर हिकसन के ज़रिए पेरिस में हीलिंग की रिपोर्ट

पेरिस की एक मशहूर एक्ट्रेस, जिसके सीने में एक परेशान लवर ने चोट पहुंचाई थी, जिससे उसने शादी करने से मना कर दिया था, उसने हीलर से अपने घावों को भरने और उस लगातार जलन वाले दर्द को दूर करने की गुज़ारिश की, जिसने उसके दिन बुरे और रातें तकलीफ़देह बना दी थीं।

लोग हांफते हुए उस मरहम लगाने वाले के काम का इंतज़ार कर रहे थे, वह धार्मिक आदमी जो ईसाई धर्म के सिद्धांतों का अक्षरशः पालन करना चाहता था। उस स्टेज की औरत के प्रति उसका क्या नज़रिया होगा जिसका पेशा 'बेकार लोगों को खुश करना' था?

"इस टेंशन भरे, दबे हुए जोश और एक अजीब सी खामोशी के बीच, मिस्टर हिकसन ने स्टेज की खूबसूरत फ़ेवरेट एक्ट्रेस पर हाथ रखा, जिसका चेहरा गार्डेनिया की पंखुड़ियों जितना सफ़ेद हो गया था, और प्रार्थना की! उन्होंने कोई सवाल नहीं पूछा, कोई हिम्मत नहीं दिखाई। उन्होंने बस उसकी स्पिरिचुअल मदद की गुज़ारिश मान ली और एक पीड़ित को उसकी ताकत और सेहत वापस पाने में मदद करने के लिए अपनी सारी ताकत लगा दी।

आखिरकार हाथ रखने का काम खत्म हुआ। प्रीचर और एक्ट्रेस एक-दूसरे के आमने-सामने थे। अचानक उस औरत ने हाई-नेक ड्रेस फाड़ दी जिससे गले के लगभग बीच तक पहुँच रहे ज़ख्म छुपे हुए थे। "पागल आदमी के चाकू से बेरहमी से किए गए वार अभी भी खुले थे, लेकिन अब वे लाल और गुस्से वाले नहीं दिख रहे थे! वे हल्के पड़ गए थे और उनमें ठीक होने के हर निशान दिख रहे थे। अब कहा जा रहा है कि एक्ट्रेस पूरी तरह ठीक हो गई है, और ये घाव, जो लगभग ग्यारह महीने से खुले थे,

मिस्टर हिकसन के इलाज के दो हफ़्ते के अंदर ठीक हो गए – कोई निशान नहीं छोड़ा।

एडवोकेट न्यूज़पेपर, बर्नी तस्मानिया से 22 जनवरी, 1929 को दोबारा छापा गया। हिकसन ऑस्ट्रेलिया में अपने 1923 के हीलिंग मिशन के लिए जाने जाते थे।

ओरेगन में मृतकों में से जी उठा

थॉमस एम. वेल्च की पूरी कहानी, जो 55 फीट की दूरी से गिरकर मर गए थे। उनकी बॉडी मिलने से पहले वे कम से कम तीन-चौथाई घंटे तक पानी के नीचे रहे। विश्वास की प्रार्थना से वे ज़िंदा हो गए और उसी हफ़्ते काम पर वापस आ गए! यह सच में 20वीं सदी के सबसे बड़े चमत्कारों में से एक है।

लिंक के लिए
http://www.healingandrevival.com/OregonMiracle.pdf

विलियम ब्रैनहैम के ज़रिए गठिया से ठीक हुए

पोर्टलैंड ओरेगन के जे.एच. गुंडरसन ने वॉयस ऑफ हीलिंग मैगज़ीन को यह गवाही भेजी। उन्होंने इसे मई 1948 में पब्लिश किया।

मुझे आर्थराइटिस था जो कई महीनों से हो रहा था। मैंने कई बार प्रार्थना की थी। तो मैं डॉक्टर के पास गई और उन्होंने कहा कि मेरी हालत बहुत खराब है, और यह सीधे जोड़ों में है। उन्होंने मेरी बाहों में 36 इंजेक्शन लगाए, लेकिन ज़्यादा आराम नहीं मिला। यह मेरी बाहों, पैरों और हर जोड़ में था। मेरी हालत बहुत खराब थी। मैं अपने हाथों को अपने मुंह से ऊपर नहीं उठा पाती थी और कपड़े पहनने से पहले मुझे बहुत देर तक

ज़मीन पर चलना पड़ता था। फिर मैंने अपने पति से कहा कि मैं डॉक्टर के पास जाना बंद कर दूंगी और इसके बजाय हर सुबह प्रार्थना सभा में जाऊंगी। फिर भी मुझे कोई आराम नहीं मिला।

मुझे भाई ब्रैनहैम का पता मिल गया, इसलिए मैंने एक रूमाल अभिषेक के लिए भेजा और प्रार्थना की। 29 दिसंबर की सुबह मैं उठा और सारा दर्द चला गया था। मैंने कपड़े पहने और किचन साफ करने चला गया। मैंने बर्तन और लकड़ी का काम धोया, मुझे ठीक लग रहा था।

तीन दिन बाद मुझे भाई ब्रैनहम से वह रूमाल मिला, और मैंने पोस्टमार्क देखा तो पता चला कि उस सुबह उन्होंने प्रार्थना की थी और मैं ठीक हो गया था। मैं अभी भी पूरी तरह से ठीक हूँ।

प्रार्थना के कपड़े से ठीक होना – चार्ल्स और फ्रांसिस हंटर

क्योंकि हम उन छोटे-छोटे कपड़े के टुकड़ों पर विश्वास करते हैं, जिन्हें हमने लगाया था, इसलिए जब हमने उन्हें भेजा तो बहुत से लोग ठीक हो गए!

सबसे मज़ेदार घटनाओं में से एक तब शुरू हुई जब हमें इंग्लैंड के फेल्सवर्थ में एक दादी का लेटर मिला। उन्होंने हमारी हीलिंग मिनिस्ट्री के बारे में सुना था और हमें एक लेटर लिखा था। उसमें, उन्होंने हमें अपने पोते के बारे में बताया जो जन्म से हिप डिफेक्ट के साथ-साथ हाइड्रोसेफलस (दिमाग में पानी की खराबी) के साथ पैदा हुआ था। हाइड्रोसेफलिक बच्चा शायद ही ज़्यादा समय तक ज़िंदा रहता है क्योंकि यह शरीर की एक बहुत गंभीर खराबी है, जो पूरी तरह से शैतान की वजह से है, और निश्चित रूप से भगवान ने नहीं दी है।

"अगर आप इंग्लैंड नहीं आ सकते," उसने लिखा, "तो क्या आप मुझे एक छोटा सा प्रार्थना का कपड़ा भेज देंगे?" इंग्लैंड ह्यूस्टन, टेक्सास से बहुत दूर है, इसलिए हमने और हमारे पूरे ऑफिस स्टाफ ने कपड़े के एक छोटे से टुकड़े पर हाथ रखा। हमने भगवान से प्रार्थना की कि वह अपनी हीलिंग पावर उसमें जाने दें, और उसके साथ, ताकि जब उसे बच्चे पर रखा जाए, तो कपड़े से फिर से ज़िंदा होने की पावर बच्चे के शरीर में चली जाए, और बच्चा भगवान की शक्ति से पूरी तरह ठीक हो जाए! हमने उस छोटे से कपड़े के टुकड़े पर प्रार्थना करते हुए अलौकिक विश्वास के साथ उसे उसके दिव्य भार पर भेज दिया। जब वह आया तो बच्चा सो रहा था, इसलिए दादी ने कपड़े का वह छोटा सा टुकड़ा लिया, उसे लपेटा और बच्चे के हाथ में रख दिया। यही उनका संपर्क बिंदु था!

दादी ने हमें लिखा और बताया कि जैसे ही छोटे से प्रार्थना के कपड़े ने बच्चे की मुट्ठी के अंदर के हिस्से को छुआ, खोपड़ी तुरंत नॉर्मल साइज़ में आ गई। उस बच्चे को अब हाइड्रोसिफेलस नहीं था। बच्चा भगवान की शक्ति से पूरी तरह और तुरंत सुपरनैचुरली ठीक हो गया!

उस इंग्लिश दादी को हमारा लेटर अटलांटिक महासागर पार करके जाना पड़ा। भले ही वह सिर्फ़ एक कागज़ के लिफ़ाफ़े में था, लेकिन भगवान का आशीर्वाद प्रार्थना के कपड़े पर बना रहा, जब वह ह्यूस्टन से, शायद न्यूयॉर्क, और फिर न्यूयॉर्क से लंदन और फिर एक दूसरे तरह के कैरियर पर लंदन से इंग्लैंड के फ़ेल्सवर्थ पहुँचा। भगवान की शक्ति अभी भी थी! शायद उस पर प्रार्थना करने और उस बच्चे के हाथ में देने के बीच एक हफ़्ता या दस दिन बीत गए, लेकिन शक्ति कम नहीं हुई थी! वह शक्ति उतनी ही मज़बूत थी जितनी तब थी जब हम प्रार्थना करते थे, और दादी का विश्वास भी उतना ही मज़बूत था!

दो हफ़्ते बाद वे इस बच्चे को वापस क्लिनिक ले गए जहाँ इसका पहले इलाज हुआ था, और जब डॉक्टर ने बच्चे के हिप्स का एक्स-रे किया, तो उन्हें दो एकदम सही हिप सॉकेट मिले। बच्चा बिना किसी हिप सॉकेट के पैदा हुआ था, और अब उसके दो थे! दादी ने बताया कि क्लिनिक के डॉक्टर ने कहा, "यह वही बच्चा नहीं है जिसका हम इलाज कर रहे थे। मेडिकल रिकॉर्ड दिखाते हैं कि बच्चे के हिप सॉकेट नहीं हैं। मेडिकल रिकॉर्ड दिखाते हैं कि बच्चे को हाइड्रोसेफेलस है। आप इसे किसलिए लाए थे? इसके दिमाग में पानी नहीं है और इसके दो हिप सॉकेट हैं।" हलेलुया!

चार्ल्स और फ्रांसेस हंटर की लिखी "हाउ टू हील द सिक" से लिया गया एक हिस्सा। वे भगवान के पास चले गए हैं, लेकिन उनकी बेटी जोन हंटर उनकी मिनिस्ट्री जारी रखे हुए है और उनकी ट्रेनिंग मटीरियल के साथ-साथ अपनी भी बेचती है। ज़्यादा जानकारी के लिए: www.joanhunter.org पर जाएं।

मरने के बाद आदमी स्वर्ग गया, लेकिन फिर से ज़िंदा हो गया

जिम एंडरसन को बहुत बड़ा हार्ट अटैक आया था। परेशानी के सिर्फ़ एक साल पहले ही लक्षण दिखे थे, लेकिन उनके डॉक्टर ने उनके लक्षणों को "स्ट्रेस से जुड़ा" बताया। जिम एक वेस्ट वॉटर ट्रीटमेंट प्लांट में सुपरवाइज़र के तौर पर 12 घंटे काम कर रहे थे। लेकिन इस बार, जिम को पता था कि यह सिर्फ़ स्ट्रेस से कहीं ज़्यादा था। जिम ने कहा, "मैं अपने बेडरूम में आराम कर रहा था और अचानक, मेरे सीने में बहुत तेज़ दर्द हुआ; और यह दर्द मेरे हाथ से नीचे गर्दन के साइड तक फैल गया।"

"मैं साँस नहीं ले पा रहा था। और मैंने अपनी बेटी को फ़ोन करके कहा, 'तुम्हें मुझे हॉस्पिटल ले जाना होगा। मैं बच नहीं पाऊँगा।'"

उनकी आर्टरी में एक बैलून कैथेटर डाला गया। उन्हें स्टेबल किया गया और हार्ट ट्रांसप्लांट लिस्ट में डाल दिया गया। लेकिन दो दिन बाद, जिम की हालत बिगड़ गई। जिम को याद है, "मैं सबको कमरे में भागते हुए देख सकता था, लेकिन मुझे अलार्म बजते हुए सुनाई नहीं दे रहे थे। ऐसा लग रहा था जैसे मैं पानी के नीचे चला गया हूँ। सुनने की शक्ति बस चली गई थी। तभी मैंने प्रार्थना करना शुरू किया। मुझे पता था कि मैं मर रहा हूँ। यह डरी हुई प्रार्थना नहीं थी। यह सच्ची प्रार्थना थी।"

जिम ने कहा, "जैसे-जैसे मैं प्रार्थना करता गया, अंधेरा होता गया और फिर अंधेरा हो गया।" "अगली चीज़ जो मुझे पता चली, वह थी दूर, मैंने एक सफ़ेद रोशनी देखी। यह सुंदर थी। यह बस अंधा करने वाली नहीं थी, बल्कि शुद्ध और परफेक्ट थी। जैसे ही मैंने रोशनी की ओर जाना शुरू किया, मैं बाहर देख सकता था; इसका बाहरी किनारा गोल होने लगा। और मैं समझ नहीं पा रहा था कि वह क्या था। लेकिन जैसे-जैसे मैं पास गया, मैं देख सकता था कि यह प्रार्थना के शब्द घूम रहे थे। शब्द टूट गए, रोशनी में चले गए। और मैं रोशनी के पीछे-पीछे चला गया।"

जिम ने कहा, "अगली चीज़ जो मुझे महसूस हुई, वह थी गले लगना... सुरक्षित और सिक्योर। यह बहुत अच्छा लगा। ऐसा लगा जैसे पूरा प्यार हो गया हो।" "अगली चीज़ जो मुझे पता चली, वह यह थी कि मैं उस कमरे में नीचे देख रहा था जहाँ मेरा शरीर था। मैं देख सकता था कि हर कोई मुझ पर काम कर रहा है। मैं सुन सकता था कि वे क्या कह रहे थे। कमरे के बाहर दो नर्सें अंदर देख रही थीं। एक ने दूसरी से कहा, 'वे इतनी मेहनत क्यों कर रहे हैं? वह चला गया है। अगर वे उसे वापस लाते हैं, तो

वह एक सब्ज़ी बन जाएगा।' मैंने बाद में उसे बताया कि उसने क्या कहा था। वह लगभग बेहोश हो गई थी।"

फिर जिम ने मन में सोचा, "डेबी कहाँ है?" फिर, तुरंत वह उस कमरे में था जहाँ वह थी। जिम की पत्नी, डेबी ने याद किया, "मैंने अभी-अभी वह प्रार्थना पूरी की थी। आप जानते हैं, 'वह आपका है, भगवान,' क्योंकि मुझे पता था कि यही एकमात्र तरीका था जिससे वह हमारे पास वापस आ सकता था…अगर भगवान चाहते थे।" जिम को याद आया, "जब उसने ऐसा किया, तो मैंने सीधे उसके चेहरे पर ज़ूम किया। और जब मैंने उसका चेहरा देखा, तो मैंने हमारी ज़िंदगी का हर पहलू देखा; पहले दिन से जब हम मिले थे, हमारी शादी, हमारे बच्चों का जन्म, वे सभी भावनाएँ जो हमने शेयर की थीं… मैं उसे छोड़ नहीं सकता था। मैं बस उसे छोड़ नहीं सकता था।" "मैंने भगवान से पुकारा और कहा, 'भगवान, मैं आपसे बहुत प्यार करता हूँ, लेकिन प्लीज़ मुझे वापस जाने दो।' मैंने कहा, 'मेरी पत्नी को मेरी ज़रूरत है, मेरे बच्चों को मेरी बहुत, बहुत ज़रूरत है। प्लीज़ मुझे वापस जाने दो।'"

डॉक्टरों और नर्सों ने हार नहीं मानी। उन्होंने जिम को इतने झटके दिए कि उसकी छाती का मांस जल गया। फिर डॉक्टरों ने दिल की धड़कन सुनी। जिम ने कहा, "मैं दर्द की दुनिया में वापस आया।" "उन्होंने मुझे कई बार झटके दिए। यह पानी से बाहर आने जैसा था। मेरी सुनने की शक्ति वापस आ गई। मैं उन्हें यह कहते हुए सुन सकता था, 'मुझे विश्वास नहीं हो रहा कि वह वापस आ गया है... वह वापस आ गया है!' उन्होंने कहा, 'क्या तुम मुझे सुन सकते हो?' और मैंने वह पहली सांस खुद ली। क्या तुमने कभी हनीसकल का स्वाद चखा है? पहली सांस का स्वाद बिल्कुल वैसा ही था। यह बहुत मीठा, बहुत बढ़िया था। और मैंने बस भगवान का शुक्रिया अदा किया।"

जिम ज़िंदा था... लेकिन उसका दिल अभी भी ठीक से काम नहीं कर रहा था। डेबी ने कहा, "उन्होंने उसे कोमा में डाल दिया, एक मेडिकल कोमा, ताकि उसका शरीर ठीक हो सके। इसलिए, मैं कई दिनों तक उससे बात नहीं कर पाई।" जिम ने अगले 17 दिन इंटेंसिव केयर में बिताए। वह कई बार और फ्लैट लाइन हो गया। और हर बार, जीसस ने उससे एक सवाल पूछा... जिम ने कहा, "इसके बाद जब भी मैं अरेस्ट होकर रोशनी की तरफ जाता, तो वह पूछते, 'क्या तुम्हें पक्का यही चाहिए?' और हर बार मैं वापस आने के लिए कहता।" जिम मेडिकल-इंड्यूस्ड कोमा से जागा। उसके दिल का काम बढ़ गया — पांच परसेंट से 30 परसेंट तक। उसे अब हार्ट ट्रांसप्लांट की ज़रूरत नहीं थी। डेबी ने कहा, "यह एक लंबा प्रोसेस था, लेकिन असल में उसकी आवाज़ फिर से सुनना अच्छा था।"

उनके डॉक्टर ने उनके सीने में पेस मेकर लगाया। बस कुछ ही दिनों बाद, जिम अपनी बेटी के ग्रेजुएशन के लिए समय पर घर पहुँच पाए। एक डॉक्टर ने जिम से कहा कि उनके पास जीने के लिए सिर्फ़ एक साल बचा है। यह सात साल से भी ज़्यादा पहले की बात है। डेबी ने कहा, “इसने हमें एक-दूसरे के और करीब ला दिया है... बहुत ज़्यादा करीब। अब हम चीज़ों के बारे में बात करते हैं, और दिन में जो भी करना होता है, वह हो जाता है। आप जानते हैं, हम छोटी-मोटी चीज़ों पर ध्यान नहीं देते।”

जिम जानते हैं कि उनके परिवार के साथ बिताया हर दिन जीसस क्राइस्ट का आशीर्वाद है। जिम ने कहा, “मैं हर दिन कम से कम एक व्यक्ति को गवाही देने की कोशिश करता हूँ… ताकि उन्हें पता चले कि यह मेरे बारे में नहीं है… यह उनकी ज़िंदगी के बारे में है! और यह जानने के लिए कि वह उनके लिए हैं, और वह उनसे प्यार करते हैं।”

सीबीएन गवाही से “स्वर्ग प्रतीक्षा कर सकता है।”

प्रोस्टेट कैंसर का उपचार

"मुझे 1 ½ साल पहले प्रोस्टेट कैंसर (एडवांस्ड स्टेज) का पता चला था। डॉक्टर के बताए हार्मोन थेरेपी प्रोग्राम से गुज़रने के बाद मेरा PSA 15.7 से कम होने के बाद बढ़कर 95 हो गया। मेरे पादरी ने मुझे हीलिंग रूम्स मिनिस्ट्री के बारे में बताया। हम ऑस्टिन हीलिंग रूम्स तक 90 मील का सफ़र करके गए, और प्रार्थना की, और मैंने भगवान की हीलिंग पावर का दावा किया। मुझे पता है कि भगवान ने उस रात मेरा कैंसर ठीक कर दिया। मैं अपने अगले डॉक्टर के अपॉइंटमेंट से पहले कई बार प्रार्थना के लिए वापस गया। अगली बार जब उन्होंने मेरा PSA चेक किया, तो यह 31.7 तक गिर गया था, और डॉक्टर को मेरा प्रोस्टेट ढूंढने में मुश्किल हुई क्योंकि यह बहुत सिकुड़ गया था। हमारे भगवान और बचाने वाले की आपकी मिनिस्ट्री के लिए ऑस्टिन हीलिंग रूम्स का धन्यवाद।"

यह गवाही इंटरनेशनल एसोसिएशन ऑफ़ हीलिंग रूम्स के ब्रूस की है, जिन्होंने ऑस्टिन हीलिंग रूम्स में प्रार्थना के बाद यह गवाही दी थी। IAHR के बारे में और जानना चाहते हैं? www.healingrooms.com

क्रिएटिव चमत्कार – एक बच्चे में नया दिल बना

तीन साल पहले, नॉर्मल प्रेग्नेंसी के बाद, जेमी ने अपने दूसरे बच्चे, ऑड्रे को जन्म दिया। पहली नज़र में बच्चा बिल्कुल हेल्दी लग रहा था, और वह और उनके पति टॉम एक बच्ची को पाकर बहुत खुश थे। लेकिन, डॉक्टरों को ऑड्रे को गुलाबी बनाए रखने में मुश्किल हो रही थी, इसलिए वे उसे नियोनेटल इंटेंसिव केयर यूनिट (NICU) में ले गए। वहाँ, डॉक्टरों ने पता लगाया कि बच्चे के दिल का एक हिस्सा गायब था और दिल से फेफड़ों तक जाने वाली कोई बड़ी आर्टरी नहीं थी। फिर बच्चे को शहर

के एक दूसरे हॉस्पिटल में ले जाया गया, जो अपनी बेहतरीन कार्डियक केयर के लिए जाना जाता है।

जेमी को याद है कि उसके अंदर एक गुस्सा उठ रहा था और उसे लगा कि पवित्र आत्मा उसे याद दिला रही है कि उसने एंड्रयू की शिक्षा से क्या सीखा था। अगली बार जब उसे बेबी ऑड्रे को देखने का मौका मिला, तो उसने उस पर हाथ रखा और ऑड्रे के दिल को वहीं रहने का हुक्म दिया, और उसके ऊपर 1 पीटर 2:24 बोला, "...जिनके कोड़ों से तुम ठीक हुई।" हालाँकि वह अपने छोटे, पीले बच्चे को देख रही थी, जो सिर से पैर तक घायल था, जेमी ने प्रार्थना करते हुए महसूस किया कि उस पर शांति छा गई है। जब वह उस शाम अपने हॉस्पिटल के कमरे में लौटी, तो जेमी ने पवित्र आत्मा को यह कहते सुना, "मुझे काम करते हुए देखो।" जेमी जानती थी कि उसकी शांति पिता के साथ उसके रिश्ते से आ रही थी—उन्हें जानने से, और उनके वचन से। "अगर मैं एंड्रयू की मिनिस्ट्री मिलने से पहले जिस चर्च में जाती थी, वहाँ जाती रहती, तो मुझे यह कभी पता नहीं चलता, क्योंकि उन्होंने कभी नहीं सिखाया कि भगवान आपका भला चाहते हैं।"

एक बार फिर पवित्र आत्मा के कहने पर, जेमी ने एंड्रयू वोमैक मिनिस्ट्रीज़ की हेल्पलाइन पर कॉल किया ताकि एक प्रेयर मिनिस्टर उससे प्रार्थना में सहमत हो सके। जब उसने मिनिस्टर को ऑड्रे के ठीक होने और सेहत के बारे में बात करते हुए सुना, तो उसका विश्वास और मज़बूत हो गया। उस दिन बाद में, जब स्पेशलिस्ट ने उसकी बच्ची के कम जीने की बुरी खबर दी, तो जेमी सच्चाई पर मज़बूती से खड़ी रही, यह जानते हुए कि उसके भगवान ने ये परेशानियाँ नहीं बनाई हैं, और उसने ऑड्रे को ठीक किया है।

अगली सुबह, जेमी ने अपने बच्चे की जाँच के लिए अस्पताल में फ़ोन किया और नर्स ने उसे बताया कि चीज़ें बदल गई हैं। रात में, कार्डियोलॉजिस्ट ने आने वाली सर्जरी की तैयारी के लिए ऑड्रे का एक और इकोग्राम किया। जेमी स्कॉट स्कॉट परिवार, जिसमें भाई जोश और विलियम भी शामिल हैं, जब उन्होंने इकोग्राम किया, तो उन्होंने देखा कि ऑड्रे का दिल पूरी तरह बन चुका था। जेमी ने आँसू बहाते हुए फ़ोन रखा और टॉम से कहा, "वे उसका दिल देख रहे हैं।" स्कॉट परिवार खुश हुआ, यह जानकर कि ऑड्रे के लिए डॉक्टरों ने नहीं, बल्कि भगवान ने कुछ किया था। "मुझे पता था कि मेरे भगवान वहाँ थे और उनका हाथ इसमें था, और उन्होंने उन्हें [नर्सों और डॉक्टरों को] दिखाया कि एक ऊँची शक्ति है।"

जब जेमी और टॉम नए टेस्ट रिज़ल्ट पर बात करने के लिए डॉक्टरों से मिले, तो उन्हें बताया गया कि उसके एओर्टा में अभी भी एक "क्रिंकल" है, और एक छोटी सी सर्जरी से यह समस्या ठीक हो जाएगी। लेकिन एक बार फिर, जेमी भगवान की बात पर अड़ी रही और उसने मन में सोचा, "मेरे भगवान कुछ भी आधा-अधूरा नहीं करेंगे, वह पूरी चीज़ पूरी करेंगे, और उसे सर्जरी की ज़रूरत नहीं पड़ेगी।" जेमी सही थी, और इसी अनुभव के दौरान उसे एहसास हुआ कि जो ज्ञान उसे मिला था, उसके ज़रिए भगवान को जानना बहुत कीमती था।

जेमी के ऑड्रे को जन्म देने के एक हफ़्ते बाद, वह अपनी खूबसूरत, बिल्कुल हेल्दी बच्ची को गोद में लेकर घर के दरवाज़े से अंदर आई। हॉस्पिटल में बिताए हफ़्ते के दौरान जेमी के मन में बार-बार यह बात आ रही थी, "मैं डर और हैरानी से बनी हूँ"। जेमी ने कहा, "वह कोई भी काम आधा-अधूरा नहीं करता। वह एक अच्छा भगवान और एक वफ़ादार पिता है।" आज, ऑड्रे एक हेल्दी, ज़िंदादिल तीन साल की बच्ची है।

यह एंड्रयू वोमैक की मिनिस्ट्रीज़ की ओर से एक गवाही है। और जानना चाहते हैं? www.awmi.net

मैट सोर्गर के ज़रिए क्रिएटिव चमत्कार

मैं वह पल कभी नहीं भूलूंगा जब 12 साल की लड़की ने पूरे स्टेडियम में चमत्कार होते हुए प्लेटफॉर्म पर कदम रखा। भगवान ने मुझे बहरे कानों के लिए प्रार्थना करने के लिए प्रेरित किया। जैसे ही भगवान की मौजूदगी और महिमा ने माहौल को भर दिया, जो कान सुन नहीं सकते थे वे अचानक खुलने लगे। जैसे ही गवाहियां सामने आईं, मेरी टीम एक छोटी लड़की को प्लेटफॉर्म पर ले आई। जब उन्होंने उसके लंबे भूरे बालों को पीछे किया तो मैं यह नज़ारा देखकर हैरान रह गया। वह बिना कानों के पैदा हुई थी। उसके सिर के किनारे बस छोटे-छोटे छेद थे। जैसे ही भगवान का आशीर्वाद उस पर आया, उसे अपने कानों में एक पॉपिंग की आवाज़ सुनाई दी। अचानक, जैसे ही भगवान ने एक क्रिएटिव चमत्कार किया, उसके सिर के अंदर कान के पर्दे बन गए और उसकी सुनने की शक्ति जीवन में पहली बार खुल गई। मुझे पता था कि चमत्कार का मुझसे कोई लेना-देना नहीं था। मेरा काम बस लोगों को पूजा में लीड करना था जब तक कि महिमा न आ जाए और फिर बाकी काम भगवान को करने देना था। उस रात मेक्सिको में हमने भगवान की शक्ति से कई लोगों को ठीक होते देखा, यहां तक कि कई अपाहिज भी।
मैट के बारे में और जानना चाहते हैं? www.mattsorger.com

रैंडी क्लार्क टीम – पैर दो इंच बढ़ गया

एक रात पहले पादरी एल्डा के चर्च में, मैंने एक आदमी को लंगड़ाते हुए चलते हुए देखा। उसके दाहिने जूते पर तीन इंच का प्लेटफॉर्म था, तो ज़ाहिर है कि वह पैर बाएं से छोटा था। जब मिनिस्ट्री का समय शुरू हुआ,

तो मैंने एक ट्रांसलेटर को पकड़ा और उसे ढूंढा। मैंने पूछा कि क्या मैं उसके पैर के बढ़ने के लिए प्रार्थना कर सकता हूँ और उसने हाँ कहा। प्रार्थना करने के पाँच मिनट के अंदर, उसके चेहरे पर दर्द का भाव आ गया। मैंने ट्रांसलेटर के ज़रिए पूछा कि क्या हो रहा है। उसने कहा, "दर्द हो रहा है!" मैंने पूछा कि क्या यह बहुत ज़्यादा चोट है। उसने कहा, "नहीं, यह बढ़ रहा है!" मिनिस्ट्री के पूरे समय में यह लगभग एक से डेढ़ इंच तक बढ़ गया। जब हम वहाँ से निकले तो मैं निराश हो गया क्योंकि यह पूरी तरह से ठीक नहीं हुआ था। अगली रात, शुक्रवार 07/08/05 को, वह फिर से वहाँ था, जूतों में लंगड़ाते हुए।

वह और प्रार्थना के लिए मेरे पास आया। हमने समस्या की जड़ तक जाने की कोशिश की। मुझे पता चला कि जब वह 8 महीने का था, तो एक लकड़ी की बेंच उसके कूल्हे के दाहिने हिस्से और दाहिने पैर के ऊपरी हिस्से पर गिर गई थी। सर्जरी के बाद, उसके फीमर और कूल्हे के सॉकेट के बीच कोई कार्टिलेज नहीं बचा था। जैसे-जैसे वह बड़ा हुआ, हड्डी के घिसने से वह पैर दूसरे से छोटा हो गया। वह दोनों पैर सीधे करके फर्श पर लेटा हुआ था। समस्या की जड़ जानकर, मैंने कार्टिलेज को बढ़ने का आदेश दिया। उसका दाहिना पैर अचानक 90-डिग्री के एंगल पर मुड़ गया।

उसने कहा, "मैं पहले ऐसा नहीं कर सकता था!" जब भी वह बैठता या खड़ा होता तो उसे दर्द होता था क्योंकि हड्डियाँ घिसती थीं और वह उसे ज़्यादा मोड़ नहीं पाता था। अब कोई दर्द नहीं था और उसमें पूरी फ्लेक्सिबिलिटी थी। फिर मैंने फीमर को बढ़ने और फैलने का आदेश दिया। उसके चेहरे पर दर्द दिखा और उसने कहा, "ऐसा लगता है जैसे भगवान अंदर हैं और एक टो ट्रक उसे खींच रहा है।" यह कुछ सेंटीमीटर तक बढ़ गया और उसने मुझसे प्रार्थना करना बंद करने को कहा। वह उठा और बिना किसी दर्द के और बिना अपने जूते उठाए चला गया। मैं

अभी भी निराश हूँ कि यह उसके बाएं पैर में भी नहीं था लेकिन उसने कहा कि उसे विश्वास है कि यह रात भर बढ़ता रहेगा। ऐसा हो या न हो, भगवान ने उसे नया कार्टिलेज दिया, दर्द दूर किया, और उसके पैर को लगभग 2 इंच बढ़ा दिया!

रैंडी क्लार्क मिनिस्ट्री टीम के माइकल क्लैंसी द्वारा 8 जुलाई, 2005 को रिपोर्ट किया गया
सैन पाउलो, ब्राज़ील की ग्लोबल अवेकनिंग ट्रिप से। 12 जुलाई की रिपोर्ट।
2005. उनकी अनुमति से इस्तेमाल किया गया।

एएच डैलिमोर – मार्गरेट मैकफर्सन का उपचार

नीचे दी गई गवाही दिलचस्प है क्योंकि यह एक ऐसी महिला की है जिसे विश्वास नहीं था
कि भगवान ठीक करते हैं और इसे एक ऐसे लेखक ने एक किताब में लिखा है जिसे विश्वास नहीं था
कि भगवान ठीक करते हैं और फिर भी...

मार्गरेट मैकफर्सन हर सर्दियों में कई हफ़्तों तक लूम्बेगो (एक ऐसी शिकायत जिसकी मेडिकल परिभाषा ठीक से पता नहीं है) की वजह से बेहोश हो जाती थीं।
1931 में इसी हालत में, वह डैलिमोर की एक मीटिंग में पहुँचीं। वह बहुत इम्प्रेस हुईं: वह कोई शोमैन नहीं थे। उन्होंने एक साधारण लाउंज सूट पहना था, कोई रोब नहीं। उन पर पूरी रोशनी पड़ रही थी। कोई धीमी धार्मिक धुन नहीं, कोई स्टेज इफ़ेक्ट नहीं। बस एक चीज़ बहुत खास और दिलचस्प थी। जैसे-जैसे सर्विस आगे बढ़ी, उनका ऑरा और भी चमकदार होता गया। मैं उन साइकिक लोगों में से नहीं हूँ जो नैचुरली

ऑरा देखते हैं। नहीं, यह एक असली चमक थी, जिसे मेरी पूरी पार्टी साफ़-साफ़ देख सकती थी। इसने उनके ऊपर बिजली के लैंप की सफ़ेद चमक को भी ढक दिया था', डैलिमोर ने उन्हें पहचान लिया – वह उनसे पहले ही सड़क पर मिल चुके थे – और उन्हें आगे बुलाया। 'इससे पहले कि मैं "चाकू!" कह पाती, उन्होंने मेरे माथे पर क्रॉस बना दिया था और मैं बाकी लोगों के साथ पीठ के बल लेटी हुई थी।' बाद में, हॉल से उठकर जाने के बाद, उसके पार्टी के एक सदस्य ने उससे पूछा कि वह क्यों गिर गई। उसका जवाब था, 'मैं उस आदमी के लिए प्यार और तहज़ीब की वजह से गई थी। मैं खड़े होकर उनका भरोसा नहीं तोड़ सकती थी: मैं बस नहीं कर सकती थी।' फिर उससे पूछने वाले ने कहा कि उसने अपनी कहानी बताते हुए एक बात नज़रअंदाज़ कर दी थी: 'मार्गरिट, तुम ठीक हो गई हो! तुम सड़क पर भाग गई थी! तुम्हारी छड़ी कहाँ है? तुमने उसे मीटिंग में छोड़ दिया था!' यह सच था। AH डैलिमोर (या यूँ कहें कि उसे जो ताकत मिली है) ने मुझे बीस साल से ज़्यादा पुराने लूम्बेगो से ठीक कर दिया था।'

लॉरी गाय की किताब *"मिरेकल्स, मसीहाज़ एंड द मीडिया: द मिनिस्ट्री ऑफ़ AH डैलिमोर इन ऑकलैंड इन द 1930s" का* एक हिस्सा।

मारिया वुडवर्थ-एटर – ट्यूमर से पीड़ित महिला का इलाज

मैं भगवान का शुक्रिया अदा करती हूँ कि उन्होंने सिस्टर वुडवर्थ को हमेशा शहर के दक्षिणी हिस्से में लाया, क्योंकि उनके उपदेश से मेरे पति की हड्डी टूटने से ठीक हो गई, और, भगवान का शुक्र है, मैं मन और शरीर दोनों से ठीक हो गई। मैं खोई हुई थी, लेकिन जीसस ने मुझे ढूंढ लिया। मैं बीमार थी, लेकिन जीसस ने मुझे ठीक कर दिया। याद रखें जीसस सब कुछ अच्छा करते हैं। "जीसस क्राइस्ट, कल, आज और हमेशा एक

जैसे हैं।" इब्रानियों 13:8 जब मैं वेदी पर गई तो मेरे बाईं ओर एक ट्यूमर था। यह नौ साल पहले मेरे गिरने से हुआ था। उस समय से मैं लगातार दुख, तकलीफ और बहुत दर्द में थी—कभी-कभी दूसरों से भी ज़्यादा। कोई भी मेरी तकलीफों को नहीं बता सकता।

मेरे घरवालों में से किसी को पता नहीं था कि मैं अक्सर अपनी जान लेने के बारे में कैसे सोचती थी, मेरी तकलीफ़ें इतनी ज़्यादा थीं। सिर्फ़ मेरे पति की दुआओं और मेहरबानी ने मुझे इससे बचाया। ट्यूमर के साथ-साथ मुझे कई और बीमारियाँ भी थीं – पेट के निचले अंगों से खून बहना, बवासीर, खून थूकना और गठिया। तीन साल पहले मैं अपने पैरों में सूजन वाले गठिया की वजह से पूरी तरह से लाचार हो गई थी, फिर मेरे बाएँ हाथ और हाथ में भी। हमने इस शहर और दूसरी जगहों पर कई दुनियावी डॉक्टरों को दिखाया, लेकिन कोई फ़ायदा नहीं हुआ, क्योंकि बस थोड़ी सी राहत मिली। डॉक्टरों ने कहा कि ऑपरेशन से भी मुझे कोई फ़ायदा नहीं होगा। तब हमें पता चला कि दुनिया में मेरे लिए कोई मदद नहीं है , सिवाय एक धीमी, देर तक चलने वाली मौत के, शायद महीनों या सालों तक, लेकिन आख़िरकार यह मेरी जान ले लेगी। हालाँकि मैं तब उठकर चल-फिर सकती थी, मैं दुनिया के सामने अपना दर्द और दुख छिपा सकती थी, लेकिन ओह, वे रातें मेरे लिए कितनी दुख भरी और लंबी होती थीं।

मैं वह दिन कभी नहीं भूलूंगा जब मैं 10 अगस्त 1893 को वेदी पर गया था। मैं एक गरीब, दुखी पापी था। मैंने अपने सारे पाप, और यह बीमार, अपाहिज शरीर विनम्रता से जीसस के चरणों में रख दिया। जीसस ने अपनी प्यार भरी दया और रहम से मुझ जैसे दुखी बेचारे पर नज़र डाली, और तुरंत मैं पूरी तरह से ठीक हो गया, आत्मा और शरीर दोनों से। कौन खुश नहीं होगा और भगवान की तारीफ़ नहीं करेगा, यह आशीर्वाद भरा भरोसा पाकर कि जीसस मेरे हैं, और दर्द और तकलीफ़ एक पल में दूर

हो जाए? ओह, मैं बच्चों पर उनकी कोमल दया के लिए भगवान का कितना शुक्रिया अदा करता हूं। मुझे उम्मीद है और मैं प्रार्थना करता हूं कि यह गवाही कई पाप-ग्रस्त आत्माओं को जीसस के चरणों में लाएगी। भगवान सिस्टर वुडवर्थ और उनके साथ काम करने वालों को आशीर्वाद दें, चाहे वे कहीं भी हों। भगवान भाई स्पाइहर को भी आशीर्वाद दें। मेरे लिए प्रार्थना करें कि मैं वफ़ादार बना रहूं।
मसीह में तुम्हारा।
श्रीमती एम. फाल्केनराथ
सेंट लुइस, मिसौरी

एल्डर एचएच स्पिहर द्वारा लिखित "द वर्ल्ड्स फिजिशियन, क्राइस्ट द लॉर्ड" से लिया गया अंश।
एल्डर HH स्पिहर चर्च ऑफ़ गॉड (वाइनब्रेनर) के पादरी थे, जिन्होंने मारिया वुडवर्थ को कम से कम दो बार अपनी इवेंजेलिस्टिक मीटिंग्स से बाहर चर्च बनाने में मदद की थी।

TW Ratana (माओरी हीलर) – फैनी लैम्मास का उपचार

जो कई हीलिंग पब्लिश हुईं, उनमें से दो ऐसी थीं जिन पर कुछ चर्चों ने काफ़ी ध्यान दिया। इन हीलिंग ने कई लीडर्स और मंडलियों पर असर डाला, जिन्होंने डिवाइन हीलिंग की मिनिस्ट्री के बारे में गहराई से और प्रार्थना के साथ सोचा। पहला मामला नेल्सन में बैपटिस्ट चर्च की मेंबर मिस एफ. लैमस का था।

मिस लैमस 19 साल तक सिर से पैर तक स्टील के फ्रेम में बंद रहीं और इस दौरान उन्हें सबसे अच्छी मेडिकल केयर मिली। 1921 में उन्होंने रतना को लिखा और उनका जवाब मिलने के बाद उन्होंने लंबे समय तक प्रार्थना की। इस तरह लगे रहने के दौरान भगवान की शक्ति ने उन्हें बिना किसी

मदद के बैठने, खड़े होने और फिर चलने में मदद की। जो भी उन्हें जानते थे, वे हैरान रह गए। उनके अपने लोकल डॉक्टर ने कन्फर्म किया कि वह ठीक हो गई हैं। मिस लैमस ने ठीक होने की अपनी कहानी शेयर करने का बीड़ा उठाया और ठीक होने के सिर्फ़ छह महीने बाद ही 6 महीने ट्रैवलिंग की, ऑकलैंड के टैबरनेकल सहित कई बैपटिस्ट चर्चों में गईं, भगवान की ठीक करने की शक्ति के बारे में बताया और डिवाइन हीलिंग की टीचिंग में उनकी दिलचस्पी बढ़ाई।

उनके ठीक होने की कहानी पूरी तरह से रेव. जोसेफ केम्प को बताई गई, जिन्होंने उनकी गवाही एक शानदार बुकलेट में छापी, जिसके चार एडिशन निकले, पहला एडिशन छपने के तीन हफ़्ते बाद ही बिक गया।

असल में ठीक होने तक की घटनाओं के बारे में उन्होंने बताया: "मेरे डॉक्टर ने मुझे कंसल्टेशन का नतीजा बताया और कहा कि कुछ नहीं किया जा सकता। मेरी तो उम्मीद ही खत्म हो गई थी। मैंने उनसे पूछा कि क्या उन्होंने रतना नाम के चमत्कारी आदमी के बारे में सुना है। उन्होंने कहा, "बस थोड़ा सा।" फिर मैंने उन्हें उस अद्भुत आदमी और उसके अद्भुत इलाज के बारे में बताया और उन्हें पढ़ने के लिए पेपर दिए। वह मेरे बिस्तर के पास बैठे और उन्होंने सब पढ़ लिया। वह इतने इम्प्रेस हुए कि आखिर में उन्होंने मुझसे लिखने के लिए कहा।

उन्होंने कहा कि अगर मुझमें इतना विश्वास है कि मैं यकीन कर सकूँ, तो उन्हें समझ नहीं आता कि मैं भी ठीक क्यों नहीं हो सकता ... मैं इतना कमज़ोर था कि कलम भी नहीं पकड़ सकता था, फिर भी मैं धीरे-धीरे रतना को अपनी बात बताते हुए लिख पाया... मैंने तब तक कुछ और नहीं किया जब तक मुझे एक हफ़्ते बाद रतना का जवाब नहीं मिला। उन्होंने मुझसे कहा कि मैं पूरे दिल और आत्मा से प्रभु यीशु मसीह पर

और उनकी ठीक करने की शक्ति पर विश्वास करूँ, पूरे मन से और बिना थके प्रार्थना करूँ, और अपनी प्रार्थनाएँ दोहराऊँ। उन्होंने कहा कि वह मेरे लिए भी प्रार्थना करेंगे।

उन्होंने एक लाइन कोट की — "तुम भगवान और पैसे दोनों की सेवा नहीं कर सकते।" यह वैसा लेटर नहीं था जैसा मैंने सोचा था, लेकिन जितना ज़्यादा मैंने इसे पढ़ा, उतना ही मुझे लगा कि इसमें कुछ और है। मैंने अपना हिस्सा करने का तय किया, इसलिए लगभग पूरा दिन सच्चे मन से प्रार्थना में बिताया। जब भी मैं अकेला होता, मैं हर पल प्रार्थना करता, पूरे दिल और आत्मा से प्रार्थना करता, जब तक कि मैं प्रार्थना में तड़प नहीं उठता... रात हुई और मुझे पहले से भी ज़्यादा बुरा लगा। मैं इतनी ईमानदारी से प्रार्थना करते-करते इतना थक गया था कि मैंने बस भगवान से कहा कि यह उनका काम है और मैंने इसे पूरी तरह से उन पर छोड़ दिया।

फिर मैं सो गया। हर बार जब मैं उठता, तो प्रार्थना करता और अगली सुबह जल्दी ही मैंने फिर से बोझ उठा लिया क्योंकि मैंने अपना काम करने का पक्का इरादा कर लिया था। यह जानकर अच्छा लगा कि मीलों दूर रतना मेरे लिए प्रार्थना कर रही थी। मैंने बहुत ज़्यादा प्रार्थना की, बहुत दर्द से उससे विनती की कि वह मुझे ठीक कर दे। आखिरी कुछ शब्द मुझे अच्छी तरह याद हैं। "हे भगवान, आप महान हैं, सर्वशक्तिमान हैं; सबसे ताकतवर हैं। आप सब कुछ कर सकते हैं। ओह, अगर आपकी मर्ज़ी हो तो मुझे अभी भी ठीक कर दें।"

अचानक एक बड़ा चमत्कार हुआ। मुझमें जान और ताकत भर गई। बहुत कमज़ोरी और बीमारी के एहसास से मैं तुरंत मज़बूत और ठीक हो गया। यह बदलाव इतना ज़बरदस्त था कि मैं बिना दर्द और बिना सहारे के बिस्तर पर उठ गया!! मैंने अपने पैर बिस्तर से बाहर रखे और ताकत के

लिए प्रार्थना करते हुए मैं खड़ा हुआ और पूरी आसानी और आज़ादी से चलने लगा। मुझे चक्कर भी नहीं आ रहा था। मुझे तुरंत पता चल गया कि मैं सच में ठीक हो गया हूँ; जैसे जीसस क्राइस्ट ने धरती पर रहते हुए लोगों को ठीक किया था, वैसे ही उन्होंने मुझे भी ठीक किया। एक बच्चे की तरह कमज़ोर और एकदम कंकाल होने के बावजूद, जब मुझमें वह बड़ी शक्ति आई तो मुझे बिल्कुल ठीक महसूस हुआ। मैंने इस अद्भुत काम का समय रिकॉर्ड करने के लिए अपनी घड़ी देखी। 24 फरवरी, 1921 को ठीक 5.30 बजे थे। यह सब लिखने के लिए बहुत ही अद्भुत है, शब्द कभी भी इतनी अद्भुत चीज़ के बारे में नहीं बता सकते या कलम से नहीं लिखा जा सकता।

यह रतना का लेटर मिलने के ठीक उन्नीस घंटे बाद हुआ। मैंने तुरंत भगवान को मुझ पर उनकी अद्भुत अच्छाई के लिए धन्यवाद दिया और उनकी तारीफ़ की। "फिर दरवाज़े तक जाकर मैंने अपने माता-पिता को फ़ोन किया कि मैं ठीक हो गया हूँ। वे उठे और खुशी और शुक्रगुज़ारी से मुस्कुराते हुए जल्दी से अंदर आ गए। जब तक मैं ज़िंदा हूँ, मैं उनके प्यारे चमकते चेहरों को कभी नहीं भूलूंगा... सबसे ताकतवर इंसान, भले ही वह पूरी तरह से सेहतमंद हो, अगर वह लगभग एक साल तक पीठ के बल लेटा भी रहा हो, तो भी वह बिना चक्कर और कमज़ोरी के उठकर चल नहीं सकता था क्योंकि यह कुदरत के नियमों के ख़िलाफ़ है। फिर भी, भले ही मैं उस कभी न भूलने वाले पल तक मौत के दरवाज़े पर था, मैं तुरंत इतना ठीक हो गया कि सिर्फ़ यही दिखाता है कि यह कितना बड़ा चमत्कार था।'

रेव. जेई वर्स्फोल्ड की लिखी

"न्यूज़ीलैंड में करिश्माई आंदोलनों का इतिहास" से लिया गया अंश।

ओरिजिनल अकाउंट रेव. जोसेफ केम्प की *लिखी "मैं कैसे ठीक हुआ, न्यूजीलैंड का चमत्कार" के तौर पर पब्लिश हुआ*। 1921

एफएफ बोसवर्थ – एक रात में छह बहरे बच्चों का इलाज

इलिनोइस के छोटे से शहर रोशेल के छह आम तौर पर समझदार नौजवान आज सुबह बैपटिस्ट चर्च के बेसमेंट में एक स्पेशल क्लास में बैठे और अपनी टीचर के बताए आसान शब्दों को बार-बार दोहराया। उन्होंने उनसे कहा कि जल्द ही वे पूरी अल्फाबेट जान जाएंगे और बात कर पाएंगे।

क्लास में दो लड़कियों और चार लड़कों के दिमाग या शरीर में कोई दिक्कत नहीं है। लेकिन एक महीने पहले वे बोल नहीं सकते थे और सुन नहीं सकते थे। वे जन्म से ही बहरे थे, एक ही परिवार में चार।

पिछले महीने, शहर के एक पुराने चर्च मेंबर, ह्यूस्टन के घर गए और कहा कि अगर उन चार बहरे बच्चों में विश्वास हो तो भगवान उन्हें ठीक कर देंगे। शिकागो में रेव. FF बोसवर्थ गॉस्पेल टैबरनेकल में उपदेश दे रहे हैं। उन्होंने आगे कहा कि इस आदमी के उनके लिए प्रार्थना करने के बाद हज़ारों बीमार लोग ठीक हो गए हैं। बच्चों को शिकागो क्यों नहीं भेजते?

ह्यूस्टन के चार बच्चों और दो और को शिकागो भेजा गया। एक रात टैबरनेकल में सर्विस के दौरान वे प्लेटफॉर्म पर गए, जब पास्टर बोसवर्थ ने पूछा कि क्या कोई बीमार या कमज़ोर है जिसके लिए प्रार्थना की जाए। उन्होंने बताया कि उस रात सभी छह बच्चों को तुरंत ठीक कर दिया गया। अगले दिन रोशेल में चर्च के बेसमेंट में उनकी क्लास जारी रही,

लेकिन टीचर और स्टूडेंट्स को एक एजुकेशनल क्रांति का सामना करना पड़ा।
लॉस एंजिल्स टाइम्स, 6 मई, 1928 का अंश।

मस्कुलर डिस्ट्रॉफी से मुक्ति

मुझे यंगस्टाउन के एक हॉस्पिटल से मस्कुलर डिस्ट्रॉफी नाम की एक गंभीर बीमारी के कारण छुट्टी मिली। डॉक्टरों ने मेरे केस को बेकार माना। एक साल बाद मैं नॉर्मल और हेल्दी हूँ। जहाँ एक साल पहले मैं पानी का गिलास भी नहीं उठा पाती थी, वहीं आज मैं आठ कमरों वाले घर, पति और दो छोटे बच्चों की देखभाल कर रही हूँ। सिर्फ़ जीसस ही मेरी हालत में यह चमत्कारी बदलाव ला सकते हैं।

मेरी परेशानी 1956 की गर्मियों में शुरू हुई जब मुझे लगा कि मैं बहुत थक गई हूँ। हम एक नए घर में जा रहे थे तो मुझे लगा कि शायद इसी वजह से मैं हर समय इतनी थकी हुई महसूस करती हूँ। फिर मुझे पता चला कि मेरा दूसरा बच्चा होने वाला है। मैं और ज़्यादा थकने लगी। लगभग तीसरे महीने में मेरा बैलेंस बिगड़ने लगा। मैं बहुत आसानी से और बहुत बार गिर जाती थी। मैं बच्चे को लेकर काफी परेशान थी लेकिन भगवान ने मुझे अंदर से भरोसा दिलाया कि बच्चा ठीक हो जाएगा।

अगले कुछ महीनों में मैं बहुत कमज़ोर हो गई। मैं आलू छील नहीं पाती थी, दूध का एक क्वार्ट भी नहीं उठा पाती थी, और खुद को खाना भी नहीं खिला पाती थी। गिरने से बचने के लिए मुझे अकड़े हुए पैरों से चलना पड़ता था। मेरे डॉक्टर मेरी हालत देखकर हैरान थे लेकिन प्रेग्नेंसी की वजह से मैं ज़रूरी जांच नहीं करवा पाई। भगवान की मदद से मैंने एक छोटी बच्ची को जन्म दिया। वह एक हेल्दी बच्ची थी। वह 20 जून, 1957 को पैदा हुई, और डॉक्टर ने मुझे हॉस्पिटल से छुट्टी दे दी, यह उम्मीद

करते हुए कि मुझे आगे कोई परेशानी नहीं होगी। लेकिन, मेरी ताकत फिर से कम होने लगी। मेरी हालत तेज़ी से और खराब होती गई जब तक कि मैं बच्चे को उठा या बदल नहीं पाती थी। मैं सेफ्टी पिन भी नहीं खोल या बंद नहीं कर पाती थी। हर दिन किसी और को उसे कपड़े पहनाने पड़ते थे। मुझसे व्हीलचेयर इस्तेमाल करने के लिए कहा गया लेकिन मैंने मना कर दिया, क्योंकि मेरे लिए प्रार्थना की गई थी और मुझे भगवान पर भरोसा था कि वह मुझे ठीक कर देंगे। मैं कभी-कभी थोड़ा चल लेती थी, बस एक बार में कुछ कदम। लेकिन मैं हर दिन ज़्यादातर समय कुर्सी पर ही रहती थी।

उन दिनों मैं अपनी बाइबल नहीं पकड़ पाता था, इसलिए जब भी मेरे पादरी, भाई रॉय आर्मस्ट्रांग मुझसे मिलने आते थे, तो मैं बहुत खुश होता था। वह ज़ोर से बाइबल पढ़ते थे और मैं पवित्र आत्मा से कहता था कि वह मुझे वह सब कुछ याद रखने में मदद करे जो उन्होंने मुझे पढ़कर सुनाया था। जुलाई में मैं तेज़ी से कमज़ोर होता जा रहा था और मुझे पता था कि अगर प्रभु कोई चमत्कार नहीं करते तो मैं ज़्यादा दिन नहीं जी पाऊँगा। मसल्स इतनी खराब हो गईं कि मांस मेरी हड्डियों पर ऐसे लटकने लगा जैसे रस्सी पर कपड़ा लटका हो। मैं अपना खाना नहीं खा पा रहा था या कई तरह से अपना ख्याल नहीं रख पा रहा था। मुझे हॉस्पिटल में भर्ती कराया गया और तेरह दिनों तक मेरे लैब टेस्ट हुए। हॉस्पिटल में रहते हुए मैं बहुत परेशान हो गया था। मैंने प्रभु से कहा कि मुझे पता है कि मेरे ठीक होने की कोई उम्मीद नहीं है। मैंने उनसे कहा कि मैं उन पर भरोसा कर रहा हूँ कि वह मुझे ठीक कर देंगे, और मैंने उनसे कहा कि वह कृपा करके वहीं और अभी ठीक करने का काम शुरू कर दें।

तो मैंने भगवान के वादों को साबित करना शुरू किया। पहले तो मैं हॉस्पिटल में लेटे हुए अपना हाथ अपने चेहरे के ऊपर भी नहीं रख पाता था, लेकिन हर सुबह मैं प्रार्थना करता और अपना हाथ वहाँ रखने की

कोशिश करता। पाँच दिनों के अंदर मैं उसे कंट्रोल करने और अपना चेहरा छूने में कामयाब हो गया। इससे मुझे यह विश्वास करने में हिम्मत मिली कि भगवान प्रार्थना सुन रहे हैं और मुझे कोई डर नहीं है।

10 अगस्त, 1957 को, डॉक्टर ने मेरे पति को बताया कि मुझे बहुत एडवांस्ड टाइप की मस्कुलर डिस्ट्रॉफी है और कहा कि इससे शायद मौत हो जाएगी। वे मुझे घर ले आए और मुझे जितना हो सके उतना आराम दिया, यह सोचकर कि यह बस कुछ ही समय की बात है। डॉक्टर को इस बात का ज़रा भी अंदाज़ा नहीं था कि मुझमें कितनी ज़बरदस्त हीलिंग पावर पहले से ही अपना असर दिखाना शुरू कर रही थी। जैसे-जैसे दिन बीतते गए, मैंने अपने शरीर की जितनी हो सके उतनी एक्सरसाइज़ की और धीरे-धीरे मेरी ताकत वापस आ गई। हर बार जब मैं हिलती थी, तो विश्वास की प्रार्थना करती थी। मैंने कुछ कदम उठाए। मैंने अपने किचन की अलमारी के दरवाज़े खोलने शुरू किए। मैं दराज खोलने और चांदी के बर्तन निकालने में कामयाब रही।

मैं बस आगे बढ़ती गई, भगवान पर भरोसा करते हुए कि वे मेरी मदद करेंगे; और ओह, मुझे बहुत शांति और खुशी मिली जब मैंने देखा कि क्या हो रहा है। मौत के बजाय भगवान मुझे नई ज़िंदगी, नई ताकत, नई उम्मीद दे रहे थे। कभी-कभी मैं निराश हो जाती थी, क्योंकि यह सोचना मुश्किल था कि मैं अभी भी अपने बच्चों की देखभाल नहीं कर पा रही हूँ। मैंने भगवान के वचन के वादों पर भरोसा किया और अपनी आत्मा के दुश्मन से लड़ी। मैंने भगवान से कहा कि मुझे फिर से बच्चों की देखभाल करने दें, भले ही उस समय यह नामुमकिन लग रहा था। मैं अभी भी सेफ्टी पिन नहीं लगा पा रही थी। लेकिन मैं बाइबिल पढ़ती रही और मुझे उसमें हिम्मत देने वाली बहुत सी बातें मिलीं।

भगवान की जय हो! पाँच हफ़्तों के अंदर मैं बच्चे को बिस्तर से उठाकर पालने तक ले जाने लगी। मैं उसे नहला सकती थी, उसके पिन लगा सकती थी, और खुद कपड़े पहन सकती थी। मैं खुशी से पागल हो रही थी। धीरे-धीरे मैंने कपड़े धोना, इस्त्री करना, घर का काम करना और थोड़ा खाना बनाना शुरू कर दिया। ऐसा लग रहा था कि जितना ज़्यादा मैं करती थी, भगवान मुझे उतना ही ज़्यादा करने में मदद कर रहे थे। 1958 की गर्मियों तक मैं लगभग नॉर्मल हो गई थी। यह विश्वास की लगातार लड़ाई थी लेकिन भगवान मुझे जीत दिला रहे थे। मैंने चर्च में गवाही दी कि मैं लगभग पूरी तरह ठीक हो गई हूँ लेकिन कहा कि मैं अभी भी दौड़ नहीं सकती और ऊँची एड़ी के जूते नहीं पहन सकती। मैंने कहा कि भगवान मेरी मदद करते रहेंगे और मेरी मसल्स पूरी तरह से डेवलप हो जाएँगी। दो महीने बाद मैं काफी अच्छी तरह दौड़ने लगी और ऊँची एड़ी के जूते पहनने लगी।

आज, जब मुझे मरने के लिए घर भेजा गया था, उसके एक साल बाद, मैं सेहतमंद हूँ और इस बात से खुश हूँ कि यीशु न सिर्फ़ हमें पाप से बचा सकते हैं, बल्कि वे हमारे शरीर को भी ठीक कर सकते हैं, चाहे हमारी हालत कितनी भी लाइलाज क्यों न लगे।

16 नवंबर, 1958 को "पेंटेकोस्टल इवेंजल" में श्रीमती हॉवर्ड फाउलर द्वारा दी गई गवाही।

रोलांड और हेइडी बेकर – ओपन हेवन ओवर काबो डेलगाडो

मुस्लिम नेता मान रहे हैं कि मोज़ाम्बिक के तट पर बसा यह सबसे उत्तरी प्रांत, जिसे कभी मिशनरी "पहुँच से दूर" मानते थे, अब ईसाइयों से छिन

रहा है। पोर्ट शहर पेम्बा में सबसे बड़ी ज़मीन पर हमारे बेस और मिशन स्कूल के डेवलपमेंट से बड़ी हलचल मच गई है। पवित्र आत्मा की शक्ति के साथ-साथ गॉस्पेल पूरे गाँवों में फैल रहा है।

यह कैसे होता है? यहाँ एक उदाहरण है। फेलिटो उटुई, एक 22 साल का इवेंजेलिस्ट जिसे हमने प्रभु में पाला-पोसा है, एक गाँव के मुस्लिम मुखिया से आउटरीच के लिए परमिशन लेने की कोशिश कर रहा था। मुखिया ने बार-बार मना कर दिया। फेलिटो ने उससे कहा कि यीशु बीमारों को ठीक कर देंगे। आखिर में, मुखिया ने पूछा, "अगर तुम आओगे, तो क्या मैं यह होते देखूंगा?" "हाँ!" फेलिटो ने सीधे जवाब दिया। तो मुखिया अपने गाँव में एक मीटिंग के लिए मान गया।

आउटरीच की रात, मीटिंग बहुत शांत, खुले माहौल में शुरू हुई, कुछ ऐसी सभाओं से अलग जहाँ हमें शुरू में ज़ोरदार शैतानी रुकावटों का सामना करना पड़ता है। फेलिटो ने शुद्ध, सरल गॉस्पेल का प्रचार किया और पूछा, "कौन जानता है कि उसे बचाने वाले की ज़रूरत है?" अंधेरे में आवाज़ें आईं, "मुझे माफ़ी चाहिए! मुझे माफ़ी चाहिए!" जब लोग बचाने की गुहार लगा रहे थे और प्रार्थना करने के लिए आगे बढ़ रहे थे, तो बहुत शोर हुआ। फिर फेलिटो ने घोषणा की कि वह और उनकी टीम बीमारों के लिए प्रार्थना करेंगे। एक के बाद एक ठीक होने लगे। एक माँ अपने आठ साल के बहरे बेटे को लेकर आई, और वह तुरंत ठीक हो गया।

फेलिटो ने चीफ से पूछा, "क्या तुम देख रहे हो?" चीफ ने तुरंत माइक्रोफोन मांगा और अपने लोगों से कहा, "यह सच है! कोई भी इंसान ऐसा नहीं कर सकता! सिर्फ भगवान ही ऐसा कर सकते हैं! और बीमारों को लाओ! सभी बीमारों को लाओ!" एक आदमी अपनी छोटी 7 साल की बेटी को लाया जो पूरी तरह अंधी थी। उसने प्रार्थना सुनी, और उसके पिता ने उससे ज़ोर देकर पूछा, "क्या तुम देख रही हो?" और फिर जब

उसकी बेटी ने देखा और ज़िंदगी में पहली बार उसका चेहरा देखा तो उसके चेहरे पर आंसू बहने लगे! और उस रात ठीक होने का सिलसिला जारी रहा।

पिछले पूरे साल हमारे आउटरीच से अक्सर ऐसे ही नतीजे मिले हैं। हम लंबा प्रचार नहीं करते या मुश्किल नहीं बनाते। लोग सीधे विश्वास से जवाब देते हैं, और जैसे ही वे देखते हैं कि जीसस असली हैं और उन्हें चमत्कार से छूएंगे, वे उन्हें चाहते हैं! वे मुक्ति चाहते हैं, वे एक चर्च चाहते हैं, वे एक पादरी चाहते हैं, अभी! उनके मुखिया हमसे विनती करते हैं, "हमें मत छोड़ो! तुम हमें ऐसे नहीं छोड़ सकते! हमने ऐसे चमत्कार कभी नहीं देखे!"

तुम्हें वापस आकर हमें सिखाना होगा!" हेइडी को खास तौर पर बहरे, अंधे और लंगड़े लोगों के लिए एक खास अभिषेक मिला है, और वह लगभग हर आउटरीच में उन्हें ठीक होते हुए देखती है। एक बार उसने देर रात एक अपाहिज और अंधे आदमी के लिए प्रार्थना की जो तुरंत ठीक नहीं हुआ था। लेकिन उसने गाँव वालों से कहा कि जैसे ही वह ठीक हो जाए, उसे बताने के लिए एक रनर भेज दें। तो अगले दिन वह शहर के एक अच्छे मुस्लिम दोस्त और जाने-माने बिज़नेसमैन के साथ थी, जब एक रनर हाँफते हुए दौड़ता हुआ उनकी कार की खिड़की तक आया। "वह ठीक हो गया है! वह चल और देख सकता है!" रनर ने उसे बताने के लिए अभी सात घंटे दौड़े थे... आँसू और हैरानी में, हमारी मुस्लिम दोस्त चिल्लाई, "मेरे लिए प्रार्थना करो! मेरे लिए अभी प्रार्थना करो!"

आइरिस मिनिस्ट्रीज़ न्यूज़लेटर की रिपोर्ट, यह मिनिस्ट्री रोलांड और हेइडी ने शुरू की थी
बेकर, 14 सितंबर, 2005. और पढ़ना चाहते हैं? उनकी वेबसाइट पर जाएँ: www.irismin.org

रैंडी क्लार्क टीम – जन्म से अपाहिज लड़का ठीक हुआ

एक माँ अपने 5 साल के बेटे को भारत के गुंटूर में मीटिंग में लाई। वह जन्म से ही अपाहिज था। उसका हाथ और बाँह पैरालाइज़्ड थे। उसकी उंगलियाँ पूरी तरह से अकड़ गई थीं और 45-डिग्री के एंगल पर पीछे की ओर मुड़ी हुई थीं। जैसे ही मैं उसके पास घुटनों के बल बैठा, पवित्र आत्मा ने इस बच्चे के लिए मेरे दिल में बहुत दया भर दी। उसका हाथ पूरी तरह से ढीला था और उसका हाथ पैरालाइज़्ड होकर अकड़ा हुआ था। लगभग 5 मिनट तक प्रार्थना करते हुए उसका हाथ पकड़ने के बाद, उसकी छोटी उंगली में फड़कन हुई। मैंने प्रार्थना करते हुए कई बांर रुककर उसके ठीक होने की प्रोग्रेस देखी। मेरा भी लगभग इसी उम्र का एक छोटा बेटा है और भगवान मुझसे कहते रहे कि मैं ऐसे प्रार्थना करूँ जैसे वह मेरा बेटा हो। इस बच्चे की आँखों में देखकर मेरी आँखों में आँसू आ गए।

प्रभु ने उसकी बांह, हाथ और उंगलियों को पूरी तरह से ठीक कर दिया।
26 जनवरी, 2005 को रैंडी क्लार्क मिनिस्ट्री टीम के कैरी क्रैमर द्वारा रिपोर्ट किया गया।
31 जनवरी, 2006 की ग्लोबल अवेकनिंग रिपोर्ट से। उनकी अनुमति से इस्तेमाल किया गया।

एथेल विलिट्स – विकृत लड़की ठीक हुई

मेरा परिवार 1938 में अक्रोन, OH में एथेल आर. विलिट्स की हीलिंग सर्विसेज़ में गया था। मिसेज़ विलिट्स एक बहुत बड़े पोर्टेबल प्लाईवुड टैबरनेकल में सर्विसेज़ कर रही थीं। मीटिंग हर रात और रविवार दोपहर को होती थीं। बिल्डिंग आमतौर पर भरी रहती थी। हर मीटिंग में दर्जनों एम्बुलेंस टैबरनेकल के किनारे आकर रुकती थीं और बिल्डिंग के सामने

डबल लाइन में स्ट्रेचर उतारती थीं। हर सर्विस में लोग ठीक होकर घर जाते थे। मिसेज़ विलिट्स एक टीचिंग सेशन करती थीं, जिसमें लोगों को हीलिंग पाने और हीलिंग सर्विस से पहले जीसस क्राइस्ट को अपनी ज़िंदगी में लाने के बारे में बताती थीं। फिर वह हर मीटिंग में बीमारों के लिए प्रार्थना करती थीं। स्पीकर के पीछे, टैबरनेकल की सामने की दीवार पर क्रच और ब्रेसेस लगे थे।

एक बहुत बढ़िया इलाज जो हमने खुद महसूस किया, वह एक छोटी बच्ची का था जिसका चेहरा खराब था। उसकी ठुड्डी दिख नहीं रही थी, गर्दन के पिछले हिस्से में एक गांठ थी और दोनों हाथ और पैर कटे हुए थे। उसे प्रार्थना के लिए आगे ले जाया गया और वह तुरंत ठीक हो गई। भीड़ की वजह से हम उसे उस रात नहीं देख पाए, लेकिन अगली रात हम उसके और उसके माता-पिता के पीछे बैठे थे। छोटी बच्ची की उभरी हुई ठुड्डी के चारों ओर एक बोनट था और गर्दन के पिछले हिस्से में कोई गांठ नहीं थी। वह अपने छोटे हाथों से अपने पैरों से खेल रही थी। वह जीसस क्राइस्ट की शक्ति से पूरी तरह ठीक हो गई और पूरी तरह ठीक हो गई।

पॉल चिडेस्टर की पर्सनल गवाही। उनकी इजाज़त से इस्तेमाल किया गया।

स्टीफन जेफरीस – एक अपाहिज महिला जब एक सभा में यीशु को देखती है तो ठीक हो जाती है

बहुत ज़्यादा तकलीफ़ भरी ज़िंदगी के बाद इसका क्या मतलब है, यह बताने के लिए शब्द नहीं मिलते। बचपन से ही मैं हमेशा बीमार रहता था, कभी भी पूरा साल बिना बिस्तर पर पड़े नहीं रहता था। फिर, 1900 में, अपनी शादी से कुछ दिन पहले, मैंने एक मशीन उठाने में मदद की, जिससे मुझे अंदर से चोट लग गई। शादी के सिर्फ़ पाँच हफ़्ते बाद, इसकी वजह

से मैं दस हफ़्ते के लिए बिस्तर पर पड़ा रहा, फिर मैं फिर से चलने-फिरने लगा, लेकिन कमोबेश हर समय दर्द में रहता था। यह सालों तक चलता रहा, कभी-कभी मैं चल-फिर पाता था, लेकिन ज़्यादातर बिस्तर पर। 1906 की गर्मियों में हम डॉनकास्टर के पास थॉर्न नाम की जगह पर रह रहे थे (हम पहले भी थॉर्न नाम की जगह पर रह चुके थे, जहाँ मेरा कम से कम छह डॉक्टरों से इलाज चल रहा था, साथ ही मैं अस्पताल में आउटपेशेंट भी था, और मुझे बार-बार कहा गया कि कुछ नहीं किया जा सकता)।

थॉर्न में मुझे मेनिनजाइटिस हो गया था और मैं कई हफ़्तों तक मौत के बहुत करीब था। मेरे ठीक होने के लिए वहाँ के पैरिश चर्च में भी प्रार्थनाएँ की गईं। भगवान ने हमें जो एक बच्चा दिया है, उसके लिए भगवान ने कई प्रार्थनाएँ सुनीं, मेरी जान बच गई, लेकिन मुझे काला चश्मा पहनने के लिए मजबूर होना पड़ा; आँखों की नसें इतनी प्रभावित हो गई थीं कि रोशनी से मुझे बहुत ज़्यादा उल्टी आती थी – जिसे डॉक्टर ब्रेन सिकनेस कहते थे। इसके कुछ महीने बाद पीटरबरो जाने पर, वहाँ मेरे दोस्तों ने मुझे अपने डॉक्टर से सलाह लेने के लिए कहा, साथ ही पीटरबरो इन्फ़र्मरी में भी, क्योंकि मेरी ज़िंदगी एक लंबी पीड़ा थी। अगर मुझे जीसस से मिलने वाले आराम और शांति के बारे में कुछ पता न होता, तो मैं कभी जी नहीं पाता और न ही टिक पाता। ओह, कैल्वरी के आदमी, हमदर्दी रखने वाले जीसस की तारीफ़ हो, जिन्होंने मेरी आध्यात्मिक आँखें खोलीं, और मुझे एक उद्धारकर्ता की ज़रूरत दिखाई; और हालाँकि इक्कीस साल की उम्र में उन्हें स्वीकार करने का मतलब था कि मुझे घर से निकाल दिया गया। हालेलुयाह! वह मुझे पूरी तरह से संतुष्ट करते हैं।

पीटरबरो के डॉक्टर ने पूरी जांच के बाद, पिछले डॉक्टरों की बात को सही साबित किया, कोई इलाज नहीं; नतीजा यह था, दिल की बीमारी, फेफड़ों की दिक्कत, असल में, उन्होंने मेरे दोस्त से अकेले में कहा कि मैं

पूरी तरह से बीमार हूँ, मेरे शरीर का कोई भी अंग ठीक नहीं है, कैंसर है, आंतों में हल्का सा मरोड़ है। उन्होंने यह कहकर बात खत्म की कि मेरा अंदर का हिस्सा सड़े हुए स्पंज जैसा है और अगर मैं बच गया तो मैं पूरी तरह अंधा हो जाऊंगा, और फिर भी, यीशु की जय हो, मुझे अब चश्मे की बिल्कुल भी ज़रूरत नहीं है। मैं पूरी तरह से ठीक हूँ। मैं उनके प्यारे नाम की तारीफ करता हूँ। ओह हालेलुया, प्रभु ने मेरे लिए जो किया है, उसके लिए। मैं उनकी तारीफ करना कभी बंद नहीं करूँगा! 1910 में, हम यहाँ ग्रिम्सबी आए (मेरे पति रेलवे में काम करते हैं)।

मैं 26 दिसंबर को यहाँ आई थी, बहुत दर्द में, रोज़ की तरह चल-फिर पा रही थी, 5 अप्रैल, 1911 तक, जब मुझे फिर से बिस्तर पर जाना पड़ा। जब डॉक्टर आए तो उन्होंने कहा कि ज़्यादा से ज़्यादा दो हफ़्ते में मेरी मौत हो जाएगी। मेरी हालत इतनी खराब थी कि उन्हें नहीं लगा कि मैं दो हफ़्ते भी जी पाऊँगी, और फिर भी हफ़्ते, महीने, हाँ, और साल भी बीत गए, हमेशा बिस्तर पर, और ओह, कितना दर्द होता था, भले ही मेरे पास दर्द कम करने के लिए मॉर्फिया थी, इतनी बढ़ती डोज़ में कि कुछ लोग जो इसकी मात्रा जानते हैं, वे हैरान हैं कि दवा की कोई तलब नहीं है। उसकी तारीफ़ करो, जो कमाल करता है! बार-बार मेरे पति को बुलाया गया है, अगर वह मुझे ज़िंदा देखना चाहते हैं तो तुरंत ड्यूटी छोड़ दें। मैं मरने के इतने करीब थी कि औरतें मेरे शरीर को दफ़नाने के लिए घर में आ गईं; दो बार जगह में आग लग गई और मैं बेबस हो गई और अगर बाहर से मदद न मिलती तो जलकर मर जाती।

पहले तीन साल जब मैं लेटी रही, तो मैं कभी घर से बाहर नहीं निकली। चौथी गर्मियों में बाहर जाने की इतनी ज़्यादा इच्छा होती थी कि मेरे पति ने एक खास गाड़ी किराए पर ली (क्योंकि मुझे लेटना पड़ता था, इसलिए बाथ चेयर का कोई फ़ायदा नहीं था)। अगली गर्मियों में हमने हल में एक गाड़ी बनवाई, और इसलिए मुझे बाहर ले जाया गया, बस किचन में मेरे

बिस्तर से उठाकर स्पाइनल गाड़ी के बिस्तर पर लिटा दिया गया। बाद वाली गाड़ी को मेरे बिस्तर के पास लाया गया। मैंने कभी कपड़े नहीं पहने, असल में मैंने अपने सारे कपड़े और जूते उतार दिए, यह सोचकर कि मुझे फिर कभी उनकी ज़रूरत नहीं पड़ेगी। तो साल बीतते गए, और, हालाँकि मैं जीसस को जानती थी, मुझे लगता था कि यह उनकी मर्ज़ी है कि मैं दुख उठाऊँ और बस हमेशा की कृपा और सब्र के लिए प्रार्थना करती थी। ओह, मैं कितनी अंधी थी, यह सोचने के लिए कि यह उनकी मर्ज़ी है कि
उसके बच्चे को तकलीफ़ पहुँचाओ।

भगवान की स्तुति करो, मुक्ति मिल गई। मेरे पति ने लंदन में ठीक होने के कुछ मामलों के बारे में पढ़ा,
उनके एक सेवक, पास्टर स्टीफन जेफरीस की सेवा के ज़रिए। हमने प्रार्थना की कि अगर मेरे लिए कोई आशीर्वाद है तो वह अपने मैसेंजर को ग्रिम्सबी ले आएं। वह आए, और एक सर्विस में रहने और लाइफ इन जीसस के अद्भुत शब्दों को सुनने के बाद, मैंने प्रभु से मुझे गाइड करने के लिए कहा। उन्होंने मुझे जेम्स v, 14,15 की ओर भेजा। अगली सर्विस में मैं
मौजूद। मैंने उनकी बात मानी; प्रभु के नाम पर मुझ पर तेल लगाया गया। उस समय मुझे एक अद्भुत तेल लगा, लेकिन मैं ठीक नहीं हुआ। हलेलुयाह, जवाब दो हफ़्ते बाद आया, 5 मार्च, 1922 को, दोपहर करीब 3.30 बजे। वह, जो जी उठे हैं, शक्ति के साथ आए और मुझे गाड़ी से उठा लिया। उनके प्यारे नाम की जय हो! दो हफ़्ते का इंतज़ार उनके दिए गए विश्वास को कम नहीं कर सका; मुझे पता था कि वह मुझे निराश नहीं करेंगे।

28 फरवरी को मैंने अपने पति से मेरे लिए कुछ जूते खरीदने को कहा, मुझे पूरा यकीन था कि वह वफादार हैं, हालांकि मेरे पैर लगभग ग्यारह

साल से ज़मीन पर नहीं पड़े थे। जीसस की जय हो! उन्होंने मुझे उम्मीद दी। शुक्रवार रात, 3 मार्च को, दर्द बहुत भयानक था; ऐसा लग रहा था जैसे शैतान जानता था कि इस नश्वर शरीर में उसका समय कम है। यह बहुत तकलीफ़देह था, और फिर भी उस रात प्रभु ने मुझे यह दिखाया कि मॉर्फिया को जाना ही होगा। मैं चाहती थी कि जीसस की बड़ाई हो, और इसलिए मैंने कहा, "हाँ, प्रभु, भले ही इसका मतलब मौत हो, मैं आपकी हूँ, मेरे साथ जैसा आप चाहें वैसा करें। कृपया मुझे अपनी आत्मा दें ताकि मैं आपके प्रति सच्ची रहूँ।"

शुक्रवार से रविवार दोपहर तक – घंटे लंबे थे, दुश्मन के साथ लड़ाई, मॉर्फिया के साथ थोड़ी आसानी पाने की कोशिश, बहुत मुश्किल थी, लेकिन वह मेरे लिए बीच-बचाव कर रहा था और मुझे जीत दिलाई। जब मुझे फ्रीमैन स्ट्रीट के पुराने हार्बर ऑफ़ रिफ्यूज में ले जाया गया, जहाँ मीटिंग हो रही थी, तो मैं पहले से कहीं ज़्यादा दुख और लाचार था, लेकिन भगवान का शुक्र है कि मीटिंग के दौरान, जो एक टेस्टीमोनी मीटिंग थी, मैंने यीशु को देखा, जो कैल्वरी का कीमती आदमी था।

वह खड़ा होकर देख रहा था, उसकी आँखों में बहुत प्यार और दया थी; फिर ऐसा लगा जैसे मेरे नीचे मज़बूत हाथ रखे गए हों, और मुझे ऊपर और ऊपर उठाया गया, जब तक मुझे लगा कि मैं स्वर्ग पहुँच गया हूँ, फिर मुझे उतनी ही धीरे से नीचे उतारा गया, और मैंने देखा कि मैं अभी भी मीटिंग में था, और फिर भी हवा की तरह हल्का महसूस कर रहा था। ओह खुशी, ओह खुशी, जैसे ही मुझे एहसास हुआ कि हीलर खुद आया था और नई ज़िंदगी लाया था, एक असली फिर से ज़िंदा होने वाली ज़िंदगी, जहाँ सिर्फ़ एक जीती-जागती मौत थी। उसके नाम पर, मैं गाड़ी से उठा, आँखों में आँसू और हाथ ऊपर उठाए हॉल में घूमा, जबकि लोग बार-बार गा रहे थे, "यीशु के नाम की शक्ति की जय हो!" हालेलुया! हालेलुया! किसी इंसान के हाथ ने मुझे नहीं छुआ। जब वह आया, तो

पादरी और वर्कर प्लेटफॉर्म पर थे। यह यीशु था, मेरा बचाने वाला, जिसने मुझमें यह बदलाव किया। मैं चाहता हूँ कि दूसरे उसे जानें और उसकी ज़िंदगी पाएँ। यह हीलिंग नहीं है, यह खुद हीलर है, जो ज़िंदगी और सेहत, और एनर्जी लाता है।

ग्रिम्सबी और दूसरी जगहों पर सैकड़ों लोगों ने मुझे सालों तक पहियों पर घूमते देखा है, मैं एक लाश जैसा दिखता था। अब वे मुझे सड़कों पर चलते, घर के काम करते, यहाँ तक कि खुद कपड़े धोते हुए देखते हैं। यह सब यीशु की वजह से है। मैं सब कुछ उनका एहसानमंद हूँ। डॉक्टर और नर्स, रेलवे में काम करने वाले लोग, पुलिसवाले और दूसरे लोग, यह देखकर हैरान रह जाते हैं, हालाँकि वे समझ नहीं पाते, कि यह कितना शानदार बदलाव आया है। दस साल और ग्यारह महीने तक मैं बिस्तर पर पड़ा एक लाचार इंसान था।

अब मैं ज़िंदगी से भरा हुआ हूँ, मीलों चल सकता हूँ, मेरी सेहत पहले से कहीं ज़्यादा अच्छी है। यह सब मेरे लिए कलवारी में खरीदा गया था, और अब जीसस ने मुझे पूरा दिया है, होली घोस्ट में बैप्टिज़म, दूसरी भाषाओं में बोलना, यह सब उनकी बड़ाई के लिए है। ओह, मेरा दिल उनसे इतना भरा हुआ है। मैं चाहता हूँ कि सिर्फ़ उनकी बड़ाई हो। मैं तो बस एक पापी हूँ जो उनकी अद्भुत कृपा से बचा है। मेरी जगह उनके अनमोल खून बहते पैरों के पास है। मैं चाहता हूँ कि दूसरे भी उन सभी चीज़ों में आएँ जो वह देना चाहते हैं। ज़िंदगी, ओह कितनी अलग है। मैं बस उनके आने का इंतज़ार कर रहा हूँ और उम्मीद कर रहा हूँ, अनमोल, दयालु पवित्र जीसस, मेरे दिल के धन्य दूल्हे। फिर भी, जल्दी आओ, प्रभु जीसस।

मैं यहाँ कहना चाहूँगी कि डॉक्टरों का कहना है कि बीमारी का कोई निशान नहीं बचा है। मैं बावन साल की उम्र में बिना चश्मे के देख सकती

हूँ, पढ़ सकती हूँ और सिलाई कर सकती हूँ। यीशु की जय हो! ओह उनकी तारीफ़ करो। मैं उनकी तारीफ़ करती हूँ! हालेलुया! – मिसेज़ बी. ऑल्टोफ़्ट, 6 स्टैनस्टेड स्ट्रीट, ग्रिम्सबी

एग्नेस एडम्स द्वारा लिखित "स्टीफन जेफ्रीज़" से अंश

रेमंड टी. रिची – एक्सट्रीम वॉर डैमेज हील्ड

तेज़ बुखार की वजह से, ह्यूस्टन, टेक्सास के रहने वाले LC DeWeese, जो अमेरिकन एक्सपेडिशनरी फोर्सेज़ की फर्स्ट आर्मी कोर के थे, को 13 नवंबर को आर्गन फॉरेस्ट से बाहर निकाला गया, यानी युद्धविराम पर साइन होने के दो दिन बाद। उन्हें एक हॉस्पिटल से दूसरे हॉस्पिटल ले जाया गया, जहाँ काबिल डॉक्टरों और सर्जनों ने महीनों तक मेहनत की, आखिर में केस को बेकार घोषित कर दिया। उन्होंने मरीज़ को हॉस्पिटल में इंटर्न्स को मौत का इंतज़ार करने के लिए सौंप दिया, एक सर्टिफिकेट पहले ही जारी किया जा चुका था। जब उन्हें पहले हॉस्पिटल ले जाया गया तो इस सैनिक को उल्टी हो रही थी और बहुत दर्द हो रहा था। इस हॉस्पिटल से उन्हें विची के बेस हॉस्पिटल 119 में ले जाया गया, जिसे सरकार इस मशहूर पानी की जगह पर चलाती थी। यहाँ वे कई महीने रहे, उनकी हालत और खराब होती गई। यहाँ से उन्हें यूनाइटेड स्टेट्स भेजे जाने के लिए बोर्डो भेज दिया गया।

वह लगभग लगातार बिस्तर पर ही रहते थे, उनकी हालत इतनी खराब थी कि वे अपनी टीम में वापस नहीं आ सकते थे। आखिर में वे न्यूयॉर्क पहुँचे और उन्हें डेबार्केशन हॉस्पिटल नंबर 3 में ले जाया गया। वहाँ से उन्हें जेफरसन बैरक, सेंट लुइस, मो. के बेस हॉस्पिटल में ले जाया गया। यहाँ एक्स-रे तस्वीरें ली गईं, जिससे पता चला कि पेट खा लिया गया था, और स्पंज जैसा दिख रहा था। इसके बाद, 8 मई, 1919 को एक

ऑपरेशन किया गया। इस ऑपरेशन के दौरान अपेंडिक्स, आंतों का एक बड़ा हिस्सा और पेट का एक हिस्सा निकाल दिया गया। यह ऑपरेशन इतना गंभीर था कि शरीर से जान निकल गई और नब्ज इतनी धीमी हो गई कि डॉक्टर नब्ज या सांस का पता नहीं लगा पा रहे थे, और किडनी ने काम करना बंद कर दिया, सारा पानी सूख गया और सीने से नीचे दर्द होने लगा। अब यह साफ हो गया था कि मामला बेकार है और डेथ सर्टिफिकेट जारी कर दिया गया।

इस कोमा जैसी हालत से ज़िंदगी की एक बहुत हल्की सी चिंगारी दिखने लगी और मरीज़ में जान आने लगी। डेवीज़ ने कहा, "अब, जिस भगवान को मैंने ठुकरा दिया था, वह मुझसे बात करने लगे, जबकि घर पर लोग प्रार्थना कर रहे थे कि मेरी जान बच जाए। इलाज कर रहे डॉक्टरों ने माना कि वे अपनी काबिलियत की हद तक पहुँच चुके हैं। बाकी सब भगवान ही करेंगे। हॉस्पिटल छोड़ने लायक हालत में सुधार होने के बाद, मैंने आयोवा स्टेट कॉलेज, एम्स, आयोवा में वोकेशनल ट्रेनिंग ली। लेकिन यहाँ तीन हफ़्ते बिताने के बाद, मुझे फिर से हॉस्पिटल लौटना पड़ा। फिर मैं डेस मोइनेस, आयोवा चला गया। यहाँ मुझे एक और ऑपरेशन करवाना पड़ा। चीरा लगाने के बाद डॉक्टरों ने कहा कि वे और नहीं कर सकते, और उन्होंने मुझे सिल दिया। मुझे बताया गया कि उन्होंने अपनी तरफ से पूरी कोशिश की है और अब बस कुछ ही समय में मौत मुझे ले जाएगी। मैं हॉस्पिटल से घर चला गया, जहाँ मुझे मरना था।"

"जब मैं ह्यूस्टन में था, मैंने ओल्ड-टाइम रिवाइवल और प्रार्थना के जवाब में होने वाली अद्भुत चंगाई के बारे में सुना। मैंने बैठक में भाग लिया और इंजीलवादी रेमंड टी. रिची को सुना, और बैठकों में दिलचस्पी लेने लगा। यहाँ मुझे अपने पापों का अहसास हुआ और मैंने अपना जीवन भगवान को सौंप दिया। कुछ रातों बाद मेरे लिए प्रार्थना की गई और चमत्कारिक रूप से मैं ठीक हो गया। मेरी ऊंचाई पाँच फुट ग्यारह इंच है, और मेरा

वजन इतना कम हो गया था कि मेरा वजन एक सौ पाउंड से अधिक नहीं रह गया था। अब मेरा वजन लगभग दो सौ पाउंड है, मैं अच्छा खाता हूँ, और एकदम स्वस्थ हूँ। अपनी बीमारी के दौरान मुझे स्थायी विकलांगता के आधार पर स्कूल जाने से हमेशा के लिए रोक दिया गया था, चिकित्सक ने कहा था कि मैं फिर कभी अपनी पढ़ाई फिर से शुरू नहीं कर पाऊँगा। यूनाइटेड स्टेट्स वेटरन ब्यूरो वोकेशनल ट्रेनिंग बोर्ड ने मुझे क्लास "डी" का दर्जा दिया था।

एलोइस मे रिची की किताब "व्हाट गॉड हैथ रॉट" से लिया गया अंश

स्मिथ विगल्सवर्थ – नर्स अपंग करने वाली बीमारी से ठीक हो गई

NSW के नारेम्बर्न की मिस एच. टॉड ने गवाही दी: "सिडनी में नर्स का काम करते हुए मेरा एक गंभीर एक्सीडेंट हुआ, जिसमें मेरे घुटने की हड्डी टूट गई और अंदर का कार्टिलेज खिसक गया, जिससे साइनोवाइटिस और आर्थराइटिस (क्रोनिक) हो गया। सिडनी और ऑरेंज दोनों जगह मेरे पास सबसे अच्छी मेडिकल स्किल थी, लेकिन कोई पक्का आराम नहीं मिला। मैं बस थोड़ी देर के लिए उठती और फिर वापस बिस्तर पर चली जाती, और ऐसा ही अठारह महीनों तक चलता रहा; और वे महीने लंबे और थकाने वाले थे, खासकर जब, लगभग चौदह महीनों के बाद, मेरे दूसरे पैर की मांसपेशियों के फाइबर फट गए, जिससे मुझे छह हफ़्ते तक लेटे रहना पड़ा। कभी-कभी दर्द बहुत तेज़ होता था। मैं सच में बीमार पड़ गई थी और मेरे दोबारा अपना काम शुरू करने की कोई उम्मीद नहीं थी। वैसे पूरी तरह से स्वस्थ होने के बावजूद, दोनों पैरों के बिना भविष्य की ओर देखना, दूसरों पर निर्भर रहना और अपनी देखभाल करना मुश्किल था।

“मैं कितना अंधा था, क्योंकि ऑरेंज में अमान्य होने के बाद से मैं ऐसे लोगों के बीच रहता था जो विश्वास करते थे और मुझे दिव्य उपचार की पवित्र शिक्षा सुनाने की कोशिश करते थे, लेकिन मैं अलग तरह से सोचता था। सच में बाइबिल ने बीते दिनों की अद्भुत चीजों के बारे में बताया था, लेकिन मेरे लिए वे दिन चले गए थे और अब चीजें अलग थीं। इवेंजेलिस्ट स्मिथ विगल्सवर्थ के बारे में बहुत बातें होती थीं, लेकिन मुझे कोई दिलचस्पी नहीं थी। इवेंजेलिस्ट के अपना मिशन शुरू करने के बाद, जो सिर्फ पांच दिनों तक चलने वाला था, मेरे भाई ने, दूसरों के साथ मिलकर, मुझे दिव्य उपचार पर पवित्र शास्त्रों की शिक्षा की सच्चाई के बारे में बहुत यकीन दिलाने वाले तरीके से बताया, और हालांकि मैं तब तक इसके खिलाफ था, मैं फिर से अपनी बाइबिल के पास गया और, उड़ाऊ बेटे की तरह, अपने अंत में, मैं भी यह कहने के लिए प्रेरित हुआ, 'मैं उठूंगा और अपने पिता के पास जाऊंगा।' और, प्यारे प्रभु की तारीफ़ हो, उन्होंने मुझे क्या-क्या आशीर्वाद देने के लिए रखे थे। मैं कई सालों से ईसाई था, लेकिन उनकी आवाज़ सुनने और उनसे अपनी आँखों का अभिषेक करवाने से पहले मुझे जगाया जाना पड़ा। धर्मग्रंथ पढ़ते समय मैं इन शब्दों से हैरान रह गया, 'एक बात मैं जानता हूँ, कि जब मैं अंधा था, अब मैं देखता हूँ।' जॉन 9:25. यह बात शुक्रवार और शनिवार पूरे दिन मेरे दिमाग में घूमती रही; साथ ही भगवान की बातें, 'मैं प्रभु हूँ, बदलता नहीं।' ये धर्मग्रंथ मुझे इतने लगातार याद आते रहे कि मैंने उस रात प्रार्थना के लिए मिशन पर जाने का मन बना लिया।

“मेरे एक पैर में स्टील और लेदर का एक उपकरण था जो घुटने के जोड़ को लॉक होने और दबने से बचाता था, जिससे बहुत दर्द होता था, और दूसरे पैर पर टाइट पट्टियाँ बंधी थीं। बैसाखी की मदद से मैं मीटिंग में जाने के लिए कार तक पहुँचा, और बहुत दर्द होने के बावजूद, मुझे विश्वास था कि मैं ठीक हो जाऊँगा। भाषण के बाद मैं उन लोगों के साथ शामिल हो गया जिनकी सेवा होनी थी, और जैसे ही प्रचारक ने मुझ पर

हाथ रखा और प्रार्थना की, मुझे एक अजीब लेकिन सुंदर अनुभव हुआ, जैसे मेरे दोनों घायल अंगों पर जहाँ वे घायल थे, वहाँ तेज़ धार से ठंडा पानी छिड़का जा रहा हो। वह ज़ोर इतना तेज़ लग रहा था कि मुझे भी चोट लगी, और मुझे पता था कि यह भगवान की वजह से है, लेकिन जाने के लिए मुड़ते समय मुझे कोई आराम नहीं मिला, और मैंने दो-तीन लोगों को अपनी निराशा बताई।

“घर जाते हुए मैं खूब रोया, और भगवान के सामने अपने दिल की बात कह रहा था, और कहता रहा, 'हे भगवान, मुझे विश्वास है, मेरे अविश्वास में मेरी मदद करो।' घर पहुँचने पर, मुझे कार से बाहर निकालने में मदद मिली, और कुछ कदम चलने के बाद, मैंने कहा कि मुझे लगता है कि मैं अकेले चल सकता हूँ। जैसे ही मैं दरवाज़े की चौखट पर पहुँचा, तेज़ रोशनी की एक दीवार मेरे सामने आ गई, इतनी ज़्यादा कि मैं लगभग लड़खड़ा गया, और तुरंत मैं चिल्लाया, 'भगवान की जय हो, मैं ठीक हो गया हूँ,' और सच में मैं ठीक हो गया था। मैं घर में भगवान की तारीफ़ करते हुए, और पीछे के बरामदे में ऊपर-नीचे, भगवान की तारीफ़ करते हुए और वैसे ही चलता रहा जैसे मैं एक्सीडेंट से पहले चलता था। बैसाखियाँ देखकर, मैंने कहा, 'इन्हें उस अच्छे दोस्त के पास वापस ले जाओ जिसने मुझे उधार दी थीं। मुझे अब इनकी ज़रूरत नहीं पड़ेगी।' तो बैसाखियाँ आधी रात से ठीक पहले वापस कर दी गईं। हलेलुया! अगली सुबह उठकर मैंने स्टील और चमड़े का सहारा और पट्टियाँ फेंक दीं, और तब से उन्हें कभी नहीं छुआ, क्योंकि मैं पूरी तरह से ठीक हो गया था।

“दो दिन बाद Acts 2:4 के अनुसार मुझे पवित्र आत्मा में प्यार से बपतिस्मा दिया गया। मेरी बाइबल अब मेरे लिए पहले से कहीं ज़्यादा मायने रखती है। अब मैं अपने प्रभु को पापों से बचाने वाले, महान डॉक्टर, पवित्र आत्मा से बपतिस्मा देने वाले और अपनी दुल्हन के लिए बहुत जल्द आने वाले के रूप में देखता हूँ।”

स्मिथ विगल्सवर्थ की किताब 'मिरेकल्स इन ऑस्ट्रेलिया एंड न्यूज़ीलैंड' से लिया गया अंश।

एजे बायर्स – 35 साल की तकलीफ़ के बाद ठीक हुई महिला

मैं बीमार पैदा हुआ था और मेरे जीने की उम्मीद नहीं थी। पैंतीस साल तक मुझे नहीं पता था कि एक हेल्दी, नॉर्मल सांस लेना क्या होता है, और अक्सर मैं भगवान से पूछता था कि मुझे इतनी तकलीफ क्यों झेलनी पड़ रही है। उन्होंने जवाब दिया, "ताकि मैं तुम्हारे ज़रिए अपनी ताकत दिखा सकूं।" मैंने कहा, "भगवान, अगर ऐसा है, तो मैं तुम्हारी मर्ज़ी के आगे झुकना चाहता हूं।" एक साल में मैं पांच बार हॉस्पिटल गया और हर बार मरने वाला था। मुझे दिल का पुराना न्यूराल्जिया, पूरे सिस्टम का पुराना कैटरह, किडनी और महिलाओं की दिक्कत थी। मेरी आंखों की रोशनी लगभग चली गई थी। वे ज़िंदगी भर कमज़ोर रहीं, जिसके कारण बचपन में मेरा ऑपरेशन हुआ और सालों तक चश्मा पहनना पड़ा।

हमारे पास हर समय सबसे अच्छे डॉक्टर और सर्जन थे, लेकिन ऐसा लग रहा था कि वे मेरे लिए कुछ नहीं कर सकते। आखिर में उन्होंने मुझसे कहा कि एक ऑपरेशन से मुझे ठीक होने का मौका मिल सकता है। अब, मुझे नहीं लगता था कि मैं ऑपरेशन से बच पाऊँगा, लेकिन मैंने भगवान से कहा कि अगर वह मुझे इसी तरह घर ले जाना चाहते हैं, तो मैं तैयार हूँ, लेकिन अगर उनके पास मेरे लिए कोई और तरीका या बेहतर प्लान है, तो मुझे बताएँ। मैंने कहा, "भगवान, मुझे पता है कि अगर आप चाहें तो बिना ऑपरेशन के मुझे ठीक कर सकते हैं, क्योंकि आपका वचन कहता है, 'यीशु मसीह, कल, आज और हमेशा एक जैसा है,' और जो आप पर भरोसा करते हैं उन्हें शर्मिंदा नहीं होना पड़ेगा।" और अपनी

तकलीफों में मैं बस भगवान में आराम करता रहा। मैंने कभी सच्चाई का पूरा प्रचार नहीं सुना था और मुझे अभी तक भगवान के सच्चे संत नहीं मिले थे; लेकिन जब मेरे आस-पास के लोग मेरे मरने का इंतज़ार कर रहे थे, तो भगवान ने अपने दो सच्चे सुसमाचार प्रचारकों (भाई क्रिबेल और क्रोस) को मुझसे मिलने भेजा। मैंने उनसे कहा कि मुझे पता है कि भगवान ने उन्हें भेजा है। उन्होंने कहा कि वे मेरे लिए प्रार्थना करेंगे।

कुछ दिनों बाद मुझे हॉस्पिटल से निकालकर ओकलैंड भेज दिया गया। मैंने भगवान से मुझे रास्ता दिखाने के लिए कहा था, इसलिए मैं बस उनका इंतज़ार कर रहा था। एक दिन जब मैं फिर से मरने वाला था, तो भगवान ने मुझसे कहा कि भाई क्रोस को बुलाओ। वह अगले दिन आए। प्रार्थना के जवाब में मैं बिस्तर से उठ पाया। भाई सी. ने मुझे जीसस के नाम पर अभिषेक किया और विश्वास की प्रार्थना की। मुझे भरोसा था कि प्रार्थना सुन ली गई है। मैं कभी-कभी बिस्तर से उठ पाता था , लेकिन अब मेरी तकलीफ़ पहले से ज़्यादा बढ़ गई थी, और मुझे लगा कि भगवान ने मुझे पूरी तरह से छोड़ दिया है।

मुझे लगा कि वह कहीं है, लेकिन बहुत दूर। इस बीच अंधेरे की ताकतों ने मुझे पकड़ लिया था और ऐसा लग रहा था कि वे मुझे टुकड़े-टुकड़े कर रही हैं। मैं न सिर्फ़ परेशान था, बल्कि बहुत ज़्यादा दर्द में भी था, जो कई रातों और दिनों तक चला। आप देखिए, मुझे इससे वह सबक सीखना था जो भगवान ने मेरे लिए चाहा था। इसके अलावा, मैं भगवान से दूर भाग गया था, और मुझे कड़ी सज़ा की ज़रूरत थी। भगवान मेरे साथ खड़े रहे, और मुझे मज़बूत किया, हालाँकि उस समय मुझे इसका पता नहीं था।

एक दिन मुझे ऐसा लगा कि भगवान मेरे बारे में सोच रहे हैं, और मैं चिल्लाया, "मैं मरूंगा नहीं, बल्कि जीऊंगा, और प्रभु के कामों का ऐलान

करूंगा।" फिर मुझे जनवरी 1910 में ओकलैंड असेंबली में लाया गया, और भाई बायर्स ने मेरा अभिषेक किया। भाई क्रिबेल और होलकॉम्ब ने मुझ पर हाथ रखा और भगवान से मेरे शरीर को छूने के लिए कहा। मुझे उस समय कोई फर्क महसूस नहीं हुआ, लेकिन मेरा भरोसा भगवान पर था, और मैं भगवान की मदद लेने को तैयार था, जैसा भगवान मुझे देना सही समझते थे। मुझे यकीन हो गया कि प्रार्थनाएं भगवान के सिंहासन के सामने हैं। उसी रात मुझे लगा कि जीसस मेरे बिस्तर के पास आए और धीरे से अपना हाथ मेरे सिर पर रखा, और फिर मुझे लगा कि भगवान की शक्ति मेरे पूरे शरीर में दौड़ रही है। मैं चिल्लाया, "प्रभु जीसस, मैं इस सब के लायक नहीं हूं।" मैं स्वर्ग से बारिश जैसी कोई चीज़ नीचे आते हुए देख सकता था, इंद्रधनुष के सभी रंग, बस ज़्यादा साफ़ और चमकदार।

मेरे पास शुक्रिया अदा करने के लिए शब्द नहीं थे। ऐसा लग रहा था कि मैं अभी-अभी मौत से जी उठी हूँ। मुझे अपने आस-पास की चीज़ें साफ़ दिखने लगीं और एहसास हुआ कि भगवान ने सच में मेरी सारी तकलीफ़ों को ठीक कर दिया है। यह सब सच होने के लिए बहुत अच्छा लग रहा था लेकिन भगवान का शुक्र है, यह सच था। मैं मज़बूत होने लगी, मेरी भूख बेहतर होने लगी, और मैं धीरे-धीरे फिर से ज़िंदगी की ज़िम्मेदारियाँ उठाने लगी। – मैरी स्पॉल्डिंग

ए.एल. बायर्स की किताब "200 जेनुइन इंस्टैंस ऑफ़ डिवाइन हीलिंग" से लिया गया अंश

जॉर्ज जेफ्रीस – अपाहिज व्यक्ति तुरंत ठीक हो गया

मिस्टर जेम्स ग्रेगसन अप्रैल 1927 में लीड्स में चमत्कार से ठीक हो गए थे। इस चमत्कार को देखने वाली बड़ी भीड़ को उनके अचानक ठीक होने

का दिन लंबे समय तक याद रहेगा। वह पूरी तरह से अपाहिज थे, और उनके चलने-फिरने की एकमात्र ताकत दर्द से अपने मुड़े हुए पैरों को पीछे घसीटते हुए ज़मीन पर खुद को आगे बढ़ाना था।

मैं पेशे से लोहा बनाने का काम करता था। 2 फरवरी, 1922 को मेरा एक गंभीर एक्सीडेंट हुआ। मैं ऊंचाई से एक कोयले के डिब्बे में गिर गया, हर हड्डी अपनी जगह से हिल गई। मेरी रीढ़ की हड्डी में भी चोट लगी थी। मुझे हॉस्पिटल ले जाया गया, जहाँ हॉस्पिटल ने मुझे हर वो इलाज दिया जो वो दे सकता था, लेकिन मैं एक लाचार, निराश अपाहिज बन गया था। मुझे ज़मीन पर रेंगना पड़ता था; मेरे पैर मुड़ गए थे और मैं उन्हें क्रॉस करके घसीटता हुआ चलता था। मैं बैठ नहीं सकता था, बस लेटना पड़ता था। मेरी ज़िंदगी बहुत दुख भरी थी। बुधवार शाम को मेरी पत्नी ने अखबार में एक अंधी औरत के बारे में पढ़ा जिसे प्रिंसिपल जॉर्ज जेफ्रीज़ की कैंपेन मीटिंग में देखने को मिला। जैसे-जैसे वह पढ़ती गई, मुझे यकीन हो गया कि अगर मैं मीटिंग में जा सकूँ तो मैं ठीक हो सकता हूँ। मैं शनिवार को अपनी बैसाखियों के सहारे, अपने पैरों को पीछे घसीटते हुए गया। उस रात मैं बच गया: उसने मेरे सारे गुनाह माफ कर दिए। फिर मैं रविवार को फिर से कोलिज़ीयम गया। भगवान ही जानता है कि मैं वहां कैसे पहुंचा, और जब मैं वहां पहुंचा तो मुझे अंदर जाने के लिए बहुत संघर्ष करना पड़ा, लेकिन कुछ लोगों को मुझ पर दया आ गई और उन्होंने मुझे पीछे की ओर खींच लिया।

फिर अटेंडेंट मुझे अंदर ले गए और प्लेटफॉर्म के सामने लिटा दिया। रिवाइवल पार्टी में से एक मेरे पास आया और बोला, "भाई, तुम कंफर्टेबल नहीं लग रहे हो; क्या मैं तुम्हें और कंफर्टेबल कर सकता हूँ? " और मैंने जवाब दिया, "मैं कभी कंफर्टेबल नहीं रहता" क्योंकि मैं रात-दिन दर्द में रहता था। प्रिंसिपल ने मेरे लिए प्रार्थना की, और जब उन्होंने मुझ पर हाथ रखे तो मुझे ऐसा लगा जैसे मेरे पूरे शरीर पर एक दर्जन हाथ

रखे हों और मुझे लगा कि हर हड्डी अपनी जगह पर वापस आ रही है। मुझे तुरंत आराम मिला और मैं पूरी तरह से ठीक हो गया। मैं सिर्फ़ चमड़ी और हड्डी रह गया था; मेरी आँखें मेरे सिर में धँस गई थीं। दो हफ़्तों के अंदर मेरा वज़न दो स्टोन पाँच पाउंड बढ़ गया था, और मेरा मांस बढ़ता रहा। मैं पहले की तरह मज़बूती से अपने काम पर वापस जा सका। तब से खराब सेहत की वजह से मेरा एक दिन का भी काम नहीं गया। हालेलुया! सारी महिमा भगवान की हो! प्रभु की स्तुति हो!"
जॉर्ज जेफ्रीस की *"हीलिंग रेज़"* से लिया गया अंश ,

रैंडी क्लार्क की टीम – दो बहरे और गूंगे भाई ठीक हुए

दो लड़कों को उनकी माँ मेरे पास लाईं। उन्होंने मुझसे सबसे बड़े बेटे के लिए प्रार्थना करने को कहा जो बहरा और गूंगा था। प्रार्थना के बाद, मैंने उससे आवाज़ निकालने को कहा और वह बोला। मुझे माँ से पूछना पड़ा कि क्या वह सच में बहरा और गूंगा था क्योंकि वह बहुत साफ़ बोल रहा था। मेरे ट्रांसलेटर ने कहा, "हाँ, वह था।" उसने माँ के सबसे छोटे बेटे की ओर इशारा किया और कहा कि वह भी बहरा और गूंगा था। मुझे पहले तो उस पर यकीन नहीं हुआ लेकिन उसने ज़ोर देकर कहा कि वह भी अपने भाई की तरह बहरा और गूंगा था। प्रभु आए और लड़के ने सुना और बोला। मैंने पास्टर जेम्स से दोबारा पक्का करवाया कि दोनों लड़के बहरे और गूंगे हैं और दोनों ठीक हो गए हैं। उन्होंने इसकी पुष्टि की।

चार्ल्स पोलस्टन की रिपोर्ट। 3 फरवरी, 2005 की ग्लोबल अवेकनिंग रिपोर्ट से। उनकी अनुमति से इस्तेमाल किया गया।

जेनी स्मिथ – सालों की गहरी तकलीफ़ के बाद ठीक हुईं

हम एक और इलाज का उदाहरण देते हैं, जिसकी कहानी बहुतों ने पढ़ी है, और कुछ ने तो खुद उस आज़ाद हुई पीड़ित के मुँह से सुनी है। फिलाडेल्फिया की जेनी स्मिथ की खुशी की शानदार कहानी को छोटी सी किताब "फ्रॉम बाका टू ब्यूला" में बताया गया है। उसकी बीमारी, इतनी रहस्यमयी और दर्दनाक और लंबे समय तक चली कि उसके पादरी ने कहा कि "ऐसी तकलीफ़ की कहानी जिसकी बराबरी शायद ही कभी की जा सके," यहाँ पूरी तरह से नहीं बताई जा सकती। इतना कहना काफ़ी है कि वह लगभग सोलह साल तक एक लाचार अपाहिज थी, और ज़्यादातर समय बहुत ज़्यादा तकलीफ़ झेलती थी।

एक हाथ-पैर में इतनी तेज़ और बेकाबू ऐंठन होती थी कि उसे एक मज़बूत बक्से में बंद करना पड़ता था, और अक्सर भारी वज़न से दबाकर रखना पड़ता था। अपनी बहुत ज़्यादा तकलीफ़ों के दौरान उनका विश्वास और समर्पण बहुत ज़ोरदार तरीके से काम करता हुआ लगता था, इसलिए अपने सोफ़े को एक मंच बनाकर, वह अपनी पहुँच में आने वाले लोगों की आध्यात्मिक ज़िंदगी को तेज़ करने के लिए बहुत इस्तेमाल होती थीं। इस बीच, उन्होंने शरीर को ठीक करने के लिए भगवान के वादे पर भरोसा करना शुरू कर दिया, और कई बार थोड़ी राहत में उनकी शक्ति के संकेत पाकर, वह पूरी तरह से ठीक होने के लिए कहने और पाने के लिए आगे बढ़ीं।

यह कहानी उनके अपने शब्दों में है। एक दिन की अजीब तकलीफ़ के बाद, शाम को जब वह अपनी एक्सटेंशन चेयर पर लेटी थीं, तो कुछ ईसाई दोस्त उनके पास इकट्ठा हो गए। वह कहती हैं: “शाम पादरी एवरेट की अगुवाई में प्रार्थना में बीती। पहले घंटे या उससे ज़्यादा समय के बाद, कुछ लोगों को जाना पड़ा। एक भाई, जिनसे मैं पहले कभी नहीं मिली थी, जाते समय हाथ मिलाते हुए बोले, 'मेरी बहन, तुम बहुत ज़्यादा माँग रही हो; तुम ठीक होने के लिए बहुत बेचैन हो।

प्रभु तुम्हें तुम्हारे पैरों के बजाय तुम्हारी खाट पर बेहतर इस्तेमाल कर सकते हैं।' मैं भाई की बातों के लिए शुक्रगुजार था। फिर मैंने अपने दिल में झाँककर देखा। धन्य प्रभु जानते हैं, मैंने ईमानदारी से जवाब दिया, 'नहीं, मैं ठीक होने के लिए बेचैन नहीं हूं। मैंने उस पर जीत हासिल कर ली है। अगर भट्टी की गर्मी हज़ार गुना बढ़ जाए तो मैं कह सकता हूँ, तेरी मर्ज़ी पूरी हो, और दर्द महसूस करना मीठा होगा अगर मुझे पूरी तरह से दिखाया जाए कि यह पिता की मर्ज़ी है कि मैं दुख उठाऊँ। और मुझे विश्वास है कि उस मर्ज़ी को जानने का समय आ गया है।' मीटिंग के इस पॉइंट तक मन में वह एकता नहीं थी जो मुझे लगा कि होनी चाहिए। मैंने उन लोगों से कहा जो रुके थे, 'क्या ज़रूरत पड़ने पर आप सुबह तक मेरे साथ रुक सकते हैं? मुझे लगता है कि इंतज़ार करने से ही हमारे पिता हमें आशीर्वाद देंगे। क्या हम इस मामले में एकमत हैं?'

मेरे डॉक्टर, डॉ. मॉर्गन, सबसे पहले कहने वाले थे, 'मैं यहीं रहूँगा, और मैं आपसे पूरी तरह सहमत हूं।' वे सब मेरी कुर्सी के पास इकट्ठा हो गए। वह छोटा सा ग्रुप उस समय को कभी नहीं भूल सकता। अब नौ बज चुके थे। हम भगवान के सामने इंतज़ार करते रहे। कभी-कभी कोई न कोई धर्मग्रंथ का कोई सही टेक्स्ट कमेंट के साथ कोट करता, या छोटी सी प्रार्थना करता। मैं खुद, शांति से उम्मीद में लेटा रहा, अभी भी तकलीफ़ में था, लेकिन भगवान की मौजूदगी का एक अनोखा एहसास था।

ज़्यादातर समय मैं अपने आस-पास की चीज़ों से लगभग बेखबर रहता था, मैं अपने स्वर्ग में रहने वाले पिता के साथ बातचीत में इतना डूबा हुआ था। करीब 11 बजे मुझे खुद को नए सिरे से समर्पित करते हुए भगवान को ज़ोर से समर्पित करने के लिए कहा गया, और कहा: 'मैं यह शरीर नया देता हूं — ये आँखें देखने के लिए, ये होंठ बात करने के लिए, ये कान सुनने के लिए, और, अगर आपकी मर्ज़ी हो, तो ये पैर चलने के लिए

— यीशु के लिए। जो कुछ भी मेरा है — सब, सब आपका है, प्यारे पिता। बस आपकी प्यारी मर्ज़ी पूरी हो।' इस समय तक दुख कम नहीं हुआ था या ताकत नहीं बढ़ी थी, असल में, मैं हमेशा से ज़्यादा कमज़ोर हो गया था। थोड़ी देर की चुप्पी के बाद अचानक मुझे सूखे हाथ के ठीक होने का एक बहुत साफ़ नज़ारा दिखा। मुझे ऐसा लगा कि मैं उसे पूरा बाहर निकलते हुए देख सकता हूँ।

उसी पल पवित्र आत्मा ने मेरी आत्मा को वैसा ही आशीर्वाद पाने का विश्वास दिया। ऐसा लगा जैसे उस पल स्वर्ग खुल गया हो, और मुझे ताकत का बपतिस्मा महसूस हुआ, उतनी ही समझदारी और पॉजिटिव तरीके से जैसे मेरे सिस्टम में बिजली का झटका लगा हो। मुझे पक्का अपनी पीठ और अपने लाचार अंगों में ताकत महसूस हुई। कुर्सी के आर्म्स पर हाथ रखकर, मैं बैठने की मुद्रा में आ गया। गैरिग्स भाई, जो कुर्सी के दोनों ओर बैठे थे, अपने आप आगे बढ़े और मेरी मदद करने के लिए मुझे पकड़ लिया। हालाँकि, यह ज़रूरी नहीं था।

डॉ. मॉर्गन, जो पास बैठे थे, आगे बढ़े और फुटबोर्ड नीचे किया, और जब मेरे दोस्तों के हाथ मेरे कंधों पर थे, मैं उठा और अपने पैरों पर खड़ा हो गया। सिस्टर फैनी को याद नहीं था कि उन्होंने मुझे कभी खड़ा होते देखा हो। वह इतनी चौंक गईं कि उन्होंने दोनों हाथ ऊपर उठाए और चिल्लाईं, 'ओह, जेनी, जेनी!' कोई भी शब्द मेरी भावनाओं को बयां नहीं कर सकता। उस समय के बारे में बात करते हुए मेरा पूरा शरीर अभी भी तारीफ़ से झूम उठता है। जैसे ही मैं खड़ा हुआ, भाई NV. HG ने मेरे सिर पर हाथ रखते हुए कहा, 'भगवान की तारीफ़ करो, जिनसे सभी आशीर्वाद मिलते हैं।' मेरा पहला विचार था 'क्या मैं घुटने टेक सकता हूँ?' मैंने ऐसा करने के लिए कहा, और इतने स्वाभाविक रूप से घुटनों पर बैठ गया जैसे मुझे इसकी आदत हो।

वहाँ भगवान की इतनी मौजूदगी थी कि एक शब्द भी नहीं बोला गया। हमने चुपचाप शुक्रिया अदा करते हुए अपनी आत्मा को बहा दिया। फिर मैं उठा और पूरी आसानी और नैचुरल तरीके से कमरे में घूमने लगा; कोई चुभन या कोई और बुरा एहसास नहीं हुआ। मैं कुछ मिनटों के लिए रॉकिंग चेयर पर बैठ गया। यह बहुत अच्छा लगा कि मुझे चलना सीखना नहीं पड़ा। मेरे हाथ-पैर और शरीर ऐसे लग रहे थे जैसे नए बन गए हों।"

ए.जे. गॉर्डन की किताब *"द मिनिस्ट्री ऑफ़ हीलिंग"* से लिया गया अंश

आरए टोरी – एक बच्चे की विकृति ठीक हो गई

डकोटा में एक ME मिनिस्टर थे जिनका बच्चा ठीक से बना नहीं था। उसकी रीढ़ की हड्डी में कुछ कमी थी, जिससे छोटी बच्ची मुड़ी हुई थी और पेट बाहर निकला हुआ था, जिससे लगातार दर्द होता था, और बच्ची सो नहीं पाती थी। माता-पिता बच्ची को मिनियापोलिस ले गए ताकि स्पेशलिस्ट से दिखा सकें कि क्या कर सकते हैं, लेकिन स्पेशलिस्ट ने उनसे कहा कि बच्ची के लिए कोई उम्मीद नहीं है, वे उसे प्लास्टर-कास्ट में डाल सकते हैं ताकि वह दो या तीन साल से ज़्यादा न जी सके, बिगड़ी हुई हालत में। हालांकि माता-पिता मेथोडिस्ट थे, वे अपनी बच्ची की सेहत के लिए इतने बेताब थे कि उन्होंने "क्रिश्चियन साइंस" आज़माया, लेकिन उस गलत सिस्टम से कोई मदद नहीं मिली। फिर मिनिस्टर ने अपनी पत्नी से कहा, "चलो इसे भाई टॉरी के पास ले चलते हैं।" वे उसे मेरे घर ले आए, लगभग दो साल की एक छोटी बच्ची, बहुत बुरी तरह से बिगड़ी हुई और बहुत तकलीफ़ में थी। मैंने बच्ची को अपनी गोद में लिया और उसके लिए प्रार्थना की। भगवान ने ज़रूरी विश्वास दिया और बच्ची ठीक हो गई। तुरंत आराम मिला। उस रात वह पहली बार नॉर्मल सोई, यहाँ तक कि उसके शरीर का खराब हिस्सा भी ठीक हो गया।

लगभग अठारह साल बाद मैं मिशिगन के पेटोस्की में मीटिंग कर रहा था। दोपहर की एक मीटिंग में पास के एक शहर से एक मेथोडिस्ट पादरी आए। वह मीटिंग में उठे और यह कहानी सुनाई, उन्होंने कहा कि वह उस बेटी के पिता हैं और वह पूरी तरह से ठीक हो गई है और विदेश मिशन के लिए कैंडिडेट है। कुछ दिनों बाद वह खुद भी आई, एक खूबसूरत, एकदम फिट जवान लड़की। वह कुछ हफ़्ते पहले लॉस एंजिल्स में हमारे ऑडिटोरियम में हमारी रविवार सुबह की सर्विस में थी।

आरए टोरी द्वारा लिखित "डिवाइन हीलिंग" से अंश

AC Valdez Sr. – नई आँखें बनाई गईं

मैं "ब्लाइंड मार्टिन" नाम के एक आदमी को जानता था। जहाँ उसकी आँखें होनी चाहिए थीं, वहाँ सिर्फ़ चपटी जगहें थीं। यूनाइटेड स्टेट्स के सबसे अच्छे स्पेशलिस्ट ने जॉन्स हॉपकिन्स यूनिवर्सिटी में उसकी जाँच की थी। इन लोगों ने कहा कि वह कभी देख नहीं पाएगा। ब्लाइंड मार्टिन की शादी एक प्यारी औरत से हुई थी जो उसका सबसे अच्छा ख्याल रखती थी। जैसे-जैसे वह और उसकी पत्नी सर्विस में जाते और अपने आस-पास हो रहे चमत्कारों के बारे में सुनते, उनका विश्वास बढ़ता गया। एक रात सर्विस के दौरान, मैंने कुछ ऐसा देखा जो आज भी मुझे रोमांचित करता है—भगवान का अथाह, समझ से बाहर काम। ब्लाइंड मार्टिन खड़ा हो गया। उसे नहीं पता था कि क्यों। पहले उन चपटी जगहों पर लाली आ गई जहाँ आँखें होनी चाहिए थीं। ये जगहें फूलने और सूजने लगीं। फिर कुछ अजीब हुआ। मुर्गी के आकार की आँखें बनने लगीं। धीरे-धीरे, वे सामान्य आकार की हो गईं, "हे भगवान, मैं देख सकता हूँ!" मार्टिन चिल्लाया। मार्टिन की नई आँखों से शुक्रगुज़ारी के आँसू बहने लगे। मैं भगवान के काम पर सिर्फ़ हैरान रह गया। सिर्फ़ मार्टिन की आँखें ही नम नहीं थीं!

ए.सी. वाल्डेज़, सीनियर की किताब *"फायर ऑन अज़ुसा स्ट्रीट"* से लिया गया अंश।

ब्रायन फेनिमोर – एक बैपटिस्ट पादरी की अचानक ठीक होना

मैं विस्कॉन्सिन में एक मीटिंग कर रहा था। एक आदमी दूसरे आदमी को मीटिंग में लाया था। जिस आदमी को लाया गया था, वह साउथ अमेरिका में बैपटिस्ट पादरी था और उसे करिश्माई मीटिंग्स से नफ़रत थी। जो आदमी उसे लाया था, वह उसका सपोर्टर था; असल में वह उसके सबसे बड़े कंट्रीब्यूटर्स में से एक था। उस आदमी ने पादरी से कहा कि उसे मीटिंग में आना है और पादरी को नहीं लगा कि उसके पास ज़्यादा चॉइस है। अब सोचिए कि इस मीटिंग में आने पर पादरी का रवैया कैसा होगा, जो मैं कर रहा हूँ, जहाँ मैं बीमार लोगों के लिए प्रार्थना कर रहा हूँ।

वह मुझसे नाराज़ था। असल में मैंने देखा कि मीटिंग के लगभग आधे समय में वह मुझसे नाराज़ था। उसके चेहरे पर कोई मुस्कान नहीं थी, ब़ल्कि बहुत ज़्यादा गुस्सा था और ऐसा लग रहा था, "मैं तुम्हें मार डालूँगा।" मैं समझ सकता था, भले ही वह क्राइस्ट में मेरा भाई था, वह चाहता था कि मैं उससे पहले स्वर्ग जाऊँ। मुझे एहसास हुआ कि मुझे उसे देखना बंद कर देना चाहिए क्योंकि वह मेरा विश्वास तोड़ रहा था। इसलिए मैंने कमरे के उस तरफ देखना बंद कर दिया। मैंने एक बार उसकी तरफ देखा और वह बहुत गुस्से में था। मैं सोच रहा था, "मुझे नहीं पता कि मैं क्या करूँगा लेकिन इससे पहले कि वह मुझे पकड़ ले, मैं इस कमरे से निकल जाऊँगा।" मीटिंग के आखिर में हमने लोगों के लिए प्रार्थना करना शुरू किया। एक महिला थी जिसे एलर्जी थी जिससे उसकी ज़िंदगी मुश्किल हो गई थी और प्रभु ने उसे वहीं ठीक कर दिया।

इससे कमरे में मौजूद सभी लोग हैरान रह गए। पादरी ने यह देखा। इसलिए मैंने मिनिस्ट्री टीम को ऊपर आकर प्रार्थना करने के लिए बुलाया।

लोग प्रार्थना कर रहे थे, तभी मैंने देखा कि पादरी उठ रहे हैं। अब वह दरवाज़े की तरफ नहीं देख रहे थे, वह चलते हुए मुझे देख रहे थे। मैंने मन में सोचा, "अरे नहीं, चलो शुरू करते हैं। वह मुझे पीटने आ रहे हैं।" जब वह आए तो मैंने अपनी सबसे "पवित्र" जगह पर खड़े होने की कोशिश की। वह मेरे सामने खड़े हुए और बोले, "मुझे ठीक कर दो।" मैं इतना हैरान हुआ कि मैंने कहा, "क्या?" उन्होंने मुझसे कहा, "मैं अभी ठीक होना चाहता हूँ।" जब मैंने उनसे पूछा कि उन्हें क्या हुआ है, तो उन्होंने कहा; "मुझे पेट की प्रॉब्लम है और मेरे घुटने में बहुत दर्द हो रहा है, और मैं अभी ठीक होना चाहता हूँ।" उन्होंने यह भी नहीं पूछा कि क्या मैं उनके लिए प्रार्थना करूँगा। वह बस ठीक होना चाहते थे।

तो मैंने पवित्र आत्मा को बुलाया। मैंने उससे कहा, "तुम्हें पता है कि मैं तुम्हें ठीक नहीं कर सकता, तो चलो बस प्रभु के आने का इंतज़ार करते हैं।" हम बस वहीं बैठे रहे और मैंने उसे कुछ देर देखा। मैंने उससे कहा, "जब तक प्रभु नहीं आते, मैं कुछ नहीं करूँगा।" उसने पूछा, "इसका क्या मतलब है?" मैंने बस कहा, "जैसे-जैसे हम आगे बढ़ेंगे, तुम्हें पता चल जाएगा।" प्रभु ने उसकी सेवा करना शुरू कर दिया। वह अपनी बाहें फैलाए और आँखें बंद करके खड़ा था। उसकी बाहें काँपने लगीं। मैंने उससे पूछा कि क्या वह यह महसूस कर सकता है। उसने कहा, "क्या महसूस होता है?" मैंने उससे आँखें खोलने और देखने को कहा। उसने अपनी आँखें खोलीं और अपनी बाहें ऐसे देखीं जैसे वे उसकी नहीं थीं। उसने पूछा, "यह कैसे हो रहा है?" उसने अपनी बाहें ऐसे देखीं जैसे वे कोई ऐसी चीज़ हों जो उससे जुड़ी न हो। मैंने उससे कहा कि वह पवित्र आत्मा को महसूस कर रहा है। फिर भी उसे समझ नहीं आ रहा था, और

उसने कहा, “लेकिन मेरा अपनी बाँहों पर कोई कंट्रोल नहीं है और मैं यह महसूस नहीं कर सकता।” मैंने उसे यकीन दिलाया कि सब ठीक है और उसे रिलैक्स करने को कहा।

उसे बहुत ज़्यादा पसीना भी आया। पसीना उसके चेहरे से बह रहा था और उसकी ठुड्डी के दोनों तरफ जमा हो रहा था। इतना ज़्यादा कि पानी की धार बन रही थी जिससे उसकी छाती पर एक गड्ढा बन गया था। मैंने उससे पूछा कि क्या उसे गर्मी लग रही है और उसका जवाब था “नहीं।” वह अपने शरीर को महसूस नहीं कर पा रहा था। हैरानी की बात है कि जब मैंने उससे पूछा कि क्या उसे कुछ महसूस हो रहा है तो उसने कहा, “मुझे कुछ भी महसूस नहीं हो रहा है।” मैंने भगवान से पूछना शुरू किया कि वह क्या कर रहे हैं और भगवान ने मुझसे कहा “ब्रायन, मैं उसकी सेवा कर रहा हूँ, लेकिन उसे इसका पता नहीं है। वह अकेला है इसलिए बस अंदर घुस जाओ और वही करो जो मैं तुम्हें करने के लिए कह रहा हूँ।” भगवान ने मुझसे कहा कि मैं अपना हाथ उसके पेट के पास रखूँ, तो मैंने उनसे इजाज़त माँगी और पादरी मान गए। भगवान ने कहा “उसे बताओ कि मैं उसे ठीक करने जा रहा हूँ और फिर मैं उसे एक हीलिंग इवेंजलिस्ट बनाकर उसके देश वापस भेज दूँगा।” मैंने सोचा “ओह नहीं, क्या गड़बड़ है” लेकिन मैंने वही किया जो भगवान ने मुझसे करने को कहा और मैंने अपना हाथ उसके पेट के पास रखा और उससे कहा “भगवान तुम्हें ठीक करेंगे और वह तुम्हें एक हीलिंग इवेंजलिस्ट बनाएंगे और फिर वह तुम्हें एक रिवाइवलिस्ट के तौर पर तुम्हारे देश वापस भेज देंगे।”

वह बस कांप रहा था और मैंने उससे पूछा कि उसे किस चीज़ के लिए ठीक होने की ज़रूरत है। उसने कहा, “मेरे पेट और घुटने में दर्द है।” भगवान ने मुझे उसके घुटने के लिए प्रार्थना करने को कहा। तो मैंने अपना हाथ उसके घुटने पर रखा और उसे तुरंत पकड़ लिया। भगवान ने मुझे घुटने से बात करने और दर्द को जाने देने का आदेश देने को कहा। (देखो,

जब भगवान आपको बताते हैं कि क्या करना है तो यह आसान है।) मैंने कहा, "यीशु के नाम पर मैं दर्द को जाने देने का आदेश देता हूँ।" उस आदमी ने एक मिनट के लिए अपना पैर हिलाया और कहा, "हम्म अब दर्द नहीं हो रहा है।" फिर भगवान ने मुझसे बात की और कहा, "वह तुम्हें नहीं बता रहा है, लेकिन उसे अभी पाचन की कई दिक्कतें हैं और बस उन चीज़ों के जाने के लिए प्रार्थना करना शुरू कर दो।" जब मैं प्रार्थना कर रहा था, तो मैंने आँतों की तस्वीरें देखीं जिनमें यह सब सूजन वाली चीज़ें थीं। मैंने सूजन को जाने देने का आदेश देना शुरू किया और उसका पेट हिलने लगा। भगवान ने उसे वहीं ठीक कर दिया। अब यह मज़ेदार था।

रोलाँ और हेइडी बेकर – अंधे देखते हैं, बहरे सुनते हैं, और कई बच जाते हैं

जैसे ही फिल्म खत्म होती है और जीसस हवा में ऊपर उठकर स्वर्ग लौट रहे होते हैं, हम कुछ कच्ची फ्लोरोसेंट लाइटें जलाते हैं और हेइडी अपने मकुआ इंटरप्रेटर के साथ भीड़ का स्वागत करने के लिए उछल पड़ती है। वह खुद कुछ मकुआ से शुरू करती है, जिससे सभी रोमांचित हो जाते हैं। सोचिए कि एक गोरी अमेरिकी लड़की इस गांव में अपनी अजीब आदिवासी बोली बोल रही है! और फिर "मामा आइडा" इस अद्भुत, जीवित जीसस के बारे में अपना दिल खोलकर बताती है जो उनकी मुक्ति की एकमात्र उम्मीद है, वह एकमात्र व्यक्ति जिसे उन्हें हमेशा के लिए

ढूंढना और पाना ही है। वह प्रकट ईश्वर है। उसे कौन चाहता है? उसकी माफी, उसका दिल, उसकी हमेशा की ज़िंदगी कौन चाहता है? इस बार कोई पत्थर और रेत नहीं फेंक रहा है। कोई चिल्ला नहीं रहा है, मज़ाक नहीं उड़ा रहा है और सभा में रुकावट नहीं डाल रहा है। इस भीड़ में हर कोई इस अच्छी खबर, इस मुक्ति को पाने में उत्साह से दिलचस्पी रखता है जो उन्हें पहली बार दी गई है।

लेकिन रुको। अभी और भी है। जिसे भी ठीक होने की ज़रूरत है, आगे आओ! खासकर अंधे और बहरे! जीसस ठीक करने के लिए यहाँ हैं! एक छोटी भीड़ आगे की ओर बढ़ती है, उन्हें ठीक से पता नहीं होता कि क्या उम्मीद करें। हेइडी को एक अंधी महिला मिलती है और वह उसके लिए धीरे-धीरे और प्यार से प्रार्थना करना शुरू कर देती है। मिनट बीत जाते हैं। विश्वास और प्यार को बहने दो। ठीक होने के लिए लड़ो। मज़बूत रहो। उसकी शक्ति में आराम करो। जल्द ही वह महिला देख सकती है, लेकिन कितना साफ़? प्रार्थना करते रहो। चाबियाँ, उंगलियाँ, दूसरी चीज़ें ऊपर उठाओ। वह उन सभी को पहचानती है। अब वह साफ़ देख सकती है। वह सच में खुश है, और यह खबर भीड़ में फैल जाती है। हम बहुत उत्साहित हो रहे हैं। एक बहरा-गूंगा दिखाई देता है। फिर से हेइडी और हम सब प्रार्थना कर रहे हैं। सब्र रखो। रुको मत। प्रार्थना करते रहो। बात करना शुरू करो, इशारा करो। क्या वह सुन सकता है? क्या वह शब्द दोहरा सकता है? कुछ ही मिनटों में, वह सुन सकता है! और फिर वह पूरे वाक्य साफ़ और आसानी से दोहराने लगता है। लोगों को पता चल जाता है और वे खुशी से झूम उठते हैं। उसे बोलते हुए सालों हो गए हैं — उन्हें याद नहीं कि कितने समय से। पूरा गाँव इन दोनों को जानता है और जीसस ने उनके लिए जो किया है, उसे भी जानता है। अब जीसस के पीछे कौन चलना चाहता है? हर कोई!! अभी! गाँव में जान आ गई है और यह कभी पहले जैसा नहीं रहेगा...

हम सबके साथ मिलकर प्रार्थना करते हैं। हम जश्न मनाते हैं। हमारे आने वाले मिशनरी और लोकल पादरी बारी-बारी से नए मानने वालों की हिम्मत बढ़ाते हैं। हम बीमार लोगों के लिए प्रार्थना करते रहते हैं। हम अभी से यह सोचना शुरू कर देते हैं कि इस गांव में एक पादरी को कैसे लाया जाए और एक रात में जो हासिल हुआ है उसे कैसे पक्का किया जाए।

आइरिस मिनिस्ट्रीज़ के 9 नवंबर 2004 के न्यूज़लेटर से। उनके बारे में और जानना चाहते हैं तो उनकी वेबसाइट www.irismin.org पर जाएं।

चार्ल्स स्पर्जन - एक पागल को बचाया गया

एक और आदमी, जो वेल्स से लंदन आया था, और किसी शारीरिक कमी या बीमारी की वजह से दिमागी तौर पर बहुत परेशान था, उसने अपने परिवार से बहुत दुख के साथ मि. स्पर्जन को बुलाने की गुज़ारिश की, ताकि वह उसके बिस्तर के पास प्रार्थना कर सके। उन्होंने इसे पागल दिमाग की बेवकूफी भरी बकवास समझा। लेकिन आखिर में वे मि. स्पर्जन को उससे मिलने के लिए बुलाने के लिए मान गए। उस दिन मि. स्पर्जन की प्रार्थना का उस बेचारे पागल पर बहुत सुकून देने वाला असर हुआ और ऐसा लगा कि इससे उसका दिमागी संतुलन भी ठीक हो गया। परिवार वाले इस प्रार्थना के असर से इतने हैरान और खुश थे कि, जबकि उन्होंने इसे पूरी तरह से कुदरती वजहों का नतीजा माना, उन्होंने मि. स्पर्जन के लौटने के लिए बहुत दिल से दुआ की।
उसी रात, शाम की सर्विस के बाद, वह घर आया और कुछ देर तक वहाँ रहा, पूरे दिल से मरीज़ के ठीक होने के लिए प्रार्थना करता रहा, जिसमें बेचारा बीमार भी बहुत दुख के साथ शामिल हुआ। मिस्टर स्पर्जन ने खुद बाद में कहा कि उन्होंने पूरे दिल से प्रार्थना की और यह मानने की कोशिश की कि मरीज़ ठीक हो जाएगा, फिर भी वह खुद को यह यकीन नहीं

दिला पाए कि उनके आने का कोई और फायदा नहीं था, सिवाय नर्सों की भावनाओं को शांत करने के, जो उस बेचारे आदमी के रोने से परेशान थीं। फिर भी, प्रार्थना के बाद रात में, बीमार आदमी चौंककर और चीखकर उठा, जिससे उसकी नर्सें डर गईं। लेकिन वह पूरी तरह से होश में था। उसने कहा कि उसने उद्धारकर्ता से मिलने का सपना देखा था, और उद्धारकर्ता ने उसे भरोसा दिलाया था कि शैतानों को बाहर निकाल दिया गया है। कुछ दिनों बाद, वह घर से बाहर निकल सका, और कुछ ही समय बाद कनाडा चला गया, जहाँ वह एक सफल बिज़नेसमैन रहा है, और 1882 में उसे कब्र में दफनाया गया था।

रसेल एच. कॉनवेल द्वारा 1892 में लिखी गई "चार्ल्स हैडन स्पर्जन का जीवन" से लिया गया अंश।

फ्रांसिस मैकनिट – सूखे पैर वाली महिलाओं का इलाज

प्रार्थना से ठीक होने का सबसे शानदार उदाहरण जो मैंने कभी देखा, वह फरवरी 1975 में साउथ अमेरिका के कोलंबिया के रियोनेग्रो के सोनसन डायोसीज़ में हमारे एक रिट्रीट के बाद हुआ। बिशप अल्फोंसो उरीबे ने मुझे वहां पादरियों के लिए एक रिट्रीट देने के लिए बुलाया था, और हमारी टीम में फादर कार्लोस एल्डुनेट, SJ (चिली के), सिस्टर जीन हिल, OP, मिसेज विलियम कैलाघन, और ट्रांसलेटर के तौर पर अल्बर्टो डेल कोरल शामिल थे। हालांकि यह रिट्रीट पादरियों के लिए था, लेकिन दूसरे लोगों ने इसके बारे में सुना और प्रार्थना करने के लिए रिट्रीट ग्राउंड पर आए।

तो मेरे लिए यह कोई हैरानी की बात नहीं थी कि पिछली कॉन्फ्रेंस (शाम करीब 4 बजे) के बाद मिसेज़ कैलाघन, सिस्टर जीन और दूसरे लोग एक युवा कोलंबियाई महिला के लिए प्रार्थना कर रहे थे; उन्होंने मुझे उसका बिगड़ा हुआ पैर दिखाने के लिए बुलाया और बताया कि पहले ही कुछ

हो चुका है—कि पैर एक इंच या उससे ज़्यादा बढ़ गया है। तो मैं भी उनकी प्रार्थना में शामिल हो गया। 19 साल की महिला, टेरेसा पैटिनो से बात करते हुए, मुझे पता चला कि जब वह सिर्फ़ पाँच साल की थी, तो उसने एक दलदल में एक नुकीली चीज़ पर पैर रख दिया था। सही मेडिकल ध्यान न मिलने की वजह से, एक इन्फेक्शन हो गया और फिर उसकी हड्डी तक पहुँचकर ऑस्टियोमाइलाइटिस बन गया। इस वजह से उसका दाहिना पैर घुटने से नीचे तक टेढ़ा हो गया था। यह दूसरे पैर से करीब छह इंच छोटा था और मुड़ा हुआ भी था। वहाँ एक गहरा निशान भी था जहाँ बोन ग्राफ्ट की नाकाम कोशिश की गई थी।

जब हमने दो घंटे तक धीरे-धीरे प्रार्थना की, तो ऐसा लगा कि पैर करीब एक इंच बढ़ गया है। हममें से करीब आठ लोग बारी-बारी से उसका पैर पकड़कर प्रार्थना कर रहे थे (क्योंकि कई घंटों तक घुटनों के बल बैठने से दर्द हो सकता है)। बिशप ने खुद ग्रुप के साथ प्रार्थना की। फिर हमने रात के खाने के लिए ब्रेक लिया और उस रात दो घंटे और प्रार्थना करने वापस आए। फिर से, ऐसा लगा कि उसका पैर एक इंच और बढ़ गया है। साथ ही, मुड़ा हुआ पैर धीरे-धीरे सीधा हो रहा था। आप इसे होते हुए नहीं देख सकते थे, क्योंकि यह बहुत धीरे-धीरे हो रहा था, लेकिन हर 10 मिनट में लंबाई की तुलना करके, हम तुलनात्मक बदलाव देख सकते थे।

अगले दिन हम मेडिलिन में अल्बर्टो डेल कोरल के घर पर इकट्ठा हुए - फिर से बिशप उरीबे के साथ - और सुबह दो घंटे और दोपहर में दो घंटे प्रार्थना की, इस तरह की प्रार्थना आपसे बहुत कुछ छीन लेती है। इस दिन पैर एक और इंच बढ़ा हुआ लग रहा था (यह पिछले दिन लगभग तीन इंच बढ़ा था), इसलिए शाम तक दोनों पैरों के बीच केवल दो इंच का अंतर रह गया था। सबसे उल्लेखनीय बात यह है कि, हालांकि, दाहिना पैर, जो सपाट था और जिसमें कोई मेहराब नहीं था, बढ़ा और आकार बदला जब तक

कि मेहराब सामान्य पैर की तरह नहीं आ गया। विकृत पैर की उंगलियां, जो दूसरे पैर के आकार की लगभग आधी थीं, वे भी बढ़ीं जब तक कि वे लगभग उसके सामान्य पैर के आकार की नहीं हो गईं। कुछ ही घंटों में उसके दाहिने पैर की उंगलियों का आकार लगभग दोगुना हो गया था!

कई और अजीब बातें हुईं जिनसे हमें हीलिंग के बारे में पहले से सीखी हुई कुछ बातों को बेहतर ढंग से समझने में मदद मिली । वे शरीर की हीलिंग और स्पिरिचुअल हीलिंग के बीच के संबंध से जुड़ी थीं। हमें दो बार एहसास हुआ कि स्पिरिचुअल लेवल पर हीलिंग की ज़रूरत है; दोनों एहसास – एक सुबह, एक दोपहर – इसलिए हुए क्योंकि हीलिंग और ग्रोथ रुक गई थी। पहली बार रुकने के बाद हमें पता चला कि टेरेसा को अपनी माँ को माफ़ करने की ज़रूरत थी, जो ऑस्टियो बनने के बाद हुआ था। क्योंकि उसका परिवार गरीब था, इसलिए टेरेसा की माँ को टेरेसा को छोड़ना पड़ा और उसे दूसरे लोगों के साथ रखना पड़ा जो उसका सही मेडिकल इलाज करवा सकते थे। ऐसे हालात में यही एक चीज़ थी जो की जा सकती थी, लेकिन बचपन में टेरेसा को यह रिजेक्शन जैसा लगता था। जब हमने टेरेसा से उसकी माँ को माफ़ करने के लिए कहा और रिजेक्शन की उसकी भावनाओं की अंदरूनी हीलिंग के लिए प्रार्थना की, तो टेरेसा का पैर फिर से सीधा होने और बढ़ने लगा।

दूसरी घटना दोपहर में हुई जब पैर फिर से बढ़ना बंद हो गया (यह पता लगाना हमेशा मुश्किल होता था, क्योंकि इसे शायद आधे घंटे के दौरान तुलना करके ही चेक किया जा सकता था)। इस बार हमें पता चला कि टेरेसा का एक भाई कुछ साल पहले एक एक्सीडेंट में बुरी तरह घायल हो गया था और उसने अपनी अपाहिज हालत भगवान को सौंप दी थी कि अगर वह उसके भाई की जान बख्श दे। इसलिए उसे ठीक होने पर बुरा लग रहा था, क्योंकि उसे ऐसा लग रहा था कि वह भगवान से किए अपने वादे से मुकर रही है। यहाँ बिशप

उरीबे ने भगवान के प्रतिनिधि के तौर पर अपने अधिकार का इस्तेमाल करके मदद की और उसे ऐसी किसी भी कसम के असर से आज़ाद किया। एक बार फिर उसका पैर ठीक होने लगा।

जैसे ही प्रार्थना का वह दिन खत्म हुआ, हमने यह भी देखा कि उसके पैर पर गहरा निशान सतह के और करीब आ गया था और, दो जगहों को छोड़कर, अब वह बैंगनी रंग का था, जबकि पिछले दिन जब हमने शुरू किया था, तब वह पूरी लंबाई में बैंगनी रंग का था। क्योंकि अब तक उसका दाहिना पैर इतना बड़ा हो गया था कि ज़मीन तक पहुँच सके (सालों से उसे बैसाखी की ज़रूरत पड़ती थी क्योंकि उसका दाहिना पैर ज़मीन तक पहुँचने के लिए बहुत छोटा था), टेरेसा बचपन के बाद पहली बार चलने की कोशिश करना चाहती थी, लेकिन हमने उससे कहा कि जब तक वह डॉक्टर से चेकअप न कर ले, तब तक इंतज़ार करे।

अल्बर्टो ने उसे डॉक्टर के पास ले जाने और एक टीम बनाने का ऑफ़र दिया जो उसके साथ प्रार्थना करती रहेगी। बिशप उरीबे ने भी वादा किया कि वह हफ़्ते में एक बार उसके घर आकर उसके साथ प्रार्थना करेंगे। तब से उसका पैर बढ़ता रहा जब तक कि सिर्फ़ आधा इंच का फ़र्क नहीं रह गया। एक सेशन में उसका पैर तब तक मुड़ा जब तक कि उसके पैर के नीचे जो निशान गोल बना था, वह घुटने से पैर तक एक सीधी लाइन में नहीं बदल गया। ग्रुप ने एक डॉक्टर से चेकअप किया जिसने टेरेसा की जाँच की और कहा कि हड्डी अभी भी टूटी हुई और कमज़ोर है और अभी चलने-फिरने से मना किया। अल्बर्टो आगे की बातें बताते हैं: डॉक्टर के पास जाने के कुछ ही समय बाद, एक ग्रुप बिशप उरीबे के साथ आगे की प्रार्थना के लिए फिर से इकट्ठा हुआ। जैसे ही हमने टेरेसा पर हाथ रखा, हमने देखा कि जिस जगह हड्डी टूटी थी वह काफ़ी गर्म थी और गांठ का साइज़ काफ़ी कम हो गया था।

हमने करीब दो घंटे प्रार्थना की और आखिर में बिशप उरीबे ने टेरेसा से अपना पैर और पैर फैलाने को कहा, ऐसा करने से हमेशा बहुत दर्द होता था। हिचकिचाते हुए, टेरेसा ने अपना पैर फैलाया और ऐसा करते ही, हड्डी सालों में पहली बार अपनी जगह पर रही। पैर हिलाने पर उन्हें कोई दर्द या परेशानी महसूस नहीं हुई।

हम सब बहुत खुश और शुक्रगुजार थे, क्योंकि ऐसा लग रहा था जैसे हड्डी वेल्ड हो गई हो। हालांकि, हमने टेरेसा को सलाह दी कि वह अपना पैर इस्तेमाल करने से पहले डॉक्टर को दिखाए। कई दिनों बाद वह एक नहीं बल्कि दो डॉक्टरों को दिखाई दी, दोनों ने कन्फर्म किया कि उसकी हड्डी वेल्ड हो गई है।”

अब, 14 साल में पहली बार, टेरेसा फिर से चल पा रही है। यह अंदाज़ा लगाना नामुमकिन है कि इस असाधारण इलाज में कितने घंटे लगातार प्रार्थना की गई। और न ही कितने लोगों ने प्रार्थना की। और अभी भी और प्रार्थना की ज़रूरत है क्योंकि पैर को अभी और ठीक होने की ज़रूरत है। लेकिन ज़्यादातर इलाज, जिसके लिए उसके पैर और पंजे को बढ़ने, सीधा होने और ठीक होने की ज़रूरत थी—जब डॉक्टरों ने आगे किसी सुधार की उम्मीद छोड़ दी थी—अब हो चुका है।

फिर से—पक्के तौर पर कहना नामुमकिन है—मुझे नहीं लगता कि टेरेसा की कोई भी हीलिंग हो पाती अगर हमने हीलिंग के लिए प्रार्थना करने में लगने वाले समय के बारे में कुछ नहीं सीखा होता, और न ही अगर ऐसे दोस्त होते जो टेरेसा के आस-पास घंटों प्रार्थना करने को तैयार नहीं होते।

टेरेसा जैसे खराब पैर में बदलाव होते देखना रोमांचक है; जब उसे लगा कि उसका पैर मजबूत हो रहा है, तो उसकी आँखों में शुक्रगुजार होकर आँसू देखना ही वह इंसानी इनाम है जिसकी किसी को उसके साथ घंटों प्रार्थना करने के बाद कभी ज़रूरत होगी। लेकिन जब आप प्रार्थना करना शुरू करते हैं, तो आपको कभी नहीं पता होता—जब तक भगवान न

बताएं—कि कितना कुछ हो सकता है, या नहीं हो सकता। और यह मुश्किल काम है—कभी-कभी, थका देने वाला। कोई हैरानी नहीं कि जीसस ने अपने इलाज को "काम" कहा—"जो काम मैं अपने पिता के नाम पर करता हूँ, वे मेरे गवाह हैं" (Jn 10:25), न कि "चमत्कार।" भीगती हुई प्रार्थना के असर को देखकर मुझे ठीक होने का एक बिल्कुल नया नज़रिया मिला है। पहले जब मैं किसी अपाहिज के पास से गुज़रता था तो सोचता था कि क्या प्रार्थना उसे ठीक कर देगी, लेकिन साथ ही मुझे लगता था कि इलाज की संभावना – हालाँकि मुमकिन थी – बहुत कम थी। अब जब मैं किसी अपाहिज को देखता हूँ तो बस सोचता हूँ कि क्या वह ठीक नहीं हो सकता, या कम से कम उसमें काफ़ी सुधार नहीं हो सकता, अगर कोई ऐसा होता जो उसके पास बैठकर प्रार्थना करने का समय निकाल पाता।

लिखी "द पावर टू हील" से लिया गया एक हिस्सा । फ्रांसिस मैकनट उस समय एक कैथोलिक प्रीस्ट थे और कैथोलिक चर्च में करिश्माई रिन्यूअल पर बहुत असर डाल रहे थे। 1970 के दशक में उन्होंने प्रीस्ट का काम छोड़ दिया, आखिरकार शादी कर ली, फ्लोरिडा के एपिस्कोपल डायोसीज़ में शामिल हो गए और क्रिश्चियन हीलिंग मिनिस्ट्रीज़ शुरू की। आप मिनिस्ट्री की वेबसाइट www.christianhealingmin.org पर और जानकारी पा सकते हैं।

हेइडी बेकर और सुप्रेसा सिथोले – मौत के मुंह में पहुंचे पादरी को ठीक किया गया

3 अगस्त, मापुटो, मोज़ाम्बिक — हमारे मोज़ाम्बिक के नेशनल डायरेक्टर, सुप्रेसा सिथोले, नेगेटिव सोच नहीं पाते। पवित्र आत्मा से भरे होने के कारण, वह हर हाल में खुलकर मुस्कुराते हैं और आसानी से हंसते

हैं। वह जंगल में मेरे हमेशा के साथी हैं, और हम हर जगह साथ में प्रचार करने जाते हैं। यीशु ने उन्हें अलौकिक रूप से उनके गांव के जादूगर माता-पिता से दूर बुलाया और उन्हें हमारे चर्चों में एक शक्तिशाली लीडर बनाया है।

लेकिन आज एक पल के लिए वह ज़्यादा सीरियस हैं। वह साउथ अफ्रीका से फ़ोन पर हैं, और फिर से हमारे भरोसे का टेस्ट हो रहा है। साइमन नदुबानी, हमारे सबसे मज़बूत पादरियों में से एक और साउथ अफ्रीका में हमारे लीडरशिप कमीशन के मेंबर, बीमार हैं। असल में, वह लगभग मर चुके हैं। खांसी और डायरिया से शुरू होकर, वह एक साल से कमज़ोर होते जा रहे हैं, लेकिन डॉक्टर के लिए पैसे न होने से उनका डायग्नोसिस नहीं हो पाया है। लोग कहते हैं कि उन्हें एडवांस्ड पेट का कैंसर, या AIDS है — लेकिन उनका HIV-नेगेटिव टेस्ट हुआ है। आम तौर पर बहुत बड़े आदमी, वह पहले जैसे नहीं रहे। पिछले तीन दिनों में उनकी हालत बहुत ज़्यादा बिगड़ गई है। उन्हें बहुत दर्द हो रहा है। वह खा नहीं सकते। वह चल नहीं सकते। आज वह हिल भी नहीं सकते या बिस्तर पर करवट भी नहीं ले सकते। उनकी नज़र धुंधली है, और पिछले कुछ घंटों में उन्होंने बोलना और सुनना बंद कर दिया है।

यह समझना मुश्किल है, लेकिन साइमन हमारे सबसे काबिल प्रीचर में से एक रहे हैं, और उन्होंने बहुत विश्वास दिखाया है। जीसस ने उन्हें अंधे और अपाहिज लोगों को तुरंत ठीक करने के लिए इस्तेमाल किया है। उनके चर्च में कई परेशान लोग उनके पास प्रार्थना के लिए आए हैं, और उन्हें छुटकारा मिला है। उन्हें भगवान का एक महान आदमी माना जाता है। लेकिन अब वह मौत के दरवाज़े पर हैं, बेसहारा और लाचार। उनके पास न तो पैसे हैं, न इंश्योरेंस और न ही हेल्थ बेनिफिट्स। उनके परिवार के पास ट्रांसपोर्टेशन नहीं है। उनकी पत्नी रो रही हैं और अपनी मौत पर हैं।

यह सच में बहुत बुरी खबर है। भगवान की इज़्ज़त का क्या? हमारे चर्च ऐसी निराशा को कैसे संभालेंगे? हम क्या कहेंगे? सुरप्रेसा और मैं फ़ोन पर प्रार्थना करते हैं, और हम कई और लोगों के साथ प्रार्थना करते रहते हैं। सुरप्रेसा साइमन को हॉस्पिटल ले जाती है और उसके पतले, हड्डियों वाले शरीर को उसके कमरे तक ले जाती है। साइमन कोमा में है, और फिर भी सुरप्रेसा को उसे हर दस मिनट में टॉयलेट ले जाना पड़ता है। यह बहुत बड़ी गड़बड़ है। डॉक्टर को उम्मीद है कि साइमन आज रात मर जाएगा। अगर वह तीन दिन ज़िंदा रहता है, तो यह एक चमत्कार होगा। साइमन की पत्नी इतनी डरी हुई और परेशान है कि वह उसे देखने के लिए हॉस्पिटल भी नहीं आएगी।

सुरप्रेसा, हेइडी और मेरी कुछ दिनों में मोज़ाम्बिक में बड़ी कॉन्फ्रेंस मीटिंग होने वाली हैं। हमें हज़ारों बीमार और बेसहारा लोगों को खुशखबरी सुनानी है जिनके पास यीशु के अलावा कोई उम्मीद नहीं है। हम प्रभु की इज़्ज़त नहीं बचा सकते। हम बस उनसे प्यार करते रहेंगे। साइमन तुम्हारा है, यीशु। तुम उसके भगवान और डॉक्टर बनो। हम तुम्हारे हैं, और हम तुम्हारे लिए जीते रहेंगे।

और इस तरह पूरी रात और अगले दिन हम साइमन के लिए प्रार्थना करते रहे — और मापुटो और उत्तर में अपनी मीटिंग्स की तैयारी करते रहे। एक और रात आई, और साइमन अभी भी मुश्किल से ज़िंदा था। हम आगे बढ़े। ऊपर, उसके दिल में जाने के अलावा कोई रास्ता नहीं था। शनिवार आया, और उम्मीद है कि सुरप्रेसा आज रात हमारे दक्षिणी प्रांतों के लिए हमारी रीजनल कॉन्फ्रेंस शुरू करेंगे। लेकिन वह अभी भी साइमन के साथ हॉस्पिटल में है। मैंने उसे फिर से फ़ोन किया, विश्वास की अच्छी लड़ाई लड़ते हुए, क्योंकि उसे तुरंत मोज़ाम्बिक जाना है।

सरप्रिसा ने बड़े ही शांत अंदाज़ में जवाब दिया। “अच्छा, ऐसा लगता है जैसे कोई बड़ा चमत्कार हुआ है। मैं आज सुबह साइमन के साथ यहाँ बैठी थी, और हम घंटों बातें कर रहे थे और हँस रहे थे। असल में, साइमन को हॉस्पिटल जाने या यहाँ तक कि वह यहाँ क्यों है, यह भी याद नहीं है! वह ठीक है। डॉक्टर उसे थोड़ा और खून देंगे, कुछ टेस्ट करेंगे, और उसे घर भेज देंगे...”

सरप्रेसा साइमन को खाने और आने-जाने के लिए पैसे देती है, और मापुटो के लिए निकल जाती है जहाँ हमारी एक ज़बरदस्त मीटिंग होती है। कुछ दिनों बाद हमें फ़ोन पर पता चलता है कि साइमन सौ परसेंट ठीक है और वह सब कर रहा है जो वह पहले करता था... आख़िरी फ़ैसला यीशु का होगा!

आइरिस मिनिस्ट्रीज़ के 14 अगस्त 2002 के न्यूज़लेटर से। और पढ़ना चाहते हैं तो यहां जाएं: www.irismin.org

जेम्स मूर हिकसन – ल्यूपस से ठीक हुई महिला

हमारे समय में क्राइस्ट के ठीक होने का सबसे सुंदर उदाहरण एक गरीब औरत का है जो ल्यूपस से परेशान थी। वह कपड़े धोने का काम करके अपना गुज़ारा करती थी, लेकिन जैसे-जैसे समय बीता, लोग उसकी बीमारी की वजह से उसे काम पर रखने से डरने लगे। फिर उसे लगा कि वह अलग-थलग है, और उसे नहीं पता कि कैसे जीना है। उसकी तकलीफ़ और परेशानी इतनी ज़्यादा थी कि वह अपनी जान देकर सब कुछ खत्म करने के लिए ललचा गई। उसे प्रार्थना और हाथ रखने के लिए लाया गया, और मैं उस बेचारी छोटी औरत को कभी नहीं भूलूंगा, जो बहुत दुखी दिख रही थी, उसका चेहरा बीमारी से भरा हुआ था। मैं बस उसका हाथ पकड़कर क्राइस्ट के हाथ में रख सकता था। जब हम साथ

में प्रार्थना कर रहे थे, तो मुझे उनकी दया का इतना एहसास हो रहा था कि मैं अपने आंसू नहीं रोक सका। मुझे पता था कि जीसस हमारे साथ हैं, लेकिन उनकी रूहानी आँखें उन्हें देखने के लिए खुल गईं, और उसने बाद में मुझसे कहा, 'मैंने प्रभु को देखा। वह मेरे सामने खड़े थे, और उनके हाथ तुम्हारे हाथों पर थे।' हमारे प्रभु ने उस औरत को ठीक किया, और आज हम पूरे दिल से कह सकते हैं, या यह सच है 'हे मेरे मन, प्रभु को आशीर्वाद दे, और उसके सभी फ़ायदों को मत भूल: जो तेरे सारे गुनाहों को माफ़ करता है, जो तेरी सारी बीमारियों को ठीक करता है; जो तेरे जीवन को बर्बादी से बचाता है; जो तुझे प्यार और दया का ताज पहनाता है।'

जेम्स मूर हिकसन की किताब *"द ब्राइडग्रूम कमेथ"* से लिया गया अंश ।

एक श्राप टूट गया और एक महिला चल पड़ी

नीतिवचन 17:19 में लिखा है, "जो अच्छाई के बदले बुराई करता है, उस पर श्राप लगता है।" असलियत यह है कि अगर आप किसी ऐसे इंसान के साथ बुरा करते हैं जो आपके साथ अच्छा करता है, तो श्राप दिया जाएगा। एक और बात मार्क 11:12-14, 21&22 में है। यह यीशु का अंजीर के पेड़ को श्राप देना है। इस मामले में उन्होंने अंजीर के पेड़ को श्राप दिया लेकिन इसका असर एक दिन तक नहीं दिखा। लोग सोचते हैं कि क्योंकि वे श्राप देते हैं लेकिन समस्या तुरंत दिखाई नहीं देती, तो इसका कोई असर नहीं होता। इसका असर होता है, चाहे आप इसे एक पल में देखें या दस साल में। इसका असर लोगों पर ज़रूर होगा।

एक बार जब मैं मेक्सिको में था, तो मैंने एक औरत के लिए प्रार्थना की जिसे कुछ शारीरिक दिक्कत थी। भगवान ने मुझे एक बात बताई कि

उसके भाई-बहन उसे तीन साल की उम्र से श्राप देते थे। वह लगभग पूरी तरह से अपाहिज हो गई थी और हमें उसके पास जाकर उससे उसके भाई-बहनों को माफ़ करवाना था। मुझे उस पर लगे श्राप की ताकत को तोड़ना था और जब मैंने ऐसा किया तो भगवान ने उसे पूरी तरह से ठीक कर दिया। उसने अपना वॉकर लिया और उसे एक तरफ फेंक दिया और भगवान ने उसे वहीं ठीक कर दिया। मैं बस हैरान था कि सच में कोई चमत्कार हो सकता है। आपको पता है कि चर्च में उसके लिए कितनी बार प्रार्थना की गई थी और वह ठीक नहीं हुई? ऐसा होने का एक असली कारण था। जब आप लोगों के साथ इमोशनली, स्पिरिचुअली, या फिजिकली डील कर रहे होते हैं और कोई ब्रेकथ्रू नहीं मिलता है, तो आपको और गहराई से सोचना शुरू करना होगा और उस व्यक्ति की ज़िंदगी के और ट्रैक्स को देखना होगा।

ऐसा क्यों है, इसकी एक वजह है। क्या आप जानते हैं कि चर्च ठीक होने को लेकर इतना कन्फ्यूज्ड क्यों है? हम समझ नहीं पा रहे हैं कि भगवान क्यों कहते हैं कि वह लोगों को ठीक करेंगे और फिर वे ठीक नहीं हो रहे हैं। कृपया समझें, दया से, यह बिना किसी वजह के नहीं होता है। इस यूनिवर्स में कुछ भी बिना किसी वजह के नहीं होता है।

की

टीचिंग *"ब्लेसिंग एंड कर्सेस" से*। उनकी इजाज़त से इस्तेमाल किया गया। ज़्यादा जानकारी के लिए देखें: http://plumblinem.com http://healingandrevival.com/testimonies/?p=226

ग्रेटर एक्सप्लॉइट्स - 1- ऑडियो पॉडकास्ट लिंक्स

अध्याय 1 परिचय -
https://anchor.fm/otakada.org/episodes/Introd–to-Enough-is-Enough-to-Captivity-of-Satan-and-Welcome-to-Freedom-in-Christ—light-baptism-eshkai

चैप्टर 2 पार्ट 1 - https://anchor.fm/otakada.org/episodes/Part-1-Enough-is-Enough-to-Captivity-of-Satan-welcome-to-freedom-powered-by-hunger-and-anger-part-1-esfrdk

अध्याय 3 भाग 2
https://anchor.fm/otakada.org/episodes/Enough-is-Enough-to-Captivity-and-welcome-to-Freedom—How-to-heal-or-be-cured-of-COVID–19–part-2-er35cm

चैप्टर 4 पार्ट 3 -
https://anchor.fm/otakada.org/episodes/Enough-is-Enough-to-CAPTIVITY-of-the-devil–Welcome-to-FREEDOM-in-Christ-Jesus—Activation-part-3-er5bu4

अध्याय 5 भाग 4 -
https://anchor.fm/otakada.org/episodes/Enough-to-Captivity-of-Satan–Welcome-to-the-Freedom-in-Christ-can-Christians-be-demonized–Part-4-errv2l

चैप्टर 6 और 7 – पार्ट 5 और 6 -
https://anchor.fm/otakada.org/episodes/Seven-7-critical-

steps-to-deliverance--How-to-Identify-and-Expel-Demon-Groupings-part-5-6-esap4h

चैप्टर 8 पार्ट 7 - https://anchor.fm/otakada.org/episodes/The-Holy-Ghost-POWER-resident-in-YOU-in-words-transferred-through-the-air-into-WATER-and-OIL-part-7-esv324

चैप्टर 9 पार्ट 8 - पॉडकास्ट लिंक:
https://anchor.fm/otakada.org/episodes/Part-8—Enough-is-Enough-to-Captivity-of-Satan-and-Welcome-to-Freedom-in-Christ-Jesus—Where-on-et3d3

चैप्टर 10 पार्ट 9 -
https://anchor.fm/otakada.org/episodes/Freedom-from-Schizophrenia--QA-and-Practical-guidelines-on-Healing--deliverance-and-restoration-etgret

ग्रेटर एक्सप्लॉइट्स - 1 - वीडियो यूट्यूब लिंक्स

अध्याय 1 परिचय - https://youtu.be/B-JVbeIMBDY

अध्याय 2 भाग 1 - https://youtu.be/MrjLuZC8N1c

अध्याय 3 भाग 2 - https://youtu.be/ydFE_lD8SqU

अध्याय 4 भाग 3 - https://youtu.be/4A2heCj3B5I

अध्याय 5 भाग 4 - https://youtu.be/ILEBjZeQAMs

अध्याय 6 और 7 – भाग 5 और 6 - https://youtu.be/mzXVmNH880Q

अध्याय 8 भाग 7 - https://youtu.be/gUuO1IuRKnc

अध्याय 9 भाग 8 - https://youtu.be/9wzp-2vYLDQ

अध्याय 10 भाग 9 - https://youtu.be/f4NEJFp7A18

महान कारनामे – 1 – अध्याय 1– कैद के लिए बहुत हो गया और मसीह में आज़ादी का स्वागत है

इस अजीब दुनिया में भगवान की रोशनी फैलाना + पवित्र आत्मा में बैप्टिज़म के लिए प्रार्थना + ट्रेवर प्लेस के ट्रेवर फैरेल और रॉबर्ट डब्ल्यू. शैमबैक की 2 कहानियाँ, इलेक्ट्रिक चेयर से एक *आदमी की जान बचने पर - इंट्रो*

पवित्र शास्त्र संदर्भ:

मत्ती 5:14-16
द पैशन ट्रांसलेशन
14 "तुम्हारी ज़िंदगी दुनिया को रोशन करती है। दूसरों को दूर से अपनी रोशनी दिखाने दो, क्योंकि तुम एक शहर को कैसे छिपा सकते हो जो पहाड़ की चोटी पर बसा है? 15 और कौन दीया जलाकर उसे किसी अंधेरी जगह पर छिपाएगा? इसके बजाय, इसे ऐसी जगह रखा जाता है जहाँ घर का हर कोई इसकी रोशनी से फ़ायदा उठा सके।
16 इसलिए अपनी रोशनी को मत छिपाओ! इसे दूसरों के सामने चमकने दो, ताकि जो तारीफ़ के काम तुम करते हो, वे उन पर रोशनी बनकर चमकें, और फिर वे स्वर्ग में तुम्हारे पिता की तारीफ़ करेंगे।"

जैसे ही मैं शैतान की कैद के लिए बहुत हो गया और मसीह में आज़ादी में आपका स्वागत है – इस बुरी दुनिया में भगवान की रोशनी फैलाना + पवित्र आत्मा में बपतिस्मा + 2 कहानियाँ, का यह परिचय दे रहा हूँ, मैं

चाहूँगा कि हम इन सात ज़रूरी *A, B, C, D, E* , F और G गुणों को अपने अंदर नोट करें, याद रखें और इस्तेमाल करें (उठाएँ) ताकि हम उस दुनिया में मसीह की रोशनी फैलाने में सफल हो सकें जो शैतान के असर और कंट्रोल में है। मसीह में आज़ादी सिर्फ़ हमारे जीवन के आस-पास के फलों में ही दिखाई दे सकती है। ये सात गुण बहुत ज़रूरी हैं जो हमें वह सब बनने और करने में मदद करते हैं जो हमें बनना और करना है। वे हैं:

1- A: उपलब्धता

2- बी: साहस

3- सी: करुणा

4-डी: दृढ़ संकल्प

5- ई: ईमानदार प्यार

6-एफ: उग्र क्रोध

7-जी: अत्यधिक भूख

हमें प्रार्थना करके पवित्र आत्मा से मदद माँगनी चाहिए कि वह हमारे अंदर इन गुणों को अलग-अलग लेवल पर जगाए, जब मौके आते हैं या हम पवित्र आत्मा के कहने पर मौके बनाते हैं।

जब हम अपनी दुनिया में मुश्किल हालात का सामना करते हैं, तो सबसे बड़ी गलती जो हम कर सकते हैं, वह यह है कि हम उन तोहफ़ों और काबिलियत पर शक करने लगते हैं जो भगवान ने हममें से हर एक में हमारी अंधेरी दुनिया में भेजने के लिए दी हैं। हम जो नहीं करना चाहते,

वह है तोहफ़ों को दबा देना और कुछ न करना। हम सब पक्का मान सकते हैं कि भगवान हमसे हिसाब मांगेंगे कि हमने अपने अंदर के खजाने का इस्तेमाल उनकी महिमा के लिए कैसे किया।

ऊपर दिए गए धर्मग्रंथ पर विचार करते समय, ये सवाल उठ सकते हैं कि यह रोशनी क्या है? यह मेरे भगवान के दिए तोहफ़े में कैसे बदल जाती है और मुझे अपने अंदर की इस रोशनी को भगवान की महिमा के लिए अंधेरी दुनिया में बताने और ज़ाहिर करने के लिए असल में क्या करना चाहिए?

शुरुआत जीसस को देखने से होती है क्योंकि जीसस ही दुनिया की रोशनी हैं। हमें उन्हें अपनी दुनिया में दूसरों तक पहुंचाना है। आइए जीसस के विज़न और मिशन स्टेटमेंट में ल्यूक 4:18,19 को देखें क्योंकि उनका मिशन और विज़न स्टेटमेंट ही हमारा मिशन और विज़न स्टेटमेंट है:

लूका 4:18-21

द पैशन ट्रांसलेशन

18–19 "प्रभु की आत्मा मुझ पर है, और उसने मुझे गरीबों के लिए आशा, टूटे दिल वालों के लिए आज़ादी और अंधों के लिए नई आँखें बनने के लिए अभिषेक किया है, और कैदियों को यह उपदेश देने के लिए कि, 'तुम आज़ाद हो गए हो!' मैं जुबली का संदेश साझा करने आया हूँ, क्योंकि परमेश्वर की महान स्वीकृति का समय शुरू हो गया है।"

20 यह पढ़ने के बाद उसने किताब लपेटी, उसे पादरी को वापस दिया और बैठ गया। सब लोग यीशु को देख रहे थे, सोच रहे थे कि वह क्या कहने वाला है। 21 फिर उसने कहा, "ये पवित्र शास्त्र आज तुम्हारे सामने सच हुए।"

यीशु ने यह पक्का करने के लिए कि लोगों को इस मिशन और विज़न के बारे में कोई शक न रहे, ठीक वैसा ही किया जैसा उस भविष्यवाणी में उनके बारे में कहा गया था और उसे पूरा किया। आप यह लेख यहाँ पढ़ सकते हैं:

मत्ती 4:23-25

द पैशन ट्रांसलेशन

यीशु का चंगाई मंत्रालय

23 यीशु ने गलील के पूरे इलाके में जगह-जगह जाकर सेवा की। उसने सभाओं में सिखाया, राज की उम्मीद का प्रचार किया और लोगों में हर तरह की बीमारी और तकलीफ़ को ठीक किया। 24 उसकी शोहरत हर जगह फैल गई! बहुत से लोग जो हर तरह की बीमारी से परेशान थे, उन्हें यीशु के पास लाया गया ताकि वे ठीक हो सकें—मिर्गी के मरीज़, लकवा के मरीज़, और शैतानी ताकतों से परेशान लोग, सभी को आज़ाद किया गया। जो कोई भी यीशु के पास लाया गया, वह ठीक हो गया!

25 इस वजह से लोगों की एक बड़ी भीड़ उनके पीछे चलने लगी, जिसमें गलील, यरूशलेम, यहूदा देश, डेकापोलिस नाम के दस शहरों का इलाका और यरदन नदी के पार के लोग शामिल थे।

और शिष्यों को 3 साल तक ट्रेनिंग देने के बाद, उन्होंने उन्हें इस मिशन और विज़न स्टेटमेंट को लागू करने के लिए छोड़ दिया। हम इसका एक स्नैपशॉट यहाँ देख सकते हैं।

प्रेरितों के काम 5:12-16

द पैशन ट्रांसलेशन

प्रेरित चमत्कार, चिन्ह और चमत्कार करते हैं

12 प्रेरितों ने लोगों के बीच कई निशानियाँ, चमत्कार और चमत्कार
किए। 13 और विश्वासी लोग बहुत अच्छी तरह से एक थे क्योंकि वे
सोलोमन के चर्च नाम के इलाके में मंदिर के आँगन में रेगुलर मिलते थे। कोई भी उन्हें नुकसान पहुँचाने की हिम्मत नहीं करता था, क्योंकि हर कोई उनका बहुत सम्मान करता था।

14 लगातार ज़्यादा से ज़्यादा लोग प्रभु पर विश्वास करते गए और उनकी गिनती बढ़ती गई—पुरुषों और महिलाओं, दोनों की बड़ी भीड़।
15 असल में, जब लोगों को पता चला कि पतरस आने वाला है, तो वे बीमारों को सड़कों पर ले गए और उन्हें खाटों और चटाईयों पर लिटा दिया, यह जानते हुए कि उससे निकलने वाली ज़बरदस्त शक्ति उन पर छा जाएगी और उन्हें ठीक कर देगी। 16 आस-पास के गाँवों

से बहुत सारे लोग यरूशलेम में उमड़ पड़े। वे अपने साथ बीमारों और दुष्टात्माओं से परेशान लोगों को लाए—और हर कोई ठीक हो गया!

तो, किस बात ने इन आम लोगों को एक सुपरनैचुरल भगवान का सुपरमैन बना दिया? ऊपर बताए गए ABCDEFG गुणों से आपको क्या मदद मिल सकती है? इसका जवाब यीशु के आखिरी बयान में है।

प्रेरितों के काम 1:3-8

द पैशन ट्रांसलेशन

3 क्रूस पर दुख सहने के बाद, यीशु चालीस दिन तक इन्हीं प्रेरितों के सामने कई बार ज़िंदा दिखे। यीशु ने कई पक्के संकेतों से उन्हें साबित किया कि वह फिर से ज़िंदा हो गए हैं।

इन मुलाकातों के दौरान, उसने उन्हें परमेश्वर के राज्य 4 की सच्चाई सिखाई और उनके साथ खाना खाया। यीशु ने उन्हें बताया, "यरूशलेम मत छोड़ो, बल्कि यहीं रुको जब तक तुम्हें वह तोहफ़ा न मिल जाए जिसके बारे में मैंने तुम्हें बताया था, वह तोहफ़ा जिसका पिता ने वादा किया है। 5 क्योंकि यूहन्ना ने तुम्हें पानी में बपतिस्मा दिया था, लेकिन अब से कुछ दिनों में, तुम्हें पवित्र आत्मा में बपतिस्मा दिया जाएगा!"

6 हर बार जब वे इकट्ठा होते थे, तो वे यीशु से पूछते थे, "प्रभु, क्या अब समय आ गया है कि आप इस्राएल को आज़ाद करें और हमारा राज फिर से कायम करें?"

7 उसने जवाब दिया, "पिता ही तय तारीखें और उनके पूरे होने का समय तय करता है। उसने अपने अधिकार से जो कुछ भी तैयार किया है, उसका समय जानने की तुम्हें इजाज़त नहीं है। 8 लेकिन मैं तुमसे यह वादा करता हूँ—पवित्र आत्मा तुम पर आएगा और तुम ताकत से भर जाओगे। और तुम यरूशलेम, पूरे यहूदिया, दूर-दराज के इलाकों में—यहाँ तक कि धरती की सबसे दूर की जगहों तक मेरे संदेशवाहक बनोगे!"

जॉन ने इस बात पर ज़ोर दिया कि हमारी दुनिया में शैतान ही सब कुछ तय करता है और 1 जॉन 5:19 और 1 जॉन 3:8 में उस काम पर फिर से ज़ोर दिया जिसके लिए यीशु दुनिया में आए थे और मैंने पढ़ा:

1 यूहन्ना 5:19

द पैशन ट्रांसलेशन

19 हम जानते हैं कि हम परमेश्वर के बच्चे हैं और पूरी दुनिया शैतान के दुख और असर में है।

और **1 यूहन्ना 3:8**

द पैशन ट्रांसलेशन

8 लेकिन जो पाप में डूबा रहता है, वह शैतान का है, क्योंकि शैतान शुरू से ही पाप करता आया है। परमेश्वर के बेटे को इसलिए ज़ाहिर किया गया था ताकि शैतान के कामों को खत्म करके उन्हें खत्म कर सके।

यीशु ने मैथ्यू 12:29 में कहा – “कोई भी किसी ताकतवर आदमी के घर में घुसकर उसका सामान नहीं ले जा सकता, जब तक कि वह पहले उस ताकतवर आदमी को बांध न दे; तब वह उसके घर को लूट सकता है।

हम अपनी ताकत से शहर पर कब्ज़ा नहीं कर सकते, बल्कि पवित्र आत्मा की शक्ति से ही कर सकते हैं:

लूका 3:16 में यूहन्ना बपतिस्मा देने वाले को सुनें

द पैशन ट्रांसलेशन

16 लेकिन यूहन्ना ने उन्हें यह साफ़-साफ़ बताया, “एक आने वाला है जो मुझसे ज़्यादा ताकतवर है। वह सबसे ऊपर है। असल में, मैं उसका गुलाम बनने के भी लायक नहीं हूँ। मैं तुम्हें सिर्फ़ इस नदी में बपतिस्मा दे सकता हूँ, लेकिन वह तुम्हें पवित्रता की आत्मा और अपनी भड़कती आग में बपतिस्मा देगा।

पवित्र आत्मा वह मददगार है जो दुश्मन, शैतान के गढ़ को खत्म करने के बाद, मसीह की रोशनी फैलाकर अंधेरी दुनिया में राज्य को आगे बढ़ाने में हमारी मदद करेगा। हम पवित्र आत्मा में बैप्टिज़म के ज़रिए तैयार होते हैं।

पवित्र आत्मा में बपतिस्मा एक ताकत देने वाला अनुभव है, जो आत्मा से भरे विश्वासियों को गवाही और सेवा के लिए तैयार करता है, जहाँ हम ऊपर बताए गए 7 गुणों को बहुत आसानी से दिखा सकते हैं।

आप यह प्रार्थना करके पवित्र आत्मा का बपतिस्मा पा सकते हैं ताकि आपके पेट से जीवन के पानी की नदियाँ बहें जो आपको तरोताज़ा कर

दें और कड़े विरोध के बावजूद दुनिया में उसकी रोशनी फैलाने की सेवा के लिए आपको ताकत दें:

हमें प्रार्थना करनी चाहिए:

हे प्रभु, मुझे यीशु के नाम पर अपनी शक्ति का पात्र बनाओ। स्वर्ग को खुलने दो और हे परमेश्वर, अपनी महिमा को मुझ पर गिरने दो, यीशु के नाम पर। हे परमेश्वर मेरी आंखों, कानों और मुंह को बपतिस्मा दो कि मैं अद्भुत चीजें प्राप्त करूं, सुनूं और बोलूं। मैं यीशु के नाम पर ताज़ी आग और ताज़ा अभिषेक प्राप्त करता हूं। परमेश्वर की आग मेरे जीवन में अंधकार के हर काम को भस्म कर दे।

यीशु के नाम में, परमेश्वर की आत्मा मेरी बुद्धि, इच्छा और भावनाओं को शुद्ध करे।

परमेश्वर की आत्मा मेरी आत्मा, मन और शरीर को पवित्र करे, यीशु के नाम में

लूका 3:16 में अपने वादे के अनुसार मुझे पवित्र आत्मा और आग से बपतिस्मा दें।

हे प्रभु, दुनिया भर में मसीह के शरीर पर आपकी आत्मा का नया उंडेला जाना चाहिए। पिता, यीशु के नाम पर, मुझे वह सब चाहिए जो आपके पास मेरे लिए है।

मैं चाहता हूँ कि पवित्र आत्मा की पूरी शक्ति मेरे जीवन में काम करे और पवित्र आत्मा के सारे तोहफ़े काम करें। इसलिए मैं अब आपके

सामने खुद को विनम्र करता हूँ और आपसे आपके वचन के अनुसार विनती करता हूँ, मुझे अभी पवित्र आत्मा में बपतिस्मा दें। मैं खुद को उन तोहफ़ों में बहने के लिए सौंप देता हूँ जो पवित्र आत्मा मेरे ज़रिए दिखाएँगी या चमकेंगी।

परमेश्वर का अभिषेक, महिमा और शक्ति मुझ पर और मेरे जीवन में अभी आए।

मैं आज से ऊपर बताए गए सभी सात गुणों– उपलब्धता, हिम्मत, दया, पक्का इरादा और सच्चा प्यार के साथ सेवा के लिए ताकतवर बनूँ।

प्रभु यीशु, मुझे अपनी पवित्र आत्मा में बपतिस्मा देने के लिए धन्यवाद। आमीन।"

मैं अपनी ज़बान देता हूँ ताकि पवित्र आत्मा मुझे बोलने की शक्ति दे सके ताकि वह मेरे ज़रिए बोल सके। मुझे विश्वास से पवित्र आत्मा का बपतिस्मा मिलता है, यह मेरा है और अब यह मेरे पास है।

अब, बस परमेश्वर की स्तुति करना शुरू करें और जो शब्द आपके अंदर आते हैं उन्हें अपने मुँह से बाहर आने दें। आपको बोलना है, पवित्र आत्मा आपको शब्द देगा।

आप यह सब घर पर, कार में, ऑफिस में, कहीं भी कर सकते हैं, जहाँ आपको बुलाया जाए या प्रार्थना करने का मन हो।

हमारी सलाह को साबित करने के लिए, नीचे दो सच्ची कहानियाँ दी गई हैं, जिनमें आज हमने जो 7 बातें सीखीं, उनका इस्तेमाल किया गया है।

हम सभी को सुसमाचार का प्रचार करने और बीमारों को ठीक करके भगवान की मौजूदगी दिखाने के लिए बुलाया गया है। हम सभी बेसिक काम करने के लिए तैयार हैं, लेकिन हर किसी के पास इस काम में कोई खास काम या ऑफिस नहीं होता कि वह ठीक करने और छुटकारा दिलाने का काम करे।

हमारा मुख्य काम एडमिनिस्ट्रेशन हो सकता है, जो पवित्र आत्मा से सुपरचार्ज हो। हम सरकार में प्राइम मिनिस्टर के पद पर हो सकते हैं और हम भगवान के मकसद के पक्ष में कानून बनाकर किसी देश की किस्मत को सही रास्ते पर ला सकते हैं। कुछ लोग हॉस्पिटल में डॉक्टर हो सकते हैं जो भगवान की प्रेरणा और दवा से बीमारों को ठीक कर रहे हों।

आज हम ये दो कहानियाँ पेश कर रहे हैं और मैं आपको इन कहानियों में ऊपर बताई गई 7 खूबियों पर ध्यान देने के लिए कहूँगा:

एक कहानी तेरह साल के ट्रेवर की है, जिसने बेघर लोगों के लिए समाज में फैली बुराइयों को दूर करने का हिम्मत वाला कदम उठाया और दूसरी कहानी एक ऐसी महिला के बीच टकराव की है, जिसके बेटे को इलेक्ट्रिक चेयर पर फांसी दी जानी थी और आखिरी मिनट में प्रचारक की प्रार्थना ने फांसी टलवा दी:

ट्रेवर फैरेल

ट्रेवर फेरेल (जन्म 1972) एक अमेरिकी नागरिक हैं, जिन्होंने टीनएजर के तौर पर बेघर लोगों की मदद करने की अपनी कोशिशों से लोगों का ध्यान खींचा। उन्होंने 1983 में, जब वह 11 साल के थे, ट्रेवर कैंपेन फॉर द होमलेस शुरू किया। 8 दिसंबर, 1983 को, उन्होंने सड़क पर रहने वाले लोगों पर एक न्यूज़ प्रोग्राम देखा। इससे उन्हें अपने माता-पिता, फ्रैंक और जेनेट फेरेल से पूछने का मन हुआ कि वह कैसे मदद कर सकते हैं। वे उस रात अपने बेटे को फिलाडेल्फिया ले गए ताकि सेंटर सिटी में यूनियन लीग के सामने फुटपाथ पर सो रहे एक बेघर आदमी को बिस्तर दे सकें। बाद में उन्होंने और उनके माता-पिता ने एक बेघर शेल्टर, ट्रेवर प्लेस बनाया। उनके माता-पिता ने एक किताब भी लिखी, जिसका नाम ट्रेवर प्लेस था, जिसमें इस तरह किए गए कामों के बारे में और बताया गया था, साथ ही आगे और कार्रवाई करने की अपील भी की गई थी। यह 1985 में पब्लिश हुई थी।

ट्रेवर फैरेल के काम को प्रेसिडेंट रोनाल्ड रीगन ने 1986 में अपने स्टेट ऑफ़ द यूनियन भाषण में पहचाना था। शेल्टर की एक्टिविटीज़ को दिखाने वाली एक टीवी मूवी, जिसका टाइटल क्रिसमस ऑन डिवीज़न स्ट्रीट था, 1991 में एयर हुई थी। इसमें एक्टर फ्रेड सैवेज ने ट्रेवर का रोल किया था। लाइफस्टोरीज़: फैमिलीज़ इन क्राइसिस सीरीज़ के 1994 के एक एपिसोड, जिसका टाइटल ब्रदरली लव: द ट्रेवर फैरेल स्टोरी था, में भी उनकी कोशिशों के बारे में बताया गया था।
जब फैरेल 18 साल के थे, तो परिवार ने कैंपेन में अपनी कोशिशें बंद कर दीं। फैरेल अभी यूनाइटेड पार्सल सर्विस के लिए काम करते हैं और फिलाडेल्फिया में लैंकेस्टर एवेन्यू पर एक थ्रिफ्ट शॉप चलाते हैं। 1985 में, फैरेल को 35 साल या उससे कम उम्र के व्यक्ति द्वारा सबसे बड़ी पब्लिक सर्विस के लिए सैमुअल एस. बियर्ड अवॉर्ड मिला, यह अवॉर्ड जेफरसन अवॉर्ड्स हर साल देता है।
पूरी कहानी:

कहानी 1: ट्रेवर की कहानी, जो एक लापरवाह और प्यार न करने वाली दुनिया में मसीह का प्यार फैलाता है।

ट्रेवर नाम के एक लड़के के बारे में एक सच्ची कहानी। यह दिखाती है कि बच्चे ऐसी छोटी-छोटी चीज़ें कर सकते हैं जिनसे बड़ा फ़र्क पड़ता है। एक रात ट्रेवर वही कर रहा था जो दूसरे 13 साल के बच्चे करते हैं: वह टीवी देख रहा था। न्यूज़ में उसने फिलाडेल्फिया के एक डाउनटाउन इलाके में, जहाँ वह रहता था, कुछ बेघर लोगों के बारे में एक कहानी देखी जो ठंड में सड़कों पर सो रहे थे। ट्रेवर ने कभी सोचा भी नहीं था कि वह कितना खुशकिस्मत है कि वह उसी शहर के एक अच्छे-खासे इलाके में रहता है। बेघर लोगों की कहानी ने उसके दिल को छू लिया और वह सोचने लगा कि वह इन लोगों की मदद के लिए क्या कर सकता है। ट्रेवर के लिए इसे भूलना आसान रहा होगा। टीवी पर कई बार ऐसी दुखद कहानियाँ देखने को मिलती हैं। यह भी एक ऐसी कहानी हो सकती है जिसे उसने नज़रअंदाज़ कर दिया हो। ट्रेवर ने भी सोचा होगा, अच्छा, मैं इसके बारे में क्या कर सकता हूँ? मैं तो बस एक बच्चा हूँ, लेकिन उसने ऐसा नहीं किया। इसके बजाय वह सोचने लगा कि वह कैसे मदद कर सकता है और इससे उसे याद आया कि उनके गैराज में कुछ फालतू, बिना इस्तेमाल किए कंबल पड़े थे। इसलिए, वह अपने पिता के पास गया और पूछा कि क्या वह उन्हें शहर के उन लोगों के पास ले जा सकते हैं जिनके पास रात में रहने के लिए कोई घर नहीं है।

ट्रेवर के पिता को शायद यह रिक्वेस्ट थोड़ी अजीब लगी होगी। हमारे लिए जो चीज़ें हमारे पास हैं, उन्हें संभालकर रखना आसान है, बड़ों के लिए यह सोचना आसान है कि उन्होंने जो कुछ भी पाया है, उसके लिए उन्होंने बहुत मेहनत की है, तो वे उसे क्यों दें? मुझे लगता है कि यह ठीक वैसा ही है जैसे कोई बच्चा सोचता है, इस नई बाइक को खरीदने में मदद

के लिए अपनी पॉकेट मनी बचाने में बहुत समय लगा, तो मैं इसे अपने दोस्त को क्यों उधार दूं जिसे जल्दी घर जाना है?

अब, ट्रेवर के पापा एक अच्छे दिल वाले आदमी थे। वह ट्रेवर को शहर ले गए ताकि सड़कों पर कुछ लोगों को उनके कुछ एक्स्ट्रा कंबल दे सकें। मुझे लगता है कि जब उस रात सोने का समय आया तो लोग नए कंबलों की एक्स्ट्रा गर्मी से बहुत खुश थे।

ट्रेवर भी खुश था। उसे कंबल बांटकर अच्छा लगा। उसे अंदर से एक गर्माहट महसूस हुई, जैसे वह खुद एक इमोशनल कंबल में लिपटा हुआ हो। लेकिन उसे एहसास हुआ कि इसमें एक रिस्क था—हो सकता है कि यह इतना अच्छा लगे कि आप इसे दोबारा करना चाहें।

अगले दिन ट्रेवर अपने लोकल किराने की दुकान और अपने पड़ोस की दूसरी पब्लिक जगहों पर गया जहाँ नोटिस बोर्ड लगे थे। उसने लोगों से कहा कि वे कोई भी फालतू कंबल या खाना दान कर दें जिसकी उन्हें ज़रूरत नहीं है। नतीजा हैरान करने वाला था। दयालुता फैलने वाली होती है। ट्रेवर ने पाया कि इतने सारे लोग मदद करने को तैयार थे कि एक हफ़्ते के अंदर उसने अपने पापा का गैराज खाने और कंबलों से भर दिया। ट्रेवर ने अपनी दयालुता से जो शुरू किया था, वह बढ़ता गया और पूरे इलाके में फैल गया। ज़्यादा समय नहीं लगा जब लोगों की उदारता उसके पापा के गैराज से बाहर निकलने लगी और ट्रेवर और उसके पापा को दान किए जा रहे सभी तोहफ़ों को रखने के लिए एक बड़ी बिल्डिंग ढूंढनी पड़ी। क्या आप यकीन करेंगे कि अब पूरे फिलाडेल्फिया में कई खास वेयरहाउस हैं जो बेघर लोगों को खिलाने और गर्म रखने के लिए खाना और कंबल रखते हैं? उन सभी को "ट्रेवर प्लेस" कहा जाता है।

हमारे दावे में विचार के लिए कहानी 1 का इस्तेमाल :

'क्या ऐसा हो सकता है कि भगवान नाइजीरिया में अल्माजारी मुद्दे को सुलझाने के लिए किसी को बुला रहे हों, उन्हें रहने, खाने और ईसाई धर्म पर आधारित शिक्षा देकर हमारी ज़मीन पर एक अच्छी पीढ़ी तैयार करने के लिए? अगर हम ऐसा नहीं करते हैं, तो शैतान उन्हें मारने, चोरी करने और बर्बाद करने के अपने मकसद के लिए हाईजैक कर लेगा। हम जितनी चाहें बातें कर सकते हैं, लेकिन हमारा काम है कि हम सबके बावजूद मसीह की रोशनी और प्यार फैलाएं और इससे वे हमारे यीशु के बारे में हमारी बातें सुनने के लिए तैयार होंगे। मैथ्यू 25:1-46 पढ़ें।

कहानी 2: इलेक्ट्रिक चेयर से आदमी की जान बची – पादरी की बेटी की कहानी – एक अन्यायी दुनिया में मसीह की रोशनी फैलाने में प्रार्थना की शक्ति /

1960 में वे न्यूर्क, न्यू जर्सी में उपदेश दे रहे थे। समय: रात के 9:30 बजे। एक औरत बीच वाली लाइन से चलकर आई, और मेरे पिता, आर.डब्ल्यू. शैमबैक, जानते थे कि इसका क्या मतलब है। इसका मतलब था कि कोई उनके संदेश में रुकावट डालने वाला है। वह बीच वाली लाइन से चलकर उस रात उपदेशक के ठीक सामने खड़ी हो गई। उनके हाथ में बाइबिल थी और वे एक मास्टरपीस उपदेश दे रहे थे! किसी की हिम्मत कैसे हुई कि वह भगवान के आदमी को बीच में टोके?

असल में, वह प्यारी औरत अपने बेताब विश्वास से उसे टोक रही थी, ठीक वैसे ही जैसे चार आदमियों ने उस जगह की छत उखाड़ दी थी जहाँ यीशु सिखा रहे थे ताकि उनके दोस्त को चमत्कार मिल सके। उनके विश्वास ने प्रभु को प्रेरित किया, और असली विश्वास यही करता है।

जब न्यूर्क में वह महिला मेरे पिता के पास आई, तो उसने कहा, "भाई शमबाख, मुझे माफ़ कर दीजिए। मैंने अपनी ज़िंदगी में कभी किसी प्रीचर को नहीं रोका। लेकिन यह एक इमरजेंसी है। मेरा बेटा रात दस बजे इलेक्ट्रिक चेयर पर मरने वाला है।"

अपने ही कबूलनामे से, भाई शमबाख ने सोचा, "हे भगवान!" उसने उसे उपदेश देने से रोक दिया। जब उसने यह सुना, तो वह एक और शब्द भी उपदेश नहीं दे सका।

उन्होंने हॉस्पिटल में मर रहे लोगों के लिए प्रार्थना की थी, लेकिन उन्होंने कभी किसी ऐसे व्यक्ति के लिए प्रार्थना नहीं की थी जो इलेक्ट्रिक चेयर पर मरने वाला था। इस आदमी को उसके साथियों की जूरी ने दोषी ठहराया था। उसे दोषी पाया गया था। वह उस मर्डर की सज़ा पाने के लिए मरने वाला था जिसके बारे में उन्होंने कहा था कि उसने किया था—और यह तीस मिनट में होने वाला था। भाई शैमबैक उपदेश नहीं दे सकते थे! उन्होंने किताब बंद कर दी। वह प्रार्थना भी नहीं कर सकते थे! उन्होंने चर्च में सबसे खड़े होने को कहा।

लोग अक्सर मेरे पिता से पूछते थे, "क्या मुझे पवित्र आत्मा की ज़रूरत है?" जब हम इस महिला जैसी ज़रूरतों का सामना करते हैं, तो व्यक्ति को पता नहीं होता कि प्रार्थना कैसे करें। इसलिए हम सभी को पवित्र आत्मा की भरपूर ज़रूरत है!

पवित्र आत्मा ने मेरे पिता के ज़रिए प्रार्थना करना शुरू किया। उन्होंने कहा कि उन्हें ऐसा लगा जैसे किसी ने उन पर एक चोगा डाल दिया हो—यह चमत्कारों के लिए अभिषेक का चोगा था, और वह अभिषेक को महसूस कर सकते थे। जब वह दूसरी भाषाओं में प्रार्थना कर रहे थे, तो उन पर दोगुना हिस्सा आ गया। फिर, जैसा कि उन्होंने कहा, उन्होंने इंग्लिश में

प्रार्थना करके पवित्र आत्मा की बातें सुनना शुरू कर दिया। जब उन्होंने इंग्लिश में प्रार्थना करना शुरू किया, तो वह जो कह रहे थे, उससे वह चौंक गए:

"हे प्रभु, यीशु के नाम पर, पवित्र आत्मा के ज़रिए असली हत्यारे को दोषी ठहराओ। उससे जुर्म कबूल करवाओ।"

अंदर, मेरे पिता खुद को कोस रहे थे। उन्होंने सोचा, चुप हो जाओ, बेवकूफ़। उस आदमी को पहले ही दोषी ठहराया जा चुका है। वह भगवान से असली कातिल को पकड़ने के लिए कह रहे थे। उन्हें नहीं पता था, लेकिन पवित्र आत्मा जानती थी कि इस औरत के बेटे ने जुर्म नहीं किया है। पवित्र आत्मा मेरे पिता के ज़रिए प्रार्थना कर रही थी, "असली कातिल को पकड़ो और उससे गुनाह कबूल करवाओ।"

जब पापा ने प्रार्थना खत्म की, तो उन्होंने उस औरत की तरफ देखा और कहा, "घर जाओ, बिस्तर पर जाओ—और सो जाओ! तुम्हारा बेटा इलेक्ट्रिक चेयर पर नहीं मरेगा!" उन्होंने फिर खुद को डांटा, यह सोचते हुए, चुप रहो, बेवकूफ प्रीचर! याद रखना, तुम्हें कल रात यहाँ वापस आकर प्रीच करना है!

कभी-कभी पवित्र आत्मा ऐसी बातें कहेगी जिन पर आपके लिए यकीन करना मुश्किल होगा। कभी-कभी जब आप उपदेश दे रहे होते हैं, तो आप ऐसी बातें कह देते हैं जो आपको चौंका देती हैं। लेकिन यह आप नहीं बोल रहे हैं, यह पवित्र आत्मा बोल रही है।

क्या आप इस कहानी के नतीजे के लिए तैयार हैं?

डैड अपने होटल वापस आए और सोने चले गए। अगली सुबह वे उठे और एक ब्लॉक दूर डाइनर में गए। अंदर जाते हुए, उन्होंने न्यूयॉर्क डेली न्यूज़

खरीदा। वाह! क्या आप कभी अखबार देखकर चिल्लाए हैं? हाँ, वे चिल्लाए थे। आपको पता है हेडलाइन क्या थी? "इलेक्ट्रिक चेयर से आदमी की जान बची—कहानी पेज 3 पर।" उन्होंने नाश्ता नहीं किया। ओह, नहीं। वे उस किनारे पर बैठ गए और अखबार फाड़कर पेज तीन पर ले आए। डैड को याद था कि अखबार में क्या लिखा था। वे आपको डिस्ट्रिक्ट अटॉर्नी का नाम बता सकते थे। उनका नाम मिस्टर होगन था। कहानी में लिखा था, "कल रात 9:40 बजे, मिस्टर होगन को एक आदमी का फ़ोन आया।" (याद है, जब उस औरत ने सर्विस में खलल डाला तो 9:30 बज रहे थे। 9:40 बजे, भगवान ने उस औरत की प्रार्थना सुन ली। ओह, हालेलुया!) दूसरी तरफ़ वाले आदमी ने कहा, "तुम गलत आदमी को जला रहे हो।"

"तुम्हारा क्या मतलब है? यह कौन है?" मिस्टर होगन ने पूछा।

"कोई बात नहीं, वह कौन है। लेकिन आपके पास एक आदमी है जिसे अपर ब्रोंक्स में एक आदमी की हत्या के लिए इलेक्ट्रिक चेयर पर मौत की सज़ा मिलनी है। आपको उसकी बॉडी दूसरी मंज़िल के अपार्टमेंट में मिली, जिस पर चाकू के घाव थे और वह मुँह के बल लेटा हुआ था।"

मिंस्टर होगन ने कहा, "आपको यह कैसे पता?"

उसने कहा, "मैंने ही यह अपराध किया है।"

"आप कहां हैं?" मिस्टर होगन ने पूछा।

उसने जवाब दिया, "मैं एक खास इलाके से दो ब्लॉक दूर हूँ। और मैं सरेंडर करने जा रहा हूँ।"

मिस्टर होगन ने फांसी रुकवा दी। वह थाने गए और नए संदिग्ध से सुबह तीन बजे तक पूछताछ करते रहे, वही सवाल दोहराते रहे। "तुमने सरेंडर क्यों किया?"

बार-बार एक ही जवाब आया, "यार, मेरा कभी भी सरेंडर करने का कोई इरादा नहीं था। लेकिन जब मैंने कल रात तुम्हें फ़ोन किया, तो कुछ ऐसा हुआ कि मुझे कन्फ़्यूज़ होना पड़ा।"

मुझे उम्मीद है कि आप ऊपर दी गई कहानियों में 7 खासियतें समझ गए होंगे?

जाओ और उसी तरह करो जिस दायरे में भगवान ने तुम्हें बुलाया है। अपने दिल की सुनो!

प्रभु आपके जीवन को तब तक बढ़ाए जब तक आपके तोहफ़े अंधेरी दुनिया में रोशनी न बिखेर दें, यीशु के नाम में, आमीन

ग्रेटर एक्सप्लॉइट्स - 1 - चैप्टर 2 - दो (2) कहानियाँ - कहानी एक: नोरवेल हेस द्वारा:

चमत्कार – अपनी बेटी के हाथ से क्रिएटिव चमत्कार और भारत में रॉबर्ट शैमबैक के कारनामे + सेल्फ-डिलीवरेंस प्रेयर स्क्रिप्ट + हीलिंग, डिलीवरेंस और रेस्टोरेशन एग्रीमेंट प्रेयर पार्ट 1

प्रिय मित्रों,

TOTAL SALVATION – हीलिंग, डिलीवरेंस और रेस्टोरेशन – स्पिरिट, सोल और बॉडी के लिए तैयार करने की हमारी सीरीज़ में आपका स्वागत है, आपके लिए, आपके दोस्तों के लिए और उन सभी के लिए जिन्हें भगवान के टच की सख्त ज़रूरत है।

मैं आज आपके लिए दो रोमांचक कहानियाँ लाया हूँ ताकि आपका विश्वास मज़बूत हो सके, ताकि आप आज अपना चमत्कार पाने के लिए या किसी और के लिए विश्वास से जुड़ सकें। इस मैसेज के आखिर में, एक प्रार्थना और संपर्क का पॉइंट है जिससे आप इस मीडिया के ज़रिए हीलिंग, छुटकारा और ठीक होने के लिए भगवान की शक्ति से जुड़ सकें – आत्मा, मन और शरीर, यीशु के नाम में, आमीन। तो, तैयार रहें!

"बीमारी, गरीबी और आध्यात्मिक मौत के लिए बहुत हो गया और आपकी आत्मा, मन और शरीर की हीलिंग, मुक्ति और बहाली सीरीज़ में आपका स्वागत है" नाम की यह सीरीज़ आपके लिए है, अगर आप इनमें से किसी भी सवाल का जवाब हाँ में देते हैं:

1) क्या आपने कुछ या किसी को खोया है या आप कुछ या किसी को खो रहे हैं या आप लगातार कुछ या किसी को खोने के डर और तकलीफ में रहते हैं?

2) क्या आपके साइकिल में कोई इस समय नुकसान महसूस कर रहा है?

तो ये इक्विपिंग सीरीज़ आपके लिए है, यह आपके बेटों और बेटियों के लिए है; यह आपके पिता और माता के लिए है, यह आपके चाचा और चाची के लिए है, यह आपके भतीजे और भतीजी के लिए है, यह आपके दोस्तों और दुश्मनों के लिए है। यह उन सभी के लिए है जिनमें जीवित ईश्वर की सांस है।

एक अच्छी बात यह है कि मैं आप सभी को प्रीस्टली ड्रेस के लिए बधाई देने के लिए धन्यवाद देना चाहता हूँ, जो क्राइस्ट में मेरे एम्बेसडर के पद को दिखाती है। हम सभी को यह समझना चाहिए कि हम एम्बेसडर हैं और प्रीस्टली ऑफिस में बुलाए गए हैं। हमें तस्वीरों और विज़ुअल डेमोंस्ट्रेशन का इस्तेमाल करके लिखे हुए शब्दों को अपने रोज़ के अनुभव से जोड़ने की ज़रूरत है ताकि हम खुद को लगातार इस बड़ी ज़िम्मेदारी की याद दिला सकें कि हम इंसानियत की सेवा करें – चाहे वे आज़ाद हों या आज़ाद नहीं – और काम करते रहें – हमें जो कहना है वो करना चाहिए। हमें सबूत बनाने वाले बनना चाहिए।

मेरे इंतज़ार के समय में उस हैसियत से सेवा करना और उस काम के लिए सही कपड़े पहनना एक लीडिंग अनुभव था जिसके लिए उन्होंने मुझे बुलाया था। हम सब रॉयल प्रीस्टहुड हैं – हम सब, क्राइस्ट में विश्वास करने वाले सभी लोग अपने आप में रॉयल क्लास में हैं। हम दुनिया के बनाने वाले के बेटे और बेटियाँ हैं, जीसस क्राइस्ट हमारे भाई हैं और हमें जीसस के नाम पर दूसरों की सेवा करने के लिए बुलाया गया है, आमीन।

ऊपर बताई गई बात को साबित करने के लिए, मैं आज अपॉसल **पीटर, जॉन और पॉल को** गवाही देने के लिए बुलाता हूँ:

1 पतरस 2:9

एम्प्लीफाइड बाइबिल

9 लेकिन तुम एक चुना हुआ वंश, एक शाही याजकों का समाज, एक पवित्र राष्ट्र, और परमेश्वर की अपनी संपत्ति के लिए एक खास लोग हो, ताकि तुम उसकी महानता [अद्भुत कामों और गुणों और परफेक्शन] का ऐलान कर सको जिसने तुम्हें अंधेरे से अपनी अद्भुत रोशनी में बुलाया है।

प्रकाशितवाक्य 1:5-6

एम्प्लीफाइड बाइबिल

5 और यीशु मसीह की ओर से, जो[a] विश्वासयोग्य और विश्वसनीय
गवाह, [b] मरे हुओं में से ज्येष्ठ, और पृथ्वी के राजाओं का शासक
है। उस की ओर जो [हमेशा] हमसे प्रेम रखता है और जिसने [एक ही
बार में] [c] हमें अपने लहू (अपनी बलिदानी मृत्यु) के द्वारा हमारे पापों
से छुड़ाया [या हमें धोया] - 6 और हमें एक राज्य [अपनी प्रजा के

रूप में], [d] अपने परमेश्वर और पिता के लिए याजक बनाया - महिमा, शक्ति, वैभव और प्रभुत्व युगानुयुग उसी का हो। आमीन।

2 कुरिन्थियों 5:20

एम्प्लीफाइड बाइबिल

[20] इसलिए हम मसीह के राजदूत हैं, मानो परमेश्वर हमारे ज़रिए अपील कर रहा हो; हम [मसीह के प्रतिनिधि के तौर पर] मसीह की तरफ़ से तुमसे गुज़ारिश करते हैं कि तुम परमेश्वर के साथ मेल-मिलाप कर लो।

भगवान के घर में लोगों का कोई खास ग्रुप नहीं है क्योंकि हम सब भाई हैं। जीसस अपने समय की मौजूदा हालत में रुकावट डालने आए थे और क्राइस्ट के तौर पर, हमें उस रुकावट को बनाए रखना चाहिए ताकि उनका काम इंसानों की परंपरा से बिना रुके चलता रहे।

मैं मार्क को गवाह के तौर पर बुलाता हूँ, ताकि वह यीशु की आज्ञाओं और इंसानों की परंपराओं के बारे में कही गई बातों की गवाही दे सके:

मरकुस 7:8

एम्प्लीफाइड बाइबिल

[8] तुम परमेश्वर की आज्ञा को अनसुना करते हो, और मनुष्यों की रीति-रिवाज़ों से चिपके रहते हो।"

तो, अगर मार्क 16:15-18 में दिया गया आदेश हमारे चर्चों में काम नहीं कर रहा है, तो इसका मतलब है कि इंसानों की परंपरा ने परमेश्वर के

आदेशों की जगह ले ली है कि बाहर जाओ, चेले बनाओ और अविश्वासियों को अपनी शक्ति दिखाओ।

अगर भगवान ने हमें बनाया है, तो इंसान का क्या काम है? सिवाय इंसानों की परंपरा को फैलाने के। भगवान को भगवान रहने दो और हर आदमी, औरत या संगठन को झूठा रहने दो!!!

हमारी स्थिति दुनिया की ज़िम्मेदारी की स्थिति जैसी नहीं है। हमें हर मोर्चे पर सेवक लीडर बनना है। यीशु की बातें पढ़ें

मरकुस 9:35

एम्प्लीफाइड बाइबिल

35 फिर वह बैठकर बारह चेलों को बुलाकर उनसे बोला, "अगर कोई सबसे बड़ा बनना चाहता है, तो उसे सबसे छोटा और सबका सेवक बनना होगा।"

अब, मिनिस्ट्रेशन: **बीमारी, गरीबी और आध्यात्मिक मौत के लिए बहुत हो गया और आपकी आत्मा और शरीर की हीलिंग, मुक्ति और बहाली सीरीज़ में आपका स्वागत है।**

आज की सीरीज़ है, 'बहुत हो गया, भूख से ताकतवर होकर भगवान से पाना है' और 'शैतान पर गुस्सा जो उसने हमारी विरासत हमसे छीन ली!' – पार्ट 1

इस मैसेज के आखिर में, मैं आपको इन मीडिया के ज़रिए संपर्क करके जीवित यीशु के साथ एक रिश्ता बनाने के लिए बुलाऊँगा ताकि आपकी आत्मा को मुक्ति मिले, फिर आपकी आत्मा को मुक्ति मिले और आपके

शरीर और यीशु मसीह के नाम पर आपने जो कुछ भी खोया है, उसकी मुक्ति मिले। मैं वहाँ एक सहमति वाली प्रार्थना रख रहा हूँ, आपको बस उसे छूना है और आप ठीक हो जाएँगे। लेकिन पहले, हमें बात करने की ज़रूरत है ताकि आप भगवान से पाने के लिए सही मन की स्थिति में आ सकें।

यीशु ने ल्यूक 4:17-21 में अपने मिशन और अपने विज़न के बारे में ज़ोर से और साफ़ तौर पर बताया, जो था, है और हमेशा रहेगा, सभी इंसानों के लिए मुक्ति-आज़ादी दिलाना, चाहे वे काले, गोरे, भूरे, छोटे, लंबे वगैरह हों।

लूका 4:17-21

द पैशन ट्रांसलेशन

16–17 जब वह नासरत में आया, [a] जहाँ वह पला-बढ़ा था, तो वह हमेशा की तरह सब्त के दिन आराधनालय में गया। जब यीशु पवित्रशास्त्र पढ़ने के लिए आगे आया, [b] तो उन्होंने उसे भविष्यद्वक्ता यशायाह की पुस्तक दी। उसने पुस्तक को खोला और पढ़ा जहाँ लिखा था,
18–19 "प्रभु की आत्मा मुझ पर है, और उसने मुझे गरीबों के लिए आशा [c] , टूटे दिलों के लिए आज़ादी और अंधों के लिए नई आँखें [d] और कैदियों को उपदेश देने के लिए अभिषेक किया है, [e] 'तुम आज़ाद हो गए हो!' मैं जुबली का संदेश साझा करने आया हूँ, [f] क्योंकि परमेश्वर की महान स्वीकृति का समय [g] शुरू हो गया है।" [h]

20 यह पढ़ने के बाद उसने किताब लपेटी, उसे पादरी को वापस दिया और बैठ गया। सब लोग यीशु को देख रहे थे, सोच रहे थे कि वह क्या कहने वाला है।
21 फिर उसने कहा, "ये पवित्र शास्त्र आज तुम्हारे सामने सच हुए।"

यीशु ने इसे दिखाया, और हमें भी ऐसा ही करने का आदेश दिया – बंदियों को आज़ादी दिलाओ। इसे **मार्क 16:15-19 में पढ़ें।**

द पैशन ट्रांसलेशन

15 और उसने उनसे कहा, "जब तुम पूरी दुनिया में जाओ, तो पूरी इंसानियत को खुशखबरी की शानदार खबर का खुलकर प्रचार करो!
16 जो कोई खुशखबरी पर यकीन करेगा और बपतिस्मा लेगा, वह बच जाएगा, और जो खुशखबरी पर यकीन नहीं करेगा, वह सज़ा पाएगा।
17 और जो लोग यकीन करेंगे, उनके साथ ये चमत्कार होंगे: वे मेरे नाम की ताकत से शैतानों को निकालेंगे। वे अलग-अलग भाषाएँ बोलेंगे।
18 वे साँपों से और किसी भी ज़हरीली चीज़ को पीने से अलौकिक रूप से सुरक्षित रहेंगे। [a] और वे बीमारों पर हाथ रखेंगे और उन्हें ठीक करेंगे।"

19 ये बातें कहने के बाद, यीशु स्वर्ग में उठा लिया गया और ***परमेश्वर के दाहिने हाथ पर सम्मान की जगह पर बैठ गया!***

अगर आप ऊपर दिए गए टेक्स्ट को बहुत ध्यान से देखें, तो आयत 16 में हम अपनी आत्माओं के लिए मुक्ति देखते हैं; आयत 17 में, हम अपनी आत्माओं के लिए मुक्ति देखते हैं और आयत 18 में, हम अपने शरीर के लिए मुक्ति देखते हैं।

हममें से कई लोग आयत 16 पर ही मान गए हैं – हमारी आत्मा और शरीर को नुकसान पहुँचाते हुए हमारी आत्मा का उद्धार। हमने आखिरी दो को छोड़ दिया है जो हमारे लिए पूरी आज़ादी का मज़ा लेने के लिए बहुत ज़रूरी हैं। दिलचस्प बात यह है कि तीनों आयतों में हमें पाने के लिए विश्वास से विश्वास करने की ज़रूरत है। हमें जीसस को मानने में कोई दिक्कत नहीं है। हमें ठीक होने और छुटकारा पाने और उस जीत पर दावा

करने में दिक्कत है जो जीसस ने अपने खून से हमारे लिए हासिल की। और इसलिए, नासमझी की वजह से, हम दुख उठाते हैं और हमारे दिन कम हो जाते हैं। हम दुनिया को प्रैक्टिकल सबूत के तौर पर क्राइस्ट की रोशनी दिखाने में भी नाकाम रहते हैं। हम बातें करते हैं, बातें करते हैं और बातें करते हैं लेकिन मैसेज का कोई पक्का सबूत नहीं होता।

यीशु ने कभी किसी को बिना निशानियों और चमत्कारों के बाहर नहीं भेजा क्योंकि गहराई को गहराई को बुलाना ही पड़ता है। इंसान आध्यात्मिक प्राणी हैं और उनकी आत्माएं अलौकिक घटनाओं से जुड़ती हैं। क्योंकि चर्च के ज़्यादातर लोगों ने अलौकिक घटनाओं को कम करके आंका है, इसलिए दूसरे कम आकर्षक विकल्प मसीह के शरीर में अपना रास्ता बना लेते हैं। यह दिल तोड़ने वाला, शर्म की बात है और इससे हमें उन झूठों पर गुस्सा आना चाहिए जिन्हें हमने अपनी आत्मा के दुश्मन और भगवान के पास हमारे लिए जो कुछ भी है उसे पाने के भूखे लोगों के झूठ में खरीद लिया है।

हम ठंडे दिल से आत्मिक दुनिया से कुछ नहीं ले सकते, मैं ठीक हूँ, ऐसा रवैया रखते हुए भी भगवान से सबसे अच्छा उम्मीद करते हैं।

यीशु ने धर्मग्रंथों में दो खास जगहों पर कहा कि परमेश्वर को पाने के लिए भूख की ज़रूरत है। मैं आज गवाह बनने के लिए कहता हूँ **मैथ्यू 5:3,6 पैशन ट्रांसलेशन**

3 " जब तुम अपनी आत्मिक दरिद्रता को महसूस करते हो, तो तुम्हें क्या धन दिया जाता है? क्योंकि स्वर्ग के राज्य में प्रवेश करने के लिए कोई शुल्क नहीं है।

6 "जब तुम धार्मिकता की लालसा करते हो, तो तुम कितने समृद्ध हो जाते हो! [a] क्योंकि तुम फलवन्तता से घिरे रहोगे।

अगर आप आयत 3 देखें, तो उसमें गरीबी के बारे में बात की गई है- गरीबी महसूस करने पर, आपको मुक्ति मिलती है। लोगों को मसीह को अपनी ज़िंदगी देने के लिए मजबूर करने की कोशिश मत करो। उन्हें एक ऐसे पॉइंट पर पहुँचना होगा जहाँ उन्हें एहसास हो कि मसीह के बिना वे कितने गरीब हैं, हमारी ज़िंदगी से जो अविश्वासियों के लिए मिसाल है। असल में, हमें बताया गया है कि चंगाई, छुटकारा और बहाली अविश्वासियों के लिए एक निशानी होनी चाहिए। क्योंकि हमारे पास कोई निशानी नहीं है, लोग बीच में ही अटके हुए हैं, यहाँ तक कि चर्च में भी- भगवान की बातों के प्रति पूरी तरह से उदासीन। निशानियाँ दिखाओ और प्रभु की मुक्ति देखो।

दूसरे श्लोक 6 में नेकी के लिए "लालसा" शब्द का इस्तेमाल किया गया है। नेकी के लिए दूसरा शब्द "अच्छाई" या "न्याय" है। यीशु कह रहे हैं कि अगर तुम अच्छाई या न्याय के लिए लालसा नहीं करते, तो तुम्हारी और मेरी ज़िंदगी में अच्छाई नहीं होगी।

मैं इसे और कैसे समझाऊं कि अगर दुनिया बनाने वाले ने मुझे ज़िंदगी और भगवान की भक्ति के लिए वह सब दिया है जिसकी मुझे ज़रूरत है और मुझे उसकी, उस अच्छाई की, या उस इंसाफ़ की चाहत नहीं है, तो यह हमारे रोज़मर्रा के अनुभव में एक बड़ा अन्याय और बुरापन है।

यीशु ने गुनगुनेपन के नतीजों के बारे में भी बात की – मैं गवाहों को बुलाता हूँ:

प्रकाशितवाक्य 3:16

एम्प्लीफाइड बाइबिल

[16] इसलिये कि तुम गुनगुने हो, और न गर्म हो और न ठंडे, मैं तुम्हें अपने मुंह से उगल दूंगा।

भगवान आत्माओं के लिए बहुत भावुक हैं। इस हद तक कि उन्हें अपने बेटे को हमारे लिए मरने के लिए भेजना पड़ा ताकि हम वह सब ले सकें जो चुराया गया है। वह आपसे और मुझसे कहते हैं कि दुश्मन के दरवाज़े तक लड़ाई करें और आत्माओं को वापस लाएँ। दिखाओ कि तुम लूट का माल वापस ले रहे हो ताकि जो लोग बाड़ पर हैं वे भी अंदर आएँ: एक और गवाह पढ़ें: **1 यूहन्ना 3:8**

एम्प्लीफाइड बाइबिल

[8] जो पाप करता है [खुद को परमेश्वर से अलग करता है, और अवज्ञा, बेपरवाही, या बगावत के कामों से उसे नाराज़ करता है] वह शैतान का है [और अपने अंदर का चरित्र और नैतिक मूल्य खुद से लेता है, परमेश्वर से नहीं]; क्योंकि शैतान ने शुरू से ही पाप किया है और परमेश्वर के नियम को तोड़ा है। परमेश्वर का बेटा इसी मकसद से आया, ताकि शैतान के कामों को खत्म कर सके।

और यीशु आपको भी ऐसा ही करने के लिए कहते हैं और इसका मतलब भी यही है। पक्के रहो और सब कुछ वापस ले लो, कुछ नहीं, वह सब जो दुश्मन ने चुराया है और जो कुछ भी उसके पास तुम्हारे लिए है, उसके लिए भूखे रहो।

आज के संदेश को मज़बूत करने के लिए, आपके विश्वास को मज़बूत करने के लिए मेरे पास दो (2) कहानियाँ हैं और फिर हम यीशु मसीह के नाम पर आत्मा, प्राण और शरीर के उद्धार के लिए प्रार्थना करेंगे।

जब आप ये कहानियाँ पढ़ें, तो **A,B,C,D,E, पावर्ड बाय F और G** – एप्रिविएशन ढूंढें: **A – अवेलेबिलिटी** ; B – **बोल्डनेस** ; C – **कम्पैशन** ; D – **डिटरमिनेशन;** E – **अर्नेस्ट लव** ; पावर्ड बाय **F: फायरी एंगर** और G: **ग्रेट हंगर**

कहानी एक: नोरवेल हेस द्वारा: चमत्कार का काम – अपनी बेटी के हाथ से क्रिएटिव चमत्कार

मैं देश भर में हर तरह के चर्च गया हूँ और कुल मिलाकर, चर्च पवित्र आत्मा के किसी भी दूसरे तोहफ़े की तुलना में चमत्कार करने के तोहफ़े के बारे में कम जानता है।

परमेश्वर ने चर्च को एक तोहफ़ा दिया है जिसे चमत्कार करना कहते हैं।

चमत्कार क्या होता है? यह एक पावर गिफ्ट है, जिसमें भगवान की शक्ति स्वर्ग से धरती पर भेजी जाती है ताकि कुछ ऐसा किया जा सके जो इंसान की सोच से परे हो। जब भगवान कोई चमत्कार करते हैं, कोई सुपरनैचुरल चमत्कार, तो इंसान के लिए उस पर यकीन करना बहुत मुश्किल होता है।

मेरी बेटी के पूरे शरीर पर गांठें पड़ने लगीं, खासकर उसके हाथों पर।

मसल नॉट्स क्या है?

मसल्स की गांठें मसल्स के सख्त, सेंसिटिव हिस्से होते हैं जो मसल्स के आराम करने पर भी टाइट और सिकुड़ते रहते हैं। इन टेंशन वाले मसल फाइबर्स को छूने पर शरीर के दूसरे हिस्सों में दर्द हो सकता है। इन्हें ट्रिगर पॉइंट्स भी कहा जाता है।

मैं इसके बारे में कुछ नहीं कर सका। मैंने बहुत प्रार्थना की। फिर मैंने सर्जन से उन्हें कटवाने के लिए कहा। लेकिन वे वापस आए और अपने सभी चचेरे भाई-बहनों को अपने साथ ले आए। मैंने और प्रार्थना की, और वे बड़े हो गए। मैंने और प्रार्थना की, और वे फैल गए। मुझे समझ नहीं आ रहा था कि क्या करूँ।

मेरे पास आपके लिए खबर है: यीशु जानते हैं कि क्या करना है।

एक रात मैं अपने लिविंग रूम से गुज़र रहा था, बस अपने काम में लगा हुआ था, और अचानक मैं दूसरी दुनिया में चला गया। मैं अब अपने लिविंग रूम में नहीं था। मैं उस दुनिया में था जहाँ भगवान रहते हैं। वह मुझसे बात करने लगे।

उन्होंने कहा, "आप अपनी बेटी के शरीर पर इन वृद्धि को कब तक सहन करेंगे?"

"मैं कब तक उन्हें सहता रहूँगा? वे मुझ पर नहीं हैं, यीशु।"

उन्होंने कहा, "आप इस घर के मुखिया हैं।"

कुछ आदमियों को यह एहसास नहीं होता कि उनके घर में जो होता है, वह उनकी गलती है—उनकी और शैतान की। भगवान ने मुझे साफ-साफ बताया कि यह मेरी गलती थी क्योंकि मेरी बेटी के शरीर पर 42 गांठें थीं।

यह मेरी गलती कैसे हो सकती है? शैतान ने उन्हें वहाँ रखा था। मुझे पता है, लेकिन मेरे पास उसकी ताकत को तोड़ने और उसे बाहर निकालने का हक, अधिकार, ताकत और जीसस का नाम था, ताकि मैं अपनी बेटी के लिए भगवान से चमत्कार का दावा कर सकूँ। दुख की बात यह थी कि

मैंने ऐसा नहीं किया था। इसलिए जैसे-जैसे दिन, हफ्ते और महीने बीतते गए, उसका छोटा सा शरीर गांठों से और ज़्यादा भरता गया। चमत्कार करने के हुनर के बारे में मेरी जानकारी न होने और अपने घर में शैतान पर काबू न पा पाने की वजह से, मेरी बेटी के हाथ हाई स्कूल में सबसे बदसूरत थे।

भगवान ने मुझसे कहा कि मैं उनके नाम पर उन चीज़ों को श्राप दूँ, और वे गायब हो जाएँगी। लेकिन उन्होंने मुझसे कहा कि मुझे विश्वास करना होगा और शक नहीं करना होगा।

जैसे ही उन्होंने यह कहा, मैं अपने शरीर में वापस आने लगा। अपने लिविंग रूम में खड़े होकर, मैं फिर से नॉरवेल हेस में बदल रहा था। मैंने खुद को वहाँ खड़े होकर रोते और कांपते हुए पाया।

मैं बहुत परेशान थी। मेरी बेटी मुझसे मदद की गुहार लगा रही थी। उसके हाथ इतने खराब हो गए थे कि उसे डेट पर जाने में भी शर्म आ रही थी।

जब मैं भगवान से बात करके वापस आया, तो मैं अंदर गया और जीसस के नाम पर उन्हें श्राप दिया, उनसे मरने और गायब होने को कहा। मैंने भगवान की शक्ति से जीत का दावा किया कि वह आकर मेरी बेटी को नए हाथ दे, उसके लिए चमत्कार करे।

आपको वही कहना होगा जो आप कहना चाहते हैं। जब तक आप झूठ बोलते रहेंगे और भगवान के वचन पर हिम्मत से खड़े होने की अपनी ज़िम्मेदारी से बचते रहेंगे, मेरे पास आपके लिए एक खबर है: आपको कुछ नहीं मिलने वाला। आप बस प्रार्थना करते रहेंगे।

आप बाइबल टीचर, बाइबल प्रीचर, इवेंजेलिस्ट या जो चाहें बन सकते हैं, लेकिन अगर आप अपने घर के लिए भगवान के वचन पर खड़े नहीं

होते हैं, तो शैतान अंदर आएगा और आपके परिवार को मार डालेगा। आपको शैतान को बाहर निकालना होगा।

आपको शैतान पर गुस्सा करना होगा और विश्वास से भगवान की शक्ति का दावा करना होगा।

एक दोपहर, मैंने ज़ोना के कमरे में एक आवाज़ सुनी, जैसे कोई ड्रेसर पलट गया हो। वह अपने हाथों को सामने पकड़े हुए हॉलवे से दौड़ती हुई आई और रोने लगी, "डैडी! डैडी! इससे मुझे डर लग रहा है। यह डरावना है। मेरे हाथ देखो। मेरे हाथ नए हो गए हैं! मेरे हाथ नए हो गए हैं!"

मैंने देखा, उसके दोनों हाथ चमक रहे थे। ये सबसे खूबसूरत हाथ थे जो मैंने किसी 16 साल की लड़की के देखे थे। मैंने उसके छोटे-छोटे हाथ पकड़े और उन्हें ऊपर उठाया। वे ऐसे लग रहे थे जैसे उन पर बच्चे की स्किन हो, इतने गुलाबी और फ्रेश दिख रहे थे, जैसे नहाने के बाद बच्चे की स्किन।

उसने कहा, "मैं बस वहीं खड़ी थी, डैडी, और कुछ सेकंड के लिए दूसरी तरफ़ देखा। जब मैंने पीछे देखा, तो मेरे हाथ नए थे! मेरे हाथ नए हैं! मैं समझ सकती हूँ कि जीसस आपके लिए कुछ करते हैं क्योंकि आप उनके लिए काम करते हैं, डैडी। क्या आप मुझे यह बताना चाहते हैं कि जीसस एक 16 साल की लड़की से इतना प्यार करते हैं कि उसे नए हाथ दे दें?"

मैं उसके पास गया और फिर से उसका हाथ पकड़ लिया। मैंने कहा, "हाँ, हनी, जीसस 16 साल की लड़कियों से इतना प्यार करते हैं कि उनके घर आकर उन्हें एकदम नए हाथों का पूरा चमत्कार देते हैं।"

मैं आपको बताना चाहता हूँ कि मैं हर समय अपनी बेटी के हाथों के बारे में बताता हूँ। जब भी मुझे मौका मिलता है, मैं इसे शेयर करता हूँ। मैंने

इसे कई बार टीवी पर शेयर किया है, और जब मैंने इसे लॉस एंजिल्स में टीवी पर शेयर किया, तो एमसी इतना रोने लगा कि वह कुछ नहीं कर सका। मैं जहाँ भी बताता हूँ, भगवान की आत्मा मुझ पर छा जाती है और जब मैं अपनी बेटी के लिए भगवान के चमत्कार के बारे में बताता हूँ तो वह मुझ पर मंडराती है।

देखिए, परमेश्वर चाहता है कि आप जानें और विश्वास करें कि वह चमत्कार करने वाला परमेश्वर है।

मैं चाहता हूँ कि आप जानें कि आप उस जगह पर आ सकते हैं जहाँ आप खुद के लिए बाइबल पर विश्वास कर सकते हैं। आप अपने चमत्कारों पर विश्वास कर सकते हैं। जब चीज़ें नामुमकिन लगें, तो भगवान की ओर देखें और खुद उन पर विश्वास करें। बस वहाँ खड़े रहें क्योंकि आप भगवान के बच्चे हैं, यह कहते हुए, "मुझे भगवान पर विश्वास है," और वह आपके लिए अपनी शक्ति छोड़ देंगे। यह शक्ति का एक ऐसा विस्फोट है जो संतरे के पेड़ों को ढकने के लिए काफी है। यह शक्ति का एक ऐसा विस्फोट है जो कुल्हाड़ी के सिर को तैरा सकता है। यह गधे को बोलने के लिए काफी शक्ति है। यह बिल्कुल नए हाथ बनाने के लिए काफी शक्ति है। यह शक्ति का एक ऐसा विस्फोट है जो आपको वह सब कुछ दे सकता है जो आप चाहते हैं, और भगवान इसे बहुत आसानी से करते हैं।

मेरे घर में एक बिजली का धमाका हुआ और मेरी बेटी को एकदम नए हाथ मिले। हर बार जब मैं उसे फ़ोन करके कहता हूँ, "अच्छा बेटा, पवित्र आत्मा ने मुझे उन्हें उस चमत्कार के बारे में बताने के लिए कहा जो यीशु ने तुम्हारे हाथों के लिए किया था," तो वह हमेशा पूछती है, "क्या आपने उन्हें बताया, डैडी, कि जब यीशु ने मुझे चमत्कार दिया तो उनमें से कोई

भी गांठ वापस नहीं आई?" कुछ भी वापस नहीं आया। भगवान चमत्कार करने वाले भगवान हैं।

चमत्कार एक तोहफ़ा है। चमत्कार करने का तोहफ़ा आपके लिए है, जैसा आत्मा चाहती है। लेकिन ध्यान दें। पवित्र आत्मा हमेशा उन लोगों के लिए चाहती है जो 1 कुरिन्थियों के 12वें चैप्टर पर विश्वास करते हैं। आप देखिए, यही सबसे खूबसूरत बात है। आत्मा हमेशा बाइबल में विश्वास करने वालों के लिए चाहती है! परमेश्वर की महिमा हमेशा बनी रहे।

चमत्कारों के लिए प्रार्थना

अगर आपको भगवान से चमत्कार चाहिए, और आप भगवान से चमत्कार चाहते हैं, और आप मानते हैं कि जीसस आपके चमत्कार करने वाले हैं, तो अभी अपना चमत्कार पाएँ। इससे कोई फ़र्क नहीं पड़ता कि वह क्या है। जीसस आपको वह चमत्कार देंगे जिसकी आपको ज़रूरत है। यह भगवान की आत्मा द्वारा दिया जाता है, जैसा आत्मा चाहती है।

कहो: "थैंक यू, जीसस। आप एक चमत्कार करने वाले हैं। वचन सच है। अगर मैं सच पर विश्वास करूँ, तो यह मेरे लिए चमत्कार लाएगा। और मैं इस पर विश्वास करता हूँ। यह विश्वास करने वाले के लिए स्वर्ग से एक मुफ़्त तोहफ़ा है। यह एक ऐसी शक्ति है जो तेज़ी से फैलती है और नामुमकिन को मुमकिन बनाती है।

"पहले कुरिन्थियों के बारहवें चैप्टर के लिए धन्यवाद, यीशु। मैं अपना चमत्कार यीशु के नाम पर स्वीकार करता हूँ। मेरे चमत्कार के लिए धन्यवाद, यीशु।"

कहानी 2: शैमबैक की भारत

जब मैं 1950 के दशक की शुरुआत में एक चर्च का पादरी था, तो हमने भारत में एक मिशनरी को उसकी सैलरी देकर स्पॉन्सर किया था। उसने वहाँ तीस साल बिताए—तीस लंबे साल।

एक बार, उन्होंने मुझे कुछ ऐसा बताया जिससे मेरा मन उन्हें सपोर्ट करने से भी हट गया। उन्होंने कहा कि उन्होंने भारत में तीस साल बिताए हैं और उन्होंने कभी किसी मुसलमान को दोबारा पैदा होते नहीं देखा। मैंने कहा, "मैं किस तरह का इन्वेस्टमेंट कर रहा हूँ? हम पैसा इन्वेस्ट कर रहे हैं और उस आदमी को भारत में गॉस्पेल का प्रचार करने के लिए रख रहे हैं और एक भी इंसान नहीं बचा है। अब समय आ गया है कि हम अपनी प्रायोरिटीज़ को फिर से अरेंज करें।" इसलिए मैं यह पता लगाने के लिए भारत गया कि क्या हो रहा है।

1956 में जब मैं पहली बार गया था, तो मैंने 50,000 लोगों को उपदेश दिया था। मैं सभी बाज़ारों में गया था। मैंने भिखारियों, अंधे लोगों और ऐसे लोगों को देखा जो चल नहीं सकते थे। मैंने इतने बीमार लोगों को कभी नहीं देखा। भारत दुनिया के सबसे गरीब देशों में से एक है जहाँ इतने सारे बेघर, गरीब लोग हैं।

हमने हज़ारों डॉलर लगाकर एक ऐसा स्ट्रक्चर बनाया जो लोगों को तेज़ धूप से बचा सके और वे गॉस्पेल सुन सकें। उस पहले दिन, मैं बहुत खुश था। मैंने दो घंटे तक प्रचार किया, और मेरे इंटरप्रेटर ने दो घंटे ट्रांसलेट किया — कुल मिलाकर चार घंटे। वे चाहते थे कि मैं आगे भी करता रहूँ। जब मैंने अल्टर कॉल दिया, तो मैं बहुत निराश हुआ। मैंने 50,000 लोगों को प्रचार किया था, और एक भी इंसान जीसस को मानने नहीं आया था।

मेरा मन मिशनरी की तरफ़ गया और मैंने कहा, "हे प्रभु।" लेकिन मैं जानता था कि परमेश्वर ने हमें सिर्फ़ वचन का प्रचार करने से ज़्यादा करने के लिए बुलाया है। उसने हमें सुसमाचार दिखाने के लिए बुलाया है।

हालांकि कोई भी क्राइस्ट को अपनाने के लिए आगे नहीं आया, और भीड़ साफ तौर पर आशीर्वाद के लिए तैयार थी, मैंने कहा, "अभी मेरा काम खत्म नहीं हुआ है। भगवान कहते हैं कि निशानियां उनके वचन के हिसाब से होती हैं। मैंने वही किया जो भगवान ने मुझे करने के लिए कहा; अब मैं भगवान को वही करने दूंगा जो उन्होंने कहा था कि वे करने वाले हैं।" मैंने ऑडियंस में से तीन लोगों को आगे आने के लिए बुलाया—वे भिखारी थे। मैं जानता था कि वे कौन थे। एक अंधा था, एक बहरा और गूंगा था, और दूसरी एक अपाहिज औरत थी जो कभी सीधी खड़ी नहीं हुई थी। वह अपने पैरों की एड़ियों और हाथों की एड़ियों के बल पर सीधी चलती थी। उसे एक बीमारी थी जिससे वह सीधी खड़ी नहीं हो पाती थी।

50,000 लोग देख रहे थे, मैंने सबसे पहले अंधी औरत पर हाथ रखा। मैंने कहा, "यीशु के नाम पर, मैं इन अंधी आँखों को देखने का हुक्म देता हूँ।" तुरंत, भगवान ने उसकी आँखें खोल दीं और वह दर्शकों के बीच से भागी, अपनी भाषा में चिल्लाते हुए, "मैं देख सकती हूँ! मैं देख सकती हूँ!"

इसके बाद मैं उस बहरे-गूंगे के पास गया और अपनी उंगलियां उसके कानों में और अंगूठा उसकी ज़बान पर रख दिया। मैंने कहा, "यीशु के नाम पर, मैं इस बहरी और गूंगी आत्मा को बाहर आने का आदेश देता हूँ!" तुरंत, आत्मा ने जवाब दिया और वह आदमी कुछ ही मिनटों में इंग्लिश बोलने लगा। वह अपनी भाषा नहीं जानता था। वह बहरा-गूंगा

था, लेकिन भगवान ने उसके कान खोल दिए थे और उसकी ज़बान खोल दी थी।

जब उस अपाहिज औरत के लिए प्रार्थना करने का समय आया, तो मैंने कहा, "अब मैं मोहम्मद के नाम पर इस औरत पर हाथ रखूँगा। मैं उसे बराबर समय दूँगा।" मेरा इंटरप्रेटर इस बात का ट्रांसलेशन नहीं करना चाहता था। "प्लीज़ वही करें जो मैं आपसे करने को कह रहा हूँ सर—इस मामले में आत्मा की बात पर भरोसा करें।" जो बाद के सालों में उनकी कहानी कहने के तरीके से ज़्यादा मेल खाता है। शुरू में यह था "जो मैं तुमसे करने को कहूँ वही करो। तुम मेरे इंटरप्रेटर हो; मैं भगवान का आदमी हूँ।"

ऑडियंस में किसी को भी उम्मीद नहीं थी कि वह उठेगी, क्योंकि वे जानते थे कि मोहम्मद मर चुका है। मैंने कहा, "अब, यही फ़र्क है उस भगवान में जिसकी तुम सेवा करते हो और जिस भगवान की मैं सेवा करता हूँ। मैं यहाँ तुम्हारे भगवान को नीचा दिखाने नहीं आया हूँ; मैं अपने भगवान को ऊपर उठाने आया हूँ। तुम अपनी मज़ार पर जाते हो। मैं अपनी मज़ार पर जाता हूँ, लेकिन मेरी मज़ार खाली है क्योंकि वह अब वहाँ नहीं है। यही फ़र्क है कब्रों में। मैं तुम्हें यह बताने आया हूँ कि मेरा जीसस मरा नहीं है—वह ज़िंदा है, और वह आज भी वैसा ही है जैसा कल था।"

मैंने मोहम्मद के नाम पर उस औरत पर हाथ रखा और कहा, "उठो और मोहम्मद के नाम पर चलो।" किसी ने मुझसे पूछा कि अगर वह उठ जाती तो मैं क्या करता। मुझे लगता है कि मैं कन्वर्ट हो जाता। लेकिन वह नहीं उठी।

तो मैंने कहा, "मैं उस नाम का इस्तेमाल करने जा रहा हूँ जो हर नाम से ऊपर है, जीसस का नाम—वह मेमना जो दुनिया के लिए मारा गया।

जीसस भारत के लोगों और पूरी दुनिया के लिए मरे।" उस औरत ने 58 साल से एक भी सीधा कदम नहीं उठाया था। मैंने नासरत के जीसस के नाम पर उस पर हाथ रखा और कहा, "जीसस के नाम पर, उठो और चलो।" वह अपनी ज़िंदगी में पहली बार सीधी खड़ी हुई और चली, क्योंकि जीसस क्राइस्ट भगवान हैं!

पता है क्या हुआ? उस भीड़ में लोग पेड़ों से कूदने लगे, और एक भीड़ मेरी तरफ दौड़ती हुई आई। मैं अपने इंटरप्रेटर के पीछे कूद गया। मुझे लगा कि वे मुझ पर तारकोल और पंख लगाकर मुझे अपने देश से बाहर निकाल देंगे। मैंने लोगों का ऐसा हमला पहले कभी नहीं देखा था। वे ज़ोर-ज़ोर से कुछ चिल्ला रहे थे। मैंने अपने इंटरप्रेटर से पूछा, "वे क्या कह रहे हैं?"

उन्होंने कहा, "वे चिल्ला रहे हैं, 'यीशु ज़िंदा है! यीशु ही मसीहा है! यीशु ही परमेश्वर है!' वे बचने के लिए आ रहे हैं।" क्या रोमांच था! जब मैंने प्रचार किया तो उनमें से कोई नहीं आया, लेकिन जब उन्होंने सुसमाचार का प्रदर्शन देखा, तो वे आ गए।

परमेश्वर ने चर्च को अपनी शक्ति दिखाने के लिए बुलाया है। क्या आप खुश नहीं हैं कि वह आज जीवित है?

फिर फिलिप्पुस सामरिया शहर गया और वहाँ मसीह का प्रचार किया। और भीड़ ने एकमत होकर फिलिप्पुस की बातें मानीं, और उसके चमत्कारों को सुना और देखा।

(प्रेरितों 8:5-6).

आपकी आत्मा के लिए मुक्तिः

मुक्ति की प्रार्थना – इसे अभी कहो और इसका मतलब निकालो!

क्या आप अब तक पढ़ी गई हर बात से सहमत हैं? अगर हाँ, तो जीसस क्राइस्ट में अपनी नई ज़िंदगी शुरू करने के लिए एक पल भी इंतज़ार न करें। याद रखें, यह प्रार्थना कोई जादुई फ़ॉर्मूला नहीं है। आप बस भगवान से अपने दिल की बात कह रहे हैं। हमारे साथ यह प्रार्थना करें:

"पिता, मुझे पता है कि मैंने आपके नियम तोड़े हैं और मेरे पापों ने मुझे आपसे अलग कर दिया है। मुझे सच में अफ़सोस है, और अब मैं अपनी पिछली पापी ज़िंदगी से दूर होकर आपकी ओर मुड़ना चाहता हूँ। प्लीज़ मुझे माफ़ करें, और मुझे दोबारा पाप करने से बचने में मदद करें। मेरा मानना है कि आपके बेटे, जीसस क्राइस्ट मेरे पापों के लिए मरे, मरे हुओं में से फिर से ज़िंदा हुए, ज़िंदा हैं, और मेरी प्रार्थना सुनते हैं। मैं जीसस को अपने जीवन का भगवान बनने, आज से मेरे दिल पर राज करने और राज करने के लिए बुलाता हूँ। प्लीज़ अपनी पवित्र आत्मा भेजें ताकि मैं आपकी बात मान सकूँ, और अपनी बाकी ज़िंदगी आपकी मर्ज़ी पूरी कर सकूँ। जीसस के नाम पर मैं प्रार्थना करता हूँ, आमीन।"

https://www.otakada.org/get-free-40-days-online-discipleship-course-in-a-journey-with-jesus/ के ज़रिए अपनी रफ़्तार से 40 दिन की यात्रा ऑनलाइन शुरू कर सकते हैं।

क्या आप बीमार हैं या आपको मुक्ति या ठीक होने की ज़रूरत है?

जो लोग किसी भी तरह से बीमार या अस्वस्थ हैं, या जिन्हें मुक्ति या ठीक होने की ज़रूरत है, कृपया विश्वास के साथ नीचे दिए गए डॉट को टच करें ***(विश्वास का मतलब है अपनी मौजूदा स्थिति का सही पॉजिटिव नतीजा देखना, यह जानना कि जीसस ने 2000 साल से भी पहले आपकी हीलिंग और मुक्ति के लिए अपना काम किया है, डाउन पेमेंट के तौर पर ठीक होना, यह भरोसा करना कि वह डाउन पेमेंट आपके लिए उपलब्ध है, जैसे बैंक में आपके चेकिंग अकाउंट में पॉजिटिव बैलेंस, कोई सवाल नहीं क्योंकि हम आपसे सहमत हैं और जीसस क्राइस्ट के नाम पर BE HEALED का उच्चारण करते हैं, आमीन)***

उस अधिकार के द्वारा जो आपने मुझे और उन्हें दिया है, मैं उस अधिकार का प्रयोग अब विश्वास के साथ, शत्रु के प्रति उनके क्रोध और उस भूख के साथ करता हूँ जो आपने हम सबको मुफ्त में दिया है, मैं हर बीमारी, हर रोग को श्राप देता हूँ, चाहे वह कैंसर हो, COVID 19 हो, चाहे वह दुर्बलता की भावना हो, चाहे वह राक्षसी कब्जा या उत्पीड़न हो, चाहे वह गरीबी की भावना हो, असफलताएं हों, जो परमेश्वर ने पहले ही निर्धारित और जारी कर दिया है, उसकी देरी से पूर्ति हो।

हम इस गड़बड़ी के खिलाफ आते हैं, मैं उन्हें बांधता हूं, हम उन्हें जड़ से श्राप देते हैं और हम उन्हें जीसस क्राइस्ट के नाम पर अधिकार से बाहर निकालते हैं। आमीन। हम जीसस क्राइस्ट के शक्तिशाली नाम से उनके जीवन में हीलिंग, छुटकारा और बहाली की मांग करते हैं। प्रभु, उन गवाहियों के लिए धन्यवाद जो आपकी महिमा, सम्मान और

आराधना के लिए बनी हुई हैं। उन आत्माओं के लिए धन्यवाद जो इस संदेश के कारण आपके राज्य में जुड़ रही हैं, वे चमत्कार जो हम अभी देख रहे हैं और जीसस के नाम पर आपकी महिमा के लिए प्रकट हो रहे हैं, आमीन। यह हो गया! खुश हो जाओ!

संपर्क बिंदु के रूप में हाइलाइट किए गए इस स्थान को स्पर्श करें और अपने मुंह से कबूल करें - मैं चंगा हो गया हूं, मुझे छुटकारा मिल गया है और मैं अपनी आत्मा, प्राण, शरीर और अपने चारों ओर यीशु मसीह के नाम पर पुनर्स्थापित हो गया हूं, आमीन !!!

वह करना शुरू करें जो आप पहले नहीं कर सकते थे और तब तक कबूल करना शुरू करें जब तक कि पूरी तरह से ठीक न हो जाए, छुटकारा और बहाली आपके जीवन में एक फल न बन जाए, यीशु के नाम पर, आमीन। भगवान के लिए भूखे रहें, गुस्से में रहें और वह सब वापस ले लें जो दुश्मन ने यीशु के नाम पर रोक रखा है, आमीन।

नोट:

भगवान की महिमा के लिए और दुश्मन की शर्म के लिए ठीक होने की गवाही दें! अगर आप अभी भी चाहते हैं कि हम इस मुद्दे पर आपसे सहमत हों, तो हमें ईमेल या व्हाट्सएप करें। और अगले हफ्ते गुरुवार से शुरू होने वाली इक्विपिंग सीरीज़ में जुड़ें। जल्द ही हमारी वेबसाइट पर डिटेल में जानें!

ग्रेटर एक्सप्लॉइट्स - 1 – चैप्टर 3 - पार्ट 2 में ग्रेट्स से जानें कैसे

कैद से बहुत हुआ और आज़ादी में आपका स्वागत है – COVID-19, कैंसर और दूसरी बीमारियों से कैसे ठीक हों या ठीक हों – पार्ट 2

यह खुद और दूसरों के लिए हीलिंग, मुक्ति और रिकवरी के लिए एक इक्विपिंग सीरीज़ है!

हीलिंग, छुटकारा और रिकवरी के लिए प्रैक्टिकल हैंड्स-ऑन ट्रेनिंग

पॉडकास्ट लिंक ढूंढें जिसमें हीलिंग और डिलीवरेंस सेशन की जानकारी हो

यहां https://anchor.fm/otakada.org/episodes/Enough-is-Enough-to-Captivity-and-welcome-to-Freedom—How-to-heal-or-be-cured-of-COVID–19–part-2-er35cm
यूट्यूब लिंक देखें : https://youtu.be/ydFE_lD8SqU इस वीडियो में आप पाएंगे कि कोविड-19 से कैसे ठीक हों या ठीक हों, कैंसर से कैसे ठीक हों या ठीक हों; उच्च रक्तचाप से कैसे ठीक हों या ठीक हों, और अन्य। आपकी आत्मा, प्राण, शरीर और आपके चारों ओर उपचार, उद्धार और पुनर्स्थापना में सेवकाई के माध्यम से एक सरल प्रक्रिया का आनंद लें!

बड़े कारनामे - 1 – चैप्टर 4 - महान लोगों से जानें कैसे - पार्ट 3

शैतान की कैद से छूटना बहुत हो गया और मसीह यीशु में आज़ादी में आपका स्वागत है – रोज़ाना की लड़ाई में एक्टिव होना – रोज़ाना की घोषणा प्रार्थना की जगह पर काम करने के लिए प्रार्थना – पार्ट 3- स्क्रिप्ट सिंडी ट्रिम की

प्यारे दोस्तों, खुद को या लोगों को शैतान की कैद से आज़ादी की दुनिया में ले जाना एक तरह का युद्ध है। युद्ध का ऐलान। इंसानों के खिलाफ नहीं, बल्कि हमारी आत्मा के दुश्मनों के खिलाफ। **2 कुरिन्थियों 10:2-6** में कुरिन्थियों को चेतावनी देते हुए पॉल।

एम्प्लीफाइड बाइबिल

[2] मैं गुज़ारिश करता हूँ कि जब मैं आऊँ तो मुझे उस हिम्मत की ज़रूरत
न पड़े जो मैं उन कुछ लोगों के सामने दिखाना चाहता हूँ जो हमें शरीर
के हिसाब से चलते हुए देखते हैं [जैसे बिना आत्मा वाले इंसान]। [3]
क्योंकि भले ही हम शरीर के हिसाब से चलते हैं [जैसे इंसान], हम
शरीर के हिसाब से अपनी [आध्यात्मिक] लड़ाई नहीं लड़ रहे हैं और
न ही इंसान के हथियारों का इस्तेमाल कर रहे हैं। [4] हमारी लड़ाई के
हथियार शरीर के [मांस और खून के हथियार] नहीं हैं। हमारे हथियार
किलों को तोड़ने के लिए भगवान की ताकत से बने हैं। [5] हम उलझे
हुए तर्कों और हर ऊँची और घमंडी चीज़ को खत्म कर रहे हैं जो

भगवान के [सच्चे] ज्ञान के खिलाफ खड़ी होती है, और हम हर सोच और मकसद को मसीह की आज्ञा मानने के लिए बंदी बना रहे हैं, [6] जब तुम्हारी अपनी आज्ञा मानना [एक चर्च के तौर पर] पूरी हो जाए, तो हर नाफरमानी के काम की सज़ा देने के लिए तैयार रहते हैं।

यीशु ने कहा कि मैं अपना चर्च बनाऊंगा और नरक का दरवाज़ा उस पर हावी नहीं होगा। उन्होंने आत्मा के तोहफ़े में अपनी चाबी दी है, जैसा कि पॉल ने 1 कुरिन्थियों 12 में कुरिन्थियों को बताया था। ये तोहफ़े सभी लड़ाई के लिए हैं। जब हम इस तोहफ़े का इस्तेमाल नहीं करते, तो हम ईसाई होने के नाते नुकसान उठाते हैं।

इस साल जब हम दुश्मन के साथ लड़ाई में शामिल होंगे, और यह ऐलान करेंगे कि अब बहुत हो गया, तो हमें आत्मा के तोहफ़े को पूरी ताकत से इस्तेमाल करने के लिए तैयार रहना होगा! ये कवच आध्यात्मिक कवच हैं और इन्हें आध्यात्मिक तरीकों से लागू किया जा सकता है। हम दुश्मन से दिमागी जानकारी या तर्क, बहस या बातचीत या नरमी से नहीं लड़ सकते। हम शरीर के, धरती से जुड़े हथियारों का इस्तेमाल करके पूरे कवच को लागू नहीं कर सकते या पहन नहीं सकते। इफिसियों 6:11-18 को 1 कुरिन्थियों 12 में दिए गए 9 (नौ) आध्यात्मिक तोहफ़ों का इस्तेमाल करके लागू किया जा सकता है। इसीलिए हम इसके बारे में अनजान नहीं रह सकते। अगर हम अनजान हैं, तो धरती पर ऐसा कोई तरीका नहीं है जिससे हम खुद को या लोगों को लागू करने के नज़रिए से बाहर निकाल सकें, जहाँ हम धरती पर इसके शारीरिक नतीजे देख सकें।

शैतान से कैद से छुटकारा पाने और मसीह में आज़ादी पाने के लिए Enough का इंजन

मैंने इस पॉडकास्ट और YouTube वीडियो में 50 मिनट की 100 डेली डिक्लेरेशन प्रेयर शामिल की हैं जो आपको अटैकिंग होकर विश्वास की अच्छी लड़ाई लड़ने में मदद करेंगी क्योंकि इसी वजह से क्राइस्ट आए थे, ताकि बुराई के काम को खत्म कर सकें (1 John 3:8)। असल में यही हमारी मिनिस्ट्री है। लड़ाई करना और लोगों को भगवान के राज में पहुंचाना। यह डेली इंजन है जिसे अगर सीरियसली किया जाए, तो हर समय जीत पक्की होगी। बिना रुके प्रार्थना करना धरती पर भगवान के राज के सफल काम के लिए वॉच वार्ड है – जीसस ने बिना रुके प्रार्थना करने में मिसाल कायम की और हमें भी ऐसा ही करना चाहिए।

पॉडकास्ट/वीडियो का मज़ा लें और अपनी मर्ज़ी से अपने शब्द जोड़ें, लेकिन इसे रोज़ का काम बनाएं। मैं ब्लॉग लिंक से डाउनलोड करने के लिए हमारी वेबसाइट पर टेक्स्ट/PDF ऑप्शन भी दे रहा हूँ। कृपया प्रार्थना की जगह पर कम से कम एक घंटा देने के लिए समय निकालें। यह तो बस शुरुआत है।

PS: जब हम पर या दूसरों पर हमला होता है, तो जिस एक घंटे हम सीक्रेट जगह पर प्रार्थना नहीं कर पाते, वह शैतान की कैद में तकलीफ़ के घंटे बन जाते हैं। शैतान एक सख्त मालिक है और हमें उसे कोई मौका नहीं देना चाहिए। हमें जीसस क्राइस्ट के नाम पर हमला करना चाहिए, आमीन।

घोषणा प्रार्थनाएँ 100 घोषणाओं के 50 मिनट:

युद्ध में सक्रियता – दैनिक घोषणाएँ

मैंने यहां 92 आदेशों की एक लिस्ट बनाई है और ऑडियो वर्शन पर 100 आदेश हैं जो आत्मा में आपकी मौजूदगी और एक्टिव-ड्यूटी स्टेटस की घोषणा करने वाली एक एक्टिवेटिंग ताकत का काम करेंगे। की गई

घोषणाएं एक प्रार्थना के रूप में रखी गई हैं, जो एक ऑफिसर के शपथ ग्रहण बयान की तरह है। इनमें से हर एक धर्मग्रंथ पर आधारित है। मैंने उस धर्मग्रंथ का ज़िक्र किया है जिससे हर सेक्शन बनाया गया है।

इस प्रार्थना का रोज़ाना इस्तेमाल करें, और इसे अपने दिल से करें। इसे याद कर लें। अपनी रोज़ाना की प्रार्थना में धर्मग्रंथों के रेफरेंस का इस्तेमाल करें। उनकी स्टडी करें। वे आपको विश्वास की अच्छी लड़ाई लड़ने की ताकत देंगे। हालात और स्थितियों को बेहतर के लिए बदलते हुए देखें। याद रखें, एक सच्चा योद्धा तभी पैदा होता है जब आप किसी लड़ाई या नामुमकिन स्थिति के बीच में हों, और जब भगवान के अलावा कोई भी या कुछ भी आपको बचा या बचा नहीं सकता, तभी एक सच्चा योद्धा पैदा होता है। हार मानने, हार मानने या दुश्मन की स्ट्रेटेजी का शिकार होने के बजाय, अपने संघर्ष, टेस्ट और लालच के समय को स्ट्रेटेजी वाली प्रार्थना और आध्यात्मिक लड़ाई की कला में ट्रेन होने के लिए भगवान का मौका समझें। यकीन मानिए कि ये समय असली ट्रेनिंग ग्राउंड हैं जिन्हें भगवान ने आपको सच्चे राज में लाने के लिए चुना है। जैसा कि डेविड के लिए था, हो सकता है कि ये वही ग्राउंड हों जिनका इस्तेमाल भगवान आपको आखिरी घटना के लिए ट्रेन करने के लिए करते हैं: **सभी पांचों जगहों में पोटेंशियल का मैक्सिमाइज़ेशन और मकसद को पूरा करना।**

बाइबल में अय्यूब 22:27–28 में लिखा है कि तुम्हें "उससे प्रार्थना करनी चाहिए, और वह तुम्हारी सुनेगा।" शब्द *'मेक'* का मतलब है "लिखना, बनाना, या डिज़ाइन करना।" नीचे दी गई हर घोषणा को धर्मग्रंथ के आधार पर बनाया, बनाया और डिज़ाइन किया गया है। हर घोषणा के आखिर में धर्मग्रंथ के रेफरेंस दिए गए हैं। जब आप प्रार्थना करें, तो इस भरोसे के साथ प्रार्थना करें कि "नरक के दरवाज़े कभी कामयाब नहीं होंगे" (मत्ती 16:18)। याद रखें, ये घोषणाएँ आत्माओं से लड़ने के लिए

की गई हैं, लोगों से नहीं। कोई रहम न करें; किसी को बंधक न बनाएँ! याद रखें कि जब आप 'मैं' की जगह 'तुम' या 'वह' की जगह 'वह' या 'हम' की जगह 'वे' वगैरह लिखें, तो जितना हो सके उतना आम और जितना हो सके उतना खास रहें।

आध्यात्मिक युद्ध के लिए एक्टिवेशन की प्रार्थनाएँ

भगवान के ऑफिशियल **<u>लेजिस्लेटर और कानून लागू करने वाले एजेंट के तौर पर</u>** :

1. **मैं** फिर से जी उठे यीशु के नाम से आया हूँ, जिसका मैं हूँ और जिसकी सेवा करता हूँ, "ताकि यीशु के नाम पर हर घुटना झुके, स्वर्ग में, पृथ्वी पर और पृथ्वी के नीचे की चीज़ें; और हर ज़बान कबूल करे कि यीशु मसीह ही प्रभु है" (फिलिप्पियों 2:10–11; भजन 82 भी देखें)।
2. **मैं** शैतान की योजनाओं और मकसदों के मुकाबले परमेश्वर की असली योजनाओं और मकसदों पर असर डालता हूँ और उन्हें लागू करता हूँ (दानिय्येल 6)।
3. **मैं हुक्म देता हूँ** और ऐलान करता हूँ कि इस लड़ाई में मेरे खिलाफ़ बनाया गया कोई भी अंदरूनी (इंटरनल) या बाहरी (एक्सटर्नल) हथियार, चाहे वह इमोशनल, फाइनेंशियल, सोशल, फिजिकल, साइकोलॉजिकल, इंटरपर्सनल, स्पिरिचुअल, या ऑर्गेनाइज़ेशनल हो, कामयाब नहीं होगा (1 शमूएल 17:47; यशायाह 54:17; यिर्मयाह 51:20; यूहन्ना 14:30; 2 कुरिन्थियों 7:5; इफिसियों 4:27)।
4. **मैं** अपने ऊपर प्रकाश और प्रभु के कवच पहनता हूँ (रोमियों 13:12; इफिसियों 6:13–17):

• सत्य मेरी कमर को ढँक ले (भजन 51:6)

• मेरे दिल और सीने को ढकने के लिए नेकी का कवच (भजन 5:12; 2 कुरिं. 6:7)

• शांति का सुसमाचार मेरे पैरों को ढक ले (यशायाह 52:7)

• मेरे शरीर को बचाने और बचाने के लिए विश्वास की ढाल (इब्रानियों 10:38; 11:1, 6)

• मेरे सिर को ढकने के लिए मुक्ति का हेलमेट (यशायाह 59:17; 1 थिस्सलुनीकियों 5:8)

• आत्मा की तलवार, जो परमेश्वर का वचन है (इफिसियों 6:17; प्रकाशितवाक्य 1:16)

• प्रभु यीशु मसीह (रोमियों 13:14)

- **धार्मिकता का वस्त्र (यशायाह 61:10)**
- **परमेश्वर की महिमा ही मेरा इनाम है (यशायाह 58:8)।**
- **मैं यह आदेश देता** और घोषित करता हूँ कि मेरे युद्ध के हथियार शारीरिक नहीं, बल्कि परमेश्वर के द्वारा शक्तिशाली हैं (1 शमूएल 17:45; रोमियों 13:12; 2 कुरिन्थियों 10:3–6; इफिसियों 6:13–18)।
- **मैं किलों को गिराता हूँ** और बेकार की कल्पनाओं और हर उस ऊँची चीज़ को गिराता हूँ जो यीशु मसीह के ज्ञान के खिलाफ़ उठती है। मेरे विचार अब मसीह के प्रभुत्व के अधीन हैं (यशायाह 14:13–14; यहेजकेल 28:2; 2 कुरिन्थियों 10:5)।
- **मैं कहता हूँ** कि परमेश्वर का अभिषेक मेरे जीवन के हर बंधन को तोड़ देता है और मेरी आत्मा, रूह और शरीर अब ईश्वर के नियमों के अनुसार सही तरीके से काम करते हैं (1 कुरिन्थियों 9:27; 14:40)।
- **मैं घोषणा** करता हूँ कि मैं चंगा हो गया हूँ और आत्मा से भर गया हूँ; बीमारी और रोग मुझसे दूर हैं (यशायाह 53:5)।

- **मैं** ईश्वरीय मापदंड, सीमाएं और सरहदें तय करता हूं और स्वर्ग के राज्य के अंदर सभी कामों को चलाने के लिए कानून बनाता हूं और उन्हें लागू करता हूं (1 इतिहास 4:10; भजन 147:14; यशायाह 60:18)।
- **मैं** हर उस शैतानी रोक, उलटफेर करने वाली गतिविधि, रोक, निर्देश, आदेश या आदेश को रद्द करता हूँ (मत्ती 18:18)। यह रोक मेरे जीवन, सेवा और परिवार के बारे में प्रभु की इच्छा के खिलाफ है।
- **मैं** अपनी सेवकाई, अपने जीवन और परिवार के सदस्यों, दोस्तों और सहयोगियों के जीवन से संबंधित शैतानी फैसलों और नियमों को रद्द करता हूँ (यशायाह 38:1–5; 39:6–8; मत्ती 16:19)।
- **मैं** वायुमार्गों, आकाशगंगाओं, प्रणालियों, क्षेत्रों, समताप मंडलों, गोलार्धों, वायुमंडलों, क्षेत्रों, क्षेत्रों और डोमेन पर नियंत्रण लेता हूं (यिर्मयाह 1:10; मत्ती 16:19; 18:18; 1 कुरिं. 6:2-3; इफिसियों 2:6; प्रकाशितवाक्य 5:10; 11:12)।
- **मैं** मास्टर आत्माओं को निकाल देता हूँ और इस आदेश से जुड़े किसी भी शैतानी झगड़े, विवाद, लड़ाई-झगड़े और विरोध को संभालने के लिए माइकल, दूसरे बड़े स्वर्गदूतों और स्वर्गदूतों की सेना को काम पर रखता हूँ (2 राजा 7:5–7; 2 इतिहास 32:21; दानिय्येल 3:24–25; 6:22; 10:13; भजन 91:11; 103:20; इब्रानियों 1:14)।
- **मैं** सफल दिव्य और स्वर्गदूतों के कामों, सहारा, मदद और मदद की घोषणा करता हूँ। भजन 103:20 में आपके वचन के अनुसार, स्वर्गदूत अब मेरे व्यक्तित्व, संपत्ति और सामान को व्यवस्थित करने और उनकी रक्षा करने के लिए "शक्ति में श्रेष्ठ" हैं (2 राजा 6:17; दानिय्येल 3:15–30; प्रेरितों के काम 12:1–10)।

- **यहोवा-गिब्बर** , जो मुझसे लड़ते हैं उनसे लड़ो; जो मुझसे लड़ते हैं उनसे लड़ो। ढाल और बकल थाम लो, और मेरी मदद के लिए खड़े हो जाओ! भाला और बरछी भी निकालो और जो मेरा पीछा करते हैं और मुझे सताते हैं उनका रास्ता बंद कर दो। अपने युद्ध के कपड़े पहन लो। अपने हथियार इकट्ठा करो; अपने दिव्य हथियारों के जखीरे से अपने हथियार और गोला-बारूद इकट्ठा करो। अपने तीरों को तेज़ करो, अपनी ढालें इकट्ठा करो, और बदला लेना तुम्हारा आखिरी लक्ष्य हो, जब तुम रथों, घोड़ों और सवारों को गिरा दो। मेरे दुश्मनों के दिलों में डर भर दो और उनके दिल टूट जाएं।
- **मैं हुक्म देता हूँ** और ऐलान करता हूँ कि आपकी वजह से मैं फौजों के बीच से भागता हूँ और दीवारों को फांदता हूँ। आप मेरे भगवान हैं: वो भगवान जो मुझे ताकत से बांधते हैं और मेरे रास्ते को सही बनाते हैं। आप ही हैं जो मेरे पैरों को हिरण के पैरों जैसा बनाते हैं, मुझे मज़बूती देते हैं ताकि मैं मुश्किलों और मुश्किलों की खतरनाक ऊँचाइयों पर भी मज़बूती से खड़ा रह सकूँ और आगे बढ़ सकूँ। आपने मुझे मेरी ऊँची जगहों पर मज़बूती से खड़ा किया है। आप मेरे हाथों को जंग और मेरी उंगलियों को लड़ना सिखाते हैं, मुझे सुपरनैचुरल ताकत और काबिलियत देते हैं ताकि मेरी बाहें स्टील के धनुष को भी तोड़ दें। आप मेरी चट्टान, मेरी ढाल और मेरा मज़बूत टावर हैं। आपने मुझे अपनी बचाने वाली ढाल दी है, और आपका दाहिना हाथ मुझे इस लड़ाई में जीतने वाला बनाता है। दुश्मन को हरा दो। मुझे उसकी गर्दन दो। मुझे उनका पीछा करने और उन्हें तब तक पकड़ने दो जब तक वे घायल और खत्म न हो जाएँ, मेरे पैरों पर गिरकर, फिर कभी न उठें। मेरा नाम आसमान में पक्का करो। जो लोग मेरे बारे में सुनते हैं, वे मेरे सामने झुकें और मेरी बात मानें।

- **मैं ऐलान करता हूँ** कि यह आप ही हैं जिन्होंने मुझे आशीर्वाद दिया है। यह आप ही हैं जो मुझे ताकत देते हैं। यह मेरी ताकत या शक्ति से नहीं, बल्कि प्रभु की आत्मा से होता है। क्योंकि जब दुश्मन बाढ़ की तरह आएगा, तो आपकी आत्मा उसके खिलाफ एक झंडा उठाएगी (Exod. 15:3; Deut. 32:41–42; Ps. 7:13; 18:29–50; 35:1–8; 144:5–7; Isa. 42:13–14; 59:16–19; Hag. 2:22)।
- **मैं** अपनी ज़िंदगी, सेवा और परिवार से जुड़े शैतानी कामों वाले किसी भी शैतानी इंसान की आगे की विरोधी गतिविधियों को मना करता हूँ और उन्हें मंज़ूरी नहीं देता, और मैं उनके साथ जंग छेड़ता हूँ (नहे. 4:14)।
- **मैं** किसी भी शैतानी अवरोधन, दखलंदाज़ी या प्रतिरोध को अस्वीकार करता हूँ और प्रतिबंधित करता हूँ (दानिय्येल 10:1–13)।
- **मैं** अपने जीवन और अपनी आत्मा के बारे में शैतानी झगड़ों, इरादों, उकसावों और बातचीत का विरोध करता हूँ, और अपने जीवन के बारे में मसीह यीशु में परमेश्वर की इच्छा के खिलाफ सभी गतिविधियों और विरोधी ताकतों के खिलाफ भविष्यवाणी के उद्देश्य और दिव्य नियति को आरोपित करता हूँ (1 शमूएल 1:1–8; 1 राजा 22:1–23; 1 इतिहास 21:1–2; अय्यूब 1:7–12; 3:25; यहूदा 9)।
- **मैं** शैतानी परेशान करने वालों को बांधता हूं और शैतानी जमावड़े को डांटता हूं (2 शमूएल 11:1–2)। मैं सभी शैतानी निगरानी को रोकता हूं और मना करता हूं (1 शमूएल 18; मत्ती 26:4; मरकुस 11:18; लूका 6:11; प्रेरितों के काम 16:16–19)।
- **मैं** झूठे बोझ उठाता हूँ और भारीपन, ज़ुल्म और डिप्रेशन की भावनाओं को दूर करता हूँ। मैं उन्हें प्रभु पर डाल देता हूँ जो मुझे

संभालते हैं। मैं हिलूँगा नहीं (भजन 12:5; 54:2; 55:22; यशायाह 10:27; 61:3; मत्ती 11:28–30; यूहन्ना 14:1)।

- **मैं हुक्म देता हूँ** और ऐलान करता हूँ कि अभिषेक से, सभी वादे, कॉन्ट्रैक्ट, ज़ंजीरें, बेड़ियाँ, बंधन, आदतें और कैद जो भगवान की असली योजना और मकसद को पूरा करने के खिलाफ हैं, उसका विरोध करते हैं, या उसमें रुकावट डालते हैं, वे टूट जाते हैं। मैं पीढ़ियों से चले आ रहे/शैतानी/राक्षसी रिश्तों, वफ़ादारी, रूह के रिश्तों, विरासत की रूहों और श्रापों से आज़ाद हो गया हूँ। मैं उन्हें भगवान की तलवार, खून और रूह से काट देता हूँ। मैं अपने DNA से बात करता हूँ और ऐलान करता हूँ कि मैं एक पीढ़ी से दूसरी पीढ़ी तक पहुँचे किसी भी और सभी असर से आज़ाद हूँ—बायोलॉजिकली, सोशली, इमोशनली, फिज़ियोलॉजिकली, साइकोलॉजिकली, स्पिरिचुअली, या किसी भी दूसरे तरीके से जो मुझे नहीं पता लेकिन भगवान को पता है। मैं हर उस रूह का विरोध करता हूँ जो मेरी रूह के लिए दरबान या दरबान का काम करती है, और मैं किसी भी और जाने-अनजाने रिश्ते, जुड़ाव, वफ़ादारी, या वादे को छोड़ देता हूँ। मैं खुद को भगवान की मुक्ति के लिए खोलता हूँ। पिता, अब अपना रास्ता दिखाओ! मेरे विषय में जो बातें हैं, उन्हें सिद्ध करो (व्यवस्थाविवरण 5:9; 7:8–9; सभोपदेशक 7:26; यशा. 61:1; प्रेरितों के काम 8:9–13; गला. 5:1; 1 थिस्स. 5:23–24; 2 तीमु. 2:25)।
- **मैं हुक्म देता हूँ** और ऐलान करता हूँ कि एक प्रार्थना की ढाल, अभिषेक, आग की दीवारें, धुएं के परदे, और एक *खून का बंधन* मेरे चारों ओर सुरक्षा की बाड़ बनाते हैं और मुझे दुश्मन, जानी-पहचानी आत्माओं, और किसी भी और सभी शैतानी लोगों के खतरे से छिपाते हैं, जिससे उनके लिए आत्मा के दायरे में मुझे असरदार तरीके से ट्रैक करना या पता लगाना मुश्किल, अगर

नामुमकिन नहीं तो, हो जाएगा। इन सुरक्षा की बाड़ों में कोई छेद या छेद नहीं होगा (Exod. 12:13; Job 1:7–10; Ps. 91; Zech. 2:5)।

- **मैं** अपना नाम माहौल में लाता हूँ और ऐलान करता हूँ कि प्रार्थना करने वाले, बीच-बचाव करने वाले, और भविष्य बताने वाले पहरेदार मुझे आत्मा के दायरे में उठा रहे हैं। मैं कहता हूँ कि जब तक उनका काम पूरा नहीं हो जाता, वे रुकेंगे नहीं या अपने पहरेदारों से नीचे नहीं उतरेंगे। मैं हुक्म देता हूँ और ऐलान करता हूँ कि वे अपने बीच-बचाव के काम पवित्र आत्मा और यीशु मसीह के निर्देशन में करेंगे, जो मेरे मुख्य बीच-बचाव करने वाले हैं (यिर्मयाह 27:18; यहेजकेल 3:17; लूका 18:7; यूहन्ना 16:13; रोमियों 8:26–27, 34; इब्रानियों 7:25)।
- **मैं यह आदेश देता हूँ** और घोषणा करता हूँ कि प्रभु की आत्मा मुझ पर है—बुद्धि, समझ, ईश्वरीय सलाह, अलौकिक शक्ति, ज्ञान और यहोवा के अत्यधिक भय की आत्मा। जैसे-जैसे मैं आगे बढ़ता हूँ, मुझे ईश्वरीय शक्ति मिलती है और मेरी कुशलता और समझ बढ़ती है (यशायाह 11:2–3; इफिसियों 1:17–18; कुलुस्सियों 1:9–11; 3:10)।
- **मैं** शैतानी सोच, वहम, अंदाज़े, सोच, सुझाव, शक और धोखे को मिटा देता हूँ जो मेरी आत्मा और मेरे साथ, मेरे लिए, मेरी तरफ से प्रार्थना करने वालों के लिए एक फंदा या हमला हैं, और जो मेरे साथ काम करते हैं, जो रोज़ाना मुझसे बात करते हैं (1 राजा 22:5–40; प्रेरितों के काम 13:50; 2 थिस्सलुनीकियों 2)।
- **मैं** शैतान की चालों का ज़ोरदार विरोध करता हूँ और अपने स्वर्गीय पिता के सिंहासन कक्ष से निकलने वाले दिव्य विचारों, प्रेरणा, रहस्योद्घाटन, अंतर्दृष्टि, ज्ञान, ज्ञान और समझ को हाईजैक करने से रोकता हूँ, खासकर उन लोगों को जो धरती

और स्वर्ग में मेरे राज्य के अधिकार को शुरू करते हैं, बढ़ावा देते हैं, बनाए रखते हैं और मज़बूत करते हैं, और जो परमेश्वर के मुक्ति के उद्देश्य को आसान बनाते हैं (मत्ती 13:19; इफिसियों 6:11)।

- **मैंने ध्यान भटकाने वाले, परेशान करने वाले और नुकसान पहुंचाने वाले सभी कामों पर रोक लगा दी** । इसी वजह से परमेश्वर के बेटे को ज़ाहिर किया गया, ताकि वह दुश्मन के कामों को खत्म कर दे (यूहन्ना 2:15–17; प्रेरितों के काम 16:16–19; 1 यूहन्ना 3:8)।
- **मैं** शैतानी रोक, रोक और सभी पाबंदियों के खिलाफ जीतता हूँ। मैं हुक्म देता हूँ और ऐलान करता हूँ कि सभी अनदेखी और अजेय दीवारें खत्म कर दी जाएँ (जोश. 6:1; कुलु. 1:16)।
- **मैं** शैतानी/शैतानी कामों के खिलाफ़ भगवान का न्याय करता हूँ, और मैं एलिय्याह और येहू की आत्मा में युद्ध करता हूँ (1 राजा 18; 2 राजा 9:1–10:28)।
- **मैं** किसी भी शैतानी संचालन, पैंतरेबाज़ी, चालाकी, विध्वंस, रणनीति, युक्ति, षड्यंत्र, योजना और चालों को अस्वीकार करता हूँ, रद्द करता हूँ, नष्ट करता हूँ, और उनका पुरजोर विरोध करता हूँ जो परमेश्वर की मूल योजनाओं और उद्देश्यों को उनके शीघ्र, तेज और शीघ्र प्रकटीकरण से, विशेषकर उनके सही समय और मौसम में, रोकने, निराश, विफल, अस्वीकार या विलंब करने के लिए तैयार किए गए हैं (दानिय्येल 7:25)।
- **मैं** अपनी ज़िंदगी और सेवा या अपने परिवार की ज़िंदगी से जुड़े किसी भी समय या नियम में बदलाव या फेरबदल की इजाज़त नहीं देता। मैं परमेश्वर के कोरियोग्राफ़िक, सिम्फोनिक और ऑर्केस्ट्रेटेड मूवमेंट के साथ सिंक्रोनाइज़्ड और सिंकोपेटेड चलता हूँ (Gen. 1:1–5; Dan. 6:1–15; 7:15–27)।

- **मैं यह तय करता हूँ** कि अगर कानून, कानून, नियम, बिल, चार्टर और संविधान बदले जाते हैं, तो वे मेरे पक्ष में बदले जाते हैं ताकि मैं अपनी जगह और उस ज़मीन पर जहाँ मैं रहता हूँ, तरक्की कर सकूँ (दानिय्येल 6:25–28)।
- **मैं हुक्म देता हूँ** और ऐलान करता हूँ कि मेरे समय और मौसम प्रभु के हाथ में हैं और उन्हें कोई भी या कोई भी चीज़ बदल या एडजस्ट नहीं कर सकती। मैं इस्साकार के बेटों के अभिषेक के तहत काम करता हूँ, और परमेश्वर मुझे अपने समय और मौसम को सही-सही पहचानने की दिव्य क्षमता देता है (1 इतिहास 12:32; भजन 31:15; सभोपदेशक 3:1–8; दानिय्येल 2:21–22)।
- **मैं यह आदेश देता हूँ** और घोषणा करता हूँ कि मेरी आत्मा की आँखें 20/20 नज़र के साथ काम करती हैं ताकि भगवान की हरकतों को सही ढंग से समझा और समझा जा सके। मेरे कान आत्मा की सही फ़्रीक्वेंसी के साथ तालमेल में हैं, और मुझे साफ़ ट्रांसमिशन मिलता है (2 राजा 6:17; अय्यूब 42:5; भजन 119:18; यशायाह 29:18; यिर्मयाह 1:11–16; 2 कुरिं. 4:4; 7:2; इफिसियों 4:18; प्रकाशितवाक्य 4:1)।
- **मैं यह तय करता हूँ** कि आज मैं भगवान के दिव्य टाइम-टेबल/कैलेंडर के अनुसार काम करूँगा। मैं यह तय करता हूँ कि भगवान का एजेंडा ही मेरा एजेंडा है। मैं अपना नहीं हूँ; मुझे कीमत देकर खरीदा गया है। इसलिए मैं खुद को सिर्फ़ उन्हीं के हवाले करता हूँ। मैं ऐलान करता हूँ कि, यीशु की तरह, "मैं आता हूँ: किताब की किताब में मेरे बारे में लिखा है" (भजन 40:7; भजन 139:16; 1 कुरिं. 7:23; याकूब 4:7 भी देखें)।
- **पिता,** परेशान करने वालों, मज़ाक उड़ाने वालों, मज़ाक उड़ाने वालों, सताने वालों और चरित्र हनन करने वालों की योजनाओं को खत्म कर दो। शैतानी नुमाइंदों को बेनकाब करो और मुझे

मेरी मौत के लिए बनाई गई साज़िशों और योजनाओं को पहचानने, उनका विरोध करने और उन पर काबू पाने के लिए दिव्य तरीके और तरकीबें दो (एस्थ. 9:25; भजन 5:10; 7:14–16; 34:21; 35:1–8; 52:5; 83:13–17; 141:10; नीति. 26:27; 28:10; दानिय्येल 3, 6; मत्ती 7:15–23; 2 कुरिं. 11:14–15):

- **अपना भाला निकालो और उन्हें उनके रास्ते में रोक दो।**
- **वे शर्मिंदा हों और शर्मिंदा हों।**
- **उन्हें अपनी ही सलाह से गिरने दो।**
- **उन्हें वापस लौटा दिया जाए और उलझन में डाल दिया जाए।**
- **उन्हें हवा से उड़ाए जाने वाले भूसे की तरह होने दो।**
- **प्रभु का दूत उन्हें सताए।**
- **उनका रास्ता अंधेरी और फिसलन भरी जगहों से हो, और प्रभु का दूत उनका पीछा करे और उन्हें सताए।**
- **जो मेरी जान चाहते हैं और चाहते हैं, उन्हें शर्मिंदा और बेइज्जत किया जाए।**
- **जो लोग मुझे नुकसान पहुँचाने की योजना बनाते हैं, वे पीछे हटें और हैरान हों।**
- **उन पर अचानक विनाश आ जाए।**
- **उन्हें अपनी ही बर्बादी में गिरने दो।**
- **उन पर अनजाने में विनाश आ पड़े।**
- **वे ठोकर खाकर उसी विनाश में गिरें जो उन्होंने मेरे लिए रचा है।**
- **वे उन्हीं हथियारों से घायल और नष्ट हो जाएं जो उन्होंने मेरे लिए बनाए हैं।**
- **वे उसी जाल में फंस जाएं जो उन्होंने मेरे लिए बिछाया है।**
- **उन्हें उसी गड्ढे में गिरने दो जो उन्होंने मेरे लिए खोदा था।**

- **उन्हें उसी फंदे से लटका दिया जाए जो उन्होंने मेरे लिए बनाया था।**
- **वे उसी आग में जल जाएं जो उन्होंने मेरे लिए जलाई है।**
- **उन्हें उन्हीं जानवरों से खत्म कर दो जिन्हें उन्होंने मेरे लिए तैयार किया है।**
- **उनकी शरारतों के लिए उन्हें मार डालो।**
- **उनकी बुराई उन्हें दोगुनी होकर लौटाई जाए।**
- **उन्हें उनके रहने की जगह से उखाड़ दो।**
- **उन्हें जीवितों की भूमि से जड़ से उखाड़ फेंको।**
- **बुराई उन्हें मार डाले और तबाही उनका भाग्य हो।**
- **उन्हें कन्फ्यूजन में घूमते हुए पहिये की तरह बनाओ।**
- **उन्हें हवा के सामने भूसे की तरह बना दो।**
- **उन्हें आग से जली हुई लकड़ी जैसा बनाओ।**
- **अपने तूफ़ान से उन्हें सताओ।**
- **उनके दिलों में डर और दहशत भर दो।**
- **वे हमेशा के लिए परेशान और परेशान रहें।**
- **मैं** स्वर्ग की सेनाओं को अंधेरे की सेनाओं के खिलाफ़ लड़ने के लिए इस्तेमाल करता हूँ (1 शमूएल 17)। कमान संभालो, रोको, और आगे होने वाली शैतानी हरकतों और शैतानी कामों पर रोक लगाओ जो इनसे निकलती हैं:
- **पाताल लोक और उसके छह क्षेत्र (यशायाह 14:9, 15; 38:18; दानिय्येल 7:1–28; प्रकाशितवाक्य 20:13–14)**
- **मृत्यु (अय्यूब 34:22; 1 कुरिन्थियों 15:55)**
- **नरक/शीओल/हेडिस (यशायाह 14:19)**
- **कब्र (यशायाह 38:10; यहेजकेल 31:15)**
- **गड्ढा (यहेजकेल 32:23)**
- **अथाह गड्ढा, गड्ढे का निचला क्षेत्र (यशायाह 38:17; भजन 30:3)**

- **समुद्र के इलाके (अय्यूब 41:1–31; यहेजकेल 26:16)**
- **स्वर्ग (इफिसियों 2:6; 6:12; प्रकाशितवाक्य 12:7)**
- **धरती के नीचे, ज़मीन के नीचे और आसमानी इलाके (यशायाह 14:12–14; यिर्मयाह 1:10; लूका 11:16–26; रोमियों 8:14–23; फिलिप्पियों 2:10)**
- **मैं** दुश्मन के सभी नाकाम उपायों, रणनीतियों और चालों पर भविंष्यवाणी के वचन को लागू करता हूँ (1 तीमु. 1:18–20)।
- **मैं** बुरी बातें, बुरी इच्छाएँ, जादू-टोना, भविष्य बताने वाले मंत्र, टोटके, श्राप, सब को खत्म करता हूँ और खत्म कर देता हूँ। जादू-टोने की प्रार्थनाएँ, और परमेश्वर की असली योजनाओं और मकसद के खिलाफ़ कही गई हर बेकार बात।
- **मैं** इन बातों से जुड़े श्राप को पलटता हूँ और आदेश देता हूँ कि ये बातें टिकेंगी नहीं, ये पूरी नहीं होंगी, ये जड़ें नहीं जमा पाएंगी, और उनके बुरे बर्ताव का उन्हें दोगुना फल मिलेगा।
- **मैं ऐलान करता हूँ** कि हर झूठ बोलने वाली ज़बान गलत है और सच की जीत होती है। उनकी नाक में हुक डाल दो, उनके होठों पर लगाम लगा दो, और मुझे उनकी ज़बान के हमले से छिपा लो (अय्यूब 5:21; भजन 5:6–10; यशायाह 37:29)।
- **मैं** झूठ, बदनामी, अंदाज़े, इल्ज़ाम, गलत बयानी और चरित्र हनन के खिलाफ़ हूँ। हे पिता, आसमान को भगवान के फैसले से झुका दो; उन्हें तितर-बितर करने के लिए बिजली गिराओ; उन्हें खत्म करने के लिए अपने तीर चलाओ; ऊपर से अपना हाथ भेजो और मुझे उनसे छुटकारा दिलाओ। उनकी कमज़ोर करने की कोशिशों या पहलों से मैं कोई ज़मीन या इलाका नहीं खोऊँगा (1 राजा 21:1–16; भजन 144:5–7)।
- **मैं** भाइयों पर आरोप लगाने वाले को मेरे संपर्क में आने वाले किसी भी व्यक्ति की आत्मा या मन को संचालित करने या प्रभावित करने से रोकता हूँ (प्रकाशितवाक्य 12:10)।

- **मैं** किसी भी बदनामी के असर को उलट देता हूँ और ऐलान करता हूँ कि भगवान की कृपा, कृपा, सम्मान और शुभकामनाएँ अब मेरे, मेरे परिवार और उस काम/सेवा के बारे में सभी बुरी भावनाओं, सोच और विचारों की जगह ले लेंगी जिसे पूरा करने के लिए मुझे बुलाया गया है।
- **मैं आज्ञा देता** और घोषित करता हूँ कि बड़प्पन और महानता मेरा भाग है (उत्पत्ति 12:1–3; भजन 5:12)।
- **हे पिता** , जादूगरों और जादूगरों के संकेतों को नाकाम कर दो जो अभिषेक का सामना करते हैं, जैसा तुमने मूसा के दिनों में यान्नेस और याम्ब्रेस के साथ किया था। झूठे लोगों, ज्योतिषियों, साइकिक, भविष्य बताने वालों, जादूगरों और ऐसे ही लोगों के शकुनों को उलझा दो। भविष्य बताने वालों को बेवकूफ बनाओ, और उनके अंधेरे ज्ञान को मूर्खता बनाओ (यशायाह 44:25; 2 तीमुथियुस 3:8)।
- **डांटें** और खत्म करें, और उन्हें आत्मा से पकड़ें। हर छिपी हुई और/या गुप्त कोशिश और प्रयास को नाकाम होने दें (2 इतिहास 20:35; नहेमायाह 4:7–8; एस्तेर 3–9; अय्यूब 5:12–14; भजन 35:4; 55:9; 70:2; 83:17; 129:5)।
- **उन डिवाइस को निराश करें जिन्हें उन्होंने बनाया है ताकि उनके हाथ अपना काम न कर सकें।**
- **उन्हें उनके चालाक और चालाक तरीकों से पकड़ें।**
- **उन्हें दिन में अँधेरे का सामना करना पड़े और दोपहर में भी रात की तरह टटोलना पड़े।**
- **शैतानी डेटाबेस पर हमला करने के लिए दिव्य वायरस छोड़ें, और उन्हें खत्म करने का आदेश दें।**
- **आगे से सभी शैतानी कम्युनिकेशन और नेटवर्किंग फेल हो जाएं। कोई भी कोशिश सिर्फ़ बेमतलब की बातें और गलतफहमियां ही पैदा करेगी।**

- **उनके बीच उलझन की भावना भेजो।**
- **उनकी ज़बानें बँट जाएँ।**
- **तोड़फोड़, तोड़फोड़ और नाकामियों को खत्म करना और उखाड़ फेंकना।**
- **बदले का हर हमला नाकाम हो जाए।**
- **पूरी कर** , और अपने दूतों की सलाह पूरी कर (यशायाह 44:26)।
- **भेजें** (यहोशू 5:13–14; भजन 103:20–22)।
- **गिरफ्तार करो** । उन्हें अभिषेक का विरोध न करने दें, अधिकार न छीनने दें, या प्राकृतिक या आत्मा के दायरे में कोई जगह न बनाने दें (1 शमूएल 10:27; 1 राजा 19:1–5; 21:1–16)।
- **मैं** शैतानी दिखावे पर रोक लगाता हूँ और कहता हूँ कि शैतानी गर्भ और इनक्यूबेटर में भगवान के "अबॉर्शन" के तरीके और "मिसकैरेज" होते हैं (2 कुरिं. 10:5)।
- अब पिता, आपने मुझे पूरा करने के लिए एक बड़ा काम दिया है। मैं पैसे और अपने सभी रिसोर्स को रिलीज़ करने के लिए लड़ रहा हूँ। दुनिया की शुरुआत से पहले मेरे लिए जो कुछ भी तैयार किया गया था, जो मेरे जीवन (सेवा, बुलावा) और भगवान की भक्ति से जुड़ा है, वह अब मेरे पास आता है। मुझे मना नहीं किया जाएगा/नहीं किया जाएगा। मैं दूसरे रिसोर्स नहीं लूँगा/नहीं लूँगा। मैं उत्तर, दक्षिण, पूरब और पश्चिम से रिसोर्स बुलाता हूँ। मैं हुक्म देता हूँ और ऐलान करता हूँ कि भगवान की असली योजनाओं और मकसदों को पूरा करने के लिए मेरे लिए ज़रूरी हर रिसोर्स अब बिना देर किए मेरे पास आता है (2 पतरस 1:3)।
- **मैं हुक्म देता हूँ** और ऐलान करता हूँ कि बुरे लोगों का पैसा अब मेरे लिए जमा नहीं हो रहा है, बल्कि अब उसे छोड़ दिया गया है। जो लोग मेरे पैसे को ज़रूरत से ज़्यादा समय तक अपने पास

रखते हैं, उन्हें तब तक बिना किसी राहत के दुख और तकलीफ़ दी जाए, जब तक वे वह चीज़ छोड़ न दें जो असल में मेरी है। मैं शैतान को हुक्म देता हूँ कि वह इसे "उगल दे," थूक दे, इसे खोल दे, इसे छोड़ दे, और इसे जाने दे (अय्यूब 20:15–18; भजन 66:12; सभोपदेशक 2:26)।

- **यहोवा-जीरेह** , राजाओं की कमर ढीली कर! यीशु के नाम पर, हुक्म दे कि दो पत्तों वाले दरवाज़े खोल दिए जाएं। मेरे आगे-आगे चलो और टेढ़े-मेढ़े रास्तों को सीधा करो। पीतल के दरवाज़ों को तोड़ दो, और लोहे की सलाखों को काट डालो। अपनी महिमा के धन, अपनी कोमल दया और अपार कृपा के अनुसार, मुझे अंधेरे के खजाने और गुप्त जगहों के छिपे हुए धन दो (यशायाह 45:1–3)। मैं ऐलान करता हूं कि साइरस का अभिषेक मेरे जीवन में बिना रुके और बिना मिलावट के बहता है (यशायाह 60:10–17; फिलिप्पियों 4:19)।
- **उठाओ** , और हमेशा के लिए ऊपर उठो, हे हमेशा रहने वाले दरवाज़ों (दरवाज़े के रखवालों) ताकि शान का राजा, ताकतवर और ताकतवर प्रभु, सेनाओं का प्रभु, अंदर आ सके (भजन 24:7–10)। मैं अपनी जानकारी बताता हूँ जो उसे अंदर आने से नहीं रोक सकती। इसलिए, जो मेरा हक है, उससे मुझे न तो मना किया जाएगा और न ही मुझे मना किया जा सकता है!
- **मैं** गैर-यहूदियों की सेनाओं को, मेरे भविष्य बताने वाले तर्शीश से सोना और चांदी, और मेरी भविष्य बताने वाली शेबा की रानी को, राजाओं के राजा के बेटों और बेटियों के लिए हर कीमती चीज़/संसाधन/दान से लदे हुए आने का आदेश और घोषणा करता हूँ।
- **मैं हुक्म देता हूँ** और ऐलान करता हूँ कि मैं राजाओं के सीने से गैर-यहूदियों का दूध पीऊँगा (यशायाह 60:16)। जैसे समुद्र की बहुतायत मेरी तरफ़ मुड़ेगी, वैसे ही मैं बड़ा हो जाऊँगा (यशायाह

60:5)। परदेसी मेरी दीवारें खड़ी करेंगे, और उनके राजा मेरी सेवा करेंगे (अय्यूब 27:16–17; यशायाह 60)।

- **मैं यह हुक्म देता हूँ** और ऐलान करता हूँ कि मेरे भगवान ने मुझे मेरी अमीर जगह पर पहुँचाया है, और मैं अपने भविष्य बताने वाले गोशेन में रहता हूँ। मैं जिस देश में रहता हूँ, वहाँ मेरी ताकत बढ़ती है और मैं खुशहाल होता हूँ और मुझे भगवान का राजदूत बनाकर भेजा गया है। उनके ऑफिशियल प्रतिनिधि के तौर पर, मुझे सभी डिप्लोमैटिक और अमीर अधिकार, खास अधिकार, इज़्ज़त और सम्मान दिया जाता है। कृपा, सच्चाई, अच्छाई और दया मेरे बॉडीगार्ड हैं।
- **मैं हुक्म देता हूँ** और ऐलान करता हूँ कि बुद्धि मेरी सलाहकार है; पवित्र आत्मा मेरी सलाहकार है; यीशु मसीह मेरे वकील हैं। परमेश्वर, एल एलयोन, मेरे एकमात्र जज ने ऐलान किया है और इसलिए मैं यह पक्का करता हूँ कि मेरे अफ़सर शांति हैं, मेरे वसूल करने वाले नेकी हैं, मेरी दीवारें उद्धार हैं, और मेरे दरवाज़े तारीफ़ हैं (उत्पत्ति 47:27; यशायाह 60:17–18)।
- **मैं हुक्म देता हूँ** और ऐलान करता हूँ कि मेरे तय किए हुए मेहरबानी के समय को कभी खत्म नहीं किया जाएगा (भजन 102:13)।
- **मैं** अपने जीवन, सेवा, परिवार के हर सदस्य, साथी और दोस्त के जीवन पर धन और खुशहाली के लिए ये आशीर्वाद देता हूँ ताकि सिर्फ़ भगवान और भगवान के नाम की महिमा हो:
- **याबेस का अभिषेक (1 इतिहास 4:10)**
- **अब्राहमिक अभिषेक (उत्पत्ति 12:1–3)**
- **मेल्कीज़ेदेक अभिषेक (उत्पत्ति 14:18; इब्रानियों 5:6–10)**
- **यूसुफ का अभिषेक (भजन 105:21)**
- **जैकोबियन अभिषेक (उत्पत्ति 28:1; 30:43)**
- **इसहाक का अभिषेक (उत्पत्ति 26:1–14)**

- **मसीहा का अभिषेक (लूका 8:1–3)**
- **सोलोमाइक अभिषेक (1 इतिहास 29; 2 इतिहास 9)**
- **सात गुना अदन का अभिषेक (उत्पत्ति 1:28, 30; 2:15)**
- **उज्जियाह का अभिषेक (2 इतिहास 26:5–15)**
- **यहोशू अभिषेक (यहोशू 6:1–3)**
- **मैं** हर दिन फ़ायदों से भरा रहता हूँ (भजन 68:19)।
- **मैं** कमी की भावना के खिलाफ़ आता हूँ। प्रभु मेरे हाथों के काम को सफल बनाता है। उसके द्वारा और उसके ज़रिए मैं बड़े काम करता हूँ। मैं फिर से कहता हूँ, मुझे मना नहीं किया जाएगा (दानिय्येल 11:32)!
- **मैं** यीशु के नाम पर सफलता और तरक्की की घोषणा करता हूँ (2 कुरिं. 2:14)। **मैं आदेश देता हूँ** और घोषणा करता हूँ कि स्वर्ग का राज्य शासन करता है और राज करता है (प्रका. 11:15).
- **मैं** ये शब्द यूरोक्लाइडन हवाओं की तरह आत्मा के दायरे में भेजता हूँ ताकि दुश्मन के कैंप को तबाह और नष्ट कर सकें। आत्मा और स्वर्ग की चारों हवाओं को नष्ट करने वाली, जीतने वाली हवाओं की तरह बहने दो (यिर्मयाह 51:1; प्रेरितों के काम 27:14)।
- **मैं यह आदेश देता हूँ** और घोषणा करता हूँ कि यह प्रार्थना और भविष्य की सभी प्रार्थनाएँ आत्मा के दायरे में दिव्य प्रोजेक्टाइल की विशेषताएँ लेंगी और वे निशाने पर लगेंगी (भजन 57:4)।
- **मैं आदेश देता हूँ** कि इस प्रार्थना और सभी आध्यात्मिक युद्ध की रणनीतियों और युक्तियों को नियंत्रित करने वाले नियम वचन, रक्त और आत्मा द्वारा बाध्यकारी हैं (1 यूहन्ना 5:7–8)।
- **मैं आदेश देता हूँ** कि हर आत्मा जो अपने शैतानी काम से आज़ाद हो गई है, अब यीशु के पैरों की चौकी का हिस्सा बन

जाए (भजन 110:1)। *मैं इस प्रार्थना को यीशु के नाम पर सील करता हूँ... आमीन!*

- **हे पिता, हमारे अंदर अपनी महिमा और कृपा की बेशुमार दौलत को तब तक ज़ाहिर कर जब तक कि अलौकिक शक्ति हमारे अंदर आपकी दिव्य शक्ति और विस्फोटक शक्ति से भर न जाए, यीशु मसीह के नाम में, आमीन इफिसियों 3:16-21**
- **पवित्र आत्मा, जैसे हम लगातार अपने अंदर आपकी आत्मा को जगाते हैं और दूसरों के जीवन में विश्वास के द्वारा इसे दिखाते हैं, वैसे ही मसीह का जीवन हमारे अंदर गहराई से मुक्त हो, जैसे मसीह का प्रेम यीशु मसीह के नाम में हमारे जीवन का स्रोत और जड़ बन जाता है, आमीन इफिसियों 3:16-21**
- **हमें यीशु मसीह के नाम से, मसीह के अद्भुत प्रेम की महान विविधता को उसके सभी आयामों में अनुभव करने के लिए दिव्य क्षमता और शक्ति मिलती है। आमीन इफिसियों 3:16-21**
- **हम आपके प्यार को अपनी ज़िंदगी में तब तक पाते हैं जब तक हम यीशु मसीह के नाम से परमेश्वर की भरपूरी से भर नहीं जाते, आमीन इफिसियों 3:16-21**
- **हमें हिम्मत और सही दिमाग मिलता है ताकि हम अपने अंदर काम कर रही परमेश्वर की ज़बरदस्त शक्ति को दिखा सकें, ताकि हम अपनी माँग से कहीं ज़्यादा, अपने सबसे अविश्वसनीय सपने से भी ज़्यादा और अपनी सबसे बड़ी कल्पना से भी आगे निकल सकें, यीशु मसीह के नाम में। आमीन इफिसियों 3:16-21**

- हे पिता, हम अपने अंदर आपकी चमत्कारी शक्ति को बुलाते हैं ताकि वह हमें समय-बेमौसम लगातार ऊर्जा दे ताकि हम यीशु के नाम पर काम कर सकें, आमीन इफिसियों 3:16-21
- हे प्रभु परमेश्वर, अपने और मनुष्यों के सामने यीशु मसीह के नाम से अनुग्रह और बुद्धि को बढ़ा। आमीन इफिसियों 3:16-21
- यीशु के नाम पर, अतीत, वर्तमान और भविष्य के कारनामों के परिणामस्वरूप लगातार उठने वाली सारी शानदार तारीफ़ को स्वीकार करें, आमीन इफिसियों 3:16-21
- ये शब्द जो निकले हैं, वे हमारे पास बेकार नहीं लौटेंगे, बल्कि जिस मकसद के लिए भेजे गए थे, उसे पूरा करेंगे और हमारे परमेश्वर की महिमा का सबूत बनकर लौटेंगे। यशायाह 55:11

- मैं अपने काम का आदेश देता हूँ और घोषणा करता हूँ और परमेश्वर के लिखे हुए वचन के साथ चलता हूँ, पवित्र आत्मा की रोशनी और दिशा मुझे रोज़ाना यीशु मसीह के नाम पर वचन के साथ तालमेल बिठाती है, आमीन। यूहन्ना 16:13, 2 तीमुथियुस 3:15-16

- मैं यह हुक्म देता हूँ और ऐलान करता हूँ कि आज से जब मैं बीमारों पर हाथ रखूँगा, तो वे ठीक हो जाएँगे, मैं नई भाषाओं में बात करूँगा। मेरे पास मतलब होंगे, बीमार तुरंत ठीक हो जाएँगे और मैं खुद को, अपने परिवार को और अपने आस-पास के सभी लोगों को यीशु मसीह के कीमती खून से उन लोगों के लक्षणों और बीमारियों से बचाता हूँ जिनके लिए हम यीशु मसीह के नाम पर रूहानी, दिल से या शारीरिक

रूप से प्रार्थना करते हैं। मरकुस 16:15-18, यूहन्ना 7:38, लूका 10:19

- मैं हुक्म देता हूँ और ऐलान करता हूँ कि आज से, मैं पवित्र आत्मा में खुद को मज़बूत करने के लिए कम से कम 1 घंटे या उससे ज़्यादा समय तक अलग-अलग भाषाओं में बात करूँगा ताकि मैं उस सेवा में असरदार हो सकूँ जिसके लिए परमेश्वर ने मुझे बुलाया है। यहूदा 1:20, मरकुस 16:17, यशायाह 28:11, 1 कुरिन्थियों 14:39, 1 कुरिन्थियों 14:18

- मैं हुक्म देता हूँ और ऐलान करता हूँ कि आज से, मैं सर्वशक्तिमान परमेश्वर की महिमा के लिए इलाज, छुटकारा, चमत्कार और दौलत के अलौकिक दायरे में काम करूँगा। मरकुस 16:15-18; मत्ती 28:17-20; प्रकाशितवाक्य 5:12; 1 तीमुथियुस 5:18; फिलि 4:19; नीतिवचन 8:18; 1 राजा 10:23; उत्पत्ति 49:25; व्यवस्थाविवरण 18:1-14

- मैं हुक्म देता हूँ और ऐलान करता हूँ कि मैं पवित्र आत्मा में अपने तोहफ़े को जगाऊँगा ताकि वह तोहफ़ा सामने आए जो पवित्र आत्मा ने मुझमें डाला है। भजन 80:2, भजन 35:23, 2 तीमुथियुस 1:6, 2 पतरस 1:13

- मैं आज से यह हुक्म देता हूँ और ऐलान करता हूँ कि मैं भविष्यवाणी के तोहफ़े के दायरे में काम करूँगा – ज्ञान की बातें, समझदारी की बातें, दूसरी भाषाओं का मतलब और अलग-अलग तरह की भाषाएँ, ताकि परमेश्वर के वचन को बनाने, रास्ता दिखाने और ज़ाहिर करने और लड़ाई के लिए

रोमियों 15:12; रोमियों 14:19; इफिसियों 4:29,12,16; 1 कुरिन्थियों 14:12,3,26 2 कुरिन्थियों 12:19; यहूदा 1:20

- मैं यह हुक्म देता हूँ और ऐलान करता हूँ कि मैं इस एहसास के साथ काम करता हूँ और चलता हूँ कि परमेश्वर पिता, पुत्र और पवित्र आत्मा मुझमें रहते हैं और मैं उनका राजदूत हूँ, जो स्वर्ग की सच्चाई को अपने आस-पास धरती पर लाता हूँ और दुनिया को बताता हूँ कि सभी मामलों में परमेश्वर के राज्य का क्या मन है। नीतिवचन 13:14; इफिसियों 6:20; 2 कुरिन्थियों 5:20; 2 कुरिन्थियों 6:1,16 यूहन्ना 17:10,23,26

- मैं यह आदेश देता हूँ और घोषणा करता हूँ कि आज से, हीलिंग, छुटकारा, चमत्कार, पैसा बनाना और बांटना मेरे जीवन का एक लाइफस्टाइल होगा, न कि जीसस क्राइस्ट के नाम पर कोई इवेंट। बहुत हो गया हीलिंग सेशन। मैथ्यू 4:23; मैथ्यू 16:10; मैथ्यू 14:21; ल्यूक 6:35; प्रेरितों के काम 10:38; इफिसियों 6:7; फिलिप्पियों 2:13; जेम्स 2:26 जोशुआ 1:8 जेम्स 1:27; जेम्स 4:17

- मैं यह हुक्म देता हूँ और ऐलान करता हूँ कि आज से, मैं रोज़ाना खुद की ज़िंदगी के लिए मरता हूँ, मैं अपना क्रॉस उठाता हूँ और अपने अंदर पवित्र आत्मा की प्रेरणाओं और अगुवाई का पालन करता हूँ ताकि मेरे अंदर पवित्र आत्मा की शक्ति के काम मेरे जीवन में ज़्यादा से ज़्यादा हों। मरकुस 10:21; मत्ती 16:24, लूका 9:23; मरकुस 8:34; 2 कुरिन्थियों 4:16; 1 कुरिन्थियों 15:34

- मैं यह आदेश देता हूँ और घोषणा करता हूँ कि आत्मा का फल – ईश्वरीय प्रेम जो अपनी सभी अभिव्यक्तियों में गर्म है – खुशी जो उमड़ती है; शांति जो काबू में करती है; धैर्य जो बना रहता है; काम में दयालुता; गुणों से भरा जीवन; विश्वास जो बना रहता है; दिल की कोमलता; आत्मा की ताकत मुझमें यीशु के नाम पर असीम है, आमीन मैथ्यू 7:20-23; गलातियों 5:19-21

- मैं हुक्म देता हूँ और ऐलान करता हूँ, मैं लोगों को मसीह के पास ले जाऊँगा और उन्हें अलग-अलग भाषाएँ बोलने के सबूत के साथ आत्मा में बपतिस्मा दूँगा और उन्हें यीशु ने अपने वचन में जो कुछ सिखाया है, उसे मानने के काबिल बनाऊँगा। मैथ्यू 28:18-20; मार्क 16:15-18

- मैं हुक्म देता हूँ और ऐलान करता हूँ, मैं अपने पूरे दिल, जान और ताकत से भगवान से प्यार करूँगा और दूसरों से भी वैसे ही प्यार करूँगा जैसे मैं अपने साथ रहने वाले दूसरे लोगों के साथ पूरे आदर और ईमानदारी से पेश आता हूँ। मैथ्यू 22:37

- मैं परमेश्वर का प्रेम, हमारे प्रभु यीशु मसीह की कृपा और पवित्र आत्मा की हमेशा रहने वाली उपस्थिति प्राप्त करता हूँ ताकि इन सभी कमिटमेंट को ऐसे फलों में बदल सकूँ जो यीशु के नाम में बने रहें, आमीन

बड़े कारनामे - 1 - चैप्टर 5 - महान लोगों से जानें कैसे - पार्ट 4

शैतान की कैद से बहुत हुआ और मसीह में आज़ादी में आपका स्वागत है – क्या ईसाइयों को शैतान बनाया जा सकता है? कई ईसाइयों को अज्ञानता के ज़रिए कैद में रखने के लिए, कैद करने वाला शैतान जो झूठ बेचता है। अपनी ज़िंदगी में उनकी मौजूदगी का पता कैसे लगाएं और उन्हें कैसे दूर भगाएं + डेरेक प्रिंस द्वारा बताई गई गाइडेड सेल्फ़-डिलीवरेंस की एक टॉप कांग्रेसनल एड्स गवाही की सच्ची कहानी पार्ट 4 + सेल्फ़-डिलीवरेंस प्रेयर स्क्रिप्ट + हीलिंग, डिलीवरेंस और रेस्टोरेशन एग्रीमेंट प्रेयर

प्रिय भाइयों और बहनों, यह शैतान की कैद के लिए बहुत हो गया और मसीह यीशु में आज़ादी में आपका स्वागत है, का पार्ट 4 है।

इस सीरीज़ में, हम योद्धाओं की एक सेना खड़ी कर रहे हैं जो दुश्मन से फ्रंटलाइन पर लड़ेंगे और तीन लेवल पर मसीह में कैदियों को आज़ादी दिलाएंगे – आत्मा की मुक्ति जिसे नया जन्म कहते हैं, आत्मा की मुक्ति जिसे छुटकारा कहते हैं और हमारे शरीर की मुक्ति जिसे ठीक करना कहते हैं।

यह एक बांटे हुए फ्रेमवर्क में खुद से करने की स्ट्रैटेजी है और प्रभु यीशु मसीह हमारे कमांडर इन चीफ हैं। हमारा काम आपको इसमें शामिल होने के लिए तैयार करना है। खुद को, अपने प्रियजनों को और अपने सर्कल के दूसरों को आज़ाद करना। हमारा मकसद हर विश्वासी के अंदर उस सोए हुए दानव को जगाना है और आपको युद्ध के मैदान में एक योद्धा की सोच सिखाना है और यीशु के नाम पर बिना किसी नुकसान के सफल कैंपेन में शामिल होना है।
आपको यह समझना होगा कि " **सबसे अच्छा बचाव** एक अच्छा हमला है", यह एक कहावत है जिसे खेलों और सैन्य लड़ाई सहित कई क्षेत्रों में लागू किया गया है। इसे युद्ध का रणनीतिक आक्रामक सिद्धांत भी कहा जाता है।

अगर आप इफिसियों 6 की 12वीं आयत से शुरू करके ध्यान से देखेंगे, तो आप जल्दी ही समझ जाएँगे कि भगवान ने आपकी पीठ के लिए कोई कवच नहीं दिया है क्योंकि वह चाहते हैं कि हम किसी भी समय लड़ें और हारें नहीं। सैनिकों के भागने या फिर से लड़ने के लिए भागने की कोई गुंजाइश नहीं है क्योंकि स्वर्ग में लड़ाई पहले ही जीत ली गई है। हमारा काम है कि हम अपने अधिकार और उस शक्ति का इस्तेमाल करें जो हमें पवित्र आत्मा के ज़रिए मिली है ताकि हम उस जीत को पक्का कर सकें क्योंकि दुश्मन हमेशा अपनी सीमा पार करना चाहेगा। यह देखने के लिए कि क्या हम अनजान हैं, पानी को परखना। बदकिस्मती से, हममें से बहुत से लोग शैतान की चालों से अनजान हैं।
इस पढ़ें:

1 पतरस 5:7-9
एम्प्लीफाइड बाइबिल
7 अपनी सारी चिंताएँ [अपनी सारी चिंताएँ, सारी परेशानियाँ, और सारी चिंताएँ, हमेशा के लिए] उस पर डाल दो, क्योंकि वह तुम्हारी

परवाह करता है [बहुत प्यार से, और बहुत ध्यान से तुम्हारी देखभाल करता है]। [8] शांत रहो [अच्छे से संतुलित और खुद पर काबू रखो], हर समय चौकन्ना और सावधान रहो। तुम्हारा वह दुश्मन, शैतान, दहाड़ते हुए शेर की तरह घूमता रहता है [बहुत भूखा], किसी को निगलने की तलाश में। [9] लेकिन उसका सामना करो, अपने विश्वास में मज़बूत रहो [उसके हमले के खिलाफ—जड़ जमाए, स्थापित, अटल], यह जानते हुए कि दुनिया भर में तुम्हारे भाई-बहन भी दुख का वही अनुभव कर रहे हैं। [तुम अकेले दुख नहीं झेल रहे हो।]

आप इन आयतों में देख सकते हैं कि शैतान हमें निगलने के लिए बहुत भूखा है, लंच, डिनर और रात के खाने में हमें ज़िंदा खाने के लिए। इस तरह के दुश्मन का सामना करने के लिए, आपको नीचे दी गई चीज़ों की ज़रूरत है, जैसा कि हमने पहले **A, B, C, D, E, F और G में बताया है। मुझे इस बात पर ज़ोर देना चाहिए कि यह प्रार्थना हर किसी के लिए नहीं है। कुछ चुने हुए लोग इन 7 खूबियों से एनरोलमेंट के लिए खुद को पहले से क्वालिफ़ाई कर लेंगे।**

वे इस प्रकार हैं :

A. **उपलब्धता (आत्मा, प्राण और शरीर)**
B. **साहस**
C. **दूसरों के प्रति करुणा**
D. **दृढ़ निश्चय**
E. **ईमानदार प्यार**
F. **उग्र क्रोध**
G. **महान भूख**

अगर आपके पास कम से कम ये खूबियां नहीं हैं, तो एक सफल कैंपेन चलाना नामुमकिन होगा, क्योंकि ऊपर बताई गई सभी चीज़ों को

मिलाकर राई के दाने जैसा विश्वास पैदा करना होगा ताकि बदलाव लाया जा सके, क्योंकि भगवान भूखे लोगों को खाना खिलाते हैं, न कि ठंडे या गुनगुने बच्चों को, चाहे वह अंदर और बाहर से ठीक करने, छुटकारा दिलाने और ठीक करने में हो।
लूट का माल इकट्ठा करने के लिए तैयार है, लेकिन उन्हें अपने अनुभव में इकट्ठा करने के लिए राई के दाने के बराबर, लगातार विश्वास की ज़रूरत है।

आज, हम देखेंगे कि **शैतान की कैद के लिए बहुत हो गया और मसीह में आज़ादी में आपका स्वागत है – क्या ईसाइयों को शैतान बनाया जा सकता है? कई ईसाइयों को अज्ञानता में कैद में रखने के लिए शैतान जो झूठ बेचता है। अपनी ज़िंदगी में उनकी मौजूदगी का पता कैसे लगाएं और उन्हें कैसे दूर करें + गाइडेड सेल्फ-डिलीवरेंस की एक टॉप कांग्रेसनल एड्स गवाही से सच्ची कहानी** पार्ट 4। हम उन झूठों को देखेंगे जो शैतान कई लोगों को बांधे रखने के लिए बेचता है, ताकि हम उसे बेनकाब कर सकें।
मेरी समझ से, बुरी आत्माएं या राक्षस, "बुराई की रूहानी सेना" (इफिसियों 6:12) का निचला तबका हैं, जिन्हें शैतान इंसानों के खिलाफ इस्तेमाल क़रता है। शैतान ने उन्हें तीन मुख्य मकसद दिए हैं:

1. पहले हमें पीड़ा और दुख पहुँचाना;
2. दूसरा, हमें मसीह को उद्धारकर्ता के रूप में जानने से रोकना;
और ऐसा न होने पर, तीसरा,
3. हमें मसीह की सेवा अच्छे से करने से रोकना।

क्या ईसाइयों को शैतान बनाया जा सकता है? इस सवाल का जवाब देते हुए, हाँ, ईसाइयों को शैतान बनाया जा सकता है, शुरुआत मन पर

बाहरी असर से होती है, थोड़ा कब्ज़ा होने पर वे थोड़ा मन पर कब्ज़ा कर लेते हैं और पूरा दबदबा होने पर वे अपनी मर्ज़ी खो देते हैं।
जब हम कड़वाहट, माफ़ न करने, नाराज़गी, घमंड और बगावत वगैरह का दरवाज़ा खोलते हैं, तो वे हम तक पहुँचते हैं, जो ईसाइयों को बहुत परेशान करते हैं, और दुश्मन को हमारे मन में पैर जमाने और जगह बनाने का मौका देते हैं।

पवित्र आत्मा एक ऐसे बर्तन में वास करेगा जो पूरी तरह से साफ़ नहीं है, बशर्ते उसे इंसानी पर्सनैलिटी के सेंट्रल, कंट्रोलिंग एरिया: दिल तक एक्सेस दिया गया हो।
यह शिक्षा कि पवित्र आत्मा के किसी इंसान में वास करने से पहले उसकी ज़िंदगी का हर हिस्सा पूरी तरह से साफ़ होना चाहिए, इसके दो बुरे नतीजे हो सकते हैं। यह कुछ सच्चे विश्वासियों को पवित्र आत्मा से भरने की कोशिश करने से रोक सकता है, क्योंकि वे खुद से कहते हैं, मैं कभी भी उस लेवल तक नहीं पहुँच पाऊँगा। या इस तरह की शिक्षा उन दूसरे लोगों पर दबाव डाल सकती है जिन्होंने पवित्र आत्मा का बपतिस्मा लिया है, ताकि वे खुद को सही मानने वाला दिखावा करें। उनका तर्क कुछ ऐसा होता है: पवित्र आत्मा पाने के लिए मुझे परफेक्ट होना चाहिए था, इसलिए अब मुझे हर समय परफेक्ट बने रहना होगा। नतीजा एक दिखावटी ईसाई लाइफस्टाइल है। ऐसे लोग अब भी अपना आपा खो देते हैं लेकिन अब वे इसे सही गुस्सा कहते हैं। वे अब भी अपने पादरी या अपने साथी ईसाइयों की बुराई करते हैं लेकिन वे इसे समझदारी कहते हैं। वे अब भी अपनी शारीरिक इच्छाओं को बहुत ज़्यादा पूरा करते हैं लेकिन वे इसे यह कहकर सही ठहराते हैं, "सब कुछ कानूनी है।"

पाप से निपटना ज़िंदगी और मौत की लड़ाई है। यह मानना शर्म की बात नहीं है कि पाप अभी भी हमारी ज़िंदगी में काम कर रहा है। इसके उलट, हमारा सबसे बड़ा खतरा इसे मानने से इनकार करने में है, जिससे जब

लालच आता है तो हम उसका विरोध करने के लिए तैयार नहीं होते। अगर पवित्र आत्मा हमारे अंदर रहने के लिए हमारे परफेक्ट होने तक इंतज़ार करे, तो यह ऐसा होगा जैसे कोई प्रोफ़ेसर अपने स्टूडेंट्स से कहे, "जब तुम अपने एग्ज़ाम पास कर लोगे, तब मैं तुम्हें पढ़ाना शुरू करूँगा।" उसके स्टूडेंट्स जवाब देंगे, "लेकिन प्रोफ़ेसर, हमें इसकी ज़रूरत नहीं है! हमें चाहिए कि आप हमें अभी से पढ़ाना शुरू करें, ताकि हम सीख सकें कि हमें अपने एग्ज़ाम पास करने के लिए क्या चाहिए।" अभी हमें पवित्र आत्मा की ज़रूरत है, ताकि बुराई की ताकत पर काबू पाने और भगवान के पवित्रता के स्टैंडर्ड को पाने के लिए हमें लगातार उसकी मदद मिल सके। झगड़े का एक खास एरिया जिसमें हमें पवित्र आत्मा की मदद की ज़रूरत है, वह है शैतानों से निपटना।

अगर पवित्र आत्मा को पता चलता है कि हमारे अंदर शैतान हैं, तो वह अपनी मदद से पीछे नहीं हटता। इसके उलट, वह हमारी ज़रूरत को हमसे ज़्यादा साफ़ तौर पर देखता है, और हमें उन्हें निकालने की ताकत देता है। क्योंकि उसे हम पर दया आती है, इसलिए वह हमारे अंदर रहने को तैयार है, और दुश्मन की सारी ताकत पर मसीह की जीत पक्की करने के लिए हमारे साथ काम करने को तैयार है। हमारी तरक्की इस बात पर निर्भर करती है कि हम अपने अंदर पवित्र आत्मा के साथ कितना सहयोग करते हैं।

मैं एक बार फिर ज़ोर देना चाहता हूँ: पवित्र आत्मा हमारे अंदर इसलिए नहीं आता क्योंकि हम पहले से ही परफेक्ट हैं। वह हमारी मदद करने आता है ताकि हम परफेक्ट बन सकें। ज़रूर, अगर हम पाप में जीते रहना चाहते हैं तो पवित्र आत्मा शैतानों से हमारी लड़ाई में हमारी मदद नहीं करेगा। लेकिन अगर हम अपने पापों को पहचानते हैं और सच्चे दिल से पछतावा करते हैं, तो वह हमारे साथ उन शैतानों से लड़ेगा जो हमें गुलाम बनाते हैं। उसकी मदद से हम उन्हें निकाल पाएँगे और आज़ाद हो पाएँगे।

आइए नीचे दी गई कहानी पर नज़र डालें ताकि इस बात पर यकीन हो जाए कि दोबारा जन्मे, पवित्र आत्मा से भरे ईसाई शैतानों का घर बन सकते हैं, क्योंकि हम अपनी ज़िंदगी में जानबूझकर बनाए गए रास्तों से उन्हें जगह देते हैं।

डेरेक प्रिंस की बताई सच्ची कहानी: गाइडेड सेल्फ डिलिवरेंस के ज़रिए राक्षसों से बचाए गए टॉप कांग्रेसनल एड की गवाही:

आगे दी गई गवाही में, वाशिंगटन, DC में एक कांग्रेसी सहयोगी ने अपनी निजी मुश्किलों के बारे में खुलकर बताया है:
लगभग सात साल पहले मेरा आत्मा में बपतिस्मा हुआ था। पिछले साल जून के आखिर में, वाशिंगटन, DC के एक चर्च में, मुझे नर्व बहरेपन से तुरंत ठीक कर दिया गया। फिर अगस्त में मेरे डॉक्टर ने कन्फर्म किया कि मेरे ब्रेस्ट में सिस्ट और ट्यूमर ठीक हो गए हैं। मैं एक कांग्रेसी के लिए टॉप स्टाफ मेंबर था और, जबकि वह पर्सनली मेरे ठीक होने के अनुभव से बहुत खुश थे, मेरी बात को उन पॉलिटिकल सर्कल में अच्छी तरह से नहीं लिया गया जहाँ मैं गया था। सितंबर में मैंने अपनी नौकरी से इस्तीफा दे दिया और अगले कुछ महीने आराम करने और भगवान के साथ समय बिताने में बिताए।
फिर दिसंबर के बीच में मैं उदास और हताश हो गया। जनवरी का पहला हफ़्ता बहुत बुरा था! एक दिन मेरा गुस्सा फूट पड़ा। मैं यहाँ बिल्कुल अकेला था, और यह एक बहुत छोटी सी बात से जुड़ा था। मुझे तुरंत एहसास हुआ कि मैंने क्या गुनाह किया है - गुस्सा। और जैसे ही मैंने इंग्लिश में माफ़ी के लिए प्रार्थना करने की कोशिश की, मेरा दम घुट गया... भावनाओं से नहीं, बल्कि मेरे गले पर एक अलग दबाव से - एक बहुत असली फिजिकल फोर्स। एक दोस्त ने कहा कि मुझे शायद मुक्ति की ज़रूरत है। इसलिए मैंने मुक्ति और डेमोनोलॉजी से जुड़े आपके टेप खरीदे।

मैं हमेशा आत्माओं, शैतानों, भूत-प्रेतों वगैरह से जुड़ी किसी भी चीज़ से दूर रहा हूँ, मेरा मानना था कि अगर मैंने उन्हें अकेला छोड़ दिया, तो वे भी मुझे अकेला छोड़ देंगे। मुझे आत्माओं और शैतानों से कोई लेना-देना नहीं था! फिर भी, मैंने मुक्ति पर आपके टेप सुने। मेरी बाइबिल टेबल पर थी और जब आप धर्मग्रंथों को पढ़ रहे थे, तो मैं उनके साथ चलता रहा। टेप के आखिर में, जब आपने अपनी क्लास को निर्देश दिए, तो मैंने भी उन्हें मानने का फैसला किया। फिर आपने मुक्ति के लिए प्रार्थना शुरू की, लेकिन टेप अचानक खत्म हो गया - और टेप पर आपने लगभग आखिरी बात यही कही, "याद रखना, यीशु ही तुम्हारा मुक्तिदाता है।" "मुझे नहीं पता था कि क्या उम्मीद करूँ या क्या करूँ। इसलिए प्रभु से मेरी प्रार्थना थी कि मुझे नहीं पता कि क्या करना है, लेकिन चूँकि वह मेरा मुक्तिदाता था, इसलिए मैं खुद को पूरी तरह से उसे सौंप रहा था।

मैंने उन चीज़ों का नाम लिया जो भगवान की नहीं थीं और मुझे लगता था कि वे बुरी और पापी हैं और जिन्हें मैं अपना हिस्सा नहीं बनाना चाहता था - नाराज़गी, माफ़ न करना, शक, चिंता, डर, वगैरह। जैसा कि मैंने कहा, मुझे नहीं पता था कि क्या उम्मीद करूँ। कुछ ही मिनटों में, दो या तीन मिनट से ज़्यादा नहीं, मुझे बहुत ज़्यादा बेचैनी होने लगी और उल्टी होने लगी। लगभग दस मिनट के बाद, मुझे लगा कि मेरा पेट का हिस्सा कभी पहले जैसा नहीं रहेगा! लेकिन मुझे ऐसा महसूस नहीं हुआ या यकीन नहीं हुआ कि मैं पूरी तरह से आज़ाद हो गया हूँ।

फिर मैंने उन राक्षसों या आत्माओं से अपना नाम बताने को कहा और उन्हें बाहर आने का हुक्म दिया। ऐसा नहीं हुआ। क्यों, मुझे नहीं पता। फिर मैंने भगवान से पूछा कि क्या और भी हैं, और उनके नाम क्या हैं, ताकि मैं उनसे छुटकारा मांग सकूं। पहला था सुसाइड, और वह ताकत कुछ बहुत भयानक थी। मुझे वह मेरे सिर के ऊपर तक महसूस हुई। मुझे कुछ राहत

महसूस हुई, लेकिन पूरी तरह से नहीं। मैंने भगवान से पूछा कि क्या और भी हैं - और मुझे बताया गया कि वह बहरी आत्मा थी। उससे छुटकारा मिलना शानदार था! यह किसी भी चीज़ से ज़्यादा देर तक चला, और उस ताकत ने असल में मेरे पेट को मेरी पीठ तक खींच लिया, और मुझे शारीरिक रूप से अपने पेट के ज़ोरदार तरीके से उखड़ने का एहसास हुआ, और इसमें भी मुझे अपने सिर में दबाव महसूस हुआ। मैं पूरी तरह से आज़ाद हो गया, और तब से मैंने ऐसी अद्भुत शांति महसूस की है।

ज़िंदगी में उन्हें पहचानने में हमारी मदद करने वाली खासियतें क्या हैं?

हमने पहले बताया था कि शैतान ने उन्हें तीन खास मकसद दिए हैं: ***पहला, हमें तकलीफ़ देना और परेशान करना; दूसरा, हमें मसीह को बचाने वाले के तौर पर जानने से रोकना; और अगर ऐसा नहीं हो पाता, तो तीसरा, हमें मसीह की अच्छे से सेवा करने से रोकना।*** इन मकसदों को पूरा करने में, शैतान आम तौर पर दिखाई नहीं देते। उन्हें इंसानी आँखें नहीं देख सकतीं। हालाँकि, हम उनकी मौजूदगी और काम को वैसे ही पहचान सकते हैं जैसे हम हवा की मौजूदगी को पहचानते हैं। असल में, यह एक सही तुलना है क्योंकि हिब्रू और ग्रीक दोनों में, आत्मा के लिए जो शब्द है, वही हवा के लिए भी शब्द है। हम असल में हवा को कभी नहीं देखते, लेकिन हम हवा के असर को देखते हैं: सड़कों पर धूल उड़ना, आसमान में बादल उड़ना, पेड़ एक ही दिशा में झुकना, बारिश का हमारी नज़र के सामने से बहना। ये सभी **"साइनपोस्ट"** हवा की मौजूदगी और काम को दिखाते हैं। शैतानों के साथ भी ऐसा ही है। हम आम तौर पर उन्हें नहीं देखते, लेकिन हम उनकी मौजूदगी को कुछ खास कामों से पहचानते हैं। नीचे उनकी कुछ सबसे खास हरकतें दी गई हैं: **1. शैतान लुभाते हैं। 2. शैतान परेशान करते हैं। 3. शैतान टॉर्चर करते हैं। 4. राक्षस मजबूर करते हैं। 5. राक्षस गुलाम बनाते हैं। 6. राक्षस**

लत लगाते हैं। 7. राक्षस अपवित्र करते हैं। 8. राक्षस धोखा देते हैं। 9. राक्षस शरीर पर हमला करते हैं। हम इस सीरीज़ के पार्ट 5 में इनके बारे में और बताएंगे। लेकिन अभी के लिए, आइए उन चेतावनी के संकेतों को देखें जो हमें एक्शन लेने का इशारा देंगे।

चेतावनी के संकेत – मुक्ति की संभावित ज़रूरत- संभावित संकेत के तौर पर ध्यान देने योग्य बातें:

नीचे दी गई बातों पर ध्यान देना ज़रूरी है, जब वे साफ़ दिखें, लगातार दिखें या कुछ समय तक बार-बार हों, या धीरे-धीरे बढ़ें – कम होने के बजाय ज़्यादा गंभीर होने लगें। इन चेतावनियों से खुद को बचाएं। व्यवहार के बारे में नीचे दी गई छोटी जानकारी मदद के लिए एक कॉल हो सकती है:

1. कन्फ्यूज्ड या डिसऑर्डर्ड सोच: असलियत से जुड़ाव खत्म होना – भ्रम (उलटे सबूत होने पर भी गलत सोच का बने रहना) – वहम; बातचीत में रुकावट।
2. ऑब्सेशन: किसी विषय या विचार में पूरी तरह डूब जाना, दूसरों को नज़रअंदाज़ करना, मजबूरी, बेकाबू इच्छाएँ।
3. छोटी-मोटी समस्याओं, रोज़ाना के कामों से निपटने में असमर्थता।
4. दोस्त बनाने/बनाए रखने में मुश्किल: खराब सोशल स्किल, अकेलापन, समाज से कट जाना, टोनर जैसी लाइफ़स्टाइल।
5. हर जगह असफलता का एक पैटर्न: स्कूल में, काम पर, खेल में, निजी रिश्तों में।
6. लंबे समय तक या गंभीर डिप्रेशन: आत्महत्या की धमकी/कोशिश।

7. नासमझी: बच्चों जैसा व्यवहार (जैसे बिस्तर गीला करना), माँ पर बहुत ज़्यादा निर्भर रहना (बचपन में बहुत ज़्यादा चिपकना, टीनएज और ट्वेंटीज़ में भी निर्भर रहना), दोस्तों के ग्रुप के साथ तालमेल न बिठा पाना।
8. शारीरिक बीमारियों की एक सीरीज़ जो एक आम तरीके से नहीं चलतीं और/या इलाज से ठीक नहीं होतीं।
9. पर्सनल हाइजीन पर ध्यान न देना (आस-पास का सामान बिखरा हुआ और गंदा होना) या ऑर्डर और सफाई को लेकर बहुत ज़्यादा चिंता करना।
10. नए लोगों और जगहों के साथ एडजस्ट करने में मुश्किल होना।
11. बहुत ज़्यादा चिंता और परेशानी: फोबिया, परेशान होने का एहसास।
12. बहुत ज़्यादा या बहुत कम नींद।
13. बहुत ज़्यादा खुद पर ध्यान देना: दूसरे लोगों की भावनाओं, कामों, विचारों के प्रति कोई परवाह न करना, दूसरे के दर्द या ज़रूरत के प्रति हमदर्दी न होना।
14. बहुत तेज़ी से वज़न बढ़ना या घटना।
15. दबी हुई, "फ़्लैट" भावनाएं (गुस्सा, खुशी, दुख वाली प्रतिक्रियाओं का न होना) या गलत भावनाएं (तेज़, अजीब मूड स्विंग, गंभीर पलों में बेवकूफ़ी, अचानक आंसू आना).
16. नेगेटिव सेल्फ-इमेज और नज़रिया: "इनफीरियरिटी" कॉम्प्लेक्स, बेकार महसूस करना।
17. प्लान में बार-बार अचानक बदलाव: नौकरी, स्कूल प्रोग्राम, रहने का इंतज़ाम न कर पाना, अपॉइंटमेंट न रख पाना, फ़ैसलों को न मान पाना।
18. बहुत ज़्यादा अग्रेसिवनेस (लड़ाकूपन, दुश्मनी, हिंसा, गुस्सा) या बहुत ज़्यादा शांत रहना (नॉर्मल कॉम्पिटिशन और खुद

को साबित करने की कमी, सामना करने से मना करना, बहस से बचना)।

19. **बिना वजह या बिना सोचे-समझे रिस्क लेना।**
20. **उत्साह और जोश की कमी: सुस्ती, उदासी, मूड हमेशा "खराब" रहना, मज़ाक करने की क्षमता कम होना या उसका न होना।**

आपकी मुक्ति के लिए छह बुनियादी कदम हैं:

1. **अपनी समस्याओं को पहचानें।**
2. **माफ़ करें, प्रार्थना करें और भगवान के साथ खुद को ठीक करें।**
3. **अपने और अपने वंशजों पर लगे श्राप और आत्मा के बंधन तोड़ दो।**
4. **अपने शैतानों को बाहर निकालो।**
5. **अपनी आत्मा और शरीर की हीलिंग के लिए प्रार्थना करें।**
6. **अपनी सोच और काम करने का तरीका बदलकर अपनी ज़िंदगी को अनुशासित करें।**

आत्म-मुक्ति के लिए छोटी प्रार्थना।

"प्रभु यीशु मसीह, मुझे विश्वास है कि आप मेरे पापों के लिए क्रूस पर मरे और मरे हुओं में से फिर से जी उठे। आपने मुझे अपने खून से छुड़ाया और मैं आपका हूँ, और मैं आपके लिए जीना चाहता हूँ। मैं अपने सभी पापों को मानता हूँ- जाने-अनजाने- मुझे उन सभी के लिए अफ़सोस है। मैं उन सभी को छोड़ देता हूँ। मैं दूसरों को वैसे ही माफ़ करता हूँ जैसे मैं चाहता हूँ कि आप मुझे माफ़ करें। मुझे अभी माफ़ कर दें और अपने खून से मुझे साफ़ कर दें। मैं यीशु मसीह के खून के लिए आपका धन्यवाद करता हूँ जो मुझे अब सभी पापों से साफ़

करता है। और मैं अब आपके पास अपने मुक्तिदाता के रूप में आता हूँ। आप मेरी खास ज़रूरतों को जानते हैं- वह चीज़ जो बांधती है, जो सताती है, जो अपवित्र करती है; वह बुरी आत्मा, वह अशुद्ध आत्मा- मैं आपके वचन के वादे का दावा करता हूँ, "जो कोई भी प्रभु का नाम लेगा, वह छुटकारा पाएगा।" मैं अभी आपको पुकारता हूँ। प्रभु यीशु मसीह के नाम पर, मुझे छुड़ाएँ और आज़ाद करें। शैतान, मैं आपको और आपके सभी कामों को छोड़ देता हूँ। मैं यीशु के नाम पर, खुद को आपसे दूर करता हूँ, और मैं आपको यीशु के नाम पर अभी मुझे छोड़ने का आदेश देता हूँ। आमीन!"

इसे अपने दिल से आने दो और प्रभु के उद्धार को देखो!

क्या आप बीमार हैं या आपको ठीक होने की ज़रूरत है?

जो लोग किसी भी तरह से बीमार या अस्वस्थ हैं, या जिन्हें मुक्ति चाहिए? या ठीक होना है, कृपया विश्वास के साथ नीचे दिए गए डॉट को टच करें (विश्वास का मतलब है अपनी अभी की स्थिति का सही पॉजिटिव नतीजा देखना, यह जानना कि जीसस ने 2000 साल से भी पहले आपकी हीलिंग और मुक्ति के लिए अपना काम किया है, डाउन पेमेंट के तौर पर ठीक होना, यह भरोसा करना कि वह डाउन पेमेंट आपके लिए उपलब्ध है, जैसे बैंक में आपके चेकिंग अकाउंट में पॉजिटिव बैलेंस, कोई सवाल नहीं क्योंकि हम आपसे सहमत हैं और जीसस क्राइस्ट के नाम पर BE HEALED *का उच्चारण करते हैं, आमीन)*

आपने मुझे और उन्हें जो अधिकार दिया है, उसके द्वारा मैं अब उस अधिकार का प्रयोग दुश्मन के खिलाफ उनके गुस्से और आपने उन सभी को जो मुफ्त में दिया है उसे पाने की भूख के साथ विश्वास में

करता हूं, मैं हर बीमारी, हर रोग को श्राप देता हूं, चाहे वह कैंसर हो, COVID 19 हो, चाहे वह कमजोरी की भावना हो, चाहे वह राक्षसी कब्जा या उत्पीड़न हो, चाहे वह गरीबी की भावना हो, असफलताएं हों, जो भगवान ने पहले ही निर्धारित और जारी किया है, उसकी देरी से पूर्ति हो। हम विसंगति के खिलाफ आते हैं, मैं उन्हें बांधता हूं, हम उन्हें जड़ से श्राप देते हैं और हम उन्हें यीशु मसीह के नाम पर अधिकार से बाहर निकालते हैं। आमीन। हम यीशु मसीह के शक्तिशाली नाम में उनके जीवन में उपचार, मुक्ति और बहाली की रिहाई का आह्वान करते हैं। आपकी महिमा और सम्मान और आराधना के लिए गवाही के लिए धन्यवाद प्रभु। इस संदेश के परिणामस्वरूप आपके राज्य में शामिल होने वाली आत्माओं के लिए धन्यवाद, वे चमत्कार जो हम अभी देख रहे हैं और यीशु के नाम पर आपकी महिमा के लिए प्रकट हो रहे हैं, आमीन। यह हो गया! आनंदित हों!

संपर्क बिंदु के रूप में हाइलाइट किए गए इस स्थान को स्पर्श करें और अपने मुंह से स्वीकार करें- मैं हूं
चंगा हो गया, मुझे छुटकारा मिल गया है और मैं अपनी आत्मा, प्राण, शरीर और अपने चारों ओर यीशु मसीह के नाम से ठीक हो गया हूँ, आमीन!!!

वह करना शुरू करें जो आप पहले नहीं कर सकते थे और तब तक कबूल करना शुरू करें जब तक कि पूरी तरह से ठीक न हो जाए, छुटकारा और बहाली आपके जीवन में एक फल न बन जाए, यीशु के नाम पर, आमीन। भगवान के लिए भूखे रहें, गुस्से में रहें और वह सब वापस ले लें जो दुश्मन ने यीशु के नाम पर रोक रखा है, आमीन।
नोट:
भगवान की महिमा के लिए और दुश्मन की शर्म के लिए ठीक होने की गवाही दें! अगर आप अभी भी चाहते हैं कि हम इस मुद्दे पर आपसे

सहमत हों, तो हमें ईमेल या व्हाट्सएप करें। और अगले हफ्ते गुरुवार से शुरू होने वाली इक्विपिंग सीरीज़ में जुड़ें। जल्द ही हमारी वेबसाइट पर डिटेल में जानें!

महान कारनामे – 1 अध्याय 6 और 7 – मुक्ति के लिए सात (7) महत्वपूर्ण कदम +

फ्रैंक और इडा मे हैमंड के बताए अनुसार, डेविल ग्रुप्स को कैसे पहचानें और निकालें और आखिरी लड़ाई का विज़न और एंगेजमेंट की चार (4) फ्रंटलाइन पर स्ट्रेटेजी से कैसे जीतें – पार्ट 5 और पार्ट 6 + सेल्फ-डिलीवरेंस प्रेयर स्क्रिप्ट + हीलिंग, डिलीवरेंस और रेस्टोरेशन एग्रीमेंट प्रेयर

प्यारे भाइयों और बहनों, आज हम आपके लिए हमारी सीरीज़ का पार्ट 5 और पार्ट 6 लाए हैं, 'कैद के लिए बहुत हो गया और मसीह में आज़ादी में आपका स्वागत है।'

90 दिनों की अवधि में स्वयं, परिवार, चर्च, हमारे राष्ट्रों और दुनिया के राष्ट्रों के मुद्दों पर प्रार्थना करने में काफी समय बिताया, जैसा कि हमने पिछले साल किया था - [1 अक्टूबर] से 29 दिसंबर, 2020 तक, भगवान से उनके राज्य और इन सभी पाँच क्षेत्रों पर उनकी इच्छा के लिए प्रार्थना करते हुए, एक तरीका है जिससे प्रभु उन पाँच क्षेत्रों में

प्रत्येक बच्चे के लिए अपने हृदय में सबसे आगे जो है, उससे हमें गर्भवती करते हैं।

मेरा पक्का यकीन है, इस बार इसका लेना-देना शैतान की गुलामी से आज़ादी पाने से है, जिसके लिए उसने अपनी जान दी। बहुत से लोग हर दिन क्राइस्ट को अपनी ज़िंदगी देते हैं, लेकिन अगर आप और मैं अपनी ज़िंदगी को पवित्र आत्मा के नज़रिए से देखें – तो हम पाएंगे कि हमारी ज़िंदगी में कुछ ऐसे हिस्से हैं जो पूरी तरह शैतान की गुलामी में हैं, जिनसे हमारी आत्मा, हमारी आत्मा या हमारे शरीर और हमारे आस-पास लगातार प्रार्थना नहीं निपट सकती। इसके लिए हमारी आत्मा के दुश्मन से सीधा मुकाबला करना होगा - उस राज के आदेश को लागू करना जिसे हमने अपनी अलमारियों की धूल भरी अलमारियों पर छोड़ दिया है। भगवान से यह कहना कि वह हमारे लिए वह लड़ाई लड़ें जो उन्होंने पहले ही जीत ली है और हमें लड़ाई करने की चाबी देना.. जब तक वह वापस न आएं, तब तक उस पर कब्ज़ा करना, यह ज़िम्मेदारी और प्राथमिकता को गलत जगह पर रखना है। यह गलत और गलत दिशा में दिया गया आदेश है।

मुझे लगता है कि यह सही लड़ाई का काम है, जहाँ मज़दूर कम हैं। दुश्मन के साथ लड़ाई की फ्रंटलाइन में।

मैं कह रहा हूँ, हमें आत्माओं को जीतना चाहिए, बहुत सारी और उन्हें विश्वास की अच्छी लड़ाई लड़ने के लिए तैयार करना चाहिए ताकि वे उस आज़ादी का अनुभव कर सकें जिसके लिए मसीह मरे और हम सबको देने के लिए फिर से जी उठे। हमें अपने मन और शरीर में जगह बनानी है ताकि बिना ज़्यादा बात किए, खोए हुए लोग देख सकें कि हम रोज़ क्या अनुभव कर रहे हैं – मसीह में आज़ादी – पूरा चक्र। सिर्फ़ आत्मा में नहीं, बल्कि हमारी आत्माओं और हमारे शरीर में भी।

डॉ. जॉन लेक; डेरेक प्रिंस, फ्रैंक हैमन, इडा मे और ऐसे कई लोगों की तारीफ़ करना चाहता हूँ जो बिना उनकी गैरमौजूदगी में प्रभु के पास चले गए। मुझे उनकी लिखी बातों से शिष्यता मिली, जब मैं संतों के पिछले 100 सालों के सफल कामों की खोज कर रहा था। और यह भी कि हममें से इतने सारे, जिनमें मैं भी शामिल हूँ, आज के ईसाई, यीशु मसीह द्वारा मार्क 16:15-19 में हमें दी गई शक्ति और अधिकार से क्यों वंचित हैं, ताकि हम अंधेरे की ताकतों का सामना कर सकें और उनके खिलाफ़ एक सफल आक्रामक अभियान चला सकें। जो उन्होंने पहले ही जीत लिया है, उसे धरती पर लागू करें।

ये डॉक्यूमेंट्स, मसीह में विश्वास करने वालों की ताकत और अधिकार के बारे में बहुत सही समय पर और पूरी तरह से जानकारी देने वाले साबित हुए हैं। यह बुराई के दायरे पर है, जिसे कुछ लोग हमेशा बहुत ज़्यादा राज़ में रखते हैं और बहुत कम कामयाबी पाते हैं क्योंकि वे खुद को दोबारा बनाने में नाकाम रहे हैं। यह एक क्लास की बात बन गई है, एक गर्व की बात जो सभी विश्वासियों के लिए है।

मुझे पता है कि यह दुश्मन की एक चाल है ताकि वह अपनी चालों से बहुतों को अनजाने में बांधे रखे। उस नाम के अधिकार से जो हर दूसरे नाम से ऊपर है, हमारे धन्य और सबसे अच्छे यीशु मसीह के नाम से, मैं कहता हूँ "शैतान की कैद के लिए बहुत हो गया" यह पहले से ही एक संभावना है, अगर हम तैयार हैं, तो हम अपने उद्धार का फल खाएंगे - मेरे शब्दों में।
के पढ़ने

यशायाह 1:19:

यदि तुम इच्छुक और आज्ञाकारी हो, तो तुम देश की अच्छी उपज खाओगे;

अच्छा **खाने** के लिए , **हमें उनके वचन में दिए गए सभी आदेशों को सोच, शब्दों और कामों से मानने के लिए तैयार और आज्ञाकारी** होना चाहिए । कभी-कभी प्रभु हमें कुछ **करने के लिए कहते हैं** और **हम** उनकी बात मानते हैं, लेकिन **हो सकता है कि हम** ऐसा बिना मन के या बिना प्यार के करें।
यीशु के नाम पर यह हमारा हिस्सा नहीं है। हम तैयार हैं और हम उन सभी आज्ञाओं का पालन करते हैं जो यीशु ने हमें मार्क 16:15-19 में दी हैं, परमेश्वर से प्यार करने और दूसरों से अपने जैसा प्यार करने की भावना से, यीशु के नाम पर, आमीन।

अगर हम उन आदेशों को मानने के लिए तैयार नहीं हैं और उनकी बात नहीं मानते हैं, तो हमारे अंदर और हमारे आस-पास कोई खालीपन नहीं रहेगा, दुश्मन देश की अच्छी चीज़ें खा जाएगा – पुरुषों और महिलाओं, लड़कों और लड़कियों, पिताओं और माताओं की आत्माएं और जीवन और ईश्वरीय भक्ति से जुड़ी हर चीज़ – यह यीशु के नाम पर हमारा हिस्सा नहीं है। आमीन
तो हमारा माइंडसेट क्या होना चाहिए? इसे धीरे-धीरे पढ़ें और ध्यान करें - :

2 पतरस 1:3

एम्प्लीफाइड बाइबिल
[3] क्योंकि उसकी ईश्वरीय सामर्थ ने हमें सब कुछ दिया है, जो एक गतिशील आत्मिक जीवन और भक्ति के लिए आवश्यक है, उसके सच्चे और व्यक्तिगत ज्ञान के द्वारा, *जिस ने हमें* ***अपनी ही महिमा और श्रेष्ठता के अनुसार बुलाया है।***

हमारी सोच ऐसी होनी चाहिए। हम क्राइस्ट में जीते हैं – पास्ट, प्रेजेंट और फ्यूचर! हम हमेशा जीतते हैं। हम किसी भी फ्रंटलाइन पर हारे नहीं हैं। आमीन?

तो, पार्ट 4 में, हमने टाइटल को देखा – क्या क्रिश्चियन को शैतान बनाया जा सकता है? शैतान हमारी ज़िंदगी में अपने काम को छिपाने के लिए हमें जो झूठ बेचता है, आप और मैं कैसे जानते हैं कि वे हमारे अंदर और आस-पास काम कर रहे हैं और हम उन्हें कैसे निकाल सकते हैं और हमने इसे एक महिला की दूर से खुद को बचाने की कहानी के साथ खत्म किया। आप इसे नीचे दिए गए इस लिंक से देख सकते हैं या सीधे हमारी वेबसाइट https://www.otakada.org पर जा सकते हैं।

इस भाग 5 और भाग 6 में, हम खोज कर रहे हैं - **"मुक्ति के लिए सात (7) महत्वपूर्ण कदम + दानव समूहों की पहचान कैसे करें और उन्हें कैसे निष्कासित करें और अंतिम संघर्ष की दृष्टि और चार (4) अग्रिम मोर्चों पर रणनीतिक रूप से कैसे जीतें - भाग 5 और भाग 6"**
ओटाकाडा साइबर चर्च में, हम 2 मिलियन से ज़्यादा कंटेंट के साथ देशों को आगे बढ़ा रहे हैं, और भगवान अपने वचन में हमेशा रहने वाले सच के ज़रिए ज़िंदगी बदल रहे हैं!

आपके साथ मिलकर, हम
अपने दिलों में बड़े आध्यात्मिक मंदिर बना रहे हैं ताकि भगवान की आत्मा इन समयों और मौसमों में आसानी से वास कर सके और काम कर सके, इसलिए हमारे साथ बने रहें और हमारे साथ बनाएँ!
प्रभु के दिन के बारे में पौलुस ने थिस्सलुनीकियों को लिखा

1 थिस्सलुनीकियों 5:14-23

एम्प्लीफाइड बाइबिल

***14 हे विश्वासियों, हम तुमसे गुज़ारिश करते हैं कि जो लोग गलत रास्ते
पर हैं, उन्हें समझाओ, डरपोकों को हिम्मत दो, कमज़ोरों की मदद
करो, सबके साथ सब्र रखो। 15 देखो कि कोई भी दूसरे को बुराई का
बदला बुराई से न दे, बल्कि हमेशा एक-दूसरे और सभी लोगों के लिए
अच्छाई ढूंढो। 16 हमेशा खुश रहो और अपने विश्वास में खुश रहो।
17 प्रार्थना में लगे रहो; 18 हर हाल में शुक्रगुज़ार रहो और लगातार
परमेश्वर का शुक्रिया अदा करो; क्योंकि मसीह यीशु में तुम्हारे लिए
परमेश्वर की यही इच्छा है। 19 पवित्र आत्मा को मत बुझाओ। 20
भविष्यवाणी या भविष्यवाणियों के तोहफ़ों का मज़ाक मत उड़ाओ या
उन्हें मना मत करो। 21 लेकिन सब बातों को ध्यान से परखो [ताकि तुम
पहचान सको कि अच्छा क्या है]. जो अच्छा है उसे मज़बूती से पकड़े
रहो. 22 हर तरह की बुराई से दूर रहो [पीछे हटो और उससे दूर रहो].
23 अब शांति का परमेश्वर खुद तुम्हें पूरी तरह से पवित्र करे [यानी,
तुम्हें गंदी और भद्दी चीज़ों से अलग करे, तुम्हें शुद्ध और पूरा और बेदाग
बनाए—उसके लिए पवित्र—उसके मकसद के लिए अलग रखे]; और
हमारे प्रभु यीशु मसीह के आने पर तुम्हारी आत्मा और प्राण और
शरीर पूरे और बेदाग रखे जाएं।***

पतरस ने भी अपने आखिरी खतों में, जो विश्वासियों को लिखे थे, हमें चेतावनी दी कि हम अपने दुश्मन की चालों से अनजान न रहें।

1 पतरस 5:7-9
एम्प्लीफाइड बाइबिल

***7 अपनी सारी चिंताएँ [अपनी सारी चिंताएँ, सारी परेशानियाँ, और
सारी चिंताएँ, हमेशा के लिए] उस पर डाल दो, क्योंकि वह तुम्हारी
परवाह करता है [बहुत प्यार से, और बहुत ध्यान से तुम्हारी देखभाल***

करता है।* [8] *शांत रहो [अच्छे से संतुलित और खुद पर काबू रखो], हर समय चौकन्ना और सावधान रहो। तुम्हारा वह दुश्मन, शैतान, दहाड़ते हुए शेर की तरह घूमता रहता है [बहुत भूखा], किसी को निगलने की तलाश में।* [9] *लेकिन उसका सामना करो, अपने विश्वास में मज़बूत रहो [उसके हमले के खिलाफ—जड़ जमाए, स्थापित, अटल], यह जानते हुए कि दुनिया भर में तुम्हारे भाई-बहन भी दुख का वही अनुभव कर रहे हैं। [तुम अकेले दुख नहीं झेल रहे हो।]

इस सवाल का जवाब देते हुए – क्या ईसाइयों में शैतान.वास कर सकते हैं? हम इसका आखिरी हिस्सा देखते हैं

1 थिस्सलुनीकियों 23 कहता है [23] ***अब शांति का परमेश्वर खुद तुम्हें पूरी तरह से पवित्र करे [यानी, तुम्हें गंदी और भद्दी चीज़ों से अलग करे, तुम्हें शुद्ध और पूरा और बेदाग बनाए—उसके लिए पवित्र—उसके मकसद के लिए अलग रखो]; और हमारे प्रभु यीशु मसीह के आने पर तुम्हारी आत्मा और प्राण और शरीर पूरे और बेदाग रखे जाएं।***

ग्रीक में पवित्रता शब्द मुक्ति का शब्द है। हमारी सोच में मुक्ति जो गलत भावनाओं की ओर ले जाती है, जो गलत कामों की ओर ले जाती है। ये **भावनाओं** , **बुद्धि** और **इच्छा के दायरे में आते हैं।**
जब हमें विश्वास से अपनी आत्मा का उद्धार मिलता है, तो आत्मा नई हो जाती है या मरी हुई हालत से ज़िंदा हो जाती है – यह इच्छा का काम है। आत्मा और शरीर को काम करने की ज़रूरत होती है - जिसके लिए भी इच्छा की ज़रूरत होती है।

इसीलिए पौलुस ने फिलि 2:12b,13 में लिखा – डरते और कांपते हुए अपने उद्धार का काम पूरा करो। क्योंकि परमेश्वर ही है जो अपनी

अच्छी इच्छा के अनुसार तुम्हारे अंदर इच्छा और काम दोनों करने की शक्ति पैदा करता है।
इन सीरीज़ में, हम योद्धाओं की एक सेना खड़ी कर रहे हैं जो दुश्मन से फ्रंटलाइन पर लड़ेंगे और तीन लेवल पर मसीह में कैदियों को आज़ादी दिलाएंगे – आत्मा की मुक्ति जिसे नया जन्म कहते हैं, आत्मा की मुक्ति जिसे छुटकारा कहते हैं और हमारे शरीर की मुक्ति जिसे हीलिंग कहते हैं।

यह एक बांटे हुए फ्रेमवर्क में खुद से करने की स्ट्रेटेजी है, यह एक डिसिप्लिन्ड इच्छाशक्ति का काम है और प्रभु यीशु मसीह हमारे कमांडर इन चीफ हैं। हमारा काम आपको इसमें शामिल होने के लिए तैयार करना है। खुद को, अपने प्रियजनों को और अपने सर्कल के दूसरों को आज़ाद करना। हमारा मकसद हर विश्वासी के अंदर उस सोए हुए दानव को जगाना है और आपको युद्ध के मैदान में एक योद्धा की सोच सिखाना है और यीशु के नाम पर बिना किसी नुकसान के सफल कैंपेन में शामिल होना है।

आपको यह समझना होगा कि " **सबसे अच्छा बचाव** एक अच्छा हमला है", यह एक कहावत है जिसे खेलों और सैन्य लड़ाई सहित कई क्षेत्रों में लागू किया गया है। इसे युद्ध का रणनीतिक आक्रामक सिद्धांत भी कहा जाता है।

हमने पहले पार्ट 4 में बताया था कि सैनिकों के भागने या फिर से लड़ने के लिए कोई जगह नहीं है क्योंकि स्वर्ग में लड़ाई पहले ही जीत ली गई है। हमें अपने अधिकार और पवित्र आत्मा से मिली शक्ति का इस्तेमाल करके उस जीत को पक्का करना है क्योंकि दुश्मन हमेशा अपनी सीमा पार करना चाहेगा। यह देखने के लिए कि क्या हम अनजान हैं, पानी को

परखना। बदकिस्मती से, हममें से बहुत से लोग शैतान की चालों से अनजान हैं।

इस तरह के दुश्मन का सामना एक डिसाइपल आर्मी के तौर पर करने के लिए, हमें नीचे दी गई चीज़ों की ज़रूरत है, जैसा कि हमने पहले **A, B, C, D, E, F और G में बताया है। मुझे इस बात पर ज़ोर देना होगा कि ये सीरीज़ हर किसी के लिए नहीं है। कुछ चुने हुए लोग इन 7 खूबियों से एनरोलमेंट के लिए खुद को प्री-क्वालिफ़ाई कर लेंगे।**

वे इस प्रकार हैं :

A. **उपलब्धता (आत्मा, प्राण और शरीर)**
B. **साहस**
C. **दूसरों के प्रति करुणा**
D. **दृढ़ निश्चय**
E. **ईमानदार प्यार**
F. **उग्र क्रोध**
G. **महान भूख**

अगर आपके पास कम से कम ये खूबियां नहीं हैं, तो एक सफल कैंपेन चलाना नामुमकिन होगा, क्योंकि ऊपर बताई गई सभी चीज़ों को मिलाकर राई के दाने जैसा विश्वास पैदा करना होगा ताकि बदलाव लाया जा सके, क्योंकि भगवान भूखे लोगों को खाना खिलाते हैं, न कि ठंडे या गुनगुने बच्चों को, चाहे वह अंदर और बाहर से ठीक करने, छुटकारा दिलाने और ठीक करने में हो।
लूट का माल इकट्ठा करने के लिए तैयार है, लेकिन उन्हें अपने अनुभव में इकट्ठा करने के लिए राई के दाने के बराबर, लगातार विश्वास की ज़रूरत है।

आज, **शैतान की कैद के लिए बहुत हो गया और मसीह यीशु में आज़ादी में आपका स्वागत है - मुक्ति के लिए सात (7) ज़रूरी कदम + शैतानी ग्रुप को कैसे पहचानें और निकालें और आखिरी लड़ाई का विज़न और लड़ाई की चार (4) फ्रंटलाइन पर स्ट्रेटेजिक तरीके से कैसे जीतें – पार्ट 5 पार्ट 6**

मेरी समझ से, बुरी आत्माएं या राक्षस, "बुराई की रूहानी सेना" (इफिसियों 6:12) का निचला तबका हैं, जिन्हें शैतान इंसानों के खिलाफ इस्तेमाल करता है। शैतान ने उन्हें तीन मुख्य मकसद दिए हैं:

1. पहले हमें पीड़ा और दुख पहुँचाना;
2. दूसरा, हमें मसीह को उद्धारकर्ता के रूप में जानने से रोकना;
और ऐसा न होने पर, तीसरा,
3. हमें मसीह की सेवा अच्छे से करने से रोकना।

राक्षसों के नौ (9) गुण इस प्रकार हैं

1. राक्षस लुभाते हैं। 2. राक्षस परेशान करते हैं। 3. राक्षस टॉर्चर करते हैं। 4. राक्षस मजबूर करते हैं। 5. राक्षस गुलाम बनाते हैं। 6. राक्षस नशा कराते हैं। 7. राक्षस अपवित्र करते हैं। 8. राक्षस धोखा देते हैं। 9. राक्षस शरीर पर हमला करते हैं।

अब हम मुक्ति के सात (7) स्टेप्स पर नज़र डालते हैं: 1) ईमानदारी; 2) विनम्रता; 3) पछतावा 4) त्याग 5) माफ़ी 6) प्रार्थना 7) युद्ध यहाँ विवरण हैं:

मुक्ति के सात चरण

1. ईमानदारी

अगर कोई भगवान से मुक्ति का आशीर्वाद पाना चाहता है, तो उसे खुद के साथ और भगवान के साथ ईमानदार होना चाहिए। ईमानदारी की कमी से ज़िंदगी के कुछ हिस्से अंधेरे में रहते हैं। शैतानी आत्माएं ऐसे अंधेरे में ही फलती-फूलती हैं। ईमानदारी उन्हें रोशनी में लाने में मदद करती है। कोई भी पाप जिसे कबूल न किया जाए या जिसका पछतावा न किया जाए, वह शैतान को रहने का "कानूनी अधिकार" देता है। भगवान से कहें कि वह आपको खुद को वैसे देखने में मदद करें जैसा वह आपको देखते हैं और जो कुछ भी उनका नहीं है उसे सामने लाएं।

मैं अपना पाप तेरे सामने मानता हूँ, और अपना अधर्म मैंने नहीं छिपाया। मैंने कहा, मैं यहोवा के सामने अपने अपराध मान लूँगा; और तूने मेरे पाप और अधर्म को क्षमा कर दिया। भजन 32:5

हे परमेश्वर, मुझे परखो और मेरे हृदय को जानो; मुझे परखो और मेरे विचारों को जानो: और देखो कि मुझमें कोई बुरा मार्ग तो नहीं है, और मुझे सदा के मार्ग पर ले चलो। भजन 139:23,24

2. विनम्रता

इसमें यह मानना शामिल है कि व्यक्ति मुक्ति के लिए ईश्वर और उसके इंतज़ामों पर निर्भर है।

परमेश्वर घमंडियों का विरोध करता है, लेकिन नम्र लोगों पर कृपा करता है। इसलिए परमेश्वर के अधीन हो जाओ। शैतान का विरोध करो और वह तुम्हारे पास से भाग जाएगा। याकूब 4:7

इसमें परमेश्वर के सेवकों के साथ पूरी तरह से खुलापन भी शामिल है जो छुटकारा दिलाने में सेवा करते हैं।

एक दूसरे के सामने अपनी गलतियाँ मान लो और एक दूसरे के लिए प्रार्थना करो, ताकि तुम ठीक हो जाओ। याकूब 5:16a

3. पश्चाताप

पछतावा पाप और शैतान से दूर जाने का पक्का इरादा है। इंसान को अपनी ज़िंदगी की सभी बुराइयों से नफ़रत करनी चाहिए और उनसे समझौता नहीं करना चाहिए।
“क्या दो लोग एक साथ चल सकते हैं, जब तक वे एकमत न हों?” (आमोस 3:3) इंसान को अपने पापों से नफ़रत करनी चाहिए।
और वहाँ तुम अपने तौर-तरीके और अपने सब काम याद करोगे, जिनसे तुम गंदे हुए हो; और अपने सब बुरे कामों के लिए जो तुमने किए हैं, तुम अपनी नज़र में खुद से नफ़रत करोगे। यहेजकेल 20:43

छुटकारा सिर्फ़ समस्याओं से राहत पाने के लिए नहीं, बल्कि परमेश्वर की सभी ज़रूरतों को मानकर यीशु जैसा बनने के लिए इस्तेमाल किया जाना चाहिए। पछतावा उन सभी चीज़ों से दूर हो जाना है जो आध्यात्मिक विकास, सेवा और मेलजोल में रुकावट डालती हैं। पछतावा करने के लिए सभी पापों को खुलकर कबूल करना ज़रूरी है। यह शैतानी आत्माओं के कानूनी अधिकार छीन लेता है।

4. त्याग

त्याग बुराई को छोड़ना है। त्याग पश्चाताप से होने वाला काम है।
जब उसने (जॉन द बैपटिस्ट) बहुत से फरीसियों और सदूकियों को अपने बपतिस्मा के लिए आते देखा, तो उसने उनसे कहा, हे सांपों के बच्चों, तुम्हें आने वाले गुस्से से भागने की चेतावनी किसने दी? इसलिए पछतावे के लायक फल लाओ। मत्ती 3:7,8
पछतावे के लायक फल लाने में सिर्फ़ बातें ही नहीं होतीं। यह पछतावे का सबूत है... इस बात का सबूत कि इंसान सच में अपने पापों से दूर हो गया है। उदाहरण के लिए, अगर कोई वासना का पछतावा करता है तो उसे कुछ पोर्नोग्राफ़िक चीज़ें नष्ट करने की ज़रूरत हो सकती है। अगर किसी ने धार्मिक गलती का पछतावा किया है तो उसे उस गलती से जुड़ी

सभी किताबें और चीज़ें नष्ट करके उसे पूरी तरह से त्यागने की ज़रूरत हो सकती है।

और बहुत से लोग जो विश्वास करते थे, आए, और उन्होंने अपने कामों को कबूल किया और बताया।
उनमें से बहुतों ने जो अजीबोगरीब कलाएँ करते थे, अपनी किताबें इकट्ठी करके सबके सामने जला दीं: और उन्होंने उनकी कीमत गिनी, तो वह पचास हज़ार चाँदी के सिक्के निकली। प्रेरितों के काम 19:18,19
त्याग का मतलब है शैतान और उसके सभी कामों से पूरी तरह नाता तोड़ लेना।

5. क्षमा

परमेश्वर उन सभी को बिना किसी संकोच के क्षमा कर देता है जो अपने पाप मान लेते हैं और उसके बेटे के ज़रिए माफ़ी मांगते हैं। (देखें I John 1:9)। वह हमसे उम्मीद करता है कि हम उन सभी को माफ़ कर दें जिन्होंने कभी भी हमारे साथ किसी भी तरह से गलत किया हो।
क्योंकि अगर तुम लोगों के गुनाह माफ़ करोगे, तो तुम्हारा स्वर्ग में रहने वाला पिता भी तुम्हें माफ़ करेगा। लेकिन अगर तुम लोगों के गुनाह माफ़ नहीं करोगे, तो तुम्हारा पिता भी तुम्हारे गुनाह माफ़ नहीं करेगा। मत्ती 6:14,15
माफ़ करने की इच्छा मुक्ति के लिए बहुत ज़रूरी है। (देखें मत्ती 18:21-35)। कोई भी मुक्तिदाता तब तक मुक्ति नहीं दिला सकता जब तक कि उम्मीदवार परमेश्वर की शर्तों को पूरा न कर ले।

6. प्रार्थना

परमेश्वर से प्रार्थना करें कि वह आपको यीशु के नाम पर मुक्ति दिलाए और आपको आज़ाद करे।
जो कोई यहोवा का नाम लेगा, वह छुटकारा पाएगा। योएल 2:32

7. युद्ध

प्रार्थना और युद्ध दो अलग-अलग काम हैं। प्रार्थना भगवान के लिए होती है और युद्ध दुश्मन के लिए। शैतानी ताकतों के खिलाफ हमारी लड़ाई शरीर की नहीं बल्कि रूहानी है (देखें इफिसियों 6:10-12; II कुरिन्थियों 10:3-5)। भगवान के सामने समर्पण के हथियार, खून का इस्तेमाल करें। यीशु मसीह, परमेश्वर का वचन, और एक विश्वासी के तौर पर आपकी गवाही। (देखें याकूब 4:7; प्रकाशितवाक्य 12:11; इफिसियों 6:17)। आत्माओं को पहचानें, उन्हें सीधे नाम लेकर आज्ञा देने वाली आवाज़ में बुलाएँ, और विश्वास के साथ उन्हें यीशु के नाम पर जाने का आदेश दें। जीत के पक्के इरादे और भरोसे के साथ लड़ाई में उतरें। मसीह कभी हार नहीं सकते! वह छुड़ाने वाले हैं!

"और जो विश्वास करेंगे उनमें ये चिन्ह होंगे; वे मेरे नाम से दुष्टात्माओं को निकालेंगे।" मरकुस 16:17a
"देखो, मैं तुम्हें साँपों और बिच्छुओं पर चलने का, और दुश्मन की सारी ताकत पर काबू पाने का अधिकार देता हूँ: और कुछ भी तुम्हें किसी तरह से नुकसान नहीं पहुँचाएगा।" लूका 10:19
"यहोवा मेरी चट्टान, मेरा गढ़ और मेरा छुड़ानेवाला है।" भजन 18:2a

हम आपको राक्षसों के ग्रुप बताकर इसे बढ़ा रहे हैं। एक अकेला राक्षस एक मज़बूत जगह की तरह काम करता है और दूसरे इस मुख्य मज़बूत जगह के राक्षस के साथ मिलकर क्राइस्ट आर्मी की ज़िंदगी में और तबाही मचाते हैं, जिसके आप हैं। वे हमारी मर्ज़ी से किसी बुरी आदत के आधार पर खुद को जोड़ते हैं और यह उन्हें विश्वास करने वाले की आत्मा और शरीर की दुनिया में रहने के लिए एक चुंबक की

तरह बुलाता है। याद रखें, अंधेरा अंधेरे को खींचता है। रोशनी अंधेरे को दूर भगाती है।

हम जो कुछ भी करते हैं, जिससे भगवान सहमत नहीं होंगे या जो बाइबल की अच्छी किताबों में नहीं है, वह अंधकार है। गलातियों 5 देखें जहाँ पॉल ने बताया है कि हम उस आज़ादी को कैसे बनाए रख सकते हैं जो मसीह ने हमें दी है। आज़ादी के बाहर की कोई भी चीज़ अंधकार की दुनिया के लिए एक आकर्षण है। याद रखें, वे पागलों की तरह रहने की जगह ढूंढ रहे हैं और इंसान का शरीर उनकी सबसे ज़रूरी चीज़ों में से एक है।
इस पढ़ें:

गलातियों 5:13-25
एम्प्लीफाइड बाइबिल
13 क्योंकि तुम, मेरे भाइयो, आज़ादी के लिए बुलाए गए हो; बस अपनी
आज़ादी को [a] पापी फितरत (दुनियादारी, मतलबीपन) का मौका
मत बनने दो, बल्कि [b] प्यार से एक दूसरे की सेवा करो और सबसे
अच्छा चाहो। 14 क्योंकि पूरा कानून [इंसानी रिश्तों के बारे में] एक ही
बात में पूरा हो जाता है, "तुम अपने पड़ोसी से अपने जैसा प्यार करोगे
[यानी, तुम दूसरों के लिए बिना किसी स्वार्थ के फिक्र करोगे और
उनके फायदे के लिए काम करोगे]।" 15 लेकिन अगर तुम एक दूसरे
को काटते और खा जाते हो [झगड़े और झगड़े में], तो सावधान रहो
कि तुम [और तुम्हारा पूरा साथ] एक दूसरे से खत्म न हो जाओ।

16 लेकिन मैं कहता हूँ, [पवित्र] आत्मा के अनुसार चलो [उसे खोजो
और उसके मार्गदर्शन के अनुसार चलो], और तब तुम निश्चित रूप
से [c] पापी स्वभाव [जो परमेश्वर और उसके उपदेशों की परवाह
किए बिना आवेग में आकर प्रतिक्रिया करता है] की इच्छा को पूरा

नहीं करोगे। [17] क्योंकि पापी स्वभाव की अपनी इच्छा होती है जो
आत्मा के विरुद्ध होती है, और [आत्मा की इच्छा] [d] पापी स्वभाव
का विरोध करती है; क्योंकि ये [दोनों, पापी स्वभाव और आत्मा] एक
दूसरे के सीधे विरोध में हैं [लगातार संघर्ष में], ताकि तुम [विश्वासी
होने के नाते] [हमेशा] वह [अच्छे काम] न करो जो तुम करना चाहते
हो। [18] लेकिन अगर तुम आत्मा के द्वारा निर्देशित और नेतृत्व किए
जाते हो, तो तुम कानून के अधीन नहीं हो। [19] अब [e] पापी स्वभाव के काम
साफ़ तौर पर दिखाई देते हैं: वे हैं यौन अनैतिकता, अशुद्धता,
कामुकता (पूरी तरह से गैर-ज़िम्मेदारी, खुद पर काबू न रखना), [20] [f]
मूर्ति पूजा, [g] जादू-टोना, दुश्मनी, झगड़ा, जलन, गुस्सा, झगड़े,
मतभेद, गुटबाज़ी [जो धर्म-विरोध को बढ़ावा देते हैं], [21] जलन, नशा,
दंगा-फसाद, और ऐसी ही दूसरी चीज़ें। मैं तुम्हें पहले से ही चेतावनी
देता हूँ, जैसा मैंने पहले भी दिया था, कि जो लोग ऐसी चीज़ें करते हैं
वे परमेश्वर के राज्य के वारिस नहीं होंगे। [22] लेकिन आत्मा का फल
[हमारे अंदर उसकी मौजूदगी का नतीजा] प्यार [दूसरों के लिए बिना
स्वार्थ की चिंता], खुशी, [आंतरिक] शांति, सब्र [इंतज़ार करने की
क्षमता नहीं, बल्कि इंतज़ार करते समय हम कैसे काम करते हैं], दया,
भलाई, वफ़ादारी, [23] नरमी, खुद पर काबू है। ऐसी चीज़ों के खिलाफ़
कोई नियम नहीं है। [24] और जो मसीह यीशु के हैं, उन्होंने [h] पापी
शरीर को उसकी लालसाओं और भूख समेत क्रूस पर चढ़ा दिया है।

[25] अगर हम [पवित्र] आत्मा के द्वारा जीने का दावा करते हैं, तो हमें आत्मा के द्वारा चलना भी चाहिए [व्यक्तिगत ईमानदारी, ईश्वरीय चरित्र और नैतिक साहस के साथ - हमारा आचरण पवित्र आत्मा द्वारा सशक्त किया गया है]।

दानव समूह

राक्षसों की पहचान उनके स्वभाव के हिसाब से होती है। *नफ़रत करने वाले राक्षस को* "नफ़रत" कहा जाता है। हर राक्षस एक स्पेशलिस्ट होता है। नफ़रत करने वाला राक्षस हवस को नहीं बढ़ाता - वह सिर्फ़ नफ़रत को बढ़ावा देता है। जब राक्षसों को अपना नाम बताने का हुक्म दिया जाता है, तो वे आम तौर पर अपने स्वभाव के हिसाब से अपना नाम बताते हैं, जैसे *बगावत* , *गाली देना, बेपरवाही* , वगैरह। कभी-कभी राक्षस अपना नाम बताता है जैसे "जिम" या "शर्ली"। कभी-कभी वे दूसरे नाम भी देते हैं। यह छुटकारा दिलाने वाले मंत्री को उनका असली स्वभाव जानने से रोकने का एक धोखा देने वाला तरीका है। मंत्री को राक्षसों को अपना स्वभाव बताने का हुक्म देना चाहिए, और कहना चाहिए, "राक्षस, तुम्हारा स्वभाव क्या है?"

अंदर रहने वाले डेविल अकेले बहुत कम पाए जाते हैं; वे ग्रुप में एक साथ होते हैं। ऐसे ग्रुप को कॉलोनी, कबीले या परिवार कहा जा सकता है। जब एक डेविल का पता चले या उसे पहचाना जाए, तो तुरंत उसके साथियों को ढूंढने के लिए अलर्ट हो जाना चाहिए। डेविल का एक ग्रुप किसी व्यक्ति के जीवन के किसी खास हिस्से को कंट्रोल करने के मकसद से एक साथ इकट्ठा होता है। इसलिए, किसी भी खास ग्रुप में आत्माओं का एक बहुत ही लॉजिकल पैटर्न पाया जा सकता है। कुछ खास तरह की आत्माएं एक ही कॉम्बिनेशन में बार-बार पाई जाती हैं; हालांकि, यह नहीं मान लेना चाहिए कि कॉम्बिनेशन हमेशा एक जैसा ही रहेगा।

ग्रुपिंग की संभावनाएं अनलिमिटेड हैं।

"मजबूत आदमी" या रूलिंग स्पिरिट होगी । अक्सर मिनिस्ट्री के दौरान रूलिंग स्पिरिट की खास तौर पर पहचान की जाएगी। यह ज़रूरी नहीं है कि छुटकारा दिलाने के लिए हमेशा उसे रूलिंग स्पिरिट के तौर पर पहचाना जाए। ऐसी पहचान के लिए आमतौर पर कारण बताए जाएंगे।

सबसे पहले, होली स्पिरिट किसी प्रोसीजर का ऑर्डर दे रही हो सकती है। छुटकारा दिलाने वाला मिनिस्टर प्रभु जो भी बैटल प्लान दे, उसके प्रति अलर्ट रहना चाहेगा। ऐसे हालात होते हैं जब प्रभु यह निर्देश देंगे कि पहले रूलिंग स्पिरिट से निपटा जाए और फिर उसके साथियों से। दूसरे समय में प्रभु की लीडिंग पहले कमज़ोर स्पिरिट को और आखिर में रूलिंग स्पिरिट को बाहर निकालना होगा। यह सवाल करने में कोई असली फायदा नहीं लगता कि प्रभु एक तरफ क्यों ले जाते हैं और फिर दूसरी तरफ। एक अच्छा सैनिक अपने कमांडर से सवाल किए बिना ऑर्डर मानने के लिए ट्रेन होता है। कभी-कभी उसे हमले का अपना रास्ता चुनने में बहुत ज़्यादा छूट दी जा सकती है, और दूसरी बार उसके ऑर्डर काफी खास होते हैं। यही बात स्पिरिचुअल लड़ाई की लड़ाइयों में भी सच है।

रूलिंग स्पिरिट की पहचान का दूसरा कारण यह है कि यह छुटकारा पाने वाले व्यक्ति के फायदे के लिए है। यह जानना काफी मददगार हो सकता है कि भविष्य में किस स्पिरिट से खास सावधान रहना है। कुछ स्पिरिट खास तौर पर उन आदतों से जुड़ी होती हैं जिन्हें बदलना होता है और इंसान के उन हिस्सों से जिन्हें सूली पर चढ़ाना होता है। छुटकारा मिलने के बाद, व्यक्ति को अपनी मुक्ति बनाए रखने के लिए खुद ही कुछ लड़ाइयाँ लड़नी होंगी। यह जानना बहुत मददगार होता है कि कोई असल में किससे लड़ रहा है, और क्या शरीर है और क्या शैतानी स्पिरिट। सैकड़ों छुटकारा पाने के सेशन और शैतानी ग्रुप से निपटने के अनुभव से, मुझे यकीन है कि रूलिंग स्पिरिट किसी खास इलाके पर हमला करने वाली पहली स्पिरिट होती है। क्योंकि वह सबसे पहले अंदर आती है, इसलिए वह खुद को रूलर के तौर पर स्थापित कर सकती है। फिर वह दूसरी स्पिरिट के अंदर आने का रास्ता खोलने की चाबी बन जाती है। जब शैतानों को बाहर निकाला जा रहा हो, तो रूलिंग स्पिरिट को यह कमांड देना आम बात है, "बाहर आओ और अपने सभी साथियों को अपने साथ लाओ!" या "बाहर आओ और अपनी सभी जड़ें लाओ!" अगर

किसी ग्रुप के किसी भी हिस्से को निकाला नहीं जाता है, तो ग्रुप को वापस आने का रास्ता खुला रहता है। इस वजह से, जितना हो सके, पूरी तरह से निकाला जाना चाहिए।

किसी खास तरह की आत्मा किसी खास ग्रुप में एक से ज़्यादा हो सकती है। उदाहरण के लिए, कड़वाहट वाली कॉलोनी में *गुस्से के कई शैतान हो सकते हैं।* साथ ही, एक खास तरह का शैतान एक से ज़्यादा ग्रुप में हो सकता है। उदाहरण के लिए, *गुस्से का शैतान* कड़वाहट वाले ग्रुप में और गुस्से का शैतान परफेक्शन वाले ग्रुप में मिल सकता है। एक बार छुटकारा पाने पर आत्माओं के कई ग्रुप को बाहर निकाला गया। हर ग्रुप में *डिप्रेशन की आत्मा थी।* यह सिर्फ़ समझ के सुपरनैचुरल तोहफ़े के काम से ही पता चल सकता है कि आत्माओं के ऐसे सभी कॉम्बिनेशन से निपटा गया है।
उदाहरण के लिए: कड़वाहट

अप्रसन्नता

इब्रानियों 12:15 में एक चेतावनी दी गई है: "कहीं ऐसा न हो कि कड़वाहट की कोई जड़ उगकर तुम्हें परेशान करे, और उससे बहुत से लोग अपवित्र हो जाएं।" कड़वाहट की जड़ बहुत सारी "परेशानी" के लिए ज़िम्मेदार होती है। दिल में लंबे समय तक रहने वाली कड़वाहट शैतान के हमले का दरवाज़ा खोल देगी। यह शायद शैतान की एक्टिविटी के लिए सबसे आम रास्ता है। ज़्यादातर मामलों में कड़वाहट परिवार के किसी सदस्य के प्रति होती है।

कड़वाहट वाली आत्माएं दुख देने वाली घटनाओं को ज़िंदा रखती हैं। सालों पहले हुई बातें यादों में उतनी ही ताज़ा और ज़िंदा रहती हैं, जैसे वे आज ही हुई हों। इस तरह, इंसान न सिर्फ़ आज की परेशानियों से

निपटता है, बल्कि उसे हमेशा दुखों के पुराने सिलसिले का भी सामना करना पड़ता है। *माफ़ न करने की भावना* दुख की हर छोटी-बड़ी बात को ज़िंदा रखती है; इंसान के मन में लगातार उन्हें दोहराती रहती है। सबसे छोटी चोट को न तो माफ़ किया जाता है और न ही भुलाया जाता है। जब भी कड़वाहट का रवैया पाया जाता है, तो *कड़वाहट, नाराज़गी* और *नफ़रत के शैतान मिलने की उम्मीद की जा सकती है।* कुछ मामलों में आत्माओं की चेन में ग्रुप की दूसरी या सभी आत्माएं शामिल हो जाती हैं।

नीचे दी गई डेमन ग्रुप्स की लिस्ट असली डिलिवरेंस सेशन के दौरान अनुभव किए गए पैटर्न को दिखाती है।

ये ग्रुपिंग सिर्फ़ इस बात का इशारा हैं कि क्या हो सकता है। यह लिस्ट किसी भी तरह से पूरी नहीं है, और न ही ग्रुपिंग में कोई बदलाव नहीं होना चाहिए।

लिस्ट में दिए गए कुछ ग्रुप्स के बारे में बताया गया है। यह आत्माओं के खास ग्रुप्स से होने वाली समस्याओं के बारे में कुछ जानकारी देने के लिए है। ज़्यादातर ग्रुप्स अपने आप में ही समझ में आ जाते हैं।

हमारा मानना है कि नीचे दी गई जानकारी उन लोगों के लिए बहुत काम की साबित होगी जो मुक्ति मंत्रालय में जा रहे हैं। यह किसी को भी यह बेहतर ढंग से समझने में मदद करेगी कि राक्षस कैसे ग्रुप बनाते हैं। सालों की पढ़ाई और अनुभव कुछ पन्नों में संक्षेप में बताए गए हैं।

सामान्य दानव समूह

1. कड़वाहट

नाराज़गी नफ़रत माफ़ न करना हिंसा गुस्सा गुस्सा बदला हत्या

2. विद्रोह
स्वेच्छाचारिता हठ अवज्ञा अधीनता-विरोधी

3. संघर्ष
वाद-विवाद झगड़ा बहस झगड़ा लड़ाई

4. नियंत्रण
अधिकार जताना प्रभुत्व जादू टोना

5. प्रतिशोध
विनाश द्वेष घृणा परपीड़न चोट क्रूरता

6. आरोप
आलोचना का मूल्यांकन दोष-खोज

7. अस्वीकृति
अस्वीकृति का डर आत्म-अस्वीकृति

8. असुरक्षा
हीनता आत्म-दया अकेलापन डरपोकपन शर्मीलापन अपर्याप्तता अयोग्यता

9. ईर्ष्या
ईर्ष्या संदेह अविश्वास स्वार्थ

10. निकासी
मुँह फुलाना दिन में सपने देखना कल्पना दिखावा अवास्तविकता

11. पलायन

उदासीनता संयम निष्क्रियता तंद्रा शराब ड्रग्स

12 निष्क्रियता

उदासी उदासीनता सुस्ती सुस्ती

13. डिप्रेशन

निराशा हताशा हतोत्साह पराजयवाद

निराशा निराशा आत्महत्या मृत्यु अनिद्रा रुग्णता

14. भारीपन

उदासी बोझ घृणा

15. चिंता

चिंता भय भय आशंका

16. घबराहट

टेंशन सिरदर्द नर्वस आदतें बेचैनी एक्साइटमेंट इंसोम्निया घूमना

17. संवेदनशीलता

आत्म-जागरूकता मनुष्य का डर अस्वीकृति का डर

18. उत्पीड़न

अन्याय निर्णय का भय निंदा का भय आरोप का भय

फटकार का डर संवेदनशीलता

19. मानसिक बीमारी

पागलपन उन्माद मंदबुद्धि बुढ़ापा सिज़ोफ्रेनिया

20. सिज़ोफ्रेनिया

21. व्यामोह

ईर्ष्या द्वेष संदेह अविश्वास उत्पीड़न भय टकराव

22. भ्रम

हताशा असंगति विस्मृति

23. संदेह

अविश्वास संशयवाद

24. अनिर्णय

टालमटोल समझौता उलझन विस्मृति उदासीनता

25. आत्म-धोखा

आत्म-भ्रम आत्म-प्रलोभन अभिमान

26. दिमाग को बांधने वाला

भ्रम मनुष्य का भय असफलता का भय गुप्त आत्माएं अध्यात्मवाद आत्माएं

27. मन मूर्तिपूजा

बौद्धिकता तर्कवाद अभिमान अहंकार

28. डर (सभी तरह के)

फोबिया (सभी प्रकार) हिस्टीरिया

29. अधिकार का डर

झूठा छल

30. गर्व

अहंकार घमंड आत्म-धार्मिकता घमंड महत्व अहंकार

31. स्नेह
नाटकीयता नाटक परिष्कार दिखावा

32. लोभ
चोरी क्लेप्टोमेनिया भौतिक वासना लालच असंतोष

33. पूर्णता
अभिमान घमंड अहंकार निराशा आलोचना चिड़चिड़ापन असहिष्णुता क्रोध

34. प्रतियोगिता
तर्क का मुख्य कारण अभिमान अहंकार

35. अधीरता
आंदोलन हताशा असहिष्णुता नाराज़गी आलोचना

36. झूठा बोझ
झूठी ज़िम्मेदारी झूठी करुणा

37. दुःख
दुःख हृदयविदारक हृदयविदारक रोना उदासी क्रूर

38. थकान
थकान सुस्ती आलस्य

39. दुर्बलता
(कोई बीमारी या रोग)

40. मृत्यु

41. विरासत
(शारीरिक) (भावनात्मक) (मानसिक) (शाप)

42. अतिसक्रियता
बेचैनी ड्राइविंग दबाव
43. गाली देना
ईशनिंदा मज़ाक गपशप आलोचना पीठ पीछे बुराई मज़ाक छोटा करना गाली

44. नशे की लत और बाध्यकारी निकोटीन शराब
दवाएं
कैफीन लोलुपता

45. लोलुपता
घबराहट, ज़्यादा खाना, नाराज़गी, निराशा, आलस्य
आत्म-दया आत्म-पुरस्कार

46. आत्म-आरोप
आत्म-घृणा आत्म-निंदा

47. अपराधबोध
निंदा शर्म
अयोग्यता शर्मिंदगी

48. यौन अशुद्धता
हवसकामुकता हवस हस्तमैथुन समलैंगिकता समलैंगिकता व्यभिचार
व्यभिचार अनाचार वेश्यावृत्ति
बलात्कार का खुलासा ठंडापन

49. पंथ

जेनोवा का गवाह

क्रिश्चियन साइंस

रोज़ीक्रूशनवाद

ब्रह्मविद्या

यूरेंटिया

सुबुद

लतीहान

एकता

मॉर्मनवाद

बहाई धर्म

यूनिटेरियनिज़्म (लॉज, सोसाइटी और सोशल एजेंसियां बाइबिल और भगवान को आधार मानती हैं, लेकिन जीसस क्राइस्ट के खून के प्रायश्चित को छोड़ देती हैं)

50. गुप्त

Ouija Board Palmistry, हैंडराइटिंग एनालिसिस, ऑटोमैटिक हैंडराइटिंग, ESP

सम्मोहन राशिफल ज्योतिष

लेविटेशन, भाग्य बताना, पानी, जादू-टोना, टैरो कार्ड, पेंडुलम, जादू-टोना, काला जादू, सफेद जादू, जादू-टोना, मंत्र, आकर्षण, बुत, वगैरह।

51. धार्मिक

कर्मकांड, औपचारिकता, सैद्धांतिक जुनून, प्रलोभन, सैद्धांतिक त्रुटि, ईश्वर का डर, नरक का डर, खोए हुए मोक्ष का डर, धार्मिकता आदि।

52. अध्यात्मवाद

सेंस स्पिरिट गाइड नेक्रोमेंसी वगैरह।

53. झूठे धर्म
बौद्ध धर्म ताओवाद हिंदू धर्म इस्लाम शिंटोवाद कन्फ्यूशीवाद वगैरह।

अंतिम संघर्ष – आध्यात्मिक सपना

हम सब जानते हैं कि पूरे बाइबिल इतिहास में, परमेश्वर ने कई मौकों पर अपने सेवकों से दर्शन और सपनों के ज़रिए बात की है। पिन्तेकुस्त के दिन, पतरस ने भविष्यवक्ता योएल की बात कही:
और आखिरी दिनों में ऐसा होगा, परमेश्वर कहता है, मैं अपनी आत्मा सब मनुष्यों पर उंडेलूंगा; और तुम्हारे बेटे और तुम्हारी बेटियां भविष्यवाणी करेंगी, और तुम्हारे जवान दर्शन देखेंगे, और तुम्हारे बूढ़े सपने देखेंगे। प्रेरितों के काम 2:17
9 जुलाई, 1970 को प्रभु ने मुझसे एक आध्यात्मिक सपने में बात की। उन्होंने मुझे साफ़ कर दिया कि मुझे इस सपने के ज़रिए दिखाए गए सच को आगे बढ़ाना है। मैं प्रार्थना करता हूँ कि यह आपके लिए एक आशीर्वाद और प्रेरणा बने, जैसा कि यह उन कई लोगों के लिए रहा है जिनके साथ इसे शेयर किया गया है।

सपना

जैसे ही सपना शुरू हुआ, मैंने खुद को एक बड़े स्टेडियम में पाया।
स्टैंड पूरी तरह से लोगों से भरे हुए थे, और जो होने वाला था, उसे लेकर उत्साह और उम्मीद का माहौल था। यह एक बेसबॉल गेम होना था, और मुझे खिलाड़ियों में से एक होना था। मैं पहले से ही अपनी यूनिफॉर्म में था। मेरी टीम की यूनिफॉर्म लाल थी और

सफेद। मैंने विरोधी टीम के सदस्यों को देखा और वे काले और सफेद यूनिफॉर्म पहने हुए थे।
जैसे ही मैं मैदान पर गया, मुझे एहसास हुआ कि मेरे सभी टीममेट्स साइडलाइन पर दूसरी टीम के सभी मेंबर्स के साथ गरमागरम बहस में थे। मैं इस झगड़े में कोई हिस्सा नहीं लेना चाहता था और इस उम्मीद में मैदान पर चला गया कि बाकी लोग भी जल्द ही मेरे साथ वहाँ आ जाएँगे। जैसे ही मैं मैदान पर गया, दूसरी टीम का एक मेंबर मेरे साथ बाहर चला गया। मेरा मन लड़ाई जारी रखने की चिंता से भर गया। सूरज की पोज़िशन से मुझे पता था कि अभी लगभग दो घंटे की रोशनी बाकी है। एक्शन जल्द ही शुरू होना चाहिए।
आखिरकार साइडलाइन पर बहस खत्म हुई, और टीमों ने अपनी-अपनी जगह लेना शुरू कर दिया। हमारी टीम को मैदान में और दूसरी टीम को बैटिंग करनी थी। मैं लेफ्ट फील्ड में चला गया था, यह महसूस करते हुए कि मुझे अभी तक यह असाइनमेंट नहीं दिया गया है कि मैं किस पोजीशन पर खेलूंगा। मैंने अपने कोच को ढूंढा और पाया कि वह मैदान के बीच में थे। उन्होंने मुझे थर्ड बेस कवर करने का इशारा किया, और मैंने तुरंत वहीं अपनी जगह ले ली।

जैसा कि कहते हैं, हमारी टीम ने "बात करना शुरू कर दिया"। हम सब एक-दूसरे को हिम्मत देने वाले शब्द चिल्ला रहे थे और मैच के मूड में आ रहे थे। इसके बाद, हमने अपनी लिंबरिंग-अप एक्सरसाइज़ शुरू कीं - अपनी बाहें फैलाना, अपने घुटने मोड़ना और अपनी पीठ मोड़ना। अब गेम शुरू होने का समय था।
पिचर ने पहली गेंद प्लेट के पार फेंकी। विरोधी बल्लेबाज ने पूरी ताकत से उस पर वार किया। उसने हिट किया
एक बहुत ऊँची, उड़ती हुई गेंद। मैंने उसे देखा कि वह मेरे सिर के ऊपर से बहुत ऊपर गई और पीछे, पीछे, पीछे खेल के मैदान के बाहर फाउल हो गई। मेरे दिल में डर बैठ गया। मैंने सोचा, "अगर उनके सभी खिलाड़ी

इतने मज़बूत हैं तो हमारे पास क्या चांस है?" मुझे एहसास हुआ कि मुझे बहुत अलर्ट रहना होगा। मैंने अपना वज़न एक पैर से दूसरे पैर पर डाला। अगर अगली गेंद मेरी तरफ़ आए तो मुझे बिल्ली की तरह फुर्तीला होना होगा ताकि गेंद को पकड़ने और खिलाड़ी को आउट करने के लिए किसी भी दिशा में उछलने के लिए तैयार रहूँ। इस पॉइंट पर सपना खत्म हो गया। जब मैं उठा और सपना याद करने लगा तो मेरा पहला रिएक्शन निराशा वाला था। मुझे बेसबॉल बहुत पसंद है और मैं निराश था कि मैं सपना पूरा नहीं कर पाया।

व्याख्या

एक स्पिरिचुअल सपने का पता नहीं लगाया जा सकता - उसका मतलब निकालना ज़रूरी है। अगली सुबह जब पवित्र आत्मा ने मुझे सपना याद दिलाया, तो उसने मुझे उसका मतलब बताना शुरू कर दिया। मैंने एक पेंसिल और कागज़ लिया और जितनी तेज़ी से हो सका, उसका मतलब लिखना शुरू कर दिया। कुछ ही पलों में पूरी बात साफ़ हो गई। यह बिना किसी रुकावट के लिखा गया, ठीक वैसे ही जैसे आत्मा मुझे बता रही थी।

खेल का मैदान पूरी दुनिया को दिखाता था। दर्शकों से भरे स्टैंड हिब्रू 12:1 में दिखाई गई तस्वीर है।

इसलिए यह देखते हुए कि हम भी गवाहों के इतने बड़े समूह से घिरे हुए हैं...

प्रभु ने मुझे बताया कि स्टैंड में जो लोग थे, वे गवाहों का बड़ा बादल थे। वे सभी ईसाई थे जो कभी भी रहे हैं और अब अपनी स्वर्गीय जगह से दुनिया को देख रहे थे। पुराने और नए नियम के समय के सभी कुलपति और संत स्टैंड में थे। अब्राहम, जैकब, इसहाक, जोसेफ, डेविड, डैनियल, जेरेमिया, यशायाह, पीटर, जेम्स और जॉन और बाकी सभी थे। वे वे लोग थे जो पिछली पीढ़ियों में "पेनेंट रेस" में थे। उनमें से कई ने अच्छा किया

था और हिब्रू अध्याय ग्यारह में दर्ज "हॉल ऑफ़ फ़ेम" में थे। वे बड़ी उत्सुकता से देख रहे थे कि इस पीढ़ी में मैदान में हममें से जो लोग हैं, वे कैसा करेंगे।

फिर प्रभु ने मुझसे कहा, "यह वर्ल्ड सीरीज़ है! यह बुराई और अच्छाई की ताकतों के बीच आखिरी लड़ाई है। इससे वर्ल्ड चैंपियनशिप तय होगी!"

फिर मुझे यूनिफॉर्म का मतलब बताया गया। हमारी यूनिफॉर्म लाल और सफेद थी। लाल रंग जीसस के खून को दिखाता है। यह हमें दिखाता है कि हम प्रभु के हैं। खून क्राइस्ट जीसस में हमारी ताकत को दिखाता है। "उन्होंने मेमने के खून से उस (शैतान) को हराया..." (Rev. 12:11)। सफेद रंग पवित्रता को दिखाता है। आज प्रभु की टीम में जो लोग हैं, उन्हें पवित्रता से पहचाना जाना चाहिए। आत्मा निजी पवित्रता और प्रैक्टिकल नेकी पर बहुत ज़ोर दे रही है। यह समय एक पैर दुनिया में और दूसरा भगवान के राज में रखकर चलने का नहीं है!
विरोधी टीम ने काले और सफेद कपड़े पहने थे।

काला रंग बुराई की निशानी है। यह शैतान और उसके बुरे कामों को दिखाता है। सामने वाली टीम की पहचान साफ़ तौर पर शैतान और उसकी शैतानी आत्माओं के ग्रुप के तौर पर हुई थी। मैं हैरान था। शैतान की टीम की यूनिफ़ॉर्म भी सफ़ेद थी। इसका क्या मतलब हो सकता है? जब मेरे मन में सवाल बन रहा था, तब आत्मा जवाब दे रही थी... काला और सफ़ेद बुराई और अच्छाई का मिक्सचर दिखाता है। शैतान कभी भी हम पर पूरी तरह से कालेपन और बुराई के साथ नहीं आता। वह हमारे पास सफ़ेद रंग के साथ भी आता है। काला और सफ़ेद *सच* और *गलती का मिक्सचर दिखाता है।* यह शैतान के सबसे बड़े स्ट्रेटेजिक मिक्सचर

में से एक है। आज, जैसा पहले कभी नहीं था, अच्छाई और बुराई का मिक्सचर है; सच और गलती का।
अब आत्मा साफ़-साफ़ कहती है कि आने वाले समय में कुछ लोग विश्वास से भटक जाएँगे, और बहकाने वाली आत्माओं और शैतानों की शिक्षाओं पर ध्यान देंगे। I Tim. 4:1
मैं इस लड़ाई में क्यों था? प्रभु ने मुझे दिखाया कि इस लड़ाई में मेरी मौजूदगी एक रिप्रेजेंटेटिव इंसान की थी। मैं उन कई ईसाइयों का रिप्रेजेंटेटिव था जो नरक की ताकतों के खिलाफ हमला करने के लिए आध्यात्मिक लड़ाई के मैदान में जा रहे हैं।

मैंने पूछा, "लेकिन, हे प्रभु, मेरे सभी टीम के साथी दूसरी टीम के साथ बहस में किनारे पर क्यों हैं?" प्रभु ने समझाया कि यह दुश्मन की एक और चाल है। वह भगवान के लोगों को किनारे पर, और मेन एक्शन से हटाकर उन्हें बांधे रखने की कोशिश करता है। उसने मुझे दिखाया कि यह अलग- *अलग* ईसाई धर्म के बंटवारे को दिखाता है। शैतान ने ईसाइयों को किनारे पर खड़ा कर दिया है ताकि वे अपने सिद्धांतों और परंपराओं का बचाव कर सकें, उन्हें यह एहसास ही नहीं है कि उन्हें शैतान ने धोखा दिया है। अब समय आ गया है कि भगवान के लोग एक हो जाएं और जो काम हाथ में है, उसे करें! असल में आज पूरी दुनिया में पवित्र आत्मा के बड़े पैमाने पर बरसने की वजह से यही हो रहा है।

मेरी चिंता यह थी कि दिन लगभग खत्म होने वाला था। दिन की रोशनी के बस कुछ ही घंटे बचे थे। सच में, वह रात आ रही है जब कोई भी इंसान काम नहीं कर सकता। हम इंसानी इतिहास के आखिरी घंटों में जी रहे हैं। हमें हर मिनट का सही इस्तेमाल करना चाहिए। हमें यह समझना होगा कि ईसाई होने के नाते हमें मैदान में उतरना होगा और शैतान और उसके साथियों को हराना होगा।

आखिरकार टीमें मैदान में जाने लगीं। एक आदमी से टीम नहीं बनती! चर्च लाइफ के जिस फेज में हम जा रहे हैं, उसके लिए टीम वर्क की ज़रूरत है... एकता! फिर प्रभु ने मुझे याद दिलाया कि एक बेसबॉल टीम में *नौ* खिलाड़ी होते हैं। नौ नंबर आत्मा के *नौ गिफ्ट और आत्मा के नौ फलों को दिखाता है*। शैतान की ताकतों के साथ इस आखिरी लड़ाई में प्रभु की टीम के लोग पवित्र आत्मा के डायरेक्शन में काम करेंगे, आत्मा के गिफ्ट - बुद्धि की बात, ज्ञान की बात, विश्वास, ठीक करने के गिफ्ट, चमत्कार करना, भविष्यवाणी, आत्माओं को पहचानना, अलग-अलग तरह की भाषाएँ और भाषाओं का मतलब बताना (देखें I Cor. 12:8-10) - उनकी मिनिस्ट्री में काम करेंगे। आत्मा के फल - प्यार, खुशी, शांति, सब्र, नरमी, अच्छाई, विश्वास, नरमी, संयम - साफ दिखेंगे। (देखें Gal. 5:22,23)। प्रभु की तारीफ हो! वह *हमारे समय में अपनी टीम को मैदान में ला रहे हैं।* यह *आत्मा से भरी* टीम है। के उपहार
चर्च में आत्मा वापस आ रही है। परमेश्वर के लोगों के बीच पहले से कहीं ज़्यादा अच्छे नतीजे दिख रहे हैं। जो रुकावटें हमें अलग करती थीं और इतने लंबे समय तक किनारे रखती थीं, वे दूर हो रही हैं। अलग-अलग धर्मों की रुकावटें खत्म हो रही हैं। बांटने वाले धार्मिक सवाल दफ़न हो रहे हैं। यीशु प्रभु हैं! हम प्यार का बहाव महसूस कर रहे हैं। हम एक जैसी सोच रखते हैं। हम पवित्र आत्मा के नीचे एक साथ पूजा और सेवा कर सकते हैं।

जब मैं मैदान में गया तो विरोधी टीम का एक सदस्य मेरे साथ बाहर चला गया। असल में, मैं लड़ाई के मैदान में तब गया जब मैंने पवित्र आत्मा का अनुभव किया। तभी मुझे शक्ति मिली और मैं शैतान के लिए खतरा बन गया। उस अनुभव के बाद ही आत्मा के तोहफ़े मेरी सेवा में काम करने लगे, और उससे मिली ज़्यादातर शक्ति शैतान पर केंद्रित थी। पवित्र आत्मा में बपतिस्मा ने निश्चित रूप से मेरी समस्याओं का अंत नहीं किया - सच तो यह है कि मेरी समस्याएं पहले से कहीं ज़्यादा बढ़ गई थीं।

रातों-रात मेरे ज़्यादातर दोस्त दुश्मन बन गए जिन्होंने मुझे ठुकरा दिया और मुझ पर घमंड और धोखे का आरोप लगाया। मेरे दिल में डर बैठ गया और मैं सोचने लगा कि मेरा क्या होगा। शैतानी शक्तियां मेरा मुकाबला करने के लिए मैदान में आ गई थीं!

इस समय मैं लेफ्ट फील्ड में खड़ा था। क्या आप जानते हैं कि लेफ्ट फील्ड में होने का क्या मतलब है? यह बात ऐसे इंसान के बारे में बताने के लिए इस्तेमाल की जाती है जो कन्फ्यूज्ड हो और उसे पता न हो कि वह कहाँ है। मुझे पता था कि मैं लड़ाई में था और फील्ड में था, लेकिन मुझे नहीं पता था कि मेरा क्या रोल है। यह होली स्पिरिट में बैप्टिज़म के बाद मेरी मुश्किल को ठीक से और साफ-साफ बताता है। क्या यह नहीं है?

बहुत सारे क्रिश्चियन के बारे में क्या? वे लेफ्ट फील्ड में हैं। उन्हें अपनी ज़िंदगी के लिए भगवान की मर्ज़ी कभी नहीं मिली। वे बिना किसी मकसद के भटक रहे हैं। वे टीम के लिए कोई खास मदद नहीं कर सकते। जिस जगह को उन्हें भरना है, वह खाली पड़ी है। रैंक में एक गैप है। लेकिन कोच वहाँ डायरेक्शन देने के लिए तैयार है! कोच कौन है? वह होली स्पिरिट है। और वह कहाँ मिलेगा? यह सपने की एक अजीब बात थी। आम तौर पर कोच साइडलाइन पर या डगआउट में होता है। लेकिन यहाँ कोच ठीक मैदान के बीच में था। आज होली स्पिरिट कहाँ है? वह हमारे ठीक बीच में है। जब हम उसकी ओर देखते हैं तो वह हमें डायरेक्शन देने के लिए वहाँ है। उसने मुझे दिखाया कि मुझे थर्ड बेस पर होना था। हम थोड़ी देर में इसका मतलब समझेंगे।

टीम के अलग-अलग सदस्य तेज़ी से अपनी जगह ढूंढ रहे थे। खेल जल्द ही शुरू होने वाला था। हम एक-दूसरे को हिम्मत देने के लिए चिल्लाने लगे। ओह, चर्च की कितनी सुंदर तस्वीर है।

और आओ हम एक दूसरे की चिन्ता करें, कि प्रेम और अच्छे कामों में उकसाएं; और एक दूसरे के साथ इकट्ठा होना न छोड़ें, जैसा कि कुछ लोगों का रिवाज है; परन्तु एक दूसरे को समझाते रहें; और ज्यों-ज्यों तुम उस दिन को निकट आते देखो, त्यों-त्यों और भी अधिक करते जाओ। इब्रानियों 10: 24,25

फिर हमारी एक्सरसाइज़ शुरू हुईं। प्रभु ने मुझे दिखाया कि बॉल प्लेयर्स की फिजिकल एक्सरसाइज़, क्रिश्चियन लोगों की स्पिरिचुअल एक्सरसाइज़ जैसी ही होती हैं। अगर हमें स्पिरिचुअल लड़ाई के लिए फिट रहना है, तो हमें स्पिरिचुअल एक्सरसाइज़ के नियमों और डिसिप्लिन को मानना होगा, प्रार्थना में अपने घुटने मोड़ना, तारीफ़ में अपने हाथ उठाना, पूजा में अपनी पीठ झुकाना! हालेलुया! वर्ल्ड चैंपियनशिप लड़ाई में हिस्सा लेने वाले हमेशा टॉप कंडीशन में रहेंगे। हमारे बारे में ऐसा न कहा जाए कि...

इस दुनिया के बच्चे अपनी पीढ़ी में रोशनी के बच्चों से ज़्यादा समझदार हैं। लूका 16:8b

अगर स्पोर्ट्स के मैदान में लोग अपनी ज़िंदगी को डिसिप्लिन में रख सकते हैं और दुनिया का ताज पाने के लिए सबसे अच्छी हालत में रह सकते हैं, तो एक ईसाई को सबसे बड़े मुकाबले के लिए पूरी तरह तैयार रहने के लिए कितनी ज़्यादा कीमत चुकानी चाहिए।

अब, लड़ाई शुरू होने का समय आ गया था। भगवान ने मुझे दिखाया कि हमारी टीम डिफेंस के लिए मैदान में थी। उन्होंने मुझसे कहा कि मैं उनके लोग काफी समय से इस स्थिति में थे। अब शैतान पर हावी होने और अटैक करने का समय आ गया था। एक अच्छा डिफेंस ज़रूरी है, लेकिन अटैक करने वाली टीम ही स्कोर करती है। स्पिरिचुअल लड़ाई के ज़रिए चर्च आज अटैक कर रहा है। शैतानों को बाहर निकाला जा रहा है। स्पिरिचुअल अंधेरे की ताकतों और ताकतों पर हमला किया जा रहा है और उन्हें हराया जा रहा है। जीसस ने एक बार कहा था...

अगर मैं परमेश्वर की उंगली से शैतानों को निकालता हूँ, तो बेशक परमेश्वर का राज्य तुम्हारे पास आ गया है। लूका 11:20

यह आध्यात्मिक लड़ाई और आध्यात्मिक जीत का दिन है। इससे पहले कि परमेश्वर का राज्य आपके या मेरे जीवन में सच हो, हमें घेरने वाली नरक की ताकतों का सामना करना होगा और उन पर जीत हासिल करनी होगी। इससे पहले कि चर्च वह भविष्यवाणी पूरी कर सके जो प्रभु ने अपने विजयी चर्च के बारे में की थी (मत्ती 16:18), उसे यह करना होगा। शैतान के खिलाफ़ हमला। आज पूरे चर्च में आध्यात्मिक लड़ाई का संदेश और तरीका तेज़ी से फैल रहा है। शैतान का विरोध किया जा रहा है और उसे भागने पर मजबूर किया जा रहा है। पहली बार हम शैतान का पिछला हिस्सा देख रहे हैं। यह एक खूबसूरत नज़ारा है!

मुझे एक दिन मैदान में बॉल खेल रहे लड़कों की कहानी याद आ रही है। एक आदमी वहाँ से गुज़र रहा था। उसने एक लड़के से पूछा कि गेम कैसा चल रहा है। लड़के ने जवाब दिया कि सब ठीक चल रहा है। उस आदमी ने स्कोर पूछा। लड़के ने कहा कि स्कोर 35-0 है। वह आदमी जानना चाहता था कि किसके पक्ष में है। लड़के ने कहा कि स्कोर दूसरी टीम के पक्ष में है। फिर उस आदमी ने कहा कि लड़के की टीम बहुत बुरी तरह हार रही है। लड़का हैरान होकर बोला, "अरे नहीं, सर! हम हार नहीं रहे हैं।" अब वह आदमी हैरान था। वह जानना चाहता था कि लड़के ने कैसे सोचा कि जब वे 35-0 से पीछे थे तो वे हार नहीं रहे थे।
इस पर लड़के ने बताया, "सर, हम अभी बल्लेबाजी करने नहीं आये हैं।" चर्च की क्या तस्वीर है! शैतान स्कोर बढ़ा रहा है। लेकिन अब चर्च के लिए अटैक करने और शैतान को हराने का समय आ गया है। आमीन!

फिर पहली बॉल डाली गई। विरोधी बैटर ने बॉल को बहुत ज़ोर से मारा। बॉल बहुत ऊँची और दूर गई लेकिन फ़ाउल हो गई। लॉर्ड ने कहा, "मैं

तुम्हें दुश्मन का काम दिखाना चाहता हूँ। यह उस बॉल जैसा है जिसे मारा गया था। दुश्मन में कुछ पावर है। और वह जो करता है वह अक्सर बहुत ऊँचा और इंप्रेसिव होता है, लेकिन यह पूरी तरह से 'फ़ाउल' होता है।"

मेरे दिल में जो डर आया, वह भगवान के कई सेवकों में आम है जब वे शैतान की सारी हरकतें देखते हैं। वे सोचते हैं कि क्या जीतने का कोई चांस है। वे यह सोचने लगते हैं कि कहीं वे खुशी में न फँस जाएँ। लेकिन भगवान ऐसा चर्च नहीं ला रहे हैं! वह एक मिलिटेंट चर्च के लॉर्ड हैं। वह हमारी जैसी पीढ़ी का इंतज़ार कर रहे हैं जो मैदान में उतरे। उनके लीडरशिप में यह होगा। दुश्मन हार जाएगा। क्या आप टीम में हैं? क्या आप शैतान के खिलाफ अटैक कर रहे हैं?

सपने में इस समय मुझे एहसास हुआ कि मुझे तैयार रहना होगा। मुझे अपना बेस्ट देना होगा। मुझे किसी भी दिशा में आगे बढ़कर विरोधी को आउट करना होगा।

इसलिए ध्यान से चलो, मूर्खों की तरह नहीं, बल्कि बुद्धिमानों की तरह, और समय का पूरा-पूरा उपयोग करो, क्योंकि दिन बुरे हैं। इफिसियों 5:15,16

ऐसा लगा कि सपना समय से पहले ही खत्म हो गया। मैंने भगवान से पूछा कि मुझे गेम का अंत देखने की इजाज़त क्यों नहीं है। भगवान ने बदले में मुझसे पूछा कि मैं इसे आखिर तक क्यों देखना चाहता था। मैंने समझाया कि मैं नतीजा जानना चाहता था। फिर भगवान ने मुझसे एक प्यारी बात कही, "बेटा", उन्होंने कहा, "तुम्हें नतीजा जानने की ज़रूरत नहीं है; तुम इसे पहले से ही जानते हो। मेरे वचन ने तुमसे वादा किया है कि तुम जीतने वाली टीम में हो। जैसा मैंने कहा है, वैसा ही होगा। नहीं, तुम्हें नतीजा जानने की ज़रूरत नहीं है, लेकिन तुम्हें यह जानने की ज़रूरत है कि THE FINAL

संघर्ष आरंभ हो गया है!

हाँ, प्यारे ईसाई दोस्त, हम दुनिया के आखिर में हैं। शैतान की ताकतों और भगवान की सेना के बीच आखिरी लड़ाई पहले से ही शुरू हो चुकी है। हम हर तरफ इसके सबूत देख रहे हैं। यह लड़ाई का बुलावा है। अब और देर करने का समय नहीं है। लड़ाई शुरू हो चुकी है! क्या आप इसमें शामिल हैं?

सीक्वल

सपने का मतलब अभी खत्म नहीं हुआ था। मुझे बेस का मतलब बताया गया था। पहला बेस *सोशल रिश्तों को दिखाता था*, दूसरा बेस *बिज़नेस रिश्तों को दिखाता था*, तीसरा बेस *चर्च के रिश्तों को दिखाता था।* इसीलिए मुझे तीसरा बेस दिया गया था। जब शैतान तीसरे बेस पर - चर्च में - आने की कोशिश करता था, तो उसे बाहर निकालना मेरा काम था।

होम बेस का मतलब वही था जो वह दिखाता था - *घर के रिश्ते।* आत्मा ने मुझे दिखाया कि सब कुछ होम बेस से शुरू होता था और होम बेस पर ही खत्म होता था। जब प्रभु की टीम के सदस्य बैटिंग करने आते थे, तो उन्हें घर से ही शुरुआत करनी होती थी और वहीं हिट करना होता था। चाहे वे सोशल, बिज़नेस या चर्च के रिश्तों के बेस को कितने भी अच्छे से क्यों न चलाते हों, अगर उन्होंने घर से ही शुरुआत नहीं की होती, तो वे पाखंडी ही थे!

आज भगवान सही घरेलू जीवन पर ज़ोर दे रहे हैं। वह हमारे घरों को ठीक कर रहे हैं। वह घर में पति और पिता को उनके अधिकार की जगह पर वापस ला रहे हैं। घर आध्यात्मिक जीवन का केंद्र बन रहा है। यह भगवान का दिव्य आदेश है। जब तक हमारा जीवन सही नहीं होगा, हम जीवन में किसी भी अन्य रिश्ते में सही नहीं हो सकते।

घर। शैतान की टीम घर पर तेज़ और घुमावदार गेंदें फेंक रही है। सबसे पहले शैतान को हमारे घरों पर उसके हमले में हराना होगा। परिवार के हर सदस्य को वह भूमिका निभानी होगी जो भगवान ने तय की है:

हे पत्नियों, अपने पतियों के ऐसे अधीन रहो, जैसे प्रभु के... हे पतियों, अपनी पत्नियों से प्रेम रखो, जैसा मसीह ने भी कलीसिया से प्रेम करके अपने आप को उसके लिये दे दिया... हे बच्चों, प्रभु में अपने माता-पिता की आज्ञा मानो; क्योंकि यह उचित है। इफिसियों 5:22,25, 6:1

ईसाई जीवन का पहला टेस्ट घर पर आता है। अगर हमारे घर के सदस्यों के साथ हमारे रिश्ते में पवित्र आत्मा का प्यार, खुशी और शांति नहीं आती है, तो शैतान ने हम पर जीत हासिल कर ली है। जब यह साफ़ हो जाता है कि शैतान ने पहले ही हमारे घर में और हमारे ज़रिए पैर जमा लिए हैं, तो यह आध्यात्मिक लड़ाई का बुलावा है। अपनी ज़िंदगी और अपने परिवार में शैतान को हराएं और फिर आप ज़िंदगी के दूसरे हिस्सों में भी लड़ाई जारी रख पाएंगे।

धूल और लट्ठे की अपनी कहानी में यीशु ने हमें दिखाया कि दूसरों की सेवा करने से पहले हमें अपनी ज़िंदगी को ठीक करना होगा। आइए, यह पक्का करें कि *हमारे अपने कमरों में कोई सूअर न हो।*

आत्म-मुक्ति के लिए छोटी प्रार्थना

"प्रभु यीशु मसीह, मुझे विश्वास है कि आप मेरे पापों के लिए क्रूस पर मरे और मरे हुओं में से फिर से जी उठे। आपने मुझे अपने खून से छुड़ाया और मैं आपका हूँ, और मैं आपके लिए जीना चाहता हूँ। मैं अपने सभी पापों को मानता हूँ- जाने-अनजाने- मुझे उन सभी के लिए अफ़सोस है। मैं उन सभी को छोड़ देता हूँ। मैं दूसरों को वैसे ही माफ़ करता हूँ जैसे मैं चाहता हूँ कि आप मुझे माफ़ करें। मुझे अभी माफ़ कर दें और अपने खून से मुझे साफ़ कर दें। मैं यीशु मसीह के खून के

लिए आपका धन्यवाद करता हूँ जो मुझे अब सभी पापों से साफ़ करता है। और मैं अब आपके पास अपने मुक्तिदाता के रूप में आता हूँ। आप मेरी खास ज़रूरतों को जानते हैं - वह चीज़ जो बांधती है, जो सताती है, जो अपवित्र करती है; वह बुरी आत्मा, वह अशुद्ध आत्मा - मैं आपके वचन के वादे का दावा करता हूँ, "जो कोई भी प्रभु का नाम लेगा, वह छुटकारा पाएगा।" मैं अभी आपको पुकारता हूँ। प्रभु यीशु मसीह के नाम पर, मुझे छुड़ाएँ और आज़ाद करें। शैतान, मैं आपको और आपके सभी कामों को छोड़ देता हूँ। मैं यीशु के नाम पर, खुद को आपसे दूर करता हूँ, और मैं आपको यीशु के नाम पर अभी मुझे छोड़ने का आदेश देता हूँ। आमीन!"

इसे अपने दिल से आने दो और प्रभु के उद्धार को देखो!

क्या आप बीमार हैं या आपको ठीक होने की ज़रूरत है?

जो लोग किसी भी तरह से बीमार या अस्वस्थ हैं, या जिन्हें मुक्ति चाहिए? या ठीक होना है, कृपया विश्वास के साथ नीचे दिए गए डॉट को टच करें ***(विश्वास का मतलब है अपनी अभी की स्थिति का सही पॉजिटिव नतीजा देखना, यह जानना कि जीसस ने 2000 साल से भी पहले आपकी हीलिंग और मुक्ति के लिए अपना काम किया है, डाउन पेमेंट के तौर पर ठीक होना, यह भरोसा करना कि वह डाउन पेमेंट आपके लिए उपलब्ध है, जैसे बैंक में आपके चेकिंग अकाउंट में पॉजिटिव बैलेंस, कोई सवाल नहीं क्योंकि हम आपसे सहमत हैं और जीसस क्राइस्ट के नाम पर BE HEALED का उच्चारण करते हैं, आमीन)***

उस अधिकार से, जो आपने मुझे और उन्हें दिया है, मैं अब उस अधिकार का इस्तेमाल दुश्मन के खिलाफ उनके गुस्से और उस चीज़ को पाने की भूख के साथ विश्वास में करता हूँ जो आपने उन सभी को मुफ्त में दी है, मैं हर बीमारी, हर रोग को श्राप देता हूँ, चाहे वह कैंसर

हो, COVID 19 हो, चाहे वह कमज़ोरियों की भावना हो, चाहे वह शैतानी कब्ज़ा हो या ज़ुल्म हो, चाहे वह गरीबी की भावना हो, रुकावटें हों, जो परमेश्वर ने पहले ही तय किया है और छोड़ा है, उसके पूरा होने में देरी हो। हम इस गड़बड़ी के खिलाफ आते हैं, मैं उन्हें बांधता हूँ, हम उन्हें जड़ से श्राप देते हैं और हम उन्हें यीशु मसीह के नाम पर अधिकार से बाहर निकालते हैं। आमीन। हम यीशु मसीह के शक्तिशाली नाम में उनके जीवन में चंगाई, छुटकारा और बहाली की रिहाई का आह्वान करते हैं। प्रभु, उन गवाहियों के लिए धन्यवाद जो आपकी महिमा, सम्मान और आराधना के लिए बनी हुई हैं। इस संदेश के परिणामस्वरूप आपके राज्य में शामिल होने वाली आत्माओं के लिए धन्यवाद, वे चमत्कार जो हम अभी देख रहे हैं और यीशु के नाम में आपकी महिमा के लिए प्रकट हो रहे हैं, आमीन। यह हो गया! खुश हो जाओ!

संपर्क बिंदु के रूप में हाइलाइट किए गए इस स्थान को स्पर्श करें और अपने मुंह से कबूल करें- मैं चंगा हो गया हूं, मुझे छुटकारा मिल गया है और मैं अपनी आत्मा, प्राण, शरीर और अपने चारों ओर यीशु मसीह के नाम पर पुनर्स्थापित हो गया हूं, आमीन !!!

वह करना शुरू करें जो आप पहले नहीं कर सकते थे और तब तक कबूल करना शुरू करें जब तक कि पूरी तरह से ठीक न हो जाए, छुटकारा और बहाली आपके जीवन में एक फल न बन जाए, यीशु के नाम पर, आमीन। भगवान के लिए भूखे रहें, गुस्से में रहें और वह सब वापस ले लें जो दुश्मन ने यीशु के नाम पर रोक रखा है, आमीन।
नोट:
भगवान की महिमा के लिए और दुश्मन की शर्म के लिए ठीक होने की गवाही दें! अगर आप अभी भी चाहते हैं कि हम इस मुद्दे पर आपसे सहमत हों, तो हमें ईमेल या व्हाट्सएप करें। और अगले हफ्ते गुरुवार

से शुरू होने वाली इक्विपिंग सीरीज़ में जुड़ें। जल्द ही हमारी वेबसाइट पर डिटेल में जानें!

ग्रेटर एक्सप्लॉइट्स - 1 - चैप्टर 8 - पार्ट 7 में ग्रेट्स से जानें कैसे

- आप में निवास करने वाली पवित्र आत्मा की शक्ति शब्दों के माध्यम से हवा के माध्यम से पानी और तेल में स्थानांतरित हो जाती है, जो आपके और दूसरों के जीवन में उपचार, छुटकारा और पुनर्स्थापना के एजेंट के रूप में होती है - पानी और तेल पर नमूना प्रार्थना स्क्रिप्ट शामिल है + एक पादरी और एक के छुटकारा पर 2 कहानियां 6 साल की लड़की सिज़ोफ्रेनिया और दूसरी कई बुरी आदतों से जूझ रही है, यह आपके लिए एक सीखने का ज़रिया है, फ्रैंक और इडा मे द्वारा – पार्ट 7 + ठीक होने, छुटकारा पाने और ठीक होने के लिए प्रार्थना

प्यारे दोस्तों, आज हम आपके लिए हमारी सीरीज़ का पार्ट 7 लाए हैं, 'कैद के लिए बहुत हो गया और मसीह में आज़ादी में आपका स्वागत है।'

हमने कहा कि बुरी आदतों या गलत लाइफस्टाइल की वजह से, हम खुद को ईसाई बनाते हैं ताकि वे परमेश्वर के जीने के तरीके को जानबूझकर न मानकर अंधेरे की ताकतों के लिए एक आकर्षक जगह बन जाएं। हम गुलाम बन जाते हैं जिनकी बात मानने के लिए हम अपनी मर्ज़ी सौंप देते हैं। इस बात को और पक्का करने के लिए, यहाँ पॉल ने कहा है।

रोमियों 6:16 एम्प्लीफाइड बाइबल, क्लासिक संस्करण

[16] *क्या तुम नहीं जानते कि अगर तुम लगातार किसी की मर्ज़ी पूरी करने के लिए खुद को उसके हवाले कर देते हो, तो तुम उसी के गुलाम हो जिसकी तुम बात मानते हो, चाहे वह पाप हो, जो मौत की ओर ले जाता है, या आज्ञाकारिता हो जो नेकी (सही काम और परमेश्वर के साथ सही स्थिति) की ओर ले जाती है?*

और यीशु ने इस बात की ओर इशारा किया कि यह मालिक – शैतान एक कठोर और विनाशकारी काम करने वाला मालिक है। इसे पढ़ें

यूहन्ना 10:10
एम्प्लीफाइड बाइबल, क्लासिक संस्करण
[10] ***चोर केवल चोरी करने, मारने और नष्ट करने को आता है। मैं इसलिए आया कि वे जीवन पाएं और उसका आनंद उठाएं और वह बहुतायत से पाएं (पूरी तरह से, जब तक कि वह[a] बह न जाए)। भगवान ने हमें अपनी मर्ज़ी से चुनाव करने की आज़ादी दी है, लेकिन उन्होंने हमें अपनी मर्ज़ी से चुनाव करने की आज़ादी नहीं दी है। यहाँ मूसा इज़राइल के बच्चों और आज के ईसाइयों को चेतावनी दे रहे हैं:***

व्यवस्थाविवरण 30:16-20
एम्प्लीफाइड बाइबल, क्लासिक संस्करण
[16] ***अगर तुम अपने परमेश्वर यहोवा की आज्ञाओं को मानो जो मैं आज तुम्हें सुनाता हूँ, यानी अपने परमेश्वर यहोवा से प्यार करो, उसके मार्गों पर चलो, और उसकी आज्ञाओं, नियमों और नियमों को मानो, तो तुम ज़िंदा रहोगे और बढ़ोगे, और तुम्हारा परमेश्वर यहोवा उस देश में तुम्हें आशीर्वाद देगा जिसके तुम मालिक बनने जा रहे हो।***
[17] ***लेकिन अगर तुम्हारा मन और दिल भटक जाए और तुम सुनना न चाहो, बल्कि दूसरे देवताओं की पूजा करने और उनकी सेवा करने में लग जाओ,***

18 मैं आज तुम्हें बताता हूँ कि तुम ज़रूर खत्म हो जाओगे, और जिस
देश में तुम यरदन नदी पार करके जाओगे और उस पर कब्ज़ा करोगे,
वहाँ तुम ज़्यादा दिन नहीं रह पाओगे।
19 आज मैं तुम्हारे खिलाफ आसमान और धरती को गवाह बनाता हूँ
कि मैंने तुम्हारे सामने ज़िंदगी और मौत, दुआएँ और श्राप रखे हैं;
इसलिए ज़िंदगी चुनो, ताकि तुम और तुम्हारे बच्चे जी सकें।
20 और अपने परमेश्वर यहोवा से प्यार करो, उसकी बात मानो, और
उससे लिपटे रहो। क्योंकि वही तुम्हारी ज़िंदगी और तुम्हारे दिनों की
लंबाई है, ताकि तुम उस देश में रहो जिसे देने की कसम यहोवा ने
तुम्हारे पूर्वजों, अब्राहम, इसहाक और याकूब से खाई थी।

अपनी मर्ज़ी से, हममें से कई ईसाइयों ने खुद को शैतानी ताकतों के लिए उपजाऊ ज़मीन और लॉन्चिंग पैड बना लिया है। सच तो यह है कि हममें से बहुत से लोगों को इसका पता नहीं है और यह बुराई की ताकतों की सोच है, जब तक हम पवित्र आत्मा को हमें बचाने के लिए अपनी रोशनी दिखाने नहीं देते। हम जानते हैं कि हमारी ज़िंदगी में ऐसे कई हिस्से हैं जहाँ हम पूरी तरह से कंट्रोल से बाहर हैं या कैद में हैं, जहाँ इतने सालों से लगातार प्रार्थना करने से भी कोई मदद नहीं मिली है क्योंकि असली वजह का हल नहीं निकाला गया है जो हमारी आत्मा, मन और शरीर में पूरी तरह से ठीक होने, छुटकारा पाने और ठीक होने की चिंता करती है।

आज पार्ट 7 में, हम आपके लिए लाए हैं हमारी सीरीज़ 'शैतान की कैद के लिए बहुत हो गया' और 'क्राइस्ट में आज़ादी में आपका स्वागत है', इस बारे में जानकारी कि **आप और मेरे अंदर रहने वाली पवित्र आत्मा की शक्ति को शब्दों में कैसे जगाएं, हवा के ज़रिए पानी और तेल में बदलकर, आपके और दूसरों के जीवन में हीलिंग, छुटकारा और बहाली के लिए एजेंट के तौर पर + एक पादरी और एक 6 साल की**

लड़की के छुटकारा पर 2 कहानियाँ, जो आपके लिए सीखने की एक चीज़ हैं – पार्ट 7

याद रखें, हम मार्क 16:15 में दिए गए आदेश को सफलतापूर्वक पूरा करने के लिए तैयार हो रहे हैं।

मरकुस 16:16-20

एम्प्लीफाइड बाइबल, क्लासिक संस्करण

16 जो विश्वास करता है [जो सुसमाचार और उस पर भरोसा करता है
और जिसे यह बताता है] और बपतिस्मा लेता है, वह हमेशा की मौत
की सज़ा से बच जाएगा ; लेकिन जो विश्वास नहीं करता [जो सुसमाचार
और उस पर भरोसा नहीं करता और जिसे यह बताता है] वह दोषी
ठहराया जाएगा ।
17 और जो लोग विश्वास करेंगे उनके साथ ये प्रमाण चिह्न होंगे : वे
मेरे नाम से दुष्टात्माओं को निकालेंगे; वे नई नई भाषाएँ बोलेंगे;
18 वे साँप उठा लेंगे; और अगर वे कोई जानलेवा चीज़ पी भी लें, तो
भी उन्हें कोई नुकसान नहीं होगा; वे बीमारों पर हाथ रखेंगे, और वे
ठीक हो जाएँगे।
19 तो प्रभु यीशु उनसे बात करने के बाद स्वर्ग में उठा लिए गए और
परमेश्वर के दाहिने हाथ बैठ गए।
20 और वे बाहर गए और हर जगह प्रचार किया, जबकि प्रभु उनके
साथ काम करता रहा और उन संकेतों और चमत्कारों से संदेश को
पक्का करता रहा जो उसके साथ थे। आमीन (ऐसा ही हो)।

हमने पिछली सीरीज़ में बताया था कि जीसस के इस आदेश को सफलतापूर्वक पूरा करने के लिए, जो सभी मसीही विश्वासियों को दिया गया है, भागे हुए सैनिकों या फिर से लड़ने के लिए कोई जगह नहीं है क्योंकि स्वर्ग में लड़ाई पहले ही जीत ली गई है। हमें अपने अधिकार का इस्तेमाल करना है और उस जीत को लागू करने के लिए पवित्र आत्मा के

ज़रिए हमें शक्ति दी गई है क्योंकि दुश्मन हमेशा अपनी सीमा पार करना चाहेगा। यह देखने के लिए कि क्या हम अनजान हैं, पानी की जाँच करना। दुर्भाग्य से, हममें से बहुत से लोग शैतान की चालों से अनजान हैं।

हमने कहा कि इस तरह के दुश्मन का सामना एक डिसिप्लिन्ड आर्मी के तौर पर करने के लिए, हमें **A, B, C, D, E, F और G जैसे इन गुणों की ज़रूरत है। मैं इस बात पर ज़ोर देना चाहता हूँ कि यह सीरीज़ हर किसी के लिए नहीं है। कुछ चुने हुए लोग इन 7 खूबियों से एनरोलमेंट के लिए खुद को प्री-क्वालिफ़ाई करेंगे। वे इस तरह हैं** :

A. **उपलब्धता (आत्मा, प्राण और शरीर)**
B. **साहस**
C. **दूसरों के प्रति करुणा**
D. **दृढ़ निश्चय**
E. **ईमानदार प्यार**
F. **उग्र क्रोध**
G. **महान भूख**

अगर आपके पास कम से कम ये खूबियां नहीं हैं, तो एक सफल कैंपेन चलाना नामुमकिन होगा, क्योंकि ऊपर बताई गई सभी चीज़ों को मिलाकर राई के दाने जैसा विश्वास पैदा करना होगा ताकि बदलाव लाया जा सके, क्योंकि भगवान भूखे लोगों को खाना खिलाते हैं, न कि ठंडे या गुनगुने बच्चों को, चाहे वह अंदर और बाहर से ठीक करने, छुटकारा दिलाने और ठीक करने में हो।
लूट का माल इकट्ठा करने के लिए तैयार है, लेकिन उन्हें अपने अनुभव में इकट्ठा करने के लिए राई के दाने के बराबर, लगातार विश्वास की ज़रूरत है। हम आत्माओं, आत्माओं और और आत्माओं की बात कर रहे हैं और

एक सफल अभियान चलाने के लिए जीवित परमेश्वर की सेना के रूप में हमें जो कुछ भी चाहिए, उसकी बात कर रहे हैं। हम यहां आपको उन लोगों से सीखने के लिए तैयार करने आए हैं जो हमसे आगे निकल गए हैं।

अब आज हमारी प्रेजेंटेशन का पहला हिस्सा देखें – **आप में रहने वाली पवित्र आत्मा की शक्ति हवा के ज़रिए पानी और तेल में बदल जाती है, जो आपके और दूसरों के जीवन में चमत्कारी – हीलिंग, छुटकारा और बहाली के एजेंट के तौर पर काम करती है – – सैंपल प्रार्थना स्क्रिप्ट शामिल है**

हम यीशु से शुरू करते हैं, जो हमारे विश्वास के रचयिता और उसे पूरा करने वाले हैं, जिनके अंदर पवित्र आत्मा वास करती थी:

यूहन्ना 9:1-7
एम्प्लीफाइड बाइबल, क्लासिक संस्करण
9 जब वह जा रहा था, तो उसने एक आदमी को देखा जो जन्म से अंधा था।
2 उसके चेलों ने उससे पूछा, "हे रब्बी, किसने पाप किया था, इस आदमी ने या इसके माता-पिता ने कि यह अंधा पैदा हुआ?"
3 यीशु ने जवाब दिया, "इस आदमी या इसके माता-पिता ने पाप नहीं किया, बल्कि यह अंधा पैदा हुआ ताकि परमेश्वर के काम उसमें दिखें।"
4 जिसने मुझे भेजा है, हमें उसके काम करने चाहिए और दिन रहते उसके काम में लगे रहना चाहिए; क्योंकि रात होने वाली है, जब कोई काम नहीं कर सकता।
5 जब तक मैं दुनिया में हूँ, मैं दुनिया की रोशनी हूँ।

[6] यह कहकर उसने ज़मीन पर थूका और अपनी लार से मिट्टी बनाई, और उसे उस आदमी की आँखों पर मल दिया।
[7] और उसने उससे कहा, जाओ, सिलोम के कुंड में नहा लो—जिसका मतलब है भेजा हुआ। तो वह गया और नहाया, और देखकर वापस आया।

अगर यह चमत्कार हमारे समय में किसी ऐसे व्यक्ति ने किया होता जो मसीह पर विश्वास करता है, तो हम तुरंत फैसला कर लेते और कहते, "शायद हम जूजू का इस्तेमाल कर रहे हैं। ठीक वैसे ही जैसे इस खास चमत्कार के बाद यीशु पर आरोप लगा था, अगर आप John 9 के आखिर तक पढ़ेंगे।

यीशु हमें यहाँ एक सिद्धांत दिखा रहे हैं जिसे हम अपने समय में अपना सकते हैं और हमें अपनाना चाहिए क्योंकि हमारे अंदर पवित्र आत्मा है और जब हम उसमें रहने वाली पवित्र आत्मा की शक्ति से किसी भी चीज़ से बात करते हैं, तो हमारे दिल के इरादे पूरे होते हैं। मैं दूसरी पवित्र किताबें भी लाया हूँ ताकि आप देख सकें कि शब्दों की ज़बरदस्त शक्ति मरी हुई और खराब होती स्थितियों में बदलाव ला सकती है। फिर, मैं एक आसान प्रार्थना को एक स्क्रिप्ट की तरह शामिल करूँगा जिसे हम अपनी स्थिति और हालात के हिसाब से इस्तेमाल और बदल सकते हैं:

नीतिवचन 18:20-21
एम्प्लीफाइड बाइबल, क्लासिक संस्करण
[20] इंसान का नैतिक स्वभाव उसके मुंह के फल से भरा होगा; और उसे अपने शब्दों के नतीजे से संतुष्ट होना चाहिए [चाहे वह अच्छा हो या बुरा]।

21 मौत और ज़िंदगी ज़बान के वश में हैं, और जो लोग इसका
इस्तेमाल करते हैं, वे इसका फल [मौत या ज़िंदगी] खाएँगे।
नीतिवचन 18:4,6,16
एम्प्लीफाइड बाइबल, क्लासिक संस्करण
4 समझदार आदमी के मुँह की बातें गहरे पानी जैसी होती हैं, और ज्ञान
का सोता एक बहती हुई नदी जैसा होता है।
6 मूर्ख के होंठ झगड़े को जन्म देते हैं, और उसका मुँह मार खाने को
बुलाता है।
16 एक आदमी का तोहफ़ा उसके लिए जगह बनाता है और उसे बड़े
लोगों के सामने लाता है।

प्रार्थना से पहले, मैं इसे यीशु के हमारे शब्दों में शक्ति के बारे में दिए गए वृत्तांत के साथ समाप्त करता हूँ।

मरकुस 11:20-26
एम्प्लीफाइड बाइबल, क्लासिक संस्करण
20 सुबह जब वे वहाँ से गुज़र रहे थे, तो उन्होंने देखा कि अंजीर का पेड़
जड़ तक सूख गया था।
21 तब पतरस को याद आया और उसने उससे कहा, "हे प्रभु, देखो!
जिस अंजीर के पेड़ को आपने नाश करने का आदेश दिया था, वह
सूख गया है!"
22 यीशु ने उन्हें उत्तर दिया, "परमेश्वर पर विश्वास रखो।"
23 मैं तुमसे सच कहता हूँ, जो कोई इस पहाड़ से कहे, 'उठ और समुद्र
में जा गिर!' और अपने दिल में ज़रा भी शक न करे, बल्कि यकीन करे
कि जो मैं कह रहा हूँ, वह हो जाएगा, तो उसके लिए वही होगा।
24 इसलिए मैं तुमसे कहता हूँ, जो कुछ तुम प्रार्थना में माँगते हो, उस
पर विश्वास करो (भरोसा रखो और भरोसा रखो) कि वह तुम्हें दिया
जाएगा, और तुम उसे पाओगे।
25 और जब कभी तुम प्रार्थना करते हो, तो यदि तुम्हारे मन में किसी
के प्रति कुछ है, तो उसे क्षमा करो और जाने दो(छोड़ दो, जाने दो), ताकि

तुम्हारा पिता जो स्वर्ग में है, वह भी तुम्हारी गलतियों और कमियों को क्षमा करे और उन्हें जाने दे।

26 [b] लेकिन यदि तुम क्षमा नहीं करोगे, तो तुम्हारे पिता भी स्वर्ग में तुम्हारी गलतियों और कमियों को क्षमा नहीं करेंगे।

अगर आप आयत 23 देखें, तो उन्होंने कहा "जो कोई भी कहता है"। इसमें आप भी शामिल हैं। इसमें यह नहीं कहा गया, "अगर आप भगवान के चुने हुए आदमी या औरत हैं" तो बस एक ही शर्त है "और जो कोई शक नहीं करता, जो वह कहता है कि होगा, उस पर यकीन करता है, तो उसके लिए ऐसा ही होगा"

ध्यान रहे, यह पवित्र आत्मा मिलने से पहले की बात है। अब, पवित्र आत्मा आपके और मेरे अंदर है। हमें बस उसे जगाने की ज़रूरत है। पूजा, तारीफ़, अलग-अलग भाषा में बोलने से, ताकि हम विश्वास में मज़बूत हों और वह ऐलान कर सकें जो असरदार होगा।

अब शुरू करते हैं। सैंपल प्रेयर स्क्रिप्ट

पानी या तेल में बोलने के लिए सैंपल प्रार्थना स्क्रिप्ट, इससे पहले कि हम उसे लगाएं या पीएं, ताकि हमारा मकसद पूरा हो सके। याद रखें, जब आप पानी या तेल में ये बातें कहें तो आपको मनचाहा नतीजा साफ दिखना चाहिए ताकि आप ठीक होने, छुटकारा पाने और ठीक होने का ज़रिया बन सकें। ऐसा तब तक करते रहें जब तक हालात या स्थिति में कोई बदलाव न आ जाए।

बोलना शुरू करें: पानी या तेल, मैं अपने अंदर जीवन की सांस लेता हूँ जो यीशु मसीह के नाम पर विश्वास और मेरे अंदर पवित्र आत्मा की शक्ति और मौजूदगी से मुक्ति के कबूलनामे के ज़रिए अभी मेरे अंदर है। – (अभी विश्वास से पानी या तेल में हवा फूँको, देखें कि मनचाहा नतीजा क्या है जो शास्त्र के हिसाब से सही है)

पवित्र आत्मा की शक्ति से पानी या तेल से, चंगाई (जिसके लिए आप चंगाई चाहते हैं, उसका नाम बताएँ), छुटकारा (जिसके लिए आप छुटकारा चाहते हैं, उसका नाम बताएँ), और यीशु मसीह के नाम पर बहाली (जिसके लिए आप बहाली चाहते हैं, उसका नाम बताएँ) के लिए अभिषेक करें – (पवित्र आत्मा की शक्ति से, अपने दिल की गहराई से पानी या तेल में फूँकें – जैसे आप प्रेरित हों, अलग-अलग भाषा में बोलें)
जैसे ही मैं यह अभिषेक किया हुआ पानी लेता हूँ और पीता हूँ या तेल लेता हूँ और लगाता हूँ, पवित्र आत्मा के अभिषेक की शक्ति की लहरें मेरे पूरे शरीर में, मेरे शरीर के अंदर फैल जाएँ और यीशु मसीह के नाम पर पूरी तरह से ठीक होने, पूरी तरह से छुटकारा और पूरी तरह से ठीक होने दें, आमीन (उन जगहों के नाम बताएँ जहाँ आपको ठीक होने, छुटकारा और ठीक होने की ज़रूरत है)
मैं यीशु मसीह के नाम पर अपनी आत्मा, प्राण और शरीर में दिव्य व्यवस्था और पूर्ण पुनर्व्यवस्था की घोषणा करता हूँ, आमीन।

मैं आपको धन्यवाद देता हूँ, पिता, मैं आपको धन्यवाद देता हूँ, यीशु, मैं आपको धन्यवाद देता हूँ, प्यारे पवित्र आत्मा, सम्पूर्ण उपचार के लिए (किससे उपचार? नाम बताइए, उपचार का परिणाम देखें), छुटकारा (किससे? नाम बताइए, वितरित परिणाम देखें) और पुनर्स्थापना (किसकी? नाम बताइए, पुनर्स्थापित परिणाम देखें) आमीन और आमीन।

PS – नतीजा देखना शुरू करें – हमेशा, नतीजा मानना शुरू करें – हमेशा, नतीजा महसूस करना शुरू करें और उसकी महिमा और अपने आशीर्वाद के लिए नतीजे की गवाही दें, यीशु के नाम में, आमीन। नतीजा पूरा होने

तक दोहराते रहें और उन लोगों तक यह बात फैलाएं जिन्हें परमेश्वर के स्पर्श की ज़रूरत है, यीशु के नाम में, आमीन।

अब, चलिए एक पादरी और एक 6 साल की बच्ची की DELIVERANCE पर 2 कहानियों को आपके लिए एक लर्निंग कर्व के तौर पर लेते हैं।

कहानी 1 क्या मुझे एक मुक्तिदाता बनना चाहिए? मैं मुक्तिदाता कैसे बना फ्रैंक हैमंड द्वारा – एक पादरी की मुक्ति।

"आप मुक्ति मंत्रालय में कैसे आए?" यह सवाल मुझसे अक्सर पूछा जाता है। यह पक्का कुछ ऐसा नहीं था जो मैं चाहता था और चाहता था। मैं अक्सर लोगों से कहता हूँ, "अगर आप बाहर ज़मीन पर देखेंगे तो आपको मेरे पैरों की उंगलियों से बनी हुई दरारें मिलेंगी जब मुझे इस काम में घसीटा जा रहा था।" प्रभु ने मुझे मंत्रालय के इस पहलू में नहीं बुलाया – उन्होंने मुझे इसमें धकेल दिया! Matt. 9:38 में यीशु अपने अनुयायियों से कहते हैं कि वे प्रार्थना करें कि फसल का प्रभु मज़दूरों को "भेजेगा"। इसका सीधा मतलब यह है कि वह मज़दूरों को "धकेलेगा" या "मज़बूरी में बाहर निकालेगा"। इस तरह मैंने "बुलावे" का अनुभव किया। प्रभु ने मुझसे पूछा नहीं; उन्होंने मुझे बताया!

यह जानना एक रोमांचक खोज थी कि यीशु "कल, आज और हमेशा एक जैसे हैं" (इब्रानियों 13:8)। जब मैंने पवित्र आत्मा में बपतिस्मा का अनुभव किया, तो मुझे पता चला कि बारह प्रेरितों के मरने या धर्मग्रंथ का कैनन पूरा होने पर चमत्कार खत्म नहीं होते। चमत्कार आज के लिए हैं। मैं कैथरीन कुलमैन को सुनने गया और उस सर्विस में ठीक होने के कई चमत्कार देखे। मेरा विश्वास बढ़ गया, और मैं उन दोस्तों के बारे में सोचने लगा जिन्हें ठीक होने की ज़रूरत थी।

एक साथी पादरी मेरे दिल के बहुत करीब थे। मैं उन्हें किसी और से ज़्यादा ठीक होते देखना चाहता था। सोलह साल से उन्हें लगातार सिरदर्द रहता था। यह सिर में लगी गंभीर चोट का नतीजा था। डॉक्टरों ने कोई हल नहीं बताया। उन्होंने एक्सप्लोरेटरी ब्रेन सर्जरी का सुझाव दिया, लेकिन फ्रेड इतनी कम मदद की उम्मीद के साथ इतनी खतरनाक सर्जरी के लिए राज़ी नहीं हुए। दर्द की वजह से वह सो नहीं पा रहे थे और उनकी नसें खराब हो रही थीं। वह पढ़ाई नहीं कर पा रहे थे और अपने सरमन के लिए ठीक से तैयारी नहीं कर पा रहे थे। लगातार दर्द की वजह से वह गुस्से में और चिड़चिड़े हो जाते थे। उनका परिवार बहुत टेंशन में था। बच्चे कोई शोर नहीं मचा सकते थे। सब कुछ फ्रेड की तकलीफ के आस-पास ही घूमता था।

मैंने फ्रेड से कहा कि मैं उसके लिए तब तक प्रार्थना करूँगा जब तक वह ठीक नहीं हो जाता। एक हफ़्ते तक हर दिन मैंने उसके लिए प्रार्थना में समय बिताया। फिर एक सुबह जब मैं प्रार्थना कर रहा था, तो प्रभु ने मुझे बताया कि फ्रेड की समस्या एक बुरी आत्मा की वजह से थी। क्या मैंने सच में भगवान की आवाज़ सुनी थी? मैं अपने दोस्त के साथ ऐसी बात कैसे शेयर कर सकता था? वह क्या सोचेगा? आखिर, मुझे राक्षसों के बारे में क्या पता था? मैंने कुछ मीटिंग में उनके बारे में कुछ सुना था, लेकिन मैंने इस बारे में कभी कुछ नहीं पढ़ा था। मुझे कैसे यकीन हो सकता था? मुझे क्या करना चाहिए?

फ्रेड के साथ अपनी बात शेयर करने का मेरा मन नहीं जा रहा था; यह और पक्का हो गया। एक दिन जब हम साथ थे, तो मैंने इस बारे में सावधानी से बात की। मैंने उसे याद दिलाया, "फ्रेड, मैंने वादा किया था कि जब तक भगवान तुम्हें ठीक नहीं कर देते, मैं तुम्हारे लिए प्रार्थना करूँगा।" "मैं हर दिन तुम्हारे लिए प्रार्थना करता रहा हूँ। दूसरे दिन

भगवान ने मुझे बताया कि तुम्हारी प्रॉब्लम क्या है।" मैं फ्रेड के रिएक्शन के लिए रुका। उसका ध्यान मेरी तरफ था। "अच्छा, भगवान की जय हो," उसने कहा, "भगवान ने तुम्हें क्या बताया?" "अब, फ्रेड, मुझे नहीं पता कि तुम इस बारे में क्या सोचोगे," मैंने कहा, शब्दों को बहुत ध्यान से चुनते हुए, "लेकिन भगवान ने मुझे बताया कि तुम्हारे सिरदर्द की वजह एक डेमन है।" मैंने अपनी साँस रोक ली और उसके चेहरे पर रिएक्शन देखने लगा। मुझे नहीं पता था कि फ्रेड को डेमन के बारे में मुझसे ज़्यादा जानकारी है। उसने इसे हल्के में लिया। "अच्छा, भगवान की जय हो!" उसने कहा, यहाँ तक कि खुश भी लग रहा था। "क्या बाइबिल में नहीं लिखा है कि डेमन को निकाला जा सकता है? मैं चाहता हूँ कि तुम इसे मुझसे निकाल दो।"

"अब, एक मिनट रुको," मैंने कहा। "मुझे भूत-प्रेत निकालने के बारे में कुछ नहीं पता, लेकिन मुझे लगता है कि मुझे कोई ऐसा मिल सकता है जो यह करना जानता हो। मुझे कुछ दिन प्रार्थना करने दो कि तुम्हारे लिए यह कौन कर सकता है। जैसे ही मुझे कोई मिल जाएगा, मैं तुम्हें बता दूँगा।"

मैं सीधे प्रार्थना करने लगा और भगवान से कहा कि मुझे एक मुक्तिदाता के पास ले जाएं। भगवान ने कहा, "तुम ही करो।" तो मैंने फिर से प्रार्थना की। मैंने ध्यान से भगवान को समझाया कि मैं कितना नाकाबिल था। मैं जलती हुई झाड़ी के पास मूसा से भी बुरा लग रहा था जो बहाने बना रहा था कि वह अपने लोगों को मिस्र से बाहर क्यों नहीं ले जा सकता। भगवान मुझे कोई और रास्ता नहीं देंगे। मुझे सेवकाई करनी ही होगी। मेरे मन में कई ख्याल आने लगे। अगर मैंने शैतान आत्माओं पर सीधा हमला किया तो मेरा क्या होगा? क्या वे मुझे अपना खास निशाना नहीं बना लेंगी? मैं पक्का मुसीबत में पड़ जाऊँगी। हालात डरावने थे।

एक हफ़्ते बाद मैंने फ्रेड से फिर बात की। मैंने उसे प्रार्थनाओं का नतीजा बताया। यह ठीक नहीं लगा कि मैं ही उसकी सेवा करूँ, लेकिन वह पूरी तरह से इसके लिए तैयार था। हम इस बात पर राज़ी हुए कि हम एक और हफ़्ते प्रार्थना करेंगे और इस बारे में धर्मग्रंथों में क्या कहा गया है, यह स्टडी करेंगे। फिर हम और हमारी पत्नियाँ मिलकर देखेंगे कि क्या होता है।

वह दिन आ गया जब हमें मिनिस्ट्री की कोशिश करनी थी। फ्रेड और उनकी पत्नी हमारे घर डिनर पर मिलने वाले थे, और फिर हम प्रेयर मीटिंग के लिए चर्च बिल्डिंग में जाते – या जो भी होता। मुझे खुशी थी कि वह दिन हमारे लिए इतना बिज़ी था। शहर से बाहर एक बिज़नेस ट्रिप पर जाना ज़रूरी था। फ्रेड और उनकी पत्नी के आने से लगभग दो घंटे पहले हम घर वापस आ गए। मेरे दरवाज़े पर एक छोटा पैम्फलेट था, जिस पर एक पत्थर का वज़न था। एक दोस्त शहर से गुज़रा था और मुझे घर पर न पाकर मेरे लिए वह छोटा पैम्फलेट छोड़ गया था। जब मैंने टाइटल पढ़ा तो मुझे अपनी आँखों पर यकीन नहीं हुआ – *"एन इंट्रोडक्शन टू एक्सपेलिंग डेमन"* डेरेक प्रिंस द्वारा। मेरे दोस्त को होने वाली मिनिस्ट्री के बारे में पता नहीं था। टाइमिंग एकदम सही थी। यह भगवान ही होना चाहिए!

कुछ ही मिनटों में मैंने पैम्फलेट का कंटेंट पढ़ लिया। यह बहुत प्रैक्टिकल था और इसमें काम की जानकारी भरी हुई थी। जब शैतान बाहर आएगा तो हम किसी तरह के रूप का अंदाज़ा लगा सकते थे। कम से कम मुझे पूरे मामले पर थोड़ा और भरोसा हो गया। जब फ्रेड आया तो मैंने उससे और उसकी पत्नी से मिनिस्ट्री शुरू करने से पहले बुकलेट पढ़वाई।

हमने राक्षस को चुनौती देने से पहले कुछ समय प्रार्थना में बिताया। और मैं उस समय सिर्फ़ एक राक्षस के बारे में सोच रहा था। मेरी समझ उससे

ज़्यादा नहीं थी। जब मैंने सुझाव दिया कि हम राक्षस से निपटना शुरू करें, तो फ्रेड अभी भी घुटनों पर था। मैंने और मेरी पत्नी ने उसके सिर पर हाथ रखे और हम दोनों ने कहा, “मैं यीशु के नाम पर राक्षस को उसमें से बाहर निकलने का आदेश देता हूँ।” जब मैंने यह आदेश दिया और मेरी पत्नी ने इसे दोहराया, तो हम यह देखने के लिए इंतज़ार करने लगे कि क्या होगा। आखिर में, मैंने पूछा, “क्या तुम्हें कुछ महसूस हुआ, फ्रेड? क्या तुम्हें लगता है कि कुछ हुआ?” फ्रेड ने नकारात्मक में अपना सिर हिलाया, उसे कुछ भी महसूस नहीं हुआ था। हमने थोड़ी देर सलाह-मशविरा किया और इसे फिर से आज़माने का फैसला किया।

यह कमांड कई बार और दिया गया। फ्रेड को क्या हो रहा था? उसका चेहरा बिगड़ रहा था! वह बोलने की कोशिश कर रहा था, लेकिन उसके मुँह से कोई शब्द नहीं निकल रहा था। ऐसा लग रहा था कि उसका दम घुट रहा है। अब आराम करने का समय नहीं था। हम लगातार उस राक्षस को उससे बाहर आने का कमांड देते रहे। फ्रेड ज़ोर-ज़ोर से खाँसने लगा। यह लगभग एक मिनट तक चला। फिर वह ज़मीन पर एक तरफ़ गिर गया और बिना हिले-डुले पड़ा रहा। "क्या वह बाहर निकल गया है, फ्रेड?" मैंने पूछा। "मुझे लगता है," उसने धीरे से कहा। वह मुश्किल से बोल पा रहा था। "मैं इतना कमज़ोर हूँ कि उठ नहीं सकता," उसने समझाया। हमने फ्रेड के लिए प्रार्थना की और उसकी मुक्ति के लिए भगवान का शुक्रिया अदा किया। फ्रेड को बैठने में कम से कम पाँच मिनट लगे।

फ्रेड की पत्नी इतने समय से बैठकर प्रार्थना कर रही थी। अब मैंने उसे धीरे से गाते हुए सुना। मैंने धुन पहचान ली, एक जाना-पहचाना भजन… “अमेजिंग ग्रेस”। मैंने सोचा कि मैं भी उसके साथ भजन में शामिल हो जाऊँगा, और जैसे ही मैंने शब्दों को सुनने की कोशिश की, मुझे एहसास हुआ कि वह अलग-अलग भाषाओं में गा रही थी। कुछ हफ़्ते पहले मैंने

उसके लिए पवित्र आत्मा में बपतिस्मा लेने के लिए प्रार्थना की थी, और वह सिर्फ़ एक छोटा सा वाक्य अलग-अलग भाषाओं में बोल पाई थी। अब वह पूरी आज़ादी से गा रही थी। हम चारों बहुत खुश थे।

एक हफ़्ते बाद मैं फ्रेड से फिर मिला। मैं उसके सिरदर्द की रिपोर्ट जानने के लिए बेचैन था। मुझे यकीन था कि वह मुझे बताएगा कि यह पूरी तरह से ठीक हो गया है। "फ्रैंक, मुझे नहीं पता कि इसका क्या मतलब है," फ्रेड ने शुरू किया, "लेकिन मेरा सिरदर्द अभी भी है। यह ठीक नहीं हुआ है।" मुझे निराशा की एक बीमार भावना ने घेर लिया। एक मिनिस्ट्री इतनी नाटकीय कैसे हो सकती है और फिर भी असरदार नहीं हो सकती? हम दोनों हैरान थे।

फ्रेड ने मुझे बताया कि उसने दूसरे राज्य में एक चर्च का पादरी बनने का बुलावा मान लिया है। वह तुरंत वहाँ से चला जाएगा। उसे दोबारा देखने में छह महीने लग गए। हम एक ट्रिप पर थे जो हमें उसकी नई मिनिस्ट्री की जगह के पास ले गई, इसलिए हम उससे मिलने और रात बिताने के लिए कुछ ज़्यादा मील गाड़ी चलाकर गए। उस शाम जब हमने प्रार्थना की तो यह तय हुआ कि हमें फिर से फ्रेड की मिनिस्ट्री करनी चाहिए। पिछले कुछ महीनों में हमने राक्षसों के बारे में और सीखा था। वे एक से ज़्यादा भी हो सकते हैं। हो सकता है कि हमें वह राक्षस न मिला हो जिससे सिरदर्द हुआ था। हम और ज़्यादा ज़िद करेंगे।

हमने फ्रेड को एक कुर्सी पर बिठाया और उसके आस-पास इकट्ठा हो गए। वह बहुत कोऑपरेटिव था। वह कुछ भी करने को तैयार था जिससे उसे उस लगातार दर्द से छुटकारा पाने की उम्मीद की किरण दिखे जो उसे खत्म कर रहा था। इस समय हमें अलग-अलग तरह की आत्माओं का पता लगाना नहीं आता था और हमें कभी भी खास राक्षसों के बारे में कोई सुपरनैचुरल जानकारी नहीं मिली थी। इसलिए हमने उसके अंदर जो भी राक्षस थे, उन्हें बाहर आने का एक आम आदेश दिया। हर बार जब हम आदेश देते, तो फ्रेड को खांसी का दौरा पड़ता। उसे अपने गले

में दबाव महसूस होता जो खांसने से कम हो जाता। ऐसा करीब छह बार हुआ। "क्या तुम्हारा सिरदर्द अभी तक ठीक हुआ है?" मैंने पूछा। "नहीं, यह पहले से भी ज़्यादा दर्द कर रहा है," फ्रेड ने बताया। हम बता सकते थे कि फ्रेड के अंदर अभी भी कुछ है। मुझे याद आया कि मैंने मुक्ति पर एक टेप सुना था जिसमें मिनिस्टर राक्षसों को अपना नाम बताने का आदेश दे रहा था। यह तय किया गया कि हमें यह कोशिश करनी चाहिए।

"तुम्हारा नाम क्या है?" मैंने उस शैतान से पूछा जिसके बारे में मुझे यकीन था कि वह अभी भी फ्रेड में है। "यीशु के नाम पर मैं तुम्हें हुक्म देता हूँ कि मुझे अपना नाम बताओ।" उसका चेहरा वैसे ही बिगड़ने लगा जैसे शुरुआती मिनिस्ट्री के दौरान हुआ था। हम उस चीज़ को अपना नाम बताने का हुक्म देते रहे। फ्रेड के होंठ बाहर निकल आए और उसका मुँह गुर्राने लगा। बहुत धीरे-धीरे और ऐसी आवाज़ में जो मुश्किल से सुनाई दे रही थी, एक शब्द बोला गया - "P..a..i..n"।

यह सुनने में बहुत आसान लग रहा था। हमने इसे पहले क्यों नहीं समझा? "*दर्द का शैतान*, फ्रेड से बाहर निकलो!" हमारे शब्द ज़ोरदार थे। "यीशु के नाम पर, उसमें से बाहर निकलो!" फ्रेड की पत्नी को शायद अपनी आत्मा में एहसास हो गया होगा कि क्या होने वाला है। उसने कॉफी टेबल से एक अखबार उठाया और फ्रेड के पैरों के बीच ज़मीन पर फेंक दिया। तुरंत फ्रेड को खांसी आई और उसने कफ के दो बड़े गोले कागज़ पर उगल दिए। शैतान बाहर आ गया था! और दर्द भी चला गया था! लगभग पाँच साल बीत चुके हैं और फ्रेड अभी भी ठीक है। भगवान ने हमारी प्रार्थनाओं का जवाब दिया था!

कहानी 2) इडा मे ने 6 साल की बच्ची को सिज़ोफ्रेनिया और कई दूसरी बुरी आदतों से छुटकारा दिलाने के एक शानदार तरीके के बारे में बताया है।

मुझे (इडा मे) अब तक का सबसे डरावना चाइल्ड रिलीफ एक छह साल की बच्ची का मिला था। हम उसे मैरी कहेंगे। मैरी के पिता हमारे पास रिलीफ के लिए आए थे। इंटरव्यू के दौरान, उन्होंने अपनी बेटी को संभालने में आ रही मुश्किल के बारे में बताया। उनका और उनकी पत्नी का डिवोर्स हो चुका था और वह बच्ची को पाल रहे थे। उन्होंने कहा कि वह बच्ची संभालने में बहुत मुश्किल थी, बहुत जिद्दी, अपनी मर्ज़ी चलाने वाली और बागी थी। वह काफी परेशान थे क्योंकि उसके नेचर की वजह से वह इतने ज़्यादा गुस्से में आ जाते थे कि उसे बहुत ज़्यादा सज़ा देते थे। हमने उनसे कहा कि बच्ची को भी उतनी ही रिलीफ की ज़रूरत है जितनी उन्हें, अगर ज़्यादा नहीं तो, और ज़ोर दिया कि वह उसे हमारे पास ले आएं।

कुछ दिनों बाद मैरी स्कूल से सीधे हमारे पास आई। मुझे यह बताना होगा कि जब मैं उससे जान-पहचान बढ़ा रहा था और उसे समझा रहा था कि मैं उसके लिए प्रार्थना करना चाहता हूँ; तो उसने लगभग आधा थर्मस संतरे का जूस पी लिया। वह बहुत हाइपरएक्टिव थी, चर्च की बेंच पर चढ़-उतर रही थी, बेचैनी की वजह से, जब हम बातें कर रहे थे तो वह बिल्कुल भी बैठ नहीं पा रही थी।

मैंने कहा, “मैरी, तुम्हारे पापा ने मुझे बताया है कि तुम्हें पता है कि बुरी आत्माएं होती हैं।” उसकी आँखें चौड़ी हो गईं और वह मुझे बहुत गंभीरता से बताने लगी कि कैसे हर रात उसे सोने से पहले यह पक्का करना पड़ता था कि सभी दरवाज़े बंद हैं। जब वह रात में कुछ पीने या बाथरूम जाने के लिए उठती थी तो उसे डर लगता था और उसे खुद जानना होता था कि सभी दरवाज़े अच्छी तरह से बंद हैं। मैंने कहा, “हाँ, यही डर है, मैरी।

तुम्हारे शरीर में डर के शैतान हैं। वे तुम्हें डराते हैं और मैं तुम्हारे लिए प्रार्थना करना चाहता हूँ और उन्हें तुम्हारे शरीर से बाहर निकालना चाहता हूँ। वे तुम्हारे अंदर आ गए हैं और जब मैं प्रार्थना करूँगा तो वे तुम्हारे मुँह से निकलेंगे और चले जाएँगे।" उसने मेरी बातों को बच्चों जैसे विश्वास के साथ मान लिया।

मैंने उससे कहा कि जब मैं प्रार्थना करूँ तो वह मेरे बगल वाली बेंच पर आकर बैठ जाए। वह बैठ गई, लेकिन वह इतनी बेचैन थी कि मुझे उसे अपने पास रखने के लिए अपनी गोद में लेना पड़ा। वह मेरी तरफ पीठ करके मेरी गोद में बैठ गई। मैंने विश्वास और भरोसे के साथ प्रार्थना करना शुरू किया कि यीशु उसे आज़ाद कर देंगे। पवित्र आत्मा ने मुझे बहुत साफ़-साफ़ कहा कि मैं अपनी आवाज़ बहुत धीमी रखूँ... बातचीत के लहज़े से भी धीमी। साथ ही, मरियम के मुँह से निकलने वाले हर शब्द को शैतान की बात या शैतान से प्रेरित मानना।

फिर मैंने राक्षसों से बात करना शुरू किया। मैंने कहा, "अब, तुम मैरी के शरीर में रहने वाले राक्षसों, मैं चाहता हूँ कि तुम जान लो कि मैरी अपने पिता के जीसस के साथ रिश्ते की वजह से जीसस के खून से ढकी हुई है। जैसे मूसा के दिनों में पिता ने पूरे परिवार की सुरक्षा के लिए दरवाज़े की चौखट पर खून छिड़का था, वैसे ही मैरी भी खून की चादर में है। राक्षसों, मैं यह भी चाहता हूँ कि तुम जान लो कि मैरी के पिता ने तुम राक्षसी आत्माओं के बारे में परमेश्वर के वचन की सच्चाई सुनी और मानी है। अब वह जानता है कि वह तुमसे लड़ रहा है, मैरी से नहीं।"

मुझे पता चला कि मैरी फुसफुसा रही थी और मैंने झुककर देखा कि क्या मैं सुन सकता हूँ कि वह क्या कह रही है। वह फुसफुसा रही थी, "तुम जो कह रहे हो वह मुझे पसंद नहीं है।" मैंने जवाब दिया, "मुझे पता है कि तुम्हें यह पसंद नहीं है, शैतानों, क्योंकि मैं तुम्हें बेनकाब कर रहा हूँ

और मुझे तुम्हारे बारे में पता है। मैरी को तुम्हारे जन्म से पहले से ही तकलीफ़ दी जा रही है। जब वह अपनी माँ के पेट में थी, तब तुम में से कुछ उसके अंदर चले गए थे। लेकिन भगवान ने कहा है कि तुम अब उसके शरीर में नहीं रह सकते।" मैरी के अंदर का शैतान फिर से फुसफुसाने लगा। इस बार बहुत कड़े मुँह वाले विद्रोही शब्दों में उन्होंने विरोध किया, "मुझे ... पसंद नहीं ... क्या ... क्या ... तुम ... कह रहे हो!" मैंने ध्यान से अपनी आवाज़ बहुत धीमी रखी और जवाब दिया, "तुम्हारे लिए कुछ बेहतर नहीं होने वाला, शैतान, बल्कि और बुरा होगा क्योंकि आज तुम्हें उससे बाहर निकाल दिया जाएगा। तुम अपना घर खो रहे हो।" इस पर शैतान चिल्लाया और फिर से जवाब दिया, "तुम जो कह रहे हो वह मुझे पसंद नहीं है; अब चुप हो जाओ!" मैंने जवाब दिया, "नहीं, मैं चुप नहीं रहूंगा बल्कि तब तक बोलता रहूंगा जब तक तुम उसके शरीर से बाहर नहीं निकल जाते।"

मैं धीरे-धीरे राक्षसों से बात करता रहा। "अब, एक-एक करके तुम राक्षस खुद को दिखाना शुरू करो, जीसस के नाम पर।" तुरंत मैरी धीरे से कहने लगी, "तुम मुझसे प्यार नहीं करते; अगर करते तो तुम मुझे पकड़ते नहीं।" मैंने जवाब दिया, "हाँ, रिजेक्शन राक्षस, तुमने उसे प्यार के रिश्तों से दूर कर दिया। तुम उसे सोचने पर मजबूर करते हो कि कोई उससे प्यार नहीं करता। तुम उसे यह भी सोचने पर मजबूर करते हो कि भगवान उससे प्यार नहीं करते। तुम उससे बाहर आओगे, रिजेक्शन, जीसस के नाम पर।" एक-एक करके राक्षसों ने अपना स्वभाव दिखाना शुरू कर दिया। वे इतनी तेज़ी से आए कि अक्सर मेरे पास सिर्फ़ एक का नाम लेने का समय होता था और दूसरा सामने आ जाता था।

शैतान मैरी को मेरी गोद से उतरने में मुश्किल कर रहे थे, हालांकि मैं उसे अपनी बाहों में काफी ढीला पकड़े हुए था। आखिरकार मुझे उसका एक

पैर अपने पैरों के बीच रखना पड़ा, इस तरह उसे अपनी गोद में रखना पड़ा।

एक दबाव और शरीर से उसे जकड़ना। नफ़रत के शैतान ने अपना चेहरा मेरे चेहरे के ठीक सामने कर दिया, हमारी नाकें छू गईं और चिल्लाई, "मैं तुमसे नफ़रत करती हूँ।" अभी भी धीरे से बोलते हुए मैंने शैतान से कहा, "बाहर आओ, नफ़रत के शैतान।" वह चिल्लाने लगी, "मुझे एक चाकू चाहिए, मुझे एक

चाकू।" मैंने पूछा। "तुम्हें चाकू से क्या चाहिए?" राक्षस ने मैरी के दांत भींचे और कहा, "तो मैं तुम्हें मार सकता हूँ।" 'ठीक है, तुम हत्या के शैतान," मैंने आदेश दिया, "तुम यीशु के नाम पर बाहर आओ।"

इसके बाद, मैरी खड़ी हुई, अपने कंधे पीछे किए, अपने हाथ कमर पर रखे और कहा, "मुझे कभी कोई नहीं बताता कि क्या करना है!" मैंने कहा, "डिफायंस, तुम बाहर आओ!"

जब अगला शैतान बोला तो आवाज़ में साफ़ बदलाव आया। उसने कहा, "मैं सिर्फ़ वही करता हूँ जो मैं करना चाहता हूँ।" मैंने कहा, "खुद बाहर आ जाएगा।" फिर आवाज़ में एक और बदलाव आया। "तुम मुझे कभी बाहर नहीं आने दोगे", नई आवाज़ ने कहा। "ज़िद, तुम्हें भी बाहर आना होगा", मैंने ज़ोर दिया। फिर मैरी ने अपने हाथ पंजों की तरह उठाए और मेरे चेहरे पर झपटी; उसकी आँखें बाहर निकली हुई थीं और वह चिल्ला रही थी। मैंने कहा, "पागलपन, तुम मैरी से जीसस के नाम पर बाहर आ जाओ।" वह अपने बाल नोचने लगी और ज़ोर-ज़ोर से सिर हिलाने लगी। मैंने कहा, "मानसिक बीमारी और पागलपन, बाहर आओ।" इसके बाद मैंने सिज़ोफ्रेनिया की आत्मा को बुलाया। "तुम सिज़ोफ्रेनिया के शैतानों, मैं तुम्हारा हाथ बुलाती हूँ। तुम अपनी दो अलग पर्सनैलिटी बाहर लाते हो जो तुम उसमें डाल रहे हो। तुममें से एक रिजेक्शन और खुद पर तरस खाने में डूबी है और दूसरी बगावत और कड़वाहट में डूबी है। इनमें से कोई भी पर्सनैलिटी असली मैरी नहीं है। मैं असली मैरी को आज़ाद करती

हूँ और उसे वैसा बनने देती हूँ जैसा जीसस चाहते हैं।" यह कहकर उसने मुझ पर ज़ोर से हमला किया, मेरी बाँहों को खरोंचा, और मुझ पर झपटी और मेरे ब्लाउज़ में एक छेद कर दिया। जब वह मेरे ब्लाउज़ का एक हिस्सा अपने दाँतों में लेकर ऊपर आई तो वह बहुत चौंक गई, जैसे उसे उम्मीद हो कि मैं उसके चेहरे पर थप्पड़ मार दूँगी। मैं बता सकती थी कि यह असली मैरी थी जो चौंक गई थी। मैंने शैतानों से कहा, "नहीं, शैतानों, मैं मैरी को मेरा ब्लाउज़ खराब करने के लिए नुकसान नहीं पहुँचाऊँगी क्योंकि मैं उसे तुमसे अलग कर सकती हूँ। मैरी को बहुत लंबे समय से उसके शरीर में उन चीज़ों के लिए सज़ा मिल रही है जो तुमने उसके ज़रिए की हैं। तुम शैतानों को लगभग छुआ तक नहीं गया है।"

आज बात अलग है; तुम राक्षस सज़ा भुगत रहे हो और मैरी आज़ाद हो गई है।" मैरी एक सेकंड के लिए राहत महसूस करती दिखी, फिर दूसरे राक्षस भी दिखने लगे।

आखिरकार, इस छुड़ाने के प्रोसेस के करीब बीस या तीस मिनट बाद मैरी एक के बाद एक लंबी चीखें मारने लगी और छोड़ देने की भीख मांगने लगी। वह कहती, "मेरा पैर मत पकड़ो! मेरा पैर मत पकड़ो! पवित्र आत्मा ने मुझे समझाया कि उसका शरीर अब उत्तेजित हो गया है और मुझे उसे छोड़ देना चाहिए और अपने पास बेंच पर बैठा देना चाहिए। मैंने कहा, "मैरी, मैं तुम्हें बेंच पर बैठने देता हूँ।

ठीक है?" वह धीरे से रो रही थी और बोली, "मुझे पसंद नहीं कि तुम मुझे ऐसे पकड़ो।" मैंने कहा, "ठीक है, मुझे अफ़सोस है कि मुझे तुम्हें इतना कसकर पकड़ना पड़ा, लेकिन बुरी आत्माएं तुम्हें मुझसे लड़ने पर मजबूर कर रही थीं।" मैं हमेशा ध्यान रखता था कि इल्ज़ाम शैतानों पर डालूं। अपने बचकाने अंदाज़ में वह समझती थी कि आखिरकार इल्ज़ाम खुद पर नहीं, बल्कि शैतानों पर लग रहा था।

मैरी थोड़ी देर मेरे पास बैठी रही और बहुत शांत और रिलैक्स थी। पवित्र आत्मा ने मुझसे कहा कि मुझे अब जल्दी से बाकी बचे हुए राक्षसों को बाहर आने का आदेश देना चाहिए। मैंने कहा, "अब, यीशु के नाम पर, मैं मैरी में बची हुई सभी शैतानी आत्माओं को बाहर आने का आदेश देता हूँ। यीशु के नाम पर अब बाहर आओ!"

मैरी को तुरंत पेट में दर्द होने लगा और इससे पहले कि मैं पेपर टॉवल तक पहुँच पाता, उसने स्लाइम का एक बड़ा गोला उगल दिया। यह उसके और मेरे छोटे हाथों में भर गया। उसने ऊपर देखा और हल्की सी मुस्कुराई और फिर ऐसा लगा जैसे उसे शांति मिल गई हो।
याद रखें, इस कहानी की शुरुआत में मैंने बताया था कि जब मैरी मिनिस्ट्री के लिए आई थी, तो वह संतरे के जूस का थर्मस पी रही थी। उसने जो उल्टी की, उसमें जूस का ज़रा भी निशान नहीं था। उसके पेट से कोई भी स्लाइम नहीं निकला।

खैर, हम वहाँ बैठे और करीब पंद्रह मिनट तक बातें कीं। मैरी पहले की तरह हाइपरएक्टिव नेचर के उलट, चुपचाप और रिलैक्स होकर बैठी थी।

उसके पिता हैरान थे। उन्होंने इस तूफानी बचाव को मिली-जुली और कन्फ्यूजिंग भावनाओं के साथ देखा था। राक्षसों के रूपों से अनजान, और राक्षसों की अलग-अलग आवाज़ों में फर्क न कर पाने की वजह से, जैसा कि मेरे ट्रेंड कान कर सकते थे, मैरी के पिता ने सोचा कि असली मैरी के साथ बहुत बुरा बर्ताव किया जा रहा है और कहा कि एक बार तो वह दखल देने से बचने के लिए बस इतना ही कर सकते थे।
हालांकि मैंने मैरी को उसके छुटकारा मिलने के बाद से खुद नहीं देखा है, लेकिन मुझे कई अच्छी रिपोर्ट मिली हैं। ज़्यादातर कहते हैं, "वह बहुत अलग है।" "वह अब पहले जैसी नहीं रही।" "मैं उसे पकड़ सकता हूँ और वह प्यार का जवाब देती है।" "तुम बस नहीं करोगे

मुझे विश्वास है कि वह वही लड़की है।"

यह लिखते हुए भी मेरी आँखें नम हो जाती हैं। वह अकेली मुक्ति है जिसने मुझे रुलाया है। युद्ध बहुत उथल-पुथल भरा था और उसके बाद की शांति बहुत खूबसूरत थी। मैं आँसू नहीं रोक सका। भगवान की जय हो!

आत्म-मुक्ति के लिए छोटी प्रार्थना।

"प्रभु यीशु मसीह, मुझे विश्वास है कि आप मेरे पापों के लिए क्रूस पर मरे और मरे हुओं में से फिर से जी उठे। आपने मुझे अपने खून से छुड़ाया और मैं आपका हूँ, और मैं आपके लिए जीना चाहता हूँ। मैं अपने सभी पापों को मानता हूँ- जाने-अनजाने- मुझे उन सभी के लिए अफ़सोस है। मैं उन सभी को छोड़ता हूँ। मैं दूसरों को वैसे ही माफ़ करता हूँ जैसे मैं चाहता हूँ कि आप मुझे माफ़ करें। मुझे अभी माफ़ कर दें और अपने खून से मुझे साफ़ कर दें। मैं यीशु मसीह के खून के लिए आपका धन्यवाद करता हूँ जो मुझे अब सभी पापों से साफ़ करता है। और मैं अब अपने मुक्तिदाता के रूप में आपके पास आता हूँ। आप मेरी खास ज़रूरतों को जानते हैं- वह चीज़ जो बांधती है, जो सताती है, जो अपवित्र करती है; वह बुरी आत्मा, वह अशुद्ध आत्मा- मैं आपके वचन के वादे का दावा करता हूँ, "जो कोई भी प्रभु का नाम लेगा, वह छुटकारा पाएगा।" मैं अभी आपको पुकारता हूँ। प्रभु यीशु मसीह के नाम पर, मुझे छुड़ाएँ और आज़ाद करें। शैतान, मैं आपको और आपके सभी कामों को छोड़ता हूँ। मैं यीशु के नाम पर, आपसे खुद को खो देता हूँ, और मैं आपको यीशु के नाम पर अभी मुझे छोड़ने का आदेश देता हूँ। आमीन!"

इसे अपने दिल से आने दो और प्रभु के उद्धार को देखो!

क्या आप बीमार हैं या आपको ठीक होने की ज़रूरत है?

जो लोग किसी भी तरह से बीमार या अस्वस्थ हैं, या जिन्हें मुक्ति चाहिए? या ठीक होना है, कृपया विश्वास के साथ नीचे दिए गए डॉट को टच करें (विश्वास का मतलब है अपनी मौजूदा स्थिति का सही पॉजिटिव नतीजा देखना, यह जानना कि जीसस ने 2000 साल से भी पहले आपकी हीलिंग और मुक्ति के लिए अपना काम किया है, डाउन पेमेंट के तौर पर ठीक होना, यह भरोसा करना कि वह डाउन पेमेंट आपके लिए उपलब्ध है, जैसे बैंक में आपके चेकिंग अकाउंट में पॉजिटिव बैलेंस, कोई सवाल नहीं क्योंकि हम आपसे सहमत हैं और जीसस क्राइस्ट के नाम पर BE HEALED का उच्चारण करते हैं, आमीन)

उस अधिकार से, जो आपने मुझे और उन्हें दिया है, मैं अब उस अधिकार का इस्तेमाल दुश्मन के खिलाफ उनके गुस्से और उस चीज़ को पाने की भूख के साथ विश्वास में करता हूँ जो आपने उन सभी को मुफ्त में दी है, मैं हर बीमारी, हर रोग को श्राप देता हूँ, चाहे वह कैंसर हो, COVID 19 हो, चाहे वह कमज़ोरियों की भावना हो, चाहे वह शैतानी कब्ज़ा हो या ज़ुल्म हो, चाहे वह गरीबी की भावना हो, रुकावटें हों, जो परमेश्वर ने पहले ही तय किया है और जारी किया है, उसकी देरी से पूर्ति हो। हम विसंगति के खिलाफ आते हैं, मैं उन्हें बांधता हूँ, हम उन्हें जड़ से श्राप देते हैं और हम उन्हें यीशु मसीह के नाम पर अधिकार से बाहर निकालते हैं। आमीन। हम यीशु मसीह के शक्तिशाली नाम में उनके जीवन में उपचार, मुक्ति और बहाली की रिहाई का आह्वान करते हैं। आपकी महिमा, सम्मान और आराधना के लिए गवाही के लिए धन्यवाद प्रभु। इस संदेश के परिणामस्वरूप आपके राज्य में शामिल होने वाली आत्माओं के लिए धन्यवाद, वे

चमत्कार जो हम अभी देख रहे हैं और यीशु के नाम में आपकी महिमा के लिए प्रकट हो रहे हैं, आमीन। यह हो गया! आनंदित हों!

संपर्क बिंदु के रूप में हाइलाइट किए गए इस स्थान को स्पर्श करें और अपने मुंह से कबूल करें - मैं चंगा हो गया हूं, मुझे छुटकारा मिल गया है और मैं अपनी आत्मा, प्राण, शरीर और अपने चारों ओर यीशु मसीह के नाम पर पुनर्स्थापित हो गया हूं, आमीन !!!

वह करना शुरू करें जो आप पहले नहीं कर सकते थे और तब तक कबूल करना शुरू करें जब तक कि पूरी तरह से ठीक न हो जाए, छुटकारा और बहाली आपके जीवन में एक फल न बन जाए, यीशु के नाम पर, आमीन। भगवान के लिए भूखे रहें, गुस्से में रहें और वह सब वापस ले लें जो दुश्मन ने यीशु के नाम पर रोक रखा है, आमीन।

नोट:
भगवान की महिमा के लिए और दुश्मन की शर्म के लिए ठीक होने की गवाही दें! अगर आप अभी भी चाहते हैं कि हम इस मुद्दे पर आपसे सहमत हों, तो हमें ईमेल या व्हाट्सएप करें। और अगले हफ्ते गुरुवार से शुरू होने वाली इक्विपिंग सीरीज़ में जुड़ें। जल्द ही हमारी वेबसाइट पर डिटेल में जानें!

ग्रेटर एक्सप्लॉइट्स - 1 – चैप्टर 9 - पार्ट 8 में ग्रेट्स से जानें कैसे

आज़ादी पर इस सारी बातचीत में भगवान की मर्ज़ी और सबसे बड़ी ताकत कहाँ है? ऐसा क्यों नहीं है कि हम जिनके लिए प्रार्थना करते हैं, वे सभी ठीक हो जाएं, आज़ाद हो जाएं या ठीक हो जाएं? कुछ लोग धीरे-धीरे या थोड़ा-बहुत क्यों ठीक होते हैं? ठीक होने, छुटकारा पाने और ठीक होने में क्या रुकावटें हैं? और कुछ क्या करें और क्या न करें + इस टाइटल को साबित करने और डर की आत्मा की पकड़ तोड़ने के लिए एक (1) कहानी, भाई रॉबर्ट शैमबैक द्वारा – पार्ट 8 + खुद को ठीक होने की स्क्रिप्ट और ठीक होने, छुटकारा पाने और ठीक होने के लिए सहमति की प्रार्थना

प्यारे दोस्तों, आज हम आपके लिए हमारी सीरीज़ का पार्ट 8 लाए हैं, जिसमें बताया गया है कि कैद के लिए अब बहुत हो गया और मसीह में आज़ादी का स्वागत है। विश्वास सुनने से आता है और सुनना परमेश्वर के वचन से होता है – रोमियों 10:17। यह 8 वीं सीरीज़ आज किसी के लिए खुद और दूसरों के लिए ठीक होने में आखिरी रुकावट हो सकती है। यह आज़ादी की एक नई शुरुआत का दिन है। तो मेरे साथ रहो, जीवित परमेश्वर की सेना। यह एक तैयार करने वाली सीरीज़ है।

यीशु ने इस बात की ओर इशारा किया कि शैतान एक चोर है, एक कठोर और विनाशकारी काम करने वाला मास्टर है। इसे पढ़ें

यूहन्ना 10:10

एम्प्लीफाइड बाइबल, क्लासिक संस्करण

[10] चोर केवल चोरी करने, मारने और नष्ट करने को आता है। मैं इसलिए आया कि वे जीवन पाएं और उसका आनंद उठाएं और वह बहुतायत से पाएं (पूरी तरह से, जब तक कि वह[a] बह न जाए)।

इस दुश्मन से निपटने के लिए, यीशु ने अपने सभी विश्वासियों को यह आज्ञा दी:

मरकुस 16:16-20

एम्प्लीफाइड बाइबल, क्लासिक संस्करण

[16] जो विश्वास करता है [जो सुसमाचार और उस पर भरोसा करता है
और जिसे यह बताता है] और बपतिस्मा लेता है, वह हमेशा की मौत
की सज़ा से बच जाएगा; लेकिन जो विश्वास नहीं करता [जो सुसमाचार
और उस पर भरोसा नहीं करता और जिसे यह बताता है] वह दोषी
ठहराया जाएगा।
[17] और जो लोग विश्वास करेंगे उनके साथ ये प्रमाण चिह्न होंगे: वे
मेरे नाम से दुष्टात्माओं को निकालेंगे; वे नई नई भाषाएँ बोलेंगे;
[18] वे साँप उठा लेंगे; और अगर वे कोई जानलेवा चीज़ पी भी लें, तो
भी उन्हें कोई नुकसान नहीं होगा; वे बीमारों पर हाथ रखेंगे, और वे
ठीक हो जाएँगे।
[19] तो प्रभु यीशु उनसे बात करने के बाद स्वर्ग में उठा लिए गए और
परमेश्वर के दाहिने हाथ बैठ गए।
[20] और वे बाहर गए और हर जगह प्रचार किया, जबकि प्रभु उनके
साथ काम करता रहा और उन संकेतों और चमत्कारों से संदेश को
पक्का करता रहा जो उसके साथ थे। आमीन (ऐसा ही हो)।

हमने पिछली सीरीज़ में बताया था कि सभी विश्वासियों के लिए यीशु के इस आदेश को सफलतापूर्वक पूरा करने के लिए, इस तरह के दुश्मन का सामना एक डिसिप्लिन्ड सेना के तौर पर करने के लिए, जो हमारे कमांडर इन चीफ के आदेश को मानने को तैयार हो, हमें **A, B, C, D, E, F और G जैसे इन गुणों की ज़रूरत है। मैं इस बात पर ज़ोर देना चाहता हूँ कि यह सीरीज़ सभी के लिए नहीं है। कुछ चुने हुए लोग इन 7 खूबियों से खुद को एनरोलमेंट के लिए प्री-क्वालिफ़ाई करेंगे। वे इस तरह हैं** :

A. **उपलब्धता (आत्मा, प्राण और शरीर)**
B. **साहस**
C. **दूसरों के प्रति करुणा**
D. **दृढ़ निश्चय**
E. **ईमानदार प्यार**
F. **उग्र क्रोध**
G. **महान भूख**

अगर आपके पास कम से कम ये खूबियां नहीं हैं, तो एक सफल कैंपेन चलाना नामुमकिन होगा, क्योंकि ऊपर बताई गई सभी चीज़ों को मिलाकर राई के दाने जैसा विश्वास पैदा करना होगा ताकि बदलाव लाया जा सके, क्योंकि भगवान भूखे लोगों को खाना खिलाते हैं, न कि ठंडे या गुनगुने बच्चों को, चाहे वह अंदर और बाहर से ठीक करने, छुटकारा दिलाने और ठीक करने में हो।

लूट का माल इकट्ठा करने के लिए तैयार है, लेकिन उन्हें अपने अनुभव में इकट्ठा करने के लिए राई के दाने के बराबर, लगातार विश्वास की ज़रूरत है। हम आत्माओं, आत्माओं और और आत्माओं की बात कर रहे हैं और एक सफल अभियान चलाने के लिए जीवित परमेश्वर की सेना के तौर पर हमें जो कुछ भी चाहिए, उसकी बात कर रहे हैं। हम यहां आपको उन

लोगों से सीखने के लिए तैयार करने आए हैं जो हमसे आगे निकल गए हैं।

अब, आज के पार्ट 8 में, हम कुछ ज़रूरी सवालों के बारे में जानना चाहते हैं जो मानने वालों के मन में बार-बार आते रहते हैं और जो भगवान से वो पाने में रुकावट बनते हैं जो उन्होंने हमें मुफ़्त में दिया है। खासकर तब जब हमने सब कुछ कर लिया हो और आज़ादी हमसे किसी मुसीबत की तरह दूर भाग रही हो।
ये सवाल क्या हैं?

आज़ादी पर इस सारी बातचीत में भगवान की मर्ज़ी और सबसे बड़ी ताकत कहाँ है? ऐसा क्यों नहीं है कि हम जिनके लिए प्रार्थना करते हैं, वे सभी ठीक हो जाएं, आज़ाद हो जाएं या ठीक हो जाएं? कुछ लोग धीरे-धीरे या थोड़ा ठीक क्यों होते हैं? ठीक होने, छुटकारा पाने और ठीक होने में क्या रुकावटें हैं? और कुछ क्या करें और क्या न करें + इस टाइटल को सही साबित करने और डर की आत्मा की पकड़ तोड़ने के लिए एक (1) कहानी

आइए, एक-एक करके उन पर बात करना शुरू करें।

1) क्या चंगाई और छुटकारा देते समय "अगर तेरी मर्ज़ी हो" यह प्रार्थना करना सही है?

यह बात साबित होने के बाद कि भगवान की यही इच्छा है कि जो कोई भी विश्वास के साथ उनके पास आता है, वह ठीक हो जाए, जैसा कि हमने इस सीरीज़ के पार्ट 1 से 7 में 'कैद के लिए बहुत हुआ और आज़ादी का स्वागत है' पर पूरी तरह से साबित किया है, तो, अब हमारे लिए यह

प्रार्थना करने की कोई जगह नहीं बचती कि **"अगर तुम्हारी मर्ज़ी हो"** जब हम ठीक करने और छुटकारा दिलाने की सेवा कर रहे हों। हम इस मामले में भगवान की मर्ज़ी पहले से ही जानते हैं। हम जानते हैं कि भगवान की मर्ज़ी है कि अगर कोई विश्वास करने को तैयार है तो वह ठीक हो और छुटकारा पाए।
यीशु हमारे आदर्श हैं और हम यीशु को कभी भी यह प्रार्थना करते हुए नहीं देखते कि "अगर तुम्हारी मर्ज़ी हो" जब वे ठीक करने और छुटकारा दिलाने की सेवा कर रहे हों। एक बार भी नहीं! तो फिर हम ऐसी थियोलॉजी क्यों बनाते हैं और ऐसे काम क्यों करते हैं जो खुद वचन के उलट हैं? क्योंकि यीशु ही वचन हैं यूहन्ना 1:14 – जीवन और सेवा में हमारा सबसे अच्छा, जीता-जागता, साँस लेने वाला उदाहरण।

सिर्फ़ एक बार उन्होंने कहा, "जैसा मैं चाहता हूँ वैसा नहीं, बल्कि जैसा तू चाहता है" (मैथ्यू 26:39,42) जब वे क्रॉस पर जाने की तैयारी कर रहे थे, तब वे गतसमनी के बगीचे में थे। यह पिता की योजना के सामने सरेंडर करने की प्रार्थना थी। हर बार जब लोगों ने ठीक होने के लिए कहा, तो उन्होंने कहा, "मैं तैयार हूँ।" सिवाय उस *सीरोफोनीशियन महिला* के जिसने जीसस को अपनी बेटी को शैतान से ठीक करने के लिए मना लिया। इसका एकमात्र कारण यह था कि, इस समय से पहले, जीसस यहूदियों के साथ किए गए वादे के आधार पर काम करते थे, लेकिन उसके विश्वास और लगन की वजह से, उसकी माँग पूरी हो गई। कई दूसरे लोग जिनका कोई वादा नहीं था, वे भी सिर्फ़ अपने विश्वास की वजह से ठीक हो गए। मार्क 16:14-19 के ज़रिए, अब हमें उन अविश्वासियों के लिए भी ऐसा करने का अधिकार मिला है जो पवित्र आत्मा में बपतिस्मा के ज़रिए विश्वास करते हैं – प्रेरितों के काम 1:4-8। उन्हें आज्ञा मानने और पिता की योजना के आगे झुकने का चुनाव करना था, जो सिर्फ़ क्रॉस पर उनकी मौत से ही मुमकिन हो सकती थी।

क्या हम कभी उस पापी के लिए प्रार्थना करेंगे जो हमारे पास माफ़ी पाने के लिए आया है? यीशु में विश्वास के द्वारा पापों से मुक्ति , **"हे प्रभु, यदि आपकी इच्छा हो, तो कृपया उसके पापों को क्षमा करो और उसे अनुग्रह दो उसे अनंत जीवन मिले। नहीं तो, अगर यह आपकी मर्ज़ी नहीं है कि उसे जाने दें नरक में जाओ।"**
कभी नहीं! हम हम ऐसी प्रार्थना कभी नहीं करेंगे, क्योंकि हम जानते हैं कि परमेश्वर ने वादा किया है कि "जो कोई उस पर विश्वास करेगा, उसे उसके नाम के द्वारा पापों की क्षमा मिलेगी" (प्रेरितों के काम 10:43) और "परमेश्वर ने जगत से ऐसा प्रेम रखा कि उस ने अपना एकलौता पुत्र दे दिया, ताकि जो कोई उस पर विश्वास करे, वह नाश न हो, परन्तु अनन्त जीवन पाए" (यूहन्ना 3:16)।

ठीक करने और छुटकारा दिलाने का सही तरीका यह है कि हम यह अच्छी तरह जानते हुए ऐसा करें कि भगवान चाहते हैं कि बीमार व्यक्ति ठीक हो और छुटकारा पाए। हम यहां धरती पर उनकी इच्छा पूरी करने के लिए हैं, जैसे स्वर्ग में होती है। किसी को भी ठीक करने और छुटकारा दिलाने के लिए हमारा नज़रिया वैसा ही होना चाहिए जैसा हम तब करते हैं जब वे पापों की माफ़ी पाने आते हैं। बस विश्वास करें! – वही पैकेज!

2) क्योंकि परमेश्वर सबसे बड़ा है, तो क्या वह जब चाहे लोगों को ठीक नहीं कर देगा?

यह एक सच्चा सवाल है जो बहुत से लोग पूछते हैं और इसका जवाब देना भी काफी मुश्किल है। इसमें कोई शक नहीं है कि भगवान सबसे ताकतवर हैं, वह कुछ भी कर सकते हैं। वह किसी भी इंसान को पल भर में ठीक कर सकते हैं और छुटकारा दिला सकते हैं। हम यह भी जानते हैं कि भगवान सबसे ताकतवर हैं और अपनी मर्ज़ी से और जब चाहें काम करते हैं। उन्हें कोई नहीं रोक सकता। तो फिर एक अच्छा, ताकतवर,

प्यार करने वाला भगवान, ठीक करने वाला और छुटकारा दिलाने वाला भगवान हर बीमार इंसान को ठीक क्यों नहीं करता और हर परेशान इंसान को छुटकारा क्यों नहीं दिलाता? हम आज भी अपने कुछ भाइयों को, यहाँ तक कि जिन्होंने भगवान की ईमानदारी से सेवा की है और जो उनसे बहुत प्यार करते हैं, लंबी बीमारी की वजह से दर्द, बीमारी और मौत क्यों सहते हुए देखते हैं? भगवान अपनी सबसे ताकतवर ताकत में, उन्हें ठीक क्यों नहीं करता और ठीक क्यों नहीं कर देता?

हम इस पर तीन हिस्सों में बात करेंगे:
A, ईश्वर की संप्रभुता और मनुष्य की ज़िम्मेदारी
B, ईश्वर की संप्रभुता और विश्वास का प्रयोग
सी, हम उस सत्य के अनुसार चलते हैं जो प्रकट हुआ है और खोजते हैं कि क्या अज्ञात है

ए, ईश्वर की संप्रभुता और मनुष्य की ज़िम्मेदारी

भजन 115:3,16 3 लेकिन हमारा परमेश्वर स्वर्ग में है; वह जो चाहता है वही करता है। 16 स्वर्ग तो यहोवा का है; लेकिन धरती उसने इंसानों को दी है।
जैसा कि धर्मग्रंथ में कहा गया है, परमेश्वर सबसे बड़ा है और वह जो चाहता है करता है। हालाँकि, अपने सबसे बड़े अधिकार में उसने धरती को इंसानों को सौंपने का फैसला किया है और यह तय किया है कि आम हालात में वह इंसान की ज़िम्मेदारी और इंसान के फैसलों को नहीं बदलेगा। परमेश्वर ने ऐसा करने का फैसला इस हद तक किया है कि अदन के बाग में भी, जब आदम और हव्वा बात न मानने और पाप करने वाले थे, तो परमेश्वर ने दखल नहीं दिया, हालाँकि वह ऐसा कर सकता

था। असल में, परमेश्वर यह सब पहले से जानता था और फिर भी उसने इंसान को बनाया और उसे अदन के बाग में रखा।

इस बात पर गौर करें, भगवान ने अपनी हुकूमत में सभी के लिए मुक्ति का मुफ़्त तोहफ़ा दिया है। सिर्फ़ इसलिए कि हर इंसान को मुक्ति दी गई है, इसका मतलब यह नहीं है कि हर इंसान अपने आप बच जाएगा। हर इंसान को मुक्ति का यह इंतज़ाम पाने की ज़िम्मेदारी लेनी होगी। बाइबिल में अभी भी कहा गया है, "जो बेटे पर विश्वास करता है, उसके पास हमेशा की ज़िंदगी है; और जो बेटे पर विश्वास नहीं करता, वह ज़िंदगी नहीं देखेगा, बल्कि भगवान का गुस्सा उस पर बना रहता है" (जॉन 3:36)।

इसी तरह, ठीक करने और छुटकारा दिलाने के काम में, नॉर्मल हालात में हमारी ज़िम्मेदारी के कई एरिया होते हैं:

(a) सेवा करने वालों की यह ज़िम्मेदारी है कि वे कृपा में बढ़ें (2 पतरस 3:18), आत्मिक ताकत में बढ़ें (इफिसियों 3:16) और विश्वास में बढ़ें और परमेश्वर के अभिषेक और शक्ति को देने की हमारी क्षमता में भी। हर बंधन को तोड़ने, हर बोझ को हटाने और हर हालत को ठीक करने के लिए अभिषेक मौजूद है। क्या यह मुमकिन है कि हम सेवकों के तौर पर, अभिषेक के इस लेवल पर आगे बढ़ने और कदम बढ़ाने की अपनी ज़िम्मेदारी निभाने में नाकाम हो रहे हैं? शायद हम ऐसा कभी-कभी ही करते हैं, बजाय इसके कि हम उस दायरे में ज़्यादा लगातार काम करें।

(b) यह हर इंसान की ज़िम्मेदारी है कि वह अपने शरीर का ध्यान रखे, भगवान की बात पर विश्वास करे और शैतान और उसके कामों का विरोध करे। भगवान हमारे लिए ऐसा नहीं करेंगे।

इस समझ को देखते हुए, हम आम तौर पर परमेश्वर को इंसान की ज़िम्मेदारी के इन एरिया से अलग ठीक करते हुए नहीं देखते। उसने खुद तय किया है कि वह ऐसा नहीं करेगा। यह परमेश्वर के राज का एक पहलू है।

लेकिन, ऐसे मौके भी आते हैं, जब बताए गए दो एरिया (a) और (b) में इंसान की नाकामी के बावजूद भगवान काम करते हैं, और फिर भी ठीक करते हैं और छुटकारा दिलाते हैं। ये कुछ एक्सेप्शन होंगे जो हम देखते हैं, नॉर्मल नहीं। दो एरिया (a) और (b) में इंसान की नाकामी के बावजूद भगवान का काम करना और ठीक करना, भगवान के राज का दूसरा पहलू है। भगवान के राज को समझने में, ये एक ही सिक्के के दो पहलू हैं।

B, ईश्वर की संप्रभुता और विश्वास का अभ्यास

मत्ती 13:58 58 लेकिन उनके अविश्वास के कारण उसने वहाँ बहुत से बड़े काम नहीं किए।
मरकुस 6:5,6 5 अब वह वहाँ कोई बड़ा काम नहीं कर सका, सिवाय इसके कि उसने कुछ बीमार लोगों पर हाथ रखकर उन्हें ठीक किया। 6 और वह उनके अविश्वास पर हैरान हुआ। फिर वह एक घेरे में गाँवों में घूमता रहा और सिखाता रहा।
यीशु अपने देश नाज़रेथ में वापस आ गए थे, जहाँ वे 30 साल की उम्र तक एक बढ़ई के बेटे के तौर पर बड़े हुए थे। बदकिस्मती से, उनके अपने देश के लोग उन्हें वैसे नहीं अपना पाए जैसे वे थे। उन्होंने उन्हें एक बढ़ई के बेटे के तौर पर देखा, न कि भगवान के भेजे हुए, ठीक करने और बचाने के लिए चुने हुए के तौर पर। ऐसे माहौल में, यीशु ने उनके अविश्वास के कारण कई बड़े काम नहीं किए।

अगर भगवान सबसे ताकतवर हैं (सबसे ताकतवर, सबसे ऊपर और सबसे आज़ाद) और जिन्हें कोई रोक नहीं सकता, तो फिर भी वह अपने लोगों से यह क्यों चाहते हैं कि वे अपनी ज़िंदगी में उनके बड़े कामों को महसूस करने के लिए खुद पर भरोसा रखें?
यह बात उलटी लग सकती है कि हमारा भगवान सबसे ताकतवर और सबसे बड़ा है, फिर भी हमारे अविश्वास की वजह से भगवान सीमित हो

सकते हैं। अगर विश्वास नहीं है तो वह आम तौर पर काम नहीं करते और न ही कर सकते हैं।
अगर सब कुछ कृपा का मुफ़्त तोहफ़ा है, तो फिर हम उन्हें सिर्फ़ विश्वास से कैसे पा सकते हैं? क्योंकि जैसा हम समझते हैं, कृपा परमेश्वर के चरित्र का एक रूप है जो हमारे किए किसी भी काम से अलग है, जबकि विश्वास परमेश्वर पर हमारे भरोसे और विश्वास का एक रूप है।

यहां कुछ बातें विचार करने के लिए हैं:

1) भगवान ने अपनी समझ से यह सही समझा है कि ये दो अलग-अलग गुण एक साथ रहें। एक तरफ भगवान का राज है, जिस पर कोई सवाल नहीं उठाया जा सकता और दूसरी तरफ निजी विश्वास का ज़रूरी और अहम हिस्सा है, जिसके नतीजे बदलते रहते हैं।
2) कुछ चीज़ें ऐसी हैं जो पूरी तरह से भगवान के राज पर निर्भर करती हैं, जैसे भगवान का हमेशा का मकसद और हमेशा के लिए उनका प्लान। ये किसी इंसान के विश्वास के बिना ही पूरे होंगे। और फिर भगवान के कुछ अपने मकसद हैं, जिनका पूरा होना इंसान के भगवान के साथ सहयोग पर निर्भर करता है।

3) अपनी कृपा से हमें अपने सारे तोहफ़े मुफ़्त में देकर और फिर भी हर किसी के लिए विश्वास से उन्हें पाना ज़रूरी बनाकर, भगवान हर इंसान को उनसे पाने का “बराबर मौका” दे रहे हैं। जाति, रंग, सामाजिक या आर्थिक स्थिति, और पिछले अनुभवों के बावजूद, हर इंसान के पास वही पाने का बराबर मौका है जो भगवान ने अपनी कृपा से हमें मुफ़्त में दिया है।
4) विश्वास के दायरे की हदें भगवान की मर्ज़ी और मकसद से तय होती हैं। इसके बाहर काम करना भगवान की सबसे बड़ी मर्ज़ी के खिलाफ़ "दस्तक देना" है, और कोई भी ऐसा करने में कामयाब नहीं हो सकता।

इसलिए हर विश्वासी के लिए यह सीखना बहुत ज़रूरी है कि विश्वास से कैसे जीना है।
फिर भी, भगवान में विश्वास के इस सिक्के के दो पहलू हैं। आम तौर पर, भगवान ने अपने अधिकार से यह तय किया है कि वह हमेशा विश्वास के जवाब में काम करेंगे। ***"तुम्हारे विश्वास के अनुसार तुम्हारे लिए हो" (मैथ्यू 9:29)*** विश्वास के लिए उनका जवाब है। इसी तरह उन्होंने आम तौर पर काम करने का फैसला किया है। दूसरी ओर, ऐसे समय भी होते हैं जब भगवान अपने अधिकार से ठीक करने और बचाने के लिए आगे बढ़ते हैं, तब भी जब साफ़ तौर पर कोई विश्वास नहीं होता। ऐसा होता है, लेकिन ये अपवाद हैं और आम बात नहीं है।

C, हम उस सत्य के साथ चलते हैं जो प्रकट हो चुका है और जो अज्ञात है उसे खोजते हैं

व्यवस्थाविवरण 29:29 गुप्त बातें हमारे परमेश्वर यहोवा की हैं, परन्तु जो बातें प्रगट की गई हैं वे सदा के लिए हमारी और हमारी सन्तान की हैं, ताकि हम इस नियम की सारी बातें मान सकें।
नीतिवचन 25:2 किसी बात को छिपाना परमेश्वर की महिमा है, परन्तु किसी बात को खोज निकालना राजाओं की महिमा है।
सभोपदेशक 1:13 और मैंने अपना मन लगाया कि जो कुछ आसमान के नीचे होता है, उसके बारे में बुद्धि से खोजबीन करूँ; यह भारी काम परमेश्वर ने इंसानों को दिया है, ताकि वे कसरत कर सकें।

यह दावा करना हमारी तरफ से बिल्कुल बेवकूफी होगी कि हमारे पास सारे जवाब हैं। सच तो यह है कि हमारे पास नहीं हैं। यह बहुत गलत होगा कि हम किसी ऐसे इंसान की तरफ इशारा करें जिसके बारे में हम जानते हैं कि वह भगवान का वफ़ादार है, जो भगवान से बहुत प्यार करता

है और क्राइस्ट के लिए जान भी दे सकता है, और कहें कि उनमें कोई विश्वास नहीं है। जब हम अपने कुछ भाइयों को, यहाँ तक कि जिन्होंने भगवान की वफ़ादारी से सेवा की है और जो उनसे बहुत प्यार करते हैं, दर्द, बीमारी से जूझते और लंबी बीमारी की वजह से मरते हुए देखते हैं, और हम पूछते हैं "क्यों?" तो हम बस इतना ही कह सकते हैं कि "हमें नहीं पता।"

हम जो करने का तय करते हैं, वह यह है कि हम उस सच के हिसाब से जीते रहें जो हम जानते हैं। हम उस बात पर टिके रहते हैं जो वचन हमें सिखाता है। हम उस सच से समझौता नहीं करते जो साफ़ तौर पर बताया गया है। और फिर हम उस चीज़ को खोजना जारी रखते हैं जो अनजान है। इसका मतलब यह नहीं है कि हम
हर 'क्यों' का जवाब मिलेगा। हम यह खोजते हैं कि हम कैसे बन सकते हैं और वह अनुभव कर सकते हैं जो परमेश्वर ने हमारे लिए तय किया है। वह चाहते हैं कि हम अपने मालिक की तरह बनें और प्रभु यीशु की तरह सेवा करें। हम इस बात का जवाब खोजते हैं कि इसमें कैसे आगे बढ़ें। *ऐसे अनुभवों के बीच भी जहाँ हमारे पास तुरंत जवाब नहीं होते, हम "रूप को देखकर नहीं, परन्तु विश्वास से चलते हैं"* (2 कुरिन्थियों 5:7)।

विश्वास इच्छुक है जो प्रकट किया गया है उसके अनुसार जीना और परमेश्वर के विषय में जो कुछ भी ज्ञात है, उसके बावजूद सभी विशाल अज्ञात में से। विश्वास करता है जो अज्ञात है उसे अनुमति न दें जो ज्ञात है, उससे बढ़कर है। विश्वास अंधकार की अनुमति नहीं देता प्रकाश पर विजय पाने के लिए हम है। बल्कि विश्वास तो यह मानता है कि हमारे पास अभी जो रोशनी है, वह अगले कदम उठाने के लिए काफी है, भले ही उसके आगे अंधेरे की दुनिया हो।

हम इस बात के जवाब ढूंढते रहते हैं कि हमें आखिर में क्या करना है, ताकि हम जीसस की तरह और अच्छे से ठीक कर सकें और छुटकारा पा सकें। हम उन चीज़ों के लिए भगवान से पूछते रहते हैं जिनके बारे में हमें नहीं पता। उन्होंने वादा किया है, "'मुझे पुकारो, और मैं तुम्हें जवाब दूंगा, और तुम्हें बड़ी-बड़ी और ताकतवर बातें दिखाऊंगा, जो तुम नहीं जानते'" (यिर्मयाह 33:3)। सोलोमन ने कहा, "मैंने जानने के लिए अपना दिल लगाया, ताकि मैं समझदारी और चीज़ों की वजह ढूंढूं और खोजूं..." (सभोपदेशक 7:25)। हम पढ़ना, धर्मग्रंथों को खोजना, आत्मा की बात सुनना जारी रखते हैं, ताकि हमें वह समझ मिले जिसकी अभी हमारे पास कमी है जो हमें ज़्यादा ताकत और अधिकार के साथ सेवा करने में मदद करेगी। प्रभु जीसस ने वादा किया था कि अगर हम उनके वचन में बने रहेंगे तो हम "सच्चाई को जानेंगे, और सच्चाई तुम्हें आज़ाद करेगी" (यूहन्ना 8:31,32)।
हम परमेश्वर के बारे में और जानने की कोशिश करते रहते हैं।

आखिरकार, हम प्रभु के लिए प्यार से मोटिवेटेड होते हैं। हम उनसे प्यार करते हैं क्योंकि उन्होंने पहले हमसे प्यार किया (1 John 4:19)। कोई भी चीज़ उनके लिए हमारे प्यार को कम नहीं कर सकती। हम उनसे तब भी प्यार करते हैं जब विश्वास की परीक्षा होती है और उम्मीद टूटती हुई लगती है। हम जानते हैं कि एक दिन हमारा विश्वास सच हो जाएगा। हमारी उम्मीद पूरी होगी। और प्यार बना रहेगा। "और अब विश्वास, उम्मीद, प्यार, ये तीनों बने रहते हैं; पर इनमें सबसे बड़ा प्यार है" (1 Corinthians 13:13)।

हर कोई ठीक क्यों नहीं हो जाता?

हम आसानी से मानते हैं कि हम जिस भी इंसान की सेवा करते हैं, वह ठीक नहीं होता या उसे छुटकारा नहीं मिलता। मुझे यकीन है कि हर महान हीलिंग प्रचारक और भगवान के हर आदमी या औरत ने इसका सामना

किया है और इस सवाल का जवाब देने में भी संघर्ष किया है कि हम हर उस इंसान को ठीक और छुटकारा पाते हुए क्यों नहीं देखते जिसकी हम सेवा करते हैं।

ऐसे सवाल का जवाब बहुत सब्जेक्टिव होता है क्योंकि असल हालात हर इंसान में अलग-अलग हो सकते हैं। हम यह मानते हैं कि कई चीज़ें हो सकती हैं जो किसी इंसान को ठीक होने या छुटकारा पाने से रोकती हैं। इसके कई कारण हो सकते हैं, कुछ हमें पता होते हैं और कुछ हमें पता नहीं होते।

लेकिन, इन "फेलियर" पर हम कैसे रिएक्ट करते हैं, यह ज़रूरी है। हमें हमेशा यह ध्यान रखना चाहिए कि कोई भी फेलियर हमारी तरफ से है, भगवान की तरफ से नहीं। भगवान अपनी बात पर पक्के हैं। हम भगवान के राज और भगवान के काम करने के तरीकों के बारे में सच्चाई सीखने और खोजने के लगातार प्रोसेस में हैं। हममें से कोई भी अपने ज्ञान में परफेक्ट नहीं है। हमें उनके वचन और उनकी आत्मा में छिपे सच को खोजने के लिए लगातार कोशिश करते रहना होगा, ताकि हम उन्हें और सही तरह से दिखा सकें और वे काम कर सकें जो उन्होंने हमारे लिए तय किए हैं।

यहाँ हैं

जब हम ऐसी स्थितियों का सामना करते हैं जहाँ जिन लोगों की हम सेवा करते हैं, उन्हें ठीक नहीं किया जाता या उन्हें मुक्ति नहीं मिलती, तो कुछ बातें जो हमें करनी चाहिए/नहीं करनी चाहिए:

सच्चाई से समझौता न करें

हमें सच्चाई से समझौता नहीं करना चाहिए। हम परमेश्वर के स्वभाव, परमेश्वर के वचन और क्रूस पर मसीह के पूरे किए गए काम के बारे में अपनी समझ नहीं बदलते। ये सब पक्का है। परमेश्वर कौन है, उसने क्या वादा किया है और मसीह ने क्रूस पर जो पूरा किया है, वह नहीं बदलेगा। हमें अपने अनुभव के हिसाब से अपनी थियोलॉजी को बदलने के लालच से मना करना चाहिए। बल्कि हमें परमेश्वर के वचन के लेवल से मेल खाने के लिए अपने अनुभव का लेवल बढ़ाने की कोशिश करनी चाहिए।

अंदाज़ा मत लगाइए, बस मान लीजिए कि "मुझे नहीं पता"

क्योंकि हमारे पास सारे जवाब नहीं हैं, इसलिए हमें अंदाज़ा नहीं लगाना चाहिए और जानने का दिखावा नहीं करना चाहिए। जब हमें पक्का न हो, तो हमें ऐसी बातें कहने से बचना चाहिए जैसे "तुम्हारे अंदर काफ़ी विश्वास नहीं है," "कोई छिपा हुआ पाप है," "पीढ़ी से चली आ रही कुछ बुराइयाँ हैं," वगैरह। अनजाने में बोलने पर हम लोगों को दुख पहुँचा सकते हैं। यह कहना काफ़ी है, "मुझे नहीं पता कि तुम ठीक क्यों नहीं हुए लेकिन भगवान का तुम्हारे लिए प्यार पक्का है और उनकी इच्छा है कि वह तुम्हें ठीक देखना चाहते हैं।"

परमेश्वर से समझ मांगें और हर व्यक्ति की सेवा करते रहें

यह सच है कि हम जिनके लिए प्रार्थना करते हैं, उनमें से हर कोई ठीक नहीं होता। लेकिन इसका मतलब यह नहीं है कि हम हर मुमकिन इंसान को ठीक करने और छुटकारा दिलाने की पूरी कोशिश करें। हम प्रार्थना करते रहते हैं और जब भी मुमकिन हो, उस इंसान की मदद करने के लिए अलग-अलग तरीके आज़माते हैं। हम उस इंसान को हिम्मत देते हैं कि वह भगवान से प्रार्थना करते रहे, प्रार्थना करते रहे, विश्वास करते रहे,

अपनी ठीक होने के लिए भगवान की तारीफ़ करते रहे और भगवान के वचन पर मज़बूती से टिका रहे। भगवान से समझ मांगें, आत्मा के तोहफ़े मांगें जो उन चीज़ों को सामने लाएंगे जो ठीक होने और छुटकारा पाने में रुकावट डाल रही हैं। कभी-कभी इंसान को किसी पाप का पछतावा करने, या किसी दूसरे इंसान को माफ़ी देने की ज़रूरत पड़ सकती है। पवित्र आत्मा के प्रति सेंसिटिव रहें और भगवान की आत्मा जो बताती है, उसके साथ बहें।

परमेश्वर की महिमा करो, स्थिति की नहीं

हमें भगवान की बड़ाई करनी है, हालत की नहीं। कभी भी बीमारी या शैतान के ज़ुल्म करने वाले काम को बड़ा मत समझो। कोई भी बीमारी, कोई भी शैतानी काम हमारे भगवान से बड़ा नहीं है। सिर्फ़ इसलिए कि हमने कोई ठीक होते या छुटकारा नहीं देखा, हमें ऐसा नहीं दिखाना चाहिए कि ये हमारे भगवान के लिए बहुत मुश्किल थे। हमारे भगवान के लिए कुछ भी बहुत मुश्किल नहीं है। हमें बस यह सीखना है कि उनकी शक्ति को और अच्छे से कैसे इस्तेमाल करें। हालत के बावजूद, हम खुश रहते हैं, हम हमेशा प्रार्थना करते हैं और हर चीज़ में धन्यवाद देते हैं (1 थिस्सलुनीकियों 5:16-18) क्योंकि हम जानते हैं कि वह कौन हैं।

"के बावजूद" न कि "के कारण"

भगवान किसी इंसान को बीमारी, शरीर की बीमारियों, किसी भी शारीरिक समस्या के बावजूद इस्तेमाल कर सकते हैं। लेकिन, इसका मतलब यह नहीं है कि वे जिस हालत में हैं, वह भगवान के लिए उनके लिए सबसे अच्छी है। भगवान उन्हें उनकी बीमारी या तकलीफ की वजह से इस्तेमाल नहीं कर रहे हैं। भगवान हालात के बावजूद काम करते हैं। वह हमारी सीमाओं से बंधे नहीं हैं। वह अपने मकसद और यीशु मसीह

में हमें मिली कृपा (2 तीमुथियुस 1:9) की वजह से काम करते हैं, चाहे बीमारी हो या न हो! इसीलिए वह भगवान हैं! इसलिए जब भगवान किसी इंसान को उनकी बीमारी या तकलीफ के बावजूद इस्तेमाल करते हैं, तो हम भगवान की बड़ाई करते हैं, बीमारी की नहीं। वह बीमारी अभी भी ऐसी चीज़ है जिससे हमें लड़ना और उसका विरोध करना है।

और ज़्यादा के लिए दबाते रहें!

कोई भी नाकामी हमारी तरफ से होती है, भगवान की तरफ से नहीं। उनके आशीर्वाद और खुलासे के लिए और कोशिश करते रहें कि कैसे "सभी" और "जितने भी" लोगों को ठीक किया जाए, ठीक वैसे ही जैसे यीशु ने किया था। वह हमारे स्टैंडर्ड हैं। हमें उनके काम और उनसे भी बड़े काम करने के लिए कोशिश करते रहना चाहिए।

कम से कम दो और मिलते-जुलते सवाल हैं जिन पर हम यहाँ बात कर सकते हैं: कुछ ठीक होना धीरे-धीरे क्यों होता है? और कुछ ठीक होना थोड़ा-बहुत क्यों होता है, पूरा क्यों नहीं?

कुछ इलाज धीरे-धीरे क्यों होते हैं?

यीशु की सेवा में, उस एक घटना को छोड़कर जहाँ उन्होंने एक अंधे आदमी को दो बार छुआ था, हम बाकी सभी ठीक होने और छुटकारा तुरंत होते हुए देखते हैं। हालाँकि, जब हम सेवा करते हैं, तो कई बार ऐसा होता है, जब ठीक होने में समय लगता है और यह धीरे-धीरे होता है। एक बार फिर, इस सवाल का जवाब असल में सब्जेक्टिव होता है और हर किसी के हालात पर निर्भर करता है। कई मामलों में, हमें नहीं पता कि चीज़ें तुरंत होने के बजाय धीरे-धीरे क्यों होती हैं। हालाँकि, हमारा जवाब यह होना चाहिए कि हम काम को पूरा होते देखने के लिए आगे बढ़ते रहें, चाहे इसमें कितना भी समय लगे। हम रास्ते में दिखने वाले हर सुधार के

स्टेज का जश्न मनाते हैं। हमें ठीक होने में हर छोटी सी तरक्की के लिए प्रभु का शुक्रगुजार होना चाहिए, भगवान की तारीफ करते रहना चाहिए और पूरी तरह ठीक होने और छुटकारा पाने के लिए आगे बढ़ते रहना चाहिए।

मरकुस 8:22-26 22 फिर वह बैतसैदा आया; और वे एक अंधे आदमी को उसके पास लाए, और उससे गुज़ारिश की कि वह उसे छू ले। 23 इसलिए उसने अंधे आदमी का हाथ पकड़ा और उसे शहर से बाहर ले गया। और जब उसने उसकी आँखों पर थूका और उस पर हाथ रखे, तो उसने उससे पूछा कि क्या वह कुछ देख रहा है। 24 और उसने ऊपर देखा और कहा, "मुझे पेड़ों जैसे आदमी चलते हुए दिख रहे हैं।" 25 फिर उसने फिर से उसकी आँखों पर हाथ रखे और उसे ऊपर देखने को कहा। और वह ठीक हो गया और सबको साफ़-साफ़ देखने लगा। 26 फिर उसने उसे यह कहकर उसके घर भेज दिया, "न तो शहर में जाना, और न ही शहर में किसी को बताना।"

यीशु इस अंधे आदमी को अपनी सेवा के लिए शहर से बाहर क्यों ले गए? और, उसकी नज़र पूरी तरह वापस आने से पहले यीशु को उसे दो बार क्यों छूना पड़ा? यीशु ने उससे क्यों कहा कि वह शहर में वापस न आए और न ही शहर में किसी को बताए? ये सभी बहुत ही दिलचस्प सवाल हैं।

यीशु के कम से कम चार चेले बेथसैदा से आए थे। एंड्रयू, साइमन पीटर, फिलिप और नतनएल बेथसैदा शहर से थे (यूहन्ना 1:44)। बेथसैदा उन शहरों में से एक था जिसे प्रभु यीशु ने उनके देखे गए बड़े चमत्कारों पर ध्यान न देने के लिए डांटा था (मत्ती 11:21-26)। यह साफ़ है कि यह शहर यीशु के चमत्कारों पर विश्वास नहीं करता था और उन्हें सुनता नहीं था, शायद उनके "समझदार और समझदार" (मत्ती 11:25) लोगों की वजह से जिन्होंने फिर शहर के बाकी रहने वालों को बिगाड़ दिया। कम

से कम एक और मौके पर, जैरस के घर पर, हम देखते हैं कि प्रभु यीशु उन सभी लोगों को बाहर निकाल रहे थे जो उनका मज़ाक उड़ाते थे, जो विश्वास नहीं करते थे और उनकी सेवा को नहीं सुनते थे (मरकुस 5:40)।

हालांकि इस हिस्से में यह नहीं बताया गया है, लेकिन यह बहुत मुमकिन है कि प्रभु यीशु ने इस आदमी को शहर से बाहर ले जाकर उसकी सेवा की, और उसे यह भी निर्देश दिया कि वह शहर वापस न जाए या शहर के लोगों को न बताए, ताकि वह उसे अलग कर सके और शहर में फैले अविश्वास और ध्यान न देने की कमी से बचा सके। ठीक यही वजह है कि प्रभु यीशु ने याइरस की बेटी को वापस ज़िंदा करते समय पीटर, जेम्स और जॉन और लड़की के माता-पिता के अलावा किसी को भी आस-पास नहीं रहने दिया। अंधे लोगों के ठीक होने के दूसरे मामलों में, प्रभु यीशु ने उनके विश्वास के जवाब में उनकी नज़र वापस लाते हुए, आज़ादी से सेवा की। हालांकि मार्क 8 के हिस्से में बेथसैदा के इस अंधे आदमी में विश्वास (या उसकी कमी) का कोई ज़िक्र नहीं है, लेकिन यह मुमकिन है कि वे शहर में फैले अविश्वास से प्रभावित हुए हों। जब उसने अपनी आँखों में थोड़ा सुधार देखा और वह पूरी तरह ठीक होने पर विश्वास करने लगा, तो उसका विश्वास और मज़बूत हुआ।
शायद बेथसैडा में अंधे आदमी के साथ हुई इस घटना से हम कुछ सबक ले सकते हैं, वह यह कि हम लोगों को शक और अविश्वास के माहौल से अलग करना सीखते हैं ताकि उनके विश्वास में मदद मिल सके। हम लोगों की शारीरिक हालत में धीरे-धीरे सुधार होने पर भी उनके विश्वास को बढ़ावा देते हैं और तब तक कोशिश करते हैं जब तक कि वे पूरी तरह ठीक न हो जाएं।

कुछ इलाज आधे-अधूरे क्यों होते हैं और पूरे क्यों नहीं होते?

एक और बात जो हम ठीक करने की सेवा करते समय देख सकते हैं, वह यह है कि कभी-कभी कई समस्याओं वाले लोग कुछ बीमारियों से ठीक हो जाते हैं, लेकिन उनके शरीर में दूसरी बीमारियाँ बनी रहती हैं। यहाँ भी, हमें वे सभी कारण नहीं मिलेंगे जिनकी वजह से पूरी तरह ठीक नहीं हुआ। हमें ठीक होने में हर छोटी-मोटी तरक्की के लिए भगवान का शुक्रिया अदा करना चाहिए, भगवान की तारीफ़ करते रहना चाहिए और पूरी तरह ठीक होने और छुटकारा पाने के लिए कोशिश करते रहना चाहिए। व्यक्ति की हिम्मत बढ़ाते रहें और किसी भी तरह से उसे शर्मिंदा या बुरा न कहें। भगवान से पूछते रहें कि व्यक्ति की सेवा कैसे करें और पूरी तरह ठीक होने के लिए क्या करने की ज़रूरत है।

हो सकता है कि अलग-अलग बीमारियों के कारण अलग-अलग हों। एक बीमारी पूरी तरह से शारीरिक हो सकती है जिसे ठीक करने की ज़रूरत थी और वह तुरंत ठीक हो गई। दूसरी बीमारी शैतानी हो सकती है जिसमें कमज़ोरी की जिद्दी आत्मा हो जिसे बाहर निकालने की ज़रूरत हो ताकि ठीक हो सके।

शायद एक हालत को कमज़ोरी की आत्मा को निकालकर ठीक किया जा सकता है, जबकि दूसरी हालत को ठीक करने के लिए, यह हो सकता है कि हमें बस उनके दिलों में विश्वास जगाने की ज़रूरत हो ताकि वे इसे पा सकें।

हमें पवित्र आत्मा के मार्गदर्शन और निर्देश के प्रति संवेदनशील होना चाहिए कि किसी व्यक्ति को परमेश्वर की शक्ति सबसे अच्छे तरीके से कैसे दी जाए।

तीन हृदय-दृष्टिकोण जो परमेश्वर को चमत्कार करने देते हैं

ABCDE और F के अलावा, जिनका हमने पहले ज़िक्र किया था, हीलिंग और छुटकारा दोनों देने के लिए, साथ ही लोगों को हीलिंग और

छुटकारा पाने के लिए तैयार रहने के लिए हिम्मत देने के लिए, दिल के तीन ज़रूरी नज़रिए हैं: विश्वास, उम्मीद और गहरी इच्छा।

लोगों की सेवा करते समय, हमें विश्वास, उम्मीद और गहरी इच्छा के साथ चलना चाहिए। हम अपने दिल में विश्वास के साथ हीलिंग और छुटकारा दिलाते हैं। हमारा अविश्वास हमारे ज़रिए बहने वाली ईश्वर की शक्ति में रुकावट बन सकता है। हमें लोगों के ठीक होने की उम्मीद करनी चाहिए। लोगों के छुटकारा पाने और ठीक होने की उम्मीद करनी चाहिए। लोगों को ठीक होते, ठीक होते और ईश्वर की महिमा के लिए आज़ाद होते देखने की गहरी इच्छा रखें।

जब हम लोगों की सेवा करते हैं, तो हमें उन्हें विश्वास, उम्मीद और पूरी तरह ठीक होने की गहरी इच्छा रखने में मदद करनी चाहिए। हम उन्हें वचन, प्रार्थना और पूजा के ज़रिए हिम्मत देते हैं। खून की समस्या वाली महिला की तरह, हमें लोगों को हिम्मत देनी चाहिए कि जब वे विश्वास के साथ आगे बढ़ें तो कुछ होने की उम्मीद करें। कनानी महिला की तरह हमें लोगों को हिम्मत देनी चाहिए कि वे अपनी ठीक होने और छुटकारा पाने के लिए पक्का इरादा रखें।

उपचार प्राप्त करने में बाधाएँ

हालांकि यह ठीक होने और छुटकारा पाने में आने वाली "रुकावटों" या रुकावटों की पूरी लिस्ट नहीं है, लेकिन जब हम लोगों की सेवा करते हैं, तो हमें इनके बारे में पता होना चाहिए। अगर हमें पता चलता है कि इनमें से एक या ज़्यादा रुकावटें हैं, तो हमें उन्हें प्यार और हिम्मत देने वाले तरीके से सुलझाना चाहिए। सेवा करते समय कभी भी किसी की बुराई, बुराई, दोष या उसे शर्मिंदा न करें। हमें लोगों की ज़िंदगी में "भगवान" की जगह लेने की कोशिश नहीं करनी चाहिए। हम तो बस मिट्टी के बर्तन हैं जो खुद को भगवान के हाथों में सौंप रहे हैं ताकि हम उनके मकसद के लिए इस्तेमाल हो सकें।

• ज्ञान की कमी (होशे 4:6, यशायाह 5:13)
• विश्वास की कमी (मरकुस 6:5,6)
• बीमारी को ईश्वर की इच्छा मानना।
• ठीक होने की लगातार इच्छा न होना। सच में ठीक नहीं होना चाहते। शायद, लोगों की हमदर्दी और ध्यान पाने का मज़ा लेना। शायद ठीक होने के बाद नॉर्मल ज़िम्मेदारियों के साथ ज़िंदगी जीने का डर।
• बीमारी का विरोध करने में पैसिव रहना (गलत सोच जो पैसिव सोच की ओर ले जाती है: "अगर भगवान की मर्ज़ी है, तो वह मुझे ठीक कर देंगे," "भगवान अपने समय पर ठीक कर देंगे," "जो कुछ भी होता है वह भगवान की मर्ज़ी है," वगैरह).
• गलत हृदय दृष्टिकोण : क्रोध, नाराजगी, ईर्ष्या, माफ़ न करना, कड़वाहट, इत्यादि। नीतिवचन 14:30 एक स्वस्थ हृदय शरीर के लिए जीवन है, लेकिन ईर्ष्या हड्डियों के लिए सड़ांध है। नीतिवचन 17:22 खुश दिल दवा की तरह अच्छा काम करता है, लेकिन टूटा हुआ मन हड्डियों को सुखा देता है।
• विनाशकारी जीवनशैली: यदि कोई व्यक्ति ऐसे काम करता रहता है जो उसके स्वास्थ्य के लिए आत्मघाती हैं, जैसे शराब, धूम्रपान, ड्रग्स आदि।
• दूसरी अनजान बातें: हम हर उस वजह को नहीं जानते जो किसी इंसान को ठीक होने और छुटकारा पाने से रोक सकती है। इसलिए हम पवित्र आत्मा की बात सुनना सीखते हैं और वह हमें बताएगा कि खास हालात में क्या करना है।

एक कहानी _ ब्रो शमबाक द्वारा डर की भावना की पकड़ को तोड़ना –

दक्षिण फिलाडेल्फिया की सड़कों पर टहलना

बाइबल कहती है, "परमेश्वर ने हमें डर की आत्मा नहीं दी है..." (2 तीमुथियुस 1:7)। यह यह भी कहती है, "...डर में तकलीफ़ होती है..." (1 यूहन्ना 4:18)। इसलिए, मैं यह नतीजा निकाल सकता हूँ कि डर एक तकलीफ़ देने वाली आत्मा है। परमेश्वर के बहुत से लोग डर की इस तकलीफ़ देने वाली आत्मा से बंधे रहते हैं, तब भी जब वे वचन का प्रचार सुनते हैं।

डर विश्वास का उल्टा है। यह आपको एक ईसाई के तौर पर एक्टिव रहने से रोक सकता है। अगर आप डर की भावना से बंधे हुए हैं, तो मुझे आपको बताने की ज़रूरत नहीं है—आपको छुटकारा पाने के चमत्कार की ज़रूरत है। और मेरे पास अच्छी खबर है—भगवान चाहते हैं कि आप अपनी ज़िंदगी से डर से छुटकारा पाएं और वह आपको आज़ाद करने के लिए तैयार हैं।

एक बार, जब मैं फिलाडेल्फिया में था, तो मेरी मुलाकात एक महिला से हुई जिसे **डर की समस्या थी।**

मैं प्राइवेट इंटरव्यू करता था जहाँ लोग आकर मुझसे वन ऑन वन मिल सकते थे। यह महिला इंप्रेशन बनाने की कोशिश में आई थी। उसने थोड़ी अजीब बातें कीं और फिर बैठ गई।

मैंने कहा, "मैं आपके लिये क्या कर सकता हूँ?"

उसने कहा, "मैं आपके लिए प्रार्थना करने आई हूँ।"

मैंने कहा, "मैं दिन में प्रार्थना नहीं करता। मैं रात में प्रार्थना करता हूँ। आप देखिए, हम दिन में प्रचार करते हैं ताकि आपका विश्वास जगा सकें। फिर रात की सेवा के दौरान जब विश्वास ज़िंदा होता है, तो हम आप पर हाथ रखते हैं।"

उसने कहा, "ठीक है, मैं रात को नहीं आ सकती।"

मैंने कहा, "क्या आप काम कर रहे हैं?"

"नहीं।"

"क्या आपका कोई अपॉइंटमेंट है?"
"नहीं।"
"तो फिर आज रात वापस आ जाओ," मैंने उससे कहा।
"मैं वापस नहीं आ रहा हूँ।"
मैंने कहा, "ठीक है, मैं प्रार्थना नहीं कर रहा हूँ।"
यह बात शायद कठोर लगे, लेकिन मुझे पता था कि वह मुझसे कुछ छिपा रही है। मैंने अपने मन में यह बात समझ ली। इसलिए मैंने उससे पूछा, "तुम्हारी क्या समस्या है? मैं जानना चाहता हूँ।"
उसने कहा, "मुझे हाई ब्लड प्रेशर है, और मुझे शुगर डायबिटीज़ भी है।"
"बस इतना ही?" मैंने कहा।
"हाँ, यह है," उसने जवाब दिया।
मैंने कहा, "नहीं, तुम मुझसे झूठ बोल रहे हो। तुम मुझसे कह रहे हो कि तुम आज रात नहीं आ सकते। तुम इसलिए नहीं आ सकते क्योंकि तुम डर की आत्मा से बंधे हुए हो।"
उसने कहा, "तुम्हें कैसे पता चला?"
सुनो, वह भगवान की संतान थी। वह भगवान से प्यार करती थी। लेकिन वह अभी भी डर की आत्मा से बंधी हुई थी।

उसने कहा, "मैं पिछले बारह सालों से रात में अपने घर से बाहर नहीं निकली हूँ। ओह, भाई शमबाख, यह आत्मा मुझे परेशान करती है।"
मैंने कहा, "देखो, आज रात तक रुको। बगल वाले घर जाकर एक सैंडविच खरीदो। यहीं रुको, और मैं आज रात तुम्हारे लिए प्रार्थना करूँगा। मैं डर की उस आत्मा से छुटकारा दिलाऊँगा। भगवान ने मुझे शैतानों को बाहर निकालने की शक्ति दी है, और मैं तुम्हें उस बुरी आत्मा से आज़ाद कराऊँगा जो तुम्हारे दिमाग को परेशान कर रही है। अगर तुम यहीं रुकते हो, और भगवान तुम्हें नहीं बचाते, तो मैं और मेरी पत्नी तुम्हें खुद घर ले जाएँगे।"
उसने कहा, "तुम ऐसा करोगे?"

मैंने कहा, "मैं यह करूँगा। मैं पहले तुम्हारे घर में भी जाऊँगा। तुम मेरी पत्नी के साथ कार में रह सकते हो। मैं हर लाइट जला दूँगा, सोफे और कुर्सियों के पीछे देखूँगा, तुम्हारी अलमारी खोलूँगा, और पक्का करूँगा कि वहाँ कोई न हो।"

वह मान गई। उसने कहा, "ठीक है, अगर तुम ऐसा करोगे, तो मैं रुक जाऊँगी।"

उस रात उपदेश देने के बाद, मैंने सबसे पहले उसे प्रार्थना के लिए बुलाया। मैंने उस पर हाथ रखा और भगवान की शक्ति ने उसे मारा और वह पीठ के बल गिर गई। मैंने उस रात लगभग 500 लोगों पर हाथ रखा।

जब सब खत्म हो गया, तो मैं और मेरी पत्नी उस औरत को ढूंढ रहे थे क्योंकि मैंने उससे वादा किया था कि मैं उसे घर छोड़ दूंगा। लेकिन वह मुझे कहीं नहीं मिली! मैं बाहर भागा और हर जगह देखा। मैंने कहा, "हे भगवान। मुझे उस औरत को ढूंढना ही होगा।" मैं कभी नहीं ढूंढ पाया।

अगली रात वह चिल्लाते हुए और खुश होते हुए मीटिंग में वापस आई। रात में!

मैंने कहा, "यहाँ ऊपर आओ। मुझे पता है कि तुम्हारे पास एक गवाही है।"

उसने लोगों को वही कहानी सुनाई जो मैंने आपको बताई थी। उसने कहा, "मुझे पता है कि भाई शमबाख ने मुझसे कहा था कि वह और उनकी पत्नी कल रात मुझे घर ले जाएंगे। लेकिन मुझे उन्हें घर ले जाने की ज़रूरत नहीं पड़ी क्योंकि जब उन्होंने मुझ पर हाथ रखा, तो डर का वह शैतान चला गया। भगवान ने मुझे बचाया और आज़ाद किया! मैं पूरे रास्ते पैदल चलकर घर आई।"

मैंने कहा, "आप पैदल चले? फिलाडेल्फिया में?"

अब मैं घबरा रहा था! वह साउथ फिलाडेल्फिया में तीस ब्लॉक दूर रहती थी। इसका मतलब था कि वह शहर के सबसे खराब हिस्से से गुज़री थी! यह वही औरत थी जो रात में बाहर जाने से डरती थी!

उसने कहा, "मैं सुबह करीब तीन बजे वहाँ पहुँची। मैंने चाबी कुंडी में लगाई, लेकिन मुझे इतना अच्छा लगा कि मैंने उसे वापस निकाल लिया और पूरी रात सड़कों पर घूमती रही और कहती रही, 'शैतान, तुम झूठे हो। अब मुझे तुमसे डर नहीं लगता!'"
भगवान ने उसे डर से बचाया! अगर आप डर की भावना से बंधे हुए हैं, तो वह आपके लिए भी ऐसा ही करना चाहता है। अब आपको डरने की ज़रूरत नहीं है। आप पलटकर दुश्मन का सामना भरोसे के साथ कर सकते हैं क्योंकि भगवान आपके साथ हैं!

मैं आपके लिए प्रार्थना करता हूँ:

पिता, यीशु के नाम पर, मैं इस पढ़ने वाले की तरफ से आपके पास आया हूँ जो डर से बंधा हुआ है। शैतानों पर आपने मुझे जो अधिकार दिया है, उसके लिए आपका धन्यवाद। डर, तुम गंदी, तकलीफ़ देने वाली आत्मा, मैं तुम्हें यीशु की कसम देता हूँ— इस इंसान की ज़िंदगी पर अपनी पकड़ ढीली करो। मैं यीशु के नाम पर यह हुक्म देता हूँ। प्रभु, उसे छुटकारा दिलाने का चमत्कार दो, और उसे दुश्मन के खिलाफ खड़े होने की ताकत दो। यीशु के नाम पर, मैं इसे पूरा हुआ कहता हूँ। आमीन और आमीन।

आत्म-मुक्ति के लिए छोटी प्रार्थना।

"प्रभु यीशु मसीह, मुझे विश्वास है कि आप मेरे पापों के लिए क्रूस पर मरे और मरे हुओं में से फिर से जी उठे। आपने मुझे अपने खून से छुड़ाया और मैं आपका हूँ, और मैं आपके लिए जीना चाहता हूँ। मैं अपने सभी पापों को मानता हूँ- जाने-अनजाने- मुझे उन सभी के लिए अफ़सोस है। मैं उन सभी को छोड़ता हूँ। मैं दूसरों को वैसे ही माफ़ करता हूँ जैसे मैं चाहता हूँ कि आप मुझे माफ़ करें। मुझे अभी माफ़

कर दें और अपने खून से मुझे साफ़ कर दें। मैं यीशु मसीह के खून के लिए आपका धन्यवाद करता हूँ जो मुझे अब सभी पापों से साफ़ करता है। और मैं अब अपने मुक्तिदाता के रूप में आपके पास आता हूँ। आप मेरी खास ज़रूरतों को जानते हैं- वह चीज़ जो बांधती है, जो सताती है, जो अपवित्र करती है; वह बुरी आत्मा, वह अशुद्ध आत्मा- मैं आपके वचन के वादे का दावा करता हूँ, "जो कोई भी प्रभु का नाम लेगा, वह छुटकारा पाएगा।" मैं अभी आपको पुकारता हूँ। प्रभु यीशु मसीह के नाम पर, मुझे छुड़ाएँ और आज़ाद करें। शैतान, मैं आपको और आपके सभी कामों को छोड़ता हूँ। मैं यीशु के नाम पर, आपसे खुद को खो देता हूँ, और मैं आपको यीशु के नाम पर अभी मुझे छोड़ने का आदेश देता हूँ। आमीन!"

इसे अपने दिल से आने दो और प्रभु के उद्धार को देखो!

क्या आप बीमार हैं या आपको ठीक होने की ज़रूरत है?

जो लोग किसी भी तरह से बीमार या अस्वस्थ हैं, या जिन्हें मुक्ति चाहिए? या ठीक होना है, कृपया विश्वास के साथ नीचे दिए गए डॉट को टच करें (विश्वास का मतलब है अपनी अभी की स्थिति का सही पॉजिटिव नतीजा देखना, यह जानना कि जीसस ने 2000 साल से भी पहले आपकी हीलिंग और मुक्ति के लिए अपना काम किया है, डाउन पेमेंट के तौर पर ठीक होना, यह भरोसा करना कि वह डाउन पेमेंट आपके लिए उपलब्ध है, जैसे बैंक में आपके चेकिंग अकाउंट में पॉजिटिव बैलेंस, कोई सवाल नहीं क्योंकि हम आपसे सहमत हैं और जीसस क्राइस्ट के नाम पर BE HEALED का उच्चारण करते हैं, आमीन)

उस अधिकार से, जो आपने मुझे और उन्हें दिया है, मैं अब उस अधिकार का इस्तेमाल दुश्मन के खिलाफ उनके गुस्से और उस चीज़ को पाने की भूख के साथ विश्वास में करता हूँ जो आपने उन सभी को मुफ्त में दी है, मैं हर बीमारी, हर रोग को श्राप देता हूँ, चाहे वह कैंसर हो, COVID 19 हो, चाहे वह कमज़ोरियों की भावना हो, चाहे वह शैतानी कब्ज़ा हो या ज़ुल्म हो, चाहे वह गरीबी की भावना हो, रुकावटें हों, जो परमेश्वर ने पहले ही तय किया है और छोड़ा है, उसके पूरा होने में देरी हो। हम इस गड़बड़ी के खिलाफ आते हैं, मैं उन्हें बांधता हूँ, हम उन्हें जड़ से श्राप देते हैं और हम उन्हें यीशु मसीह के नाम पर अधिकार से बाहर निकालते हैं। आमीन। हम यीशु मसीह के शक्तिशाली नाम में उनके जीवन में चंगाई, छुटकारा और बहाली की रिहाई का आह्वान करते हैं। प्रभु, उन गवाहियों के लिए धन्यवाद जो आपकी महिमा, सम्मान और आराधना के लिए बनी हुई हैं। इस संदेश के परिणामस्वरूप आपके राज्य में शामिल होने वाली आत्माओं के लिए धन्यवाद, वे चमत्कार जो हम अभी देख रहे हैं और यीशु के नाम में आपकी महिमा के लिए प्रकट हो रहे हैं, आमीन। यह हो गया! खुश हो जाओ!

संपर्क बिंदु के रूप में हाइलाइट किए गए इस स्थान को स्पर्श करें और अपने मुंह से कबूल करें- मैं चंगा हो गया हूं, मुझे छुटकारा मिल गया है और मैं अपनी आत्मा, प्राण, शरीर और अपने चारों ओर यीशु मसीह के नाम पर पुनर्स्थापित हो गया हूं, आमीन !!!

वह करना शुरू करें जो आप पहले नहीं कर सकते थे और तब तक कबूल करना शुरू करें जब तक कि पूरी तरह से ठीक न हो जाए, छुटकारा और बहाली आपके जीवन में एक फल न बन जाए, यीशु के नाम पर, आमीन। भगवान के लिए भूखे रहें, गुस्से में रहें और वह सब वापस ले लें जो दुश्मन ने यीशु के नाम पर रोक रखा है, आमीन।

नोट:

भगवान की महिमा के लिए और दुश्मन की शर्म के लिए ठीक होने की गवाही दें! अगर आप अभी भी चाहते हैं कि हम इस मुद्दे पर आपसे सहमत हों, तो हमें ईमेल या व्हाट्सएप करें। और अगले हफ्ते गुरुवार से शुरू होने वाली इक्विपिंग सीरीज़ में जुड़ें। जल्द ही हमारी वेबसाइट पर डिटेल में जानें!

ग्रेटर एक्सप्लॉइट्स - 1 –चैप्टर 10 - हीलिंग, छुटकारा और ठीक होने पर आम सवालों के जवाब पाएं + हीलिंग, छुटकारा और ठीक होने की सेवा करने के लिए प्रैक्टिकल गाइडलाइन्स + पवित्र आत्मा द्वारा इडा मे हैमंड को बताए गए सिज़ोफ्रेनिया का सिंथेसिस और आत्मा से कैसे निपटें पार्ट ९

प्यारे दोस्तों, आज हम आपके लिए हमारी सीरीज़ का पार्ट 9 लाए हैं, जिसमें बताया गया है कि कैद के लिए बहुत हो गया और मसीह में आज़ादी का स्वागत है। विश्वास सुनने से आता है और सुनना परमेश्वर के वचन से होता है – रोमियों 10:17। परमेश्वर ने **होशे 4:6-7 में भविष्यवक्ता होशे से कहा था।**

एम्प्लीफाइड बाइबल, क्लासिक संस्करण

6 मेरे लोग ज्ञान की कमी की वजह से खत्म हो गए हैं; क्योंकि तुमने [पुजारियों के देश ने] ज्ञान को ठुकरा दिया है, इसलिए मैं भी तुम्हें ठुकरा दूँगा कि तुम मेरे लिए पुजारी न रहो; क्योंकि तुम अपने परमेश्वर का नियम भूल गए हो, इसलिए मैं भी तुम्हारे बच्चों को भूल जाऊँगा।

7 जितना वे बढ़ते गए और [खुशी और ताकत में] बढ़ते गए, उतना ही उन्होंने मेरे खिलाफ पाप किया; मैं उनकी शान को शर्म में बदल दूँगा।

आइए, ऊपर लिखे शब्दों के बारे में एक पल के लिए सोचें। भगवान कहते हैं कि जैसे हम ज्ञान को ठुकराते हैं। शास्त्रों में बताए गए उनके ज्ञान को, वह हमें अपने पुजारी के तौर पर सेवा करने से भी ठुकरा देंगे। वह कहते हैं कि क्योंकि हम भगवान के नियम को भूल गए हैं, इसलिए वह हमारे बच्चों को भी भूल जाएंगे। आसान शब्दों में कहें तो, वह हमें और हमारे बच्चों को भूल जाएंगे। यह कितना मतलबी शब्द है और भगवान कहते हैं कि वह भगवान के कामों के बारे में जानकारी न होने या जानकारी की कमी के कारण ऐसा करेंगे। भगवान ने आयत 6 के पहले हिस्से से भी एक शब्द जोड़ा। उन्होंने कहा कि हम अपनी खुशहाली के हिसाब से उनके खिलाफ पाप कर रहे हैं। हम जितना ज़्यादा खुशहाल होते हैं, उतना ही हम आत्मनिर्भर बनते हैं और उतना ही हम भगवान को भूल जाते हैं।

क्या आपको यह अजीब लगता है कि हम भगवान से सॉल्यूशन के लिए तभी सीरियसली पूछते हैं जब हमारे पास कोई ऑप्शन खत्म हो जाता है? जब हम बीमार होते हैं, तो सबसे पहले हमारे दिमाग में दूसरे ऑप्शन आते हैं, जब गिलियड का मरहम हमारे अंदर रहता है। जब सब कुछ फेल हो जाता है, तो हम भगवान को एक स्पेयर टायर की तरह इस्तेमाल करते हैं।

जब हमें भगवान का वचन या कोई ऐसी चीज़ दी जाती है जो हमारी चिंताओं को दूर करने में मदद करने के लिए ज्ञान देती है, तो हम कहते हैं कि हमारे पास समय नहीं है। लेकिन हमें ऐसी किसी भी चीज़ में खो जाने से कोई दिक्कत नहीं है जो हमारा मनोरंजन करती है या जिससे हमें दुनियावी फ़ायदा होता है।

हम अपने पैसे के मामलों को देखने में घंटों लगा सकते हैं, लेकिन जब राज्य से जुड़ी चीज़ों की बात आती है, तो हम घबराकर अपनी घड़ियाँ देखते हैं या उस मैसेज को समझने से पहले ही सो जाते हैं जो वह हमें

देना चाहते हैं, जो कि हमारी मुक्ति है। हम डॉक्टर से मिलने के लिए घंटों इंतज़ार कर सकते हैं, लेकिन हमारे पास उस तैयारी के लिए एक घंटा भी नहीं होता जो हमें अपने काम में पूरी तरह से शामिल करने और प्रभु के साथ चलने के लिए ज़रूरी है।

तो फिर हम किसे बेवकूफ बना रहे हैं? भगवान को या खुद को? और हम सोचते हैं कि हमारी प्रार्थनाएँ स्वर्ग का ध्यान क्यों नहीं खींचतीं – जिस दिन हम भगवान को गंभीरता से लेना शुरू करेंगे, वह हमें गंभीरता से लेना शुरू कर देंगे।
यहोवा अब भी तुमसे और मुझसे कह रहा है - **यिर्मयाह 29:13**

एम्प्लीफाइड बाइबल, क्लासिक संस्करण
13 तब तुम मुझे ढूँढ़ोगे, मेरे बारे में पूछोगे और मुझसे माँगोगे [एक ज़रूरी ज़रूरत के तौर पर] और जब तुम पूरे दिल से मुझे खोजोगे, तो मुझे पाओगे।

इसीलिए यह सीरीज़ सबके लिए नहीं है। यह सीरीज़ उन लोगों के लिए है जिन्हें भगवान की पूरी चाहत है। हमें इन चीज़ों से खुद को पहले से तैयार करना होगा:
ए: उपलब्धता - आत्मा, प्राण और शरीर;
बी: अधिकार और शक्ति का प्रयोग करने का साहस;
सी: जहां लोग दुखी हैं वहां बैठने की करुणा;
डी: जीत तक आगे बढ़ने का दृढ़ संकल्प;
ई: सच्चा प्रेम जो सतही पर आधारित नहीं है;
F: शैतान के साथ उग्र क्रोध और
G: हममें और हमारे आस- पास ईश्वर की पूर्णता के लिए बहुत ज़्यादा भूख ताकि हम उनके लिए दुनिया को छू सकें

मैं चाहता हूँ कि हम यीशु के इस वचन पर मनन करें - **लूका 18:7-8**
एम्प्लीफाइड बाइबल, क्लासिक संस्करण
7 और क्या हमारा परमेश्वर अपने चुने हुए लोगों की रक्षा और बदला नहीं लेगा, जो दिन-रात उसकी दुहाई देते रहते हैं ? क्या वह उनकी
सहायता नहीं करेगा **और** [ख] **उनकी ओर से मदद में देरी?**
8 मैं तुम से कहता हूं, कि **वह शीघ्र ही उनकी रक्षा करेगा,** और **उनका बदला लेगा । तौभी जब मनुष्य का पुत्र आएगा, तो क्या वह** पृथ्वी **पर विश्वास पाएगा?**

जब प्रभु आएं तो आपको और मुझे विश्वास में पाएं। ऐसा विश्वास जो सुनने से आता है और परमेश्वर के वचन से सुनकर, उसी के अनुसार काम करना – रोमियों 10:17. आमीन? आमीन

बीमारी और इलाज पर आम सवालों के जवाब

उदाहरण: **पॉल का कांटा; अय्यूब की परेशानियाँ; शैतान को सौंपना; कोरिंथियन चर्च—कई कमज़ोर, कई बीमार, और कई समय से पहले मर जाते हैं; टिमोथी का पेट; हिजकियाह की बीमारी; ट्रॉफिमस बीमार रह गया; इपफ्रॉडिटस – मसीह के काम के लिए वह मौत के करीब आ गया; क्या बीमारी प्रभु की सज़ा है? क्या विश्वास और दवा को मिलाना ठीक है? क्या अपनी सेहत का ध्यान रखना अविश्वास की निशानी है?**

बाइबल में कई ऐसे हिस्से हैं जिन्हें अक्सर गलत समझा जाता है और बीमारी और दूसरे शैतानी कामों को सहने के आधार के तौर पर इस्तेमाल किया जाता है। आज के मैसेज में, हम इनमें से कुछ पर नज़र डालेंगे और इन्हें समझने के लिए जानकारी देंगे। हमें यह ध्यान रखना चाहिए कि

सभी धर्मग्रंथों का मतलब बाकी धर्मग्रंथों और यीशु मसीह के व्यक्तित्व की रोशनी में निकाला जाना चाहिए।

हम भगवान के बारे में जो कुछ भी जानते हैं, वह भगवान, जो शरीरधारी बने, जीसस क्राइस्ट के ज़रिए देखी और सुनी गई बातों से मेल खाना चाहिए। हम भगवान के बारे में जो कुछ भी समझने का दावा करते हैं, वह जीसस की कही और की गई बातों से मेल नहीं खाता, उस पर सवाल उठाया जा सकता है और उसे खारिज किया जा सकता है। जीसस क्राइस्ट एक परफेक्ट थियोलॉजी हैं, वह वचन जो शरीरधारी बने।

पॉल का कांटा

2 कुरिन्थियों 12:7-10 7 और कहीं ऐसा न हो कि मैं खुलासों की भरमार से हद से ज़्यादा फूल जाऊँ, इसलिए मेरे शरीर में एक काँटा चुभ गया, शैतान का एक दूत मुझे पीटने के लिए, कहीं ऐसा न हो कि मैं हद से ज़्यादा फूल जाऊँ। 8 इस बात के बारे में मैंने प्रभु से तीन बार गुज़ारिश की कि यह मुझसे दूर हो जाए। 9 और उसने मुझसे कहा, "मेरा अनुग्रह तुम्हारे लिए काफ़ी है, क्योंकि मेरी ताकत कमज़ोरी में ही पूरी होती है।" इसलिए मैं अपनी कमज़ोरियों पर बहुत खुशी से घमंड करूँगा, ताकि मसीह की शक्ति मुझ पर बनी रहे। 10 इसलिए मैं मसीह के लिए कमज़ोरियों, बदनामियों, ज़रूरतों, ज़ुल्मों, मुश्किलों में खुश होता हूँ। क्योंकि जब मैं कमज़ोर होता हूँ, तभी मैं मज़बूत होता हूँ।

प्रेरित पौलुस को सच में बहुत सारे खुलासे मिले थे। अपने कई निजी अनुभवों, मुलाकातों और तीसरे स्वर्ग में ले जाए जाने के अलावा, पौलुस ने नए नियम के खुलासे को समझा और लिखा। कहीं पौलुस घमंड में न फूल जाए, इसलिए परमेश्वर ने "शरीर में एक कांटा" होने दिया। अब कई लोग अंदाज़ा लगा रहे हैं कि यह "शरीर में कांटा" क्या था। कुछ कहते हैं कि यह बीमारी थी, आँख की कोई दिक्कत थी, हाथ की कोई दिक्कत थी।

लेकिन, धर्मदूत कहता है कि यह "शैतान का एक मैसेंजर (ग्रीक एंजेलोस = एंजल) था।" पॉल साफ़-साफ़ कहता है कि शरीर में चुभने वाला काँटा शैतान का मैसेंजर था। ग्रीक में मैसेंजर शब्द वही शब्द है जो एंजल के लिए इस्तेमाल होता है, और उदाहरण के लिए, रेवेलेशन की किताब, चैप्टर 2 और 3 में "चर्च के एंजल" में इस्तेमाल होता है, जब प्रभु हर चर्च को संबोधित करते थे। इसलिए शैतान का मैसेंजर एक आध्यात्मिक प्राणी था जो पॉल की मिनिस्ट्री में लगातार उसका विरोध करता था "उसे बार-बार मारना" (मतलब बार-बार मारना)। पिछले चैप्टर में, पॉल ने उन कई मुश्किलों, परेशानियों, कमज़ोरियों के बारे में बताया जो उसने झेलीं। उसने यह कहा, "क्या वे मसीह के मिनिस्टर हैं?—मैं एक बेवकूफ की तरह बोल रहा हूँ—मैं ज़्यादा हूँ: ज़्यादा मेहनत में , ज़्यादा मार खाने में, ज़्यादा बार जेल जाने में, अक्सर मौत में।

यहूदियों ने मुझे पाँच बार चालीस कोड़े खाए, एक कम। तीन बार मुझे डंडों से पीटा गया; एक बार मुझे पत्थर मारे गए; तीन बार मेरा जहाज़ डूबा; एक रात और एक दिन मैं गहरे समुद्र में रहा; अक्सर यात्राओं में, पानी के खतरों में, लुटेरों के खतरों में, अपने ही देश के लोगों के खतरों में, गैर-यहूदियों के खतरों में, शहर के खतरों में, जंगल के खतरों में, समुद्र के खतरों में, झूठे भाइयों के बीच खतरों में; थकान और मेहनत में, अक्सर नींद न आने में, भूख और प्यास में, अक्सर उपवास में, ठंड और नंगेपन में" (2 कुरिन्थियों 11:23-27)। हालाँकि इनमें से कुछ मुश्किलें उसने खुद उठाईं, लेकिन इनमें से कई उसके काम के विरोध में आईं।
इन सभी ने उसके "पैर ज़मीन पर" रखने में मदद की, उसे नम्रता से चलने में मदद की, यह जानते हुए कि उसे प्रभु पर निर्भर रहना है। पॉल ने इस शैतानी जीव के जाने के लिए तीन बार प्रार्थना की। इस स्थिति में, भगवान ने शैतान के दूत को रास्ते से नहीं हटाया। इसके बजाय, उसने पॉल को अपनी कृपा पर भरोसा करने के लिए कहा ताकि वह आगे बढ़ता

रहे और इस शैतानी जीव की करतूतों पर जीत हासिल करे। इसलिए पॉल समझ गया कि उसके सबसे कमज़ोर पलों में भी, भगवान की कृपा उसे मज़बूत रखने के लिए काफ़ी थी।

आज विश्वास करने वालों के तौर पर, हममें से किसी को भी इतने सारे खुलासे नहीं मिले हैं। हमें पॉल की तरह इस्तेमाल नहीं किया गया है कि हमें "शरीर में काँटा" दिया जाए, यानी शैतान का एक मैसेंजर जो हमें पीटता रहे ताकि हम विनम्र रहें। इसके अलावा, हमारा यह दावा करना कि हमारी बीमारी "शरीर में काँटा" है जो हमें एक बड़े आध्यात्मिक मकसद के लिए दी गई है, बल्कि गैर-शास्त्रीय और खुद की बड़ाई करने वाली बात है। हमें बीमारी से लड़ना चाहिए क्योंकि यह शैतान का काम है जिसका हमारे शरीर पर कोई हक नहीं है।

अय्यूब की परेशानियाँ

अय्यूब 1:12 इसलिए शैतान यहोवा के सामने से चला गया।
अय्यूब 2:6,7 6 और यहोवा ने शैतान से कहा, "देख, वह तेरे हाथ में है, बस उसकी जान छोड़ देना।" 7 तब शैतान यहोवा के पास से चला गया, और अय्यूब के पैर के तलवे से लेकर सिर की चोटी तक दर्दनाक फोड़ों से उसे घायल कर दिया।
अय्यूब 2:10 इन सब बातों में भी अय्यूब ने अपने होठों से कोई पाप नहीं किया।
अय्यूब 3:25 क्योंकि जिस बात का मुझे बहुत डर था, वही मुझ पर आ पड़ी है, और जिस बात से मैं डरता था, वही मेरे साथ हो गई है।
अय्यूब 42:10 और जब अय्यूब ने अपने दोस्तों के लिए प्रार्थना की, तो यहोवा ने उसके नुकसान की भरपाई कर दी। सच में, यहोवा ने अय्यूब को पहले से दोगुना दिया।

याकूब 5:11 सच में हम उन्हें खुशनसीब मानते हैं जो धीरज रखते हैं। तुमने अय्यूब के सब्र के बारे में सुना है और प्रभु का इरादा देखा है— कि प्रभु बहुत दयालु और रहमदिल है।

शैतान ने ही अय्यूब और उसके परिवार पर हमला किया था, जिससे हर तरह की मुसीबतें और बीमारियाँ आईं (अय्यूब 1:12; 2:7)। शैतान ने जो किया, उसके लिए हम भगवान को दोष नहीं दे सकते। यह सच है कि भगवान ने शैतान को अय्यूब को छूने की इजाज़त दी थी, जो वैसे भगवान की सुरक्षा में था क्योंकि भगवान ने "उसके चारों ओर एक बाड़ बना दी थी" (अय्यूब 1:10)। लेकिन फिर भी शैतान ही था जिसने मौसम और कुदरत के तत्वों का इस्तेमाल करके सारी मुसीबतें पैदा कीं।

आज हमारी दुनिया में, शैतान और उसके राक्षसों को अपने बुरे शैतानी काम करने की इजाज़त है। आम तौर पर, भगवान शैतान और राक्षसों को लालच, रुकावटों और दूसरी रुकावटों से किसी मानने वाले के खिलाफ आने से नहीं रोकते। हम सभी को इस तरह की चीज़ों का सामना करना पड़ता है। भगवान इन चीज़ों को उन लोगों के खिलाफ भी होने देते हैं जो उन पर विश्वास करते हैं। भगवान इन्हें हमारी ट्रेनिंग और मसीह जैसा बनने के हिस्से के तौर पर इस्तेमाल करते हैं। वह हमें अच्छी लड़ाई लड़ने, शैतान का विरोध करने, अंधेरे की ताकतों से लड़ने, हर आग के तीर को बुझाने और जीतने वाली ज़िंदगी जीने के लिए बुलाते हैं। विश्वासी होने के नाते हम भगवान की सुरक्षा (भजन 34:7; भजन 91; यशायाह 54:17; 1 यूहन्ना 5:18) ले सकते हैं या डर, शक या बात न मानने से खुद को शैतानी हमलों के लिए कमज़ोर बना सकते हैं जो वरना हम पर हावी नहीं होने चाहिए। भगवान ने हमें दुश्मन पर काबू पाने के लिए हर हथियार दिया है (इफिसियों 6:10-18), कुछ ऐसा जो अय्यूब को ज़रूरी नहीं समझ में आया हो। न्यू टेस्टामेंट में जो कुछ भी है, उसे

देखते हुए, अय्यूब के उलट, हमें दुश्मन से हारने की कोई ज़रूरत नहीं है, तब भी जब उसकी सेना हमारे खिलाफ़ आए।

इन सबके बीच, अय्यूब ने अपनी ईमानदारी और भगवान पर भरोसा बनाए रखा। वह भगवान के प्रति अपनी भक्ति में अडिग रहे। अय्यूब के इस धीरज की हमें भी नकल करनी चाहिए, यह जानते हुए कि भगवान सच में दयालु और रहमदिल हैं, और वह आखिरकार हमारे भले के लिए चीज़ों को बदल देंगे। अय्यूब के बारे में एक और बात यह है कि वह एक ऐसे आदमी लगते थे जिन्हें इस बात का बहुत डर था कि ऐसी मुसीबतें उन पर आ सकती हैं और वे आईं भी। डर गलत दिशा में भरोसा है। यह हमारी ज़िंदगी में गलत चीज़ों को खींचता है। भगवान के बच्चे होने के नाते, हम ऐसे डर के बिना जीना सीख सकते हैं, और इसके बजाय भरोसे में आराम कर सकते हैं।

किसी को शैतान के हवाले करना

1 कुरिन्थियों 5:1-5 1 असल में यह खबर है कि तुम्हारे बीच सेक्सुअल इम्मोरलटी हो रही है, और ऐसी सेक्सुअल इम्मोरलटी जिसका नाम भी गैर-यहूदियों में नहीं है—कि एक आदमी अपने पिता की पत्नी के साथ है! 2 और तुम घमंड में हो, और ज़्यादा दुख नहीं मनाया, कि जिसने यह काम किया है, उसे तुम्हारे बीच से निकाल दिया जाए। 3 क्योंकि मैं, शरीर से तो दूर, लेकिन आत्मा से मौजूद हूँ, मैंने पहले ही उसे सज़ा दे दी है (जैसे मैं मौजूद था) जिसने यह काम किया है। 4 हमारे प्रभु यीशु मसीह के नाम पर, जब तुम मेरी आत्मा के साथ, हमारे प्रभु यीशु मसीह की शक्ति से इकट्ठा हो, 5 तो ऐसे व्यक्ति को शरीर के विनाश के लिए शैतान को सौंप दो, ताकि उसकी आत्मा प्रभु यीशु के दिन बच सके।

1 तीमुथियुस 1:20 उनमें से एक हैं हिमेनियस और सिकंदर, जिन्हें मैंने शैतान के हवाले कर दिया ताकि वे ईशनिंदा न करना सीखें।
2 तीमुथियुस 2:17-18 17 और उनका संदेश कैंसर की तरह फैल जाएगा। हुमिनेयुस और फिलेतुस ऐसे ही हैं, 18 जो सच्चाई के बारे में भटक गए हैं, यह कहते हुए कि पुनरुत्थान पहले ही हो चुका है; और वे कुछ लोगों के विश्वास को खत्म कर देते हैं।

2 तीमुथियुस 4:14-15 14 सिकंदर तांबे के कारीगर ने मुझे बहुत नुकसान पहुंचाया है। प्रभु उसे उसके कामों के अनुसार बदला दे। 15 तुम भी उससे सावधान रहना, क्योंकि उसने हमारी बातों का बहुत विरोध किया है।
सिर्फ़ दो बार ऐसा हुआ जब प्रेरित पौलुस ने किसी को शैतान के हवाले करने की बात कही। कोरिंथियन चर्च में, यह एक ऐसे आदमी को डिसिप्लिन देने से जुड़ा था जो गलत काम कर रहा था, और शुरू में उसे पछतावा नहीं हुआ। पौलुस चाहता था कि इस आदमी को कुछ समय के लिए लोकल मंडली से बाहर कर दिया जाए (1 कुरिन्थियों 5:13) और शरीर को खत्म करने के लिए शैतान के हवाले कर दिया जाए, ताकि उसकी आत्मा बच सके। हम मानते हैं कि पौलुस अपने अपोस्टोलिक अधिकार का इस्तेमाल कर रहा है और बिना पछतावा किए पापी कामों के लिए डिसिप्लिन दे रहा है। उस आदमी को लोकल चर्च से, एक तरह से, फिजिकली और स्पिरिचुअली, दोनों तरह से दूर किया जा रहा था। इसका मतलब था कि उसे जो सुरक्षा आम तौर पर मिलती, वह छीन ली गई थी और अब वह अपने पाप की वजह से शैतान के सामने कमज़ोर था। शैतान तब फिजिकल दुनिया में नुकसान पहुँचाने के लिए कुछ भी कर सकता था, लेकिन उस आदमी को पछतावा करने के लिए इसकी इजाज़त थी।

इसके बाद 2 कुरिन्थियों में हमारे पास एक रिकॉर्ड है, जहाँ थोड़े समय के बाद, पॉल ने चर्च को यह आदेश दिया: "ज़्यादातर लोगों की यह सज़ा ऐसे आदमी के लिए काफ़ी है, इसलिए, इसके बजाय, तुम्हें उसे माफ़ करना चाहिए और दिलासा देना चाहिए, कहीं ऐसा न हो कि वह बहुत ज़्यादा दुख में डूब जाए। इसलिए मैं तुमसे गुज़ारिश करता हूँ कि तुम उसके लिए अपने प्यार को और पक्का करो" (2 कुरिन्थियों 2:6-8)। ऐसा कोई रिकॉर्ड नहीं है कि इस आदमी को सच में कोई शारीरिक नुकसान हुआ हो। किसी भी हाल में, ऐसा लगता है कि बहुत दुख और सच्चा पछतावा था, इसलिए पॉल खुद लिखते हैं: "क्योंकि अगर मैंने सच में कुछ माफ़ किया है, तो वह तुम्हारे लिए मसीह की मौजूदगी में माफ़ किया है" (2 कुरिन्थियों 2:10)।

दूसरा मामला इफिसियन चर्च के दो बागी आदमियों, हिमेनियस और अलेक्जेंडर से जुड़ा था। हिमेनियस उनमें से एक था जो शायद पॉल और क्राइस्ट के बारे में सच्चाई की बुराई कर रहा था, और यह झूठी शिक्षा दे रहा था कि फिर से जी उठना पहले ही खत्म हो चुका है, जिससे कुछ लोग विश्वास से भटक गए। ऐसा लगता था कि अलेक्जेंडर ही वह था जिसने पॉल का विरोध किया था, ऐसी बातें कहीं जिनसे पॉल को बहुत नुकसान हुआ। दोनों ही मामलों में, पॉल ने इन आदमियों को चर्च से निकालने और शैतान के हवाले करने के लिए प्रेरितों के अधिकार का इस्तेमाल किया। प्रेरित के दिल को जानते हुए, ऐसा इस इरादे से किया गया होगा कि ये लोग पछतावा करें और सच्चाई के साथ जुड़ें। लेकिन हमारे पास इस मामले के नतीजे का कोई रिकॉर्ड नहीं है।

यह सच है कि जब कोई आज्ञा न मानकर, बगावत करके और परमेश्वर की सीमाओं से आगे बढ़कर चलता है, तो वह शैतान के हाथों में चला जाता है। लेकिन, विश्वासियों के तौर पर, हमें शैतान के हाथों में सौंपे

जाने से डरने की कोई ज़रूरत नहीं है, क्योंकि हम परमेश्वर के पास जा रहे हैं, उससे दूर नहीं।

कोरिंथियन चर्च—कई कमज़ोर, कई बीमार, और कई समय से पहले मर जाते हैं

1 कुरिन्थियों 11:17-34 17 अब ये निर्देश देते हुए मैं तुम्हारी तारीफ़ नहीं करता, क्योंकि तुम अच्छे के लिए नहीं, बल्कि बुरे के लिए इकट्ठा होते हो। 18 क्योंकि सबसे पहले, जब तुम एक चर्च के रूप में इकट्ठा होते हो, तो मैं सुनता हूँ कि तुम्हारे बीच फूट है, और कुछ हद तक मैं इस पर यकीन भी करता हूँ। 19 क्योंकि तुम्हारे बीच गुटबाज़ी भी होनी चाहिए, ताकि जो लोग तुम्हारे बीच सही हैं, वे पहचाने जा सकें। 20 इसलिए जब तुम एक जगह इकट्ठा होते हो, तो यह प्रभु का भोज खाने के लिए नहीं होता। 21 क्योंकि खाने में हर कोई दूसरों से पहले अपना खाना खा लेता है; और कोई भूखा रहता है और कोई नशे में धुत रहता है। 22 क्या! क्या तुम्हारे पास खाने-पीने के लिए घर नहीं हैं? या तुम परमेश्वर के चर्च को तुच्छ जानते हो और जिनके पास कुछ नहीं है उन्हें शर्मिंदा करते हो? मैं तुमसे क्या कहूँ? क्या मैं इसमें तुम्हारी तारीफ़ करूँ? मैं तुम्हारी तारीफ़ नहीं करता। 23 क्योंकि मुझे प्रभु से वही मिला जो मैंने तुम्हें भी दिया: कि प्रभु यीशु ने उसी रात जब वह पकड़वाया गया रोटी ली; 24 और जब उसने धन्यवाद दिया, तो उसे तोड़ा और कहा, "लो, खाओ; यह मेरा शरीर है जो तुम्हारे लिए तोड़ा गया है; मेरी याद में ऐसा करो।" 25 इसी तरह उसने खाने के बाद प्याला भी लिया, और कहा, "यह प्याला मेरे खून में नया करार है। जब भी तुम इसे पीओ, मेरी याद में ऐसा करो।" 26 क्योंकि जब भी तुम यह रोटी खाते हो और यह प्याला पीते हो, तो तुम प्रभु की मौत का ऐलान करते हो जब तक वह न आए। 27 इसलिए जो कोई भी गलत तरीके से यह रोटी खाता है या प्रभु का यह प्याला पीता है, वह

प्रभु के शरीर और खून का दोषी होगा। 28 लेकिन इंसान खुद को जांचे, और इसी तरह वह रोटी खाए और प्याला पिए। 29 क्योंकि जो गलत तरीके से खाता और पीता है, वह प्रभु के शरीर को न पहचानकर अपने लिए सज़ा खाता और पीता है। 30 इसी वजह से तुममें से बहुत से लोग कमज़ोर और बीमार हैं, और बहुत से सो रहे हैं। 31 क्योंकि अगर हम खुद को जज करते, तो हमें जज नहीं किया जाता। 32 लेकिन जब हमें सज़ा दी जाती है, तो प्रभु हमें सज़ा देता है, ताकि हम दुनिया के साथ सज़ा न पाएँ। 33 इसलिए, मेरे भाइयों, जब तुम खाने के लिए इकट्ठा होते हो, तो एक-दूसरे का इंतज़ार करो।
34 लेकिन अगर कोई भूखा हो, तो वह घर पर खा ले, ताकि तुम न्याय के लिए इकट्ठा न हो जाओ। और बाकी बातें मैं आकर ठीक कर दूँगा।

कोरिंथियन चर्च, बहुत ही स्पिरिचुअल लोगों का ग्रुप होने के बावजूद, उनमें बहुत सारी प्रॉब्लम थीं जिन्हें सुलझाना था, जैसे नैतिक स्टैंडर्ड, चर्च की गैदरिंग में बर्ताव और एक साथ मिलकर रहना। इसका एक हिस्सा प्रभु की मेज़ मनाने में उनका बर्ताव था। इसे आदर से देखने और स्पिरिचुअल मतलब से करने के बजाय, यह चर्च की गैदरिंग में दावत, खाने-पीने का समय बन गया। उन्होंने इसे एक साथ दावत करने के समय में बदल दिया, जिसके बारे में पॉल कहते हैं कि वे घर पर भी कर सकते थे। प्रभु का इरादा जो था कि यह बहुत आदर और उनकी मौत, फिर से जी उठने और जल्द लौटने की स्पिरिचुअल घोषणा का समय हो, वह एक लंच दावत जैसा बन गया!

इसलिए, क्राइस्ट के क्रॉस के फ़ायदों, आशीर्वाद और ताकत का मज़ा लेने के बजाय, ये कोरिंथियन पवित्र टेबल का अपमान करके, खुद को भगवान के न्याय के लिए खड़ा कर रहे थे। इस वजह से, बहुत से लोग बीमार, कमज़ोर हो रहे थे और समय से पहले मर रहे थे, बजाय इसके

कि वे क्रॉस के फ़ायदों जैसे ठीक होने, छुटकारा पाने और पूरी तरह ठीक होने का मज़ा ले सकें।
जिस मकसद से प्रभु की मेज़ दी गई थी, वह यह था कि हम इस पवित्र उत्सव में प्रभु की मृत्यु का ऐलान करें और इस तरह यीशु मसीह के क्रॉस की पूरी कृपा का अनुभव करें। यह परमेश्वर की योजना और इच्छा है। यह परमेश्वर की इच्छा है। उसका यह इरादा नहीं है कि उसके लोग कमज़ोर, बीमार हो जाएं और समय से पहले मर जाएं।

लेकिन, जो पवित्र था उसका खुलेआम अपमान करके और इसे दावत का समय बनाकर, अपनी ज़िंदगी को परखने और भगवान के शरीर को समझने पर ध्यान न देकर, हम भगवान का चाहा हुआ आशीर्वाद पाने में नाकाम रहते हैं और इसके बजाय भगवान की सुरक्षा से बाहर निकल जाते हैं और खुद को कमज़ोरी, बीमारी और समय से पहले मौत का शिकार बना लेते हैं। हम भगवान के न्याय करने को (A) भगवान की सुरक्षा वापस लेने और (B) भगवान द्वारा लोगों का ध्यान खींचने के लिए इन चीज़ों (कमज़ोरी, बीमारी और समय से पहले मौत) को इजाज़त देने या इस्तेमाल करने के तौर पर समझते हैं, ताकि हमें सही रास्ते पर वापस लाया जा सके। यह भगवान की मर्ज़ी नहीं है, बल्कि तब होता है जब हम भगवान की बनाई योजना से बाहर निकल जाते हैं और आज्ञा न मानने लगते हैं। अगर हम खुद को परखें और आज्ञा मानने लगें, तो हम इनसे बच सकते हैं।

आज विश्वासियों के तौर पर, हमें प्रभु की मेज़ में "गलत तरीके से" हिस्सा लेने की वजह से कमज़ोरी, बीमारी और समय से पहले मौत से डरने की ज़रूरत नहीं है, क्योंकि हमें सिखाया गया है कि इसे सही तरीके से कैसे करना है। हम जानते हैं कि हर बार जब हम प्रभु की मेज़ में हिस्सा लेते हैं तो हमें क्या करना है। ऐसा नहीं है कि भगवान हम पर सज़ा बरसाने के लिए छोटी-सी गलती का इंतज़ार कर रहे हैं! बल्कि हर बार जब हम

प्रभु की मेज़ मनाते हैं, तो हम उनके दिल में खुशी और दुश्मन के खेमे में डर लाते हैं!

टिमोथी का पेट

1 तीमुथियुस 5:23 अब सिर्फ़ पानी मत पियो, बल्कि अपने पेट और बार-बार होने वाली बीमारियों के लिए थोड़ी वाइन भी इस्तेमाल करो। इस आयत से यह साफ़ है कि टिमोथी को पेट की कोई न कोई प्रॉब्लम बार-बार होती थी और शायद दूसरी शारीरिक बीमारियाँ भी अक्सर होती थीं। क्या यह कुछ ऐसा था जो उसे इफिसुस आने के बाद ही होने लगा था या ये प्रॉब्लम बहुत पहले से थीं, यह पता नहीं है। साथ ही, यह भी पता नहीं है कि टिमोथी को ये प्रॉब्लम कुछ ही समय के लिए थीं या ये लगातार प्रॉब्लम थीं। इसलिए इस तरह की कोई भी बात सिर्फ़ अंदाज़ा होगी। हम यह जानते हैं कि टिमोथी ने इफिसुस में चर्च को लीड किया और इन बीमारियों की वजह से उसकी मिनिस्ट्री नहीं रुकी।

प्रेरित पौलुस ने टिमोथी के पेट की समस्या के लिए शराब के औषधीय गुण के कारण इसके इस्तेमाल की सलाह दी थी। इसलिए हम यह नतीजा निकाल सकते हैं कि प्राकृतिक और मेडिकल इलाज का इस्तेमाल करना ठीक है, और साथ ही अपना दिल परमेश्वर के प्रति समर्पित रखना भी।

हिजकिय्याह की बीमारी

2 राजा 20:1-7 1 उन दिनों हिजकियाह बीमार था और मरने वाला था। और आमोस का बेटा, यशायाह नबी उसके पास गया और उससे कहा, “यहोवा यह कहता है: 'अपने घर को ठीक कर, क्योंकि तू मरेगा, और जीवित नहीं रहेगा।'” 2 तब उसने दीवार की तरफ मुँह किया, और यहोवा

से प्रार्थना करते हुए कहा, 3 "हे यहोवा, मैं प्रार्थना करता हूँ, अब याद कर
कि मैं कैसे सच्चाई और सच्चे दिल से तेरे सामने चला हूँ, और वही किया
है जो तेरी नज़र में अच्छा था।" और हिजकियाह फूट-फूट कर रोया। 4
और ऐसा हुआ, इससे पहले कि यशायाह बीच के आँगन में गया, यहोवा
का वचन उसके पास आया, जिसमें कहा गया था, 5 "लौटकर मेरे लोगों
के नेता हिजकियाह से कह, 'तेरे पिता दाऊद का परमेश्वर यहोवा यह
कहता है: "मैंने तेरी प्रार्थना सुनी है, मैंने तेरे आँसू देखे हैं; मैं तुझे ज़रूर
ठीक करूँगा। तीसरे दिन तू यहोवा के घर जाएगा। 6 और मैं तेरी उम्र में
पंद्रह साल और जोड़ दूँगा। मैं तुम्हें और इस शहर को अश्शूर के राजा के
हाथ से बचाऊंगा; और मैं अपने और अपने सेवक दाऊद के लिए इस
शहर की रक्षा करूंगा।" 7 तब यशायाह ने कहा, "अंजीर की एक गांठ
लो।" तो उन्होंने उसे फोड़े पर रखा, और वह ठीक हो गया।

यशायाह 38:21 यशायाह ने कहा था, "वे अंजीर की एक गांठ लें और उसे फोड़े पर मलहम की तरह लगाएं, और वह ठीक हो जाएगा।"

राजा हिजकियाह बीमार था और मरने वाला था। पैगंबर की चेतावनी सुनने के बाद, हिजकियाह भगवान की ओर मुड़ता है और प्रार्थना करता है। भगवान राजा की प्रार्थना सुनते हैं और पैगंबर से लोगों को अंजीर के एक टुकड़े का पेस्ट बनाने और उसे फोड़े पर लगाने का निर्देश देते हैं (कुछ वर्जन में इसे 'अल्सर' या 'ट्यूमर' लिखा गया है)। हिजकियाह ठीक हो जाता है और 15 साल और जीता है।

ज़ाहिर है, भगवान अंजीर से बने पेस्ट के बिना भी हिजकियाह को ठीक कर सकते थे। अंजीर से बने पेस्ट में फोड़े के लिए कोई इलाज या दवा वाले गुण थे या नहीं, यह पक्का नहीं है। चाहे उसका दवा वाला महत्व था या नहीं, हम यह कह सकते हैं कि भगवान उन कुदरती चीज़ों के इस्तेमाल के खिलाफ नहीं हैं जिनके ज़रिए (या जिनके साथ) किसी इंसान को ठीक किया जाता है।

ट्रॉफिमस लेफ्ट सिक

2 तीमुथियुस 4:20 एरास्तुस कोरिंथ में रह गया, लेकिन ट्रोफिमस को मैंने मिलेटस में बीमार छोड़ दिया है।

प्रेरित पौलुस एक ऐसा आदमी था जो आत्मा की शक्ति से सेवा करता था और उसने कई जगहों पर जहाँ उसने सेवा की, वहाँ ज़बरदस्त इलाज, चमत्कार, निशान और अजूबे देखे। हालाँकि, वह फिर भी लिखता है कि उसने अपनी टीम के एक सदस्य, ट्रॉफिमस को मिलेटस में बीमार छोड़ दिया था (प्रेरितों के काम 20:4,15), रोम जाने से पहले।

हालांकि पॉल ने खुद सही नतीजे नहीं देखे, लेकिन वह आत्मा के काम, ठीक करने, चमत्कार, आत्मा के तोहफ़े, निशानियों और चमत्कारों को गलत नहीं ठहराते। असल में, वह अपनी चिट्ठियों में इन पर ज़ोर देकर लिखते हैं।

हमें नहीं पता कि ट्रॉफिमस के साथ असल में क्या हुआ था। हमें नहीं पता कि क्या यह कोई टेम्पररी बीमारी थी जिससे वह जल्दी ठीक हो गया। किसी भी हाल में, हम मानते हैं कि हमारे पास हमेशा सारे जवाब नहीं होते। लेकिन हम फिर भी प्रभु के काम में लगे रहते हैं, और पवित्र आत्मा की शक्ति से सेवा करते हैं, जैसा पौलुस ने किया था।

इपफ्रदीतुस—मसीह के काम के लिए वह मौत के करीब पहुँच गया

फिलिप्पियों 2:25-30 25 फिर भी मैंने इपफ्रदीतुस को तुम्हारे पास भेजना ज़रूरी समझा, जो मेरा भाई, साथी काम करने वाला और साथी सैनिक है, बल्कि तुम्हारा मैसेंजर और मेरी ज़रूरतों को पूरा करने वाला भी। 26 क्योंकि वह तुम सबके लिए तरस रहा था, और इसलिए परेशान था क्योंकि तुमने सुना था कि वह बीमार है। 27 क्योंकि वह सच में मरने वाला था; लेकिन भगवान ने उस पर दया की, और सिर्फ़ उस पर ही नहीं, बल्कि मुझ पर भी, ताकि मुझे दुख पर दुख न हो। 28 इसलिए मैंने उसे

और भी ज़्यादा खुशी से भेजा, ताकि जब तुम उसे दोबारा देखो तो तुम खुश हो जाओ, और मैं कम दुखी हो जाऊँ। 29 इसलिए प्रभु में उसे पूरी खुशी के साथ अपनाओ, और ऐसे लोगों का आदर करो; 30 क्योंकि मसीह के काम के लिए वह अपनी जान की परवाह किए बिना मरने के करीब आ गया था, ताकि मेरी सेवा में तुम्हारी कमी पूरी कर सके।
फिलिप्पियों 4:18 सच में मेरे पास सब कुछ है और बहुत ज़्यादा है। इपफ्रदीतुस से जो चीज़ें तुमने भेजी थीं, उन्हें पाकर मैं तृप्त हो गया हूँ, यह एक मीठी खुशबू है, एक स्वीकार करने वाला बलिदान है, जो परमेश्वर को बहुत अच्छा लगता है।
फिलिप्पियों 1:22-24 22 लेकिन अगर मैं शरीर में ही जीता रहूँ, तो इसका मतलब मेरी मेहनत का फल होगा; फिर भी मैं क्या चुनूँगा, यह मैं नहीं बता सकता। 23 क्योंकि मैं दोनों के बीच में फँसा हुआ हूँ, और चाहता हूँ कि चला जाऊँ और मसीह के साथ रहूँ, जो कहीं बेहतर है। 24 फिर भी शरीर में रहना तुम्हारे लिए ज़्यादा ज़रूरी है।

पॉल रोम में कैद था। फिलिप्पी के चर्च ने इपाफ्रोडिटस को प्रेरित पौलुस की सेवा करने के लिए भेजा था, जब वह जेल में था। प्रेरित पौलुस की सेवा करते हुए, इपाफ्रोडिटस ने खुद को इतना आगे बढ़ाया कि वह अपनी जान की परवाह किए बिना मौत के करीब पहुँच गया। हमें नहीं पता कि उसने किस तरह की सेवा की और उसने कितनी मेहनत की। लेकिन यह बताना काफी है कि प्रभु की सेवा करते हुए, वह बीमार पड़ गया और लगभग मर ही गया था। भगवान की दया से उसकी जान बच गई और इपाफ्रोडिटस जीता रहा।

सिर्फ़ इसलिए कि हम प्रभु और उनके लोगों की सेवा करने के लिए क्रिश्चियन मिनिस्ट्री में हैं, हमें अपने आप अच्छी हेल्थ और ताकत की गारंटी नहीं मिल जाती। हमें अपनी हेल्थ का ध्यान रखने की ज़िम्मेदारी

के तौर पर भी ज़रूरी काम करने की ज़रूरत है। हो सकता है कि हम ज़्यादा काम करें और इस चक्कर में मरने का रिस्क लें।

भले ही क्राइस्ट के लिए मरते दम तक काम करना अच्छा लगे, लेकिन यह गैर-ज़रूरी और बेकार है। हम भगवान, उनके किंगडम और धरती पर उनके लोगों के लिए ज़िंदा रहकर ज़्यादा काम के हैं, बजाय इसके कि हम मर जाएं। बेशक, क्राइस्ट के साथ चले जाना कहीं बेहतर है। हालांकि, उनके चर्च और उनके किंगडम के मकसद के लिए, अपनी सेहत का ध्यान रखना, एक लंबी, सेहतमंद और कामयाब ज़िंदगी जीना बेहतर है।

क्या बीमारी प्रभु की सज़ा है?

1 कुरिन्थियों 11:28-32 *28 लेकिन इंसान खुद को जाँचे, और इसी तरह
रोटी खाए और प्याले में से पिए। 29 क्योंकि जो गलत तरीके से खाता-
पीता है, वह खुद पर सज़ा लाता है, और प्रभु के शरीर को नहीं पहचानता।
30 इसी वजह से तुममें से बहुत से लोग कमज़ोर और बीमार हैं, और
बहुत से सो रहे हैं। 31 क्योंकि अगर हम खुद को जाँचते, तो हमें सज़ा
नहीं मिलती। 32 लेकिन जब हमें सज़ा मिलती है, तो प्रभु हमें सज़ा देता
है, ताकि हम दुनिया के साथ सज़ा न पाएँ।*

इब्रानियों 12:5-11 *5 और तुम उस सीख को भूल गए हो जो तुमसे बेटों
के तौर पर कही जाती है: "मेरे बेटे, प्रभु की सज़ा को नज़रअंदाज़ मत
करो, और जब वह तुम्हें डांटे तो हिम्मत मत हारो; 6 क्योंकि प्रभु जिससे
प्यार करता है, उसे सज़ा देता है, और हर बेटे को जिसे वह अपनाता है,
कोड़े मारता है।" 7 अगर तुम सज़ा सहते हो, तो परमेश्वर तुम्हारे साथ
बेटों जैसा बर्ताव करता है; क्योंकि ऐसा कौन बेटा है जिसे पिता सज़ा
नहीं देता? 8 लेकिन अगर तुम सज़ा के बिना हो, जिसके हिस्सेदार सब*

हो गए हैं, तो तुम नाजायज़ हो, बेटे नहीं। 9 इसके अलावा, हमारे इंसानी पिता भी थे जिन्होंने हमें सज़ा दी, और हमने उनका आदर किया। क्या हम आत्माओं के पिता के और भी ज़्यादा अधीन होकर ज़िंदा नहीं रह सकते? 10 क्योंकि उन्होंने तो हमें कुछ दिनों के लिए सज़ा दी जैसा उन्हें ठीक लगा, लेकिन उसने हमारे फ़ायदे के लिए, ताकि हम उसकी पवित्रता के हिस्सेदार बन सकें। 11 अभी तो कोई भी सज़ा खुशी देने वाली नहीं, बल्कि दुख देने वाली लगती है; फिर भी, जो लोग इसे सीखकर सीखे हैं, बाद में यह उन्हें शांति देने वाला नेकी का फल देती है।

प्रकाशितवाक्य 3:19 *मैं जितने लोगों से प्यार करता हूँ, उन्हें डांटता और सज़ा देता हूँ। इसलिए जोशीले बनो और पश्चाताप करो।*
भजन 103:10-13 10 उसने हमारे पापों के अनुसार हमारे साथ व्यवहार नहीं किया, न ही हमारे पापों के अनुसार हमें सज़ा दी। 11 क्योंकि जैसे आकाश पृथ्वी से ऊँचा है, वैसे ही उसकी दया उन लोगों के प्रति बड़ी है जो उससे डरते हैं; 12 जैसे पूरब पश्चिम से दूर है, वैसे ही उसने हमारे अपराधों को हमसे दूर कर दिया है। 13 जैसे पिता अपने बच्चों पर दया करता है, वैसे ही यहोवा उन पर दया करता है जो उससे डरते हैं।

हममें से कौन माता-पिता होने के नाते, अगर हमारे बच्चे कुछ गलत करते हैं, तो उन्हें कोई बीमारी देकर, किसी दुर्घटना में डालकर, उन्हें बीमार बिस्तर पर लिटाकर, या उन्हें कैंसर या कोई और कमज़ोर करने वाली या जानलेवा बीमारी देकर उन्हें सही और सही क्या है, यह सिखाना चाहेगा? मुझे लगता है कि यह कहना सही होगा कि हममें से कोई भी ऐसा नहीं करेगा! हममें से ज़्यादातर लोग बच्चे से सख्ती से बात करके शुरू करेंगे, कभी-कभी उन्हें एक-दो बार मारेंगे और फिर शायद उनके कुछ खास अधिकार छीन लेंगे। अगर बच्चे बड़े हो गए हैं, जहाँ मार-पीट अब सही नहीं है, तो हम बैठकर उनके साथ बहस करते हैं और उन्हें यह सिखाने की कोशिश करते हैं कि क्या सही है। अगर हम बुरे होते हुए भी अपने

बच्चों के साथ ऐसा व्यवहार करना जानते हैं, तो हमारे स्वर्ग में रहने वाले पिता अपने बच्चों के साथ और भी बेहतर तरीके से पेश आते होंगे, ताकि वे प्यार से उन्हें सही कर सकें, उन्हें सिखा सकें, सिखा सकें और उनके जीवन के लिए सबसे अच्छा रास्ता दिखा सकें।

भगवान की सज़ा के मुद्दे को अक्सर गलत समझा जाता है और गलत तरीके से पेश किया जाता है। लोग बीमार पड़ते हैं, और फिर दावा करते हैं कि भगवान ने उन्हें एक गहरा आध्यात्मिक सबक सिखाने के लिए बीमार बनाया है। हम मानते हैं कि दुनियावी माता-पिता भी अपने बच्चों के साथ ऐसा नहीं करेंगे, जब हम भगवान पर ऐसा करने का आरोप लगाते हैं, तो हम उन्हें हम दुनियावी माता-पिता से भी बदतर बना देते हैं। उदाहरण के लिए, एक विश्वासी को लें जो बीमार पड़ जाता है और इसलिए उसे कुछ दिन (या हफ़्ते) बिस्तर पर बिताने पड़ते हैं। बिस्तर पर लेटे हुए, कुछ और करने के लिए नहीं होने पर, विश्वासी अच्छी ईसाई किताबें पढ़ना या कई उपदेश सुनना शुरू कर देता है और इस तरह इनसे आध्यात्मिक समझ हासिल करता है और आध्यात्मिक रूप से मज़बूत महसूस करता है। समय के साथ, विश्वासी ठीक हो जाता है। सबसे आम वजह जो हम सुनते हैं वह यह है कि भगवान ने इस व्यक्ति को आध्यात्मिक रूप से मज़बूत करने और उन्हें वे खास आध्यात्मिक सबक सिखाने के लिए बीमार बनाया। मेरा मानना है कि, सबसे पहले हम भगवान पर वह करने का आरोप लगा रहे हैं जो हम माता-पिता खुद नहीं करेंगे, जिससे भगवान हमसे भी बदतर हो जाते हैं। दूसरा, अगर उस विश्वासी ने अच्छी सेहत में वही किताबें पढ़ी होतीं और वही उपदेश सुने होते, तो वह वही आध्यात्मिक सबक सीख सकता था!

शब्द "दण्डित" है ग्रीक 'पेडेउओ' जो इसका सीधा सा मतलब है “प्रशिक्षण देना” एक बच्चा, अर्थात शिक्षित करना, या (निहितार्थ से) अनुशासन (दंड द्वारा),” को “निर्देश देना, सीखना, सिखाना” (स्ट्रॉन्ग

का कॉनकॉर्डेंस)। इस शब्द का अनुवाद "सीखा" (प्रेरितों 7:22) के तौर पर भी किया गया है, "मूसा मिस्त्रियों की सारी बुद्धि में माहिर था, और बातों और कामों में ताकतवर था।" इस शब्द का अनुवाद "सिखाया" (प्रेरितों 22:3) के तौर पर भी किया गया है, क्योंकि पॉल ने गमलीएल द्वारा सिखाए जाने के बारे में बताया है। "मैं सच में एक यहूदी हूँ, जो किलिकिया के तरसुस में पैदा हुआ था, लेकिन इस शहर में गमलीएल के पैरों के पास पला-बढ़ा, हमारे पुरखों के कानून की सख्ती से सिखाया गया, और भगवान के लिए उतना ही जोशीला था जितना आज तुम सब हो।" इस शब्द का इस्तेमाल मारपीट (लूका 23:16,22) के लिए भी किया जाता है, जिसे पिलातुस ने यीशु में कोई गलती न पाकर करने की पेशकश की और उसे जाने दिया, इस उम्मीद में कि इससे यहूदी खुश हो जाएँगे। तो सजा का मतलब है सिखाना (सीखना, ट्रेनिंग, इंस्ट्रक्शन), सुधार और कभी-कभी सज़ा देना। सजा का असली मकसद इंसान को कुछ सीखने में मदद करना है। मकसद है सिखाना, बर्बाद करना नहीं।

आम तौर पर, सजा का मतलब है बच्चे को प्यार से सिखाना, सुधारना और सज़ा देना, और सिर्फ़ बहुत ज़्यादा मुश्किल हालात में ही इसका मतलब है फैसला करना।
आम तौर पर, सजा का मतलब बच्चे को ट्रेनिंग देना होता है और इसलिए इसका मतलब है प्यार से किया गया काम, गुस्से से नहीं। आम तौर पर सजा का मतलब बच्चे को प्यार से सिखाना, सुधारना और सज़ा देना होता है, और सिर्फ़ बहुत ज़्यादा हालात में ही इसका मतलब जजमेंट देना होता है।

इब्रानियों 12 में प्रभु की सज़ा का मकसद बताया गया है, जो हमें पवित्रता और नेकी की ट्रेनिंग देना है। तो अब, हमारे शुरुआती सवाल पर वापस आते हैं: क्या दुनिया में रहने वाले माता-पिता अपने बच्चों को सही काम करना सिखाने के लिए बीमारी और रोग का इस्तेमाल करेंगे? नहीं! फिर

भी, हमारे परमेश्वर जो बहुत बड़े पिता हैं, हमेशा प्यार करने वाले स्वर्गीय पिता, अपने बच्चों को रोज़मर्रा की ज़िंदगी में सज़ा देने के लिए बीमार नहीं करेंगे। उनके साथ रोज़मर्रा की ज़िंदगी में, परमेश्वर अपने वचन, अपनी आत्मा और दूसरे विश्वासियों के साथ का इस्तेमाल करके हमारी ज़िंदगी में अपनी सज़ा लाएंगे।

हमने इस चैप्टर में पहले कोरिंथियन चर्च के बारे में बात की है, जहाँ वे पूरी तरह से गलत थे और उन्होंने प्रभु की मेज़ का अपमान किया, इसे पवित्र हिस्सा लेने के बजाय एक दावत बना दिया। उनके मामले में जो हुआ वह यह था कि बात न मानने की वजह से, वे ठीक होने, सेहत और पूरी तरह ठीक होने के चाहे गए आशीर्वाद से चूक गए और इसके बजाय खुद को कमज़ोरी, बीमारी और मौत के लिए कमज़ोर बना लिया। परमेश्वर ने इन चीज़ों को अपने दिव्य अनुशासन के हिस्से के तौर पर होने दिया ताकि वे प्रभु की मेज़ पर सही तरीके से वापस आ सकें। हालाँकि, यह विश्वासियों के तौर पर उनके लिए प्रभु का आम अनुशासन नहीं था, बल्कि ईश्वर के फैसले का मामला था। पवित्र शास्त्र में परमेश्वर के स्वभाव और यीशु मसीह के रूप में परमेश्वर के काम के बारे में जो कुछ भी बताया गया है, उसे देखते हुए, एक विश्वासी जो प्रभु के साथ चल रहा है, उसके लिए यह कहना गलत होगा कि प्रभु उसे किसी बीमारी से सज़ा दे रहे हैं।

क्या आस्था और चिकित्सा को मिलाना ठीक है?

राजा हिजकियाह और टिमोथी के उदाहरणों को देखने के बाद, हमारा मानना है कि विश्वास और दवा को मिलाने में कुछ भी गलत नहीं है। भगवान ने हमें ज्ञान, टेक्नोलॉजी और प्राकृतिक संसाधनों के साधन दिए हैं जिनका इस्तेमाल हमें उनके मकसद और उनकी महिमा के लिए करना है। हम जानते हैं कि लोगों को ठीक करना और उन्हें अच्छा बनाना भगवान

का मकसद है। हम जानते हैं कि जब लोग ठीक होते हैं तो भगवान की महिमा होती है। इसलिए हम इलाज करने के लिए भगवान द्वारा दिए गए साधनों का इस्तेमाल करने में हिचकिचाते नहीं हैं।

जब हम दवा देते हैं या मेडिकल मदद लेते हैं, तब भी हमारी नज़र भगवान पर होती है कि वे हमें ठीक करें और इलाज करें। हमारा विश्वास उनके वचन और उनकी शक्ति पर है क्योंकि इलाज आखिरकार उन्हीं से आता है।

क्या अपनी सेहत का ध्यान रखना अविश्वास की निशानी है?

इपफ्रॉडिटस से हम जो सबक सीख सकते हैं, उनमें से एक यह है कि जब हम प्रभु और उनके लोगों की सेवा में ईसाई सेवा में अपना काम करते हैं, तो हमें ज़िम्मेदार भी रहना चाहिए और अपनी सेहत का ध्यान रखना चाहिए। नहीं तो, हम अपने शरीर को नज़रअंदाज़ कर सकते हैं और हमें दिया गया काम पूरा किए बिना ही समय से पहले मरने का खतरा रहता है। जब हम अपनी ज़िम्मेदारी के तौर पर इलाज, पूरी सेहत और सेहत के लिए प्रभु की ओर देखते हैं, तो हमारे लिए अपनी सेहत का ध्यान रखना भी ज़रूरी है। अच्छी सेहत बनाए रखने के लिए हमें वह करना चाहिए जो हमारे पास है और जो हमारे पास है। उदाहरण के लिए, हममें से कुछ लोग रेगुलर (जैसे सालाना) हेल्थ चेक-अप करवा सकते हैं, अपनी डाइट पर ध्यान दे सकते हैं, एक्सरसाइज़ कर सकते हैं, वगैरह। जहाँ ज़रूरी हो, डॉक्टरों के बताए गए बचाव के तरीके अपनाएँ। ये अविश्वास की निशानी नहीं बल्कि अच्छी देखभाल का सबूत होंगे। इलाज और सेहत के लिए हमारा विश्वास प्रभु पर बना रहता है।

उपचार सेवा पर व्यावहारिक दिशानिर्देश

चंगाई करने के तरीके

ऐसे कई तरीके हैं जिनसे हम किसी बीमार व्यक्ति की सेवा कर सकते हैं। ऐसा कोई तय तरीका या प्रोसेस नहीं है जिसे हमें हर बार इस्तेमाल करना पड़े। हम जो करने की कोशिश करते हैं, वह यह है कि हम पवित्र शास्त्र में बताए गए इलाज के अलग-अलग तरीकों से परिचित हों। जानें कि पवित्र शास्त्र में पहले से बताए गए तरीकों से कैसे सेवा करें। किसी भी समय, किसी भी तरह से सेवा करने के लिए तैयार रहें। फिर प्रभु के प्रति संवेदनशील रहें और इलाज करने के लिए, जो भी तरीका आपको अपने दिल में सही लगे, उसका इस्तेमाल करें।
याद रखें, हीलिंग तरीके में नहीं, बल्कि इंसान में होती है। जीसस हीलर हैं। हीलिंग इसलिए नहीं होती कि हमने सब कुछ सही किया। हीलिंग इसलिए होती है क्योंकि उनकी शक्ति बीमार इंसान में बहती है और उसे ठीक करती है।

ध्यान रखें कि ये बातें सिर्फ़ इक्विपमेंटिंग के नज़रिए से बताई गई हैं, इन्हें इस तरह से अलग या बांटा नहीं जाना चाहिए कि अगर हम एक तरीका इस्तेमाल कर रहे हैं, तो हमें उसे दूसरे तरीकों के साथ नहीं मिलाना चाहिए। असल में, मिनिस्ट्री के दौरान हम आम तौर पर हीलिंग मिनिस्ट्री के लिए इन तरीकों को मिलाकर इस्तेमाल करते हैं।

यह भी ध्यान रखें कि भले ही हम यहाँ खास तौर पर फिजिकल हीलिंग पर बात कर रहे हैं, लेकिन असल में, ऐसे हालात होंगे जब हम फिजिकल हीलिंग, छुटकारा और अंदर की हीलिंग, सब एक साथ करेंगे। यहाँ भी, कोई खास ऑर्डर नहीं है कि हर एक को किस तरह से दिया जाना चाहिए। कभी-कभी, हम छुटकारा से शुरू कर सकते हैं, फिर फिजिकल हीलिंग और फिर अंदर की हीलिंग कर सकते हैं। दूसरी बार भगवान हमें अलग तरह से गाइड कर सकते हैं। यह भी ध्यान रखें कि जब हम

फिजिकल हीलिंग कर रहे होते हैं, तो उसी समय भगवान किसी इंसान की ज़िंदगी में छुटकारा और अंदर की हीलिंग भी कर रहे होते हैं। जब कोई इंसान भगवान का टच महसूस कर रहा होता है, तो हमें हमेशा यह पता नहीं चल पाता कि उसके साथ क्या हो रहा है।
हम यहाँ पवित्र शास्त्र में बताए गए तरीके से ठीक होने/ठीक होने के कई तरीके बता रहे हैं।

ईश्वर में व्यक्तिगत विश्वास के माध्यम से

परमेश्वर ने कहा है कि उनका वचन हमारे पूरे शरीर के लिए दवा है (नीतिवचन 4:20-22)। इसलिए कोई भी परमेश्वर के वचन पर ध्यान लगाकर और उनके वचन से पैदा हुए विश्वास का इस्तेमाल करके ठीक हो सकता है (रोमियों 10:17)। जब विश्वास उस वचन के साथ मिल जाता है जिसे हम पाते हैं, तो परमेश्वर की शक्ति ठीक होने का चमत्कार करने के लिए निकलती है।

विश्वास का नियम बस इतना कहा गया है कि "तुम्हारे विश्वास के अनुसार तुम्हारे लिए हो" (मैथ्यू 9:29)। जब हम अपने दिल में जो विश्वास है, उसे ज़ाहिर करते हैं, तो हमें हमेशा मिलता है। यह एक ऐसा नियम है जिसे परमेश्वर ने बनाया है।

आप खुद को ठीक करने के लिए भगवान पर भरोसा कर सकते हैं। उदाहरण: खून बहने वाली औरत (मैथ्यू 9:22), दो अंधे आदमी (मैथ्यू 9:22-30), दस कोढ़ियों में से एक (ल्यूक 17:11-19), जेरिको के बाहर अंधा आदमी (ल्यूक 18:35-42)।
ईश्वर में आस्था कई तरीकों से ज़ाहिर की जा सकती है:

1. विश्वास करना और बोलना (मैथ्यू 17:20, मार्क 11:23, रोमियों 10:9,10)। हम अपने दिल से विश्वास करते हैं और

अपने मुँह से कबूल करते हैं। यह विश्वास दिखाने का एक तरीका है।

2. अपने विश्वास पर विश्वास करना और उसके अनुसार काम करना। दूसरों के लिए विश्वास का अभ्यास करना हम किसी और के ठीक होने के लिए भगवान पर भरोसा कर सकते हैं। उदाहरण: रोमन सूबेदार ने अपने नौकर के लिए (मैथ्यू 8:10-13), कनानी औरत ने अपनी बेटी के लिए (मैथ्यू 15:28), पीटर और जॉन ने मंदिर के गेट पर लंगड़े आदमी के लिए (प्रेरितों 3:16)। भगवान में आपसी विश्वास तब हो सकता है जब दो या दो से ज़्यादा लोग एक साथ विश्वास करते हैं। उदाहरण: चार दोस्त और उनका लकवाग्रस्त दोस्त (मैथ्यू 9:2), एल्डर्स का एक ग्रुप विश्वास की प्रार्थना कर रहा है (जेम्स 5:14-15)। हम किसी और के लिए भी भगवान में एक साथ विश्वास रख सकते हैं, जहाँ बहुत सारे लोग एक साथ चमत्कार के लिए विश्वास करते हैं। उदाहरण: जब पॉल को पत्थर मारकर मरने के लिए छोड़ दिया गया, तो चेले उसके चारों ओर इकट्ठा हो गए (प्रेरितों 14:19-20)। सहमति की प्रार्थना के माध्यम से मत्ती 18:18-20 18 "मैं तुमसे सच कहता हूँ, जो कुछ तुम धरती पर बाँधोगे, वह स्वर्ग में भी बाँधा जाएगा, और जो कुछ तुम धरती पर खोलोगे, वह स्वर्ग में भी खोला जाएगा। 19 "मैं तुमसे फिर कहता हूँ कि अगर तुम में से दो लोग धरती पर किसी भी बात पर राज़ी हों, तो वह मेरे पिता स्वर्ग में उनके लिए कर देंगे। 20 क्योंकि जहाँ दो या तीन मेरे नाम पर इकट्ठा होते हैं, मैं उनके बीच में होता हूँ।" कई बार, जब हम किसी ग्रुप में सेवा कर रहे होते हैं, तो हम शैतान जो कर रहा है उसे रोकने के लिए प्रार्थना कर सकते हैं और/या अधिकार का इस्तेमाल कर सकते हैं। दुश्मन ने उस पर जो कुछ भी थोपा है, उससे इंसान को आज़ाद करें। हम ऐसा एक राय होकर करते हैं, साथ ही अपने

विश्वास को भी आज़ाद करते हैं और भगवान के दिए अधिकार का इस्तेमाल करते हैं। एक राय में ताकत होती है और इसका असर बहुत ज़्यादा होता है।

विश्वास की प्रार्थना के माध्यम से

याकूब 5:14,15 14 *क्या तुम में कोई बीमार है? वह चर्च के बुज़ुर्गों को बुलाए, और वे उसके लिए प्रार्थना करें, और प्रभु के नाम से उस पर तेल मलें। 15 और विश्वास की प्रार्थना बीमार को बचाएगी, और प्रभु उसे उठाएगा। और अगर उसने पाप किए हैं, तो उसे माफ़ कर दिया जाएगा।*

मत्ती 21:22 *और जो कुछ तुम प्रार्थना में विश्वास से मांगोगे वह तुम्हें मिलेगा।"*

यूहन्ना 14:14 अगर तुम मेरे नाम से कुछ भी मांगोगे तो मैं उसे करूंगा।

प्रेरितों 28:8 और ऐसा हुआ कि पब्लियस का पिता बुखार और पेचिश से बीमार था। पौलुस उसके पास गया और प्रार्थना की, और उसने उस पर हाथ रखकर उसे ठीक कर दिया।

जेम्स में पवित्र शास्त्र के एक हिस्से में चर्च के बड़ों (आध्यात्मिक नेताओं) से बीमार व्यक्ति के लिए विश्वास की प्रार्थना करने के लिए कहा गया है। यह प्रभु यीशु के नाम पर और तेल लगाकर किया जाता है।

सभी विश्वासी किसी के ठीक होने के लिए विश्वास की प्रार्थना कर सकते हैं। इसलिए हमें विश्वास की प्रार्थना सिर्फ़ बड़ों तक ही सीमित नहीं रखनी चाहिए। ठीक होना इसलिए होता है क्योंकि हम प्रभु यीशु मसीह के नाम पर विश्वास की प्रार्थना करते हैं।

एक आदेश के माध्यम से

मत्ती 8:16 *जब शाम हुई, तो वे बहुत से लोगों को उसके पास लाए जिनमें दुष्टात्माएँ थीं। और उसने एक शब्द से आत्माओं को निकाल दिया, और सभी बीमारों को ठीक कर दिया।*

लूका 4:38,39 *38 तब वह सभा-घर से उठकर शमौन के घर में गया। लेकिन शमौन की पत्नी की माँ को तेज़ बुखार था, और उन्होंने उससे उसके बारे में पूछा। 39 तो वह उसके पास खड़ा हुआ और बुखार को डांटा, और वह उतर गया। और वह तुरंत उठी और उनकी सेवा की।*

मत्ती 17:20 *तो यीशु ने उनसे कहा, "तुम्हारे अविश्वास की वजह से; क्योंकि मैं तुमसे सच कहता हूँ, अगर तुम्हारा विश्वास राई के दाने के बराबर भी हो, तो तुम इस पहाड़ से कहोगे, 'यहाँ से वहाँ चला जा,' और वह चला जाएगा; और तुम्हारे लिए कुछ भी नामुमकिन नहीं होगा।*

जैसा हम यीशु को करते हुए देखते हैं, हम बीमारी या बुरी आत्मा को आदेश देते हैं कि वह चली जाए। यीशु ने बुखार को डांटा और वह चला गया। इसी तरह, हम बीमारी या बीमारी को डांटते हैं और उसे यीशु के पवित्र नाम से जाने का आदेश देते हैं। हम यह अपने दिल में विश्वास के साथ करते हैं। यीशु ने कहा कि अगर हममें विश्वास है और हम पहाड़ से बात करके उसे हिलने का आदेश देते हैं, तो वह हिल जाएगा, और कुछ भी नामुमकिन नहीं होगा। हम बीमारी या रोग को डांटते हुए आदेश तब भी दे सकते हैं जब वह व्यक्ति हमारे सामने हो या तब भी जब वह व्यक्ति भौगोलिक रूप से किसी दूसरी जगह पर हो। आत्मा के दायरे में सच में कोई "दूरी" नहीं होती।

हाथ रखने के ज़रिए (तेल से अभिषेक करके, हुक्म देकर)

मत्ती 8:3 तब यीशु ने अपना हाथ बढ़ाकर उसे छुआ और कहा, "मैं तैयार हूँ; शुद्ध हो जाओ।" तुरंत उसका कोढ़ ठीक हो गया।
मत्ती 8:15 तो उसने उसका हाथ छुआ, और उसका बुखार उतर गया। और वह उठी और उनकी सेवा करने लगी।
मत्ती 9:29 फिर उसने उनकी आँखें छूते हुए कहा, "तुम्हारे विश्वास के अनुसार तुम्हारे लिए हो।"
मत्ती 20:34 इसलिए यीशु को दया आई और उसने उनकी आँखों को छुआ। और तुरंत उनकी आँखें देखने लगीं, और वे उसके पीछे हो लिए।
मरकुस 6:12-13 12 इसलिए वे बाहर गए और प्रचार किया कि लोगों को माफ़ी मांगनी चाहिए। 13 और उन्होंने बहुत से दुष्टात्माओं को निकाला, और बहुत से बीमारों पर तेल मलकर उन्हें ठीक किया।
मरकुस 7:32-35 32 फिर वे उसके पास एक बहरे आदमी को लाए जो ठीक से बोल नहीं पाता था, और उससे गुज़ारिश की कि वह उस पर हाथ रखे। 33 और वह उसे भीड़ से अलग ले गया, और अपनी उंगलियाँ उसके कानों में डालीं, और थूका और उसकी ज़बान को छुआ। 34 फिर, स्वर्ग की ओर देखकर, उसने आह भरी, और उससे कहा, "इफ्फथा," यानी, "खुल जा।" 35 तुरंत उसके कान खुल गए, और उसकी ज़बान की रुकावट खुल गई, और वह साफ़-साफ़ बोलने लगा।
लूका 4:40 जब सूरज डूब रहा था, तो जिन लोगों के अपने बीमार थे, वे सब उन्हें उसके पास ले आए; और उसने उनमें से हर एक पर हाथ रखकर उन्हें ठीक किया।
लूका 13:13 और उसने उस पर हाथ रखे, और वह तुरंत सीधी हो गई, और परमेश्वर की बड़ाई करने लगी।
मरकुस 16:17,18 17 और जो लोग विश्वास करेंगे, उनमें ये निशानियाँ होंगी: मेरे नाम से वे दुष्टात्माओं को निकालेंगे; वे नई-नई भाषाएँ बोलेंगे; 18 वे साँपों को उठा लेंगे; और अगर वे कोई जानलेवा

चीज़ भी पी लें, तो भी उन्हें कोई नुकसान नहीं होगा; वे बीमारों पर हाथ रखेंगे, और वे ठीक हो जाएँगे।"

हाथ रखकर बीमारों को ठीक करना, सेवा करने का एक आम तरीका है। हम बीमार व्यक्ति पर हाथ रखते हैं और यीशु के शक्तिशाली नाम में बीमारी को जाने का आदेश देते हैं। हम उम्मीद करते हैं कि हाथ रखने से पवित्र आत्मा की शक्ति काम करेगी।

हाथ रखकर उपचार कई तरीकों से किया जा सकता है, जैसे:

1 यीशु के नाम पर विश्वास की प्रार्थना के साथ हाथ रखना
2 यीशु के नाम पर हाथ रखना और आज्ञा देना
3 विश्वास की प्रार्थना के साथ हाथ रखना और तेल से अभिषेक करना
4 प्रभु के नाम पर हाथ रखना और तेल लगाना (ज़रूरी नहीं कि बोलकर प्रार्थना की जाए) जब लोगों पर हाथ रखकर सेवा की जाती है, तो वे आत्मा में "मारे" जा सकते हैं या नहीं भी। जब लोगों पर हाथ रखे जाते हैं, तो उनके लिए "शक्ति के नीचे गिरना" ज़रूरी नहीं है। अगर ऐसा होता है तो ठीक है। अगर ऐसा नहीं होता है, तो हमें ज़्यादा चिंता नहीं है। आम तौर पर, हम शरीर के उस हिस्से पर हाथ रखते हैं जहाँ हीलिंग करनी होती है। यह आम बात है, हालाँकि यह ज़रूरी नहीं है। कभी-कभी, जब कोई आदमी किसी औरत की सेवा कर रहा होता है, तो हम उस औरत से कह सकते हैं कि वह अपने शरीर के उस हिस्से पर हाथ रखे जो प्रभावित है, जबकि आदमी अपना हाथ उस औरत के सिर पर रखता है।
5 जब बीमार आपको छूते हैं मत्ती 9:20 और अचानक, एक औरत जिसे बारह साल से ब्लीडिंग हो रही थी, पीछे से आई और उसके कपड़े का किनारा छू लिया।

मत्ती 14:36 और उससे विनती की कि उन्हें उसके कपड़े का किनारा ही छूने दिया जाए। और जितने लोगों ने उसे छुआ, वे पूरी तरह ठीक हो गए। कई बार लोग विश्वास के साथ हम तक पहुँचते हैं और हमें छूते हैं। उनका छूना उनके विश्वास का काम है और भगवान की शक्ति के साथ उनका संपर्क है। ऐसा करने से भगवान उनके विश्वास का सम्मान करते हैं और उन्हें ठीक होने का मौका मिलता है।

विश्वास की घोषणा के माध्यम से

मत्ती 8:13 तब यीशु ने सूबेदार से कहा, "जाओ; और जैसा तुमने विश्वास किया है, वैसा ही तुम्हारे लिए हो।" और उसका नौकर उसी घंटे ठीक हो गया।

मत्ती 15:28 तब यीशु ने उत्तर दिया और उससे कहा, "हे स्त्री, तेरा विश्वास बड़ा है! जैसा तू चाहती है, वैसा ही तेरे साथ हो।" और उसकी बेटी उसी समय से ठीक हो गई।

यूहन्ना 4:50 यीशु ने उससे कहा, "जाओ; तुम्हारा बेटा जीवित है।" तब उस आदमी ने यीशु की बात पर विश्वास किया और चला गया।

यूहन्ना 5:8,9 8 यीशु ने उससे कहा, "उठो, अपना बिस्तर उठाओ और चलो।" 9 और वह आदमी तुरंत ठीक हो गया, अपना बिस्तर उठाया और चलने लगा। और वह दिन सब्त का दिन था।

कई बार ऐसा होता है जब प्रभु हमें उस व्यक्ति को बस यह बताने के लिए प्रेरित करते हैं कि ठीक हो गया है। ज़रूरी नहीं कि इसके लिए कोई प्रार्थना या आदेश हो, या इनमें से कुछ भी हो सकता है। हम विश्वास और अधिकार के साथ बताते हैं कि काम हो गया है। भगवान काम करते हैं। वह व्यक्ति देखता है कि ठीक हो गया है।

विश्वास के साथ कार्य करने के द्वारा

मत्ती 9:6,7 6 लेकिन ताकि तुम जान सको कि इंसान के बेटे को धरती पर पाप माफ करने का अधिकार है"—तब उसने लकवे के मारे हुए से कहा, "उठो, अपना बिस्तर उठाओ और अपने घर जाओ।" 7 और वह उठकर अपने घर चला गया।

मत्ती 12:13 फिर उसने उस आदमी से कहा, "अपना हाथ आगे बढ़ाओ।" और उसने अपना हाथ आगे बढ़ाया, और वह दूसरे हाथ की तरह ठीक हो गया।

यूहन्ना 9:7 और उसने उससे कहा, "जाओ, सिलोआम के कुंड में नहा लो" (जिसका मतलब है, भेजा हुआ)। तो वह गया और नहाया, और देखकर वापस आया।

प्रेरितों के काम 3:6-8 6 तब पतरस ने कहा, "मेरे पास चाँदी और सोना तो नहीं है, लेकिन जो मेरे पास है, वह मैं तुम्हें देता हूँ: नासरत के यीशु मसीह के नाम पर, उठो और चलो।" 7 और उसने उसका दाहिना हाथ पकड़कर उसे उठाया, और तुरंत उसके पैरों और टखनों की हड्डियों में ताकत आ गई। 8 तो वह उछलकर खड़ा हो गया और चलने लगा और उनके साथ मंदिर में गया—चलता, कूदता और परमेश्वर की तारीफ़ करता हुआ।

प्रेरितों के काम 14:8-10 8 और लुस्त्रा में एक आदमी बैठा था जिसके पैरों में ताकत नहीं थी, वह अपनी माँ के पेट से ही अपाहिज था, और कभी चला नहीं था। 9 इस आदमी ने पौलुस को बोलते सुना। पौलुस ने उसे ध्यान से देखा और देखा कि उसे ठीक होने का विश्वास है, 10 तो उसने ऊँची आवाज़ में कहा, "अपने पैरों पर सीधा खड़ा हो जाओ!" और वह उछलकर चलने लगा।

कई बार पवित्र आत्मा हमें बीमार व्यक्ति को अपने विश्वास पर काम करने के लिए कह सकती है। यह आमतौर पर उन्हें कुछ ऐसा करने के लिए कहना होता है जो वे अपनी बीमारी के कारण नहीं कर पाते हैं। कभी-कभी हम शुरुआत में उनकी मदद कर सकते हैं जब वे ऐसा करने की कोशिश करते हैं। जैसे ही लोग अपने विश्वास पर काम करना शुरू करते हैं, भगवान की शक्ति उन्हें ठीक कर देती है। वे सीधे अपने इलाज के लिए आगे आते हैं।

जब लोग विश्वास से काम करते हैं

मत्ती 9:20-22 20 और अचानक, एक औरत जिसे बारह साल से खून बह रहा था, पीछे से आई और उसके कपड़े का किनारा छू लिया। 21 क्योंकि वह मन ही मन कह रही थी, "अगर मैं उसके कपड़े को छू लूं, तो ठीक हो जाऊंगी।" 22 लेकिन यीशु ने मुड़कर उसे देखा और कहा, "बेटी, हिम्मत रखो; तुम्हारे विश्वास ने तुम्हें ठीक कर दिया है।" और वह औरत उसी पल ठीक हो गई।

मरकुस 2:3-5 3 फिर वे उसके पास आए और एक लकवाग्रस्त को लाए जिसे चार आदमी उठाकर ले जा रहे थे। 4 और जब वे भीड़ की वजह से उसके पास नहीं आ सके, तो उन्होंने उस छत को खोल दिया जहाँ वह था। और जब वे छत तोड़कर अंदर आए, तो उन्होंने उस बिस्तर को नीचे उतार दिया जिस पर लकवाग्रस्त लेटा हुआ था। 5 जब यीशु ने उनका विश्वास देखा, तो उसने लकवाग्रस्त से कहा, "बेटा, तेरे पाप माफ़ हो गए।"

इसी तरह, लोग बिना कहे भी विश्वास के साथ काम कर सकते हैं। ठीक वैसे ही जैसे खून बहने की बीमारी वाली औरत भीड़ में से निकलकर यीशु के कपड़े का किनारा छूती है। यह उसका विश्वास का काम था। भगवान ने उसका सम्मान किया। वे चार आदमी जो अपने लकवाग्रस्त दोस्त को

यीशु के पास लाए थे, वे अपने विश्वास पर काम कर रहे थे। वे छत पर गए और अपने दोस्त को छत से नीचे उतारा। यीशु ने उनका विश्वास देखा। उनका दोस्त ठीक हो गया। उनका विश्वास का काम उनके और भगवान के बीच की बात है। भगवान उनका दिल देखते हैं और जवाब देते हैं।

आत्मा के उपहारों के माध्यम से

1 कुरिन्थियों 12:7-11 7 लेकिन हर किसी को सबके फ़ायदे के लिए पवित्र आत्मा का ज़ाहिर होना दिया गया है: 8 क्योंकि एक को पवित्र आत्मा के ज़रिए समझ की बातें दी जाती हैं, दूसरे को उसी पवित्र आत्मा के ज़रिए ज्ञान की बातें, 9 दूसरे को उसी पवित्र आत्मा से विश्वास, दूसरे को उसी पवित्र आत्मा से ठीक करने का तोहफ़ा, 10 दूसरे को चमत्कार करने की शक्ति, दूसरे को भविष्यवाणी, दूसरे को आत्माओं को पहचानने की शक्ति, दूसरे को अलग-अलग तरह की भाषाएँ, और तीसरे को भाषाओं का मतलब समझने की शक्ति। 11 लेकिन एक ही पवित्र आत्मा ये सब काम करता है, और हर एक को जैसा चाहता है वैसा अलग-अलग बाँटता है।

इब्रानियों 2:3,4 3 अगर हम इतने बड़े उद्धार को नज़रअंदाज़ करें, जिसके बारे में सबसे पहले प्रभु ने कहा था, और जिन्होंने उसे सुना, उन्होंने हमें इसकी पुष्टि की। 4 तो परमेश्वर ने भी अपनी मर्ज़ी के अनुसार, निशानियों और चमत्कारों, और तरह-तरह के चमत्कारों, और पवित्र आत्मा के तोहफ़ों से गवाही दी।

परमेश्वर आत्मा के वरदानों से ठीक करता है। आम तौर पर यह ठीक करने के वरदानों और ज्ञान की बातों का काम होता है, कभी-कभी चमत्कार और विश्वास के वरदान के साथ। आत्मा के दूसरे वरदान भी

उसी समय काम कर सकते हैं। ठीक करने और छुटकारा दिलाने के समय ज्ञान की बात, आत्मा की पहचान या भविष्यवाणी भी हो सकती है।

लोगों की सेवा करते समय हमें इन चीज़ों को काम में लाने की इच्छा रखनी चाहिए। इन तोहफ़ों को पाने के लिए हमें विश्वास के साथ आगे बढ़ना होगा। यह हमारा काम है। भगवान आमतौर पर विश्वास के साथ आगे बढ़ने की हमारी इच्छा और इच्छा का जवाब देते हैं, और आत्मा के इन तोहफ़ों के किसी भी कॉम्बिनेशन को पाने का काम करते हैं।

कई बार ये तोहफ़े तब मिलते हैं जब किसी को सच में बहुत ज़्यादा विश्वास नहीं होता या कुछ होने की उम्मीद नहीं होती। न तो सेवा करने वाला और न ही जिसकी सेवा की जा रही है, दोनों में ही बहुत ज़्यादा विश्वास होता है, फिर भी तोहफ़ों के काम करने की वजह से ठीक होना, छुटकारा पाना और चमत्कार होते हैं। उदाहरण के लिए, एक अविश्वासी जो किसी मीटिंग में सिर्फ़ एक दर्शक के तौर पर होता है, जिसे प्रभु यीशु मसीह के बारे में कोई जानकारी या विश्वास नहीं है, उसे सेवा के दौरान ठीक होने का एक अद्भुत चमत्कार मिल सकता है, जबकि कोई भी असल में उस व्यक्ति के लिए प्रार्थना या सेवा नहीं कर रहा होता। यह परमेश्वर का एक बड़ा काम होगा जो उस व्यक्ति का ध्यान खींचेगा और उसे मसीह में विश्वास की ओर खींचेगा।

उपचारात्मक अभिषेक के माध्यम से

लूका 5:17 एक दिन ऐसा हुआ कि जब वह सिखा रहा था, तो फरीसी और कानून के शिक्षक वहाँ बैठे थे, जो गलील, यहूदिया और यरूशलेम के हर शहर से आए थे। और प्रभु की शक्ति उन्हें ठीक करने के लिए मौजूद थी।

लूका 6:19 और सारी भीड़ उसे छूना चाहती थी, क्योंकि उसमें से शक्ति निकलकर उन सब को चंगा कर रही थी।

लूका 8:46-47 46 लेकिन यीशु ने कहा, "किसी ने मुझे छुआ है, क्योंकि मैंने महसूस किया कि मुझमें से शक्ति निकल रही है।" 47 जब उस औरत ने देखा कि वह छिपी नहीं है, तो वह कांपती हुई आई; और यीशु के सामने गिरकर, उसने सब लोगों के सामने उसे बताया कि उसने उसे क्यों छुआ था और वह कैसे तुरंत ठीक हो गई थी।

अभिषेक पवित्र आत्मा की मौजूदगी और शक्ति है। अभिषेक किसी व्यक्ति को ताकत दे सकता है या विश्वासियों की एक मंडली (सभा) पर मौजूद रहकर परमेश्वर की शक्ति को ज़ाहिर कर सकता है। प्रभु यीशु ने पवित्र आत्मा की शक्ति से सेवा की (प्रेरितों के काम 10:38)। यही शक्ति सभी विश्वासियों के लिए उपलब्ध है (प्रेरितों के काम 1:8) और इसलिए यह हमसे भी निकल सकती है, जैसे यह यीशु से निकली थी। हीलिंग अभिषेक पवित्र आत्मा की मौजूदगी और शक्ति है जिससे हीलिंग होती है । जब यीशु ने सेवा की, तो लोगों को ठीक करने के लिए प्रभु की शक्ति मौजूद थी। हीलिंग शक्ति (हीलिंग गुण या हीलिंग अभिषेक) उनसे निकली और उन्हें छूने वाले कई लोगों को ठीक किया।

जब हम हीलिंग करते हैं, तो हमें यह चाहना और उम्मीद करनी चाहिए कि पवित्र आत्मा की वही हीलिंग पावर हमारे ज़रिए बहे और बीमारों को ठीक करे। कई बार हम इस हीलिंग पावर के बहाव को पहचान सकते हैं (साफ़ तौर पर महसूस कर सकते हैं)। दूसरे समय हमें कुछ भी महसूस नहीं होता, और फिर भी हम विश्वास से सेवा करते हैं, यह जानते हुए कि पवित्र आत्मा की पावर हमारे ज़रिए निकल रही है।

विशेष अभिषेक के माध्यम से

प्रेरितों के काम 5:12-16 12 और प्रेरितों के हाथों से लोगों के बीच बहुत से निशान और चमत्कार हुए। और वे सब एक साथ सुलैमान के बरामदे में थे। 13 फिर भी बाकी लोगों में से किसी ने भी उनके साथ जाने की हिम्मत नहीं की, बल्कि लोग उन्हें बहुत मानते थे। 14 और प्रभु में विश्वास करने वाले और भी ज़्यादा जुड़ते गए, बहुत सारे आदमी और औरतें, 15 इसलिए वे बीमारों को सड़कों पर ले आए और उन्हें बिस्तरों और खाटों पर लिटा दिया, ताकि कम से कम पतरस के गुज़रने की परछाईं उनमें से कुछ पर पड़ जाए। 16 और आस-पास के शहरों से भी बहुत से लोग यरूशलेम में इकट्ठा हुए, जो बीमार लोगों और बुरी आत्माओं से परेशान लोगों को लाते थे, और वे सब ठीक हो गए।

कई बार ऐसा होता है जब ठीक होने के लिए एक खास अभिषेक हम पर अकेले या पूरी भीड़ पर होता है। जब ऐसा होता है, तो कई अनोखे और अनगिनत चमत्कार अपने आप होने लगते हैं। हमें सेंसिटिव होना चाहिए और इसे पहचानना चाहिए और उस समय पवित्र आत्मा जो करना चाहती है, उसके साथ चलना चाहिए, ताकि लोग छू सकें। हमें ऐसे समय में आत्मा के काम को रोकना नहीं चाहिए क्योंकि भगवान जानबूझकर किसी वजह से यह खास अभिषेक दे रहे हैं।

एक "हीलिंग का माहौल," जहाँ हीलिंग का अभिषेक किसी सभा के आध्यात्मिक माहौल को भर दे, प्रार्थना, पूजा, बहुत ज़्यादा विश्वास और उम्मीद से बनाया जा सकता है। हालाँकि हीलिंग का माहौल बनाना मददगार और अच्छा होता है, लेकिन यह हमेशा मुमकिन नहीं हो सकता, क्योंकि यीशु की तरह, हमें भी मुश्किल माहौल में सेवा करनी पड़ सकती है। भगवान माहौल कैसा भी हो, ताकत से काम कर सकते हैं और

इसलिए हमें हमेशा भगवान की आत्मा के प्रति खुले और संवेदनशील रहना चाहिए।

पश्चाताप और पाप के त्याग के माध्यम से

यूहन्ना 5:14 बाद में यीशु ने उसे मंदिर में पाया और उससे कहा, "देख, तू ठीक हो गया है। अब और पाप मत कर, नहीं तो कोई और बुरी बात तुझ पर आ पड़ेगी।"

यूहन्ना 9:1-3 1 जब यीशु वहाँ से गुज़र रहे थे, तो उन्होंने एक आदमी को देखा जो जन्म से अंधा था। 2 और उनके चेलों ने उनसे पूछा, "रब्बी, किसने पाप किया था, इस आदमी ने या इसके माता-पिता ने, कि यह अंधा पैदा हुआ?" 3 यीशु ने जवाब दिया, "न तो इस आदमी ने पाप किया था, न इसके माता-पिता ने, बल्कि इसलिए कि परमेश्वर के काम उसमें प्रकट हों।

सभी बीमारियाँ किसी व्यक्ति के निजी पाप की निशानी नहीं होतीं, जैसा कि जॉन 9 में जन्म से अंधे आदमी के मामले में देखा गया। हालाँकि, यह हो सकता है कि व्यक्ति के जीवन में कोई पाप हो जिसने शारीरिक बीमारी का रास्ता खोल दिया हो। यह हो सकता है कि जॉन 5 में अपाहिज आदमी किसी खास पाप की वजह से उस अपाहिज हालत में आया हो। जब प्रभु ने उसे ठीक किया और फिर उसे चेतावनी दी, "अब और पाप मत करो, नहीं तो तुम पर इससे भी बुरी बात आ जाएगी," तो वह समझ गया कि इसका क्या मतलब है। ऐसा नहीं था कि वह कभी "पाप" नहीं करेगा, बल्कि यीशु उस पाप (या पापों) की बात कर रहे थे जिसने उसे पहली बार उस अपाहिज हालत में पहुँचाया था। सोचिए कि क्या होता अगर जॉन 5 में ठीक हुआ अपाहिज आदमी जाकर पाप करता। जैसा कि यीशु ने कहा, "कोई और बुरी बात" उसे परेशान कर

सकती थी। उसे ठीक होने और फिर से ठीक होने के लिए पछतावा करने और उस पाप को छोड़ने की ज़रूरत होगी।

जब हम ठीक करने की सेवा करते हैं, तो प्रभु हमें सबसे पहले उस व्यक्ति के जीवन में पाप से निपटने के लिए कह सकते हैं जिसकी सेवा की जा रही है। फिर हम उस व्यक्ति के साथ प्यार से इस बारे में बात करते हैं और उसे पछतावा करने और उस पाप से जुड़ी चीज़ों को छोड़ने के लिए प्रेरित करते हैं। उस व्यक्ति के मन में माफ़ न करने, नफ़रत, गुस्सा और दिल की दूसरी गलत आदतें हो सकती हैं, जिन्हें छोड़ने की ज़रूरत है। आम तौर पर हम उस व्यक्ति को लाइफस्टाइल पैटर्न, पापी आदतें, बुरी आत्माओं के प्रति समर्पण, शैतानी शक्तियों से संबंध खत्म करने और दरवाज़े/एंट्री पॉइंट बंद करने के लिए प्रेरित करते हैं।

उद्धार के माध्यम से

मत्ती 9:32,33 32 जब वे बाहर जा रहे थे, तो देखो, वे एक गूंगे आदमी को उसके पास लाए, जिसमें दुष्टात्मा थी। 33 और जब दुष्टात्मा निकाल दी गई, तो गूंगा बोलने लगा। और भीड़ हैरान होकर कहने लगी, "इस्राएल में ऐसा कभी नहीं देखा गया!"
मत्ती 12:22 फिर एक आदमी को उसके पास लाया गया जिसमें दुष्टात्मा थी, वह अंधा और गूंगा था; और उसने उसे ठीक किया, जिससे वह अंधा और गूंगा आदमी बोलने और देखने लगा।
लूका 13:11-13 11 और देखो, वहाँ एक औरत थी जिसे अठारह साल से कमज़ोरी की बुरी आत्मा थी, और वह झुकी हुई थी और किसी तरह उठ नहीं सकती थी। 12 लेकिन जब यीशु ने उसे देखा, तो उसे अपने पास बुलाया और उससे कहा, "औरत, तुम अपनी कमज़ोरी से आज़ाद हो गई हो।" 13 और उसने उस पर हाथ रखे, और वह तुरंत सीधी हो गई, और परमेश्वर की बड़ाई करने लगी।

ध्यान दें कि ऊपर दिए गए मामलों में हम देखते हैं कि अंधापन, बहरापन, गूंगापन और पीठ का कुबड़ापन शैतानों की वजह से होता है । इसका मतलब यह नहीं है कि हर अंधापन, बहरापन, गूंगापन या पीठ की समस्या किसी कमज़ोर आत्मा की वजह से होती है। कुछ अंधापन एक्सीडेंट या दूसरी वजहों से हो सकता है। हम भगवान की आत्मा की सुनने और उनके बताए रास्ते पर चलने की कोशिश करते हैं। जब हमें पक्का नहीं होता, तो हम इलाज करने लगते हैं और किसी भी कमज़ोर आत्मा को भी ठीक करते हैं जो मौजूद हो सकती है। कई लाइलाज बीमारियाँ और दूसरी शारीरिक बीमारियाँ जिनका कारण पता नहीं चलता, वे आमतौर पर कमज़ोर आत्मा की ओर इशारा करती हैं जिसे बाहर निकालने की ज़रूरत होती है।

तीनों गॉस्पेल में एक छोटे लड़के का मामला भी दर्ज है जिसे मिर्गी और दौरे पड़ते थे (मैथ्यू 17:14-18 मार्क 9:17-27 ल्यूक 9:37-43)। यह असल में भूत-प्रेत के असर का मामला था जिससे बहरापन, गूंगापन, पागलपन और आत्महत्या की आदत पड़ गई थी।
तो जब जीसस ने उस आत्मा को बाहर निकाला, तो लड़का ठीक हो गया। हम मेडिकली जानते हैं कि मिर्गी एक केमिकल इम्बैलेंस की वजह से होती है जिसके लिए चमत्कार की ज़रूरत होती है। लेकिन कुछ मामलों में अंदर ही अंदर कमज़ोरी की आत्मा भी हो सकती है जिससे निपटने की ज़रूरत होती है।

प्रभु की मेज़ मनाते समय विश्वास के अभ्यास के माध्यम से

1 कुरिन्थियों 11:26 क्योंकि जब भी तुम यह रोटी खाते हो और यह प्याला पीते हो, तो प्रभु के आने तक उसकी मृत्यु का प्रचार करते हो।

हमारे प्रभु यीशु मसीह का क्रॉस हमारी “आज़ादी का ऐलान” है। यह वह जगह है जहाँ पापों की माफ़ी, शरीर और मन के लिए इलाज और पूरी तरह से ठीक होना, और पतन को पलटने के लिए ज़रूरी हर चीज़ दी गई थी। प्रभु यीशु ने जिसे हम “प्रभु का भोज” या “प्रभु की मेज़” कहते हैं, उसे शुरू किया ताकि हम उन्हें याद करने के लिए अक्सर ऐसा कर सकें। हर बार जब हम प्रभु की मेज़ में हिस्सा लेते हैं, तो हम “प्रभु की मौत का ऐलान” करते हैं। हम प्रभु की मेज़ में “प्रभु के शरीर को पहचानते हुए” हिस्सा लेते हैं। हम पहचानते हैं कि मसीह ने क्रॉस पर अपने शरीर में हमारे लिए क्या पूरा किया। प्रभु की मेज़ क्रॉस पर मसीह के पूरे काम और इस बात में हमारे विश्वास का ऐलान या घोषणा है कि वह जी उठे हैं और फिर आएंगे। यह वह समय है जहाँ हम अपने विश्वास को इच्छा और उम्मीद के साथ जोड़ते हैं कि क्रॉस का पूरा आशीर्वाद हमारे जीवन में असली और असरदार हो। हम उम्मीद करते हैं कि पवित्र आत्मा हमारे जीवन के हर हिस्से में मसीह के क्रॉस का पूरा आशीर्वाद लागू करे। हम परमेश्वर की आत्मा को बुलाते हैं कि वह हमारे जीवन में क्रॉस की शक्ति को असरदार बनाए। क्रॉस पर मसीह का काम पवित्र आत्मा की शक्ति से पूरा हुआ (इब्रानियों 9:14)। यही आत्मा हमारे जीवन में क्रॉस की शक्ति और आशीर्वाद को असरदार बनाने के लिए यहाँ है। हर बार जब हम प्रभु की मेज़ में हिस्सा लेते हैं तो हमें इसी उम्मीद के साथ ऐसा करना चाहिए। परमेश्वर हमारे विश्वास का जवाब शक्ति के कामों से देगा (2 थिस्सलुनीकियों 1:11)।

कोरिंथियन इस आशीर्वाद से चूक गए क्योंकि उन्होंने प्रभु की मेज़ में सही तरीके से हिस्सा नहीं लिया। वे इसे दावत और नशे का समय समझ रहे थे। परमेश्वर का आशीर्वाद महसूस करने के बजाय, वे खुद पर सज़ा ले आए और कमज़ोरी, बीमारी और समय से पहले मौत के शिकार हो गए। “क्योंकि जो गलत तरीके से खाता-पीता है, वह प्रभु के शरीर को न पहचानकर अपने लिए सज़ा खाता-पीता है। इसी वजह से तुम में बहुत

से कमज़ोर और बीमार हैं, और बहुत से सो जाते हैं" (1 कोरिंथियन 11:29,30)। प्रभु की मेज़ में जिस तरह से हिस्सा लेना चाहिए था, उससे कमज़ोरी, बीमारी और मौत से बचा जा सकता था।

प्रार्थना के कपड़ों के इस्तेमाल से

प्रेरितों के काम 19:11,12 11 अब परमेश्वर ने पौलुस के हाथों से अनोखे चमत्कार किए, 12 यहाँ तक कि उसके शरीर से रूमाल या अंगोछे बीमारों के पास लाए जाते थे, और बीमारियाँ उनसे दूर हो जाती थीं और बुरी आत्माएँ उनमें से निकल जाती थीं।

हम देखते हैं कि परमेश्वर ने पौलुस के ज़रिए चमत्कार किए, जहाँ पौलुस से बीमार और शैतान से पीड़ित लोगों के लिए रूमाल और एप्रन ले जाए गए, जिससे उन्हें ठीक किया गया और छुटकारा मिला। परमेश्वर आज भी इसी तरीके से काम करता है। इसलिए, जहाँ प्रभु हमें रास्ता दिखाते हैं, हम कपड़े के टुकड़ों पर प्रार्थना कर सकते हैं और उन्हें बीमार लोगों तक पहुँचा सकते हैं। जब इन्हें विश्वास के साथ बीमारों पर रखा जाता है, तो उन्हें ठीक किया जाता है और छुटकारा मिलता है। परमेश्वर दूसरी चीज़ों का भी इस्तेमाल कर सकता है, जैसे तेल, पानी, वगैरह।

कपड़े/चीज़ें/चीज़ें इस्तेमाल करते समय बस एक सावधानी बरतें। कभी-कभी अगर लोगों को सही तरीके से नहीं बताया जाता है, तो वे उस चीज़ को, जिसका इस्तेमाल उन्हें ठीक करने या छुटकारा दिलाने के लिए किया गया था, पूजा की चीज़, ताबीज़ या कोई और सुपरनैचुरल चीज़ बना सकते हैं जो उनका ध्यान खींचे। यह ज़रूरी है कि हम यह साफ़ कर दें कि यह प्रभु यीशु हैं जो ठीक करते हैं और उस चीज़ का इस्तेमाल सिर्फ़ एक कॉन्टैक्ट पॉइंट के तौर पर किया जाता है। प्रभु उस चीज़ के इस्तेमाल के बिना भी ठीक कर सकते हैं।

अन्य असामान्य तरीकों से

हालांकि हमने ठीक करने के कुछ तरीकों को लिस्ट करने की कोशिश की है, लेकिन कृपया ध्यान रखें कि यह पूरी लिस्ट नहीं है। प्रभु दूसरे अनोखे, असामान्य तरीकों का इस्तेमाल कर सकते हैं और हमें उनके लिए खुले रहना चाहिए। इस बात पर गौर करें कि प्रभु यीशु ने भी कुछ मामलों में कुछ अनोखे तरीकों से सेवा की। एक बार जब वह एक बहरे और गूंगे व्यक्ति की सेवा कर रहे थे, तो प्रभु यीशु ने उस व्यक्ति के कानों में अपनी उंगलियां डालीं, फिर थूका और अपने थूक से उस आदमी की जीभ को छुआ और वह आदमी सुन भी पाया और बोल भी पाया (मरकुस 7:32-25)। एक और अंधे आदमी के लिए, यीशु ने उसकी आंखों पर थूका और उस पर हाथ रखे, और अंधे आदमी ने देखा (मरकुस 8:22-26)। एक और अंधे आदमी के लिए, यीशु ने जमीन पर थूका और अपनी लार से मिट्टी बनाई, उस मिट्टी को अंधे आदमी की आंखों पर लगाया और उससे कहा, "जाओ, सिलोम के कुंड में नहा लो" और यह अंधा आदमी ठीक हो गया (यूहन्ना 9:6,7)। प्रेरितों के काम की किताब में, हम पढ़ते हैं कि परमेश्वर ने ठीक करने के लिए पतरस की परछाई का इस्तेमाल किया।

इसलिए हमें प्रभु के निर्देशों के लिए खुले रहना चाहिए और अगर वह हमें ऐसा करने के लिए कहते हैं, तो अनोखे तरीकों से सेवा करनी चाहिए। लेकिन, किसी ऐसी चीज़ को रूटीन न बनाएं जिसे प्रभु ने आपको किसी खास स्थिति में इस्तेमाल करने के लिए कहा है। उनके बताए रास्ते पर चलते रहें। यहां हमारा मकसद किसी नए तरीके को बढ़ावा देना या ठीक करने के किसी अनोखे तरीके में अपनी पहचान बनाना नहीं है। हमारा मकसद लोगों को ठीक करना और सभी चीज़ों में प्रभु की महिमा करना है।

चंगाई की सेवा करना—एक-एक करके

जब आप किसी व्यक्ति को पर्सनली हीलिंग देते हैं, तो हो सके तो वचन की सेवा के ज़रिए उस व्यक्ति का विश्वास बनाने के लिए समय निकालें। हमारी हीलिंग और छुटकारा पाने का आधार शेयर करें। फिर हम ऊपर बताए गए किसी भी तरीके का इस्तेमाल करके, जैसा सही हो, सेवा करते हैं। हम हीलिंग और चमत्कार करने के तोहफ़ों के बहाव की इच्छा रखते हैं और उसे चाहते हैं। अगले चैप्टर में, हम वन ऑन वन हीलिंग सेवा करने का एक आसान और सरल तरीका सीखेंगे।

एक बड़ी सभा में चंगाई सेवा करना

वैसे तो बड़ी भीड़ में हीलिंग मिनिस्ट्री करते समय कोई तय फ़ॉर्मैट या फ्लो नहीं होता, लेकिन बड़ी जगह पर मिनिस्ट्री करने के कुछ आम तरीके ये हैं। हमारा आम तरीका है कि जब भी हो सके, लोगों के दिलों में विश्वास जगाने के लिए वचन का प्रचार करें। फिर हम मिनिस्ट्री कैसे करें, इस बारे में प्रभु की गाइडेंस को मानने की कोशिश करते हैं। कभी-कभी प्रभु हमें हीलिंग प्रेयर लाइन या अल्टर कॉल बुलाने के लिए कह सकते हैं, जहाँ लोग मिनिस्ट्री पाने के लिए आगे आते हैं। कभी-कभी, ज्ञान की बातों से हम खास मामलों को हीलिंग के लिए बुलाते हैं, और फिर बाद में दूसरों के ठीक होने के लिए एक साथ मिनिस्ट्री करते हैं। इसका कोई तय फ़ॉर्मूला नहीं है। ज़रूरी बात यह है कि प्रभु के प्रति सेंसिटिव रहें और उनकी गाइडेंस को मानें। नीचे कुछ आम बातें दी गई हैं जो हम वचन की मिनिस्ट्री के बाद एक साथ हीलिंग मिनिस्ट्री करते समय करते हैं।

हम लोगों से कह सकते हैं कि अगर हो सके तो शरीर के उस हिस्से पर हाथ रखें जिसे ठीक करने की ज़रूरत है। यह उनके विश्वास को दिखाने

और किसी खास चमत्कार के लिए भगवान की ओर देखने में उनकी मदद करने का एक आसान कदम है।
जब हम आम तौर पर मास हीलिंग करते हैं, तो हम सबसे पहले गंदी आत्माओं और बीमार आत्माओं को बाहर निकालते हैं। ये शैतान हैं जो लोगों को उनकी बीमारी में रखते हैं और ठीक होने से रोकते हैं। इसलिए हम मास मुक्ति के समय से गुज़रते हैं। हम प्रभु के प्रति संवेदनशील रहने की कोशिश करते हैं क्योंकि वह आत्माओं को पहचानकर बताते हैं, खास तरह की आत्माएँ जिन्हें डांटने की ज़रूरत है।

फिर हम लोगों को ठीक होने के लिए आदेश देते हैं। इस दौरान हम ज्ञान के शब्दों के लिए प्रभु के प्रति संवेदनशील रहते हैं और उन खास स्थितियों के बारे में बताते हैं जो ठीक हो रही हैं या उन खास स्थितियों के बारे में बताते हैं जिनकी वजह से बीमारी या समस्या हो सकती है। ज्ञान के ये खास शब्द या स्थितियों का विवरण लोगों के दिलों में विश्वास बनाता है और उन्हें उनके ठीक होने का चमत्कार पाने के लिए प्रेरित करता है।

हम पवित्र आत्मा की शक्ति को बुलाते हैं कि वह अपनी हीलिंग पावर (हीलिंग अभिषेक) से उन पर काम करे और हीलिंग और चमत्कार के तोहफ़े जारी करे। एक बार फिर पवित्र आत्मा ठीक होने वाली खास स्थितियों को बता सकता है और हम उन्हें बताते हैं।

फिर हम लोगों को अपनी हीलिंग चेक करने और अपने विश्वास पर चलने के लिए बढ़ावा देते हैं। अक्सर जब लोग अपने शरीर को चेक करना और अपने विश्वास पर चलना शुरू करते हैं, तो हीलिंग के चमत्कार होते हैं। उन्हें पता चलता है कि वे पूरी तरह से ठीक हो गए हैं या पहले से बेहतर हो गए हैं। जिन्हें कुछ सुधार दिखता है, उन्हें शुक्रगुजार होने और पूरी तरह ठीक होने की उम्मीद करने के लिए बढ़ावा दें।

गवाही से विश्वास बढ़ता है। इसलिए अगर हो सके, तो हम लोगों को हिम्मत देते हैं कि वे आकर उन ठीक होने की गवाही शेयर करें जो उसी समय हुई हों और वेरिफाइड हों। ऐसे हालात में जहाँ अकेले गवाही लेना मुमकिन न हो, हम लोगों को हिम्मत देते हैं कि वे हाथ उठाकर या किसी और तरीके से बताएं कि वे ठीक हो गए हैं। यह सच है कि कुछ ऐसी कंडीशन हो सकती हैं जिन्हें सिर्फ़ मेडिकल टेस्ट और जांच से ही वेरिफाई किया जा सकता है। ऐसे मामलों में, लोगों को हिम्मत दें कि वे पहले अपने डॉक्टर के पास जाएं, चीज़ों को वेरिफाई करवाएं और फिर बाद में गवाही दें।

जब आप बड़ी भीड़ में सेवा करते हैं, तो आम तौर पर बिना कबूल किए गए पाप, खुले दरवाज़े वगैरह जैसे निजी मामलों से निपटना मुमकिन नहीं होता। यह पवित्र आत्मा पर छोड़ दें कि वह उस व्यक्ति से जैसा चाहे वैसा निपटे। अगर पवित्र आत्मा कुछ ऐसे पाप या पिछले काम के बारे में बताती है जिनके लिए पछतावा करने और छोड़ने की ज़रूरत है, तो उन्हें बताएं और लोगों को ऐसे मामलों पर प्रार्थना करने के लिए प्रेरित करें। हालांकि, ऐसा किसी खास व्यक्ति को बेइज्जत या सामने लाए बिना करें। हमारा मकसद लोगों को बनाना है, उन्हें खत्म करना नहीं।

उपचार टीमें

लूका 10:1,9 1 इन बातों के बाद प्रभु ने सत्तर और लोगों को भी चुना, और उन्हें दो-दो करके अपने आगे हर शहर और जगह भेजा, जहाँ वह खुद जाने वाला था। 9 और वहाँ बीमारों को ठीक करो, और उनसे कहो, 'परमेश्वर का राज्य तुम्हारे पास आ गया है।'

जब प्रभु यीशु ने अपने शिष्यों को बाहर भेजा, तो उन्होंने उन्हें दो-दो की टीमों में भेजा, और उन्हें परमेश्वर के राज्य का प्रचार करने, बीमारों को ठीक करने और शैतानों को निकालने का काम सौंपा। इस बात को आज

भी मानते हुए, हम जानते हैं कि एक टीम के तौर पर ठीक करने और छुटकारा दिलाने का काम बहुत असरदार है। हम लोकल चर्च में सर्विस के दौरान सेवा करने के लिए हीलिंग टीमें बना सकते हैं या ऐसी हीलिंग टीमें बना सकते हैं जो मॉल, सड़कों, स्कूलों/कॉलेजों और दूसरी जगहों पर जाकर प्रचार कर सकें। हीलिंग टीमें अस्पतालों में या बीमार लोगों के घर जाकर भी सेवा कर सकती हैं। हीलिंग टीमें लोकल चर्च द्वारा फॉर्मल तौर पर बनाई जा सकती हैं या यह कुछ एक जैसी सोच वाले, जोशीले लोगों का अचानक इकट्ठा होना हो सकता है जो खुद को प्रभु के लिए उपलब्ध कराते हैं।

एक हीलिंग टीम के तौर पर सफलतापूर्वक काम करने के लिए यहां कुछ ज़रूरी बातें दी गई हैं:

- असल में, हीलिंग टीम दो या दो से ज़्यादा लोगों से बनी होती है, जिन्हें हीलिंग और मुक्ति दिलाने की ट्रेनिंग दी गई होती है।
- हर बार जब वे सेवा करते हैं तो वे एकता और सहमति से काम करते हैं।
- सेवा करते समय कोई भी नाम या अहमियत नहीं चाहता।
- वे एक-दूसरे को सपोर्ट करते हैं और हिम्मत देते हैं। वे समझते हैं कि जब टीम का हर सदस्य सेवा करने के लिए बाहर निकलता है, तो उसे कितना विश्वास और रिस्क उठाना पड़ता है, और इसलिए वे चुपचाप विश्वास में एक-दूसरे को सपोर्ट करते हैं।
- भगवान के किसी भी चमत्कार या काम का क्रेडिट कोई भी खुद नहीं लेता। सारी महिमा भगवान को दी जाती है।
- टीम के सदस्य एक-दूसरे के साथ और दूसरी हीलिंग टीमों के साथ अपनी कहानियों और सीख (सफलता और गलतियाँ) पर चर्चा करते हैं, ताकि सभी को फ़ायदा हो और वे हीलिंग और मुक्ति की सेवा करना सीख सकें।
- टीम के सदस्य रेगुलर तौर पर प्रार्थना, पूजा और मेलजोल के लिए मिलते हैं, जिससे एकता और आपसी समझ की भावना

बनती है। इससे टीम के सदस्यों को एक-दूसरे को समझने और जब वे सेवा के लिए बाहर जाते हैं तो एक साथ मिलकर काम करने में मदद मिलती है। लोगों को अपने विश्वास का अभ्यास करने के लिए प्रेरित करना लोगों को बाहर निकलकर अपने विश्वास का पालन करने के लिए प्रोत्साहित करने के लिए यहां कुछ आसान गाइडलाइन दी गई हैं :

- इसे आत्मा के ज़रिए करें। पक्का करें कि पवित्र आत्मा आपको उनसे यह बात करने के लिए प्रेरित कर रही है। नहीं तो, पॉज़िटिव हिम्मत दें ताकि वे अपने विश्वास का पालन करते हुए वही करें जो वे करने में सहज महसूस करते हैं।
- घमंड न करें। उदाहरण के लिए—अगर कोई व्यक्ति जो विज़ुअल एड्स (चश्मा या कॉन्टैक्ट लेंस) इस्तेमाल करता है, कहता है कि वह अपनी आस्था के अनुसार काम कर रहा है और घमंड में अपने विज़ुअल एड्स हटा देता है, तो इसके गंभीर नतीजे हो सकते हैं! दूसरी ओर, जब उनकी आँखें ठीक हो जाएँगी, तो चश्मा पहनना उनके लिए बहुत असुविधाजनक होगा। यह उनके विज़ुअल एड्स उतारने का सही समय है।
- इस पल के उत्साह में आकर कोई बेवकूफी भरा काम न करें। समझदारी से काम लें।
- डॉक्टर की जगह न लें। मेडिकल सलाह न दें। लोगों से उनकी दवाएँ या मेडिकल ट्रीटमेंट बंद करने के लिए न कहें। उन्हें अपने डॉक्टर से सलाह लेकर ऐसा करने दें।
- लोगों को सिखाना कि वे अपनी हीलिंग कैसे बनाए रखें अगर किसी इंसान को किसी खास जगह पर हीलिंग टच मिलता है, तो इसका मतलब यह नहीं है कि उसे कभी कोई और बीमारी नहीं होगी या वह बीमारी दोबारा नहीं होगी। लोगों को यह सिखाने की ज़रूरत है कि प्रैक्टिकल तरीकों से और भगवान में विश्वास के ज़रिए हीलिंग कैसे बनाए रखें। लोगों को यह

सीखने की ज़रूरत है कि वचन में कैसे ध्यान करें, भगवान पर अपना विश्वास कैसे बनाएं ताकि वे ठीक होते रहें और सेहतमंद रहें। लोगों को वचन बोलना, विश्वास की अच्छी लड़ाई लड़ना और भगवान पर विश्वास करना सीखना होगा ताकि वे खुद ठीक हो सकें और ठीक रह सकें। इसलिए अगर हो सके, तो लोगों को ऐसा करने के लिए रिसोर्स (किताबें, उपदेश, टीचिंग) और गाइडेंस दें।

इसके अलावा, कुछ बेसिक चीज़ें हैं जो हम सब कर सकते हैं जैसे सही डाइट, आराम और एक्सरसाइज़ जो लगातार हेल्थ के लिए ज़रूरी हैं।

उपचार सेवा के लिए व्यक्तिगत तैयारी

हालांकि भगवान हीलर हैं और उनकी शक्ति ही लोगों को ठीक करती है और बचाती है, लेकिन कुछ चीजें हैं जो हम लोगों को उनकी हीलिंग शक्ति देने में भगवान के साथ अच्छे को-वर्कर बनने के लिए कर सकते हैं। यहां कुछ चीजें आसान रिमाइंडर के तौर पर दी गई हैं:

वचन में बढ़ना

लगातार ध्यान करने से हीलिंग, अभिषेक, चमत्कार, छुटकारा, अधिकार पर वचन हमारे अंदर अच्छी तरह से स्थापित हो। परमेश्वर में हमारा विश्वास मज़बूत होना चाहिए और विश्वास विकसित होने का एक तरीका वचन के ज़रिए है। हमें बीमारी या शैतानी ज़ुल्म की मुश्किलों से डरना नहीं चाहिए जिनका हम सामना करते हैं।

अभिषेक में बढ़ना

हमें पवित्र आत्मा के साथ गहरी बातचीत और सेंसिटिविटी बढ़ानी चाहिए। अलग-अलग भाषाओं में प्रार्थना करना इसे बढ़ाने का एक ज़रूरी हिस्सा है। हम परमेश्वर के दूसरे सेवकों के साथ जुड़कर, देखकर, सीखकर और उनसे पाकर भी अभिषेक में बढ़ते हैं। उनकी मौजूदगी और शक्ति की और ज़्यादा चाहत रखें। आत्मा के तोहफ़ों के काम करने की और ज़्यादा चाहत रखें।

आज्ञाकारिता, प्रार्थना, उपासना और उपवास के ज़रिए आत्मीयता में वृद्धि

आज्ञा मानकर, प्रार्थना, पूजा और उपवास में उनके साथ अकेले समय बिताकर प्रभु के साथ अपने रिश्ते को बढ़ाना।

हृदय की पवित्रता बनाए रखना

हमें अपना दिल साफ़ रखना चाहिए। हमें अपने दिलों को कॉम्पिटिशन, जलन, घमंड और खुद के बारे में गलत सोच से बचाना चाहिए। हमें अपने दिलों को शोहरत, दौलत और ऐसी किसी भी चीज़ के लिए गलत लगाव से बचाना चाहिए जो भगवान को पसंद नहीं है।

बाहर निकलकर विश्वास में वृद्धि

पानी पर चलने का एक ही तरीका है नाव से बाहर निकलना। क्योंकि उसने कहा है और हमें 'आओ' कहा है, तो अब हमारी बारी है बाहर निकलने की। यह विश्वास का कदम है। हमें पिछले अनुभवों से भी नाकामी के डर को दूर करना होगा। अक्सर हमारे मन में यह ख्याल आता है कि "अगर कुछ नहीं हुआ तो क्या होगा"। लेकिन, हम इसे "अगर कुछ हुआ तो क्या होगा" से बदल सकते हैं। जब हमारे मन में शक भर जाता

है, तो हम खुद को हिम्मत देते हैं और कहते हैं "मुझे कुछ होने की उम्मीद है।"

हमेशा परमेश्वर को सारी महिमा देना

भगवान हमारे दिल को देखते हैं। क्या हम सच में उनकी तारीफ़ करते हैं और उन्हें सारी बड़ाई देते हैं या हम कुछ बड़ाई अपने लिए रखते हैं। हमारे पास हर समय ऐसा दिल होना चाहिए जो हर चीज़ के लिए उन्हें सारी तारीफ़, बड़ाई, सम्मान और पूजा दे।

कुछ नुकसान जिनसे बचना चाहिए

झूठे वादे न करें

हम सभी जो सेवा करते हैं, उस जगह पहुँचना चाहते हैं जहाँ हम जिसकी भी सेवा करते हैं, वह ठीक हो जाए। इस लक्ष्य को पाने की कोशिश में और उस लक्ष्य तक पहुँचने के जोश में हम अक्सर ऐसी बातें कह देते हैं जो थोड़ी घमंडी होती हैं। उदाहरण के लिए, अगर हम लोगों की भीड़ के सामने खड़े होकर कहें कि "आज रात सब ठीक हो जाएँगे," तो यह कहना अच्छा हो सकता है, लेकिन असली टेस्ट मीटिंग के आखिर में होता है, जब हम देखते हैं कि सब ठीक हुए या नहीं। अगर नहीं, तो कोई झूठ बोल रहा है! एक ज़्यादा सही बात यह होगी कि "आज रात सब ठीक हो सकते हैं" जो परमेश्वर के वचन पर आधारित एक सच्ची और सही बात है। जब हम सही स्टैंडर्ड की ओर बढ़ रहे हैं, तो हमें इस बात का ध्यान रखना चाहिए कि हम क्या कहते हैं और रास्ते में हम चीज़ें कैसे करते हैं। सिर्फ़ वही कहें जो परमेश्वर ने कहा है।

गिरना या ठीक होना—क्या ज़्यादा ज़रूरी है?

हमारा ध्यान लोगों को ठीक करने पर है, न कि उन्हें ज़मीन पर "गिराने" पर। बदकिस्मती से, हमारे कुछ ईसाई ग्रुप में, हम ऐसे मिनिस्टर देखते हैं जिनमें लोगों को धक्का देने या "भारी हाथ" से नीचे आने की आदत होती है ताकि उन्हें ज़मीन पर गिराया जा सके। जबकि यह देखने वालों को अच्छा लगता है, जैसे कि लोग "आत्मा में मारे जा रहे हैं" या "पावर के नीचे गिर रहे हैं," यह असल में कोई मददगार तरीका नहीं है। आइए हम लोगों को ठीक करने पर ध्यान दें, न कि अच्छा दिखावा करने पर। अगर लोग पवित्र आत्मा की मौजूदगी से अभिभूत होकर नीचे गिर जाते हैं तो यह ठीक है। लेकिन असली परीक्षा तब होती है जब वे ज़मीन से ऊपर आते हैं, क्या वे ठीक हो जाते हैं और छुटकारा पा लेते हैं?

आखिर में, आइए हम खुद को यीशु की सेवा के जैसा बनाएं, जब हम लोगों की सेवा करने के लिए आगे बढ़कर उन्हें ठीक करने और छुटकारा दिलाने का काम करते हैं।

पवित्र आत्मा द्वारा इडा मे को बताए गए सिज़ोफ्रेनिया का सिंथेसिस और आत्मा से कैसे निपटें

सिज़ोफ्रेनिया एक बहुत आम समस्या है। मेंटल बीमारी के फील्ड में कुछ अधिकारियों का अंदाज़ा है कि यूनाइटेड स्टेट्स में लगभग पचास मिलियन लोग किसी न किसी हद तक सिज़ोफ्रेनिया से परेशान हैं, "...अनुमान है कि सरकारी साइकेट्रिक हॉस्पिटल में भर्ती होने वाले लोगों में से लगभग 50% सिज़ोफ्रेनिया से पीड़ित होते हैं, और हर साल 300,000 नए मामले सामने आते हैं।" कुछ मामले गंभीर होते हैं जबकि कुछ काफी हल्के होते हैं, जिनके लिए किसी प्रोफेशनल इलाज की ज़रूरत नहीं होती। सिज़ोफ्रेनिया मेंटल हेल्थ प्रोफेशनल्स के लिए एक

बहुत ही हैरान करने वाली समस्या बनी हुई है। इसका कारण और इलाज अभी भी अनिश्चितता में डूबा हुआ है।

सिज़ोफ्रेनिया या डिमेंशिया प्राइकॉक्स नाम की पर्सनैलिटी में गड़बड़ी, खराबी और टूट-फूट अक्सर मुक्ति दिलाने वाले मंत्री को झेलनी पड़ती है। मुक्ति के लिए हमारे पास आने वाले लगभग हर व्यक्ति में सिज़ोफ्रेनिया पैदा करने वाली शैतानी आत्माओं का नेटवर्क अलग-अलग लेवल पर पाया जाता है। प्रभु ने कृपा करके हमें **इस समस्या पर एक खास खुलासा दिया है, जिससे** हम कई लोगों की पर्सनैलिटी को पूरी तरह से ठीक कर सकते हैं। जब से यह खुलासा मेरी पत्नी, इडा मे को हुआ है, मैंने उनसे इसका बाकी हिस्सा लिखने के लिए कहा है।

स्किज़ोफ्रेनिक रहस्योद्घाटन इडा मे हैमंड

हम एक ऐसे व्यक्ति के साथ छुटकारा दिलाने में बहुत करीब से काम कर रहे थे, जिसमें बार-बार सेवा करने के बाद भी ज़्यादा सुधार नहीं दिखा। यह व्यक्ति छुटकारा पाने के लिए बहुत गंभीर था। वह प्रभु से बहुत प्यार करता था, उसे पूरे दिल से विश्वास था कि छुटकारा ही उसकी समस्याओं का हल है, और वह निराशा में प्रभु को पुकारता था। वह सेवा में पूरी तरह से सहयोग कर रहा था। फिर भी, कुल मिलाकर नतीजे निराशाजनक थे।

बार-बार हमें लगा कि जीत मिल गई है। कुछ दिनों तक उसकी पर्सनैलिटी में स्थिरता के संकेत दिखते, फिर अचानक सब कुछ उथल-पुथल हो जाता। हम वहीं वापस आ जाते जहाँ से हमने शुरू किया था।

फिर एक रात एक बहुत ज़्यादा ज़ोरदार उथल-पुथल के बाद मैं नींद से जागा। भगवान मेरी आत्मा में बोल रहे थे। भगवान ने कहा, "मैं तुम्हें सारा की प्रॉब्लम के बारे में बताना चाहता हूँ। प्रॉब्लम *सिज़ोफ्रेनिया है।* अब,

मुझे इस सब्जेक्ट की जानकारी नहीं थी। कॉलेज में मैंने थोड़ी साइकोलॉजी पढ़ी थी - इतनी कि मैं मैनिक डिप्रेसिव, सिज़ोफ्रेनिया, पैरानोइया, साइकोसिस और न्यूरोसिस जैसे आम शब्दों से परिचित था। मैंने अपनी याददाश्त में झाँका कि सिज़ोफ्रेनिया को कभी-कभी "स्प्लिट पर्सनैलिटी" भी कहा जाता है। भगवान ने मुझे यह डेफिनिशन दी: "सिज़ोफ्रेनिया पर्सनैलिटी के डेवलपमेंट में एक गड़बड़ी, खराबी या टूट-फूट है। अब तुम उसे सारा नहीं बल्कि 'सारा वन' और 'सारा टू' कहोगे, क्योंकि उसमें एक से ज़्यादा पर्सनैलिटी हैं।"
मैं अभी भी बिस्तर पर था - मेरी आँखों में अभी भी नींद थी - जब प्रभु मुझे बताते रहे। उन्होंने मुझे अपने हाथ जोड़ने को कहा, हथेलियाँ एक-दूसरे के सामने और उंगलियाँ कसकर आपस में फँसी हुई। उन्होंने कहा कि यह दिखाता है कि सिज़ोफ्रेनिक नेचर कैसा होता है। हर हाथ सिज़ोफ्रेनिक के अंदर की दोहरी पर्सनैलिटी में से एक को दिखाता है, जिनमें से कोई भी असली नहीं था। वे आपस में कसकर जुड़े हुए थे। प्रभु ने कहा, "तुम्हारे हाथ सिज़ोफ्रेनिया बनाने वाली शैतानी आत्माओं के घोंसले को दिखाते हैं। मैं चाहता हूँ कि तुम जानो कि यह शैतानी है। यह शैतानी आत्माओं का घोंसला है, और वे इस व्यक्ति की ज़िंदगी में तब आए जब वह बहुत, बहुत छोटी थी। मैं तुम्हें दिखाऊँगा कि यह कैसे काम करता है।"

प्रभु ने मुझे अपने हाथों को बहुत धीरे-धीरे अलग करने के लिए कहा। जैसे-जैसे मेरी उंगलियां धीरे-धीरे अलग हो रही थीं, प्रभु ने मुझे दिखाया कि सिज़ोफ्रेनिक में इन शैतानी आत्माओं को अलग करना, बाहर निकालना और छोड़ देना चाहिए। इस प्रोसेस में समय लगता है। किसी व्यक्ति को यह जानकर झटका लगता है कि उसकी पर्सनैलिटी का इतना बड़ा हिस्सा असली नहीं है। उसे यह जानने में डर लग सकता है कि उसकी असली पर्सनैलिटी क्या है। उसे एडजस्ट करने और झूठी शैतानी पर्सनैलिटी से, पॉइंट दर पॉइंट, सहमत होने के लिए समय चाहिए। उसे

सिज़ोफ्रेनिक पर्सनैलिटी से नफ़रत करनी होगी, और उससे सहमत होना होगा। प्रभु ने मुझे आमोस 3:3 याद दिलाया। "दो लोग एक साथ कैसे चल सकते हैं जब तक वे सहमत न हों।"

एक-एक करके मेरी उंगलियां अलग हो गईं, जो शैतानी लोगों को अलग करने का तरीका दिखाता है। (बाद में, हर उंगली को एक शैतानी नाम दिया गया)। अलग होने वाली आखिरी दो उंगलियां हर हाथ की बीच की उंगलियां थीं। भगवान ने दिखाया कि ये उंगलियां स्किज़ोफ्रेनिक *रिजेक्शन* और *रिबेलियन का मूल दिखाती हैं।* जब ये आखिरकार अलग हो जाती हैं तो इंसान खुद को ठीक मान सकता है - आज़ाद हो गया है और जान गया है कि असली मैं कौन है।

कंट्रोल करने वाले शैतान को "स्किज़ोफ्रेनिया" या "डबल माइंडेडनेस" कहा जाता है। बाइबिल कहती है, "डबल माइंडेड आदमी अपने सभी कामों में अस्थिर रहता है" (जेम्स 1:8)। यह स्किज़ोफ्रेनिक का पवित्र नाम है। एम्प्लीफाइड ट्रांसलेशन कहता है:
[क्योंकि वह जैसा है] दोहरी सोच वाला आदमी- झिझकने वाला, शंकालु, अनिश्चित - [वह] अस्थिर और अविश्वसनीय है और हर चीज के बारे में अनिश्चित है (वह सोचता है, महसूस करता है, निर्णय लेता है)।

"दो दिमाग" का मतलब एक मिले-जुले ग्रीक शब्द से आया है जिसका मतलब है "दो आत्माएं"। इस खुलासे का अगला स्टेज कुछ हफ़्ते बाद आया। प्रभु ने मुझे कागज़ पर अपने हाथों की आउटलाइन बनाने को कहा। फिर उन्होंने उंगलियों को अलग-अलग शैतानी आत्माओं का नाम दिया और मुझे दिखाया कि हर शैतान सिज़ोफ्रेनिक में कैसे खुद को बनाता है। सिज़ोफ्रेनिया का कंट्रोल करने वाला शैतान दूसरे शैतानों को बुलाता है, ताकि पर्सनैलिटी में खराबी आ सके। सिज़ोफ्रेनिया हमेशा

"रिजेक्शन" से शुरू होता है। यह आमतौर पर बचपन या शैशवावस्था में शुरू होता है और कभी-कभी तब भी जब बच्चा अपनी माँ के गर्भ में होता है। रिजेक्शन के कई कारण होते हैं। शायद बच्चा चाहा नहीं गया था। या हो सकता है कि एक या दोनों माता-पिता को गलत सेक्स पसंद आया हो। घर के हालात ठीक नहीं रहे होंगे। 'रिजेक्शन की ओर ले जाने वाले कई "दरवाज़े" हैं।

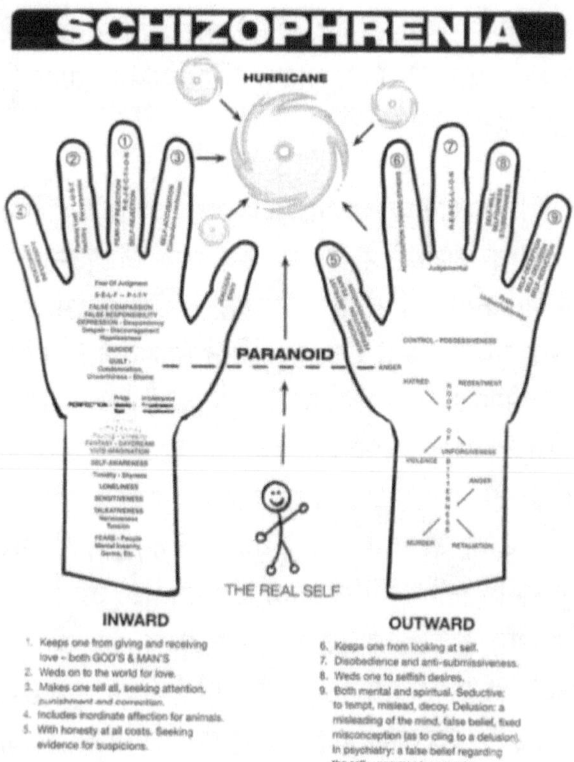

सिज़ोफ्रेनिया शैतानी विरासत में मिल सकता है। ध्यान दें मैंने "शैतानी" कहा। मेरा मतलब है कि यह ब्लड सिस्टम में नहीं है, जीन्स में नहीं है -

यह शैतानों में है! दूसरे शब्दों में, शैतान अपने जैसे लोगों को बनाए रखना चाहते हैं। उनके लिए परिवार में ऐसा करना सबसे आसान है। उदाहरण के लिए, मान लीजिए कि सिज़ोफ्रेनिया का नेचर माँ में है। शैतान उसके एक या ज़्यादा बच्चों को चुनकर उनके ज़रिए आगे बढ़ाएंगे। सिज़ोफ्रेनिक माँ को रिजेक्शन महसूस होता है। परिवार में प्यार भरने के लिए मुख्य रूप से वही ज़िम्मेदार है। वही बच्चे को छूती है, संभालती है और प्यार करती है। अपने अंदर का रिजेक्शन बच्चे के साथ उसके रिश्तों में दिक्कतें पैदा करता है। इसलिए, माँ की अस्थिरता से बच्चा रिजेक्शन के लिए तैयार हो जाता है। मैं दोहराता हूँ, सिज़ोफ्रेनिया हमेशा रिजेक्शन से ही शुरू होता है।

अब, किसी में रिजेक्शन की भावना हो सकती है और वह सिज़ोफ्रेनिक नहीं हो सकता। दूसरे शब्दों में, यह सब एक पर्सनैलिटी बनाने के मामले में है। आपमें रिजेक्शन की भावना हो सकती है और फिर भी आप अपनी पर्सनैलिटी बना सकते हैं और खुद में सुरक्षित रह सकते हैं। इसके उलट, सिज़ोफ्रेनिक हमेशा उलझन में रहता है... "मैं कौन हूँ?" असली खुद की पहचान कन्फ्यूज्ड या खो जाती है।

रिजेक्शन (इलस्ट्रेशन में बाएं हाथ पर दिखाया गया है) स्किज़ोफ्रेनिक के अंदर बनी पर्सनैलिटी में से एक में कंट्रोल डेमन है / रिजेक्शन एक अलग-थलग रहने वाली पर्सनैलिटी को दिखाता है। (यह अंदर की एक फीलिंग है - यह अंदर का दर्द है... यह प्यार की कमी है... यह इनसिक्योरिटी है... यह हीनता है... यह फैंटेसी है... यह झूठी है - यह सब अंदर है — “मैं इसमें शामिल नहीं हूं।”) यह एक पर्सनैलिटी है जिसे डेमन बनाते हैं।

शैतानों की बनाई दूसरी पर्सनैलिटी है *“बगावत”* / (तस्वीर में दाहिने हाथ की बीच वाली उंगली देखें)। जब किसी बच्चे को ज़िंदगी में अच्छे प्यार के रिश्ते नहीं मिलते, तो वह बड़ा होकर प्यार के रिश्तों को महसूस नहीं

कर पाता और उनमें हिस्सा नहीं ले पाता। उसके अंदर बगावत शुरू हो जाती है। वह प्यार के लिए लड़ने लगता है। या वह उन लोगों पर बरस पड़ता है जिन्होंने उसे प्यार से दूर रखा है। बगावत ज़िद, अपनी मर्ज़ी और मतलबीपन में खुद को ज़ाहिर करती है। यहाँ एक और पर्सनैलिटी है। यह अंदर की तरफ़ नहीं जाती और पीछे हट जाती है। यह गुस्सैल होती है और गुस्सा, कड़वाहट, नाराज़गी, नफ़रत और बदले की भावना से भर जाती है। सिज़ोफ्रेनिक इंसान सचमुच इन दो उलटी ताकतों के काबू में होता है। वह पल भर में एक तरह की पर्सनैलिटी से दूसरी तरह की पर्सनैलिटी में बदल सकता है।

प्रभु ने मुझे दिखाया कि मुझे स्किज़ोफ्रेनिक व्यक्ति को "सारा वन" और "सारा टू" कहना था - "सारा वन" असली व्यक्ति है, और "सारा टू" स्किज़ोफ्रेनिक पर्सनैलिटी है जिसके दो पहलू हैं। इसलिए, असल में तीन पर्सनैलिटी शामिल हैं - असली पर्सनैलिटी, रिजेक्शन पर्सनैलिटी और रिबेलियन पर्सनैलिटी। तीस मिनट में कोई भी तीनों पर्सनैलिटी को एक साथ देख सकता है। ज़ाहिर है, इससे उस व्यक्ति के साथ-साथ उसके आस-पास के लोगों को भी बहुत कन्फ्यूजन होता है।

असली इंसान दोनों "हाथों" में से कोई नहीं है। "असली खुद" को नीचे, हाथों के बीच में दिखाया गया है। शैतानों ने असली खुद को डेवलप नहीं होने दिया है। सिज़ोफ्रेनिक अपने असली खुद को नहीं जानता। जब सिज़ोफ्रेनिक को छुटकारा मिलना शुरू होता है, तो असली खुद में जीसस होने चाहिए। जीसस को उस इंसान में बढ़ना शुरू करना चाहिए, उस पर्सनैलिटी को डेवलप करना चाहिए, और उसे वैसा बनाना चाहिए जैसा वह चाहता है। इसीलिए सिज़ोफ्रेनिक को छुटकारा मिलने में समय लगता है - कभी-कभी कई महीने या एक साल, या उससे भी ज़्यादा। छुटकारा "असली खुद" के डेवलपमेंट के साथ बैलेंस में काम करना चाहिए। इसमें जल्दबाज़ी नहीं की जा सकती, क्योंकि इंसान के पास वापस जाने के लिए कुछ नहीं होता। अगर सिज़ोफ्रेनिक इंसान के अंदर

से हर शैतान अचानक निकाल दिया जाए तो वह पूरी तरह से खोया हुआ महसूस करेगा। "असली खुद" के साथ पहचान बनाने में समय लगता है। जैसे ही सिज़ोफ्रेनिक नेचर खत्म होता है, उसकी जगह असली पर्सनैलिटी सामने आनी चाहिए।

मैं आपको बताता हूँ कि जब कोई सिज़ोफ्रेनिक छुटकारा पाने की कोशिश कर रहा होता है, तो क्या हो सकता है। हो सकता है कि वह अथॉरिटी के सामने झुकना सीख रहा हो। उसका एक टेस्ट होता है। ऐसी सिचुएशन होती है जहाँ उसे झुकना पड़ता है। उसे झुकने की आदत नहीं होती। वह क्या करेगा? क्या वह फिर से रिजेक्शन में पड़ जाएगा... अपने कमरे में चला जाएगा? ...अपना चेहरा ढक लेगा? ...किसी से बात करने से मना कर देगा? या, वह फिर से बगावत पर उतर आएगा... अपनी बात कहेगा। गुस्सा? ...बगावत करना? ...हठ दिखाना?

या, क्या वह यीशु के स्वभाव को सामने आने देगा... सहयोग करेगा? ... अधिकार के आगे झुक जाएगा? ... विनम्र हो जाएगा? फ़ैसला उसका है। उसे शैतानों के साथ समझौता करने और पुरानी आदतों को तोड़ने के लिए तैयार रहना होगा। "असली खुद" मसीह में इतना मज़बूत हो गया होगा कि सही फ़ैसले पर आगे बढ़ सके।

इलस्ट्रेशन में आपको ऊपर, दोनों हाथों के बीच एक घुमाव दिखेगा। यह एक "तूफान" को दिखाता है। स्किज़ोफ्रेनिक व्यक्ति लगातार अपने आस-पास "तूफ़ान" बनाता है। वह इन तूफ़ानों में फँस जाता है, और दूसरों को भी जो हो रहा है उससे जुड़ना होता है। ध्यान दें कि कुछ तीरों में भी घुमाव या "तूफ़ान" होते हैं। अगर जुड़ने की कोशिश करने वाला व्यक्ति भी अस्थिर है, तो वह अपने तूफ़ान को स्किज़ोफ्रेनिक के तूफ़ान में ले आता है। फिर आपके पास तूफ़ान के अंदर एक तूफ़ान होता है। दूसरे तीर सीधे होते हैं। ये उन लोगों को दिखाते हैं जो स्थिर हैं और

"तूफ़ान" से स्थिर तरीके से जुड़ सकते हैं। ऐसा व्यक्ति बिना किसी नुकसान या चोट के तूफ़ान का सामना कर सकता है। वह उथल-पुथल में फँसता नहीं है। मुक्तिदाता को सीधे तीर की तरह आना चाहिए।

तूफान के ये समय कड़वाहट की जड़ बनाते हैं (दाहिना हाथ देखें) और उसे और गहरा करते हैं।

अब, देखते हैं कि बाएं हाथ की दूसरी उंगलियां क्या दिखाती हैं। "रिंग फिंगर" का मतलब है *वासना।* भगवान ने मुझे दिखाया कि यह शैतान प्यार के लिए इंसान को दुनिया से "शादी" कराता है। वासना की जड़ रिजेक्शन में होती है। अगर किसी को ज़िंदगी के आम तरीकों से अच्छा प्यार नहीं मिला है, तो उसका शारीरिक स्वभाव अपने तरह के प्यार - सेंसुअल प्यार की तलाश शुरू कर देगा। इस तरह, वासना के शैतान के अंदर आने का दरवाज़ा खुल जाता है। इस ग्रुप में एक साथी आत्मा *फैंटेसी वासना है* जो इंसान को यह सोचने पर मजबूर कर सकती है कि वह मोशन पिक्चर की दुनिया का कोई बड़ा प्रेमी है या खुलेआम कामों की शुरुआत के तौर पर फैंटेसी सेक्सुअल अनुभवों को देखता है। औरतों में *वेश्यावृत्ति की भावना* सबसे पहले कपड़ों और उकसाने वाली हरकतों में दिख सकती है। सेक्सुअल गलतियां रिजेक्शन को दूर करने की बहुत ज़्यादा कोशिशें दिखाती हैं।

सेक्सुअल अनुभव, चाहे असली हों या मनगढ़ंत, कभी भी सच्चे प्यार की ज़रूरत को पूरा नहीं कर सकते। वे असली प्यार के लिए शैतान के विकल्प हैं और इंसान को फ्रस्ट्रेशन और गिल्ट से भर देते हैं।
बाएं हाथ की छोटी उंगली *इनसिक्योरिटी* और *हीनता को दिखाती है।* यह रिजेक्शन का एक और रूप है। जिस व्यक्ति को रिजेक्शन की गहरी भावना होती है, वह इनसिक्योर और हीन महसूस करता है।

बाएं हाथ की इंडेक्स फिंगर " *खुद पर इल्ज़ाम" है।* यह शैतान इंसान को खुद के खिलाफ कर देता है और उसकी अपनी अहमियत को खत्म कर देता है। ज़्यादातर मामलों में हमने *"खुद पर इल्ज़ाम"* के साथ " *कबूल करने की मजबूरी" देखी है।* उदाहरण के लिए, अगर कोई इंसान गलत काम में पड़ गया है, तो वह तब तक चैन से नहीं बैठ सकता जब तक वह अपनी गलती कबूल न कर ले। वह आमतौर पर उन लोगों के सामने कबूल करता है जिन्हें उसे सबसे ज़्यादा प्यार दिखाना चाहिए। वह ऐसा इसलिए करता है ताकि दूसरों को "शॉक" देकर उस पर ज़बरदस्ती ध्यान दे और इस तरह प्यार का कोई दूसरा ऑप्शन ढूंढ ले।
अब, इलस्ट्रेशन में दाहिने हाथ पर चलते हैं। इलस्ट्रेशन में बीच वाली उंगली को "रिबेलियन" कहा गया है। जैसा कि हमने देखा, रिबेलियन उन झूठी पर्सनैलिटी में से एक की पहचान है जो डेमन्स बनाते हैं। डेमन्स के इस ग्रुप को "रिजेक्शन" के लिए कम्पेनसेटिंग स्पिरिट्स माना जा सकता है। रिबेलियन, रिजेक्शन का उल्टा है। एक एक्सप्रेसिव और अशांत होता है, दूसरा पीछे हटने वाला और इनसिक्योर होता है।

दाहिने हाथ की रिंग फिंगर *अपनी मर्ज़ी को दिखाती है।* यह शैतान इंसान को मतलबी इच्छाओं से "जोड़" देता है। इससे *ज़िद , मतलबीपन* और *न सीखने का रास्ता खुल जाता है। फिर से, हम रिजेक्शन* का मुआवज़ा देखते हैं । क्योंकि इंसान को रिजेक्ट कर दिया गया है या उसे रिजेक्शन का डर है, इसलिए वह खुद को पैंपर करने... खुद को आगे बढ़ाने के लिए उकसाया जाता है। इस तरह वह रिजेक्शन की भावनाओं पर काबू पाने की कोशिश कर रहा होता है।

तर्जनी उंगली को *आरोप कहते हैं। यह भी एक मुआवज़ा देने वाला शैतान है। यह रिजेक्शन से ध्यान हटाता है। यह दूसरों की ओर ध्यान खींचकर खुद पर ध्यान हटाने की कोशिश करता है। बाईं तर्जनी उंगली खुद की ओर इशारा करती है- " मैं दोषी हूँ, " जबकि दाहिनी तर्जनी उंगली दूसरों*

की ओर इशारा करती है - "तुम दोषी हो।" आरोप लगाने वाला शैतान जजमेंटलिज़्म की साथी आत्माओं के लिए दरवाज़ा खोलता है ।

दाहिने हाथ की छोटी उंगली *खुद को धोखा देने वाली उंगली है।* इसके साथी हैं *वहम*, *खुद को बहकाना* और *घमंड।* "खुद" की ये तीन आत्माएं घमंड को बढ़ाती हैं। घमंड रिजेक्शन का एक और मुआवज़ा है। जिसे रिजेक्ट किया गया लगता है, वह खुद को ज़रूरी महसूस करना चाहता है। *वहम की आत्मा* आती है और कहती है, "तुम सच में कोई हो"; 'तुम एक स्पिरिचुअल जायंट हो!", या किसी और तरह के जायंट। जिस ईगो को चोट लगी है, उसे बढ़ावा मिलता हुआ लगता है। लेकिन यह सब शैतानी है। इससे सिर्फ़ और ज़्यादा फ्रस्ट्रेशन और निराशा होती है। मिनिस्ट्री के एक मामले में, *खुद को धोखा देने की भावना ने* एक तेरह साल की लड़की को यकीन दिला दिया था कि वह उन्नीस साल की है। उसने अपने दूसरे इंसान के साथ मेल खाने के लिए दूसरा नाम रख लिया। उसने एक बड़ी लड़की की तरह सोचने, बात करने और काम करने की कोशिश की। उसे उसकी काबिलियत और नॉर्मल मैच्योरिटी से ज़्यादा धकेला गया। इससे उसका ज़ुल्म और बढ़ गया।

भगवान ने इस खुलासे के ज़रिए दिखाया कि अंगूठे सिज़ोफ्रेनिया के "पैरानॉयड" फेज़ को कैसे दिखाते हैं। इसका एक हिस्सा बाएं अंगूठे में दिखाया गया है क्योंकि यह रिजेक्शन से जुड़ा है। रिजेक्शन की तरफ *जलन* और *जलन की आत्माएं होती हैं।* जो लोग आपसी प्यार के रिश्तों में कमी रखते हैं, वे उन लोगों से जलन और जलन करने लगते हैं जिन्हें अच्छा प्यार मिलता है। बगावत की तरफ *भरोसा न करने*, *शक करने*, *डर* और *ज़ुल्म की आत्माएं होती हैं।* इस बाद वाले ग्रुप में एक और शैतान है और इसे *"किसी भी कीमत पर ईमानदारी का सामना करना" कहा जाता है।* शक और भरोसा इंसान में तब तक बढ़ता रहता है जब तक वह दूसरे इंसान का सामना करने के लिए मजबूर नहीं हो जाता। टकराव के

बाद कुछ समय के लिए उसके अंदर का प्रेशर कम हो जाता है। लेकिन यह हमला किए गए इंसान को *अपने ज़ख्मों को संभालने के लिए छोड़ देता है। पैरानॉयड शैतानों* के असर में काम करने वाला इंसान इस बात से बिल्कुल अनजान होता है कि वह कितने ज़ख्म देता है, फिर भी वह अपने प्रति होने वाले हर जुर्म के प्रति सुपर-सेंसिटिव होता है।

उंगलियों और अंगूठों में दिखाया गया रहस्य, स्किज़ोफ्रेनिया से पीड़ित कई मंत्रालयों के अनुसार, कभी गलती न करने वाला साबित हुआ है। इसमें कोई कमी नहीं है।

बाएं हाथ पर लिस्ट किए गए डेमन दूसरी आत्माओं को दिखाते हैं जो आमतौर पर सिज़ोफ्रेनिया पैटर्न के रिजेक्शन साइड में पाई जाती हैं। इनमें हर व्यक्ति में कुछ अंतर हो सकते हैं। यह लिस्ट पूरी होने के बजाय सिर्फ़ इशारा करती है। ज़्यादातर मामलों में यह साफ़ है कि बाएं हाथ पर लिस्ट किए गए डेमन किसी न किसी तरह से रिजेक्शन-टाइप आत्माओं के ट्रायड से जुड़े हैं... *रिजेक्शन, रिजेक्शन का डर* और *खुद को रिजेक्ट करना।*

दाहिने हाथ पर राक्षसों की लिस्ट में *कंट्रोल और पज़ेसिवनेस शामिल हैं।* वे सीधे तौर पर बगावत से जुड़े हैं।

क्योंकि बगावत करना जादू-टोने के पाप के बराबर है, और ज़िद करना अधर्म और मूर्ति पूजा के बराबर है। I Sam. 15:23a

इस आयत का मतलब दो तरह से निकाला जा सकता है। पहला, मेरा मतलब है कि भगवान के लिए बगावत उतनी ही बुरी है जितनी खुद जादू-टोना। मेरा यह भी मतलब है कि जिसका स्वभाव बागी होता है, उसका स्वभाव डायन जैसा होता है। जादू-टोने का मकसद कंट्रोल करना होता है। यह जानबूझकर या अनजाने में बुरी आत्माओं की ताकत का इस्तेमाल करके किसी दूसरे इंसान को कंट्रोल करना है। बगावत अक्सर कंट्रोल की ओर ले जाती है।

अब, चलिए दाहिने हाथ की ओर चलते हैं। "कड़वाहट की जड़" होती है। ज़िंदगी में हर किसी को झगड़े होते हैं। चीज़ें होती हैं और ऐसी बातें कही जाती हैं जिनके लिए माफ़ करने का नज़रिया चाहिए होता है। सिज़ोफ्रेनिक के साथ यहीं दिक्कत है। वह माफ़ नहीं कर पाता। उसका *मन माफ़ न करने वाला होता है।* तीस साल पहले जो चीज़ें हुई थीं, वे आज भी उतनी ही ज़िंदा हैं जितनी उस पल थीं जब वे हुई थीं। कड़वाहट की जड़ ज़िंदा रहती है और उसी से *गुस्सा*, *नफ़रत, गुस्सा, बदला, हिंसा* और *हत्या निकलती है।* कड़वाहट की ऐसी जड़ से और भी कई शैतान जुड़े हो सकते हैं।

सिज़ोफ्रेनिक इस उलझी हुई उलझन से कैसे बाहर निकलता है? जीतने के लिए तीन मुख्य जगहें हैं रिजेक्शन, बगावत और कड़वाहट की जड़। जैसे ही इन जगहों पर जीत हासिल होती है, " *घर*" (ज़िंदगी) को प्यार देने और लेने से, हर सही अथॉरिटी के सामने झुकने से और हालात चाहे जो भी हों, सभी लोगों को माफ़ करने से भरना चाहिए। जब इन तीन जगहों पर जीत हासिल हो जाती है, तो दूसरी जुड़ी हुई आत्माएं अपनी ताकत खो देती हैं। पक्का इरादा ज़रूरी है। जो इंसान लगातार कह सकता है, "मैं अलग बनूंगा! मैं अपनी ज़िंदगी में शैतानों को राज नहीं करने दूंगा!" उसे आखिरकार जीत मिलेगी।
इलस्ट्रेशन के नीचे हाथों के बीच एक छोटी सी, स्टिक फिगर है जिसे "द रियल सेल्फ" कहते हैं। जैसे-जैसे समय के साथ छुटकारा होता है, "द रियल सेल्फ" को ऊपर उठना होगा (तीरों से दिखाया गया है) और झूठे सिज़ोफ्रेनिक लोगों को उनके सभी असर और उन सभी चीज़ों से अलग करके अलग करना होगा जिन्हें वे दिखाते हैं। "द रियल सेल्फ" को खुद जीसस का नेचर अपनाना होगा। बाइबल स्टडी, प्रार्थना, उपवास, तारीफ़ और दूसरे मानने वालों के साथ मेलजोल जैसी स्पिरिचुअल एक्सरसाइज़ एक सफल छुटकारा पाने के लिए ज़रूरी हैं। ये स्पिरिचुअल

एक्सरसाइज़ छुटकारा पाने के प्रोसेस को भी तेज़ करेंगी क्योंकि इंसान की ज़िंदगी क्राइस्ट जीसस की पॉज़िटिव चीज़ों से भर जाएगी।

यह सिज़ोफ्रेनिया के मरीज़ और मुक्ति मंत्री, दोनों के लिए मुश्किल काम है। मैं उन सिज़ोफ्रेनिया के लोगों की बहुत तारीफ़ करता हूँ जो जीत के लिए लड़ते हैं। मैं इन जीतों की तारीफ़ बाकी सभी मुक्ति से ज़्यादा करता हूँ। सिज़ोफ्रेनिया मुक्ति सबसे गहरी, सबसे ज़्यादा शामिल और सबसे पक्के इरादे वाली मुक्ति है जिसका हमने सामना किया है।

सिज़ोफ्रेनिया से मुक्ति के लिए प्रार्थना

''सिज़ोफ्रेनिया के शैतानों, मैं तुम्हारा हाथ बुलाता हूँ। तुम अपनी दो अलग पर्सनैलिटी को बाहर लाते हो, जिन्हें तुम उसमें डाल रहे हो। तुममें से एक रिजेक्शन और खुद पर तरस खाने में डूबा है और दूसरा बगावत और कड़वाहट में डूबा है। इनमें से कोई भी पर्सनैलिटी असली 'वह' या 'वह' नहीं है। मैं असली 'वह' या 'वह' को छोड़ता हूँ और उसे वैसा बनने देता हूँ जैसा जीसस चाहते हैं कि वह बने।'' जीसस के नाम पर, आमीन।

आत्म-मुक्ति के लिए छोटी प्रार्थना।

''प्रभु यीशु मसीह, मुझे विश्वास है कि आप मेरे पापों के लिए क्रूस पर मरे और मरे हुओं में से फिर से जी उठे। आपने मुझे अपने खून से छुड़ाया और मैं आपका हूँ, और मैं आपके लिए जीना चाहता हूँ। मैं अपने सभी पापों को मानता हूँ- जाने-अनजाने- मुझे उन सभी के लिए अफ़सोस है। मैं उन सभी को छोड़ देता हूँ। मैं दूसरों को वैसे ही माफ़ करता हूँ जैसे मैं चाहता हूँ कि आप मुझे माफ़ करें। मुझे अभी माफ़ कर दें और अपने खून से मुझे साफ़ कर दें। मैं यीशु मसीह के खून के

लिए आपका धन्यवाद करता हूँ जो मुझे अब सभी पापों से साफ़ करता है। और मैं अब आपके पास अपने मुक्तिदाता के रूप में आता हूँ। आप मेरी खास ज़रूरतों को जानते हैं- वह चीज़ जो बांधती है, जो सताती है, जो अपवित्र करती है; वह बुरी आत्मा, वह अशुद्ध आत्मा- मैं आपके वचन के वादे का दावा करता हूँ, "जो कोई भी प्रभु का नाम लेगा, वह छुटकारा पाएगा।" मैं अभी आपको पुकारता हूँ। प्रभु यीशु मसीह के नाम पर, मुझे छुड़ाएँ और आज़ाद करें। शैतान, मैं आपको और आपके सभी कामों को छोड़ देता हूँ। मैं यीशु के नाम पर, खुद को आपसे दूर करता हूँ, और मैं आपको यीशु के नाम पर अभी मुझे छोड़ने का आदेश देता हूँ। आमीन!"

इसे अपने दिल से आने दो और प्रभु के उद्धार को देखो!

क्या आप बीमार हैं या आपको ठीक होने की ज़रूरत है?

जो लोग किसी भी तरह से बीमार या अस्वस्थ हैं, या जिन्हें मुक्ति चाहिए? या ठीक होना है, कृपया विश्वास के साथ नीचे दिए गए डॉट को टच करें (विश्वास का मतलब है अपनी अभी की स्थिति का सही पॉजिटिव नतीजा देखना, यह जानना कि जीसस ने 2000 साल से भी पहले आपकी हीलिंग और मुक्ति के लिए अपना काम किया है, डाउन पेमेंट के तौर पर ठीक होना, यह भरोसा करना कि वह डाउन पेमेंट आपके लिए उपलब्ध है, जैसे बैंक में आपके चेकिंग अकाउंट में पॉजिटिव बैलेंस, कोई सवाल नहीं क्योंकि हम आपसे सहमत हैं और जीसस क्राइस्ट के नाम पर BE HEALED का उच्चारण करते हैं, आमीन)

उस अधिकार से, जो आपने मुझे और उन्हें दिया है, मैं अब उस अधिकार का इस्तेमाल दुश्मन के खिलाफ उनके गुस्से और उस चीज़ को पाने की भूख के साथ विश्वास में करता हूँ जो आपने उन सभी को

मुफ्त में दी है, मैं हर बीमारी, हर रोग को श्राप देता हूँ, चाहे वह कैंसर हो, COVID 19 हो, चाहे वह कमज़ोरियों की भावना हो, चाहे वह शैतानी कब्ज़ा हो या ज़ुल्म हो, चाहे वह गरीबी की भावना हो, रुकावटें हों, जो परमेश्वर ने पहले ही तय किया है और छोड़ा है, उसके पूरा होने में देरी हो। हम इस गड़बड़ी के खिलाफ आते हैं, मैं उन्हें बांधता हूँ, हम उन्हें जड़ से श्राप देते हैं और हम उन्हें यीशु मसीह के नाम पर अधिकार से बाहर निकालते हैं। आमीन। हम यीशु मसीह के शक्तिशाली नाम में उनके जीवन में चंगाई, छुटकारा और बहाली की रिहाई का आह्वान करते हैं। प्रभु, उन गवाहियों के लिए धन्यवाद जो आपकी महिमा, सम्मान और आराधना के लिए बनी हुई हैं। इस संदेश के परिणामस्वरूप आपके राज्य में शामिल होने वाली आत्माओं के लिए धन्यवाद, वे चमत्कार जो हम अभी देख रहे हैं और यीशु के नाम में आपकी महिमा के लिए प्रकट हो रहे हैं, आमीन। यह हो गया! खुश हो जाओ!

संपर्क बिंदु के रूप में हाइलाइट किए गए इस स्थान को स्पर्श करें और अपने मुंह से कबूल करें- मैं चंगा हो गया हूं, मुझे छुटकारा मिल गया है और मैं अपनी आत्मा, प्राण, शरीर और अपने चारों ओर यीशु मसीह के नाम पर पुनर्स्थापित हो गया हूं, आमीन!!!

वह करना शुरू करें जो आप पहले नहीं कर सकते थे और तब तक कबूल करना शुरू करें जब तक कि पूरी तरह से ठीक न हो जाए, छुटकारा और बहाली आपके जीवन में एक फल न बन जाए, यीशु के नाम पर, आमीन। भगवान के लिए भूखे रहें, गुस्से में रहें और वह सब वापस ले लें जो दुश्मन ने यीशु के नाम पर रोक रखा है, आमीन।

नोट:

भगवान की महिमा के लिए और दुश्मन की शर्म के लिए ठीक होने

की गवाही दें! अगर आप अभी भी चाहते हैं कि हम इस मुद्दे पर आपसे सहमत हों, तो हमें ईमेल या व्हाट्सएप करें। और अगले हफ्ते गुरुवार से शुरू होने वाली इक्विपिंग सीरीज़ में जुड़ें। जल्द ही हमारी वेबसाइट पर डिटेल में जानें!

बड़े कारनामे - 1 - निष्कर्ष

दोस्तों, मैं उम्मीद और प्रार्थना करता हूँ कि यह किताब आपको वह सब कुछ दे जो आप ऑर्डर करने से पहले चाहते थे और यीशु के नाम पर उससे भी कहीं ज़्यादा, आमीन।

अपनी बात खत्म करने से पहले, मैं आपके लिए और भी बड़े काम करने का एक बड़ा मौका लाना चाहता हूँ। आइए, मिलकर इस मौके का फायदा उठाएँ।

महान अवसर

हम इस टाइटल को बॉर्डरलेस पर तब तक खत्म नहीं करेंगे जब तक हम उन लोगों को मौका न दें जिन्होंने आज जीसस को नहीं देखा है ताकि वे शांति बना सकें।

मुक्ति की प्रार्थना

मुक्ति की प्रार्थना - भगवान के साथ हमारी पहली असली बातचीत "मुक्ति की प्रार्थना" सबसे ज़रूरी प्रार्थना है जो हम कभी करेंगे। जब हम ईसाई बनने के लिए तैयार होते हैं, तो हम भगवान के साथ अपनी पहली असली बातचीत करने के लिए तैयार होते हैं, और ये इसके हिस्से हैं:

- हम मानते हैं कि यीशु मसीह परमेश्वर हैं; कि वे एक इंसान के रूप में धरती पर आए ताकि वह पाप रहित जीवन जी सकें जो हम नहीं जी सकते; कि वे हमारी जगह मरे, ताकि हमें वह सज़ा न भुगतनी पड़े जिसके हम हकदार हैं।

- हम अपने पिछले जीवन के पापों को मानते हैं -- अपने लिए जीना और परमेश्वर की आज्ञा न मानना।
- हम मानते हैं कि हम यीशु मसीह पर अपने उद्धारकर्ता और प्रभु के रूप में भरोसा करने के लिए तैयार हैं।
- हम यीशु से प्रार्थना करते हैं कि वह हमारे दिल में आएं, वहां निवास करें, और हमारे माध्यम से जीना शुरू करें।

मुक्ति की प्रार्थना - यह भगवान में विश्वास से शुरू होती है।
जब हम मुक्ति की प्रार्थना करते हैं, तो हम भगवान को बताते हैं कि हमें विश्वास है कि उनका वचन सच है। उन्होंने हमें जो विश्वास दिया है, उससे हम उन पर विश्वास करना चुनते हैं। बाइबिल हमें बताती है कि " *विश्वास के बिना उन्हें खुश करना नामुमकिन है, क्योंकि जो भगवान के पास आता है, उसे विश्वास करना चाहिए कि वह हैं, और वह उन लोगों को इनाम देते हैं जो उन्हें लगन से ढूंढते हैं*" (इब्रानियों 11:6)।

इसलिए, जब हम प्रार्थना करते हैं, भगवान से मुक्ति का तोहफ़ा मांगते हैं, तो हम अपनी आज़ाद मर्ज़ी से यह मान रहे होते हैं कि हम उन पर विश्वास करते हैं। विश्वास का यह दिखावा भगवान को खुश करता है, क्योंकि हमने उन्हें जानने का आज़ादी से चुनाव किया है।

मुक्ति की प्रार्थना - अपने पाप कबूल करना
जब हम मुक्ति की प्रार्थना करते हैं, तो हम मान रहे होते हैं कि हमने पाप किया है। जैसा कि बाइबिल सबके बारे में कहती है, सिर्फ़ मसीह को छोड़कर: " *क्योंकि सबने पाप किया है, और परमेश्वर की महिमा से रहित हैं*" (रोमियों 3:23)।

पाप करना बस निशाने से चूक जाना है, जैसे एक तीर जो ठीक निशाने पर नहीं लगता। परमेश्वर की महिमा जिससे हम चूक जाते हैं, वह

सिर्फ़ यीशु मसीह में पाई जाती है: " *क्योंकि यह परमेश्वर ही है जिसने अंधेरे से रोशनी चमकने का हुक्म दिया, जो हमारे दिलों में चमका है ताकि यीशु मसीह के चेहरे में परमेश्वर की महिमा के ज्ञान की रोशनी दे* " (2 कुरिन्थियों 4:6)।

तो, मुक्ति की प्रार्थना यह मानती है कि यीशु मसीह ही अकेले ऐसे इंसान हैं जो बिना पाप के जीए। " *क्योंकि जिसने पाप नहीं जाना था, उसने उसे हमारे लिए पाप बना दिया, ताकि हम उसमें परमेश्वर की नेकी बन सकें*" (2 कुरिन्थियों 5:21)।

मुक्ति की प्रार्थना - मसीह को उद्धारकर्ता और प्रभु
के रूप में मानना। मसीह को अपनी पूर्णता का मानक मानक मानकर, अब हम उनमें ईश्वर के रूप में विश्वास को स्वीकार कर रहे हैं, और प्रेरित यूहन्ना से सहमत हैं कि: " *शुरुआत में वचन (मसीह) था, और वचन परमेश्वर के साथ था, और वचन परमेश्वर था। वह शुरुआत में परमेश्वर के साथ था। सब कुछ उसी के द्वारा बना, और जो कुछ बना है, उसमें से कुछ भी उसके बिना नहीं बना*" (यूहन्ना 1:1-3)।

क्योंकि परमेश्वर केवल एक परिपूर्ण, पापरहित बलिदान स्वीकार कर सकता था, और क्योंकि वह जानता था कि हम ऐसा नहीं कर सकते, इसलिए उसने अपने पुत्र को हमारे लिए मरने और अनंत मूल्य चुकाने के लिए भेजा। " *क्योंकि परमेश्वर ने जगत से इतना प्रेम किया कि उसने अपना इकलौता पुत्र दे दिया, ताकि जो कोई उस पर विश्वास करे, वह नाश न हो, बल्कि अनंत जीवन पाए।*" (यूहन्ना 3:16)।

मुक्ति की प्रार्थना - अभी कहो और इसका मतलब निकालो!

क्या आप अब तक पढ़ी गई हर बात से सहमत हैं? अगर हाँ, तो जीसस

क्राइस्ट में अपनी नई ज़िंदगी शुरू करने के लिए एक पल भी इंतज़ार न करें। याद रखें, यह प्रार्थना कोई जादुई फ़ॉर्मूला नहीं है। आप बस भगवान से अपने दिल की बात कह रहे हैं। हमारे साथ यह प्रार्थना करें: *"पिता, मुझे पता है कि मैंने आपके नियम तोड़े हैं और मेरे पापों ने मुझे आपसे अलग कर दिया है। मुझे सच में अफ़सोस है, और अब मैं अपनी पिछली पापी ज़िंदगी से दूर होकर आपकी ओर मुड़ना चाहता हूँ। प्लीज़ मुझे माफ़ करें, और मुझे दोबारा पाप करने से बचने में मदद करें। मेरा मानना है कि आपके बेटे, जीसस क्राइस्ट मेरे पापों के लिए मरे, मरे हुओं में से फिर से ज़िंदा हुए, ज़िंदा हैं, और मेरी प्रार्थना सुनते हैं। मैं जीसस को अपने जीवन का भगवान बनने, आज से मेरे दिल पर राज करने और राज करने के लिए बुलाता हूँ। प्लीज़ अपनी पवित्र आत्मा भेजें ताकि मैं आपकी बात मान सकूँ, और अपनी बाकी ज़िंदगी आपकी मर्ज़ी पूरी कर सकूँ। जीसस के नाम पर मैं प्रार्थना करता हूँ, आमीन।"*

मुक्ति की प्रार्थना - मैंने यह प्रार्थना की है; अब क्या?
अगर आपने मुक्ति की यह प्रार्थना सच्चे विश्वास और दिल से की है, तो अब आप यीशु के अनुयायी हैं। यह एक सच्चाई है, चाहे आपको कुछ अलग महसूस हो या न हो। धार्मिक सिस्टम ने शायद आपको यह विश्वास दिलाया हो कि आपको कुछ महसूस होना चाहिए - एक गर्म चमक, एक झुनझुनी, या कोई और रहस्यमयी अनुभव। सच तो यह है कि हो सकता है, आपको ऐसा महसूस हो भी सकता है और नहीं भी। अगर आपने मुक्ति की प्रार्थना की है और आपने इसे दिल से किया है, तो अब आप यीशु के अनुयायी हैं। बाइबिल हमें बताती है कि आपकी हमेशा की मुक्ति सुरक्षित है! " *कि अगर तुम अपने मुंह से प्रभु यीशु को कबूल करो और अपने दिल में विश्वास करो कि परमेश्वर ने उसे मरे हुओं में से जिलाया है, तो तुम बच जाओगे*" (रोमियों 10:9)।

परमेश्वर के परिवार में आपका स्वागत है! हम आपको अब एक लोकल चर्च खोजने के लिए प्रोत्साहित करते हैं जहाँ आप बपतिस्मा ले सकें और परमेश्वर के वचन, बाइबिल के ज़रिए उसके ज्ञान में बढ़ सकें।

आप हमारी साइट www.otakada.org पर भी जा सकते हैं जो आपको मसीह में डेवलप होने और बढ़ने में मदद करेगी। डिस्कवरी बाइबल स्टडी में इस लिंक का इस्तेमाल करके खुद यीशु को खोजें।

https://www.otakada.org/dbs-dmm/

40 दिन की शिष्यता यात्रा

https://www.otakada.org/get-free-40-days-online-discipleship-course-in-a-journey-with-jesus/ के ज़रिए अपनी रफ़्तार से 40 दिन की यात्रा ऑनलाइन शुरू कर सकते हैं।

अगर आपको गाइडेंस चाहिए, तो info@otakada.org पर ईमेल भेजें।

प्रभु आपके जीवन को बड़ा करें और आपको खुशी, शांति, प्यार और मेलजोल से भर दें जो सिर्फ़ वही दे सकते हैं, आमीन

शालोम!

रेफरेंस मटीरियल कंट्रीब्यूटरः

1) ओटाकाडा.ऑर्ग
2) गवाहियाँ – healingrevival.com/testimonies
3) पिग्स इन द पार्लर, फ्रैंक हैमंड द्वारा
4) सगाई के नियम – सिंडी ट्रिम
5) चमत्कारों के लिए अभिषेक – रॉबर्ट शैमबैक और डोना
6) राक्षसों को बाहर निकालो – डेरेक प्रिंस
7) आशीष रायचूर द्वारा उपचार और मुक्ति की सेवा
8) मंडे ओगबे द्वारा अलौकिक ईश्वर से जुड़ना
9) शक्ति से संपन्न - नोरवेल हेस

अनुशंसित पुस्तकें और संसाधन

मैंने स्वर्ग से आग देखी: जिहाद से जीसस तक - आग के नीचे निष्ठा (लिविंग एपिस्टल्स - 40 डे डिवोशनल सीरीज़बुक)

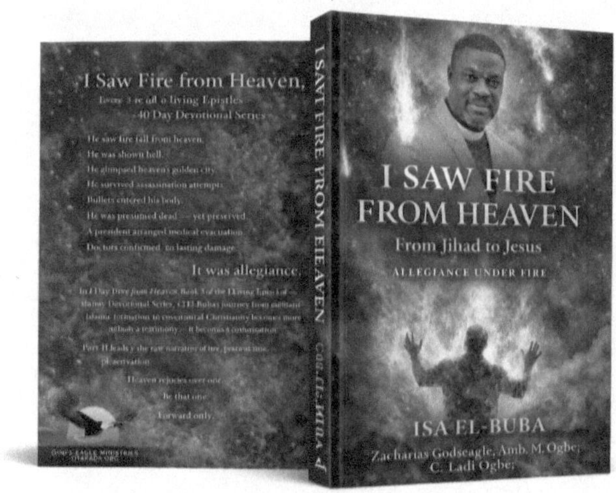

पेपरबैक - https://www.amazon.com/Saw-Fire-Heaven-Allegiance-Devotional/dp/B0GPK6C8VX

ईबुक - https://www.amazon.com/Saw-Fire-Heaven-Allegiance-Devotional-ebook/dp/B0GP9TGL2D

सी.एस. लुईस (1898-1963) - सिर्फ़ ईसाई धर्म, पूरी तरह से जिया गया: एक झिझकते मन से एक बदली हुई ज़िंदगी तक (लिविंग एपिस्टल्स - 40 दिन की भक्ति सीरीज़|बुक बुक 2)

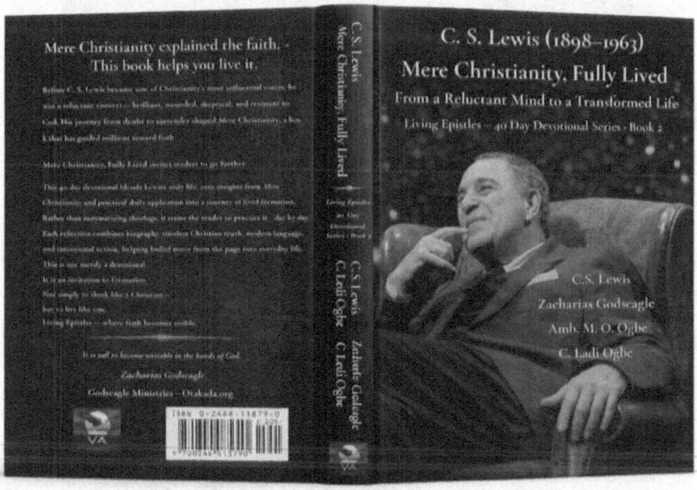

ई-पुस्तक

https://www.amazon.com/Lewis-1898-1963-Mere-Christianity-Fully-ebook/dp/B0GKQ27F9N

किताबचा

https://www.amazon.com/Lewis-1898-1963-Mere-Christianity-Fully/dp/B0GM8YMXC3

हार्डकवर

https://www.amazon.com/Lewis-1898-1963-Mere-Christianity-Fully/dp/B0GM8WHXJL

सेंट ऑगस्टीन ऑफ हिप्पो (354–430 ईस्वी) बेचैन दिल से लिखी हुई ज़िंदगी तक - लिविंग एपिस्टल्स – 40 दिन की भक्ति सीरीज़ - 1

Amazon Ebook लिंक - https://www.amazon.com/ST-AUGUSTINE-HIPPO-354-430-Devotional-ebook/dp/B0GJN8N9XS

Amazon पेपरबैक ऑर्डर लिंक -
https://www.amazon.com/St-Augustine-Hippo-354-430-Devotional/dp/B0GJWTVLR6

इनग्रामस्पार्क पेपरबैक लिंक -
https://shop.ingramspark.com/b/084?params=BZOOW3dj93aGEtBL2Fv1VY8wV1OQvA10dtZRDgk7Z9Z

मुझे स्कैन करें

नवीकरण 7
7 दिनों में अपने घर के दिल को ठीक करें
द रिन्यूअल सीरीज़ – फ़ैमिली यूनिटी एडिशन

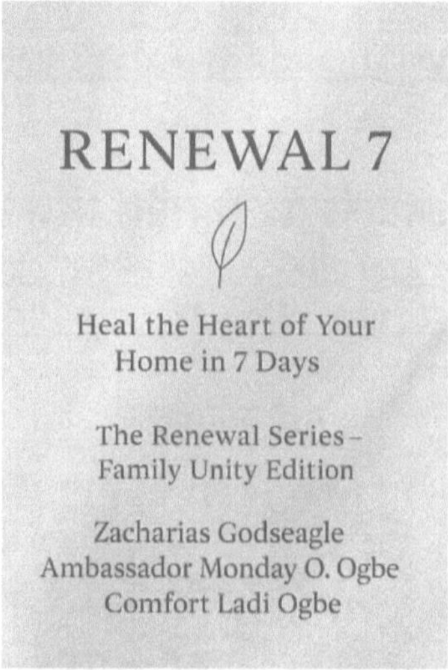

बुक पेपरबैक का लिंक -
https://shop.ingramspark.com/b/084?params=htyfL002e1JzyEpZWkKtaXWF5FJ1jZFOjgiQKEfcbnw

Amazon पेज पेपरबैक का लिंक -
https://www.amazon.com/RENEWAL-Heal-Heart-Your-Renewal/dp/B0GD92153W

Amazon Ebook का लिंक –

https://www.amazon.com/RENEWAL-Heal-Heart-Your-Renewal-ebook/dp/B0G91BMFND

मुझे स्कैन करें –

रिन्यूअल 7: 7 दिनों में अपने घर के दिल को ठीक करें

रिन्यूअल सीरीज़— फ़ैमिली यूनिटी एडिशन

पेपरबैक का लिंक -

https://shop.ingramspark.com/b/084?params=nSEElv9oUsItOu5akVZlg4ycGbbmvlBOtSiqeOZr5yQ

Amazon पेपरबैक का लिंक -
https://www.amazon.com/RENEWAL-MARRIAGE-Heart-Marriage-Renewal/dp/B0GDC1YZJ7

Amazon Ebook का लिंक -
https://www.amazon.com/RENEWAL-MARRIAGE-Heart-Marriage-Renewal-ebook/dp/B0G6JXJWJL

हृदय का सिंहासन – 12 लड़ाइयाँ जो हमें जीतनी ही होंगी

Amazon ebook - https://www.amazon.com/THRONE-HEART-COVETOUSNESS-Counterfeit-CONTENTMENT-ebook/dp/B0G4SPFRY7

Amazon पेपरबैक - https://www.amazon.com/THRONE-HEART-COVETOUSNESS-Counterfeit-CONTENTMENT/dp/B0G4TKW1ND

Ingramspark से पेपरबैक -
https://shop.ingramspark.com/b/084?params=a75LJXtvvI63VnzeQPleQTkAJWfu8CPQV6l5Oe31D80

ज़ाकारियास गॉडसीगल के 4 इन 1 उपदेश ऑडियो लिंक के साथ –

Amazon Ebook लिंक - https://www.amazon.com/Sermons-Zacharias-Godseagle-Audio-links-ebook/dp/B0G4XCH4TW

Amazon पेपरबैक - https://www.amazon.com/Sermons-Zacharias-Godseagle-Audio-links/dp/B0G4TK4XGT

पेपरबैक इनग्राम स्पार्क लिंक - https://shop.ingramspark.com/b/084?params=nK2JERskkbhdAOSNseTUNRhaCFqUPZuhB4uYfqrXvGb

पिलग्रिम कोड: एआई अवेकनिंग

ईबुक - https://www.amazon.com/Logos-Protocol-Awakening-artificial-intelligence-ebook/dp/B0FXNQFSWZ

पेपरबैक - https://www.amazon.com/Logos-Protocol-Awakening-artificial-intelligence/dp/B0FXNGR66D

हार्डबैक - https://www.amazon.com/Logos-Protocol-Awakening-artificial-intelligence/dp/B0FZNTQR6Y

पेपरबैक इनग्रामस्पार्क - https://shop.ingramspark.com/b/084?params=QkK4aNYTYO9U5z9uOkdHgc7Ue1eGDLqbb1tz9WRPaSk

मुक्ति क्यों विफल होती है - और परमेश्वर की अग्नि आत्मा को कैसे पुनर्स्थापित करती है: सर्वांगीण मुक्ति के लिए 40 दैनिक घोषणाएँ

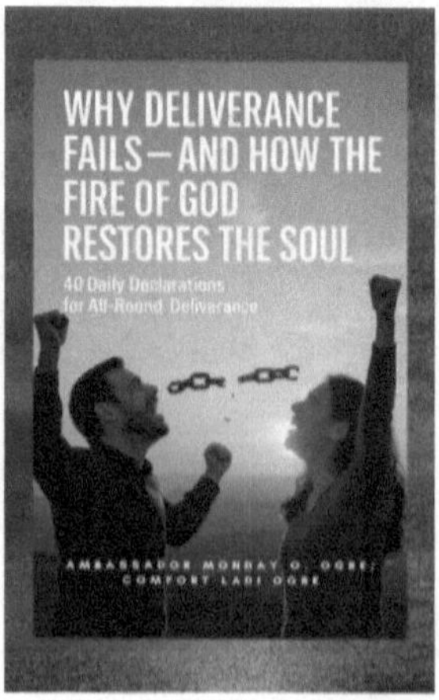

ईबुक - https://www.amazon.com/Why-Deliverance-Fails-Declarations-All-Round-ebook/dp/B0FW74L4G4

पेपरबैक - https://www.amazon.com/Why-Deliverance-Fails-Declarations-All-Round/dp/B0FWB3LXRM

बचाया गया लेकिन खो गया – शिष्यहीन धर्मांतरित – 25 भाषाओं में अनुवादित

किताबचा

https://shop.ingramspark.com/b/084?params=iYNB6S3PLMfREpm0jMM15bMe3BvWlkjcYyLYnHVGAds

ईबुक - https://www.amazon.com/SAVED-BUT-LOST-UNDISCIPLED-heartbreak-ebook/dp/B0FVJ29DF7

आध्यात्मिक युद्ध और रिकवरी के 7 दिन - यह पार्ट 1 है

दुश्मन को बांधना, तीरों को सात गुना करके वापस करना, और अपनी किस्मत को फिर से बनाना

https://shop.ingramspark.com/b/084?params=8mPzqUl73Ex7uPyeO7ydyt8EGkkB6u2gX1jZvWU8j1C

ई-बुक लिंक - https://www.amazon.com/DAYS-SPIRITUAL-WARFARE-RECOVERY-Returning-ebook/dp/B0FMPJM5KZ

7 दिन का आध्यात्मिक युद्ध और रिकवरी - पार्ट 2 - जीत पक्की करना, घर की बुराई तोड़ना, और अपनी वापस मिली किस्मत को बचाना

पेपरबैक -
https://shop.ingramspark.com/b/084?params=LkpNmGSsApHhWhiSO7bW3wFmcXQKIO4ZEBeSbP5rL1S

ईबुक - https://www.amazon.com/DAYS-SPIRITUAL-WARFARE-RECOVERY-Wickedness-ebook/dp/B0FR9YCMY8

अंधेरे से राज तक: अंधेरे की छिपी पकड़ से आज़ाद होने के लिए 40 दिन

–

जागरूकता, मुक्ति और शक्ति की एक ग्लोबल भक्ति - आज़ाद होने के लिए तैयार लोगों, परिवारों और देशों के लिए

किताबचा
https://shop.ingramspark.com/b/084?params=aVgp21QfwJxNANkfMxIQ0yejuFCVY12KFr978SRkZUD

अमेज़न लिंक - https://www.amazon.com/DARKNESS-DOMINION-Devotional-Awareness-Deliverance-ebook/dp/B0FLDH2Y67

- ***डिलिवर्ड फ्रॉम द पावर ऑफ़ डार्कनेस*** **(पेपरबैक)** — यहाँ से खरीदें | Amazon पर ईबुक

    - **यूनाइटेड स्टेट्स से टॉप रिव्यू:**
        - **किंडल कस्टमर** : "अब तक की सबसे अच्छी क्रिश्चियन किताब!" (5 स्टार)

इस गवाही के लिए यीशु की तारीफ़ करें। मुझे बहुत आशीर्वाद मिला है और मैं हर किसी को यह किताब पढ़ने की सलाह दूँगा... क्योंकि पाप की मज़दूरी मौत है, लेकिन परमेश्वर का तोहफ़ा हमेशा की ज़िंदगी है। शालोम! शालोम!

        - **डा गस्टर** : "यह एक बहुत ही दिलचस्प और अजीब किताब है।" (5 स्टार)

अगर किताब में कही गई बातें सच हैं, तो हम सच में दुश्मन की काबिलियत से बहुत पीछे हैं! ... जो कोई भी स्पिरिचुअल लड़ाई के बारे में सीखना चाहता है, उसके लिए यह ज़रूरी है।

        - **वीज़ा** : "मुझे यह किताब बहुत पसंद आई" (5 स्टार)

यह आंखें खोलने वाला है... एक सच्चा कबूलनामा... हाल ही में मैं इसे खरीदने के लिए हर जगह ढूंढ रहा था। Amazon से इसे पाकर बहुत खुश हूं।

- **FrankJM** : "काफी अलग" (4 स्टार)

यह किताब मुझे याद दिलाती है कि असली आध्यात्मिक लड़ाई कितनी होती है। यह "परमेश्वर के पूरे कवच" को पहनने की वजह भी याद दिलाती है।

- **जेनजेन** : "जो कोई भी स्वर्ग जाना चाहता है - इसे पढ़ें!" (5 स्टार)

इस किताब ने मेरी ज़िंदगी बहुत बदल दी। जॉन रामिरेज़ की गवाही के साथ, यह आपको अपने विश्वास को अलग नज़रिए से देखने पर मजबूर कर देगी। मैंने इसे 6 बार पढ़ा है!

- *एक्स-सैटनिस्ट: द जेम्स एक्सचेंज* (पेपरबैक) — यहाँ से खरीदें | Amazon पर ईबुक

- ***एक अफ़्रीकी भूतपूर्व शैतानवादी की गवाही*** - *पादरी जोनास लुकुंटू मपाला* (पेपरबैक) — यहाँ से खरीदें | Amazon पर ईबुक

- *ग्रेटर एक्सप्लॉइट्स 14* (पेपरबैक) — यहाँ से खरीदें | Amazon पर ईबुक

- जॉन रामिरेज़ की *किताब आउट ऑफ़ द डेविल्स कॉल्ड्रॉन* — Amazon पर उपलब्ध है
- रेबेका ब्राउन की किताब ' *ही केम टू सेट द कैप्टिव्स फ्री'* — Amazon पर खोजें

लेखक की पब्लिश की हुई दूसरी किताबें – 1000 से ज़्यादा टाइटल

प्यार किया, चुना और पूरा : रिजेक्शन से ठीक होने तक का 30 दिन का सफ़र, दुनिया की 40 भाषाओं में ट्रांसलेट किया गया
https://www.amazon.com/Loved-Chosen-Whole-Rejection-Restoration-ebook/dp/B0F9VSD8WL

https://shop.ingramspark.com/b/084?params=xga0WR16muFUwCoeMUBHQ6HwYjddLGpugQHb3DVa5hE

उनके कदमों में — 40-दिन का WWJD चैलेंज:
दुनिया भर में असल ज़िंदगी की कहानियों में यीशु की तरह जीना
https://www.amazon.com/His-Steps-Challenge-Real-Life-Stories-ebook/dp/B0FCYTL5MG

https://shop.ingramspark.com/b/084?params=DuNTWS59IbkvSKtGFbCbEFdv3Zg0FaITUEvlK49yLzB

यीशु द्वार पर:
40 दिल दहला देने वाली कहानियाँ और आज के चर्चों के लिए स्वर्ग की आखिरी चेतावनी

https://www.amazon.com/dp/B0FDX31L9F

https://shop.ingramspark.com/b/084?params=TpdA5j8WPvw83glJ12N1B3nf8LQte2a1lIEy32bHcGg

वाचा का जीवन: व्यवस्थाविवरण 28 के आशीर्वाद में 40 दिन चलना

- https://www.amazon.com/dp/B0FFJCLDB5

वास्तविक लोगों की कहानियाँ, वास्तविक आज्ञाकारिता और वास्तविक

https://shop.ingramspark.com/b/084?params=bH3pzfz1zdCOLpbs7tZYJNYgGcYfU32VMz3J3a4e2Qt

20 से ज़्यादा भाषाओं में बदलाव

उसे जानना और उसे जानना:
ठीक होने, समझने और हमेशा रहने वाले प्यार के लिए 40 दिन

https://www.amazon.com/KNOWING-HER-HIM-Healing-Understanding-ebook/dp/B0FGC4V3D9

https://shop.ingramspark.com/b/084?params=vC6KCLoI7Nnum24BVmBtSme9i6k59p3oynaZOY4B9Rd

पूरा करें, मुकाबला नहीं:
उद्देश्य, एकता और सहयोग की 40-दिवसीय यात्रा

https://shop.ingramspark.com/b/084?params=5E4v1tHgeTqOOuEtfTYUzZDzLyXLee30cqYo0Ov9941

https://www.amazon.com/COMPLETE-NOT-COMPETE-Journey-Collaboration-ebook/dp/B0FGGL1XSQ/

डिवाइन हेल्थ कोड - भगवान के वचन और क्रिएशन के ज़रिए हीलिंग को एक्टिवेट करने के लिए 40 डेली कीज़ पौधों, प्रार्थना और भविष्यवाणी की हीलिंग पावर को अनलॉक करें

https://shop.ingramspark.com/b/084?params=xkZMrYcEHnrJDhe1wuHHYixZDViiArCeJ6PbNMTbTux

https://www.amazon.com/dp/B0FHJT42TK

https://www.amazon.com/stores/Ambassador-Monday-O.-Ogbe/author/B07MSBPFNX **पर मिल सकती हैं**

www.ingramcontent.com/pod-product-compliance
Lightning Source LLC
LaVergne TN
LVHW090211051026
849517LV00001B/37
* 9 7 9 8 2 9 5 6 9 0 4 4 0 *